Komisja Mieszana dla Górnego Śląska

Zbiór urzędowy

poglądów Prezydenta Komisji Mieszanej dla Górnego Śląska z dziedziny praw mniejszościowych wydanych na podstawie przepisów części III polsko-niemieckiej Konwencji Genewskiej z dnia 15 maja 1922

w czasie od 15 czerwca 1922 do 15 lipca 1937

Tom II

1937

Nakładem i drukiem Drukarni Dziedzictwa w Cieszynie

Gemischte Kommission für Oberschlesien

Amtliche Sammlung

der Stellungnahmen des Präsidenten der Gemischten Kommission für Oberschlesien auf dem Gebiete des Minderheitenrechtes auf Grund der Vorschriften des III. Teils des deutsch-polnischen Genfer Abkommens vom 15. Mai 1922 in der Zeit vom 15. Juni 1922 bis 15. Juli 1937

Band II

Berlin und Leipzig 1937
Walter de Gruyter & Co.
vormals G. J. Göschen'sche Verlagshandlung — J. Guttentag, Verlagsbuchhandlung — Georg Reimer — Karl J. Trübner — Veit & Comp.

Buchdruckerei „Dziedzictwo" in Cieszyn

Poglądy — Stellungnahmen

61—127

Tom II — Band II

61

Pogląd

z dnia 30 listopada 1927 w sprawie nr 197 Niemieckiego Związku Ludowego na Górny Śląsk Polski dla strzeżenia praw mniejszości, zw. zap., żalącego się, w Katowicach, ul. Młyńska 23, dotyczącej nieotwarcia szkoły mniejszościowej w Starej Wsi (Górny Śląsk Polski).

I

1. Z powodu nieotwarcia szkoły mniejszościowej w Starej Wsi wniósł żalący się dnia 27 lipca 1925 (akt 3) w myśl art. 149 i n. Konwencji Genewskiej zażalenie do Polskiego Urzędu Spraw Mniejszości. Urząd Spraw Mniejszości przekazał to zażalenie Prezydentowi Komisji Mieszanej dnia 18 lutego 1926 (akt 1) i zajął w uwagach (akt 2) stanowisko, że zażalenie jest nieuzasadnione.

Następnie odbyła się wymiana pism, przewidziana w regulaminie postępowania Komisji Mieszanej. Na rozprawie ustnej z dnia 25 czerwca 1927 zastępca Urzędu Spraw Mniejszości i żalący się mieli sposobność przedstawić dalsze wywody faktyczne i prawne.

2. Do dnia 1 marca 1923 zgłoszono w myśl art. 106 Konwencji Genewskiej dla 88 dzieci wnioski o utworzenie szkoły mniejszościowej w Starej Wsi. Szkołę mianę otworzyć dnia 1 września 1923, jak to wynika z pisma Województwa do Sejmu Śląskiego z dnia 9 października. Uruchomienie szkoły mniejszościowej jednak nie nastąpiło. Właściwa władza opierała się bowiem na oświadczeniu uprawnionych do wychowania Olescha, Machnika i Tomzy z dnia 27 stycznia 1924, którym ci w imieniu własnym i w imieniu rodziców mniejszościowych zrzekli się szkoły mniejszościowej, żądając jedynie nauki języka mniejszościowego.

61

Stellungnahme

vom 30. November 1927 in der Sache Nr. 197 des Deutsch-Oberschlesischen Volksbundes für Polnisch-Schlesien zur Wahrung der Minderheitsrechte, eingetragener Verein, Beschwerdeführer, in Katowice, ulica Młyńska 23, betreffend Nichteröffnung der Minderheitsschule in Stara Wieś (Polnisch-Oberschlesien).

I

1. Am 27. Juli 1925 (act. 3) erhob der Beschwerdeführer im Sinne von Art. 149 ff. der Genfer Konvention Beschwerde beim Polnischen Minderheitsamt wegen Nichteröffnung der Minderheitsschule in Stara Wieś. Das Minderheitsamt überwies die Beschwerde am 18. Februar 1926 (act. 1) an den Präsidenten der Gemischten Kommission und vertrat in seinen Bemerkungen (act. 2) den Standpunkt, daß die Beschwerde unbegründet sei.

Es fand hierauf der in der Verfahrensordnung der Gemischten Kommission vorgesehene Schriftenwechsel statt. In den mündlichen Verhandlungen vom 25. Juni 1927 hatten der Vertreter des Minderheitsamtes und der Beschwerdeführer Gelegenheit, weitere Ausführungen in tatsächlicher und rechtlicher Beziehung vorzutragen.

2. Bis zum 1. März 1923 wurden für 88 Kinder Anträge im Sinne von Art. 106 der Genfer Konvention auf Errichtung einer Minderheitsschule in Stara Wieś gestellt. Die Schule hätte am 1. September 1923 eröffnet werden sollen, wie dies aus dem Schreiben der Wojewodschaft an den Schlesischen Sejm vom 9. Oktober hervorgeht. Eine Inbetriebsetzung der Minderheitsschule erfolgte indes nicht. Die zuständige Behörde stützte sich auf eine Erklärung der Erziehungsberechtigten Olesch, Machnik und Tomza vom 27. Januar 1924, in welcher diese im eigenen Namen sowie im Namen der sich zur Minderheit bekennenden Eltern auf eine Minderheitsschule verzichtet haben und lediglich Minderheitssprachunterricht verlangten.

Przeciwko powyższemu oświadczeniu owych trzech uprawnionych do wychowania, że zrzekają się szkoły mniejszościowej, żałący się zaprotestował u właściwych władz, wywodząc, że wymienieni uprawnieni do wychowania nie mieli pełnomocnictwa do składania prawnie obowiązujących oświadczeń. Poza tym żałący się wniósł dnia 19 października 1925 oświadczenia 26 uprawnionych do wychowania, którzy dla 52 dzieci żądali nadal szkoły mniejszościowej. Na podstawie tego podania właściwa władza zarządziła dochodzenie administracyjne celem przesłuchania wszystkich 26 wnioskodawców (akt 12). Jak wynika z protokołu, wniesionego przez Urząd Spraw Mniejszości (akt 16—17), przesłuchy odbyły się w kancelarii gminnej w Starej Wsi dnia 15 grudnia 1925. Uprawnieni do wychowania musieli podać, jakiej są narodowości, jaki jest język ojczysty ich dzieci, i oprócz tego musieli się ponownie oświadczyć co do tego, czy chcieli, aby dzieci ich uczęszczały do szkoły niemieckiej lub polskiej. Na podstawie wyników tych przesłuchów właściwa władza unieważniła wszystkie wnioski o utworzenie szkoły mniejszościowej, uzasadniając to tym, że dotyczne dzieci są narodowości polskiej.

Następstwem unieważnienia wszystkich wniosków było, że właściwa władza sądziła, że według artykułu 106 Konwencji Genewskiej nie ma obowiązku utworzenia szkoły mniejszościowej.

3. Wyłania się przede wszystkim kwestia prawna, czy wezwanie na przesłuchy i przesłuchanie uprawnionych do wychowania, którzy u właściwych władz zgłosili wnioski o utworzenie szkoły mniejszościowej, zgodne było z sensem i brzmieniem Konwencji Genewskiej.

W niniejszym przypadku właściwa władza nie uzasadniła przesłuchów tym, że chciała sprawdzić, czy wnioskodawcy mają formalne prawo do zgłoszenia wniosków, tzn. czy mają obywatelstwo polskie, należą do danego związku szkolnego itd. Nie potrzeba zatem szczegółowo uzasadniać, że przeprowadzenie dochodzeń z tego rodzaju powodów byłoby niedopuszczalne i sprzeciwiałoby się artykułowi 75 Konwencji Genewskiej oraz praktyce Prezydenta Komisji Mieszanej i rozporządzeniom Województwa (zob. pogląd nr 257 z dnia 15 grudnia 1926 sub III).

Przesłuchy znamienne są raczej przez to, że uprawnieni do wychowania musieli oświadczyć do protokołu, jaki jest język ojczysty ich dzieci, i że spowodowano ich do ponownego oświadczenia się, jakiej szkoły dla swych dzieci sobie życzyli. Uprawnieni do wychowania musieli powyższe pytania odczuć tym bardziej jako próbę wywarcia na nich nacisku w tym celu, aby odstąpili od wniosku o utworzenie

Der Beschwerdeführer protestierte bei den zuständigen Behörden gegen die Verzichterklärung der genannten 3 Erziehungsberechtigten, indem er geltend machte, daß sie eine Vollmacht zur Abgabe von rechtlich verbindlichen Erklärungen nicht besessen hätten und er reichte am 19. Oktober 1925 Erklärungen von 26 Erziehungsberechtigten ein, die auf die Errichtung der Minderheitsschule für ihre 52 Kinder bestanden. Auf Grund dieser Eingabe ordnete die zuständige Behörde eine administrative Untersuchung behufs Einvernahme sämtlicher 26 Antragsteller an (act. 12). Wie aus dem vom Minderheitsamt eingereichten Protokoll (act. 16—17) hervorgeht, fanden die Einvernahmen am 15. Dezember 1925 in der Gemeindekanzlei in Stara Wieś statt. Die Erziehungsberechtigten mußten angeben, welcher Nationalität sie seien, welches die Muttersprache ihrer Kinder sei, und außerdem mußten sie sich neuerdings darüber erklären, ob sie ihre Kinder die deutsche oder polnische Schule besuchen lassen wollten. Auf Grund der Ergebnisse dieser Einvernahmen erklärte die zuständige Behörde sämtliche Anträge auf Errichtung einer Minderheitsschule für ungültig, und zwar mit der Begründung, daß die Kinder polnischer Zunge seien.

Die Folge der Ungültigerklärung sämtlicher Anträge war, daß sich die zuständige Behörde nach Art. 106 der Genfer Konvention zur Errichtung einer Minderheitsschule nicht verpflichtet glaubte.

3. Es erhebt sich in erster Linie die Rechtsfrage, ob die Vorladung und Einvernahme der Erziehungsberechtigten, die Anträge auf Errichtung einer Minderheitsschule bei den zuständigen Behörden eingereicht hatten, mit Sinn und Wortlaut der Genfer Konvention vereinbar waren.

Die zuständige Behörde hat in diesem Falle die Einvernahmen nicht damit begründet, daß sie die formelle Berechtigung zur Antragstellung (poln. Staatsangehörigkeit, Zugehörigkeit zum Schulverband usw.) einer Nachprüfung unterziehen wollte. Es braucht daher nicht näher begründet zu werden, daß eine Untersuchung aus solchen Gründen unzulässig und mit Art. 75 der Genfer Konvention sowie mit der Praxis des Präsidenten der Gemischten Kommission und mit Verordnungen der Wojewodschaft im Widerspruch gewesen wäre. (Siehe Stellungnahme Nr. 257 vom 15. Dezember 1926 sub III.)

Vielmehr sind die Einvernahmen dadurch charakterisiert, daß die Erziehungsberechtigten eine Erklärung über die Muttersprache der Kinder zu Protokoll geben mußten und daß man sie zu einer neuen Erklärung veranlaßte darüber, welche Schule sie für ihre Kinder wünschten. Die Befragungen mußten von den Erziehungsberechtigten um so mehr als Versuch eines Druckes empfunden werden, den Antrag auf Errichtung

szkoły mniejszościowej, że mniejszość w dziedzinie szkoły mniejszościowej już od szeregu lat walczy ustawicznie z władzami. Według art. 131 ust. 2 władzom nie wolno wywierać żadnego choćby najmniejszego wpływu na wnioskodawców w tym celu, aby ich nakłonić do wycofania wniosków zgłoszonych w myśl art. 106. Naruszenie tego artykułu przez właściwe władze jest oczywiste (zob. pogląd nr 257 z dnia 15 grudnia 1926 sub III), czego nie osłabia fakt, że w niniejszym przypadku żaden z wnioskodawców wniosku nie wycofał.

4. Następnie wysuwa się pytanie, czy wnioski zgłoszone w myśl art. 106 Konwencji Genewskiej można było uznać za nieważne dlatego, że uprawnieni do wychowania oświadczyli z okazji przesłuchów, że językiem ojczystym ich dzieci jest język polski. Na podstawie artykułów 74 i 131 Konwencji Genewskiej i w oparciu o stałą praktykę Prezydenta Komisji Mieszanej należy na powyższe pytanie odpowiedzieć przecząco.

Przede wszystkim należy wskazać na szczegółowe wywody sub IV/2 w poglądzie nr 257 z dnia 15 grudnia 1926, dotyczącym nieprzyjęcia dzieci zgłoszonych do szkół mniejszościowych na rok szkolny 1926-27. Powtarzając częściowo tamtejsze wywody, podkreśla się tu jeszcze szczególnie:

Artykuł 74 reguluje kwestię, w jaki sposób należy wytyczyć granicę pomiędzy ludnością mniejszościową a większościową i ustanowił w tym celu zasadę, że o kwestii, czy jakąś osobę należy uważać za mniejszościową lub większościową, decyduje jedynie subiektywna wola danego osobnika.

W ścisłym związku z artykułem 74 pozostaje art. 131 ustęp 1 Konwencji Genewskiej. Z uwagi na wielkie trudności, jakie wynikają z nadzwyczaj wielkiego kulturalnego i językowego pomieszania ludności górnośląskiej, Konwencja Genewska przyjęła zasadę swobodnego samostanowienia także w dziedzinie szkolnictwa. Wszędzie, gdzie uprawnieni do wychowania mają decydować o kwestiach szkolnych — a są to przede wszystkim te dwa pytania, czy w jakiejś gminie należy utworzyć szkołę mniejszościową (wnioski w myśl art. 106 Konwencji Genewskiej) i czy jakieś dziecko ma uczęszczać do szkoły mniejszościowej („zgłoszenia") — rozstrzyga subiektywne oświadczenie woli uprawnionego do wychowania. Podobnie jak każdy obywatel państwa może swobodnie postanowić, czy chce należeć do większości lub mniejszości, tak samo każdemu uprawnionemu do wychowania przysługuje na zasadzie art. 131 prawo subiektywnego rozstrzygania,

einer Minderheitsschule fallen zu lassen, als die Minderheit seit Jahren einen fortwährenden Kampf mit den Behörden auf dem Gebiete der Minderheitsschule führt. Nach Art. 131 Abs. 2 ist den Behörden jede auch noch sc geringe Einwirkung, welche die Zurücknahme des Antrages im Sinne von Art. 106 bezweckt, untersagt; die Verletzung dieses Artikels durch die zuständigen Behörden ist evident (siehe Stellungnahme Nr. 257 vom 15. Dezember 1926, sub III), und sie erleidet keine Abschwächung dadurch, daß im konkreten Fall keiner der Erziehungsberechtigten den Antrag zurückzog.

4. Sodann stellt sich die Frage, ob die im Sinne von Art. 106 der Genfer Konvention eingereichten Anträge für ungültig erklärt werden konnten, weil die Erziehungsberechtigten anläßlich ihrer Einvernahme erklärt haben, daß die Muttersprache ihrer Kinder die polnische sei; die Frage ist gestützt auf Art. 74 und 131 der Genfer Konvention und in Bestätigung der ständigen Praxis des Präsidenten der Gemischten Kommission zu nerneinen.

Vor allem ist auf die ausführlichen Darlegungen sub IV/2 in der Stellungnahme Nr. 257 vom 15. Dezember 1926 betr. Zurückweisung der für das Schuljahr 1926-27 zu den Minderheitsschulen angemeldeten Kinder zu verweisen. In teilweiser Wiederholung des dort Ausgeführten sei hier noch besonders betont:

Art. 74 regelt die Frage, wie die Scheidelinie zu ziehen ist zwischen der Minderheits- und der Mehrheitsbevölkerung und hat daher den Grundsatz aufgestellt, daß für die Frage, ob eine Person als Minderheits- oder Mehrheitsangehöriger zu betrachten sei, einzig der subjektive Wille des betr. Individuums maßgebend ist.

In enger Beziehung mit dem Art. 74 steht der Art. 131, Abs. 1 der Genfer Konvention. In Ansehung der großen Schwierigkeiten, welche sich aus der außerordentlich starken kulturellen und sprachlichen Mischung der oberschlesischen Bevölkerung ergeben, hat die Genfer Konvention auch auf dem Gebiete des Schulwesens das Prinzip der freien Selbstbestimmung aufgestellt. Überall, wo die Erziehungsberechtigten Schulfragen zu entscheiden haben — und das sind vornehmlich die beiden Fragen, ob in einer Gemeinde eine Minderheitsschule zu errichten sei (Anträge gemäß Art. 106 der Genfer Konvention) und ob ein Kind die Minderheitsschule besuchen soll (»Anmeldungen«), — entscheidet die subjektive Willenserklärung des Erziehungsberechtigten. So wie jeder Staatsbürger frei bestimmen kann, ob er der Mehrheit oder der Minderheit angehören wolle, ebenso hat auf Grund des Art. 131 jeder Erziehungsberechtigte das Recht, subjektiv zu bestimmen, daß hinsichtlich der Schulerziehung die Sprache

że w sprawie wychowania szkolnego językiem jego dzieci ma być język mniejszościowy, względnie że dzieci jego należą do mniejszości językowej. Nie ma sprzeczności pomiędzy artykułem 131 a artykułem 106 Konwencji Genewskiej. Przeciwnie, ogólna w artykule 131 ustalona zasada subiektywnego oświadczenia i swobodnego samostanowienia ma moc obowiązującą zarówno dla wniosków w myśl artykułu 106 jak i dla zwyczajnych zgłoszeń. Ani u uprawnionego do wychowania, ani u dziecka nie chodzi o pewne obiektywne warunki, jak pochodzenie lub język ojczysty, lecz decyzja winna zapadać wyłącznie na podstawie subiektywnego oświadczenia uprawnionego do wychowania.

Zresztą stosownie do praktyki Prezydenta Komisji Mieszanej interpretowały władze szkolne do roku 1926 artykuł 131 po myśli języka szkolnego. Co prawda początkowo identyfikowały one również język szkolny artykułu 131 z językiem ojczystym i żądały od uprawnionych do wychowania, którzy zgłaszali wnioski o utworzenie szkół mniejszościowych, aby złożyli oświadczenie co do języka ojczystego. Kiedy jednak Prezydent Komisji Mieszanej zwrócił ich uwagę na ten błąd, Wojewoda w uznaniu tego błędu zarządził później wyraźnie rozporządzeniem z dnia 29 grudnia 1922 (Dz. U. Śl. nr 3 z dnia 19 stycznia 1923) i rozporządzeniem z dnia 26 czerwca 1924 (Dz. U. Śl. nr 17 z dnia 9 lipca 1924), że w przyszłości we wnioskach odpaść ma ustęp w sprawie oświadczenia co do języka ojczystego dzieci. Stanowisko to, że nie język ojczysty decyduje, lecz język szkolny, jakiego domaga się uprawniony do wychowania, właściwe władze uznały także w związku z poglądem nr 11 z dnia 3 stycznia 1924 w sprawie Junga i towarzyszy i aprobowały wyraźnie w myśl protokołu konferencji z dnia 18 kwietnia 1924.

W niniejszym przypadku uprawnieni do wychowania, zgłaszając wnioski o otwarcie szkoły mniejszościowej i podpisując je, wyrazili zatem jasno decyzję co do języka szkolnego.

5. Część prasy, omawiając pogląd Prezydenta Komisji Mieszanej z dnia 12 października 1927 w sprawie nieutworzenia szkoły mniejszościowej w Gierałtowicach, dała wyraz zapatrywaniu, że ten pogląd jest niezgodny z rezolucją Rady Ligi Narodów z dnia 12 marca 1927.

Podstawą niniejszego zażalenia są te same kwestie prawne co zażalenia, które dotyczy utworzenia szkoły mniejszościowej w Gierałtowicach. Dla usunięcia ewentualnych dalszych nieporozumień nie będzie zatem od rzeczy rozpatrzyć kwestię, czy egzaminy językowe,

seiner Kinder die Minderheitssprache sein soll, bzw. daß seine Kinder der sprachlichen Minderheit angehören. Es besteht kein Gegensatz zwischen dem Art. 131 und dem Art. 106. Vielmehr gilt auch für die Anträge gemäß Art. 106 wie für die bloßen Anmeldungen der allgemeine in Art. 131 statuierte Grundsatz der subjektiven Erklärung und freien Selbstbestimmung. Weder beim Erziehungsberechtigten noch beim Kinde kommt es auf bestimmte objektive Verhältnisse, wie Abstammung oder Muttersprache an, sondern die Entscheidung muß ausschließlich nach Maßgabe der subjektiven Erklärung des Erziehungsberechtigten getroffen werden.

Übrigens haben die Schulbehörden in Übereinstimmung mit der Praxis des Präsidenten der Gemischten Kommission den Art. 131 bis im Jahre 1926 im Sinne von Schulsprache ausgelegt. Die Behörden hatten zwar anfänglich ebenfalls die Schulsprache des Art. 131 mit der Muttersprache identifiziert und von den Erziehungsberechtigten, die die Errichtung von Minderheitsschulen beantragten, eine Erklärung über die Muttersprache verlangt. Aufmerksam gemacht durch den Präsidenten der Gemischten Kommission, hat dann der Wojewode in Anerkennung dieses Irrtums durch seine Verordnung vom 29. Dezember 1922 (Dz. U. Śl. Nr. 3 vom 19. Januar 1923) und durch seine Verordnung vom 26. Juni 1924 (Dz. U. Śl. Nr. 17 vom 9. Juli 1924) ausdrücklich angeordnet, daß in den Anträgen zukünftig der Passus mit der Erklärung über die Muttersprache der Kinder wegfallen solle. Dieser Standpunkt, wonach es nicht auf die Muttersprache ankommt, sondern einzig auf die Schulsprache, die der Erziehungsberechtigte verlangt, wurde von den zuständigen Behörden auch in Verbindung mit der Stellungnahme 11 vom 3. Januar 1924 in Sachen Jung und Genossen anerkannt und gemäß Konferenzprotokoll vom 18. April 1924 ausdrücklich gutgeheißen.

In concreto haben somit die Erziehungsberechtigten die Entschließung bezüglich der Schulsprache durch die Unterzeichnung und Einreichung der auf Eröffnung einer Minderheitsschule gerichteten Anträge klar zum Ausdruck gebracht.

5. Ein Teil der Presse hat bei Besprechung der Stellungnahme des Präsidenten der Gemischten Kommission vom 12. Oktober 1927 betr. Nichterrichtung der Minderheitsschule in Gieraltowice der Auffassung Ausdruck gegeben, daß diese Stellungnahme mit der Resolution des Völkerbundsrates vom 12. März 1927 im Widerspruch stehe.

Der vorliegenden Beschwerdesache liegen dieselben Rechtsfragen zugrunde wie derjenigen betr. Nichterrichtung der Minderheitsschule Gieraltowice. Es rechtfertigt sich daher, um eventuelle weitere Mißverständnisse auszuschließen, die Frage zu erörtern, ob die in der Resolution des Völ-

które rezolucja Rady Ligi Narodów z dnia 12 marca 1927 przewidziała dla dzieci, zgłoszonych do szkół mniejszościowych na rok szkolny 1926-27, mogą być zastosowane także do niniejszej sprawy w sensie ograniczenia zagwarantowanej uprawnionym do wychowania w art. 131 Konwencji Genewskiej swobody stanowienia o języku lub przynależności językowej dziecka odnośnie nauki szkolnej. Innymi słowy chodzi o pytanie, czy rezolucja Rady Ligi Narodów z dnia 12 marca 1927 ma ten skutek prawny, że egzaminy dzieci z ich znajomości języka niemieckiego ma się także przeprowadzić co do wniosków o utworzenie szkół w myśl art. 106 Konwencji Genewskiej i że wnioski dla tych dzieci, które egzaminu językowego nie złożą, należy unieważnić. Na to pytanie należy odpowiedzieć przecząco, ponieważ rezolucja i zażalenie, na którym rezolucja się opiera, dotyczą jedynie zgłoszeń do szkół już istniejących, a nie wniosków o utworzenie szkół nowych. (Co do różnicy pomiędzy wnioskami o utworzenie szkół mniejszościowych a zwyczajnymi zgłoszeniami do szkół już istniejących zobacz wywody sub I, 7 poglądu nr 257 z dnia 15 grudnia 1926.) Następnie należy wskazać na to, że rezolucja nie unieważnia czasami zgłoszeń z powodu polskiego języka ojczystego ucznia, lecz stwarza jedynie możliwość przeniesienia uczniów, nie rozumiejących w dostatecznej mierze po niemiecku, z uwagi na pożytek z nauki szkolnej ze szkoły mniejszościowej niemieckiej do szkoły większościowej polskiej. W każdym razie nie Prezydent Komisji Mieszanej jest właściwy do rozciągnięcia rezolucji Rady Ligi Narodów z dnia 12 marca 1927 na kwestie, które nie były przedmiotem ówczesnego zażalenia.

Jeżeli sprawa, dotycząca nieutworzenia szkoły mniejszościowej w Gierałtowicach, lub sprawa niniejsza przekazane zostaną Radzie Ligi Narodów, i jeżeli właściwa władza zajmuje stanowisko, że dana rezolucja może być także zastosowana do wniosków w myśl art. 106, to jest rzeczą Rady Ligi Narodów, wypowiedzieć się co do tego, czy, ograniczając prawo samostanowienia, zagwarantowane uprawnionym do wychowania w artykule 131, uzależnić należy ważność wniosków w myśl art. 106 od wyniku egzaminu językowego.

Gdyby egzamin językowy wprowadzono także odnośnie „wniosków", powstałaby następująca skomplikowana sytuacja:

Przede wszystkim należałoby przeprowadzić egzaminy językowe, aby wiedzieć, czy istnieje 40 ważnych wniosków i czy szkoła ma być otwarta. Te egzaminy językowe należałoby przeprowadzić na jakiś czas przed rozpoczęciem się roku szkolnego, aby móc przestrzegać

kerbundsrates vom 12. März 1927 vorgesehenen Sprachprüfungen in bezug auf die für das Schuljahr 1926-27 zu den Minderheitsschulen angemeldeten Kinder auch auf diesen Fall anwendbar seien im Sinne einer Einschränkung der in Artikel 131 der Genfer Konvention den Erziehungsberechtigten garantierten Freiheit, die Sprache bzw. die sprachliche Zugehörigkeit des Kindes hinsichtlich des Schulunterrichts zu bestimmen. Mit anderen Worten: hat die Resolution des Völkerbundsrates vom 12. März 1927 die Rechtswirkung, daß eine Prüfung der Kinder auf ihre Kenntnisse der deutschen Sprache auch hinsichtlich der Anträge auf Errichtung von Schulen im Sinne des Artikels 106 der Genfer Konvention stattfinden soll und daß die Anträge für solche Kinder, welche die Sprachprüfung nicht bestehen, als ungültig zu erklären sind. Diese Frage muß verneint werden, da die Resolution und die ihr zugrunde liegende Beschwerde nur Anmeldungen zu schon bestehenden Schulen, nicht aber Anträge auf Errichtung neuer Schulen betrifft. (Siehe über den Unterschied zwischen Anträgen auf Errichtung von Minderheitsschulen und bloßen Anmeldungen zu schon bestehenden Schulen sub I, 7 in der Stellungnahme Nr. 257 vom 15. Dezember 1926.) Sodann ist darauf hinzuweisen, daß die Resolution die Anmeldungen nicht etwa wegen der polnischen Muttersprache der Schüler rechtsungültig erklärt, sondern nur die Möglichkeit schafft, Schüler, die nicht in genügendem Maße deutsch verstehen, mit Rücksicht auf den Nutzen des Schulunterrichts von der deutschen Minderheitsschule in die polnische Schule zu versetzen. Jedenfalls ist nicht der Präsident der Gemischten Kommission zuständig, die Resolution des Völkerbundsrates vom 12. März 1927 auf Fragen auszudehnen, die nicht Gegenstand der damaligen Beschwerde bildeten.

Wird die Angelegenheit betr. Nichterrichtung der Minderheitsschule von Gierałtowice oder der vorliegende Fall an den Völkerbundsrat weitergezogen, und vertritt die zuständige Behörde den Standpunkt, daß die Resolution auch auf die Anträge im Sinne des Art. 106 anwendbar sei, so ist es Sache des Völkerbundsrates, sich darüber auszusprechen, ob die Gültigkeit der Anträge im Sinne des Art. 106, in Einschränkung des den Erziehungsberechtigten in Art. 131 garantierten Rechtes der Selbstbestimmung, vom Ergebnis einer Sprachprüfung abhängig zu machen ist.

Sollte die Sprachprüfung auch hinsichtlich der »Anträge« eingeführt werden, so ergäbe sich folgende komplizierte Situation:

In erster Linie müßten die Sprachprüfungen durchgeführt werden, um zu wissen, ob 40 gültige Anträge vorliegen und ob die Schule eröffnet werden solle. Diese Sprachprüfungen müßten einige Zeit vor dem Beginn des Schuljahres stattfinden, damit die Vorschrift des Art. 106 § 2:

przepisu artykułu 106 § 2, tj. otworzyć szkołę z dniem 1 września, jako początkiem roku szkolnego.

Następnie po otwarciu szkoły należałoby egzaminować jeszcze tych uczniów, dla których co prawda wniosków w myśl art. 106 nie zgłoszono, których jednak zgłoszono do danej szkoły bez wniosków (zob. okólnik Wojewody z dnia 1 września 1923). Należy przy tym podkreślić, że według stałej praktyki Prezydenta Komisji Mieszanej i w myśl dotycznych rozporządzeń właściwych władz polskich i niemieckich, należy zawsze ściśle odróżnić kwestię, czy dopełnione są warunki dla utworzenia szkoły mniejszościowej (przynajmniej 40 wniosków), od kwestii, w jaki sposób należy traktować zgłoszenia uczniów po otwarciu szkoły. Z jednej strony nie muszą dzieci, dla których zgłoszono wnioski o utworzenie szkoły w myśl art. 106 Konwencji Genewskiej, do szkoły tej uczęszczać, z drugiej zaś strony mogą do niej uczęszczać także takie dzieci, dla których wniosków w myśl art. 106 nie zgłoszono.

Z powyższych powodów należy wnioski, zgłoszone w myśl art. 106 Konwencji Genewskiej dla 52 dzieci, uznać za ważne. W Starej Wsi należy zatem szkołę mniejszościową bezzwłocznie utworzyć.

II

Co do wniosku o utworzenie Komisji Szkolnej stwierdza się, że wniosek ten na mocy artykułu 111 Konwencji Genewskiej należy uważać za uzasadniony, jeżeli zostaną zgłoszone dzieci do szkoły mniejszościowej.

III

Co do sił nauczycielskich mającej być utworzonej szkoły mniejszościowej wystarczy wskazać na art. 113 Konwencji Genewskiej.

IV

Po naradzie w łonie Komisji Mieszanej Prezydent Komisji Mieszanej na mocy powyższych rozważań dochodzi do

poglądu:

1. Szkołę mniejszościową w Starej Wsi należy bezzwłocznie utworzyć.

2. Należy wyznaczyć stosowne terminy zgłoszeń przez publiczne obwieszczenie w obu językach. O tych terminach zgłoszeń należy zawiadomić Prezydenta Komisji Mieszanej.

Dzieci, które zostaną zgłoszone do tej szkoły mniejszościowej, należy do niej przekazać z urzędu.

Eröffnung der Schule am 1. September, als dem Beginn des Schuljahres, eingehalten werden könnte.

Nach Eröffnung der Schule wären dann noch diejenigen Schüler zu prüfen, für die zwar keine Anträge im Sinne des Art. 106 gestellt, die aber für die betreffende Schule angemeldet wurden. (Siehe Rundschreiben des Wojewoden vom 1. September 1923.) Es ist dabei hervorzuheben, daß gemäß ständiger Praxis des Präsidenten der Gemischten Kommission und gemäß den bezüglichen Erlassen der zuständigen polnischen und deutschen Behörden stets streng unterschieden wird zwischen der Frage, ob die Voraussetzungen für die Errichtung einer Minderheitsschule erfüllt sind (mindestens 40 Anträge) und der Frage, wie die Anmeldungen der Schüler zu behandeln sind, nachdem die Schule eröffnet worden ist: Einerseits sind die Kinder, für welche Anträge gemäß Art. 106 der Genfer Konvention auf Errichtung einer Schule gestellt wurden, nicht verpflichtet, diese Schule zu besuchen; anderseits können auch solche Kinder diese Schule besuchen, für welche keine Anträge im Sinne des Artikels 106 gestellt wurden.

Aus diesen Gründen sind die für 52 Kinder eingereichten Anträge im Sinne von Art. 106 der Genfer Konvention als gültig anzusehen und es ist die Minderheitsschule in Stara Wieś unverzüglich zu errichten.

II

Was den Antrag auf Errichtung einer Schulkommission anbetrifft, so ist er, sofern Kinder für die Minderheitsschule angemeldet werden, gestützt auf Artikel 111 der Genfer Konvention, als ohne weiteres begründet anzusehen.

III

Was die Lehrkräfte der zu eröffnenden Minderheitsschule anbetrifft, so genügt es, auf Artikel 113 der Genfer Konvention zu verweisen.

IV

Nach stattgehabter Beratung im Schoße der Gemischten Kommission gelangt der Präsident der Gemischten Kommission, gestützt auf die vorstehenden Erwägungen, zur

Stellungnahme:

1. Die Minderheitsschule in Stara Wieś ist unverzüglich zu errichten.

2. Es sind Anmeldungstermine von angemessener Dauer durch öffentliche Bekanntmachungen in beiden Sprachen anzusetzen. Diese Anmeldungstermine sind dem Präsidenten der Gemischten Kommission bekanntzugeben.

Diejenigen Kinder, die für diese Minderheitsschule angemeldet werden, sind von Amts wegen in diese Schule überzuführen.

62

Pogląd

z dnia 14 grudnia 1927 w sprawie nr 227 Niemieckiego Związku Ludowego na Śląsk Polski dla strzeżenia praw mniejszości, zw. zap., żalącego się, w Katowicach, ul. Młyńska 23, dotyczącej pomieszczenia szkoły mniejszościowej w Brzezince (Górny Śląsk Polski).

I

1. W sprawie pomieszczenia szkoły mniejszościowej w Brzezince wniósł Niemiecki Związek Ludowy dnia 31 grudnia 1925 (akt 2) w myśl art. 149 i n. Konwencji Genewskiej zażalenie do Polskiego Urzędu Spraw Mniejszości w Katowicach. W myśl art. 152 Konwencji Genewskiej Urząd Spraw Mniejszości przekazał powyższe zażalenie dnia 29 maja 1926 (akt 1) wraz z uwagami (akt 4) Prezydentowi Komisji Mieszanej. Następnie odbyła się wymiana pism, przewidziana w regulaminie postępowania Komisji Mieszanej. Na rozprawie ustnej z dnia 5 listopada 1927, z którą były połączone oględziny, zastępca Urzędu Spraw Mniejszości i żalący się mieli sposobność przedstawić dalsze wywody faktyczne i prawne.

2. Związek szkolny w Brzezince dysponuje trzema szkołami:
szkołą I (stary i nowy budynek) w Brzezince samej,
szkołą II w kolonii Larysz,
szkołą III w Morgach.

Nie jest sporne, że największa ilość zgłoszeń do szkoły mniejszościowej pochodzi z Brzezinki samej, kilka zgłoszeń pochodzi także z kolonii Larysz, natomiast w Morgach zgłoszeń nie było wcale. Pomimo to zarządziła właściwa władza w roku 1925, gdy szkołę miano uruchomić, że należy ją umieścić w oddalonych o kilka kilometrów od Brzezinki Morgach (szkoła III). (Z okazji oględzin Komisja Mieszana potrzebowała na odbycie drogi od szkoły w Brzezince do szkoły w Morgach 43 minuty.) Następstwem tego było, że uprawnieni do wychowania wzbraniali się posyłać dzieci do Morgów, tak, że szkoła mniejszościowa nie jest do dziś dnia uruchomiona.

W takim pomieszczeniu szkoły mniejszościowej, jak je zarządziła właściwa władza, dopatruje się petent nierównego traktowania mniejszości i żąda, aby daną szkołę uruchomiono w jednej z ubikacyj starego lub nowego budynku szkolnego w Brzezince samej. Urząd Spraw Mniejszości, który się przede wszystkim powołał na to, że dla

62

Stellungnahme

vom 14. Dezember 1927 in der Sache Nr. 227 des Deutsch-Oberschlesischen Volksbundes für Polnisch-Schlesien zur Wahrung der Minderheitsrechte, eingetragener Verein, Beschwerdeführer, in Katowice, ulica Młyńska 23, betreffend Unterbringung der Minderheitsschule Brzezinka (Polnisch-Oberschlesien).

I

1. Am 31. Dezember 1925 (act. 2) erhob der Deutsche Volksbund im Sinne von Art. 149 ff. der Genfer Konvention Beschwerde beim Polnischen Minderheitsamt in Katowice betr. Unterbringung der Minderheitsschule Brzezinka. Das Minderheitsamt überwies am 29. Mai 1926 (act. 1) die Beschwerde mit seinen Bemerkungen im Sinne von Art. 152 der Genfer Konvention (act. 4) an den Präsidenten der Gemischten Kommission. Es fand hierauf der in der Verfahrensordnung der Gemischten Kommission vorgesehene Schriftenwechsel statt, und in der mündlichen Verhandlung vom 5. November 1927, mit welcher ein Augenschein verbunden wurde, hatten der Vertreter des Minderheitsamtes und der Beschwerdeführer Gelegenheit, weitere Ausführungen in tatsächlicher und rechtlicher Beziehung vorzutragen.

2. Der Schulverband Brzezinka verfügt über 3 Schulen:

Schule I: (altes und neues Gebäude) in Brzezinka selbst,

Schule II: in der Kolonie Larysz,

Schule III: in Morgi.

Unbestrittenermaßen liegen weitaus die meisten Anmeldungen für die Minderheitsschule aus Brzezinka selber vor, einige auch aus Larysz, gar keine jedoch aus Morgi. Trotz dieser Tatsache hat die zuständige Behörde im Jahre 1925, als die Schule in Betrieb gesetzt werden sollte, ihre Unterbringung in dem mehrere Kilometer von Brzezinka entfernten Morgi (Schule III) angeordnet. (Anläßlich des Augenscheins benötigte die Gemischte Kommission zur Zurücklegung des Weges Schulhaus Brzezinka bis Schulhaus Morgi 43 Minuten.) Die Erziehungsberechtigten haben sich in der Folge geweigert, ihre Kinder nach Morgi zu schicken, so daß die Minderheitsschule bis heute nicht in Betrieb ist.

Der Beschwerdeführer erblickt in der Unterbringung der Minderheitsschule, wie sie von der zuständigen Behörde angeordnet wurde, eine unterschiedliche Behandlung der Minderheit und stellt das Begehren, daß die Minderheitsschule in einem Raum des alten oder neuen Schulgebäudes in Brzezinka selbst in Betrieb gesetzt werde. Das Minderheitsamt, das vor

braku miejsca nie można szkoły mniejszościowej umieścić w Brzezince, oświadczył na rozprawie ustnej ponownie, że szkoła mniejszościowa ma do dyspozycji salę szkolną w szkole III (w Morgach).

3. Według zaczepionego zarządzenia mają uczniowie szkoły mniejszościowej, którzy mieszkają w Brzezince, pobierać naukę w znacznie odległej miejscowości Morgach, podczas gdy wszyscy uczniowie szkoły polskiej, którzy mieszkają w Brzezince, uczęszczają do szkoły na miejscu. Tylko uczniowie szkoły mniejszościowej musieliby odbywać codziennie drogę z Brzezinki do Morgów i z powrotem. Z okazji oględzin stwierdzono, że chodzi tu o około 2-godzinną drogę. Droga jest co prawda dobra i nie ma wątpliwości, że także przy trwałej niepogodzie można z niej bez trudności korzystać. Prowadzi ona jednak po większej części przez okolicę niezamieszkałą i otwarty teren, wskutek czego przechodzień wystawiony jest w znacznym stopniu na wiatr i niepogodę. Jeżeli starsze dzieci mogłyby na ogół znosić fizyczne trudy i skutki niepogody, to zdrowie uczniów najmłodszych roczników mogłoby poważnie ucierpieć, zwłaszcza wtenczas, gdy chodzi o dzieci wątłe i słabe.

Sam fakt odległej drogi szkolnej wprawdzie jeszcze nie dowodzi nierównego traktowania mniejszości. Po wsiach może się czasami zdarzać, że dzieci muszą odbywać równie długą i równie uciążliwą drogę szkolną, jak w niniejszym przypadku. Nie ulega jednak wątpliwości, że władze winny także wobec szkoły mniejszościowej postępować w myśl zasady, że wolno wymagać od dzieci, aby odbywały tak uciążliwą i zdrowie ich podkopującą drogę tylko wówczas, jeżeli warunki nie pozwalają na lepsze rozwiązanie kwestii. Powstaje zatem pytanie, czy w niniejszym przypadku stosunki faktyczne istotnie nie pozwalają na odpowiedniejsze i słuszniejsze pomieszczenie szkoły mniejszościowej, niż to właściwe władze zarządziły.

Nie da się zaprzeczyć, że rodzice zamieszkali w Brzezince mają słuszny interes w tym, aby posyłać dzieci do szkoły nie do Morgów lecz w Brzezince samej. Jak już wspomniano, najwięcej zgłoszeń do szkoły mniejszościowej pochodzi z Brzezinki, natomiast w Morgach zgłoszeń nie było w ogóle. Pomieszczenie szkoły mniejszościowej w Brzezince nie naruszyłoby też interesów tych uprawnionych do wychowania, którzy mieszkają w kolonii Larysz i zgłosili dzieci do szko-

allem geltend machte, daß die Unterbringung der Minderheitsschule in Brzezinka mangels Platz nicht möglich sei, hat in der mündlichen Verhandlung erneut die Erklärung abgegeben, daß für die Minderheitsschule ein Klassenraum der Schule III (Morgi) zur Verfügung stehe.

3. Gemäß der angefochtenen Verfügung sollen die in der Ortschaft Brzezinka wohnenden Schüler der Minderheitsschule in der abgelegenen Ortschaft Morgi unterrichtet werden, während alle in Brzezinka wohnenden Schüler der polnischen Schulklassen an Ort und Stelle die Schule besuchen. Nur die Schüler der Minderheitsschule wären gezwungen, täglich den Weg von Brzezinka nach Morgi und von Morgi nach Brzezinka zurückzulegen. Anläßlich des Augenscheines wurde festgestellt, daß die Schüler täglich ungefähr 2 Stunden unterwegs wären. Die Beschaffenheit der Straße ist allerdings gut, und es bestehen keine Zweifel, daß der Weg auch bei andauernd schlechtem Wetter gut gangbar ist. Dagegen führt er größtenteils durch unbewohnte offene Gegend und ist Wind und Wetter stark ausgesetzt. Während ältere Kinder den körperlichen Anforderungen dieses Schulweges und den Einflüssen schlechter Witterung im allgemeinen gewachsen wären, könnten daraus für die Gesundheit der Schüler der untersten Jahrgänge, namentlich wenn sie schwächlicher Konstitution sind, ernsthafte Nachteile erwachsen.

Die Tatsache des weiten Schulweges allein beweist allerdings noch keine unterschiedliche Behandlung der Minderheit. In den ländlichen Gegenden kann es bisweilen vorkommen, daß von Kindern ebenso weite und ebenso beschwerliche Schulwege, wie im vorliegenden Fall, zurückgelegt werden müssen. Zweifellos aber haben die Behörden auch gegenüber der Minderheitsschule nach dem Grundsatz zu verfahren, daß den Kindern die Erschwerungen und Nachteile solch langer Schulwege nur dann auferlegt werden sollen, wenn die Verhältnisse eine andere bessere Lösung ausschließen. Es stellt sich somit die Frage, ob im konkreten Fall die tatsächlichen Verhältnisse eine zweckmäßigere und der Billigkeit besser entsprechende Unterbringung der Minderheitsschule ermöglichen, als wie von den zuständigen Behörden vorgesehen.

Es ist unbestreitbar, daß die in Brzezinka wohnenden Eltern ein berechtigtes Interesse haben, ihre Kinder nicht nach Morgi, sondern in Brzezinka selbst zur Schule zu schicken. Wie bereits erwähnt wurde, liegen weitaus die meisten Anmeldungen für die Minderheitsschule aus Brzezinka selbst, gar keine jedoch aus Morgi vor. Die Unterbringung der Minderheitsschule in Brzezinka verstößt aber auch nicht gegen die Interessen derjenigen Erziehungsberechtigten, welche die Kolonie Larysz bewoh-

ły mniejszościowej, ponieważ przez przeniesienie szkoły do Brzezinki droga szkolna dla dzieci tych nie byłaby dłuższa.

Następnie na podstawie oględzin jest ustalone, że właściwe władze nie mogą w niniejszym przypadku uzasadnić swego stanowiska brakiem pomieszczeń w szkole I. Mogą one raczej bez trudności uwzględnić słuszne roszczenie uprawnionych do wychowania i odstąpić ubikację szkolną w starym lub nowym budynku szkolnym w Brzezince.

Nowy budynek szkolny ma 8 sal. Z 11 klas polskich pobiera 8 klas naukę przed południem. Pozostałe 3 klasy pobierają w 3 salach naukę po południu. Według wywodów kierownika szkoły zajmuje się po południu jeszcze jedną, tj. czwartą salę, na naukę religii. Cztery sale szkolne są zatem po południu wolne. Uczniowie szkoły mniejszościowej mogą zatem bez trudności pobierać w jednej z tych sal szkolnych naukę po południu, tak samo jak powyższe 3 klasy polskiej szkoły większościowej. Nie ma kwestii, że nauce przedpołudniowej należałoby dać wszędzie pierwszeństwo przed nauką popołudniową. Dla braku pomieszczeń nie da się jednak w niektórych szkołach Górnego Śląska Polskiego uniknąć nauki popołudniowej. Gdzie brak pomieszczeń do tego zmusza, tam także szkoła mniejszościowa, podobnie jak szkoła większościowa, musi pogodzić się z nauką popołudniową. Szkoła mniejszościowa może jedynie wymagać, aby słusznie i sprawiedliwie przestrzegano zasady równego traktowania.

Poza tym należy uwzględnić, że w starym budynku szkolnym z owych 5 sal tylko dwie używane są na właściwe cele szkolne. Z pozostałych trzech sal jedna służy na salę gminną, druga zajęta jest przez szkołę gospodarstwa domowego, a w trzeciej umieszczono ochronkę. Gdyby właściwa władza miała zastrzeżenia co do nauki popołudniowej i co do pomieszczenia szkoły mniejszościowej w nowym budynku, to może odstąpić szkole mniejszościowej salę gminną. Sprawę można by wreszcie rozwiązać w ten sposób, że usunie się ochronkę z zajmowanej dotychczas przez nią sali i umieści tam szkołę mniejszościową. Nie potrzeba dowodzić, że w budynku szkoły ludowej pierwszeństwo przed instytucjami społecznymi, choćby one były najpożyteczniejsze, należy się szkole ludowej.

Z powyższych wywodów wynika, że nie ma potrzeby, aby część uczniów zamieszkałych w Brzezince pobierała naukę w Morgach i była zmuszona odbywać długą i uciążliwą drogę. Gdyby ta potrzeba za-

nen und ihre Kinder für die Minderheitsschule angemeldet haben, da den Kindern aus diesem Ortsteil durch die Verlegung der Schule keine Verlängerung des Schulweges erwächst.

Sodann ist auf Grund des Augenscheins festgestellt, daß die zuständigen Behörden ihren in der vorliegenden Beschwerdesache eingenommenen Standpunkt nicht mit Raummangel in der Schule I rechtfertigen können, sondern ohne weiteres in der Lage sind, dem berechtigten Anspruch der Erziehungsberechtigten um Überlassung eines Schulraumes im alten oder neuen Schulgebäude in Brzezinka Folge zu geben.

Das neue Schulgebäude zählt 8 Zimmer. Von den 11 polnischen Klassen erhalten 8 ihren Unterricht am Vormittag. Die restlichen 3 Klassen werden nachmittags in 3 Räumen unterrichtet. Nach den Ausführungen des Schulleiters ist nachmittags noch ein 4. Klassenraum für Religionsunterricht in Anspruch genommen. Somit stehen an Nachmittagen 4 Räume leer. Die Schüler der Minderheitsschule können also ganz gut während des Nachmittags in einem dieser Schulzimmer unterrichtet werden, ebensogut wie das mit 3 Klassen der polnischen Mehrheitsschule geschieht. Dem Nachmittagsunterricht wäre der Vormittagsunterricht zweifelsohne in allen Fällen vorzuziehen. Der Nachmittagsunterricht ist aber in manchen Schulen von Polnisch-Oberschlesien unvermeidlich infolge der Raumnot. Wo diese Raumnot hiezu zwingt, muß sich auch die Minderheitsschule, wie die Mehrheitsschule, mit dem Nachmittagsunterricht abfinden. Sie darf nur verlangen, daß der Grundsatz der gleichen Behandlung in billiger Weise gewahrt werde.

Ferner ist zu beachten, daß im alten Schulgebäude von den 5 Zimmern nur 2 für eigentliche Schulzwecke benutzt werden. Von den übrigen 3 Räumen dient einer als Gemeindesaal, ein anderer ist von der Haushaltungsschule besetzt, und im dritten ist die Kleinkinderschule untergebracht. Sollte die zuständige Behörde Bedenken gegen den Nachmittagsunterricht und gegen die Unterbringung der Minderheitsschule im neuen Gebäude haben, so bestände die Möglichkeit, der Minderheitsschule den Gemeindesaal zur Unterrichterteilung zur Verfügung zu stellen. Eine andere Lösung bestände schließlich darin, die Kleinkinderschule zu evakuieren und die Minderheitsschule in dem bisher von jener benutzten Raume zu installieren. Es bedarf keiner weiteren Ausführung, daß in einem Volksschulgebäude der Vorrang der Volksschule gebührt vor einer noch so nützlichen Wohlfahrtseinrichtung.

Die vorstehenden Ausführungen ergeben, daß keine Notwendigkeit besteht, einen Teil der in Brzezinka wohnenden Schüler in Morgi zu unterrichten und zu dem langen und beschwerlichen Schulweg dorthin zu zwingen.

chodziła, odpowiadałoby zasadzie słuszności i równego traktowania, aby do Morgów przeniesiono jedną klasę z najstarszych roczników kilkuklasowej szkoły polskiej, a nie jednoklasową szkołę mniejszościową, do której chodzą 6-, 7- i 8-letnie dzieci, dla których w danych okolicznościach omawiana droga oznaczałaby nie dającą się usprawiedliwić surowość i niesłuszność.

Z powyższych rozważań wynika, że przez pomieszczenie szkoły mniejszościowej w Morgach mniejszość doznaje nierównego traktowania w myśl art. 75 Konwencji Genewskiej. Właściwe władze należy wezwać, aby mniejszości odstąpiły pomieszczenie szkolne w starym lub nowym budynku szkolnym w Brzezince (szkoła I).

II

Po naradzie w łonie Komisji Mieszanej Prezydent Komisji Mieszanej na mocy powyższych rozważań dochodzi do

poglądu:

Właściwe władze wzywa się, aby szkole mniejszościowej w Brzezince dały do dyspozycji pomieszczenie szkolne w nowym lub starym budynku szkolnym w Brzezince (szkoła I).

63

Pogląd

z dnia 30 stycznia 1928 w sprawie nr 166 Niemieckiego Związku Ludowego na Śląsk Polski dla strzeżenia praw mniejszości, związku zapisanego, załącego się, w Katowicach, ulica Młyńska 23, dotyczącej wadliwych stosunków w szkole mniejszościowej w Janowie (Górny Śląsk Polski).

I

1. Z powodu wadliwych stosunków w szkole mniejszościowej w Janowie wniósł Niemiecki Związek Ludowy dnia 3 stycznia 1925 (akt 2) w myśl art. 149 i n. Konwencji Genewskiej zażalenie do Polskiego Urzędu Spraw Mniejszości w Katowicach. Urząd Spraw Mniejszości przekazał to zażalenie dnia 16 lipca 1925 wraz z uwagami w myśl art. 152 Konwencji Genewskiej Prezydentowi Komisji Mieszanej. Następnie odbyła się wymiana pism, przewidziana w regulaminie postępowania Komisji Mieszanej, a na rozprawie ustnej z dnia 5 li-

Würde diese Notwendigkeit bestehen, so würde es dem Grundsatze der Billigkeit und gleichen Behandlung entsprechen, eine Klasse der letzten Jahrgänge der mehrklassigen polnischen Schule nach Morgi zu verlegen, nicht die einklassige Minderheitsschule, die Kinder von 6, 7 und 8 Jahren umfaßt, für welche dieser Schulweg unter den gegebenen Umständen eine nicht zu verantwortende Härte und Unbilligkeit wäre.

Aus diesen Erwägungen geht hervor, daß die Minderheit durch die Unterbringung der Minderheitsschule in Morgi im Sinne von Artikel 75 der Genfer Konvention unterschiedlich behandelt ist. Die zuständigen Behörden sind zu ersuchen, der Minderheit einen Schulraum im alten oder neuen Schulgebäude in Brzezinka (Schule I) zur Verfügung zu stellen.

II

Nach stattgehabter Beratung im Schoße der Gemischten Kommission gelangt der Präsident der Gemischten Kommission, gestützt auf die vorstehenden Erwägungen, zur

Stellungnahme:

Die zuständigen Behörden werden ersucht, für die Minderheitsschule Brzezinka einen Schulraum im alten oder neuen Schulgebäude in Brzezinka (Schule I) zur Verfügung zu stellen.

63

Stellungnahme

vom 30. Januar 1928 in der Sache Nr. 166 des Deutsch-Oberschlesischen Volksbundes für Polnisch-Schlesien zur Wahrung der Minderheitsrechte, eingetragener Verein, Beschwerdeführer, in Katowice, ulica Młyńska 23, betreffend mangelhafte Verhältnisse an der Minderheitsschule in Janów (Polnisch-Oberschlesien).

I

1. Am 3. Januar 1925 (act. 2) erhob der Deutsche Volksbund im Sinne von Art. 149 ff. der Genfer Konvention Beschwerde beim Polnischen Minderheitsamt in Katowice wegen mangelhafter Verhältnisse an der Minderheitsschule in Janów. Das Minderheitsamt überwies am 16. Juli 1925 die Beschwerde mit seinen Bemerkungen im Sinne von Art. 152 der Genfer Konvention an den Präsidenten der Gemischten Kommission. Es fand hierauf der in der Verfahrensordnung der Gemischten Kommission vorgesehene Schriftenwechsel statt, und in der mündlichen

stopada 1927, w związku z którą odbyły się oględziny, zastępca Urzędu Spraw Mniejszości i żałący się mieli sposobność przedstawić dalsze wywody faktyczne i prawne.

2. W Janowie i Nikiszowcu istnieją szkoły mniejszościowe. W Nikiszowcu nauki udziela się w kilku klasach, w Janowie zaś utworzono tylko jednoklasową szkołę, ponieważ łączna liczba uczniów wynosi tu tylko około 50.

Z uwagi na to, że miejscowości Janów, Nikiszowiec i Giszowiec połączono w jedną gminę polityczną i w jeden związek szkolny, uprawnieni do wychowania z Janowa żądają, aby dzieci ich w interesie lepszego wykształcenia szkolnego przeniesiono do kilkoklasowej szkoły mniejszościowej w Nikiszowcu. Powyższe roszczenie (zobacz także petycję 36 uprawnionych do wychowania z dnia 7 listopada 1926 — akt 52 — skierowaną do Prezydenta Komisji Mieszanej) stanowi przedmiot niniejszego zażalenia Niemieckiego Związku Ludowego.

Właściwa władza oświadczyła pismem z dnia 20 lutego 1925 (akt 4), że chwilowo połączenie szkoły mniejszościowej w Janowie ze szkołą mniejszościową w Nikiszowcu jest niemożliwe, bo brak pomieszczeń szkolnych. W późniejszych pismach, np. w piśmie z dnia 19 września 1925 (akt 23), Urząd Spraw Mniejszości zajmował stanowisko, że nie ma potrzeby przeniesienia szkoły ze względów pedagogicznych i że z uwagi na dobro dzieci szkołę należy bezwarunkowo pozostawić w Janowie. Przy stanowisku tym zastępca Urzędu Spraw Mniejszości obstawał także na rozprawie ustnej.

3. Następstwem połączenia szkoły mniejszościowej w Janowie ze szkołą mniejszościową w Nikiszowcu byłoby, że uczniowie zamieszkali w Janowie mieliby dłuższą drogę szkolną. Jak stwierdzono z okazji oględzin, różnica czasu drogi byłaby jednak tak minimalna, że nawet dzieci mieszkające najdalej od szkoły w Nikiszowcu mogłyby odbyć tę drogę tam i z powrotem w nie więcej jak trzech kwadransach. Jeżeli się ponadto zważy, że droga z Janowa do Nikiszowca jest dobra i prowadzi przeważnie przez okolicę zamieszkałą, że nie jest szczególnie wystawiona na wpływy atmosferyczne, wiatr i niepogodę, to musi się przypuścić, że nawet małe i wątłe dzieci mogą sprostać fizycznym wymogom tej drogi. Zapatrywanie to podzielają także rodzice danych uczniów, jak to wynika z ich wspomnianej petycji z dnia 7 listopada 1926 (akt 52). Wobec tego nie można podzielać zdania właściwej władzy, że ze względu na dobro dzieci należy szkołę bezwarunkowo pozostawić w Janowie.

Verhandlung vom 5. November 1927, mit welcher ein Augenschein verbunden wurde, hatten der Vertreter des Minderheitsamtes und der Beschwerdeführer Gelegenheit, weitere Ausführungen in tatsächlicher und rechtlicher Beziehung vorzutragen.

2. In Janów sowie in Nikiszowiec besteht eine Minderheitsschule. Während in Nikiszowiec der Unterricht in mehreren Klassen erteilt wird, ist in Janów lediglich eine einklassige Schule (Gesamtschule) eingerichtet, da die Gesamtschülerzahl nur etwa 50 beträgt.

Nachdem die Orte Janów, Nikiszowiec und Giszowiec zu einer politischen Gemeinde und einem Schulverband vereinigt worden sind, verlangen die Erziehungsberechtigten aus Janów im Interesse einer bessern Schulbildung die Überweisung ihrer Kinder in die mehrklassige Minderheitsschule im Ortsteil Nikiszowiec. Dieses Begehren (siehe auch die von 36 Erziehungsberechtigten unterzeichnete, an den Präsidenten der Gemischten Kommission gerichtete Eingabe vom 7. November 1926 (act 52) hat der Deutsche Volksbund zum Gegenstand der vorliegenden Beschwerde gemacht.

Die zuständige Behörde gab in der Eingabe vom 20. Februar 1925 (act. 4) die Erklärung ab, daß die Verschmelzung der Minderheitsschule Janów mit der Minderheitsschule Nikiszowiec vorläufig unmöglich sei, weil es an Schulräumen mangle; in späteren Eingaben, so im Schriftsatz vom 19. September 1925 (act. 23), vertrat das Minderheitsamt den Standpunkt, daß keine Notwendigkeit der Umschulung aus pädagogischen Gründen bestehe und daß mit Rücksicht auf das Wohl der Kinder die Schule unbedingt in Janów zu belassen sei. Diesen Standpunkt hielt der Vertreter des Minderheitsamtes auch in den mündlichen Verhandlungen aufrecht.

3. Die Verschmelzung der Minderheitsschule Janów mit der Minderheitsschule Nikiszowiec würde für die den Ortsteil Janów bewohnenden Schüler eine Verlängerung des Schulweges mit sich bringen. Diese wäre aber, wie anläßlich des Augenscheines festgestellt wurde, so gering, daß auch die am weitesten von der Schule Nikiszowiec entfernt wohnenden Kinder auf den Hin- und Rückweg nicht mehr als ¾ Stunden verwenden würden. Wenn man noch berücksichtigt, daß die gute Straße, die Janów mit Nikiszowiec verbindet, hauptsächlich durch bewohnte Gegend führt und Wind und Wetter nicht besonders ausgesetzt ist, so muß angenommen werden, daß selbst Kinder zarten Alters und schwächlicher Konstitution den körperlichen Anforderungen dieses Schulweges gewachsen sind. Das ist auch, wie aus ihrer erwähnten Eingabe vom 7. November 1926 (act. 52) hervorgeht, die Auffassung der Eltern dieser Schüler. Es kann daher dem Einwand der zuständigen Behörde, daß mit Rücksicht auf das Wohl der Kinder die Schule unbedingt in Janów zu belassen sei, nicht beigepflichtet werden.

Natomiast ze stanowiska pedagogicznego i w myśl zasady równego traktowania należy roszczenie żalącego się uznać za uzasadnione.

W szkole jednoklasowej, jaką obecnie posiada mniejszość w Janowie, udziela jedna siła nauczycielska w jednej klasie nauki dzieciom wszystkich ośmiu roczników. Powstaje pytanie, czy tego rodzaju system nauczania (szkoła jednoklasowa) ma istotnie, jak to twierdzi żalący się, mniejszą wartość w porównaniu z instytucją, w której jeden nauczyciel udziela nauki tylko uczniom jednego rocznika lub pewnej ograniczonej liczby roczników (szkoła kilkoklasowa). Fachowiec pedagogiczny, inspektor Maurer, któremu Prezydent przedłożył to pytanie, potwierdza je stanowczo. Zresztą i każdy niefachowiec łatwo zrozumie, że nauczyciel o równie dobrej kwalifikacji będzie pracował o wiele owocniej wówczas, gdy będzie mógł skoncentrować swą działalność nauczycielską na dwa lub trzy roczniki, niż wówczas, gdy będzie zmuszony zajmować się równocześnie ośmiu rocznikami.

Szkoła mniejszościowa w Janowie powstała w czasie, gdy Janów był samodzielną gminą polityczną i samoistnym związkiem szkolnym. Janów ponosił wówczas, niezależnie od Nikiszowca i Giszowca, koszty swych instytucyj szkolnych sam. Inne rozwiązanie kwestii, jak otwarcie jednoklasowej szkoły mniejszościowej, nie wchodziło tam wówczas w rachubę. Warunki zmieniły się jednak przez połączenie Janowa, Nikiszowca i Giszowca w jeden związek szkolny. Następstwem tego jest, że gminy te, które dotychczas były samodzielne, utrzymują dzisiaj dane szkoły i starają się o ich rozwój wspólnymi siłami. Z drugiej strony jest jasne, że także uprawnieni do wychowania, którzy zaliczają się do mniejszości i należą do tego samego związku szkolnego, mają prawo do szkół równowartościowych.

Jednoklasowa szkoła mniejszościowa w Janowie, jedyna dziś jeszcze istniejąca szkoła łączna (Gesamtschule) w związku szkolnym, straciła zatem prawo egzystencji, skoro w pobliżu Janowa, w obrębie związku szkolnego, istnieje bez porównania wyższy system szkoły mniejszościowej.

Praktyczne przeprowadzenie połączenia szkół mniejszościowych w Janowie i Nikiszowcu przedstawia się jak następuje:

Szkoła mniejszościowa w Nikiszowcu obejmuje dzisiaj trzy klasy, z których każda liczy około 60 uczniów; ma ona do dyspozycji trzech nauczycieli i trzy sale szkolne. Przez przyjęcie uczniów, którzy obecnie uczęszczają do szkoły mniejszościowej w Janowie (około 50 dzieci), liczba uczniów szkoły mniejszościowej w Nikiszowcu powięk-

Andererseits ist das Begehren des Beschwerdeführers vom pädagogischen Standpunkt und nach dem Grundsatz der gleichen Behandlung als begründet anzuerkennen.

In einer Gesamtschule, wie sie gegenwärtig in Janów für die Minderheit besteht, werden die Kinder aller 8 Jahrgänge in einer Klasse von einer Lehrkraft unterrichtet. Es erhebt sich die Frage, ob ein solches Unterrichtssystem (einklassige Schule) wirklich, wie der Beschwerdeführer behauptet, gegenüber der Einrichtung, gemäß welcher ein Lehrer nur die Schüler eines Jahrganges oder einer beschränkten Zahl von Jahrgängen unterrichtet (mehrklassige Schule), minderwertig sei. Diese Frage wird vom pädagogischen Fachmann, Inspektor Maurer, dem der Präsident sie unterbreitet hat, entschieden bejaht. Es ist übrigens wohl auch für jeden Laien einleuchtend, daß ein gleichtüchtiger Lehrer mehr Erfolg haben muß, wenn er seine Lehrtätigkeit auf zwei oder drei Jahresklassen konzentrieren kann, als wenn er gezwungen ist, sich mit acht Jahresklassen zu befassen.

Die Minderheitsschule in Janów ist entstanden zu einer Zeit, da Janów eine selbständige Gemeinde bildete und einen Schulverband für sich darstellte. Damals bestritt Janów, unabhängig von Nikiszowiec und Giszowiec, selbständig seine Schuleinrichtungen, und eine andere Lösung als die Eröffnung einer einklassigen Minderheitsschule in Janów kam gar nicht in Frage. Die Verhältnisse haben sich indes durch die Vereinigung von Janów, Nikiszowiec und Giszowiec zu einem Schulverband geändert. Der Zusammenschluß hat zur Folge, daß die bisher selbständigen Gemeinden heute mit vereinten Kräften die Schulen unterhalten und fördern. Anderseits ist klar, daß auch die der Minderheit angehörigen Erziehungsberechtigten dieses Schulverbandes das Recht auf qualitativ ebenbürtige Schulen haben.

Die einklassige Minderheitsschule in Janów, die einzige heute noch bestehende Gesamtschule im Schulverband, hat daher ihre Daseinsberechtigung verloren, nachdem in der Nähe des Ortes Janów, innerhalb des Schulverbandes, ein ungleich höher stehendes Minderheitsschulsystem besteht.

Die praktische Durchführung der Verschmelzung der Minderheitsschulen Janów und Nikiszowiec gestaltet sich folgendermaßen:

Die Minderheitsschule in Nikiszowiec umfaßt heute 3 Klassen mit je ungefähr 60 Schülern, und es stehen ihr 3 Lehrer und 3 Klassenräume zur Verfügung. Durch die Aufnahme der heute die Minderheitsschule Janów besuchenden Schüler (zirka 50 Kinder) wächst die Schülerzahl der Minderheitsschule Nikiszowiec derart an, daß der Schule gemäß der Verordnung

szyłaby się w takim stopniu, że w myśl rozporządzenia Województwa z dnia 20 lipca 1925, na które właściwa władza powoływała się w różnych zażaleniach, należałoby jej przydzielić czwartą siłę nauczycielską. Większe ciężary z tego powodu by nie powstały, ponieważ związek szkolny nie musiałby angażować nowej siły nauczycielskiej, lecz mógłby powołać do szkoły mniejszościowej w Nikiszowcu nauczyciela szkoły mniejszościowej z Janowa, który by po połączeniu obu tych szkół był wolny.

Wobec tego, że nauki udziela czterech nauczycieli w czterech klasach, mniejszość ma słuszne prawo do czwartej sali szkolnej. W kwestii pomieszczeń szkolnych należy nadmienić co następuje:

Szkoła w Nikiszowcu składa się ze szkoły żeńskiej i męskiej. Według zapodań kierownika szkoły szkoła męska zajęta jest całkowicie na cele szkolne. Natomiast w szkole żeńskiej, w której już dzisiaj mieści się jedna klasa mniejszościowa, z 16 sal używa się tylko 13 na cele szkolne. Z pozostałych trzech sal dwie są do dyspozycji harcerzy, a trzecia przewidziana jest dla polskiego kółka czytelników. Jak Prezydent Komisji Mieszanej wyraził już w poglądzie nr 227 z dnia 14 grudnia 1927 w sprawie szkoły mniejszościowej w Brzezince, w budynku szkoły ludowej pierwszeństwo przed instytucjami społecznymi i innymi, choćby te były najpożyteczniejsze, należy się szkole ludowej.

Właściwa władza nie może zatem wysunąć zarzutu, że żądanemu połączeniu obu szkół mniejszościowych stoi na przeszkodzie brak pomieszczeń, przeciwnie może ona w szkole w Nikiszowcu odstąpić mniejszości czwartą ubikację szkolną.

Z powyższych powodów należy stwierdzić, że właściwe władze, zajmując negatywne stanowisko wobec uzasadnionego roszczenia petenta, traktowały nierówno uprawnionych do wychowania w Janowie, którzy zaliczają się do mniejszości. Właściwe władze należy wezwać, aby uczniów dotychczasowej szkoły mniejszościowej w Janowie przeniosły do szkoły mniejszościowej w Nikiszowcu.

II

Po obradach w łonie Komisji Mieszanej Prezydent Komisji Mieszanej na mocy powyższych rozważań dochodzi do

poglądu:

Właściwe władze wzywa się, aby uczniów dotychczasowej szkoły mniejszościowej w Janowie przeniosły do szkoły mniejszościowej w Nikiszowcu.

der Wojewodschaft vom 20. Juli 1925, auf die sich die zuständige Behörde in verschiedenen Beschwerdesachen berufen hat, eine 4. Lehrkraft zugewiesen werden muß. Eine finanzielle Mehrbelastung erwächst hieraus nicht, da der Schulverband keine neue Lehrkraft einstellen muß, sondern den heute in Janów unterrichtenden und nach der Verschmelzung der beiden Schulen frei werdenden Minderheitsschullehrer der Minderheitsschule Nikiszowiec zuteilen kann.

Nachdem der Unterricht von 4 Lehrern in 4 Klassen erteilt wird, hat die Minderheit billigerweise Anspruch auf einen vierten Klassenraum. Über die Raumfrage ist folgendes zu sagen:

Die Schule in Nikiszowiec setzt sich aus Mädchen- und Knabenschule zusammen. Nach den Angaben des Schulleiters ist die Knabenschule vollkommen für Schulzwecke in Anspruch genommen. In der Mädchenschule, in welcher schon heute eine Minderheitsklasse untergebracht ist, werden indes von den 16 Zimmern nur 13 für Schulzwecke benutzt. Von den übrigen 3 stehen 2 zur Verfügung der Pfadfinder und der dritte ist für den polnischen Leseverein vorgesehen. Wie der Präsident der Gemischten Kommission schon in der Stellungnahme Nr. 227 vom 14. Dezember 1927 betr. Minderheitsschule Brzezinka zum Ausdruck gebracht hat, gebührt im Volksschulgebäude der Volksschule der Vorrang vor noch so nützlichen Wohlfahrts- und anderen Einrichtungen.

Die zuständige Behörde kann daher der verlangten Verschmelzung der beiden Minderheitsschulen nicht Raummangel entgegenhalten, sie ist vielmehr in der Lage, der Minderheit in der Schule Nikiszowiec einen 4. Schulraum zur Verfügung zu stellen.

Aus diesen Gründen ist im ablehnenden Verhalten der zuständigen Behörden gegenüber dem berechtigten Begehren des Beschwerdeführers eine unterschiedliche Behandlung der minderheitsangehörigen Erziehungsberechtigten von Janów zu erblicken. Die zuständigen Behörden sind zu ersuchen, die Schüler der bisherigen Minderheitsschule Janów der Minderheitsschule Nikiszowiec zu überweisen.

II

Nach stattgehabter Beratung im Schoße der Gemischten Kommission gelangt der Präsident der Gemischten Kommission, gestützt auf die vorstehenden Erwägungen, zur

Stellungnahme:

Die zuständigen Behörden werden ersucht, die Schüler der bisherigen Minderheitsschule Janów der Minderheitsschule Nikiszowiec zu überweisen.

64

Pogląd

z dnia 31 stycznia 1928 w sprawie nr 276 Niemieckiego Związku Ludowego na Śląsk Polski dla strzeżenia praw mniejszości, zw. zap., żalącego się, w Katowicach, ul. Młyńska 23, dotyczącej wadliwych stosunków w szkole mniejszościowej w Pszowskich Dołach (Górny Śląsk Polski).

I

1. Dnia 12 marca 1926 (akt 2) wniósł Niemiecki Związek Ludowy w myśl art. 149 i n. Konwencji Genewskiej zażalenie do Polskiego Urzędu Spraw Mniejszości. Dnia 6 grudnia 1926 (akt 1) Urząd Spraw Mniejszości przekazał to zażalenie wraz z uwagami w myśl art. 152 Konwencji Genewskiej Prezydentowi Komisji Mieszanej. Następnie odbyła się wymiana pism, przewidziana w regulaminie postępowania Komisji Mieszanej. Na rozprawie ustnej z dnia 24 listopada 1927 zastępca Urzędu Spraw Mniejszości i żalący się mieli sposobność przedstawić dalsze wywody faktyczne i prawne.

2. Zażalenie kieruje się przeciwko rzekomym niedomaganiom w szkole mniejszościowej w Pszowskich Dołach. Żalący się wskazał w petycji na to, że szkole mniejszościowej, która liczy 98 uczniów, przydzielono tylko jedną siłę nauczycielską i wysunął następujące roszczenie prawne (akt 2):

a) szkole mniejszościowej należy przydzielić drugą siłę nauczycielską,

b) należy jej dać do dyspozycji drugą salę szkolną,

c) kierownictwo jej należy powierzyć nauczycielowi, który zalicza się do mniejszości.

Według wywodów stron na rozprawie ustnej obecnie do szkoły mniejszościowej w Pszowskich Dołach uczęszcza tylko 65 dzieci. Żalący się podał do protokołu, że z uwagi na niewielką liczbę uczniów odstępuje od roszczenia o przydzielenie drugiej siły nauczycielskiej i drugiej sali szkolnej. Tym samym roszczenia petycji pod a) i b) stały się bezprzedmiotowe.

Jako nowy brak szkoły mniejszościowej żalący się przytoczył na rozprawie ustnej okoliczność, że obecnie szkoła ta nie ma do wyłącznego użytku żadnej klasy szkolnej, wobec czego wnosi o przydzielenie jej własnej klasy.

64

Stellungnahme

vom 31. Januar 1928 in der Sache Nr. 276 des Deutsch-Oberschlesischen Volksbundes für Polnisch-Schlesien zur Wahrung der Minderheitsrechte, eingetragener Verein, Beschwerdeführer, in Katowice, ulica Młyńska 23, betreffend mangelhafte Verhältnisse an der Minderheitsschule in Pszowskie Doły (Polnisch-Oberschlesien).

I

1. Am 12. März 1926 (act. 2) erhob der Deutsche Volksbund im Sinne von Art. 149 ff. der Genfer Konvention Beschwerde beim Polnischen Minderheitsamt in Katowice. Das Minderheitsamt überwies am 6. Dezember 1926 (act. 1) die Beschwerde mit seinen Bemerkungen im Sinne von Art. 152 der Genfer Konvention an den Präsidenten der Gemischten Kommission. Es fand hierauf der in der Verfahrensordnung der Gemischten Kommission vorgesehene Schriftenwechsel statt, und in der mündlichen Verhandlung vom 24. November 1927 hatten der Vertreter des Minderheitsamtes und der Beschwerdeführer Gelegenheit, weitere Ausführungen in tatsächlicher und rechtlicher Beziehung vorzutragen.

2. Die Beschwerde richtet sich gegen angebliche Übelstände an der Minderheitsschule Pszowskie-Doły. Der Beschwerdeführer wies in der Beschwerdeschrift darauf hin, daß der 98 Kinder zählenden Minderheitsschule nur eine Lehrkraft zugewiesen sei, und er formulierte folgende Rechtsbegehren (act. 2):

a) Zuteilung einer 2. Lehrkraft,

b) Zuteilung eines 2. Klassenraumes,

c) Übertragung der Schulleitung an einen Lehrer der Minderheit.

Nach den Ausführungen der Parteien in der mündlichen Verhandlung wird die Minderheitsschule Pszowskie-Doły zur Zeit nur von 65 Kindern besucht. Der Beschwerdeführer gab zu Protokoll, daß er das Begehren auf Zuweisung einer 2. Lehrkraft und eines 2. Klassenraumes angesichts der geringen Schülerzahl fallen lasse. Die Beschwerdebegehren a) und b) sind somit gegenstandslos geworden.

Der Beschwerdeführer führte in den mündlichen Verhandlungen als neuen Mangel an, daß der Minderheitsschule gegenwärtig kein Klassenraum zur ausschließlichen Benutzung zustehe, und er stellte das Begehren auf Zuweisung eines eigenen Klassenraumes.

Roszczenie mniejszości o przydzielenie jej własnej klasy zasadniczo zapewne będzie uzasadnione. Jednak brak pomieszczeń w wielu szkołach Górnego Śląska Polskiego często zmusza władze do odstępowania od tej zasady. W takich przypadkach szkoła mniejszościowa — tak samo jak szkoła większościowa — musi się pogodzić z ograniczeniami i wolno jej jedynie żądać, aby słusznie i sprawiedliwie przestrzegano zasady równego traktowania.

W niniejszym przypadku nie można na podstawie przedstawionych akt rozstrzygnąć kwestii, czy szkołę mniejszościową co do podziału pomieszczeń szkolnych traktowano nierówno lub nie. Wobec tego nie potrzeba rozpatrywać dodatkowo sformułowanego roszczenia żalącego się.

3. Roszczenie żalącego się o przekazanie kierownictwa szkoły nauczycielowi zaliczającemu się do mniejszości znajduje uzasadnienie w artykule 119 Konwencji Genewskiej i w stałej praktyce Prezydenta Komisji Mieszanej (pogląd z dnia 22 lipca 1927, dotyczący wadliwych stosunków w szkolę mniejszościowej w Załężu).

II

Po naradzie w łonie Komisji Mieszanej Prezydent Komisji Mieszanej na mocy powyższych rozważań dochodzi do

poglądu:

Właściwe władze wzywa się, aby kierownictwo szkoły, co najmniej w dziedzinie pedagogicznej, powierzyły nauczycielowi mniejszościowemu.

65

Pogląd

z dnia 20 lutego 1928 w sprawie nr 235 Niemieckiego Związku Ludowego na Śląsk Polski dla strzeżenia praw mniejszości, związku zapisanego, żalącego się, w Katowicach, ulica Młyńska 23, dotyczącej przyjęcia dzieci M. Michalskiego do szkoły mniejszościowej w Małej Dąbrówce (Górny Śląsk Polski).

I

1. Imieniem uprawnionego do wychowania M. Michalskiego wniósł Niemiecki Związek Ludowy dnia 10 lutego 1926 (akt 7) w myśl

Wohl ist prinzipiell der Anspruch der Minderheit auf einen eigenen Klassenraum berechtigt. Die in vielen Schulen von Polnisch-Oberschlesien herrschende Raumnot zwingt indes die Behörden oft, von diesem Prinzip abzuweichen. In diesen Fällen muß sich auch die Minderheitsschule, wie die Mehrheitsschule, mit Einschränkungen abfinden und sie darf nur verlangen, daß der Grundsatz der gleichen Behandlung in billiger Weise gewahrt werde.

In concreto erlaubt die Aktenlage nicht zu entscheiden, ob die Minderheitsschule hinsichtlich der Raumverteilung unterschiedlich behandelt ist oder nicht, und es ist daher auf das nachträglich formulierte Begehren des Beschwerdeführers nicht einzutreten.

3. Das Begehren des Beschwerdeführers auf Übertragung der Schulleitung an einen sich zur Minderheit bekennenden Lehrer ist nach Art. 119 der Genfer Konvention sowie nach der Praxis des Präsidenten der Gemischten Kommission (Stellungnahme vom 22. Juli 1927 betr. mangelhafte Verhältnisse an der Minderheitsschule in Załęże) berechtigt.

II

Nach stattgehabter Beratung im Schoße der Gemischten Kommission gelangt der Präsident der Gemischten Kommission, gestützt auf die vorstehenden Erwägungen, zur

Stellungnahme:

Die zuständigen Behörden werden ersucht, die Leitung der Minderheitsschule, zum mindesten auf pädagogischem Gebiete, einem der Minderheit angehörenden Lehrer zu übertragen.

65

Stellungnahme

vom 20. Februar 1928 in der Sache Nr. 235 des Deutsch-Oberschlesischen Volksbundes für Polnisch-Schlesien zur Wahrung der Minderheitsrechte, eingetragener Verein, Beschwerdeführer, in Katowice, ulica Młyńska 23, betreffend Aufnahme der Kinder des M. Michalski in die Minderheitsschule in Mała Dąbrówka (Polnisch-Oberschlesien).

I

1. Am 10. Februar 1926 (act 7) erhob der Deutsche Volksbund namens des Erziehungsberechtigten M. Michalski im Sinne von Art.

art. 149 Konwencji Genewskiej zażalenie do Polskiego Urzędu Spraw Mniejszości w Katowicach. Dnia 26 lipca 1926 (akt 1) Urząd Spraw Mniejszości przekazał zażalenie wraz z uwagami w myśl art. 152 Konwencji Genewskiej Prezydentowi Komisji Mieszanej. Następnie odbyła się wymiana pism, przewidziana w regulaminie postępowania Komisji Mieszanej. Dnia 29 listopada 1927 Prezydent Komisji Mieszanej przesłuchał żalącego się i jednego świadka, a na rozprawie ustnej, która odbyła się w związku z przesłuchami, zastępca Urzędu Spraw Mniejszości i żalący się mieli sposobność przedstawić dalsze wywody faktyczne i prawne.

2. Zażalenie opiera się na następującym stanie faktycznym:

Na skutek reklamacji Związku Ludowego zarządziło Województwo orzeczeniem z dnia 4 września 1925, aby dzieci Emę, Wilhelma i Emila Michalskich przyjęto do szkoły mniejszościowej w Małej Dąbrówce. Z odpisem tego zarządzenia udał się petent dnia 21 września 1925 do kierownika szkoły z prośbą, aby przeniósł dzieci do szkoły mniejszościowej. Kierownik szkoły przyjął tylko jedno dziecko, mianowicie Wilhelma, odmówił natomiast przyjęcia dalszych dwojga dzieci, tj. Emy i Emila, uzasadniając to rzekomo brakiem miejsca w szkole mniejszościowej. Według twierdzenia petycji kierownik szkoły usiłował rzekomo przy tej sposobności nastraszyć i nakłonić żalącego się do wycofania wniosków. Na ponowne zażalenie w Województwie zarządziło Województwo po raz drugi (dnia 16 października 1925), że dzieci Emil i Ema mają być bezzwłocznie przekazane do szkoły mniejszościowej. Przedkładając to zarządzenie Województwa, żalący się prosił ponownie kierownika szkoły dnia 31 października, aby przekazał dzieci do szkoły mniejszościowej. Kierownik szkoły nie zastosował się jednak do zarządzenia przełożonej władzy.

Na podstawie powyższego stanu rzeczy wniósł Niemiecki Związek Ludowy dnia 10 lutego 1926 zażalenie w myśl art. 149 i przedstawił następujące roszczenia prawne:

a) dzieci Emę i Emila Michalskich należy przyjąć do szkoły mniejszościowej w Małej Dąbrówce,

b) kierownika szkoły należy pociągnąć do odpowiedzialności za naruszenie artykułu 131 Konwencji Genewskiej,

c) kierownictwo szkoły mniejszościowej należy powierzyć nauczycielowi mniejszościowemu.

149 der Genfer Konvention Beschwerde beim Polnischen Minderheitsamt in Katowice. Das Minderheitsamt überwies am 26. Juli 1926 (act. 1) die Beschwerde mit seinen Bemerkungen im Sinne von Art. 152 der Genfer Konvention an den Präsidenten der Gemischten Kommission. Es fand hierauf der in der Verfahrensordnung der Gemischten Kommission vorgesehene Schriftenwechsel statt. Am 29. November 1927 wurden der Beschwerdeführer und ein Zeuge vom Präsidenten der Gemischten Kommission einvernommen, und in der daran anschließenden mündlichen Verhandlung hatten der Vertreter des Minderheitsamtes und der Beschwerdeführer Gelegenheit, weitere Ausführungen in tatsächlicher und rechtlicher Beziehung vorzutragen.

2. Der Beschwerde liegen folgende tatsächliche Verhältnisse zugrunde:

Auf eine Reklamation des Volksbundes hin hat die Wojewodschaft mit Verfügung vom 4. September 1925 die Aufnahme der Kinder Emma, Wilhelm und Emil Michalski in die Minderheitsschule Mała Dąbrówka verfügt. Der Beschwerdeführer begab sich am 21. September 1925 mit einer Abschrift dieser Verfügung zum Schulleiter und ersuchte ihn um Überweisung seiner Kinder in die Minderheitsschule. Der Schulleiter nahm nur das Kind Wilhelm auf, die Aufnahme der Kinder Emma und Emil lehnte er angeblich mit der Begründung ab, daß für sie kein Platz in der Minderheitsschule sei. Den Behauptungen des Beschwerdeführers zufolge soll der Schulleiter auch versucht haben, ihn einzuschüchtern und zur Zurückziehung der Anträge zu bewegen. Auf eine nochmalige Beschwerde bei der Wojewodschaft hat diese neuerdings verfügt (16. Oktober 1925), daß die Kinder Emil und Emma unverzüglich der Minderheitsschule zuzuführen seien. Am 31. Oktober hat der Beschwerdeführer unter Vorlage der Verfügung der Wojewodschaft erneut um Überweisung seiner Kinder in die Minderheitsschule beim Schulleiter nachgesucht, ohne daß dieser der Anordnung seiner vorgesetzten Behörde Folge gab.

Gestützt auf diese Vorgänge hat der Deutsche Volksbund am 10. Februar 1926 die Beschwerde im Sinne von Art. 149 erhoben und folgende Rechtsbegehren formuliert:

a) Aufnahme der Kinder Emma und Emil Michalski in die Minderheitsschule Mała Dąbrówka,

b) Zur Verantwortungziehung des Schulleiters wegen Verletzung des Art. 131 der Genfer Konvention,

c) Übertragung der Leitung der Minderheitsschule an eine Lehrperson, die der Minderheit angehört.

Dnia 8 marca 1926 (akt 6) doniósł Urząd Spraw Mniejszości załącemu się, że według oświadczenia Województwa z dnia 5 marca 1926 Michalski cofnął dnia 19 stycznia 1926 zażalenie na kierownika szkoły. Równocześnie miał Michalski oświadczyć do protokołu, że życzy sobie, aby jego dzieci Emil i Ema uczęszczały do szkoły polskiej.

Związek Ludowy oświadczył następnie, że go odpowiedź z dnia 8 marca 1926 nie zadowala (akt 4) i zażądał przekazania zażalenia Prezydentowi Komisji Mieszanej. Do pisma dołączono protokolarne oświadczenie Maksymiliana Michalskiego z dnia 16 marca 1926 (akt 5), które brzmi:

„Nie jest trafne, żem dnia 19 stycznia 1926 oświadczył na zapytanie do protokołu, że cofam zażalenie na kierownika szkoły. Przeciwnie zaznaczyłem, że żądam ukarania kierownika szkoły. Trafne jest, że zgodziłem się na to, aby dziecko Ema pozostało w szkole większościowej, a to dlatego, że dziecko to w tym roku szkołę kończy. Natomiast obstawałem przy tym, aby syna Emila przekazano do szkoły mniejszościowej.

Oświadczyłem to niedwuznacznie kilkakrotnie, ponieważ mnie kilkakrotnie o to pytano."

Dnia 6 lipca 1926 (akt 3) Urząd Spraw Mniejszości doniósł Związkowi Ludowemu, że na załącego się zrobiono doniesienie karne, ponieważ zarzucił urzędnikowi, który w tej sprawie prowadził dochodzenie, że sfałszował protokolarne zeznania załącego się z dnia 19 stycznia 1926. Pismem z dnia 14 czerwca 1927 (akt 23) Urząd Spraw Mniejszości przesłał wyrok Sądu Ławniczego, którym zasądzono Michalskiego za występek obmowy (§ 186 kodeksu karnego) na 20 złotych grzywny (akt 26). Urząd Spraw Mniejszości dołączył do tego pisma protokolarne zeznanie załącego się, które ten jako obwiniony złożył przed sędzią śledczym (akt 25). Zeznanie to brzmi:

„Moje oświadczenie do protokołu w dniu 19 I 1926 zgadza się z prawdą. W dniu tym żądałem, aby syn mój Wilhelm uczęszczał nadal do szkoły mniejszości, a dzieci Ema i Emil do szkoły polskiej. Również cofnąłem wówczas zażalenie swe podane w Volksbundzie. Dnia 21 I 1926 wyrzucił mi nauczyciel Jeszke z Małej Dąbrówki syna mego Emila z szkoły polskiej, wyrażając się do starszej córki Emy, że mogę posłać dziecko swe gdzie chcę a nawet do żydowskiej szkoły. W marcu tegoż roku otrzymałem wezwanie z Volksbundu, by stawić się osobiście. Dnia 16 III 26 r. w biurze Volksbundu opowiedziałem, że syna Emila wyrzucono z polskiej szkoły, na co mi oświadczono, że syn mój może chodzić do szkoły mniejszości, na co się zgodziłem.

Am 8. März 1926 (act. 6) hat das Minderheitsamt dem Beschwerdeführer bekanntgegeben, daß laut Mitteilung der Wojewodschaft vom 5. März 1926 Michalski am 19. Januar 1926 die Beschwerde gegen den Schulleiter zurückgezogen habe. Gleichzeitig habe er zu Protokoll gegeben, daß er wünsche, daß seine Kinder Emil und Emma die polnische Schule besuchen.

Der Volksbund erklärte sich in der Folge als durch den Bescheid vom 8. März 1926 nicht zufriedengestellt (act. 4) und verlangte Überweisung der Beschwerde an den Präsidenten der Gemischten Kommission. Der Eingabe war eine zu Protokoll gegebene Erklärung des Max Michalski, datiert 16. März 1926 (act. 5) beigelegt; sie lautet:

»Es trifft nicht zu, daß ich am 19. Januar 1926 auf Befragen zu Protokoll erklärt habe, daß ich die gegen den Schulleiter erhobene Beschwerde zurückziehe. Ich habe im Gegenteil betont, daß ich Bestrafung des Schulleiters verlange. Richtig ist, daß ich mich damit einverstanden erklärt habe, daß mein Kind Emma in der Mehrheitsschule verbleibt, und zwar deshalb, weil es dieses Jahr aus der Schule austritt. Dagegen habe ich auf die Überweisung des Kindes Emil in die Minderheitsschule bestanden. Diese Erklärung habe ich mehrere Male eindeutig abgegeben, denn ich bin wiederholt hiernach gefragt worden.«

Am 6. Juli 1926 (act. 3) teilte das Minderheitsamt dem Volksbund mit, daß gegen den Beschwerdeführer Strafanzeige erhoben worden sei, da er den Beamten, welcher die Ermittlungen in dieser Sache pflegte, beschuldigt habe, seine am 19. Januar 1926 zu Protokoll gegebenen Aussagen gefälscht zu haben. Das Minderheitsamt übermittelte mit Eingabe vom 14. Juni 1927 (act. 23) das Urteil des Schöffengerichtes, durch welches Michalski wegen übler Nachrede (§ 186 StGB.) zu 20,— Zloty Geldstrafe verurteilt wurde (act. 26), unter Beilegung der vom Beschwerdeführer als Angeschuldigten vor dem Untersuchungsrichter gemachten protokollarischen Aussagen (act. 25); Michalski deponierte:

»Meine zu Protokoll gegebene Erklärung vom 19. Januar 1926 (vor der Wojewodschaft) stimmt mit der Wahrheit überein. An diesem Tage verlangte ich, daß mein Sohn Wilhelm weiterhin die Minderheitsschule besuche und meine Kinder Emma und Emil die polnische Schule besuchen. Auch habe ich damals meine Beschwerde, welche ich im Volksbund erhoben habe, zurückgezogen. Am 21. Januar 1926 hat der Lehrer Jeszke aus Mała Dąbrówka meinen Sohn Emil aus der polnischen Schule herausgeworfen, wobei er sich zu meiner älteren Tochter Emma äußerte, ich könne mein Kind schicken, wohin ich will, ja selbst in die jüdische Schule. Im März dieses Jahres erhielt ich vom Volksbund eine Aufforderung, dort persönlich vorzusprechen. Am 16. März 1926

Podsunięto mi również 4 blankiety papieru całoarkuszowe do podpisania — było to w pokoju nr 20 Volksbundu, — które to 4 blankiety podpisałem, sądząc, że zostaną wypełnione zgodnie z moim oświadczeniem. Wówczas nie oświadczyłem, że żądam ukarania kierownika szkoły, jak również nie zgadza się, bym dnia 16 III 26 oświadczył, że dnia 19 I 26 żądałem przekazania syna mego Emila do szkoły mniejszości."

Niemiecki Związek Ludowy przesłał następnie ponownie protokół spisany z Michalskim (akt 32) i zażądał przesłuchania żalącego się przez Prezydenta Komisji Mieszanej.

Na rozprawie ustnej Prezydent Komisji Mieszanej przedłożył żalącemu się odpis pisma z dnia 16 marca 1926 (akt 5), które Związek Ludowy wniósł swego czasu do akt jako rzekome protokolarne zeznanie Michalskiego. Michalski oświadczył po zwróceniu mu uwagi na znaczenie ewentualnego zaprzysiężenia, że dnia 16 marca 1926 istotnie podpisał w Związku Ludowym tego rodzaju oświadczenie; oświadczenie to spisano najpierw na maszynie, następnie przeczytano mu je, a dopiero potem on je podpisał. Na zapytanie żalący się zeznał jeszcze, że w Związku Ludowym podpisywał kilkakrotnie blankiety, nie mógł jednak wytłumaczyć, co sobie wyobraża przez blankiety; prawdopodobnie miał na myśli drukowane formularze pełnomocnictwa.

3. Niniejsze zażalenie dało Urzędowi Spraw Mniejszości powód do podniesienia zarzutów przeciwko Związkowi Ludowemu z powodu niepoprawnego postępowania. Urząd Spraw Mniejszości opierał się przy tym na zeznaniach, które żalący się jako obwiniony złożył przed sędzią śledczym. (Zobacz pismo Urzędu Spraw Mniejszości do Prezydenta Komisji Mieszanej z dnia 5 lipca 1927.)

Na podstawie zeznań, które Michalski po zwróceniu mu uwagi na ewentualne zaprzysiężenie złożył przed Prezydentem Komisji Mieszanej, należy uważać za udowodnione, że jego zeznania, złożone w Związku Ludowym dnia 16 marca 1926, zaprotokołowano poprawnie, wobec czego krytyka Urzędu Spraw Mniejszości, o ile chodzi o niniejszy przypadek, jest nieuzasadniona.

Co do sprzecznych zeznań żalącego się jako obwinionego, na które w myśl ustawy nie można by oczywiście odebrać przysięgi, ze-

erzählte ich im Büro des Volksbundes, daß mein Sohn Emil aus der polnischen Schule herausgeworfen wurde, worauf man mir erklärte, mein Sohn könne die Minderheitsschule besuchen, womit ich einverstanden war. Man unterbreitete mir ebenfalls 4 Blanketts Papier, ganze Bogen, zur Unterschrift — dies fand im Zimmer Nr. 20 des Volksbundes statt — und ich habe diese 4 Blanketts unterschrieben in der Meinung, daß sie übereinstimmend mit meiner Erklärung ausgefüllt würden. Ich habe damals nicht erklärt, daß ich die Bestrafung des Schulleiters verlange, wie es auch nicht der Wahrheit entspricht, daß ich am 16. März 1926 erklärt hätte, daß ich am 19. Januar 1926 die Überweisung meines Sohnes Emil in die deutsche Schule verlangt hätte.«

Der Volksbund übersandte hierauf neuerdings ein mit Michalski aufgenommenes Protokoll (act. 32) und beantragte die Einvernahme des Beschwerdeführers durch den Präsidenten der Gemischten Kommission.

Anläßlich der mündlichen Verhandlung wurde dem Beschwerdeführer vom Präsidenten der Gemischten Kommission Abschrift des seinerzeit vom Volksbund als angebliche protokollarische Aussage des Michalski eingereichten Schriftstückes, datiert 16. März 1926 (act. 5), vorgelegt. Michalski erklärte, aufmerksam gemacht auf die Bedeutung einer allfälligen Vereidigung, daß er in der Tat am 16. März 1926 in den Räumen des Volksbundes eine solche Erklärung unterschrieben habe; zuerst sei die Erklärung auf der Schreibmaschine geschrieben worden, hierauf sei sie ihm vorgelesen worden und erst dann habe er sie unterzeichnet. Der Beschwerdeführer fügte dann auf Befragung noch bei, daß er beim Volksbund mehrere Male Blankette unterzeichnet habe, er war aber nicht imstande zu sagen, was er sich unter Blanketten vorstellte; wahrscheinlich meinte er vorgedruckte Vollmachtformulare.

3. Die vorliegende Beschwerdesache gab dem Minderheitsamt, gestützt auf die vom Beschwerdeführer als Angeschuldigten vor dem Untersuchungsrichter gemachten Aussagen, Veranlassung, gegen den Volksbund Vorwürfe wegen unkorrekten Vorgehens zu erheben. (Siehe Eingabe des Minderheitsamtes an den Präsidenten der Gemischten Kommission, datiert 5. Juli 1927.)

Nach der unter Hinweis auf eine allfällige Vereidigung erfolgten Einvernahme des Beschwerdeführers Michalski durch den Präsidenten der Gemischten Kommission ist als erwiesen anzusehen, daß seine Depositionen beim Volksbund am 16. März 1926 in korrekter Weise zu Protokoll genommen worden sind und daß daher die Kritik des Minderheitsamtes, jedenfalls bezüglich des konkreten Falles, unbegründet ist.

Was die widersprechenden Aussagen des Beschwerdeführers als Angeschuldigten anbetrifft, bezüglich welcher nach Gesetz eine Vereidigung

znania te w danych okolicznościach nie zasługują na wiarę; żalący się widocznie chciał przez nie zrzucić z siebie winę i karę. Należy tu wskazać na następujące fakty i okoliczności: Dnia 19 stycznia 1926 żalący się oświadczył do protokołu wobec urzędnika Województwa, że swe zażalenie cofa. Sprzeczne oświadczenie żalącego się w Związku Ludowym (dnia 16 marca 1926), którym pośrednio zarzucił urzędnikowi Województwa, że ten fałszywie zaprotokołował jego zeznanie, pociągnęło za sobą ściganie karne za obmowę. Gdyby Niemiecki Związek Ludowy spisując protokół postąpił był istotnie w sposób, w jaki się go o to obwinia, to nie zachodziłoby przestępstwo żalącego się. Wyrok skazujący i jego motywy (akt 26) są jednak dowodem, że także sąd uważał dotyczne zeznania żalącego się jako obwinionego po największej części za nieprawdziwe i przyjął raczej za udowodnione, że żalący się zeznał w Związku Ludowym tak, jak to przedstawił Niemiecki Związek Ludowy.

4. Żalący się podtrzymał na rozprawie ustnej zażalenie, o ile ono dotyczy nieprzyjęcia do szkoły mniejszościowej chłopca Emila.

Odpowiedzialność za to, że syn żalącego się nie uczęszcza obecnie do szkoły mniejszościowej, ponosi nie właściwa władza, lecz żalący się sam, ponieważ oświadczył wobec urzędnika Województwa, że zażalenie cofa i wyraził się jako obwiniony w tym sensie, że nie żądał przekazania syna do szkoły mniejszościowej.

Na podstawie powyższych rozważań należy niniejsze zażalenie oddalić jako nieuzasadnione. Żałować tylko należy, że to całe postępowanie zażaleniowe zostało niepotrzebnie spowodowane przez pełne sprzeczności postępowanie petenta.

II

Po naradzie w łonie Komisji Mieszanej Prezydent Komisji Mieszanej na mocy powyższych rozważań dochodzi do

poglądu:

Zażalenie Maksymiliana Michalskiego oddala się.

selbstverständlich nicht vorgenommen werden dürfte, so sind sie nach Lage der konkreten Verhältnisse unglaubwürdig; sie verfolgten offenbar den Zweck, Schuld und Strafe von sich abzuwälzen. Es sei auf folgende Tatsachen und Umstände verwiesen: Der Beschwerdeführer hat am 19. Januar 1926 einem Beamten der Wojewodschaft den Rückzug der Beschwerde zu Protokoll gegeben. Seine widersprechende Erklärung beim Volksbund (16. März 1926), durch die er dem Wojewodschaftsbeamten indirekt vorwarf, seine Aussage falsch protokolliert zu haben, zog die strafrechtliche Verfolgung wegen übler Nachrede nach sich. Wenn wirklich der Deutsche Volksbund bei der Protokollaufnahme in der ihm zur Last gelegten Weise vorgegangen wäre, hätte keine strafbare Handlung des Beschwerdeführers vorgelegen. Die Verurteilung des Beschwerdeführers und die Urteilsbegründung (act. 26) beweisen indes, daß auch das Gericht die in Frage stehenden Aussagen des Beschwerdeführers, die er als Angeschuldigter gemacht hat, größtenteils für unwahr hielt und vielmehr als erwiesen angenommen hat, daß er beim Volksbund im Sinne der von diesem produzierten Erklärung ausgesagt hat.

4. Der Beschwerdeführer hielt in den mündlichen Verhandlungen die Beschwerde aufrecht, soweit sie sich auf die Nichtaufnahme des Knaben Emil in die Minderheitsschule bezieht.

Daß zur Zeit der Sohn des Beschwerdeführers die Minderheitsschule nicht besucht, hat nicht die zuständige Behörde, sondern der Beschwerdeführer selber zu verantworten, da er einem Beamten der Wojewodschaft gegenüber erklärte, daß er die Beschwerde fallen lasse und sich als Angeschuldigter dahin äußerte, daß er die Überweisung seines Sohnes in die Minderheitsschule nicht verlangt habe.

Aus diesen Erwägungen ist die Beschwerde als unbegründet zurückzuweisen, und es ist nur zu bedauern, daß dieses ganze Beschwerdeverfahren durch das widerspruchsvolle Verhalten des Beschwerdeführers veranlaßt worden ist.

II

Nach stattgehabter Beratung im Schoße der Gemischten Kommission gelangt der Präsident der Gemischten Kommission, gestützt auf die vorstehenden Erwägungen, zur

Stellungnahme:

Die Beschwerde des Max Michalski wird abgewiesen.

66

Pogląd

z dnia 25 lutego 1928 w sprawie nr 281 Niemieckiego Związku Ludowego na Śląsk Polski dla strzeżenia praw mniejszości, zw. zap., żalącego się, w Katowicach, ulica Młyńska 23, dotyczącej postępowania kierownika szkoły Madeja w Janowie i śpiewania „Roty" w szkołach (Górny Śląsk Polski).

I

W myśl art. 152 Konwencji Genewskiej Polski Urząd Spraw Mniejszości przekazał zażalenie Niemieckiego Związku Ludowego Prezydentowi Komisji Mieszanej. W petycji żalący się wywodzi, że

1. postępowanie kierownika szkoły Madeja wobec ucznia Maletzkiego i
2. śpiewanie „Roty" w obecności uczniów mniejszościowych i przez nich

niezgodne jest z Konwencją Genewską. Na rozprawie ustnej z dnia 17 grudnia 1927 żalący się sprecyzował swe stanowisko w tym kierunku, że

1. kierownikowi szkoły Madejowi należy odebrać kierownictwo szkoły mniejszościowej w Janowie i że kierownika tego należy przenieść z obszaru plebiscytowego,
2. śpiewanie „Roty" w szkole należy uznać za niedopuszczalne.

Z przeprowadzonego postępowania dowodowego, a mianowicie z zeznań przesłuchanych przed Komisją Mieszaną świadków: kierownika szkoły Józefa Madeja i nauczycielki Józefiny Michalikówny wynika następujący

stan faktyczny:

1. Dnia 21 listopada 1925 odbyła się w szkole w Janowie uroczystość pamiątkowa ku czci króla polskiego, Bolesława Chrobrego. W uroczystości tej uczestniczyły także dzieci szkoły mniejszościowej. Grono nauczycielskie przybyło w komplecie. Przybył również nauczyciel szkoły mniejszościowej, Ryszard Pagacz. Kierownik szkoły Madej wygłosił przemowę o znaczeniu obchodu tej rocznicy, po czym wezwał zgromadzone dzieci do odśpiewania znanej pieśni „Roty". Zarządził przy tym, aby dzieci śpiewając słowa przysięgi „Roty" podniosły pra-

66

Stellungnahme

vom 25. Februar 1928 in der Sache Nr. 281 des Deutsch-Oberschlesischen Volksbundes für Polnisch-Schlesien zur Wahrung der Minderheitsrechte, eingetragener Verein, Beschwerdeführer, in Katowice, ulica Młyńska 23, betreffend Verhalten des Schulleiters Madej in Janów und Singen des Rota-Liedes in Schulen (Polnisch-Oberschlesien).

I

Die Beschwerde des Deutschen Volksbundes in Katowice wurde dem Präsidenten der Gemischten Kommission im Sinne des Art. 152 des Genfer Abkommens durch das Polnische Minderheitsamt in Katowice übermittelt. Der Beschwerdeführer macht in seiner Beschwerdeschrift geltend,

1. das Vorgehen des Schulleiters Madej dem Schüler Maletzki gegenüber und

2. das Absingen der »Rota« in Gegenwart und durch die der Minderheit angehörenden Schüler

widerspreche dem Genfer Abkommen und präzisierte seinen Standpunkt anläßlich der mündlichen Verhandlung vom 17. Dezember 1927 dahin,

1. die Leitung der Minderheitsschule in Janów sei dem Schulleiter Madej zu entziehen und dieser sei aus dem Abstimmungsgebiet zu versetzen,

2. das Singen der »Rota« in der Schule sei als unzulässig zu erklären.

Aus dem stattgehabten Beweisverfahren und namentlich aus den Aussagen der vor der Gemischten Kommission einvernommenen Zeugen: Schulleiter Józef Madej und Lehrerin Józefa Michalikówna ergibt sich folgender

Sachverhalt:

1. Am 21. November 1925 fand in der Schule in Janów eine Feier zum Gedächtnis des Bolesław Chrobry, König von Polen statt, an der auch die Kinder der Minderheitsschule teilnahmen. Der Lehrkörper war vollzählig versammelt, und es nahm an dieser Feier auch der Lehrer der Minderheitsschule, Richard Pagacz, teil. Schulleiter Madej hielt eine Ansprache über die Bedeutung der Feier dieses Gedenktages und richtete nachher die allgemeine Aufforderung an die versammelten Kinder, das bekannte Schwurlied, die »Rota« zu singen. Hierbei ordnete er an, daß

wą rękę. Podczas śpiewania pierwszej zwrotki nauczyciel Madej zauważył na sali niepokój. Przerwał więc śpiew i zapytał o powód. Nauczycielka Michalikówna, która stała za ustawionymi dziećmi, powiedziała mu, że jeden z uczniów szkoły mniejszościowej, niejaki Maletzki, zachowuje się nieodpowiednio. Michalikówna zauważyła, że Maletzki podczas śpiewania „Roty" odwracał się, trącał współuczniów łokciem i śmiał się. Nauczyciel Madej wywołał Maletzkiego z rzędu i zwrócił mu uwagę na niewłaściwość jego zachowania się. Za karę kazał mu uklęknąć przed krucyfiksem na obu kolanach i pozostać w tej pozycji podczas śpiewania dwóch ostatnich zwrotek, przy czym musiał również trzymać prawą rękę podniesioną do przysięgi.

Chłopak spełnił dobrowolnie rozkaz nauczyciela, uklęknął na jedno kolano, lecz ociągał się z uklęknięciem na drugie. Wobec tego Madej rozkaz powtórzył. Gdy chłopak tylko ociągająco do tego się zastosował, przystąpił Madej do niego i zmusił go w sposób delikatny nogą do uklęknięcia na obu kolanach. Z odśpiewaniem „Roty" uroczystość była skończona i dzieci posłano do domu.

Od powyższego przedstawienia sprawy zażalenie Niemieckiego Związku Ludowego odbiega o tyle, że żalący się twierdzi, że nauczyciel Madej chwycił chłopca Maletzkiego silnie za ramię i zmusił do uklęknięcia, przy czym kopnął go. Na podstawie wyniku postępowania dowodowego twierdzenie to należy oddalić jako nietrafne. Żalący się na poparcie prawdziwości powyższego twierdzenia powołał co prawda matkę i chłopca samego jako świadków. Prezydent Komisji Mieszanej świadków tych jednak nie przesłuchał, ponieważ matka z własnego spostrzeżenia nic zeznawać nie może i ponieważ wezwanie 11-letniego dziecka dla konfrontacji wobec stanowczego zeznania kierownika szkoły Madeja i nauczycielki Michalikówny było również nieuzasadnione.

2. Na rozprawie ustnej żalący się wywodził, że jego zdaniem ukaranie chłopca w sposób opisany było niedopuszczalne i że jest niezgodne z Konwencją Genewską, jeżeli władze nakazują i pozwalają śpiewać w szkołach „Rotę", tj. pieśń, którą ludność Górnego Śląska

beim Absingen der den Schwur enthaltenden Strophen die Kinder die rechte Hand zum Schwure erheben sollten. Als die erste Strophe des Liedes gesungen wurde, bemerkte der Schulleiter Madej, daß im Saale eine Unruhe herrschte. Er unterbrach den Gesang und fragte nach. Die Lehrerin Michalikówna, welche hinter den aufgestellten Kindern stand, machte ihm die Mitteilung, daß ein Schüler der Minderheitsschule, namens Maletzki, sich ungebührlich benehme. Die Michalikówna hatte bemerkt, daß Maletzki, während das Lied gesungen wurde, sich umwendete, seine Nachbarn mit dem Ellenbogen anstieß und lachte. Lehrer Madej rief Maletzki aus der Reihe heraus und hielt ihm das Ungebührliche seines Betragens vor. Als Strafe für sein Benehmen hieß er ihn angesichts des Kruzifixes auf beide Knie niederknien und befahl ihm, während dem nun folgenden Absingen der restlichen beiden Strophen in dieser Stellung zu verharren, wobei er auch die rechte Hand zum Schwur erhoben halten mußte.

Der Knabe, der der Aufforderung des Lehrers Madej freiwillig Folge leistete, ließ sich auf ein Knie nieder und zögerte, mit dem zweiten Fuß die kniende Stellung einzunehmen. Madej wiederholte seinen Befehl, und als dieser noch immer zögernd zur Ausführung gelangte, trat er an den Knaben heran und schob mit einem Fuß sachte auch den andern Fuß des Knaben so weit zurück, bis dieser auf beiden Knien lag. Nach Absingen des Liedes war die Feier beendet und wurden die Kinder nach Hause geschickt.

Die vom Deutschen Volksbund ergriffene Beschwerde weicht von den vorstehend festgesetzten Tatsachen insofern ab, als der Beschwerdeführer geltend machte, daß der Knabe Maletzki vom Lehrer Madej hart an der Schulter angepackt und in die kniende Stellung niedergezwungen wurde, wobei ihm der Lehrer einen Fußtritt versetzt habe. Diese Behauptungen sind gemäß dem Ergebnis des Beweisverfahrens als unrichtig zurückzuweisen. Zum Beweise für diese seine Behauptungen hatte der Beschwerdeführer allerdings die Mutter des Knaben und den Knaben selbst als Zeugen angerufen. Der Präsident der Gemischten Kommission hat diese beiden Zeugen nicht einvernommen, weil die Mutter aus direkter eigener Wahrnehmung nichts weiß und weil es angesichts der bestimmten Aussagen des Schulleiters Madej und der Lehrerin Michalikówna nicht gerechtfertigt erschien, ein 11-jähriges Kind zur Konfrontierung vorzuladen.

2. Bei der mündlichen Verhandlung führte der Beschwerdeführer aus, daß nach seiner Auffassung die Art und Weise der Bestrafung des Knaben Maletzki unzulässig war und daß es der Konvention widerspreche, wenn die Behörden anordnen und gestatten, daß das Rotalied, welches

Polskiego przekonania niemieckiego musi odczuwać jako pieśń nienawiści obrażającą jej uczucia.

3. Urząd Spraw Mniejszości jako zastępca właściwej władzy obstawał także na rozprawie ustnej przy stanowisku, że zażalenie nie jest uzasadnione.

Rozważania prawne

1. Na podstawie akt, a zwłaszcza na podstawie zeznań świadków przesłuchanych przed Komisją Mieszaną, Prezydent Komisji Mieszanej nabrał przekonania, że kara wymierzona przez kierownika szkoły Madeja jako odpowiedzialnego kierownika szkoły nie stanowi naruszenia Konwencji Genewskiej. Ukaranie Maletzkiego zdawać się może surowe, nie można jednak przypuszczać, że kierownik szkoły Madej nie ukarałby tak samo ucznia większościowego. Leży w naturze rzeczy, że w sprawie karania pozostawić trzeba szerokie pole osobistemu uznaniu nauczyciela. Tylko wtenczas można by przyjąć, że art. 75 Konwencji został naruszony, gdyby udowodniono, że w sposób oczywisty nadużyto władzy dyscyplinarnej wobec uczniów mniejszościowych jako takich. W niniejszym przypadku to jednak nie zachodzi.

2. Co do drugiego punktu zażalenia, tj. śpiewania „Roty" w szkole w Janowie podczas uroczystości narodowej, tekst pieśni tej jest następujący:

Nie rzucim ziemi, skąd nasz ród,
Nie damy pogrześć mowy!
My polski naród, polski lud,
Królewski szczep Piastowy.
Nie damy, by nas zniemczył wróg,
Tak nam dopomóż Bóg, tak nam dopomóż Bóg!

Do krwi ostatniej kropli z żył
Będziemy bronić ducha,
Aż się rozpadnie w proch i pył
Krzyżacka zawierucha.
Nam twierdzą będzie każdy próg,
Tak nam dopomóż Bóg!

Nie będzie Niemiec pluł nam w twarz,
Ni dzieci nam germanił;
Wstanie potężny hufiec nasz,

von der deutschfühlenden Bevölkerung Polnisch-Oberschlesiens als ein verletzendes Haßlied empfunden werden müsse, in den Schulen gesungen werde.

3. Das Minderheitsamt, als Vertreter der zuständigen Behörde, hielt auch in der mündlichen Verhandlung an dem Standpunkt fest, daß die Beschwerde nicht begründet sei.

Rechtliche Erwägungen.

1. Auf Grund der Akten und namentlich auf Grund der Aussagen der vor der Gemischten Kommission einvernommenen Zeugen ist der Präsident der Gemischten Kommission zur Überzeugung gelangt, daß die vom Schulleiter Madej als dem verantwortlichen Schulleiter verfügte Strafe keine Verletzung der Genfer Konvention in sich schließt. Die Bestrafung des Maletzki mag als eine strenge erscheinen, es ist aber nicht anzunehmen, daß der Schulleiter Madej einen Schüler der Mehrheit nicht ebenso bestraft hätte. Es liegt in der Natur der Sache, daß dem persönlichen Ermessen des Lehrers in bezug auf Verhängung der Strafen ein weiter Spielraum gewahrt werden muß. Nur wenn ein offenbarer Mißbrauch der Disziplinargewalt gegen Minderheitsschüler als solche nachgewiesen wäre, könnte eine Verletzung des Art. 75 des Genfer Abkommens angenommen werden. Das trifft hier nicht zu.

2. Was den zweiten Punkt der Beschwerde, das Singen des Rotaliedes in der Schule von Janów anläßlich einer nationalen Feier anbelangt, so lautet der Text dieses Liedes wie folgt:

Nie rzucim ziemi, skąd nasz ród,
Nie damy pogrześć mowy!
My polski naród, polski lud,
Królewski szczep Piastowy.
Nie damy, by nas zniemczył wróg,
Tak nam dopomóż Bóg, tak nam dopomóż Bóg!

Do krwi ostatniej kropli z żył
Będziemy bronić ducha,
Aż się rozpadnie w proch i pył
Krzyżacka zawierucha.
Nam twierdzą będzie każdy próg,
Tak nam dopomóż Bóg!

Nie będzie Niemiec pluł nam w twarz,
Ni dzieci nam germanił;
Wstanie potężny hufiec nasz,

Duch będzie nam hetmanił
W ten dzień, gdy zabrzmi złoty róg,
Tak nam dopomóż Bóg!

Pieśń ta powstała z początkiem XX stulecia, kiedy to w prowincji poznańskiej lud polski, mowa i kultura polska były ostro prześladowane przez władze niemieckie. Była ona głosem słusznego narodowego oburzenia, płomiennym nawołaniem do walki i obrony przeciwko ostremu uciskowi. Że uczucie nienawiści i pogardy dla narodu niemieckiego w pieśni tej również znalazło wyraz, tłumaczy się tą namiętną walką kulturalną. Ta historyczna ocena „Roty" nie zwalnia jednak Prezydenta Komisji Mieszanej z obowiązku badania, czy śpiewanie tej pieśni w szkołach Górnego Śląska zgodne jest z duchem Konwencji Genewskiej.

Okres pomiędzy powstaniem „Roty" a teraźniejszością dzielą wielkie zdarzenia dziejowe, dzieli głęboka zmiana stosunków i poglądów międzynarodowych. Dziś Górny Śląsk Polski ze swą większością polską i mniejszością niemiecką jest od szeregu lat pod panowaniem narodu polskiego, a co do traktowania mniejszości językowych i kul-

Duch będzie nam hetmanił
W ten dzień, gdy zabrzmi złoty róg,
Tak nam dopomóż Bóg!

Übersetzung.

Wir werden die Scholle unserer Väter nicht aufgeben,
Und unsere Sprache nicht begraben lassen,
Wir sind eine polnische Nation, ein polnisches Volk,
Vom königlichen Piastenstamm.
Wir werden uns durch den Feind nicht germanisieren lassen,
So helfe uns Gott! So helfe uns Gott!

Solange ein Blutstropfen in unseren Adern kreist,
Werden wir für unsere Überzeugung einstehen,
Bis das kreuzritterliche Ungetüm
In Staub und Asche zerfällt.
Jede Schwelle wird uns eine Festung sein!
So helfe uns Gott!

Der Deutsche wird uns nicht ins Gesicht speien,
Und unsere Kinder germanisieren;
Der Geist wird unser Anführer sein,
Ein mächtiges Aufgebot der Unsrigen wird auferstehn
Am Tage, an dem das goldene Horn erschallt!
So helfe uns Gott!

Dieses Lied entstand Anfangs des zwanzigsten Jahrhunderts, in der Zeit, da polnisches Volkstum und polnische Sprache und Kultur in Posen durch die deutschen Behörden in rücksichtloser Weise verfolgt wurden. Es war die Stimme gerechter nationaler Entrüstung, ein leidenschaftlicher Ruf zum Kampfe und zum Widerstand gegen harte Unterdrückung. Daß dabei auch Haß und Verachtung gegen das deutsche Volkstum zum Ausdruck kam, erklärt sich aus diesem erbitterten Kulturkampf. Diese historische Würdigung des Rotaliedes enthebt aber den Präsidenten der Gemischten Kommission nicht der Pflicht, zu prüfen, ob es im Sinne der Genfer Konvention geeignet ist, in den Schulen von Polnisch-Oberschlesien gesungen zu werden.

Zwischen der Entstehung des Rotaliedes und der Gegenwart liegen große Weltereignisse, liegt ein triefgreifender Umschwung der internationalen Verhältnisse und Anschauungen. — Polnisch-Oberschlesien, mit seiner polnischen Mehrheit und mit seiner deutschen Minderheit, steht nunmehr seit Jahren unter der Herrschaft der polnischen Nation, und hinsichtlich der

turalnych — z wojny światowej zrodziły się postulaty sprawiedliwości i pojednania i międzynarodowej ochrony prawnej. Niniejszą kwestię osądzić należy według obecnych stosunków na Górnym Śląsku, tak jak ukształtowały się one na podstawie rozstrzygnięcia Konferencji Ambasadorów z dnia 20 października 1921 i Konwencji Genewskiej z dnia 15 maja 1922. Pojednanie i pacyfikacja Górnego Śląska w myśli wzajemnego poważania się ludności polskiej i niemieckiej jest najwyższym celem rozstrzygnięcia Rady Ambasadorów i Konwencji Genewskiej. Nie można zatem pogodzić z duchem Konwencji Genewskiej, jeżeli w szkołach Górnego Śląska zarządza się lub toleruje śpiewanie pieśni, które dla narodowości jednej części ludności wyrażają uczucie nienawiści, zemsty lub pogardy. Wynika to także z wyraźnego postanowienia art. 133 Konwencji Genewskiej, który brzmi:

„1. Les Parties contractantes s'engagent à n'autoriser dans aucune école de leur partie du territoire plébiscité, l'emploi de livres ou d'objets d'enseignement par l'image, qui puissent blesser les sentiments nationaux ou religieux d'une minorité.

2. De même, chacune des Parties contractantes prendra les mesures nécessaires pour empêcher que, dans les leçons données à l'école, les qualités nationales et culturelles de l'autre partie ne soient improprement rabaissées aux yeux des élèves."

Ten ostatni przepis zakazuje nawet wszelkiej działalności nauczycielskiej, która by bezpośrednio poniżała narodowe i kulturalne właściwości Państwa Polskiego lub Niemieckiego, czyni to zaś w słusznym zrozumieniu, że w danych warunkach mniejszości poniżenia te odczuwać muszą jako skierowane przeciwko ich narodowości.

Że pieśń, którą kierownik szkoły lub nauczyciel nakazuje śpiewać, podpada tak samo jak książka, obraz lub nauka ustna pod postanowienie art. 133, nie wymaga dalszego wywodu. Poza tym okoliczność, że „Rotę" śpiewano z okazji uroczystości narodowej, mogła manifestacji tej dać szczególnie dobitny wyraz.

Następnie wskazać również należy na ostatni ustęp art. 75 Konwencji Genewskiej. Ustęp ten brzmi:

„Les autorités et les fonctionnaires ne pourront notamment traiter avec mépris... les ressortissants appartenant à des minorités."

Zachodzi naruszenie tego postanowienia, jeżeli jakaś władza szkolna lub jakiś urzędnik szkolny zarządza śpiewanie pieśni, które wyrażają pogardę dla narodowości ludności mniejszościowej.

Behandlung der sprachlichen und kulturellen Minderheiten sind aus dem Weltkrieg die Postulate der Gerechtigkeit und der Versöhnung und der internationale Rechtsschutz hervorgegangen. Die vorwürfige Frage muß gemäß der heutigen Situation Oberschlesiens, wie sie sich auf Grund der Entscheidung der Botschafter-Konferenz vom 20. Oktober 1921 und der Genfer Konvention vom 15. Mai 1922 gestaltet hat, beurteilt werden. Versöhnung und Befriedung Oberschlesiens im Sinne gegenseitiger Achtung zwischen der Bevölkerung polnischer und deutscher Zunge ist das höchste Ziel der Botschafter-Entscheidung und der Genfer Konvention. Es ist daher mit dem Geiste der Genfer Konvention unvereinbar, in den Schulen Oberschlesiens Gesänge anzuordnen oder zu dulden, die gegen das Volkstum des einen Teiles der Bevölkerung Feindschaft, Haß oder Verachtung zum Ausdruck bringen. Dies ergibt sich auch aus den ausdrücklichen Bestimmungen des Art. 133 der Genfer Konvention. Dieser Artikel lautet:

„1. Les Parties contractantes s'engagent à n'autoriser dans aucune école de leur partie du territoire plébiscité, l'emploi de livres ou d'objets d'enseignement par l'image, qui puissent blesser les sentiments nationaux ou religieux d'une minorité.

2. De même, chacune des Parties contractantes prendra les mesures nécessaires pour empêcher que, dans les leçons données à l'école, les qualités nationales et culturelles de l'autre partie ne soient improprement rabaissées aux yeux des élèves."

Diese letzte Vorschrift verbietet sogar auch jede Lehrtätigkeit, die unmittelbar nur die nationalen und kulturellen Eigenschaften des polnischen oder des deutschen Staates herabsetzt, in der richtigen Erkenntnis, daß die Minderheiten, so wie die Verhältnisse liegen, diese Herabsetzungen als gegen ihr Volkstum gerichtet empfinden müssen.

Daß ein vom Schulleiter oder vom Lehrer angeordnetes Lied ebenso wie ein Buch, ein Bild oder der mündliche Unterricht unter den Art. 133 fällt, bedarf keiner Ausführung. Der Umstand sodann, daß das Rotalied anläßlich einer Nationalfeier gesungen wurde, war geeignet, der Kundgebung besonderen Nachdruck zu verleihen.

Des weiteren ist auch auf Art. 75 der Genfer Konvention letzter Absatz hinzuweisen:

„Les autorités et les fonctionnaires ne pourront notamment traiter avec mépris... les ressortissants appartenant à des minorités."

Es liegt eine Verletzung dieser Bestimmung vor, wenn eine Schulbehörde oder ein Schulbeamter Gesänge veranstaltet, die Verachtung gegenüber dem Volkstum der Minderheit zum Ausdruck bringen.

O ile chodzi o odpowiedzialność kierownika szkoły, odpowiedzialność ta w porównaniu z odpowiedzialnością władzy nadzorczej usuwa się w niniejszym przypadku tak dalece na drugi plan, że jest uzasadnione rozpatrywać kwestię tę jako kwestię czysto zasadniczą.

3. O ile chodzi o kierownictwo pedagogiczne szkoły mniejszościowej w Janowie, nie potrzeba dalszych wywodów na uzasadnienie, że kierownictwo to przekazać należy nauczycielowi tej szkoły. (Zobacz pogląd nr 201.)

II

Po rozprawie ustnej i obradach w łonie Komisji Mieszanej Prezydent Komisji Mieszanej na mocy powyższych rozważań dochodzi do

poglądu:

1. O ile zażalenie dotyczy dyscyplinarnego ukarania chłopca Maletzkiego przez kierownika szkoły Madeja, oddala się je.

2. O ile zażalenie dotyczy śpiewania „Roty", jest ono uzasadnione. Nie da się bowiem pogodzić z Konwencją Genewską, a szczególnie z art. 133 i art. 75 ust. 3 Konwencji Genewskiej, aby pieśń tę śpiewano w szkołach Górnego Śląska Polskiego.

Właściwą władzę wzywa się, aby kierownikom szkół zleciły, by zaniechali śpiewania „Roty" w szkołach Górnego Śląska Polskiego.

3. Całe kierownictwo pedagogiczne szkoły mniejszościowej należy przekazać nauczycielowi mniejszościowemu Ryszardowi Pagaczowi.

67

Pogląd

z dnia 20 lutego 1928 w sprawie nr 126 Niemieckiego Związku Ludowego na Śląsk Polski dla strzeżenia praw mniejszości, zw. zap., żalącego się, w Katowicach, ul. Młyńska 23, dotyczącej wadliwych stosunków szkolnych w Nowej Wsi (Górny Śląsk Polski).

I

1. Dnia 3 listopada 1924 (akt 2) wniósł Niemiecki Związek Ludowy w myśl art. 149 i n. Konwencji Genewskiej zażalenie do Polskiego Urzędu Spraw Mniejszości w Katowicach. Urząd Spraw Mniej-

Was die Verantwortlichkeit des Schulleiters anbelangt, so tritt sie in diesem Falle so sehr zurück hinter der Verantwortlichkeit der Aufsichtsbehörde, daß es sich rechtfertigt, die Frage als eine rein grundsätzliche zu behandeln.

3. In bezug auf die pädagogische Leitung der Minderheitsschule in Janów steht ohne weiteres fest, daß sie dem Lehrer dieser Schule zu übertragen ist. (Siehe Stellungnahme Nr. 201.)

II

Nach stattgefundener mündlicher Verhandlung und nach der Beratung im Schoße der Gemischten Kommission gelangt der Präsident der Gemischten Kommission, gestützt auf die vorstehenden Erwägungen, zur

Stellungnahme:

1. Die Beschwerde wird abgewiesen in bezug auf die disziplinarische Bestrafung des Knaben Maletzki durch den Schulleiter Madej.

2. Die Beschwerde ist begründet hinsichtlich des Rota-Liedes: Es ist mit der Genfer Konvention und speziell mit Artikel 133 und Artikel 75 Absatz 3 der Genfer Konvention nicht vereinbar, dieses Lied in den Schulen von Polnisch-Oberschlesien zu singen.

Die zuständige Behörde wird ersucht, an die Schulleiter die Weisung zu erteilen, das Singen der »Rota« in den Schulen Polnisch-Oberschlesiens zu unterlassen.

3. Die gesamte pädagogische Leitung der Minderheitsschule ist dem Minderheitslehrer Richard Pagacz zu übertragen.

67

Stellungnahme

vom 20. Februar 1928 in der Sache Nr. 126 des Deutsch-Oberschlesischen Volksbundes für Polnisch-Schlesien zur Wahrung der Minderheitsrechte, eingetragener Verein, Beschwerdeführer, in Katowice, ulica Mlyńska 23, betreffend mangelhafte Schulverhältnisse in Nowa-Wieś (Polnisch-Oberschlesien).

I

1. Am 3. November 1924 (act. 2) erhob der Deutsche Volksbund im Sinne von Art. 149 ff. der Genfer Konvention Beschwerde beim Polnischen Minderheitsamt in Katowice. Das Minderheitsamt überwies am

szości przekazał to zażalenie dnia 13 stycznia 1925 (akt 1) wraz z uwagami w myśl artykułu 152 Konwencji Genewskiej Prezydentowi Komisji Mieszanej. Następnie odbyła się wymiana pism, przewidziana w regulaminie postępowania, a dnia 15 czerwca 1926 przesłuchano w charakterze świadka kierownika szkoły Wilczyńskiego (akt 101). Na rozprawie ustnej z dnia 24 listopada 1927 zastępca Urzędu Spraw Mniejszości i żalący się mieli sposobność przedstawić dalsze wywody faktyczne i prawne.

2. Zażalenie skierowane jest przeciwko rzekomym niedomaganiom w szkole mniejszościowej w Nowej Wsi. Petycją z dnia 3 listopada 1924 żalący się wniósł o:

a) połączenie wszystkich dzieci w szkole mniejszościowej w Wirku,

b) przydzielenie dalszych sił nauczycielskich, stosownie do liczby uczniów,

c) przydzielenie osobnych klas szkolnych, gdzie nauki można by udzielać także przed południem,

d) przekazanie kierownictwa szkoły nauczycielowi mniejszościowemu.

Orzeczeniem z dnia 1 października 1925 wciągnięto punkt a) zażalenia w rejestr jako załatwiony przez zadowolenie żalącego się.

3. Według wywodów zastępcy Urzędu Spraw Mniejszości na rozprawie ustnej szkoła mniejszościowa w Nowej Wsi liczy obecnie 330 dzieci. Nauki udzielają 4 siły nauczycielskie w 5 klasach. Z okazji przesłuchania świadków kierownik szkoły Wilczyński potwierdził twierdzenie żalącego się, że szkoła mniejszościowza ma klasy szkolne do dyspozycji tylko po południu i że przepisany rozkład godzin jest skrócony.

Według rozporządzenia Województwa z dnia 20 lipca 1925 w szkołach liczących ponad 275 dzieci winna przypadać na każde 55 dzieci jedna siła nauczycielska. Roszczenie mniejszości o przydzielenie dalszych sił nauczycielskich jest zatem uzasadnione.

Co do kwestii pomieszczeń na podstawie akt nie można stwierdzić, czy stosunki lokalne pozwalają na przydzielenie szkole mniejszościowej klas szkolnych do wyłącznego użytku. W każdym razie może mniejszość wymagać, aby widocznego braku pomieszczeń w Nowej Wsi nie odczuwała dotkliwiej niż większość polska. Niezgodne jest z zasadą równego traktowania, jeżeli się tylko szkoła mniejszościowa pogodzić musi ze skróconą nauką popołudniową.

13. Januar 1925 (act. 1) die Beschwerde mit seinen Bemerkungen im Sinne von Art. 152 der Genfer Konvention an den Präsidenten der Gemischten Kommission. Es fand hierauf der in der Verfahrensordnung vorgesehene Schriftenwechsel statt und am 15. Juni 1926 wurde der Schulleiter Wilczyński als Zeuge einvernommen (act. 101). In den mündlichen Verhandlungen vom 24. November 1927 hatten der Vertreter des Minderheitsamtes und der Beschwerdeführer Gelegenheit, weitere Ausführungen in tatsächlicher und rechtlicher Beziehung vorzutragen.

2. Die Beschwerde richtet sich gegen angebliche Übelstände an der Minderheitsschule Nowa-Wieś. In der Beschwerdeschrift vom 3. November 1924 formulierte der Beschwerdeführer folgende Rechtsbegehren:

a) Vereinigung sämtlicher Kinder in der Schule des früheren Ortsteils Wirek,

b) Zuteilung weiterer Lehrkräfte, entsprechend der Schülerzahl,

c) Zuteilung besonderer Klassenräume, in denen die Schüler auch am Vormittag unterrichtet werden können,

d) Übertragung der Schulleitung an einen der Minderheit angehörenden Lehrer.

Beschwerdepunkt a) wurde infolge Zufriedenstellung des Beschwerdeführers mit Verfügung vom 1. Oktober 1925 als erledigt abgeschrieben.

3. Nach den Ausführungen des Vertreters des Minderheitsamtes in den mündlichen Verhandlungen zählt die Minderheitsschule Nowa-Wieś zur Zeit 330 Kinder. Der Unterricht wird durch 4 Lehrkräfte in 5 Klassen erteilt. Anläßlich der Zeugeneinvernahme bestätigte Schulleiter Wilczyński die Behauptung des Beschwerdeführers, daß der Minderheitsschule Klassenräume nur nachmittags zur Verfügung stehen und daß der reglementarische Stundenplan gekürzt ist.

Gemäß der Verordnung der Wojewodschaft vom 20. Juli 1925 hat bei Schulen mit mehr als 275 Kindern auf je 55 Kinder eine Lehrkraft zu entfallen. Der Anspruch der Minderheit auf Anstellung weiterer Lehrkräfte ist daher berechtigt.

Was die Raumfrage anbetrifft, so kann auf Grund der Akten nicht festgestellt werden, ob die lokalen Verhältnisse gestatten, der Minderheitsschule Klassenräume zur alleinigen Benutzung zuzuweisen. Jedenfalls aber darf die Minderheit verlangen, daß sie unter der in Nowa-Wieś offenbar herrschenden Raumnot nicht mehr zu leiden hat als die polnische Mehrheit. Es widerspricht dem Grundsatz der gleichen Behandlung, daß sich nur die Minderheitsschule mit gekürztem Nachmittagsunterricht abzufinden hat.

4. Żądanie petenta, aby kierownictwo szkoły przekazano nauczycielowi mniejszościowemu, znajduje uzasadnienie w art. 119 Konwencji Genewskiej i w stałej praktyce Prezydenta Komisji Mieszanej.

II

Po naradzie w łonie Komisji Mieszanej Prezydent Komisji Mieszanej na mocy powyższych rozważań dochodzi do

poglądu:

1. Właściwe władze wzywa się, aby przy przydziale klas szkolnych i ustalaniu rozkładu godzin przestrzegały interesów szkoły mniejszościowej w ten sam sposób, co szkoły większościowej. Szkole mniejszościowej należy przydzielić taką ilość sił nauczycielskich, jaka odpowiada obowiązującym przepisom ustawy.

2. Właściwe władze wzywa się, aby kierownictwo szkoły mniejszościowej, przynajmniej w dziedzinie pedagogicznej, powierzyły nauczycielowi mniejszościowemu.

68

Pogląd

z dnia 29 marca 1928 w sprawie nr 397 Królewsko-Huckiej Spółki Pieczy z ogr. odp. w Królewskiej Hucie, żalącej się, zastąpionej przez Niemiecki Związek Ludowy na Śląsk Polski w Katowicach, dotyczącej naruszenia artykułów 75, 81 i 98 Konwencji Genewskiej przez Województwo.

I

1. Dnia 14 listopada 1927 (akt 2) Królewsko-Hucka Spółka Pieczy z ograniczoną odpowiedzialnością w Królewskiej Hucie wniosła w myśl art. 149 Konwencji Genewskiej zażalenie do Polskiego Urzędu Spraw Mniejszości w Katowicach. Dnia 27 grudnia 1927 Urząd Spraw Mniejszości przekazał zażalenie Prezydentowi Komisji Mieszanej (akt 1), nie załączył jednak uwag w myśl art. 152 Konwencji Genewskiej, ponieważ w sprawie tej nie otrzymał od właściwej władzy wyjaśnień. Gdy także w toku dalszego postępowania Urząd Spraw Mniejszości uwag swych nie przekazał, Prezydent z uwagi na pilność spra-

4. Das Begehren des Beschwerdeführers auf Übertragung der Schulleitung an einen sich zur Minderheit bekennenden Lehrer ist nach Art. 119 der Genfer Konvention sowie nach der ständigen Praxis des Präsidenten der Gemischten Kommission berechtigt.

II

Nach stattgehabter Beratung im Schoße der Gemischten Kommission gelangt der Präsident der Gemischten Kommission, gestützt auf die vorstehenden Erwägungen, zur

Stellungnahme:

1. Die zuständigen Behörden werden ersucht, bei Zuweisung der Klassenräume und Festlegung des Stundenplanes die Interessen der Minderheitsschule in gleicher Weise zu wahren, wie diejenigen der Mehrheitsschule. Der Minderheitsschule ist die den geltenden Bestimmungen entsprechende Anzahl von Lehrkräften zuzuweisen.

2. Die zuständigen Behörden werden ersucht, die Leitung der Minderheitsschule, zum mindesten auf pädagogischem Gebiete, einem der Minderheit angehörenden Lehrer zu übertragen.

68

Stellungnahme

vom 29. März 1928 in der Sache Nr. 397 der Królewsko-Hucka Spółka Pieczy z ogr. odp. in Królewska-Huta (Königshütter Fürsorgegesellschaft mit beschränkter Haftung, Królewska-Huta), Beschwerdeführerin, vertreten durch den Deutsch-Oberschlesischen Volksbund für Polnisch-Schlesien, Katowice, betreffend Verletzung der Art. 75, 81 und 98 der Genfer Konvention durch die Wojewodschaft.

I

1. Am 14. November 1927 (act. 2) erhob die Królewsko-Hucka Spółka Pieczy, G. m. b. H. in Królewska-Huta im Sinne von Art. 149 ff. der Genfer Konvention Beschwerde beim Polnischen Minderheitsamt in Katowice. Das Minderheitsamt überwies am 27. Dezember 1927 (act. 1) die Beschwerde an den Präsidenten der Gemischten Kommission, ohne indes die Bemerkungen im Sinne von Art. 152 der Genfer Konvention beizufügen; das Minderheitsamt wies darauf hin, daß es von der zuständigen Verwaltungsbehörde keine Aufklärungen in der Beschwerdesache erhalten habe. Nachdem auch in der Folgezeit die Bemerkungen

wy wyznaczył na 8 marca 1928 rozprawę ustną i określił równocześnie dodatkowy termin wniesienia uwag w myśl art. 152 Konwencji Genewskiej. Uwagi te wniesiono do akt pismem z dnia 6 marca 1928. Na rozprawie ustnej z dnia 8 marca 1928 kierownik Urzędu Spraw Mniejszości i zastępca żalącej się mieli sposobność przedstawić dalsze wywody faktyczne i prawne.

2. Zażalenie opiera się na następującym stanie faktycznym:

W roku 1919 założona została „Königshütter Fürsorgegesellschaft m. b. H." — Królewsko-Hucka Spółka Pieczy z ogr. odp. Spólniczkami były zakonnice zakonu ss. Sercanek w Wiedniu, które udziały zakonu posiadały powierniczo. Celem Spółki było i jest nadal: Opieka nad niezamożną ludnością niemiecką, w szczególności przez utrzymywanie ruchomych szpitali, zakładów dla umysłowo upośledzonych i potrzebujących opieki, domów ubogich i domów sierot, szkółek robót ręcznych i ochronek, zakładów pieczy, domów dla inwalidów i przytułków dla starców oraz przez wydawanie wszelkich dotycznych zarządzeń, koniecznych dla osiągnięcia celu spółki.

Dla realizacji swego celu spółka miała wówczas do dyspozycji obydwa budynki klasztorne przy ulicy Katowickiej i Gimnazjalnej w Królewskiej Hucie.

Przy przejściu suwerenności państwowej nazwę spółki zmieniono na „Spółkę Pieczy". Poza tym spółka istniała w ten sam sposób nadal. Dopiero w sierpniu 1926 zakon ss. Sercanek w Wiedniu uchwalił zwinąć siedzibę w Królewskiej Hucie.

Jedna z posiadłości Spółki Pieczy, mianowicie budynek klasztorny przy ulicy Gimnazjalnej wydzielony został najpierw z majątku spółki i przeszedł w drodze kontraktu kupna-sprzedaży na własność Zgromadzenia Sióstr Miłosierdzia św. Wincentego a Paulo.

Dotychczasowi spólnicy sprzedali potem swe udziały osobom świeckim wyznania katolickiego obywatelstwa polskiego, należącym do mniejszości niemieckiej. Nowi spólnicy dnia 1 lutego 1927 przejęli spółkę z wszystkimi aktywami i pasywami, a zatem także niesprzedany, w księdze wieczystej na rzecz spółki zapisany budynek przy ulicy Katowickiej. O przejściu udziałów zawiadomiono władzę rejestrową

durch das Minderheitsamt nicht überwiesen wurden, zitierte der Präsident der Gemischten Kommission, im Hinblick auf die Dringlichkeit der Angelegenheit, die Parteien zur mündlichen Verhandlung auf den 8. März 1928, unter Ansetzung einer Nachfrist zur Einreichung der Bemerkungen im Sinne von Art. 152 der Genfer Konvention; diese wurden mit Eingabe vom 6. März 1928 zu den Akten gegeben. In der mündlichen Verhandlung vom 8. März 1928 hatten der Leiter des Minderheitsamtes und der Vertreter der Beschwerdeführerin Gelegenheit, weitere Ausführungen in tatsächlicher und rechtlicher Beziehung vorzutragen.

2. Der Beschwerde liegt folgender Tatbestand zugrunde:

Im Jahre 1919 wurde die Königshütter Fürsorgegesellschaft m. b. H. gegründet. Gesellschafter waren Ordensschwestern der Kongregation der Dienerinnen des Heiligen Herzens Jesu in Wien, welche die Gesellschaftsanteile treuhänderisch für ihre Kongregation innehatten. Zweck des Unternehmens war damals und ist auch heute noch: Ausübung der Wohltätigkeit an den minderbemittelten deutschen Volksklassen, insbesondere durch ambulante Kranken-, Idioten- und Pflege-Anstalten, Armen- und Waisenhäuser, Handarbeits- und Kinderbewahrschulen, Fürsorgevorrichtungen, Invalidenheime und Greisenasyle sowie alle damit im Zusammenhang stehenden oder zur Beschaffung dieser Zwecke erforderlichen Maßnahmen.

Zur Verwirklichung des Gesellschaftszweckes standen damals die beiden Klostergrundstücke an der ul. Katowicka und ul. Gimnazjalna in Królewska-Huta zur Verfügung.

Bei Übergang der Staatshoheit wurde die Bezeichnung der Gesellschaft in »Spółka Pieczy« abgeändert, sonst aber bestand das Unternehmen in derselben Weise weiter. Erst im August 1926 beschloß die Kongregation der Dienerinnen des Heiligen Herzens Jesu in Wien, die Niederlassungen in Królewska-Huta aufzugeben.

Das eine Besitztum der Spółka Pieczy, das Klostergrundstück an der ulica Gimnazjalna, schied zunächst durch Verkauf an die Zgromadzenie Sióstr Miłosierdzia Św. Wincentego a Paulo aus dem Vermögen der Gesellschaft aus.

Die bisherigen Gesellschafter veräußerten dann ihre Geschäftsanteile an katholische Laien polnischer Staatsangehörigkeit, welche der deutschen Minderheit angehören. Die neuen Gesellschafter übernahmen die Gesellschaft mit allen Aktiven und Passiven, demnach auch das nicht veräußerte, grundbuchlich auf den Namen der Gesellschaft eingetragene Haus an der ul. Katowicka am 1. Februar 1927; der Übergang der Gesellschaftsanteile

i ustanowienie nowej zawiadowczyni — p. Ditterlanki — wpisano w rejestr handlowy (wyciąg z rejestru handlowego — akt 5—6).

Przy pomocy obsługi świeckiej Zarząd chciał zakład na tej samej podstawie prowadzić dalej w myśl celu spółki w interesie mniejszości niemieckiej. Jako przełożoną pozyskano baronową Reitzensteinową, a w charakterze kierowniczek kursów dla pielęgniarek charytatywnych, kursów gospodarstwa domowego i robót ręcznych i ochronki angażowano nauczycielkę gospodarstwa domowego p. Nifczankę i profesorkę Bochnikównę.

Dnia 5 i 12 maja 1927 poseł dr Pant, który jest również spólnikiem Spółki Pieczy, wniósł w imieniu własnym do właściwej władzy podania o udzielenie koncesji na dalsze prowadzenie kursów w wyżej wymienionym sensie. Do podań dołączone były następujące dokumenty: plan nauki, świadectwa kwalifikacyjne kierowniczki zakładu i sił nauczycielskich i plan budynku.

Z początkiem nowego roku szkolnego, we wrześniu 1927, odpowiedź władzy na powyższe podania jeszcze nie wpłynęła. Planowanej szkoły charytatywnej i ochronki, dla których zobowiązano już siły nauczycielskie i przyjęto uczniów, nie można było zatem otworzyć. W celu wykorzystania budynku i będących do dyspozycji sił urządzono natomiast sześciotygodniowe kursy, na których młode dziewczęta pobierały naukę gospodarstwa domowego. Policja początkowo zakazała prowadzenia kursów; na interwencję nauczycielki Nifczanki zezwoliła jednak potem na dalsze prowadzenie ich. Na skutek pisma inspektora szkolnego Boczka z dnia 26 października 1927 (akt 8) kursy musiano jednak potem ponownie zawiesić. Na uzasadnienie tego zakazu przytoczono, że Kuria Biskupia zakwestionowała prawo własności na budynku przeznaczonym na kursy.

Pismem z dnia 30 listopada 1927 (akt 19—20) Wydział Oświecenia Publicznego Województwa odpowiadając na podania posła dra Panta z dnia 5 i 12 maja 1927 odmówił udzielenia koncesji bez podania powodów.

Pismem tej samej daty Wydział Oświecenia Publicznego udzielił Spółce Pieczy na jej podanie z dnia 12 listopada 1927 odmownej odpowiedzi (akt 21—22); ostatnie zdanie tego pisma brzmi: „Postanowienia artykułów 81, 97 i 98 Konwencji Genewskiej w powyższym przypadku nie mają zastosowania".

3. Niniejszym zażaleniem żąda się udzielenia koncesji na przewidziane instytucje szkolne i wnosi o pociągnięcie do odpowiedzialności urzędników, którzy ponoszą winę za dotychczasowe odmówienie

wurde der Registerbehörde mitgeteilt und es wurde die Bestellung der neuen Geschäftsführerin, Fräulein Ditterla, in das Handelsregister eingetragen. (Auszug aus dem Handelsregister act. 5—6).

Der neue Vorstand wollte die Anstalt auf derselben Grundlage im Sinne des Gesellschaftszweckes zugunsten der deutschen Minderheit mit Laienpersonal weiterführen. Als Oberin wurde Baronin von Reitzenstein gewonnen und zur Leitung von Charitaspflegerinnenkursen, von Haushaltungs- und Handarbeitskursen und eines Kindergartens wurden die Haushaltungslehrerin Nifka und die Studienrätin Bochnik angestellt.

Am 5. und 12. Mai 1927 richtete Abgeordneter Dr. Pant, der auch Gesellschafter der Spółka Pieczy ist, im eigenen Namen Eingaben an die zuständige Behörde und ersuchte um die Konzession zur Weiterführung der Kurse im obgenannten Sinne. Den Eingaben waren folgende Belege beigefügt: Lehrplan, Befähigungsnachweise der Anstaltsleiterin und der Lehrkräfte, Plan des Hauses.

Bei Beginn des neuen Schuljahres, September 1927, war ein behördlicher Bescheid noch nicht erteilt. Die geplante Charitasschule und der Kindergarten, für die Lehrkräfte und Schüler bereits verpflichtet waren, konnten daher nicht eröffnet werden; dagegen wurden, um das Haus und die vorhandenen Kräfte auszunützen, Kurse abgehalten, in welchen junge Mädchen in sechswöchiger Ausbildung Unterweisung im Haushalt erhielten. Die Polizei verbot vorerst die Kurse, gestattete dann aber auf Intervention der Lehrerin Nifka die Weiterführung. Die Kurse mußten dann aber auf ein Schreiben des Schulinspektors Boczek hin, dat. 26. Oktober 1927 (act. 8), neuerdings eingestellt werden. Zur Begründung dieses Verbots wurde geltend gemacht, daß das Eigentumsrecht an dem für die Kurse vorgesehenen Haus von der bischöflichen Kurie angefochten werde.

Mit Schreiben vom 30. November 1927 (act. 19—20) verweigerte sodann die Schulabteilung der Wojewodschaft dem Abgeordneten Dr. Pant, in Beantwortung seiner Eingaben vom 5. und 12. Mai 1927, die Erteilung der Konzession ohne Angabe der Gründe.

Unterm selben Datum richtete die Schulabteilung, unter Bezugnahme auf eine Eingabe der Gesellschaft vom 12. November 1927, einen abschlägigen Bescheid an die Spółka Pieczy (act. 21—22); das Schreiben enthält folgenden Schlußpassus: »Die Bestimmungen der Art. 81, 97 und 98 der Genfer Konvention finden im obigen Fall keine Anwendung«.

3. Mit der vorliegenden Beschwerde wird die Konzessionserteilung für die vorgesehenen Schuleinrichtungen verlangt, und es wird beantragt, daß die für die bisherige Verweigerung der Konzession verantwortlichen

koncesji, przez co naruszone zostały artykuły 75, 81 i 98 Konwencji Genewskiej.

Urząd Spraw Mniejszości jako zastępca właściwej władzy zaprzecza temu, że przez nieudzielenie koncesji żalącej się naruszono Konwencję Genewską. Wywodzi on, że Spółka Pieczy jest osobą prawną i według jego zapatrywania osoby prawne nie mogą z postanowień artykułów 81, 98 i 75 wyprowadzać dla siebie żadnych praw. Poza tym władza uzasadnia swe postępowanie tym, że Kuria Biskupia zaczepiła prawo własności żalącej się na budynku, który przewidziano na instytucje szkolne. Urząd Spraw Mniejszości wnosi o oddalenie niniejszego zażalenia także z tego powodu, że żaląca się jako osoba prawna nie posiada legitymacji aktywnej do prowadzenia zażalenia w myśl art. 149 i n. Konwencji Genewskiej.

4. Spółka Pieczy jako spółka z ograniczoną odpowiedzialnością jest istotnie osobą prawną. Lecz stanowisko właściwej władzy, że osoby prawne (stowarzyszenia, związki, spółki, zakłady itd.) o celach charytatywnych, społecznych, religijnych i kulturalnych mniejszości nie są dopuszczalne, lub że tego rodzaju osoby prawne nie mogą rościć sobie pretensji do praw zagwarantowanych mniejszości lub praw tych wykonywać, nie da się utrzymać. Jest rzeczą oczywistą, że wymienione ogólne cele nie mogłyby być wcale zrealizowane, gdyby mniejszości nie wolno było zakładać związków, towarzystw, spółek, zakładów itd. i oddawać ich na usługi tych ogólnych dążeń. Mniejszości niemieckiej te osoby prawne potrzebne są tak samo jak większości polskiej. Jest rzeczą niemożliwą, aby z jednej strony mniejszości przyznawano równouprawnienie w dziedzinie działalności kulturalnej, religijnej, społecznej i charytatywnej, a z drugiej strony odmawiano jej prawa do tworzenia potrzebnych w tym celu instytucyj w formie odpowiednich osób prawnych i posługiwania się nimi. Już z tych rozważań wynika jasno, że w myśl działu II, tytułu II, części III Konwencji Genewskiej instytucje i osoby prawne mniejszości traktować należy w ten sam sposób, jak instytucje lub osoby prawne większości. Jest zaś rzeczą powszechnie znaną, że osoby prawne lub instytucje większości polskiej bywają w różnych dziedzinach uznawane, wobec czego stanowisko właściwej władzy stanowi widoczne naruszenie zasady równego traktowania. Zresztą Konwencja w artykułach 75, 78, 81 i 86 wymieniła wyraźnie osoby prawne lub potrzebne instytucje jako podmioty zagwarantowanych praw.

Beamten wegen Verletzung der Art. 75, 81 und 98 zur Rechenschaft gezogen werden.

Das Minderheitsamt, als Vertreter der zuständigen Behörde, bestreitet, daß durch die Nichterteilung der Konzession an die Beschwerdeführerin die Genfer Konvention verletzt worden sei. Das Minderheitsamt macht geltend, daß die Spółka Pieczy eine juristische Person ist und daß nach seiner Auffassung juristische Personen aus den Bestimmungen der Art. 81, 98 und 75 keine Rechte ableiten können. Sodann begründet die Behörde ihr Vorgehen damit, daß das Eigentum der Beschwerdeführerin am Grundstück, das für die Schuleinrichtungen vorgesehen sei, von der Bischöflichen Kurie angefochten sei. Das Minderheitsamt beantragt aber auch Abweisung der vorliegenden Beschwerde aus der Erwägung, daß der Beschwerdeführerin als juristischen Person die Aktivlegitimation zur Ausübung des Beschwerderechtes im Sinne von Art. 149 ff. der Genfer Konvention nicht zustehe.

4. Die Spółka Pieczy als G. m. b. H. ist in der Tat eine juristische Person. Jedoch der Standpunkt der zuständigen Behörde, daß juristische Personen (Gesellschaften, Vereine, Stiftungen, Genossenschaften usw.) zur Verfolgung von charitativen, sozialen, religiösen, kulturellen Zwecken der Minderheit nicht zulässig seien oder daß solche juristische Personen die der Minderheit garantierten Rechte nicht beanspruchen oder ausüben dürfen, ist unhaltbar. Es ist für jedermann klar, daß die genannten allgemeinen Zwecke gar nicht verwirklicht werden könnten, wenn es der Minderheit nicht erlaubt wäre, Vereine, Gesellschaften, Genossenschaften, Stiftungen usw. zu bilden und in den Dienst dieser allgemeinen Bestrebungen zu stellen. Die deutsche Minderheit bedarf dieser juristischen Personen in gleicher Weise wie die polnische Mehrheit. Man kann der Minderheit unmöglich auf der einen Seite die Gleichberechtigung auf dem Gebiete der kulturellen, religiösen, sozialen, charitativen Tätigkeit zuerkennen und auf der anderen Seite ihr das Recht absprechen, die hierzu erforderlichen Institutionen in Form geeigneter juristischer Personen zu schaffen und sich ihrer zu bedienen. Schon daraus geht klar hervor, daß im Sinne des Kapitels II, Titel II, dritter Teil der Konvention die Institutionen und juristischen Personen der Minderheit in ganz gleicher Weise zu behandeln sind, wie die Institutionen bzw. juristischen Personen der Mehrheit. Nun werden notorischerweise die juristischen Personen bzw. die Institutionen der polnischen Mehrheit auf den verschiedenen Gebieten anerkannt, und es liegt somit im Standpunkt der zuständigen Behörde eine offenbare Verletzung des Grundsatzes der gleichen Behandlung. Übrigens hat die Konvention in den Artikeln 75, 78, 81 und 86 die juristischen Personen

Zarzut właściwej władzy, że żaląca się jako osoba prawna nie może wyprowadzać żadnych praw z dotycznych postanowień Konwencji Genewskiej, sprzeczny jest zatem z sensem i duchem oraz z wyraźnymi postanowieniami Konwencji Genewskiej i należy go oddalić.

Następstwem praw przyznanych przez Konwencję Genewską osobom prawnym mniejszości jest wykonywanie prawa petycji w myśl art. 149 i n. Konwencji Genewskiej.

Wskazać należy na to, że Prezydent Komisji Mieszanej potwierdził już nieraz legitymację aktywną osób prawnych (zobacz pogląd nr 41, dotyczący średnich i wyższych publicznych szkół mniejszościowych i nr 257 dot. nieprzyjęcia dzieci zgłoszonych do szkół mniejszościowych na rok szkolny 1926-27). Stanowisko prawne Prezydenta Komisji Mieszanej uznane zostało także oświadczeniem Przedstawiciela Państwa Polskiego z dnia 22 marca 1924.

Urząd Spraw Mniejszości zajął na rozprawie ustnej stanowisko, że wspomnianym pismem Przedstawiciela Państwa Polskiego tylko wyjątkowo uznane zostało prawo petycji Niemieckiego Związku Ludowego, lecz nie także prawo petycji innych związków osobowych. Wszelako Prezydent Komisji Mieszanej uznał w poglądzie nr 41 dot. średnich i wyższych publicznych szkół mniejszościowych ogólnie prawo petycji osób prawnych mniejszości i od tego stanowiska nie może w żadnym razie odstąpić.

Prawo przysługujące osobom prawnym mniejszości do zakładania instytucji szkolnych w myśl art. 97 i n. Konwencji Genewskiej daje im tytuł prawny do udzielenia im zezwolenia na utworzenie tych instytucji, jeżeli „uczynią zadość przepisanym warunkom co do bezpieczeństwa dzieci i jeżeli nauczyciele lub wychowawcy odpowiadać będą prawnie przepisanym warunkom w zakresie kwalifikacji, mieszkać będą na terytorium państwa, w którym nauka się odbywa, i nie będą nadużywali swego zawodu do działalności wrogiej dla państwa" (art. 98). Do żądania koncesji jest przede wszystkim legitymowana osoba prawna, zastąpiona przez organa odpowiedzialne w myśl statutów. Urząd Spraw Mniejszości natomiast wywodził, że władza podania o udzielenie koncesji uwzględnia tylko wówczas, jeżeli osoba fizyczna, żądając koncesji w imieniu własnym, przejmuje odpowie-

bzw. die erforderlichen Institutionen ausdrücklich erwähnt als Trägerinnen der garantierten Rechte.

Der Einwand der zuständigen Behörde, daß die Beschwerdeführerin, weil sie juristische Person sei, aus den in Frage stehenden Bestimmungen der Genfer Konvention keine Rechte ableiten könne, steht daher zu Sinn und Geist sowie zu ausdrücklichen Bestimmungen der Genfer Konvention im Widerspruch und ist zurückzuweisen.

Ein Ausfluß der den juristischen Personen der Minderheit durch die Genfer Konvention eingeräumten Rechte ist die Ausübung des Petitionsrechtes im Sinne von Art. 149 ff. der Genfer Konvention.

Es ist darauf hinzuweisen, daß der Präsident der Gemischten Kommission die Frage der Aktivlegitimation juristischer Personen schon wiederholt bejaht hat (siehe Stellungnahme Nr. 41 betr. mittlere und höhere öffentliche Minderheitsschulen und Nr. 257 betr. Zurückweisung der für das Schuljahr 1926-27 zu den Minderheitsschulen angemeldeten Kinder). Der Rechtsstandpunkt des Präsidenten der Gemischten Kommission wurde auch durch die Erklärung des Polnischen Staatsvertreters vom 22. März 1924 anerkannt.

Das Minderheitsamt hat in der mündlichen Verhandlung den Standpunkt vertreten, daß das erwähnte Schreiben des Polnischen Staatsvertreters nur ausnahmsweise das Beschwerderecht des Deutschen Volksbundes, nicht aber auch das Beschwerderecht anderer Personenverbände anerkannt habe. Nun hat aber der Präsident der Gemischten Kommission in seiner Stellungnahme Nr. 41 betr. mittlere und höhere öffentliche Minderheitsschulen das Petitionsrecht allgemein für juristische Personen der Minderheit anerkannt. Von diesem Standpunkte kann der Präsident der Gemischten Kommission keinesfalls abweichen.

Das juristischen Personen der Minderheit zustehende Recht, Schulinstitutionen im Sinne von Art. 97 ff. der Genfer Konvention zu errichten, gibt ihnen einen Anspruch auf Genehmigung der Einrichtungen, sofern »die für die Sicherheit der Kinder vorgeschriebenen Bedingungen erfüllt sind, die Lehrer oder Erzieher die für ihre Lehrbefugnis vorgeschriebenen Bedingungen erfüllen, in dem Staatsgebiete, in dem der Unterricht stattfindet, wohnen und ihren Beruf nicht zu staatsfeindlichen Betätigungen mißbrauchen« (Art. 98). Zur Stellung eines Konzessionsbegehrens erscheint in erster Linie die juristische Person legitimiert, vertreten durch die nach den Statuten verantwortlichen Organe. Es wurde indes vom Minderheitsamt geltend gemacht, daß die Behörde Konzessionsbegehren nur dann berücksichtige, wenn eine physische Person durch Stellung des Begehrens im eigenen Namen die persönliche Verantwortung für das Unternehmen auf

działność osobistą za przedsiębiorstwo. Nawet jeżeli się tę praktykę faktycznie stosuje, to żaląca się uczyniła zadość przepisom formalnym, ponieważ dotyczne podania z dnia 5 i 12 maja 1927 (akt 23, 24) wniósł w imieniu własnym poseł dr Pant i na podanie to udzielono też jemu osobiście odmownej odpowiedzi (akt 19—20).

Tym samym odpada zarzut, że z powodu naruszenia przepisów formalnych nie potrzeba było rozpatrywać podania o nadanie koncesji.

Lecz także odmówienie zezwolenia na prowadzenie kursów z tym uzasadnieniem, że Kuria Biskupia zaczepiła prawo własności żalącej się na budynku, jest absolutnie niedopuszczalne, ponieważ ten prywatno-prawny spór nie pozostaje w żadnym związku z kwestią nadania koncesji. Nie jest zaprzeczone, że żaląca się zapisana jest w księdze wieczystej jako właścicielka dotycznej nieruchomości i że obecnie ma prawo dysponowania pomieszczeniami przeznaczonymi na kursy. Opierając się na tych stosunkach prawnych właściwa władza administracyjna żądanie o nadanie koncesji winna była rozpatrywać jedynie w tym kierunku, czy pomieszczenia nadawały się do udzielania nauki i czy dopełnione były inne warunki przewidziane w art. 98, w szczególności co do kwalifikacji sił nauczycielskich.

W odmówieniu koncesji z przytoczonych powodów, przez co naruszone zostały zarówno postanowienia Konwencji Genewskiej jak i powszechne zasady prawne, dopatrywać się należy nierównego traktowania żalącej się. Przypuszczenie, że właściwe władze nie postępują w tak samowolny sposób wobec instytucji większości, potwierdza okoliczność, że właściwa władza według niezaprzeczonych twierdzeń żalącej się udzieliła organizacji polskiej, Zgromadzeniu Sióstr Miłosierdzia Św. Wincentego a Paulo, które od Spółki Pieczy w drodze kupna nabyło budynek klasztorny, koncesji na utrzymywanie podobnych instytucji szkolnych, jakkolwiek chodzi również o osobę prawną, której według stanowiska, jakie właściwa władza zajęła w niniejszym postępowaniu, koncesji nie można było udzielić. Poza tym sposób, w jaki traktowano i załatwiono prośbę żalącej się o nadanie koncesji, sprzeciwia się tak dalece ogólnym zasadom administracyjnym, że wyłączone jest przypuszczenie, aby władze polskie praktykę tę stosowały ogólnie. Mimo pilności sprawy — żaląca się nie mogła oczywiście liczyć się z odmówieniem zezwolenia i zaangażowała już wskutek tego kwalifikowane siły nauczycielskie — i mimo głównie dobroczynnego charakteru przewidzianych instytucji otrzymała żaląca się na podania z dnia 5 i 12 maja 1927 prowizoryczne pisemne zawiadomienie do-

sich nehme. Auch wenn diese Praxis wirklich gehandhabt wird, so hat die Beschwerdeführerin den Formvorschriften genügt, indem die diesbezüglichen Begehren vom 5. und 12. Mai 1927 (act. 23, 24) vom Abgeordneten Dr. Pant in eigenem Namen gestellt und auch an ihn persönlich abschlägig beantwortet wurden (act. 19—20).

Es fällt somit der Einwand, daß auf das Konzessionsgesuch wegen Verletzung von Formvorschriften nicht einzutreten war, dahin.

Aber auch die Verweigerung der Genehmigung zur Abhaltung der Kurse mit der Begründung, daß das Eigentum der Beschwerdeführerin am Grundstück durch die Bischöfliche Kurie bestritten sei, ist durchaus unzulässig, da diese privatrechtliche Anfechtung seitens einer Drittperson zur Frage der Konzessionserteilung in keinem Zusammenhang steht. Unbestrittenermaßen ist die Beschwerdeführerin als Eigentümerin der fraglichen Liegenschaft im Grundbuch eingetragen und zur Zeit verfügungsberechtigt bezüglich der für die Kurse vorgesehenen Räumlichkeiten. Von diesen Rechtsverhältnissen ausgehend hatte die zuständige Verwaltungsbehörde das Konzessionsbegehren lediglich dahin zu prüfen, ob die Räume für die Unterrichtserteilung geeignet und ob die andern in Art. 98 vorgesehenen Bedingungen, insbesondere hinsichtlich Qualifizierung der Lehrkräfte, erfüllt waren.

In der Verweigerung der Konzession aus obigen Gründen, wodurch sowohl Bestimmungen der Genfer Konvention, als auch allgemeine Rechtsgrundsätze verletzt wurden, ist eine unterschiedliche Behandlung der Beschwerdeführerin zu erblicken. Die Annahme, daß die zuständigen Behörden gegenüber Institutionen der Mehrheti nicht in derart willkürlicher Weise verfahren, wird durch den Umstand bestätigt, daß die zuständige Behörde nach den nicht bestrittenen Behauptungen der Beschwerdeführerin einer polnischen Organisation, der Kongregation der barmherzigen Schwestern des hl. Vinzenz a Paulo, die von der Spółka Pieczy eines der Klostergrundstücke käuflich erworben hat, die Konzession zur Unterhaltung von ähnlichen Schuleinrichtungen erteilt hat, obschon es sich ebenfalls um eine juristische Person handelt, zu deren Gunsten nach dem im vorliegenden Verfahren von der zuständigen Behörde eingenommenen Standpunkte eine Konzession nicht hätte erteilt werden können. Sodann steht die Art und Weise, wie das Konzessionsbegehren der Beschwerdeführerin behandelt und beschieden wurde, derart zu den allgemeinen Verwaltungsgrundsätzen im Widerspruch, daß die Annahme ausgeschlossen ist, wonach die polnischen Behörden allgemein diese Praxis befolgen würden. Trotz der Dringlichkeit der Angelegenheit — die Beschwerdeführerin konnte naturgemäß mit einer Ablehnung der Genehmigung nicht rechnen und

piero dnia 26 października 1927, którym udzielenie koncesji zostało ponownie odłożone z błahym uzasadnieniem, że osoba trzecia zaczepiła prawo własności. W związku z tym wskazać należy na to, że władza wcale nie mogłaby podnieść wspomnianego zarzutu, gdyby prawidłowo wniesione i zaopatrzone w dokumenty podanie o udzielenie zezwolenia na prowadzenie kursów załatwiła była w stosownym terminie, ponieważ według wywodów Urzędu Spraw Mniejszości (akt 15—16) kontrakt kupna-sprzedaży zaczepiony został w Sądzie Powiatowym w Królewskiej Hucie dopiero 21 września 1927, a zatem po upływie kilku miesięcy po formalnym przekazaniu własności i po wniesieniu podania o nadanie koncesji. Ostateczną odmowną decyzję doręczyła potem właściwa władza żalącej się i posłowi drowi Pantowi dopiero dnia 30 listopada 1927. Podczas gdy podanie dra Panta załatwione zostało odmownie bez podania jakiegokolwiek powodu, to pismo wystosowane do żalącej się wskazywało na to, że art. 81, 97 i 98 Konwencji Genewskiej nie mają zastosowania. Jeżeli władza chciała przez to wyrazić, że osobom prawnym nie udziela się koncesji, to słuszność wymagałaby, aby w odpowiedzi do dra Panta podano, dlaczego jego podanie jako podanie osoby fizycznej zostało odrzucone.

Po naradzie w łonie Komisji Mieszanej Prezydent Komisji Mieszanej na mocy powyższych rozważań dochodzi do

poglądu:

Zachodzi naruszenie art. 75, 81 i 98 Konwencji Genewskiej.

Właściwą władzę wzywa się, aby żalącej się udzieliła zezwolenia na przewidziane instytucje szkolne.

69

Pogląd

z dnia 1 czerwca 1928 w sprawie nr 195 Niemieckiego Związku Ludowego na Śląsk Polski dla strzeżenia praw mniejszości, zw. zap., ża-

hatte daher bereits qualifizierte Lehrkräfte engagiert — und trotz des hauptsächlich wohltätigen Charakters der vorgesehenen Einrichtungen erhielt die Beschwerdeführerin auf die Eingaben vom 5. und 12. Mai 1927 eine provisorische schriftliche Mitteilung erst am 26. Oktober 1927, durch welche die Konzessionserteilung neuerdings hinausgeschoben wurde mit der belanglosen Begründung, daß eine Drittperson das Eigentum angefochten habe. In diesem Zusammenhang ist darauf hinzuweisen, daß die Behörde den genannten Einwand gar nicht hätte erheben können, wenn das ordnungsmäßig gestellte, mit Unterlagen versehene Begehren um Genehmigung der Kurse innert angemessener Frist erledigt worden wäre, da nach der Darstellung des Minderheitsamtes (act. 15—16) die Anfechtung des Kaufvertrages erst am 21. September 1927, also verschiedene Monate nach der formellen Übergabe des Eigentums und nach Stellung des Konzessionsbegehrens beim Bezirksgericht Królewska-Huta anhängig gemacht wurde. Den endgültigen negativen Bescheid hat sodann die zuständige Behörde der Beschwerdeführerin und dem Abgeordneten Dr. Pant erst am 30. November 1927 zugestellt. Während die Abweisung des Begehrens gegenüber Dr. Pant ohne jede Grundangabe erfolgte, verwies das an die Beschwerdeführerin gerichtete Schreiben auf die Nichtanwendbarkeit der Art. 81, 97 und 98 der Genfer Konvention. Wenn die Behörde damit zum Ausdruck bringen wollte, daß juristischen Personen keine Konzession erteilt werde, so wäre es ein Gebot der Billigkeit gewesen, in der Antwort an Dr. Pant anzugeben, wieso auch sein als von einer physischen Person gestelltes Begehren abgewiesen wurde.

Nach stattgehabter Beratung im Schoße der Gemischten Kommission gelangt der Präsident der Gemischten Kommission, gestützt auf die vorstehenden Erwägungen, zur

Stellungnahme:

Es liegt eine Verletzung der Art. 75, 81 und 98 der Genfer Konvention vor.

Die zuständige Behörde wird ersucht, der Beschwerdeführerin die Genehmigung für die vorgesehenen Schuleinrichtungen zu erteilen.

69

Stellungnahme

vom 1. Juni 1928 in der Sache Nr. 195 des Deutsch-Oberschlesischen Volksbundes für Polnisch-Schlesien zur Wahrung der Minderheitsrechte,

łącego się, w Katowicach, ul. Młyńska 23, dotyczącej pogardliwego traktowania mniejszości (artykuł 75 Konwencji Genewskiej).

I

1. Dnia 17 września 1925 (akt 2 i 3) wniósł Niemiecki Związek Ludowy w myśl art. 149 Konwencji Genewskiej zażalenie do Polskiego Urzędu Spraw Mniejszości w Katowicach, który zażalenie to dnia 27 stycznia 1926 przekazał wraz z uwagami w myśl art. 152 Konwencji Genewskiej Prezydentowi Komisji Mieszanej (akt 1). Następnie odbyła się wymiana pism, przewidziana w regulaminie postępowania Komisji Mieszanej. Dnia 8 listopada 1927 Prezydent Komisji Mieszanej przesłuchał świadków, a na rozprawie ustnej, która odbyła się w związku z przesłuchami, kierownik Urzędu Spraw Mniejszości i żalący się mieli sposobność zająć stanowisko wobec wyniku postępowania dowodowego i przedstawić dalsze wywody faktyczne i prawne.

2. Zażalenie opiera się na następującym stanie faktycznym: Za poradą siostry Czerwonego Krzyża Baronówny p. Spodziejowa udała się dnia 20 maja 1925 do lekarza powiatowego dra Heskego celem poddania swych obydwu chorowitych chłopców badaniu lekarskiemu. Od wyniku tego badania lekarskiego zależało wysłanie danych dzieci na kolonie letnie Polskiego Czerwonego Krzyża. Z okazji badania chłopca Alfreda lekarz zapytał go m. in., do jakiej szkoły uczęszcza. W zażaleniu zarzuca się drowi Heskemu (akt 3, 10, 11), że na odpowiedź chłopca, iż jest uczniem szkoły mniejszościowej, wyraził się jak następuje: „Ach, to ty jesteś german! Jesteś german, a teraz chcecie, żeby was Polski Czerwony Krzyż wysłał na letnisko? Dlaczego nie idziecie do Niemieckiego Czerwonego Krzyża? My ciebie nie możemy wysłać, ty jesteś szwabem." Na słowa te p. Spodziejowa miała się rozpłakać i robić wymówki pielęgniarce Baronównie, że nie powiedziała jej poprzednio, że nie uwzględnia się dzieci, które uczęszczają do szkoły mniejszościowej. Na to dr Heske miał krzyknąć na nią ostro, że ona nie ma nic do gadania. Nie czekając na odpowiedź, odrzucił dr Heske słuchawkę, a zapiski, dotyczące stosunków familijnych i wyników badania, rzucił na stół, wyrażając się przy tym, że z germanami nie ma nic do czynienia. Po tych słowach p. Spodziejowa odeszła.

Właściwa władza wywodzi, że twierdzenia żalącego się nie są zgodne z faktami. Dowiedziawszy się w czasie badania chłopców, że ci uczęszczają do szkoły mniejszościowej, dr Heske zrobił do tego

eingetragener Verein, Beschwerdeführer, in Katowice, ulica Młyńska 23, betreffend Verächtlichmachung der Minderheit (Art. 75 der Genfer Konvention).

I

1. Am 17. September 1925 (act. 2 und 3) erhob der Deutsche Volksbund im Sinne von Art. 149 der Genfer Konvention Beschwerde beim Polnischen Minderheitsamt in Katowice. Das Minderheitsamt überwies die Beschwerde am 27. Januar 1926 mit seinen Bemerkungen im Sinne von Art. 152 der Genfer Konvention an den Präsidenten der Gemischten Kommission (act. 1). Es fand hierauf der in der Verfahrensordnung der Gemischten Kommission vorgesehene Schriftenwechsel statt. Am 8. November 1927 wurden vom Präsidenten der Gemischten Kommission Zeugen einvernommen, und in den darauf anschließenden mündlichen Verhandlungen hatten der Leiter des Minderheitsamtes und der Beschwerdeführer Gelegenheit, zum Beweisergebnis Stellung zu nehmen und weitere Ausführungen in tatsächlicher und rechtlicher Beziehung vorzutragen.

2. Der Beschwerde liegt folgender Tatbestand zugrunde: Am 20. Mai 1925 begab sich Frau Spodzieja auf Anraten der Rotkreuzschwester Baron zum Kreisarzt Dr. Heske, um ihre beiden kränklichen Knaben untersuchen zu lassen. Vom Ausgang dieser Untersuchung sollte die Überweisung der Kinder in die Ferienkolonie des polnischen Roten Kreuzes abhängen. Anläßlich der Untersuchung des Knaben Alfred fragte ihn der Arzt u. a., welche Schule er besuche. Die Beschwerde wirft nun Dr. Heske vor (act. 3, 10, 11), daß er auf die Antwort des Knaben, daß er Schüler der Minderheitsschule sei, folgende Äußerungen getan habe: »Ah, da bist du ein German! German bist du, und jetzt wollt ihr, daß euch das polnische Rote Kreuz zur Erholung schicken soll? Warum geht ihr nicht zum deutschen Roten Kreuz? Wir können dich nicht hinschicken, du bist ein Schwab.« Frau Spodzieja habe hierauf geweint und der anwesenden Schwester Baron vorgehalten, warum sie ihr nicht vorher gesagt habe, daß die die Minderheitsschule besuchenden Kinder nicht berücksichtigt würden. Dr. Heske habe sie hierauf barsch angefahren, was sie zu reden hätte. Ohne eine Antwort abzuwarten, habe er das Untersuchungsrohr hingeworfen und die Aufzeichnungen betr. Familienverhältnisse und Untersuchungsergebnis auf den Tisch geworfen mit der Bemerkung, daß er mit Germanen nichts zu tun habe. Frau Spodzieja hat sich in der Folge entfernt.

Die zuständige Behörde machte geltend, daß die Vorbringen des Beschwerdeführers den Tatsachen nicht entsprechen; als Dr. Heske während der Untersuchung erfahren habe, daß die Knaben die Minderheits-

aluzję, która jednak była utrzymana w tonie żartobliwym. Zresztą właściwa władza stwierdziła na podstawie statystyki, że zarówno Polski Czerwony Krzyż jak i jego organa traktują mniejszość niemiecką bezstronnie.

3. Nasamprzód należy rozpatrzyć, czy w niniejszym zażaleniu zasadniczo lekarza powiatowego dra Heskego można pociągnąć do odpowiedzialności za naruszenie Konwencji Genewskiej. Urząd Spraw Mniejszości powołał się najpierw na to, że Polski Czerwony Krzyż jest instytucją prywatną, potem zaś zajął stanowisko, że dr Heske czynny jest w poradni Czerwonego Krzyża nie w charakterze lekarza powiatowego, wobec czego nie występuje w charakterze urzędnika w myśl art. 75 ustęp 3 Konwencji Genewskiej.

Stanowisko prawne Polskiego Czerwonego Krzyża wyjaśniają m. in. następujące postanowienia statutów: Towarzystwo jest urzędowo uznane przez Państwo Polskie jako Polskie Narodowe Towarzystwo Czerwonego Krzyża (art. 2). Według art. 4 lit. b celem towarzystwa w czasie pokoju jest m. in.: „współdziałanie z władzami państwowymi i organizacjami społecznymi w akcji ogólnosanitarnej". Dla osiągnięcia tego celu towarzystwo gromadzi fundusze i organizuje akcję społeczną (art. 6). Według art. 10 towarzystwu, jego organizacjom i funkcjonariuszom przysługuje prawo otrzymywania pomocy i poparcia ze strony władz cywilnych i wojskowych. W myśl art. 14 ust. 3 w czasie pokoju w posiedzeniach Komitetu Głównego uczestniczy delegat departamentu sanitarnego Ministerstwa Spraw Wojskowych. Co do majątku towarzystwa powiedziane jest w art. 46 m. in.: „Na fundusze towarzystwa składają się zasiłki rządowe, wpływy z opłat specjalnych od biletów na widowiska teatralne itd., wpływy z podatków specjalnych przekazanych przez władze państwowe lub autonomiczne na rzecz towarzystwa".

Według powyższych postanowień Polskiemu Czerwonemu Krzyżowi nie można w żadnym razie przypisywać charakteru instytucji prywatnej, chodzi tu raczej o instytucję użyteczności publicznej o celach publicznych z organizacją publiczno-prawną, o „établissement public" w myśl art. 77 Konwencji, którego działalność wykonywana bywa ponadto w ścisłym oparciu o władze państwowe.

Specjalną dziedziną Czerwonego Krzyża jest akcja kolonii zdrowotnych dla chorowitych dzieci szkolnych. Korzystanie z tego rodzaju kolonii wakacyjnych uzależnia się od wyniku badania lekarskiego.

schule besuchen, habe er diesbezüglich eine Anspielung gemacht, die aber in scherzhaftem Ton gehalten gewesen sei. Im übrigen gelangte die zuständige Behörde an Hand einer Statistik zur Feststellung, daß sowohl das polnische Rote Kreuz als auch seine Organe sich der deutschen Minderheit gegenüber unparteiisch verhalten.

3. Es ist vorerst zu prüfen, ob Kreisarzt Dr. Heske in der vorliegenden Beschwerdesache prinzipiell wegen Verletzung der Genfer Konvention zur Rechenschaft gezogen werden kann. Das Minderheitsamt machte einmal geltend, daß das polnische Rote Kreuz eine private Einrichtung sei, sodann vertrat es den Standpunkt, daß Dr. Heske die ärztlichen Untersuchungen in der Hilfsstelle des Roten Kreuzes außerhalb seiner Tätigkeit als Kreisarzt vornehme und somit nicht als Beamter im Sinne des Art. 75, Abs. 3 der Genfer Konvention auftrete.

Über die Rechtsstellung des polnischen Roten Kreuzes geben unter anderen folgende Bestimmungen der Statuten Aufschluß: Die Gesellschaft ist durch den polnischen Staat amtlich anerkannt als polnisch-nationale Rote Kreuz-Gesellschaft (Art. 2). Art. 4, lit. b statuiert als Zweck der Gesellschaft während des Friedens u. a.: »Zusammenwirken mit den staatlichen Behörden und Sozialorganisationen bei der allgemeinen sanitären Aktion.« Zur Erreichung des Zweckes sammelt die Gesellschaft Fonds und organisiert eine soziale Aktion (Art. 6). Nach Art. 10 steht der Gesellschaft, ihren Organisationen und Funktionären das Recht auf Hilfeleistung und Unterstützung durch die Zivil- und Militärbehörden zu. Gemäß Art. 14 Abs. 3 nimmt im Frieden an den Sitzungen des Hauptkomitees der Delegierte des Gesundheitsdepartements beim Kriegsministerium teil. Bezüglich des Vermögens der Gesellschaft sagt Art. 46 unter anderem folgendes: »Das Vermögen der Gesellschaft besteht aus den Regierungsunterstützungen; aus Einkünften von besonderen Zuschlägen auf die Preise der Theaterkarten usw.; aus den Einkünften von besonderen Steuern, welche durch die staatlichen oder autonomen Behörden zugunsten der Gesellschaft überwiesen werden.«

Nach diesen Bestimmungen kann dem polnischen Roten Kreuz keinesfalls der Charakter einer privaten Einrichtung beigemessen werden, vielmehr handelt es sich um eine gemeinnützige Institution zu öffentlichem Zwecke mit einer öffentlich-rechtlichen Organisation, um ein établissement public im Sinne des Art. 77 der Konvention, dessen Tätigkeit zudem in enger Anlehnung an die staatlichen Behörden ausgeübt wird.

Ein spezielles Gebiet des Roten Kreuzes ist die Erholungsfürsorge für kränkliche Schulkinder. Die Zulassung zu solchen Erholungsfürsorgen (Ferienkolonien) wird abhängig gemacht vom Resultat einer ärztlichen

Lekarze, którym powierza się badanie, są organami towarzystwa (rodzaj stosunku służbowego jest małoważny) i stosownie do natury prawnej Czerwonego Krzyża jako instytucji publiczno-prawnej jest ich publiczno-prawnym obowiązkiem, postępować przy badaniu lekarskim dzieci szkolnych, także wobec osób należących do mniejszości, według zasad bezstronnego i równego traktowania. Zapatrywanie to zgodne jest także z artykułem 77 Konwencji Genewskiej. Według tego postanowienia osoby należące do mniejszości dopuszczać nawet należy do stanowisk urzędowych „établissements publics", tym bardziej zatem do korzystania z tych instytucji. Urzędnicy, którzy traktują osoby należące do mniejszości nierówno lub pogardliwie, lub organa instytucji publicznych, które w ten sposób postępują, naruszają artykuł 75 Konwencji.

Następnie należy podkreślić, że dr Heske wchodzi tutaj w rachubę nie tylko w swej właściwości organu Czerwonego Krzyża, lecz także w swej właściwości lekarza powiatowego.

Według § 97 instrukcji służbowej dla lekarzy powiatowych z dnia 1 XI 1909 (akt 21) lekarz powiatowy winien zapoczątkowywać i wspierać akcje użyteczności publicznej w dziedzinie higieny szkolnej — kolonie wakacyjne, ochronki, dożywianie dzieci itd. Obowiązek ten wynikający ze stanowiska urzędowego potęguje się jeszcze, jeżeli z polecenia lub za milczącym zezwoleniem przełożonej władzy lekarzowi powiatowemu powierzono badanie lekarskie dzieci celem przekazania ich instytucji zdrowotnej, która otrzymuje zasiłki rządowe i podlega nadzorowi rządowemu. Jeżeli dany urzędnik traktuje przy tym mniejszość nierówno lub pogardliwie, narusza art. 75 Konwencji.

Dla ścisłości wskazuje się jeszcze na okoliczność, że według praktyki Prezydenta Komisji Mieszanej urzędnik, który, jak w niniejszym przypadku lekarz powiatowy, na mocy swego urzędu zajmuje poważne stanowisko w życiu publicznym lub społecznym, może naruszyć pewne postanowienia Konwencji Genewskiej także wówczas, gdy nie działa bezpośrednio w wykonywaniu swych funkcji urzędowych. (Pogląd z dnia 5 października 1927 w sprawie agitacji przeciwko szkole mniejszościowej w Godowie.)

Na podstawie powyższych rozważań należy wbrew zapatrywaniu Urzędu Spraw Mniejszości wyjść z założenia, że ma tutaj zastosowanie artykuł 75 Konwencji, który na urzędników nakłada obowiązek, ażeby także osoby mniejszościowe traktowali i poważali na równi z osobami większościowymi.

Untersuchung. Die mit der Untersuchung betrauten Ärzte sind Organe der Gesellschaft (die Art des Anstellungsverhältnisses ist unerheblich) und es obliegt ihnen die öffentlich-rechtliche Pflicht, entsprechend der Rechtsnatur des Roten Kreuzes als öffentlich-rechtlicher Institution, bei der ärztlichen Untersuchung der Schulkinder, auch gegenüber Minderheitsangehörigen, nach den Grundsätzen der unparteiischen und gleichen Behandlung zu verfahren. Diese Auffassung steht auch mit Artikel 77 der Genfer Konvention in Einklang. Gemäß dieser Bestimmung sollen die Angehörigen der Minderheit sogar zu den Ämtern der »établissements publics« zugelassen werden, um so viel mehr auch zur Benutzung dieser Einrichtungen. Beamte oder Organe der öffentlichen Anstalten, die Minderheitsangehörige ungleich oder mit Verachtung behandeln, verletzen den Artikel 75 der Konvention.

Es ist sodann hervorzuheben, daß hier nicht nur die Eigenschaft Dr. Heskes als Organ des Roten Kreuzes, sondern auch seine Stellung als Kreisarzt in Betracht fällt.

Nach § 97 der Dienstanweisung für Kreisärzte vom 1. November 1909 (act. 21) hat der Kreisarzt gemeinnützige Bestrebungen auf schulhygienischem Gebiete — Ferienkolonien, Kinderhorte, Kinderspeisungen usw. — anzuregen und zu unterstützen. Diese aus seinem Amte fließende Pflicht steigert sich, wenn der Kreisarzt im Auftrag oder mit stillschweigender Genehmigung der vorgesetzten Behörde mit der ärztlichen Untersuchung behufs Überweisung von Kindern an eine staatlich unterstützte und beaufsichtigte Fürsorgeanstalt betraut ist. Wenn der Beamte dabei die Minderheit ungleich oder mit Verachtung behandelt, so verletzt er den Artikel 75 der Konvention.

Der Vollständigkeit halber sei auch noch darauf hingewiesen, daß nach der Praxis des Präsidenten der Gemischten Kommission ein Beamter, der, wie in concreto der Kreisarzt, im öffentlichen oder sozialen Leben kraft seines Amtes eine bedeutende Stellung einnimmt, gewisse Bestimmungen der Genfer Konvention auch dann verletzen kann, wenn er nicht unmittelbar in Ausübung seiner amtlichen Funktionen handelt. (Stellungnahme vom 5. Oktober 1927 betr. Agitation gegen die Minderheitsschule in Godów.)

Aus diesen Erwägungen muß entgegen der Auffassung des Minderheitsamtes davon ausgegangen werden, daß Artikel 75 der Konvention, welcher von Beamten gleiche Behandlung und gleiche Achtung auch gegenüber Minderheitsangehörigen fordert, hier Anwendung findet.

4. P. Spodziejowa przesłuchana jako świadek przedstawiła przed Prezydentem Komisji Mieszanej omawiane zajście zgodnie z pismem zażaleniowym (akt 52).

Dr Heske zeznał, że jest możliwe, że badając chłopca Spodziejowej powiedział: „Spodzieja się nazywasz, mówisz po polsku, a chodzisz do szkoły niemieckiej". Natomiast nie przypomina sobie, żeby był użył słów, które mu się poza tym narzuca, w szczególności słów „german" i „szwab" (akt 53).

Pielęgniarka Baronówna, która przy zajściu była obecna i którą wskutek tego Prezydent Komisji Mieszanej przesłuchał również jako świadka, nie zeznała nic takiego, co by mogło przyczynić się do wyjaśnienia spornego stanu faktycznego (akt 54).

P. Spodziejowa zrobiła jako świadek wrażenie zupełnej wiarogodności. Na podstawie jej zeznania należy uważać za udowodnione, że lekarz powiatowy dr Heske użył wobec osób należących do mniejszości słów „german" i „szwab" i że wyraził się w tym sensie, że Polski Czerwony Krzyż nie jest przeznaczony dla dzieci, które uczęszczają do szkoły mniejszościowej.

Powyższe wyrażenia zawierają pogardliwe i nierówne traktowanie mniejszości (art. 75 ust. 3).

Do wybiegu dra Heskego, że słowa „german" i „szwab" nie zawierają pogardliwego traktowania Niemców, przychylić się nie można. W tutejszej mowie potocznej słowa „german" i „szwab" wyrażają istotnie lekceważenie.

Urząd Spraw Mniejszości w piśmie z dnia 17 listopada 1925 (akt 5) wskazał na to, że uwagi dra Heskego należy pojmować tylko w sensie żartobliwym. Temu sprzeciwia się jednak przebieg całego zajścia. Omawiane obraźliwe uwagi należy mianowicie ocenić w związku z uwagą lekarza: „Dlaczego nie idziecie do Niemieckiego Czerwonego Krzyża" (zob. akt 52). Przede wszystkim zaś wchodzi w rachubę okoliczność, że p. Spodziejowa nie odczuła tych słów jako żart, jak tego dowodzi jej wzburzenie, i że także pod względem obiektywnym słowa te, jako wyrażenia lekarza wobec matki ciężko zaniepokojonej o zdrowie swych dzieci, u której obraźliwe wyrażenia wywołały łzy, nie mogły być jako żart zrozumiane. Z drugiej strony z zajścia tego w żadnym razie wnioskować nie wolno, że Polski Czerwony Krzyż traktuje nieprzychylnie dzieci mniejszościowe. Zgodnie z oświadcze-

4. Frau Spodzieja schilderte als Zeugin vor dem Präsidenten der Gemischten Kommission den Vorfall im Sinne der in der Beschwerde gegebenen Darstellung (act. 52).

Dr. Heske deponierte, daß er möglicherweise anläßlich der Untersuchung des Knaben Spodzieja die Äußerung getan habe: »Spodzieja heißt du, du sprichst polnisch und besuchst die deutsche Schule«. Dagegen erinnerte sich der Zeuge nicht, daß er die ihm im übrigen zur Last gelegten Äußerungen, insbesondere die Äußerungen »German« und »Schwab« getan habe (act. 53).

Krankenschwester Baron, die anläßlich des Vorfalls zugegen war und daher ebenfalls vom Präsidenten der Gemischten Kommission als Zeugin einvernommen wurde, machte keinerlei Aussagen, die der Abklärung des streitigen Tatbestandes gedient hätten (act. 54).

Frau Spodzieja machte als Zeugin den Eindruck voller Glaubwürdigkeit. Es muß auf Grund ihrer Aussage als erwiesen angesehen werden, daß Kreisarzt Dr. Heske gegenüber Angehörigen der Minderheit die Ausdrücke »German« und »Schwab« verwendet und daß er zum Ausdruck gebracht hat, daß das polnische Rote Kreuz nicht für Kinder, die die Minderheitsschule besuchen, bestimmt sei.

In diesen Äußerungen liegt eine Verächtlichmachung und unterschiedliche Behandlung der Minderheit (Art. 75, Abs. 3).

Dem Einwand des Dr. Heske, daß den Ausdrücken »German« und »Schwab« keine Verächtlichmachung der Deutschen innewohne, kann nicht beigepflichtet werden. Nach allgemeinem hiesigen Sprachgebrauch bringen »German« und »Schwab« in der Tat eine Geringschätzung zum Ausdruck.

Das Minderheitsamt hat in seiner Eingabe vom 17. November 1925 (act. 5) darauf hingewiesen, daß die Bemerkungen des Dr. Heske nur in scherzhaftem Sinne aufzufassen seien. Diese Auslegung wird durch den ganzen Vorgang widerlegt. Die fraglichen beleidigenden Worte sind namentlich im Zusammenhang mit der Bemerkung des Arztes: »Warum geht ihr nicht zum deutschen Roten Kreuz?« (siehe act. 52) zu würdigen. Vor allem aber kommt in Betracht, daß Frau Spodzieja jene Worte nicht als Scherz empfunden hat, wie ihre Erregung beweist, und daß sie auch objektiv als Äußerungen eines Arztes gegenüber einer um die Gesundheit ihrer Kinder schwer besorgten Mutter, die ob den verletzenden Worten in Weinen ausbrach, nicht geeignet waren, als Scherz verstanden zu werden. Andererseits darf man aus diesem Vorgange durchaus nicht etwa schließen, daß das polnische Rote Kreuz eine gegen die zur Minderheit gehörigen

niem Urzędu Spraw Mniejszości należy raczej przypuścić, że zasadniczo dobrodziejstwa Czerwonego Krzyża, a zwłaszcza jego instytucje zdrowotne dostępne są w sprawiedliwy sposób także dla dzieci mniejszościowych. Pożałowania godne wyrażenia lekarza należy zapewne uważać za chwilowy nierozważny wybuch jego niechęci do mniejszości i do szkoły mniejszościowej i całą tę sprawę można było bardzo łatwo i po prostu załatwić odpowiednim oświadczeniem właściwej władzy. Ponieważ jednak właściwa władza obstaje przy swym negatywnym stanowisku i odmawia zażaleniu wszelkiego uzasadnienia, Prezydent Komisji Mieszanej musi stwierdzić i wyrazić, że zachodzi tu widoczne naruszenie Konwencji Genewskiej.

II

Po obradach w łonie Komisji Mieszanej Prezydent Komisji Mieszanej na mocy powyższych rozważań dochodzi do

poglądu:

Wyrażenia lekarza powiatowego dra Heskego stanowią naruszenie art. 75 ust. 3 Konwencji Genewskiej; właściwe władze wzywa się, aby zwróciły na to uwagę danego urzędnika.

70

Pogląd

z dnia 21 czerwca 1928 w sprawach nr 425, 426 i 466 Niemieckiego Związku Ludowego na Śląsk Polski dla strzeżenia praw mniejszości, zw. zap., żałącego się, w Katowicach, ul. Młyńska 23, dotyczących niedopuszczenia dzieci do prywatnych szkół mniejszościowych w Świerklańcu, Nowej Wsi i Lipinach (Górny Śląsk Polski).

I

1. Zażalenie, dotyczące prywatnych szkół mniejszościowych w Świerklańcu (nr 425) i Lipinach (nr 466), wniósł Niemiecki Związek Ludowy do Polskiego Urzędu Spraw Mniejszości w Katowicach dnia 20 września 1927, a zażalenie, dotyczące prywatnej szkoły mniejszościowej w Nowej Wsi (nr 426) — dnia 15 listopada 1927. Zażalenia

Kinder gerichtete Praxis befolge. Es muß vielmehr, in Übereinstimmung mit den Erklärungen des Minderheitsamtes, angenommen werden, daß grundsätzlich die Wohltaten des Roten Kreuzes und speziell dessen Erholungseinrichtungen in gerechter Weise auch den Kindern der Minderheit offen stehen. Die bedauerlichen Äußerungen des Arztes sind wohl als der momentane unüberlegte Ausbruch seiner Abneigung gegen die Minderheit und die Minderheitsschule zu betrachten, und diese ganze Angelegenheit hätte sehr wohl kurzer Hand durch eine entsprechende Erklärung der zuständigen Behörde erledigt werden können. Da aber die zuständige Behörde auf ihrem negativen Standpunkte verharrt und der Beschwerde jede Berechtigung abspricht, muß der Präsident der Gemischten Kommission feststellen und aussprechen, daß hier eine offenbare Verletzung der Genfer Konvention vorliegt.

II

Nach stattgehabter Beratung im Schoße der Gemischten Kommission gelangt der Präsident der Gemischten Kommission, gestützt auf die vorstehenden Erwägungen, zur

Stellungnahme:

Die Äußerungen des Kreisarztes Dr. Heske stellen eine Verletzung des Art. 75 Abs. 3 der Genfer Konvention dar; die zuständigen Behörden werden ersucht, den Beamten darauf aufmerksam zu machen.

70

Stellungnahme

vom 21. Juni 1928 in den Sachen Nr. 425, 426 und 466 des Deutsch-Oberschlesischen Volksbundes für Polnisch-Schlesien zur Wahrung der Minderheitsrechte, eingetragener Verein, Beschwerdeführer, in Katowice, ulica Młyńska 23, betreffend Nichtzulassung von Kindern zu den privaten Minderheitsschulen in Świerklaniec, Nowa-Wieś und Lipiny (Polnisch-Oberschlesien).

I

1. Die Beschwerde, betreffend die privaten Minderheitsschulen Świerklaniec (Nr. 425) und Lipiny (Nr. 466), reichte der Deutsche Volksbund am 20. September 1927, diejenige betreffend die private Minderheitsschule in Nowa-Wieś (Nr. 426) am 15. November 1927 beim Polnischen Minderheitsamt in Katowice ein. Das Minderheitsamt überwies am

nr 425 i 426 wraz z uwagami w myśl art. 152 Konwencji Genewskiej Urząd Spraw Mniejszości przekazał Prezydentowi Komisji Mieszanej dnia 15 marca 1928. W sprawie tych zażaleń rozprawa ustna odbyła się dnia 4 kwietnia 1928. Zażalenie co do prywatnej szkoły mniejszościowej w Lipinach przekazał Urząd Spraw Mniejszości Prezydentowi Komisji Mieszanej dnia 4 maja 1928. W tej sprawie rozprawa ustna odbyła się dnia 12 czerwca 1928.

2. W Świerklańcu, Nowej Wsi i Lipinach istnieją niemieckie szkoły prywatne. Na zlecenie władzy szkolnej wykluczono z początkiem roku szkolnego 1927-28 pewną ilość dzieci z uczęszczania do tych szkół prywatnych, mianowicie w Lipinach 30, w Świerklańcu 23, a w Nowej Wsi 9 dzieci.

Województwo zajmuje stanowisko, że z jedynym zastrzeżeniem art. 101 co do dzieci obywateli niemieckich właściwej władzy przysługuje w myśl art. 103 ust. 2 w każdym poszczególnym przypadku swobodna ocena i decyzja co do tego, którym dzieciom należy zezwolić na uczęszczanie do szkół prywatnych, a którym nie. Podtrzymując wyraźnie to zasadnicze stanowisko kierownik Urzędu Spraw Mniejszości złożył na rozprawie ustnej z dnia 12 czerwca 1928 oświadczenie, że w przyszłości na zlecenie Urzędu Wojewódzkiego prośby o uwolnienie od publicznego obowiązku szkolnego będą rozpatrywane i uwzględniane w sposób możliwie liberalny. Nie złożono natomiast oświadczenia w tym sensie, że dopuści się dodatkowo wszystkie lub część owych w mowie będących dzieci, które, jak wspomniano, wykluczone zostały ze szkół prywatnych.

Żalący się zaprzecza temu, że władzy wolno według swobodnego uznania odmówić niektórym dzieciom prawa uczęszczania do zatwierdzonej przez nią prywatnej szkoły mniejszościowej, a innym dzieciom pozwolić na uczęszczanie do niej, i przedstawia roszczenie prawne o zniesienie zarządzenia, którym danym dzieciom odmówiono dostępu do szkół prywatnych. Na rozprawach ustnych żalący się ograniczył swe żądanie o tyle, że uznał, że władza słusznie wykluczyła z początkiem roku szkolnego 1927-28 te dzieci, które nie zdały egzaminu językowego, przewidzianego dla publicznych szkół mniejszościowych rezolucją Rady Ligi Narodów z dnia 12 marca 1927, i które — celem obejścia następstw wyniku egzaminu (przekazanie ich do szkoły polskiej) — zgłoszono do prywatnych szkół mniejszościowych. Następnie należy przyjąć do wiadomości oświadczenie żalącego się, złożone na

15. März 1928 die Beschwerden Nr. 425 und 426 mit seinen Bemerkungen im Sinne von Art. 152 der Genfer Konvention an den Präsidenten der Gemischten Kommission. Bezüglich dieser Beschwerdesachen fanden die mündlichen Verhandlungen am 4. April 1928 statt. Die Beschwerde betreffend die private Minderheitsschule Lipiny überwies das Minderheitsamt am 4. Mai 1928 an den Präsidenten der Gemischten Kommission. In dieser Angelegenheit fanden die mündlichen Verhandlungen am 12. Juni 1928 statt.

2. In Świerklaniec, Nowa-Wieś und Lipiny bestehen deutsche Privatschulen. Auf Anweisung der Schulbehörde wurden zu Beginn des Schuljahres 1927-28 in Lipiny 30 Kinder, in Świerklaniec 23 Kinder und in Nowa-Wieś 9 Kinder vom Besuch dieser Schulen ausgeschlossen.

Die Wojewodschaft vertritt den Standpunkt, daß der zuständigen Schulbehörde — unter einzigem Vorbehalt des Art. 101 betreffend Kinder von deutschen Staatsangehörigen — nach Art. 103, Abs. 2 eine freie Beurteilung und Entscheidung, von Fall zu Fall, darüber zustehe, welchen Kindern der Besuch der Privatschulen zu gestatten sei und welchen nicht. Unter ausdrücklicher Aufrechterhaltung dieses prinzipiellen Standpunktes gab der Leiter des Minderheitsamtes in den mündlichen Verhandlungen von 12. Juni 1928 die Erklärung ab, daß auf Anweisung des Wojewodschaftsamtes Gesuche um Befreiung von der öffentlichen Schulpflicht in Zukunft in liberalster Weise geprüft und berücksicht würden. Eine Erklärung in dem Sinne, daß die oben erwähnten, von den Privatschulen ausgeschlossenen Kinder ganz oder zum Teil nachträglich zugelassen würden, wurde jedoch nicht abgegeben.

Der Beschwerdeführer bestreitet der Behörde das Recht, Kindern den Besuch einer behördlich genehmigten privaten Minderheitsschule nach freiem Ermessen zu verbieten oder zu gestatten und er stellt das Begehren, daß die behördlichen Verfügungen, durch welche den Kindern der Zutritt zu den Privatschulen versagt wurde, aufgehoben werden. In den mündlichen Verhandlungen schränkte der Beschwerdeführer sein Petitum insofern ein, als er den am Anfang des Schuljahres 1927-28 erfolgten Ausschluß derjenigen Kinder billigte, welche die durch die Resolution des Völkerbundsrates vom 12. März 1927 für die öffentlichen Minderheitsschulen vorgesehenen Sprachprüfungen nicht bestanden haben und zwecks Umgehung der Folgen der Prüfungsergebnisse (Überweisung in die polnische Schule) für die privaten Minderheitsschulen angemeldet wurden. Sodann ist von der Erklärung des Beschwerdeführers in der mündlichen Verhandlung

rozprawie ustnej dnia 12 czerwca 1928, że uznaje prawo władz do żądania oświadczeń, ustalonych co do języka dzieci decyzją haską z dnia 26 kwietnia 1928, także w sprawie zgłoszeń do prywatnych szkół mniejszościowych.

Należy przypuścić, że na skutek złożonych na rozprawach ustnych oświadczeń Urzędu Spraw Mniejszości i żalącego się zmniejszy się liczba spornych przypadków co do niedopuszczenia dzieci do prywatnych szkół mniejszościowych. Ponieważ jednak ani w kwestii zasadniczej ani co do wszystkich z początkiem roku szkolnego 1927-28 wykluczonych uczniów nie doszło do porozumienia, przeto Prezydent musi wypowiedzieć swój pogląd.

3. Prawo osób mniejszościowych, w myśl którego mogą one posyłać dzieci do szkół prywatnych zamiast publicznych, jest doniosłym prawem mniejszości językowych, które w artykule 98 Konwencji Genewskiej zostało wyraźnie zagwarantowane. W myśl tego artykułu Konwencji na uruchomienie szkoły prywatnej wymagane jest zezwolenie władzy. W tym celu należy władzy szkolnej przedłożyć następujące dokumenty do badania i zatwierdzenia (zob. udzielenie koncesji prywatnej wyższej szkole żeńskiej i męskiej w Wirku — Nowej Wsi z dnia 1 września 1924 (akt 19): dokładne dane co do liczby klas, program nauki i spis książek szkolnych, które w bieżącym roku szkolnym mają być używane. Jako siły nauczycielskie w rachubę wchodzą tylko tacy kandydaci, którzy otrzymali od Województwa pozwolenie na nauczanie. Prywatne zakłady naukowe pozostają pod nadzorem właściwej władzy także po ich uruchomieniu (art. 102 Konwencji Genewskiej).

W niniejszym przypadku nie jest sporne, że w Świerklańcu, Nowej Wsi i Lipinach istnieją szkoły prywatne. Władza udzieliła im koncesji. Zakłady te czynne są od szeregu lat i od szeregu lat liczne dzieci pobierają w nich zamiast w szkołach publicznych naukę. Przez zatwierdzenie szkół prywatnych w Świerklańcu, Nowej Wsi i Lipinach władza bezsprzecznie uznała, że jej zdaniem nauka w tych szkołach prywatnych zastępuje w dostateczny sposób naukę w szkołach publicznych w myśl art. 103 ust. 2 Konwencji Genewskiej. Art. 103 ust. 2 nie może mieć tego sensu, aby władza szkolna mogła badać i rozstrzygać, czy w danej szkole prywatnej można się dla każdego poszczególnego dziecka spodziewać wystarczającej nauki, lecz postanowienie to dotyczy tylko kwestii ogólnej, czy szkoła prywatna co do

vom 12. Juni 1928 Vormerk zu nehmen, daß er das Recht der Behörden anerkennt, die durch den Haager Entscheid vom 26. April 1928 festgelegten Erklärungen, betreffend die Sprache der Kinder, auch hinsichtlich Anmeldungen für private Minderheitsschulen zu verlangen.

Es ist anzunehmen, daß durch die in den mündlichen Verhandlungen abgegebenen Erklärungen des Minderheitsamtes und des Beschwerdeführers die Zahl der streitigen Fälle betreffend Nichtzulassung von Kindern zu privaten Minderheitsschulen sich veringern wird. Da aber weder hinsichtlich der prinzipiellen Frage noch hinsichtlich aller am Anfang des Schuljahres 1927-28 ausgeschlossenen Schüler eine Einigung unter den Parteien erzielt werden konnte, ist der Präsident der Gemischten Kommission verpflichtet, seine Stellungnahme auszusprechen.

3. Das Recht der Minderheitsangehörigen, ihren Kindern privaten Unterricht erteilen zu lassen, statt sie in die öffentlichen Schulen zu schicken, ist ein sehr wichtiges Recht der Sprachminderheiten und wurde in Art. 98 der Genfer Konvention ausdrücklich gewährleistet. Gemäß Art. 98 der Genfer Konvention ist für die Inbetriebsetzung einer Privatschule eine behördliche Genehmigung erforderlich. Folgende Belege sind der Schulbehörde zur Prüfung und Bestätigung vorzulegen (siehe Konzessionserteilung vom 1. September 1924 an die private höhere Mädchen- und Knabenschule in Wirek-Nowa Wieś [act. 19]): genaue Angaben, betreffend die Anzahl der Klassen, das Unterrichtsprogramm, außerdem auch ein Verzeichnis der Schulbücher, welche im laufenden Schuljahr verwendet werden sollen. Als Lehrkräfte kommen nur solche Kandidaten in Betracht, welche von der Wojewodschaft die Erlaubnis zur Unterrichtserteilung erhalten haben. Auch nach Inbetriebsetzung stehen private Lehranstalten unter der Aufsicht der zuständigen Behörden (Art. 102 der Genfer Konvention.)

In concreto ist die Existenz der Privatschulen Świerklaniec, Nowa-Wieś und Lipiny nicht streitig; die Behörde hat ihnen die Konzession erteilt. Diese Anstalten sind seit Jahren in Betrieb und seit Jahren genießen zahlreiche Kinder den Unterricht an diesen Privatschulen als Ersatz für den Unterricht der öffentlichen Primarschulen. Durch Genehmigung der Privatschulen Świerklaniec, Nowa-Wieś und Lipiny hat die Behörde unzweifelhaft anerkannt, daß sie den Unterricht dieser Privatschulen im Sinne des Art. 103 Abs. 2 der Genfer Konvention als genügenden Ersatz für den öffentlichen Unterricht ansieht. Der Art. 103 Abs. 2 kann nicht den Sinn haben, daß die Schulbehörde untersuche und entscheide, ob für jedes einzelne Kind in der betreffenden Privatschule ein genügender Unterricht zu erhoffen sei, sondern diese Bestimmung betrifft nur die allgemeine

sił nauczycielskich, programu, liczby uczniów itd. może zapewnić wszystkim dzieciom, które do niej uczęszczają, dostateczną, tzn. taką naukę, która zastępuje naukę w szkole publicznej. Stanowisko Województwa, według którego właściwa władza byłaby uprawniona dopuścić część dzieci mniejszościowych do uczęszczania do zatwierdzonej przez nią szkoły prywatnej, a drugą część dzieci ze szkoły tej wykluczyć, byłoby negacją zasadniczo i ogólnie przez Konwencję mniejszości zagwarantowanego prawa pobierania nauki w szkołach prywatnych zamiast publicznych. Prawo to przestałoby być prawem, gdyby miało w zupełności zależeć od swobodnego uznania władzy szkolnej. W myśl wywodów Urzędu Spraw Mniejszości należy przypuścić, że prawo wspomnianego swobodnego rozstrzygania co do dopuszczenia lub niedopuszczenia do prywatnych szkół mniejszościowych przysługuje powiatowym inspektorom szkolnym. Pominąwszy zasadniczą stronę kwestii, jest rzeczą jasną, że każda władza lokalna lub każda powiatowa władza szkolna stosowałyby tę zasadę swobodnego uznania w najrozmaitszy sposób. Jakiejkolwiek władzy powierzy się badanie i swobodną decyzję co do tych przypadków, także pod względem praktycznym jest rzeczą niemożliwą, aby odróżnić i rozstrzygnąć, czy te same przez władze zatwierdzone szkoły prywatne będą mogły jednej części zgłoszonych do nich dzieci udzielać nauki wystarczającej, a innej części nie. Szczególnie należy mieć przy tym na uwadze dzieci początkujące. Nie można zatem art. 103 ust. 2 tłumaczyć w powyższym sensie władzy i ze wspomnianej tamże wystarczającej nauki konstruować dla każdego dziecka, które chce uczęszczać do szkoły prywatnej, indywidualnej kwestii prawnej.

Z powyższych wywodów wynika, że uprawnionych do wychowania, którzy chcą posyłać dzieci do uznanej przez władzę szkoły prywatnej, nie można w myśl art. 103 ust. 1 zmuszać do posyłania dzieci do szkoły publicznej. Stanowisko władzy, według którego miałaby ona prawo wykluczać według swobodnego uznania w każdym poszczególnym przypadku dzieci od uczęszczania do prywatnych szkół mniejszościowych, sprzeciwia się Konwencji, i wobec tego nie jest uzasadnione zapatrywanie, według którego uprawniony do wychowania powinien nabyć dla każdego dziecka, które chce posyłać do zatwierdzonej przez władzę szkoły prywatnej, prawo do tego przez formalny akt prawny w formie szczególnego konstytutywnego zezwolenia.

Z zasady powszechnego obowiązku szkolnego wynika dla władzy prawo i obowiązek kontrolowania sposobu udzielania nauki co do wszystkich dzieci, będących w obowiązkowym wieku szkolnym. Co do

Frage, ob die Privatschule in bezug auf Lehrkräfte, Programm, Schülerzahl usw. geeignet sei, allen Kindern, die sie besuchen, einen genügenden Unterricht zu vermitteln, d. h. einen Unterricht, der den Unterricht in der öffentlichen Schule ersetzt. Der Standpunkt der Wojewodschaft, wonach die zuständige Behörde befugt wäre, einen Teil der Minderheitskinder zum Besuch einer behördlich genehmigten Privatschule zuzulassen und den andern Teil davon auszuschließen, wäre die Negation des durch die Konvention der Minderheit grundsätzlich und allgemein garantierten Rechtes, den Unterricht an Privatschulen statt an öffentlichen Schulen zu genießen. Dieses Recht, wenn es gänzlich vom freien Ermessen der Schulbehörde abhinge, wäre kein Recht mehr. Nach den Ausführungen des Minderheitsamtes ist anzunehmen, daß die erwähnte freie Verfügung über Zulassung oder Nichtzulassung zu den privaten Minderheitsschulen den Kreisschulinspektoren zustände. Abgesehen von der grundsätzlichen Seite der Frage ist es einleuchtend, daß jede Ortsbehörde oder Kreisschulbehörde dieses freie Ermessen in der verschiedensten Weise betätigen würde. Aber welche Behörde auch immer mit der Prüfung und freien Entscheidung über diese Fälle betraut wird, so ist es auch praktisch unmöglich, zu unterscheiden und zu bestimmen, ob von den gleichen behördlich genehmigten Privatschulen für einen Teil der angemeldeten Kinder ein genügender Unterricht, für den anderen Teil dagegen ein ungenügender Unterricht zu erwarten sei. Man denke dabei speziell auch an die Schulanfänger. Es ist demnach unmöglich, den Art. 103 Abs. 2 in diesem Sinne auszulegen und den dort erwähnten genügenden Unterricht für jedes Kind, das eine Privatschule besuchen will, zu einer individuellen Rechtsfrage zu gestalten.

Aus vorstehenden Ausführungen ergibt sich, daß Erziehungsberechtigte, die gewillt sind, ihre Kinder in einer staatlich genehmigten Privatschule unterrichten zu lassen, gemäß Art. 103 Abs. 1 nicht verpflichtet werden können, ihre Kinder in die öffentliche Schule zu schicken. Der Standpunkt der Behörde, wonach sie berechtigt wäre, nach freiem Ermessen, von Fall zu Fall, Kinder vom Besuch privater Minderheitsschulen auszuschließen, widerspricht der Konvention, und es ist daher die Auffassung, wonach der Erziehungsberechtigte für iedes Kind, das er in eine behördlich genehmigte Privatschule schicken will, das Recht hierzu durch einen förmlichen Rechtsakt in Form einer besonderen konstitutiven Erlaubnis erwerben müßte, unbegründet.

Aus dem Grundsatz der allgemeinen Schulpflicht erwächst für die Behörde das Recht und die Verpflichtung, über Art und Weise der Beschulung sämtlicher im schulpflichtigen Alter stehenden Kinder Kon-

dzieci, które nie uczęszczają do szkoły publicznej, należy zatem udowodnić, że udziela im się nauki domowej lub że uczęszczają do szkoły prywatnej. Jeżeli chodzi o uczęszczanie do szkoły prywatnej, można to udowodnić w najprostszy sposób przez to, że odpowiedzialne kierownictwo zatwierdzonej przez władze szkoły prywatnej poda władzom zgłoszenie do wiadomości. Nie można by też nic zarzucić, gdyby władza zażądała, aby uprawniony do wychowania złożył sam odpowiednie oświadczenie lub doniósł o tym. W każdym razie należy tego rodzaju przepisy uważać tylko za przepisy porządkowe i uprawnieni do wychowania nie mogą utracić zagwarantowanego im w art. 103 Konwencji prawa posyłania dzieci do zatwierdzonych przez władze szkół prywatnych, jeżeli nie uczynili zadość wspomnianym przepisom lub uczynili im zadość w sposób niedokładny. Leży w naturze takich przepisów porządkowych, że ich dokładne wypełnienie może być uskutecznione także dodatkowo. Za nieprzestrzeganie tych przepisów można co prawda nałożyć karę porządkową, nigdy jednak nie można wyprowadzać stąd wniosku, że prawo z art. 103 zostało utracone. Co do jednej części dzieci, przeznaczonych do szkół prywatnych, właściwa władza twierdzi, że uprawnieni do wychowania nie złożyli wobec władzy dotycznego oświadczenia ani też nie przesłali odpowiedniego doniesienia, wobec czego także z tego powodu utracili prawo posyłania danych dzieci do szkoły prywatnej. W myśl powyższych zasadniczych wywodów stanowisko to jest nieuzasadnione. Także te dzieci należy dopuścić do szkoły prywatnej.

II

Po naradzie w łonie Komisji Mieszanej Prezydent Komisji Mieszanej na mocy powyższych rozważań dochodzi do

poglądu:

1. Zapatrywanie właściwej władzy, według którego uprawnieni do wychowania, którzy chcą posyłać dzieci do zatwierdzonych przez władze prywatnych szkół mniejszościowych, muszą nabyć do tego prawo w drodze szczególnego zezwolenia władzy, sprzeciwia się Konwencji Genewskiej. Każdy uprawniony do wychowania może w myśl Konwencji posyłać bez przeszkody swe dzieci do zatwierdzonych przez władze szkół prywatnych.

2. Właściwe władze wzywa się, aby dzieci, które wbrew woli uprawnionych do wychowania zostały wykluczone z prywatnych szkół

trolle zu führen. Es muß daher bezüglich der Kinder, die die öffentliche Schule nicht besuchen, der Nachweis erbracht werden, daß sie zu Hause unterrichtet werden oder eine Privatschule besuchen. Wo es sich um den Besuch einer Privatschule handelt, kann dieser Nachweis am einfachsten dadurch erbracht werden, daß die verantwortliche Leitung einer staatlich genehmigten Privatschule den Behörden die Anmeldungen zur Kenntnis bringt. Es kann aber auch nichts dagegen eingewendet werden, wenn die Behörde von den Erziehungsberechtigten selber eine diesbezügliche Erklärung oder Mitteilung verlangt. Unter allen Umständen sind solche Vorschriften als bloße Ordnungsbestimmungen zu betrachten, und das in Art. 103 der Konvention garantierte Recht der Erziehungsberechtigten, ihre Kinder in behördlich genehmigte Privatschulen zu schicken, kann dadurch nicht verwirkt werden, daß den erwähnten Vorschriften nicht oder nicht genau entsprochen wurde. Es liegt in der Natur solcher Ordnungsbestimmungen, daß ihre genaue Erfüllung auch nachträglich erwirkt werden kann. Wegen Nichtbefolgung solcher Vorschriften kann wohl eine Ordnungsbuße ausgesprochen werden, niemals aber kann aus diesem Grunde die Vernichtung des in Art. 103 vorgesehenen Rechtes abgeleitet werden. Die zuständige Behörde behauptet in bezug auf einen Teil der für die Privatschulen bestimmten Kinder, die Erziehungsberechtigten hätten unterlassen, der Schulbehörde die entsprechende Erklärung oder Mitteilung zukommen zu lassen und auch deshalb sei das Recht, diese Kinder in die Privatschule zu schicken, dahingefallen. Im Sinne obiger grundsätzlicher Ausführungen ist dieser Standpunkt unbegründet. Auch diese Kinder sind zur Privatschule zuzulassen.

II

Nach stattgehabter Beratung im Schoße der Gemischten Kommission gelangt der Präsident der Gemischten Kommission, gestützt auf die vorstehenden Erwägungen, zur

Stellungnahme:

1. Die Auffassung der zuständigen Behörde, wonach Erziehungsberechtigte, die ihre Kinder in behördlich genehmigte private Minderheitsschulen schicken wollen, das Recht hierzu durch eine besondere Erlaubnis einer Behörde erwerben müssen, widerspricht der Genfer Konvention. Vielmehr steht jedem Erziehungsberechtigten gemäß der Konvention ohne weiteres das Recht zu, seine Kinder in behördlich genehmigte Privatschulen zu schicken.

2. Die zuständige Behörde wird ersucht, die entgegen dem Willen der Erziehungsberechtigten von den privaten Minderheitsschulen Swier-

mniejszościowych w Świerklańcu, Nowej Wsi i Lipinach, do szkół tych dopuściły, jeżeli dopełnione są warunki co do języka dzieci (rezolucja Rady Ligi Narodów z dnia 12 marca 1927, wyrok Stałego Trybunału Sprawiedliwości Międzynarodowej w Hadze z dnia 26 kwietnia 1928).

71

Pogląd

z dnia 21 czerwca 1928 w sprawie nr 314 Związku gimnastycznego w Katowicach, t. z., jako żalącego się, zastąpionego przez Niemiecki Związek Ludowy na Śląsk Polski, zw. zap., w Katowicach, ul. Młyńska 23, dotyczącej zakazu odbycia związkowego festynu gimnastycznego Zrzeszenia niemieckich związków gimnastycznych przez Dyrekcję Policji w Katowicach.

I

Dnia 24 czerwca 1927 (akt 2) żalący się, Związek gimnastyczny w Katowicach, t. z., wniósł w myśl art. 149 i n. Konwencji Genewskiej zażalenie do Polskiego Urzędu Spraw Mniejszości, ponieważ odmówiono mu zezwolenia na odbycie w Katowicach związkowego festynu gimnastycznego Zrzeszenia niemieckich związków gimnastycznych w Polsce. Urząd Spraw Mniejszości przekazał dnia 7 listopada 1927 (akt 1) powyższe zażalenie wraz z uwagami w myśl art. 152 Konwencji Genewskiej Prezydentowi Komisji Mieszanej. Następnie odbyła się wymiana pism, przewidziana w regulaminie postępowania Komisji Mieszanej. Na rozprawie ustnej z dnia 3 marca 1928 zastępca Urzędu Spraw Mniejszości i żalący się mieli sposobność przedstawić dalsze wywody faktyczne i prawne.

Stan rzeczy.

Rada gimnastyczna Związku gimnastycznego w Katowicach t. z. wniosła dnia 26 kwietnia 1927 imieniem Zrzeszenia niemieckich związków gimnastycznych w Polsce t. z. z siedzibą w Bydgoszczy do Dyrekcji Policji w Katowicach prośbę o udzielenie jej zezwolenia na urządzenie związkowego festynu gimnastycznego Zrzeszenia niemieckich związków gimnastycznych w Polsce. Przewidziane były następujące imprezy:

dnia 26 czerwca 1927 festyn gimnastyczny dla dzieci na placu ćwiczeń Związku gimnastycznego w Katowicach,

klaniec, Nowa-Wieś und Lipiny ausgeschlossenen Kinder zu diesen Schulen zuzulassen, sofern die Bedingungen betreffend Sprache des Kindes (Resolution des Völkerbundsrates vom 12. März 1927; Urteil des ständigen internationalen Schiedsgerichtshofes im Haag vom 26. April 1928) erfüllt sind.

71

Stellungnahme

vom 21. Juni 1928 in der Sache Nr. 314 der Turngemeinde Katowice t. z. als Beschwerdeführer, vertreten durch den Deutschen Volksbund für Polnisch-Schlesien, eingetragener Verein, in Katowice, ulica Młyńska 23, betreffend Verbot des Verbandsturnfestes der Deutschen Turnerschaft durch die Polizeidirektion in Katowice.

I

Am 24. Juni 1927 (act. 2) erhob der Beschwerdeführer, die Turngemeinde Katowice t. z., im Sinne von Art. 149 ff. der Genfer Konvention Beschwerde beim Polnischen Minderheitsamt wegen Versagung der Genehmigung eines Verbandsturnfestes der Deutschen Turnerschaft in Polen, das in Katowice stattfinden sollte. Das Minderheitsamt überwies die Beschwerde am 7. November 1927 (act. 1) mit seinen Bemerkungen im Sinne des Art. 152 der Genfer Konvention an den Präsidenten der Gemischten Kommission. Es fand hierauf der in der Verfahrensordnung der Gemischten Kommission vorgesehene Schriftenwechsel statt. In der mündlichen Verhandlung am 3. März 1928 hatten der Vertreter des Minderheitsamtes und der Beschwerdeführer Gelegenheit, weitere Ausführungen in tatsächlicher und rechtlicher Beziehung vorzutragen.

Sachverhalt.

Der Turnrat der Turngemeinde Katowice t. z. hat namens der Deutschen Turnerschaft in Polen t. z. Sitz Bydgoszcz am 26. April 1927 bei der Polizeidirektion in Katowice ein Gesuch um Genehmigung zur Abhaltung eines Verbandsturnfestes der Deutschen Turnerschaft in Polen t. z. (eingetragener Verein) eingereicht. Es waren folgende Veranstaltungen vorgesehen:

am 26. Juni 1927 ein Kinderturnfest auf dem Turnplatze der Turngemeinde Katowice,

dnia 2 lipca 1927 przed południem o godzinie 9 związkowy zjazd gimnastyczny na sali restauracji parku Kościuszki, po południu zawody gimnastyczne na placu ćwiczeń Związku gimnastycznego w Katowicach,

dnia 3 lipca 1927 od godziny 5 rano dalszy ciąg zawodów gimnastycznych, po południu popisy gimnastyczne, wieczorem uroczysty wieczór na sali Powstańców (akt 3).

O ile chodziło o zgromadzenie pod gołym niebem, do urządzenia powyższych imprez wymagane było zezwolenie władzy policyjnej w myśl § 7 ustawy Rzeszy o stowarzyszeniach z dnia 19 kwietnia 1908.

Powołując się na § 10 tytuł 17 część II ogólnego prawa krajowego Dyrekcja Policji zakazała dnia 11 czerwca 1927 urządzenia będących w mowie imprez, motywując to tym, że istnieje uzasadniona obawa, że życie i zdrowie uczestników mogłyby być zagrożone (akt 3 str. 2). Przeciwko temu zakazowi wniósł Niemiecki Związek Ludowy dnia 24 czerwca 1927 (akt 3) imieniem i z pełnomocnictwa Rady gimnastycznej Związku gimnastycznego w Katowicach zażalenie do Wojewody Śląskiego. Decyzją z dnia 18 października 1927, doręczoną Niemieckiemu Związkowi Ludowemu pismem Dyrekcji Policji z dnia 20 listopada 1927 (akt 35), Województwo Śląskie zatwierdziło zakaz Dyrekcji Policji z uzasadnieniem, że stwierdzono w sposób niewątpliwy, że w razie dojścia zamierzonej imprezy do skutku bezpieczeństwo publiczne byłoby istotnie zagrożone.

W powyższym zakazie petent dopatruje się naruszenia artykułów 75 i 78 Konwencji Genewskiej (nierówne traktowanie). Zaprzecza on temu, że bezpieczeństwo publiczne było zagrożone. Jeżeli zaś groziło zakłócenie samo przez się uzasadnionej imprezy przez akty gwałtów ze strony osób trzecich, to policja winna była uczestników chronić. Nierówne traktowanie wynika także z okoliczności, że władza bez trudności udziela większości polskiej zezwoleń na tego rodzaju imprezy. Nierównego traktowania należy dopatrywać się także w tym, że władza policyjna nie udzieliła odmownej odpowiedzi natychmiast.

Także Urząd Spraw Mniejszości wywodzi, że stwierdzono ponad wszelką wątpliwość, że w razie urządzenia imprezy bezpieczeństwo publiczne byłoby zagrożone. Urząd Spraw Mniejszości przyznaje jednak, że większości polskiej udziela się zezwolenia na podobne urządzenia i że władze rozporządzają dostatecznymi środkami dla ochrony bezpieczeństwa i porządku publicznego. Do udzielenia natychmiastowej odpowiedzi organizatorom zgromadzenia właściwa władza zobo-

am 2. Juli 1927, vormittags 9 Uhr, Verbandsturntag im Saale des Südpark-Restaurants. Am selben Tage nachmittags Wetturnen auf dem Turnplatz der Turngemeinde Katowice,

am 3. Juli 1927 ab 5 Uhr früh Fortsetzung des Wetturnens, nachmittags Schauturnen, abends Festabend in den Reichshallen (act. 3).

Für diese Veranstaltungen war die Genehmigung der Polizeibehörde gemäß Gesetz vom 19. April 1908 (RVG.) § 7 notwendig, soweit es sich um Versammlungen unter freiem Himmel handelte.

Die Polizeidirektion hat am 11. Juni 1927 die Abhaltung dieser Veranstaltungen unter Berufung auf § 10 Titel 17 Teil II des Allgemeinen Landrechts mit der Motivierung verboten, es bestehe begründete Besorgnis, daß das Leben und die Gesundheit der Teilnehmer gefährdet werden könnte (act. 3, Seite 2). Gegen dieses Verbot hat der Deutsche Volksbund namens und in Vollmacht des Turnrates der Turngemeinde in Katowice am 24. Juli 1927 die Beschwerde an den Schlesischen Wojewoden erhoben (act. 3). Die Schlesische Wojewodschaft hat mit Verfügung vom 18. Oktober 1927, die dem Deutschen Volksbund seitens der Polizeidirektion mit Schreiben vom 20. November 1927 zugestellt wurde (act. 35), die Verfügung der Polizeidirektion mit der Begründung bestätigt, es sei auf unzweifelhafte Weise festgestellt worden, daß im Falle der Veranstaltung die öffentliche Sicherheit tatsächlich bedroht worden wäre.

Der Beschwerdeführer erblickt in dem Verbot eine Verletzung der Art. 75 und 78 — unterschiedliche Behandlung — des Genfer Abkommens. Er bestreitet, daß aus der Abhaltung eine Gefährdung der öffentlichen Sicherheit zu befürchten war. Wenn aber eine Störung der an und für sich berechtigten Veranstaltung durch Gewalttätigkeiten Dritter zu befürchten war, so hätte die Polizei die Teilnehmer schützen sollen. Eine unterschiedliche Behandlung ergebe sich auch daraus, daß ähnliche Veranstaltungen aus Kreisen der polnischen Mehrheit ohne weiteres bewilligt werden. Weiter liege eine unterschiedliche Behandlung auch darin, daß die Polizeibehörde den verweigernden Bescheid nicht sofort erteilt habe.

Das Minderheitsamt macht auch seinerseits geltend, es sei zweifellos festgestellt worden, daß im Falle der Veranstaltung die öffentliche Sicherheit gefährdet worden wäre. Das Minderheitsamt gibt aber zu, daß ähnliche Veranstaltungen der Mehrheit gestattet werden und daß die Behörden über die nötigen Machtmittel zum Schutze der öffentlichen Sicherheit und Ordnung verfügen. Zur sofortigen Erteilung des Bescheides an die Veranstalter sei die Behörde nur dann verpflichtet, wenn die

wiązana jest tylko wówczas, jeżeli podanie co do planowanego pod gołym niebem zgromadzenia wpłynie do niej na krótko przed rozpoczęciem się zgromadzenia. Określenia „natychmiast", użytego w § 7 ust. 2, nie należy interpretować w znaczeniu „bezzwłocznie", lecz w tym znaczeniu, że tego rodzaju doniesienie należy traktować jako „pilną sprawę służbową".

Rozważania prawne.

Gdyby w niniejszym przypadku chodziło o sprawę związku lub stowarzyszenia mniejszości niemieckiej Górnego Śląska Polskiego, należałoby uznać, że postanowienia art. 75 i 78 Konwencji Genewskiej zostały naruszone, ponieważ te postanowienia zasadniczo przepisują, że mniejszość i jej związki w sprawach zgromadzania i stowarzyszania się, a zatem także w sprawach urządzania zgromadzeń w celach gimnastycznych pod gołym niebem, winny być traktowane na równi ze związkami lub stowarzyszeniami większości polskiej. Jest zaś rzeczą powszechnie znaną i zastępca Urzędu Spraw Mniejszości przyznał to wyraźnie, że władza policyjna udziela związkom większości polskiej zezwoleń na tego rodzaju imprezy.

Niniejszego zażalenia nie można jednak rozpatrywać, ponieważ prośby o udzielenie zezwolenia na planowane imprezy gimnastyczne nie wniósł do władzy policyjnej związek mniejszości niemieckiej Górnego Śląska Polskiego.

Petent powołał się wprawdzie wyraźnie i kilkakrotnie na Konwencję Genewską i twierdził, że postanowienia jej zostały naruszone, z drugiej zaś strony właściwa władza nie podniosła zarzutu, że w niniejszym przypadku nie wolno w ogóle Konwencji stosować. Nie zajmuje ona widocznie stanowiska prawnego, że zażalenie należy z tego powodu oddalić. Lecz Prezydent Komisji Mieszanej ani pod względem formalnym ani pod względem materialno-prawnym nie jest związany zapatrywaniem prawnym stron. Winien on się raczej kierować swym własnym przeświadczeniem prawnym.

Podanie z dnia 26 kwietnia 1927 wniosła Rada gimnastyczna Związku gimnastycznego w Katowicach t. z. imieniem Zrzeszenia niemieckich związków gimnastycznych w Polsce t. z. z siedzibą w Bydgoszczy, a zatem imieniem Zrzeszenia, które obejmuje wszystkie związki gimnastyczne mniejszości niemieckiej w całej Polsce. Konwencja Genewska i jej szczególne postanowienia i instytucje dla ochrony mniejszości mają jednak zastosowanie tylko do mniejszości obszaru plebiscytowego. Z tego wynika, że Zrzeszenie niemieckich związków gimna-

Eingabe über die beabsichtigte Versammlung unter freiem Himmel bei der zuständigen Behörde kurz vor Beginn der Versammlung eingelaufen ist. Der im § 7 Abs. 2 angewandte Ausdruck »sofort« sei nicht mit »unverzüglich« gleichzustellen, sondern habe die Bedeutung, daß eine derartige Mitteilung als »eilige Dienstsache« zu behandeln ist.

Rechtliche Erwägungen.

Wenn es sich im vorliegenden Falle um die Angelegenheit eines Vereins oder eines Verbandes der deutschen Minderheit von Polnisch-Oberschlesien handelte, wäre eine Verletzung der Art. 75 und 78 der Genfer Konvention anzuerkennen, denn diese Bestimmungen schreiben grundsätzlich vor, daß die Minderheit und ihre Vereine in bezug auf Vereins- und Versammlungsrechte, also auch in bezug auf Abhaltung von Versammlungen zu Turnzwecken unter freiem Himmel, gleich zu behandeln sind wie Vereine der polnischen Mehrheit. Nun ist es notorisch und der Vertreter des Minderheitsamtes hat es ausdrücklich zugegeben, daß die Polizeibehörde die Abhaltung ähnlicher Veranstaltungen den Vereinen der polnischen Mehrheit zu bewilligen pflegt.

Allein auf die gegenwärtige Beschwerde kann deswegen nicht eingetreten werden, weil das Gesuch um Genehmigung der fraglichen turnerischen Veranstaltungen nicht von einem Verein der deutschen Minderheit Polnisch-Oberschlesiens der Polizeibehörde eingereicht worden ist.

Zwar hat der Beschwerdeführer sich ausdrücklich und wiederholt auf die Genfer Konvention berufen und deren Verletzung behauptet und andererseits hat die zuständige Behörde die Einrede, daß die Konvention überhaupt keine Anwendung finden dürfe, nicht erhoben. Sie vertritt offenbar nicht die Rechtsauffassung, daß die Beschwerde aus diesem Grunde abzuweisen sei. Jedoch der Präsident der Gemischten Kommission ist an die Rechtsauffassung der Parteien weder in formeller noch in materiell-rechtlicher Beziehung gebunden. Er hat vielmehr seiner eigenen Rechtsüberzeugung zu folgen.

Das Gesuch vom 26. April 1927 wurde eingereicht vom Turnrat der Turngemeinde Katowice t. z. im Namen der Deutschen Turnerschaft in Polen t. z. (eingetragener Verein) mit dem Sitze in Bydgoszcz, also eines Verbandes, der die Turnerschaft der deutschen Minderheiten von ganz Polen umfaßt. Die Genfer Konvention mit ihren besonderen Bestimmungen und Institutionen zum Schutz der Minderheiten findet aber nur Anwendung auf die Minderheiten des Abstimmungsgebietes. Daraus folgt, daß der Verein der deutschen Turnerschaft in Polen sich auf

stycznych w Polsce nie może się powołać na prawa mniejszościowe Konwencji Genewskiej, wobec czego nie jest ono legitymowane do wniesienia zażalenia z powodu naruszenia tych praw. Z tego wynika również niewłaściwość Prezydenta Komisji Mieszanej.

W myśl Konwencji Genewskiej zażalenie należałoby rozpatrywać wówczas, gdyby Związek gimnastyczny w Katowicach, jako związek mniejszości niemieckiej Górnego Śląska Polskiego, zorganizował był dane zgromadzenia i imprezy w własnym imieniu i gdyby w własnym imieniu wniósł był do władzy policyjnej prośbę o udzielenie na nie zezwolenia. Lecz Związek gimnastyczny w Katowicach nie wniósł podania w imieniu własnym, lecz w imieniu Zrzeszenia wszystkich niemieckich związków gimnastycznych w Polsce. Jasne i zasadnicze rozróżnianie pomiędzy górnośląskimi związkami mniejszościowymi a związkami, które obejmują także inne terytoria, zaleca się z uwagi na to, aby w przyszłości, o ile chodzi o stosowanie Konwencji Genewskiej, uniknąć nieporozumień.

Niniejsze zażalenie Niemiecki Związek Ludowy wniósł co prawda imieniem katowickiego Związku gimnastycznego. Lecz katowicki Związek gimnastyczny nie może wnieść zażalenia w własnym imieniu, skoro podanie o udzielenie zezwolenia na omawiane imprezy wniósł był imieniem Zrzeszenia wszystkich niemieckich związków gimnastycznych w Polsce.

II

Po rozprawie ustnej i naradach w łonie Komisji Mieszanej Prezydent Komisji Mieszanej dochodzi do

poglądu:

W myśl powyższych rozważań zażalenie oddala się.

72

Pogląd

z dnia 1 czerwca 1928 w sprawie nr 267 Niemieckiego Związku Ludowego na Śląsk Polski dla strzeżenia praw mniejszości, zw. zap., żalącego się, w Katowicach, ul. Młyńska 23, dotyczącej policyjnego przytrzymania b. nauczyciela Eugeniusza Krzoski.

die in der Genfer Konvention garantierten Minderheitsrechte nicht berufen kann und zu einer Beschwerde wegen Verletzung dieser Rechte nicht legitimiert ist. Daraus folgt auch die Unzuständigkeit des Präsidenten der Gemischten Kommission.

Die Beschwerde wäre auf Grund der Genfer Konvention zu beurteilen, wenn die Turngemeinde Katowice, als ein Verein der deutschen Minderheit in Polnisch-Oberschlesien, die fraglichen Versammlungen und Veranstaltungen im eigenen Namen organisiert und im eigenen Namen die Genehmigung der Polizeibehörde nachgesucht hätte. Aber die Turngemeinde Katowice hat das Gesuch eingereicht nicht im eigenen Namen, sondern im Namen des genannten allgemeinen deutschen Verbandes in Polen. Eine klare und grundsätzliche Unterscheidung zwischen oberschlesischen Minderheitsvereinen und Vereinen, die auch andere Gebiete umfassen, erscheint geboten, um Mißverständnissen für die Zukunft vorzubeugen, soweit es sich um die Anwendung der Genfer Konvention handelt.

Allerdings wurde die gegenwärtige Beschwerde vom Deutschen Volksbund im Namen der Katowicer Turngemeinde eingereicht. Aber die Katowicer Turngemeinde kann im eigenen Namen keine Beschwerde erheben, nachdem sie das Gesuch um Genehmigung der Veranstaltungen im Namen des allgemeinen deutschen Verbandes in Polen eingereicht hat.

II

Nach stattgefundener mündlicher Verhandlung und nach Beratung im Schoße der Gemischten Kommission gelangt der Präsident der Gemischten Kommission zur

Stellungnahme:

Die Beschwerde wird im Sinne der Erwägungen abgewiesen.

72

Stellungnahme

vom 1. Juni 1928 in der Sache Nr. 267 des Deutsch-Oberschlesischen Volksbundes für Polnisch-Schlesien zur Wahrung der Minderheitsrechte, eingetragener Verein, Beschwerdeführer, in Katowice, ulica Młyńska 23, betreffend polizeiliche Festnahme des Lehrers a. D. Eugen Krzoska.

I

1. Dnia 18 sierpnia 1926 (akt 2) wniósł Niemiecki Związek Ludowy w myśl art. 149 i n. Konwencji Genewskiej zażalenie do Polskiego Urzędu Spraw Mniejszości w Katowicach. Urząd Spraw Mniejszości przekazał dnia 29 października 1926 zażalenie wraz z uwagami w myśl art. 152 Konwencji Genewskiej Prezydentowi Komisji Mieszanej. Następnie odbyła się wymiana pism, przewidziana w regulaminie postępowania Komisji Mieszanej. Dnia 2 listopada 1927 Prezydent Komisji Mieszanej przesłuchał komendanta policji Malcherka, a na rozprawie ustnej, która odbyła się w związku z tymi przesłuchami, zastępca Urzędu Spraw Mniejszości i żałący się mieli sposobność przedstawić dalsze wywody faktyczne i prawne.

2. Zażalenie opiera się na następującym stanie faktycznym:

Dnia 16 kwietnia 1926 zasięgał Krzoska, który jest mężem zaufania Niemieckiego Związku Ludowego, w Godowie i okolicy informacyj o osobach, które zgłosiły się na członków Związku Ludowego. Poza tym chciał dla centralnego Związku statystycznego opieki nad grobami stwierdzić w Skrzyszowie koło Godowa stan grobów żołnierzy poległych na wojnie. Kiedy po załatwieniu spraw czekał w Godowie na pociąg do Jastrzębia (około wpół do piątej po południu), został przez komendanta policji w Gołkowicach, Malcherka, na peronie przytrzymany. Malcherek zrewidował go w budynku dworcowym i aresztował. Krzoskę odstawiono najpierw na posterunek policji w Gołkowicach, a rano następnego dnia do komendy policji w Rybniku. Tu przesłuchano go i następnie około godziny kwadrans na jedenastą zwolniono.

W przytrzymaniu Krzoski przez komendanta policji z Gołkowic dopatruje się petent nieuzasadnionego i samowolnego pozbawienia wolności i domaga się ukarania urzędnika za naruszenie artykułów 75 i 83 Konwencji Genewskiej.

Właściwa władza uważa, że w danych okolicznościach prowizoryczne aresztowanie było uzasadnione. Urzędnik policyjny wezwał Krzoskę do wylegitymowania się, ponieważ Krzoska ściągnął był na się podejrzenie przez to, że w miejscowości, gdzie nie zamieszkiwał, zasięgał bliżej nieznanych informacyj. Przytrzymanie zarządzono, ponieważ Krzoska nie mógł się dostatecznie wylegitymować i ponieważ

I

1. Am 18. August 1926 (act. 2) erhob der Deutsche Volksbund im Sinne von Art. 149 ff. der Genfer Konvention Beschwerde beim Polnischen Minderheitsamt in Katowice. Das Minderheitsamt überwies am 29. Oktober 1926 die Beschwerde mit seinen Bemerkungen im Sinne von Art. 152 der Genfer Konvention an den Präsidenten der Gemischten Kommission. Es fand hierauf der in der Verfahrensordnung der Gemischten Kommission vorgesehene Schriftenwechsel statt. Am 2. November 1927 wurde vom Präsidenten der Gemischten Kommission Polizeikommandant Malcherek einvernommen, und in der daran anschließenden mündlichen Verhandlung hatten der Vertreter des Minderheitsamtes und der Beschwerdeführer Gelegenheit, weitere Ausführungen in tatsächlicher und rechtlicher Beziehung vorzutragen.

2. Der Beschwerde liegt folgender Tatbestand zugrunde:

Krzoska hat am 16. April 1926 in Godów und Umgebung in seiner Eigenschaft als Vertrauensmann des Deutschen Volksbundes Ermittlungen über Personen angestellt, die sich als Mitglieder in den Volksbund gemeldet hatten. Daneben hat Krzoska für den Zentralnachweisverband für die Gräberfürsorge Feststellungen über den Stand der Kriegergräber in Skrzyszów (in der Nähe von Godów) machen wollen. Als Krzoska nach Erledigung seiner Besorgungen in Godów den Zug nach Jastrzęb abwartete (ca. 4½ Uhr nachmittags), wurde er auf dem Bahnsteig vom Polizeikommandanten von Gołkowice, Malcherek, angehalten und nach einer im Bahnhofsgebäude vorgenommenen Leibesvisitation für festgenommen erklärt. Krzoska wurde vorerst auf den Polizeiposten nach Gołkowice überführt. In der Frühe des folgenden Tages fand die Überführung des Krzoska nach dem Polizeikommando in Rybnik statt. Nachdem er einem Verhör unterzogen worden war, wurde er ca. 10¼ Uhr auf freien Fuß gesetzt.

Der Beschwerdeführer erblickt in der Festnahme des Krzoska durch den Polizeikommandanten von Gołkowice eine unberechtigte und willkürliche Freiheitsentziehung und verlangt die Maßregelung des Beamten wegen Verletzung der Art. 75 und 83 der Genfer Konvention.

Die zuständige Behörde hält die provisorische Verhaftung auf Grund der konkreten Verhältnisse für begründet. Krzoska sei vom Polizeibeamten zur Legitimierung aufgefordert worden, »weil er in einer Ortschaft, in der er nicht Wohnsitz hatte, nicht näher bekannte Erkundigungen einzog, wodurch er verdächtig erschien«. Die Festnahme sei verfügt worden, weil sich Krzoska nicht genügend habe ausweisen können, und weil die Leibes-

rewizja osobista ujawniła, że posiada przy sobie akta władzy zagranicznej, których treści organa policyjne nie mogły na miejscu sprawdzić.

3. W myśl postanowień procedury karnej (§§ 127, 112) urzędnik policyjny ma tylko wówczas prawo do tymczasowego przytrzymania danej osoby, jeżeli zachodzą warunki wydania nakazu aresztowania i zwłoka grozi niebezpieczeństwem. Przede wszystkim musi zachodzić silne podejrzenie, że osoba, którą się ma aresztować, popełniła czyn karygodny. Jako powody podejrzenia właściwa władza w konkretnym przypadku określiła: „Zasięganie przez Krzoskę w miejscowości, której nie był mieszkańcem, informacyj nieznanej bliżej natury" i „ujawnienie posiadania przez niego aktów władzy państwa zagranicznego". Co do tych akt władzy państwa zagranicznego należy powiedzieć, że chodziło tutaj jedynie o formularze dla stwierdzenia stanu grobów żołnierzy poległych na wojnie (zob. akt 59). Z zeznań komendanta policji wynikają poza tym jeszcze następujące momenty podejrzenia: „Dnia 16 kwietnia 1926 zawiadomił mnie jakiś polski urzędnik kolejowy telefonicznie z Olzy, że pociągiem, który około godziny trzeciej przybywa do Godowa, przyjeżdża jakiś podejrzany osobnik. Ów kolejarz opisał mi wygląd tego osobnika oraz jego ubiór. Na skutek tego doniesienia udałem się na dworzec kolejowy w Godowie..." ...„Ponieważ Krzoska nie miał przy sobie żadnej legitymacji, przeto wezwałem go, aby mi wydał wszystkie papiery, jakie ma przy sobie. Następnie zbadałem jego karteczki i znalazłem jeszcze kilka luźnych świstków. Przejrzałem notatnik i stwierdziłem, że zapisane tam były nazwiska, obok których znajdowały się liczby. Owe luźne świstki były stenografowane i nie zrozumiałem ich. Podejrzywałem teraz Krzoskę, że rozdziela pieniądze pomiędzy członków zakazanych organizacyj wojskowych."

Powyższe poszlaki, wskazujące na popełnienie karygodnego czynu — odpowiedzialny urzędnik myślał widocznie o popełnieniu przestępstwa, zagrażającego bezpieczeństwu Państwa — są tak błahe i dalekie, że w żadnym razie nie może być mowy o silnych powodach podejrzenia w myśl ustawy. Dowodem tego, że te poszlaki nie były wystarczające dla silnego podejrzenia i że także zwłoka nie groziła niebezpieczeństwem, były zarządzenia, jakie następnego dnia wydał komisarz policji kryminalnej w Rybniku. Przesłuchawszy Krzoskę i kazawszy sobie wyjaśnić zapiski w notatniku, urzędnik ten wypuścił Krzoskę bezzwłocznie na wolność i zwrócił mu nawet zapiski. Według niezaprzeczonego twierdzenia żalącego się (akt 3) urzędnik

visitation das Vorhandensein von Aktenstücken einer ausländischen Behörde ergeben habe, deren Inhalt die Polizeiorgane an Ort und Stelle nachzuprüfen nicht imstande waren.

3. Gemäß den Bestimmungen der Strafprozeßordnung (§§ 127, 112) ist ein Polizeibeamter nur dann zur vorläufigen Festnahme einer Person befugt, wenn die Voraussetzungen eines Haftbefehls vorliegen und Gefahr im Verzug obwaltet. Vor allem muß der Festzunehmende der Begehung einer strafbaren Handlung dringend verdächtig sein. Als Verdachtsgründe hat die zuständige Behörde in concreto bezeichnet: »Das Einziehen von nicht näher bekannten Erkundigungen in einer Ortschaft, in der Krzoska nicht wohnte«, und »das Vorfinden von Aktenstücken einer ausländischen Behörde«. Bezüglich dieser »Aktenstücke einer ausländischen Behörde« ist zu sagen, daß es sich lediglich um Befundsaufnahme-Formulare für Kriegergräber handelt (siehe act. 59). Aus den Depositionen des Polizeikommandanten sind sodann noch folgende Verdachtsmomente zu ersehen: »Am 16. April 1926 wurde ich von einem polnischen Eisenbahner aus Olza telephonisch verständigt, daß mit dem Zuge, welcher gegen 3 Uhr nachmittags in Godów eintrifft, ein verdächtiges Individuum ankommt. Jener Eisenbahner beschrieb mir das Aussehen dieses Individuums, sowie dessen Kleidung. Infolge dieser Mitteilung begab ich mich auf den Bahnhof in Godów...« ...»Da Krzoska keine Ausweispapiere bei sich hatte, forderte ich ihn auf, alle Papiere herauszugeben, welche er bei sich hatte. Ich untersuchte nachher seine Zettel und fand noch einige lose Zettel. Ich prüfte das Notizbuch und fand dort eingetragene Namen, neben welchen Ziffern standen. Jene losen Zettel waren in Stenogrammschrift, welche ich nicht verstand. Ich verdächtigte jetzt Krzoska, daß er unter Mitglieder verbotener militärischer Organisationen Gelder verteilt.«

Diese Indizien für das Vorliegen einer strafbaren Handlung — offenbar dachte der verantwortliche Beamte an die Begehung eines die Sicherheit des Staates gefährdenden Vergehens — sind derart schwach und entfernt, daß von dringenden Verdachtsgründen im Sinne des Gesetzes keinesfalls gesprochen werden kann. Daß die Indizien für einen dringenden Verdacht ungenügend waren und daß auch keine Gefahr im Verzuge obwaltete, wird durch die vom Kriminalkommissar in Rybnik am folgenden Tag getroffenen Dispositionen bestätigt. Nach einem Verhör, anläßlich dessen er sich die Aufzeichnungen im Notizbuch durch Krzoska erklären ließ, ließ er Krzoska ohne weiteres frei und händigte ihm sogar die Notizen aus. Nach der unwidersprochen gebliebenen Behauptung des

ten miał się wyrazić wobec innego urzędnika: „Nie pojmuję, jak nam komendant z Gołkowic mógł narobić tyle roboty z powodu takiej błahostki. Nie znaleziono przecież nic prócz tego notatnika z zapiskami, które dotyczą Związku Ludowego, oraz kilku karteczek z nazwiskami. Zwrócimy Krzosce wszystkie te pisma z wyjątkiem listy grobów, którą wręczę prokuratorowi."

Postępowanie komendanta policji wypłynęło widocznie z zapatrywania, że osoby mniejszościowe, o ile chodzi o ich obowiązki wobec państwa, należy ogólnie traktować jako podejrzane i że je zatem ze stanowiska groźnych dla państwa knowań można aresztować także wówczas, gdy w myśl ustawy istotne fakty i okoliczności poszczególnego przypadku w żadnym razie nie uzasadniają tego rodzaju pozbawienia wolności. Tylko ze stanowiska tego niedopuszczalnego ustosunkowania się do mniejszości można zrozumieć, że komendant policji powziął silne podejrzenie przeciwko zaliczającemu się do mniejszości Krzosce, że ten dopuścił się zbrodni przeciwko Państwu. Komendant policji opierał się przy tym na bliżej nieokreślonym i błahym telefonicznym doniesieniu, na okoliczności, że Krzoska — co było jego słusznym prawem — chodził swobodnie po wiosce, w której nie zamieszkiwał — i na fakcie, że miał przy sobie zapiski i formularze niemieckie.

Na rozprawie ustnej chciano tym niewystarczającym poszlakom przypisać znaczenie silnych powodów podejrzenia przez wskazanie na okoliczność, że chodzi tu o zajście na obszarze granicznym. Do tej argumentacji, która w konsekwencji doprowadziłaby do tego, że z faktu pogranicznego położenia Górnego Śląska wysnuwanoby ogólny powód do podejrzenia o zbrodnie przeciwko Państwu, nie można się przyłączyć. Jeżeli się zezwoli na to, aby policja posługiwała się tego rodzaju powodami podejrzenia, wówczas nie będzie można uniknąć nadużyć, które, jak to także niniejszy przypadek wykazuje, dotkną przede wszystkim mniejszość. (Zob. także pogląd nr 169, dotyczący aresztowania Drozdowskiego przez policję niemiecką.)

Postępowanie komendanta policji jest w niniejszym przypadku tym mniej uzasadnione, że nie skorzystał z środków, jakie miał do dyspozycji, aby sobie zdać dokładnie sprawę z osoby przytrzymanego i jego działalności oraz z dopuszczalności aresztowania. Krzoska zeznał wyraźnie, że prosił komendanta policji, aby zasięgnął co do niego informacyj u naczelnika gminy Potysza i ks. proboszcza Merkla w Godowie i aby dla wyjaśnienia sprawy przedstawił go ewentualnie tym

Beschwerdeführers (act. 3) soll damals der Kommissar zu einem Angestellten gesagt haben: »Ich begreife nicht, wie der Kommandant von Gołkowice wegen einer solchen Geringfügigkeit uns soviel Arbeiten bereiten konnte. Es ist doch weiter nichts gefunden worden wie dieses Notizbuch mit Eintragungen, die den Volksbund betreffen, und einige Zettel mit Namen. Sämtliche Schriftstücke, mit Ausnahme der Gräberliste, die ich dem Staatsanwalt einreichen werde, händigen wir ihm wieder aus.«

Das Vorgehen des Polizeikommandanten ist offenbar der Auffassung entsprungen, wonach Minderheitsangehörige in ihrem Pflichtverhältnis zum eigenen Staate allgemein als verdächtig zu behandeln sind und deshalb unter dem Gesichtspunkte staatsgefährlicher Umtriebe auch dann ohne weiteres verhaftet werden können, wenn die wirklichen Tatsachen und Umstände des einzelnen Falles eine solche Freiheitsberaubung nach Gesetz keineswegs rechtfertigen. Nur aus dieser unzulässigen Einstellung heraus ist es erklärlich, daß der Polizeikommandant den sich zur Minderheit bekennenden Krzoska auf Grund des unbestimmten und nichtssagenden telephonischen Berichtes, auf Grund des Umstandes, daß Krzoska in Ausübung seines guten Rechtes sich in einem Dorf, ohne dort Wohnsitz zu haben, frei bewegte, im Zusammenhang mit der Tatsache, daß er Notizen und Formulare in deutscher Sprache bei sich trug, eines Verbrechens gegen den Staat für dringend verdächtig hielt.

Anläßlich der mündlichen Verhandlung wurde versucht, die vorliegenden unzureichenden Indizien dadurch zu dringenden Verdachtsgründen zu erheben, daß darauf hingewiesen wurde, der Vorfall habe sich in einem Grenzgebiet abgespielt. Dieser Argumentation, die dazu führen würde, aus der Grenzlage Oberschlesiens einen allgemeinen Verdachtsgrund für Staatsverbrechen zu bilden, kann nicht beigepflichtet werden. Läßt man es zu, daß die Polizei sich solcher Verdachtsgründe bedient, so gelangt man unvermeidlich zu Übergriffen, die sich, wie auch der heutige Fall zeigt, gegen die Minderheit auswirken. (Siehe auch Stellungnahme Nr. 169 betr. Verhaftung des Drozdowski durch die deutsche Polizei.)

Das Vorgehen des Polizeikommandanten ist in concreto um so unbegründeter, als er es unterlassen hat, von den ihm zur Verfügung stehenden Mitteln Gebrauch zu machen, um sich über die Person des Festgenommenen und seine Tätigkeit, sowie über die Zulässigkeit der Verhaftung Klarheit zu verschaffen. Krzoska hat ausdrücklich deponiert, daß er den Polizeikommandanten ersucht habe, bei Gemeindevorsteher Potysz und Pfarrer Merkel in Godów über ihn Erkundigungen einzuziehen und

panom. Komendant policji nie zgodził się jednak na to. To zeznanie Krzoski (co do bliższych okoliczności zajścia zobacz akta 2 i 3) zasługuje w zupełności na wiarę; lecz nawet gdyby Krzoska nie był się powołał na powyższe osoby, to przecież było obowiązkiem urzędnika, skoro okoliczności, że Krzoska nie miał przy sobie dostatecznych legitymacyj, przypisywał tak wielkie znaczenie, zapytać Krzoski samego, kto by w Godowie co do jego osoby i działalności mógł udzielić bliższych wyjaśnień.

W końcu powinny były słabe poszlaki, które zapewne i u komendanta policji musiały wywołać wielkie wątpliwości co do winy Krzoski, spowodować urzędnika do zwrócenia się po instrukcje do przełożonej władzy i powstrzymać go od naruszenia wolności osobistej na własną odpowiedzialność. Było to tym bardziej jego obowiązkiem, że widocznie nie mógł sam zbadać treści pism znalezionych przy rewizji osobistej, które, jak się nawiasem nadmienia, nie zawierały wcale zapisków stenograficznych.

Reasumując należy stwierdzić, że tego rodzaju stosowanie wspomnianych postanowień procedury karnej, które od ich jasnej treści i jasnego sensu tak dalece odbiega, wychodzi daleko poza ramy mylnego stosowania prawa i przedstawia się jako samowolne i nierówne traktowanie prawne. Tego rodzaju postępowanie nie da się pogodzić z artykułem 83 Konwencji. Nie można absolutnie przypuszczać, aby tego rodzaju nierozważne i ustawowo nieuzasadnione zarządzenia aresztowań były regułą i aby w analogicznych okolicznościach były stosowane także wobec osób większościowych. Należy raczej przypuścić, że komendant policji Malcherek sprzeniewierzył się przez swe postępowanie także ogólnej praktyce władz policyjnych. Tym samym naruszono wyrażony w Konwencji Genewskiej zakaz nierównego traktowania, ponieważ w myśl art. 75 ust. 3 nierówne traktowanie zachodzi wówczas, jeżeli się osobę mniejszościową traktowało w sposób, który samowolnie odbiega od sposobu ogólnie praktykowanego. (W sprawie praktyki Prezydenta Komisji Mieszanej co do naruszenia art. 75 przez urzędników policyjnych porównaj m. in. następujące poglądy dla ochrony mniejszości polskiej przeciwko władzom Górnego Śląska Niemieckiego: pogląd nr 169 dot. aresztowania Drozdowskiego przez policję niemiecką — sprawa ta pod różnymi względami odpowiada niniejszemu przypadkowi; — pogląd nr 196 w sprawie nierównego traktowania przez starszego żandarma Parczyka; pogląd nr 191 w sprawie postępowania urzędnika policyjnego Siwego i towarzyszy;

ihn zur Abklärung der Sache eventuell diesen Männern vorzuführen und daß der Polizeikommandant darauf nicht eingegangen sei. Diese Aussage des Krzoska (siehe über die näheren Verumständungen des Vorfalls act. 2 und 3) ist durchaus glaubwürdig; aber selbst wenn Krzoska sich auf diese Personen nicht berufen hätte, so wäre es doch Pflicht des Beamten gewesen, nachdem er dem Umstande, daß Krzoska keine genügenden Ausweispapiere bei sich trug, große Bedeutung beigemessen hatte, von sich aus den Krzoska zu fragen, wer in Godów über seine Person und seine Tätigkeit Auskunft erteilen könne.

Schließlich hätten die schwachen Indizien, die sicherlich auch beim Polizeikommandanten starken Zweifel an der Schuld des Krzoska aufkommen lassen mußten, den Beamten veranlassen müssen, bei seiner vorgesetzten Behörde Instruktionen einzuholen und nicht auf eigene Verantwortung in die persönliche Freiheit des Krzoska einzugreifen. Diese Pflicht oblag ihm um so eher, als er offenbar nicht imstande war, den Inhalt der bei der Leibesvisitation vorgefundenen Schriftstücke, die nebenbei bemerkt keine stenographischen Aufzeichnungen enthielten, zu prüfen.

Zusammenfassend muß festgestellt werden, daß eine Anwendung der erwähnten strafprozessualen Bestimmungen, die so weit von ihrem klaren Wortlaut und Sinn abweicht, über die bloß unrichtige Rechtsanwendung weit hinausgeht und sich als willkürliche und rechtsungleiche Behandlung darstellt. Ein solches Vorgehen ist mit dem Art. 83 der Konvention nicht vereinbar. Es ist die Annahme völlig ausgeschlossen, wonach derartig voreilige und gesetzlich unbegründete Verhaftungsmaßnahmen die Regel bilden und unter analogen Umständen auch gegenüber Mehrheitsangehörigen stattfinden. Man muß vielmehr annehmen, daß der Polizeikommandant Malcherek mit diesem Vorgehen auch einen Verstoß gegen die allgemeine Praxis der Polizeibehörden begangen hat. Damit ist aber auch eine Verletzung des in der Genfer Konvention ausgesprochenen Verbotes der unterschiedlichen Behandlung gegeben, denn gemäß Art. 75 Abs. 3 liegt eine solche vor, wenn ein Angehöriger der Minderheit eine Behandlung erfahren hat, die von der allgemein üblichen willkürlich abweicht. (Betreffend die Praxis des Präsidenten der Gemischten Kommission bezüglich Verletzung des Art. 75 durch Polizeibeamte vergleiche u. a. folgende Stellungnahmen gegen die Behörden von Deutsch-Oberschlesien zum Schutze der polnischen Minderheit: Nr. 169 betreffend Verhaftung des Drozdowski durch die deutsche Polizei, die in verschiedener Beziehung zum vorliegenden Fall in Parallele steht; Stellungnahme Nr. 196 betreffend unterschiedliche Behandlung durch den Oberlandjäger Parzyk; Stellungnahme Nr. 191 betr. Verhalten des Polizeibeamten Siwe und

pogląd nr 200 w sprawie nierównego traktowania przez zażądanie spisu członków; następnie należy wskazać na zażalenie nr 194 dotyczące aresztowania Bartkowiaka, Łapy i Wawrzynka. W tej ostatniej sprawie wydanie poglądu stało się zbyteczne, ponieważ właściwa władza niemiecka przez dyscyplinarne ukaranie winnych urzędników policyjnych uznała, że artykuł 75 został naruszony.)

II

Po naradzie w łonie Komisji Mieszanej Prezydent Komisji Mieszanej na mocy powyższych rozważań dochodzi do

poglądu:

Właściwe władze wzywa się, aby zwróciły uwagę komendanta policji Malcherka na naruszenie artykułów 75 i 83 Konwencji Genewskiej.

73

Pogląd

z dnia 10 lipca 1928 w sprawie nr 326 Niemieckiego Związku Ludowego na Śląsk Polski dla strzeżenia praw mniejszości, związku zapisanego, żalącego się, w Katowicach, ul. Młyńska 23, dotyczącej zwinięcia szkoły mniejszościowej w Koszęcinie (Górny Śląsk Polski).

I

1. Dnia 31 sierpnia 1927 (akt 4) wniósł Niemiecki Związek Ludowy w myśl art. 149 Konwencji Genewskiej zażalenie do Polskiego Urzędu Spraw Mniejszości w Katowicach. Urząd Spraw Mniejszości przekazał to zażalenie dnia 30 listopada 1927 wraz z uwagami w myśl art. 152 Konwencji Genewskiej (akt 1, 2, 3) Prezydentowi Komisji Mieszanej. Na skutek wywodów stron na rozprawie ustnej z dnia 7 marca 1928 wyłoniła się potrzeba uzupełnienia akt i przesłuchania świadków. Po przesłuchaniu świadków, które odbyło się dnia 14 czerwca 1928, kierownik Urzędu Spraw Mniejszości i żalący się mieli sposobność zająć stanowisko do wyniku postępowania dowodowego i przedstawić dalsze wywody faktyczne i prawne.

2. Niniejsze zażalenie kieruje się przeciwko zwinięciu szkoły mniejszościowej w Koszęcinie, zarządzonemu przez Województwo

Genossen; Nr. 200 betreffend unterschiedliche Behandlung durch Einverlangen eines Mitgliederverzeichnisses; sodann ist auf die Beschwerdesache Nr. 194 betr. Verhaftung des Bartkowiak, Łapa und Wawrzynek zu verweisen, in welcher sich eine Stellungnahme erübrigte, da die zuständige deutsche Behörde durch disziplinarische Bestrafung der für die Festnahme verantwortlichen Polizeibeamten die Verletzung des Art. 75 anerkannte.)

II

Nach stattgehabter Beratung im Schoße der Gemischten Kommission gelangt der Präsident der Gemischten Kommission, gestützt auf die vorstehenden Erwägungen, zur

Stellungnahme:

Die zuständigen Behörden werden ersucht, den Polizeikommandanten Malcherek auf die Verletzung der Art. 75 und 83 der Genfer Konvention aufmerksam zu machen.

73

Stellungnahme

vom 10. Juli 1928 in der Sache Nr. 326 des Deutsch-Oberschlesischen Volksbundes für Polnisch-Schlesien zur Wahrung der Minderheitsrechte, eingetragener Verein, Beschwerdeführer, in Katowice, ulica Młyńska 23, betreffend Auflösung der Minderheitsschule in Koszęcin (Polnisch-Oberschlesien).

I

1. Am 31. August 1927 (act. 4) erhob der Deutsche Volksbund im Sinne von Art. 149 der Genfer Konvention Beschwerde beim Polnischen Minderheitsamt in Katowice. Das Minderheitsamt überwies die Beschwerde am 30. November 1927 mit seinen Bemerkungen im Sinne von Art. 152 der Genfer Konvention an den Präsidenten der Gemischten Kommission (act. 1, 2, 3). Die Vorbringen der Parteien in der mündlichen Verhandlung vom 7. März 1928 machten eine Ergänzung der Akten und die Einvernahme von Zeugen erforderlich. Nach der am 14. Juni 1928 erfolgten Zeugenbefragung hatten der Leiter des Minderheitsamtes und der Beschwerdeführer Gelegenheit, zum Beweisergebnis Stellung zu nehmen und weitere Ausführungen in tatsächlicher und rechtlicher Beziehung vorzutragen.

2. Die vorliegende Beschwerde richtet sich gegen die Aufhebung der Minderheitsschule Koszęcin, welche die Wojewodschaft mit Verfügung

rozporządzeniem z dnia 19 sierpnia 1927. Właściwa władza opiera swe zarządzenie na artykule 108 § 1 ust. 1, wywodząc, że w latach szkolnych 1924-25, 1925-26 i 1926-27 liczba uczniów nie osiągnęła liczby 40.

Żalący się przyznaje bez zastrzeżeń, że w latach szkolnych 1924-25 i 1925-26 liczba uczniów wynosiła mniej aniżeli 40 (32 względnie 35). Sporna jest jedynie liczba dzieci, które były uprawnione do uczęszczania do szkoły w roku szkolnym 1926-27.

Nie jest zaprzeczone, że z początkiem roku szkolnego 1926-27 uczęszczało do szkoły mniejszościowej w Koszęcinie 30 dzieci. 18 dalszym dzieciom właściwa władza odmówiła prawa uczęszczania do tej szkoły, motywując to w różny sposób (cofnięciem zgłoszeń — przekroczeniem obowiązkowego wieku szkolnego — zgłoszeniem przez osobę nieuprawnioną do wychowania — nieprzynależnością dzieci do mniejszości językowej). Na podstawie wstępnych egzaminów językowych oraz egzaminów językowych Maurera Województwo przyznało dodatkowo dalszym 5 dzieciom prawo uczęszczania do szkoły w roku 1926-27.

Według przedstawienia sprawy przez żalącego się na pierwszej rozprawie ustnej z dnia 7 marca 1928, zostało z różnych powodów 7 dzieci niesłusznie wykluczonych ze szkoły, tak że dzieci te należy doliczyć do liczby 35 uczniów.

Dotyczy to następujących uczniów:

a) Wilhelma Skuballi,
Pawła Kandzi,
Jadwigi Lipczanki,
Bronisławy Kampczykówny.

Co do tych 4 dzieci właściwa władza zajmuje stanowisko, że uprawnieni do wychowania wycofali swe zgłoszenia na rok szkolny 1926-27. Żalący się zaprzecza, że cofnięto jakiekolwiek zgłoszenia.

b) Jana Noczyńskiego,
Gertrudy Noczyńskiej.

Właściwa władza uznała te zgłoszenia za nieważne, ponieważ matka — rzekomo bez upoważnienia męża mieszkającego w Warszawie — zapisała te dzieci do szkoły mniejszościowej. Według zapatrywania żalącego się należy te wnioski uwzględnić na podstawie § 1685 kodeksu cywilnego.

c) Józefa Pasonia.

vom 19. August 1927 angeordnet hat. Die zuständige Behörde stützt ihre Maßnahme auf Art. 108 § 1 Abs. 1, indem sie geltend macht, daß in den Schuljahren 1924-25, 1925-26 und 1926-27 die Schülerzahl hinter der Zahl 40 zurückgeblieben sei.

Vom Beschwerdeführer wird ohne weiteres zugegeben, daß in den Schuljahren 1924-25 und 1925-26 die Schülerzahl weniger als 40 (32 bezw. 35) betrug. Streitig ist lediglich die Zahl der zum Besuch der Schule im Jahre 1926-27 berechtigten Kinder.

Unbestrittenermaßen haben zu Beginn des Schuljahres 1926-27 30 Kinder die Minderheitsschule Koszęcin besucht. 18 weiteren Kindern hat die zuständige Behörde den Zutritt zur Schule aus verschiedenen Gründen (Rückzug der Anmeldungen — Überschreitung des schulpflichtigen Alters — Anmeldung durch nicht erziehungsberechtigte Person — Nichtzugehörigkeit der Kinder zur sprachlichen Minderheit) verweigert. Auf Grund von Sprachvorprüfungen und auf Grund der Sprachprüfungen Maurer hat die Wojewodschaft nachträglich die Berechtigung zum Schulbesuch im Jahre 1926-27 hinsichtlich weiterer 5 Kinder anerkannt.

Nach der Darstellung des Beschwerdeführers in der ersten mündlichen Verhandlung vom 7. März 1928 sind 7 Kinder aus verschiedenen Gründen zu Unrecht vom Schulbesuch ausgeschlossen worden, so daß sie seiner Ansicht zufolge zur Schülerzahl 35 hinzuzuzählen sind.

Es betrifft das folgende Schüler:

a) Wilhelm Skuballa,
Paweł Kandzia,
Jadwiga Lipkówna,
Bronisława Kampczyk.

Die zuständige Behörde vertritt bezüglich dieser 4 Kinder den Standpunkt, daß die Erziehungsberechtigten ihre Anmeldungen für das Schuljahr 1926-27 zurückgenommen hätten. Der Beschwerdeführer bestreitet irgendwelchen Rückzug der Anmeldungen.

b) Jan Noczyński,
Gertruda Noczyńska.

Die zuständige Behörde erklärte diese Anmeldugen für ungültig, da die Mutter angeblich ohne Ermächtigung ihres in Warszawa wohnenden Ehemannes die Kinder für die Minderheitsschule eingeschrieben hat. Nach der Auffassung des Beschwerdeführers sind diese Anmeldungen gestützt auf § 1685 BGB. zu berücksichtigen.

c) Josef Passoń.

Właściwa władza uznała to zgłoszenie za nieważne, ponieważ dane dziecko przekroczyło już rzekomo obowiązkowy wiek szkolny. Żalący się zaprzecza, że uczeń Pasoń przekroczył z początkiem roku szkolnego 1926-27 obowiązkowy wiek szkolny.

3. Zarządzone przez Prezydenta Komisji Mieszanej uzupełnienia akt i przesłuchy świadków wyjaśniły kwestię, czy w owych 7 spornych przypadkach przy ustaleniu liczby uczniów w roku szkolnym 1926-27 uwzględnić należy wszystkie powyższe dzieci czy tylko część ich.

Do 2 a: Właściwa władza słusznie skreśliła z listy uczniów na rok szkolny 1926-27 ucznia Wilhelma Skuballę. Urząd Spraw Mniejszości wniósł do akt protokolarne oświadczenie uprawnionego do wychowania ojca, datowane z dnia 17 lipca 1926 (akt 43), według którego wymieniony cofa zgłoszenie syna do szkoły mniejszościowej i żąda przyjęcia go do szkoły większościowej polskiej.

Natomiast należy doliczyć dzieci: Kandzię, Kampczykównę i Lipczankę. Uprawnieni do wychowania Kampczyk i Lipka zeznali jako świadkowie przed Prezydentem Komisji Mieszanej, że dzieci ich, które w maju 1926 zostały prawidłowo zgłoszone do szkoły mniejszościowej, do szkoły tej wbrew ich woli nie zostały przyjęte (akt 68—69). Co do dziecka Kandzi kierownik Urzędu Spraw Mniejszości przyznał wyraźnie na rozprawie ustnej z dnia 14 czerwca 1928, że dziecko to niesłusznie wykluczono ze szkoły mniejszościowej, wobec czego przy ustaleniu liczby uczniów należy je uwzględnić.

Do 2 b: P. Noczyńska zeznała jako świadek (akt 70), że w maju 1926 zgłosiła wprawdzie swych dwoje dzieci do szkoły mniejszościowej, lecz wycofała dobrowolnie to zgłoszenie jeszcze przed początkiem roku szkolnego 1926-27. Dzieci Noczyńskiej nie wchodzą zatem w rachubę dla ustalenia liczby uczniów w r. szkoln. 1926-27, wobec czego zbyteczne jest rozpatrywanie kwestii, czy w myśl § 1685 k. c. żona w nieobecności męża uprawniona była do uskutecznienia zgłoszenia.

Do 2 c: Kierownik Urzędu Spraw Mniejszości przyznał na rozprawie ustnej, że zgłoszenie chłopca Józefa Pasonia, ur. dnia 26 marca 1913, niesłusznie unieważniono na rok szkolny 1926-27, ponieważ dany chłopiec podlegał obowiązkowi szkolnemu do dnia 31 marca 1927.

Jak wynika z wywodów pod 2, właściwa władza wliczyła bez zastrzeżeń do liczby uczniów owe dzieci, które z początkiem roku szkol-

Die zuständige Behörde hat diese Anmeldung wegen angeblicher Überschreitung des schulpflichtigen Alters des Kindes für ungültig erklärt. Der Beschwerdeführer bestreitet, daß der Schüler Passoń zu Beginn des Schuljahres 1926-27 das schulpflichtige Alter überschritten habe.

3. Die vom Präsidenten der Gemischten Kommission angeordneten Aktenergänzungen und Zeugeneinvernahmen haben die Frage abgeklärt, ob in den streitigen 7 Fällen die Kinder bei der Festlegung der Schülerzahl im Schuljahr 1926-27 ganz oder zum Teil zu berücksichtigen sind.

ad 2 a: Mit Recht hat die zuständige Behörde den Knaben Wilhelm Skuballa von der Schülerliste für das Schuljahr 1926-27 gestrichen. Das Minderheitsamt hat eine protokollarische Erklärung des erziehungsberechtigten Vaters, dat. 17. Juli 1926 (act. 43), zu den Akten gegeben, laut welcher er die Anmeldung seines Sohnes zur Minderheitsschule zurückzieht und die Aufnahme in die polnische Mehrheitsschule verlangt.

Dagegen müssen die Kinder Kandzia, Kampczyk und Lipkówna mitgezählt werden. Die Erziehungsberechtigten Kampczyk und Lipka haben als Zeugen vor dem Präsidenten der Gemischten Kommission deponiert, daß ihre im Mai 1926 rechtmäßig für die Minderheitsschule angemeldeten Kinder gegen ihren Willen in die Minderheitsschule nicht aufgenommen wurden (act. 68—69). Hinsichtlich des Kindes Kandzia hat der Leiter des Minderheitsamtes in der mündlichen Verhandlung vom 14. Juni 1928 ausdrücklich anerkannt, daß es zu Unrecht vom Besuche der Minderheitsschule ausgeschlossen wurde und daher bei Festlegung der Schülerzahl mitzurechnen sei.

ad 2 b: Die Ehefrau Noczyńska hat als Zeugin ausgesagt (act. 70), daß sie wohl ihre beiden Kinder im Mai 1926 für die Minderheitsschule angemeldet habe, daß sie aber die Anmeldungen noch vor Beginn des Schuljahres 1926-27 aus freier Entschließung zurückgezogen habe. Es kommen daher die Kinder Noczyński für die Schülerzahl im Schuljahr 1926-27 nicht in Betracht und es erübrigt sich, auf die Frage einzutreten, ob die Ehefrau in Abwesenheit ihres Ehemannes gemäß § 1685 berechtigt war, ihre Kinder für die Minderheitsschule einzuschreiben.

ad 2 c: Der Leiter des Minderheitsamtes hat in der mündlichen Verhandlung anerkannt, daß die Anmeldung des am 16. März 1913 geborenen Knaben Josef Passoń für das Schuljahr 1926-27 zu Unrecht als ungültig erklärt wurde, da er bis zum 31. März 1927 schulpflichtig war.

Wie aus den Ausführungen sub 2 hervorgeht, hat die zuständige Behörde ohne weiteres diejenigen Kinder, die zu Beginn des Schuljahres

nego zostały wykluczone z powodu nieprzynależności do mniejszości, które jednak następnie zdały egzamin językowy, przewidziany rezolucją Rady Ligi Narodów z dnia 12 marca 1927. Na drugiej rozprawie ustnej, z okazji oceny wyniku postępowania dowodowego, żałący się wyraził zapatrywanie, że należy doliczyć także te dzieci, które nie zdały egzaminu językowego, ponieważ w myśl rezolucji z dnia 12 marca 1927 władze winny były wykluczone dzieci dopuścić do szkoły mniejszościowej bezzwłocznie, tzn. jeszcze w ciągu roku szkolnego 1926-27.

Prezydent Komisji Mieszanej nie może się przychylić do tego zapatrywania. Co do dzieci, które wykluczono z początkiem roku szkolnego, rezolucja genewska uznała prawo uczęszczania do szkoły mniejszościowej na rok szkolny 1926-27 jedynie pod warunkiem, że dzieci te wypełnią wymogi co do znajomości języka niemieckiego. Tego nie zmienia wcale fakt, że w marcu 1927 zarządzono bezzwłoczne dopuszczenie wykluczonych dzieci do szkoły mniejszościowej. Zarządzenie to oparte było jedynie na zasadzie, że nie wolno wykluczać dzieci przed stwierdzeniem powodu wykluczenia, tj. przed stwierdzeniem niedostatecznej znajomości języka niemieckiego. Kwestia zaś prawa uczęszczania do szkoły mniejszościowej została przez egzaminy językowe rozstrzygnięta na cały rok szkolny.

Na podstawie powyższych faktów i rozważań liczba dzieci, które w roku szkolnym 1926-27 uczęszczały do szkoły mniejszościowej w Koszęcinie lub które wykluczono niesłusznie z uczęszczania do tej szkoły, wynosiła: 35 plus 3 plus 1 razem 39.

Ponieważ zatem liczba uczniów w trzech następujących po sobie latach szkolnych nie osiągnęła liczby 40, właściwa władza była uprawniona zwinąć szkołę z końcem roku szkolnego 1926-27. Zażalenie należy zatem oddalić jako nieuzasadnione.

II

Po naradzie w łonie Komisji Mieszanej Prezydent Komisji Mieszanej na mocy powyższych rozważań dochodzi do

p o g l ą d u:

Zażalenie oddala się jako nieuzasadnione.

wegen Nichtzugehörigkeit zur Minderheit ausgeschlossen wurden, in der Folge aber die durch die Resolution des Völkerbundsrates vom 12. März 1927 vorgesehenen Sprachprüfungen bestanden haben, zur Schülerzahl miteingerechnet. In der zweiten mündlichen Verhandlung, anläßlich der Würdigung des Beweisergebnisses, hat der Beschwerdeführer die Ansicht geäußert, daß auch diejenigen Kinder, die die Sprachprüfungen nicht bestanden haben, mitzuzählen seien, da die Behörden nach der Resolution vom 12. März 1927 verpflichtet gewesen wären, die ausgeschlossenen Kinder unverzüglich, d. h. noch im Laufe des Schuljahres 1926-27 zum Besuch der Minderheitsschule zuzulassen.

Dieser Auffassung kann der Präsident der Gemischten Kommission nicht beipflichten; die Genfer Resolution hat für das Schuljahr 1926-27 bezüglich der zu Beginn des Schuljahres ausgeschlossenen Kinder das Recht auf Beschulung in der Minderheitsschule nur insofern anerkannt, als sie die Anforderungen betreffend deutsche Sprachkenntnisse erfüllten. Daran ändert nichts, daß im März 1927 die unverzügliche Zulassung der ausgeschlossenen Kinder zur Minderheitsschule angeordnet wurde. Diese Maßnahme beruhte lediglich auf dem Grundsatz, daß der Ausschluß nicht erfolgen dürfe, bevor der Ausschlußgrund — mangelhafte Kenntnisse der deutschen Sprache — nicht festgestellt sei. Aber die Frage, ob der Besuch der Minderheitsschule berechtigt sei, wurde für das ganze Schuljahr durch die Sprachprüfung entschieden.

Gestützt auf diese Tatsachen und Erwägungen betrug die Zahl der im Schuljahr 1926-27 die Minderheitsschule Koszęcin besuchenden, bzw. der zu Unrecht vom Besuch der Schule ausgeschlossenen Kinder: 35 plus 3 plus 1 total 39.

Da somit die Schülerzahl in drei aufeinanderfolgenden Jahren hinter der Zahl 40 zurückblieb, war die zuständige Behörde berechtigt, die Schule am Ende des Schuljahres 1926-27 aufzuheben. Es ist daher die Beschwerde als unbegründet abzuweisen.

II

Nach stattgehabter Beratung im Schoße der Gemischten Kommission gelangt der Präsident der Gemischten Kommission, gestützt auf die vorstehenden Erwägungen, zur

Stellungnahme:

Die Beschwerde wird als unbegründet abgewiesen.

74

Pogląd

z dnia 12 lipca 1928 w sprawie nr 226 Niemieckiego Związku Ludowego na Śląsk Polski dla strzeżenia praw mniejszości, zw. zap., żalącego się, w Katowicach, ul. Młyńska 23, dotyczącej agitacji przeciwko szkole mniejszościowej w Gierałtowicach (Górny Śląsk Polski).

I

1. Z powodu agitacji przeciwko szkole mniejszościowej w Gierałtowicach Niemiecki Związek Ludowy wniósł dnia 22 kwietnia 1926 (akt 2) w myśl art. 149 i n. Konwencji Genewskiej zażalenie do Polskiego Urzędu Spraw Mniejszości w Katowicach. Dnia 28 maja 1926 (akt 1) Urząd Spraw Mniejszości przekazał to zażalenie wraz z uwagami w myśl art. 152 Konwencji Genewskiej Prezydentowi Komisji Mieszanej. Następnie odbyła się wymiana pism, przewidziana w regulaminie postępowania Komisji Mieszanej. Dnia 3 grudnia 1927 Prezydent Komisji Mieszanej przesłuchał świadków, a na rozprawie ustnej, która odbyła się w związku z tymi przesłuchami, zastępca Urzędu Spraw Mniejszości i żalący się mieli sposobność przedstawić dalsze wywody faktyczne i prawne.

2. Dnia 30 listopada 1925 przedłożono Województwu zbiorowy wniosek o utworzenie szkoły mniejszościowej w Gierałtowicach. Wniosek ten dotyczył 44 dzieci. Zbieraniem wniosków zajął się uprawniony do wychowania Franciszek Scholz. Petent żali się na to, że wnioski o utworzenie szkoły mniejszościowej i zbieranie tych wniosków pociągnęły za sobą niedopuszczalne zarządzenia władz. Punktem zasadniczym zażalenia jest postępowanie naczelnika Urzędu Okręgowego Wilczka, wobec czego tylko ten stan faktyczny stanowić będzie przedmiot rozpatrywania.

Naczelnikowi Urzędu Okręgowego Wilczkowi zarzuca się następujące postępowanie (akt 12): Ema Bugielowa i Paulina Musiołowa chciały dnia 3 grudnia 1925 podjąć zasiłek bezrobotnych dla swych mężów. Naczelnik Urzędu Okręgowego miał przy tej okazji zapytać obu kobiet, czy one lub ich mężowie wycofali wnioski o utworzenie szkoły mniejszościowej. Gdy wymienione kobiety temu zaprzeczyły, miał naczelnik Urzędu Okręgowego zapytać dalej, dlaczego mężowie nie przyszli osobiście; on nie może wypłacić im — kobietom — zasiłku bezrobotnych, mężowie mają przyjść sami. Mniej więcej po upływie tygodnia wypłacono potem mężom wymienionych kobiet za-

74

Stellungnahme

vom 12. Juli 1928 in der Sache Nr. 226 des Deutsch-Oberschlesischen Volksbundes für Polnisch-Schlesien zur Wahrung der Minderheitsrechte, eingetragener Verein, Beschwerdeführer, in Katowice, ulica Młyńska 23, betreffend Agitation gegen die Minderheitsschule in Gierałtowice (Polnisch-Oberschlesien).

I

1. Am 22. April 1926 (act. 2) erhob der Deutsche Volksbund im Sinne von Art. 149 ff. der Genfer Konvention Beschwerde wegen Agitation gegen die Minderheitsschule in Gierałtowice beim Polnischen Minderheitsamt in Katowice. Das Minderheitsamt überwies am 28. Mai 1926 (act. 1) die Beschwerde mit seinen Bemerkungen im Sinne von Art. 152 der Genfer Konvention an den Präsidenten der Gemischten Kommission. Es fand hierauf der in der Verfahrensordnung der Gemischten Kommission vorgesehene Schriftenwechsel statt. Am 3. Dezember 1927 wurden vom Präsidenten der Gemischten Kommission Zeugen einvernommen, und in der daran anschließenden mündlichen Verhandlung hatten der Vertreter des Minderheitsamtes und der Beschwerdeführer Gelegenheit, weitere Ausführungen in tatsächlicher und rechtlicher Beziehung vorzutragen.

2. Am 30. November 1925 wurde der Wojewodschaft ein Sammelantrag für 44 Kinder auf Errichtung einer Minderheitsschule in Gierałtowice übergeben. Das Sammeln der Anträge hatte der Erziehungsberechtigte Franz Scholz übernommen. Der Beschwerdeführer beschwert sich darüber, daß die Anträge zur Schaffung der Minderheitsschule und das Sammeln dieser Anträge unzulässige behördliche Maßnahmen nach sich gezogen haben. Als wesentlicher Punkt der Beschwerde erscheint das Vorgehen von Amtsvorsteher Wilczek, und es wird daher nur auf diesen Tatbestand eingetreten.

Dem Amtsvorsteher Wilczek wird folgendes Verhalten zur Last gelegt (act. 12): Die Ehefrau Emma Bugiel und Pauline Musiol hatten am 3. Dezember 1925 für ihre Ehemänner die Arbeitslosenunterstützung abholen wollen. Der Amtsvorsteher habe beide Frauen gefragt, ob sie, resp. ihre Ehemänner die Anträge für die Minderheitsschule zurückgezogen hätten; als sie dies verneint hatten, habe der Amtsvorsteher weiter gefragt, weshalb ihre Ehemänner nicht selbst gekommen seien; er könne die Arbeitslosenunterstützung nicht auszahlen, die Ehemänner sollten selbst kommen. Den Ehemännern wurde dann ungefähr eine Woche später die Arbeitslosenunterstützung ausgezahlt. Der Beschwerdeführer weist darauf hin, daß

siłek bezrobotnych. Żałący się wskazuje na to, że dotychczas obie kobiety przychodziły kilkakrotnie po zasiłki bezrobotnych dla swych mężów i zasiłki te zawsze im wypłacano.

W uwagach (akt 4) Urząd Spraw Mniejszości jedynie stwierdził, że dotycznym osobom zasiłek bezrobotnych wypłacono, nie wypowiedział się jednak do kwestii, czy naczelnik Urzędu Okręgowego Wilczek wywierał na uprawnionych do wychowania nacisk celem wycofania wniosków szkolnych.

3. Postępowanie naczelnika Urzędu Okręgowego wyjaśniają zeznania świadków. Pani Ema Bugielowa (akt 63—64) zeznała m. in.: „Gdy zgłosiłam się po zasiłek bezrobotnych, naczelnik Urzędu Okręgowego Wilczek zapytał mnie, czy wycofaliśmy wniosek o utworzenie szkoły mniejszościowej, na co mu odpowiedziałam, że nie. Na to odparł pan Wilczek, że takim ludziom nie może wypłacać zasiłków. Wtenczas pieniędzy nie otrzymałam. Dopiero po tygodniu poszedł po pieniądze mój mąż, zabrawszy ze sobą sfingowane oświadczenie cofnięcia wniosku." Józef Putz (akt 66) zeznał m. in.: „Naczelnik Urzędu Okręgowego Wilczek powiedział, że mnie nie można wypłacać zapomogi, i zapytał mnie, czy chcę wycofać wniosek o utworzenie szkoły mniejszościowej; on, jako urzędnik polski, nie może wypłacać pieniędzy obcym ludziom. W końcu zasiłek przecież mi wypłacono i przy późniejszych wypłatach o wnioskach szkolnych już więcej nie wspominano." Franciszek Scholz (akt 65) zeznał jako świadek: „Wobec tych, którzy zgłosili wnioski o utworzenie szkoły mniejszościowej, naczelnik Urzędu Okręgowego Wilczek wyraził się w ten sposób, że ani grosza nie wypłaci takim ludziom, którzy pracują dla Niemiec, a żrą polski chleb". Wreszcie także p. Musiołowa potwierdziła (akt 67—68), że naczelnik Urzędu Okręgowego Wilczek zapytał jej, czy „wycofali wniosek o utworzenie szkoły niemieckiej".

Jest zatem ustalone, że naczelnik Urzędu Okręgowego Wilczek wywierał nacisk na osoby mniejszościowe, grożąc im niewypłaceniem zasiłku bezrobotnych w razie niewycofania wniosków o utworzenie szkoły mniejszościowej. Zachodzi zatem naruszenie art. 131 ust. 2 Konwencji Genewskiej. Wprawdzie w art. 131 jest jedynie mowa o władzach szkolnych, lecz jest rzeczą oczywistą, że także inne władze lub inni urzędnicy nie mogą mieć prawa wywierania wpływu lub nacisku, skoro to zakazane jest władzom szkolnym. (Zobacz okólnik Wojewody z dnia 1 września 1923; następnie pogląd nr 241 w sprawie agitacji przeciwko szkole mniejszościowej w Godowie.) Lecz postępowanie wymienionego urzędnika nie da się też pogodzić z zasadą rów-

bisher beide Frauen wiederholt für ihre Ehemänner die Arbeitslosenunterstützung abgeholt und ausbezahlt erhalten hätten.

In seinen Bemerkungen (act. 4) stellte das Minderheitsamt lediglich fest, daß die in Frage kommenden Personen die Arbeitslosenunterstützung empfangen hätten, ohne sich dazu zu äußern, ob Amtsvorsteher Wilczek auf die Erziehungsberechtigten einen Druck auf Rückzug der Schulanträge ausgeübt habe oder nicht.

3. Die Zeugendepositionen geben Aufschluß über das Verhalten des Amtsvorstehers. Frau Emma Bugiel (act. 63—64) sagte u. a. aus: »Als ich die Arbeitslosenunterstützung abholen wollte, sagte Amtsvorsteher Wilczek zu mir, ob wir den Antrag auf Errichtung einer Minderheitsschule zurückgezogen haben, worauf ich ihm antwortete: nein. Herr Wilczek sagte mir jetzt, daß er solchen Leuten die Unterstützungen nicht auszahlen könne. Ich habe damals kein Geld bekommen. Erst nach einer Woche holte mein Mann das Geld ab und nahm eine fingierte Rückzugserklärung mit sich.« Josef Putz (act. 66) deponierte unter anderem: »Amtsvorsteher Wilczek sagte, an mich könne die Unterstützung nicht ausgezahlt werden, und fragte, ob ich den Antrag auf Errichtung einer Minderheitsschule nicht zurücknehmen wolle; er könne als polnischer Beamter kein Geld an fremde Leute auszahlen. Zum Schluß wurde mir die Unterstützung dann doch ausbezahlt und bei den späteren Auszahlungen wurden die Schulanträge nicht mehr erwähnt.« Franz Scholz (act. 65) äußerte sich als Zeuge dahin: »Zu denjenigen, die Anträge auf Errichtung einer Minderheitsschule gestellt hatten, sagte Amtsvorsteher Wilczek, daß er keinen Groschen auszahle an solche, die für Deutschland arbeiten und polnisches Brot fressen.« Schließlich bestätigte auch Frau Musiol (act. 67—68), daß sie Amtsvorsteher Wilczek gefragt habe, ob »sie den Antrag auf Errichtung einer deutschen Schule zurückgezogen hätten.«

Es steht somit fest, daß Amtsvorsteher Wilczek auf Minderheitsangehörige einen Druck ausgeübt hat, indem er ihnen mit Nichtauszahlung der Arbeitslosenunterstützung drohte, sofern sie die Anträge auf Errichtung einer Minderheitsschule nicht zurückziehen würden. Es liegt eine Verletzung des Art. 131, Abs. 2 der Genfer Konvention vor. Allerdings spricht Art. 131 nur von den Schulbehörden, aber es liegt in der Natur der Sache, daß auch andere Behörden oder Beamten kein Recht haben können, eine Beeinflussung oder Einschüchterung auszuüben, die den Schulbehörden untersagt ist. (Siehe Rundschreiben des Wojewoden vom 1. September 1923; ferner die Stellungnahme Nr. 241 betreffend Agitation gegen die Minderheitsschule Godów.) Das Verhalten des Beamten

nego traktowania (art. 75 Konwencji Genewskiej). Nie potrzeba dalszych wywodów na to, że w podobnych warunkach naczelnik Urzędu Okręgowego Wilczek nigdy nie byłby groził ujemnymi skutkami gospodarczymi osobom, które zgłosiły dzieci do szkoły polskiej. (W sprawie nierównego traktowania zobacz orzecznictwo Prezydenta Komisji Mieszanej m. in. w następujących poglądach: nr 196, dotyczący nierównego traktowania przez starszego żandarma Parzyka; nr 102, dotyczący odmówienia wdrożenia postępowania karnego celem wyśledzenia autorów i kolporterów plakatu, zagrażającego bezpieczeństwu mniejszości polskiej przy wykonywaniu prawa wyborczego; nr 169, dotyczący aresztowania Drozdowskiego przez policję niemiecką; nr 202, dotyczący nierównego traktowania przez zażądanie spisu członków; nr 267, dotyczący aresztowania nauczyciela Krzoski.)

Uchybienie naczelnika Urzędu Okręgowego Wilczka jest tym cięższe, że przy wywieraniu niedopuszczalnego nacisku na uprawnionych do wychowania, którzy byli wówczas bezrobotni, wykorzystał, nadużywając swej władzy, ich ciężkie warunki materialne.

II

Po naradzie w łonie Komisji Mieszanej Prezydent Komisji Mieszanej na mocy powyższych rozważań dochodzi do

poglądu:

Naczelnik Urzędu Okręgowego Wilczek naruszył art. 131 ust. 2 i art. 75 Konwencji Genewskiej. Właściwą władzę wzywa się, aby winnego urzędnika w odpowiedni sposób pociągnęła do odpowiedzialności.

75

Pogląd

z dnia 19 lipca 1928 w sprawie nr 289 Niemieckiego Związku Ludowego na Śląsk Polski dla strzeżenia praw mniejszości, zw. zap., żalącego się, w Katowicach, ulica Młyńska 23, dotyczącej nieutworzenia szkoły mniejszościowej w Gołkowicach (Górny Śląsk Polski).

I

1. Z powodu nieutworzenia ewangelickiej szkoły w Gołkowicach żalący się wniósł dnia 19 sierpnia 1926 (akt 2) w myśl art. 149 i n.

ist aber auch unvereinbar mit dem Grundsatz der gleichen Behandlung (Art. 75 der Genfer Konvention.) Es ist ohne weiteres klar, daß es Amtsvorsteher Wilczek nicht eingefallen wäre, bei analoger Sachlage, denjenigen Personen, welche ihre Kinder für die polnische Schule angemeldet haben, Nachteile finanzieller Natur in Aussicht zu stellen. (Siehe über ungleiche Behandlung, Praxis des Präsidenten der Gemischten Kommission, u. a. folgende Stellungnahmen: Nr. 196 betreffend unterschiedliche Behandlung durch den Oberlandjäger Parzyk; Nr. 102 betreffend Verweigerung der Einleitung eines Strafverfahrens zur Ermittlung der Urheber und Verbreiter eines die polnische Minderheit in der Ausübung ihres Wahlrechtes bedrohenden Plakates; Nr. 169 betreffend Verhaftung des Drozdowski durch die deutsche Polizei; Nr. 202 betreffend unterschiedliche Behandlung durch Einverlangen eines Mitgliederverzeichnisses; Nr. 267 betreffend Festnahme von Lehrer Krzoska.)

Die Verfehlung ist um so schwerer, als Amtsvorsteher Wilczek bei seinen unzulässigen Beeinflussungsversuchen die Notlage der zur Zeit arbeitslosen Erziehungsberechtigten in mißbräuchlicher Ausübung seines Amtes ausnützte.

II

Nach stattgehabter Beratung im Schoße der Gemischten Kommission gelangt der Präsident der Gemischten Kommission, gestützt auf die vorstehenden Erwägungen, zur

Stellungnahme:

Amtsvorsteher Wilczek hat Art. 131, Abs. 2 und Art. 75 der Genfer Konvention zuwidergehandelt; die zuständige Behörde wird ersucht, den fehlbaren Beamten in angemessener Weise zur Verantwortung zu ziehen.

75

Stellungnahme

vom 19. Juli 1928 in der Sache Nr. 289 des Deutsch-Oberschlesischen Volksbundes für Polnisch-Schlesien zur Wahrung der Minderheitsrechte, eingetragener Verein, Beschwerdeführer, in Katowice, ulica Młyńska 23, betreffend Nichterrichtung der Minderheitsschule in Gołkowice (Polnisch-Oberschlesien).

I

1. Am 19. August 1926 (act. 2) erhob der Beschwerdeführer im Sinne von Art. 149 ff. der Genfer Konvention Beschwerde beim Polnischen

Konwencji Genewskiej zażalenie do Polskiego Urzędu Spraw Mniejszości w Katowicach. Urząd Spraw Mniejszości przekazał to zażalenie dnia 8 marca 1927 (akt 1) Prezydentowi Komisji Mieszanej i załączył odpis pisma z dnia 17 lutego 1927, skierowanego do żalącego się (akt 5). Na rozprawie ustnej z dnia 16 lipca 1927 zastępca Urzędu Spraw Mniejszości i żalący się mieli sposobność przedstawić dalsze wywody faktyczne i prawne.

2. Jak wynika z pisma Urzędu Spraw Mniejszości z dnia 17 lutego 1927 (akt 5), właściwa władza przesłuchała dnia 18 grudnia 1926 tych 23 uprawnionych do wychowania, którzy dla 42 dzieci żądali otwarcia szkoły mniejszościowej w Gołkowicach. Ponieważ uprawnieni do wychowania oświadczyli, że dzieci ich nie należą do mniejszości, Województwo szkoły nie otworzyło. Na rozprawie ustnej kierownik Urzędu Spraw Mniejszości potwierdził, że z powodu nieprzynależności dzieci do mniejszości wszystkie wnioski unieważniono.

Rada Ligi Narodów rozpatrywała na posiedzeniach z dnia 5 i 9 czerwca 1928 analogiczne przypadki, co do których Związek Ludowy skorzystał z prawa wniesienia odwołania (zażalenia w sprawie nieutworzenia szkół mniejszościowych w Biertułtowach, Starej Wsi, Gierałtowicach).

Wychodząc z założenia, że rozwiązanie tych kwestij spornych winno się opierać na wyroku Trybunału Sprawiedliwości Międzynarodowej w Hadze z dnia 26 kwietnia 1928, Rada Ligi Narodów powzięła na posiedzeniu z dnia 9 czerwca 1928 następującą rezolucję:

I

„Le Conseil décide qu'à l'avenir les déclarations concernant la langue des enfants, formulées par les personnes responsables de leur éducation conformément aux articles 106 et 131 de la Convention du 15 mai 1922 relative à la Haute-Silésie devront être réglées par les trois principes suivants:

1. Toute personne formulant une demande, soit en vue de la création d'une école de minorité, soit en vue de l'admission d'un enfant dans une école déjà existante, doit déclarer selon sa conscience et sous sa responsabilité quelle est la langue de l'enfant de l'éducation duquel elle est légalement responsable, cette déclaration devant porter sur ce que son auteur estime être la situation de fait concernant le point en question. Il doit être entendu que cette liberté de déclarer quelle est la langue d'un enfant, tout en comportant,

Minderheitsamt in Katowice wegen Nichterrichtung der evangelischen Minderheitsschule in Gołkowice. Das Minderheitsamt überwies die Beschwerde am 8. März 1927 (act. 1) an den Präsidenten der Gemischten Kommission und legte in Abschrift ein an den Beschwerdeführer gerichtetes Schreiben, datiert 17. Februar 1927 (act. 5), bei. In der mündlichen Verhandlung vom 16. Juli 1927 hatten der Vertreter des Minderheitsamtes und der Beschwerdeführer Gelegenheit, weitere Ausführungen in tatsächlicher und rechtlicher Beziehung vorzutragen.

2. Wie aus dem Schreiben des Minderheitsamtes vom 17. Februar 1927 (act. 5) hervorgeht, hat die zuständige Behörde die 23 Erziehungsberechtigten, die für 42 Kinder die Eröffnung einer Minderheitsschule in Gołkowice verlangten, am 18. Dezember 1926 einer Einvernahme unterzogen; da die Erziehungsberechtigten erklärten, daß ihre Kinder nicht der Minderheit angehören, hat die Wojewodschaft die Schule nicht eröffnet, und in der mündlichen Verhandlung bestätigte der Leiter des Minderheitsamtes, daß sämtliche Anträge wegen Nichtzugehörigkeit der Kinder zur Minderheit für ungültig erklärt worden seien.

Dem Völkerbundsrat haben in seinen Sitzungen vom 5. und 9. Juni 1928 analoge Fälle, bezüglich welcher der Volksbund von seinem Appellationsrecht Gebrauch gemacht hatte (Beschwerden betreffend Nichterrichtung der Minderheitsschulen Biertułtowy, Stara-Wieś, Gierałtowice) zur Entscheidung vorgelegen.

Davon ausgehend, daß sich die Lösung dieser Streitfragen auf dem Urteil des Haager Internationalen Gerichtshofes vom 26. April 1928 aufbauen müsse, hat der Völkerbundsrat in seiner Sitzung vom 9. Juni 1928 folgende Resolution gefaßt:

I

„Le Conseil décide qu'à l'avenir les déclarations concernant la langue des enfants, formulées par les personnes responsables de leur éducation conformément aux articles 106 et 131 de la Convention du 15 mai 1922 relative à la Haute-Silésie devront être réglées par les trois principes suivants:

1. Toute personne formulant une demande, soit en vue de la création d'une école de minorité, soit en vue de l'admission d'un enfant dans une école déjà existante, doit déclarer selon sa conscience et sous sa responsabilité quelle est la langue de l'enfant de l'éducation duquel elle est légalement responsable, cette déclaration devant porter sur ce que son auteur estime être la situation de fait concernant le point en question. Il doit être entendu que cette liberté de déclarer quelle est la langue d'un enfant, tout en comportant,

le cas échéant, une certaine latitude d'appréciation des circonstances, ne constitue pas une faculté illimitée de choisir la langue dans laquelle l'enseignement doit être donné et l'école qui y correspond.

2. Le Gouvernement polonais est justifié de ne pas admettre aux écoles minoritaires les enfants dont la langue, d'après la déclaration des personnes responsables, n'est que la langue polonaise ou pour lesquels manque la déclaration relative à la langue de l'enfant.

3. Les autorités polonaises ne pourront soumettre les déclarations des personnes responsables de l'éducation des enfants relativement à leur langue à aucune vérification, contestation, pression ou entrave, sous quelque forme que ce soit."

II

„Le Conseil invite le Gouvernement polonais à faire savoir aux personnes ayant formulé les soixante-deux déclarations qui n'ont pas été admises parce que, conformément à l'affirmation du Gouvernement polonais, les enfants y visés n'appartenaient pas à la minorité, qu'elles pourraient, présenter de nouvelles demandes en vue de la création de l'école minoritaire de Biertułtowy. Aux nouvelles déclarations concernant la langue des enfants qui accompagneraient la demande de création de l'école devront s'appliquer les trois principes énoncés ci-dessus."

III

„Le Conseil rappelle que les difficultés qui se sont produites en cette matière (difficultés communes à plusieurs des questions dont le Conseil a été dernièrement saisi), sont dues au fait qu'un nombre considérable de personnes responsables de l'éducation d'enfants qui ne connaissaient pas la langue de la minorité demandaient pourtant l'admission de ces enfants dans les écoles minoritaires. A ce propos, le Conseil se réfère à l'avis exprimé dans sa résolution du 12 mars 1927, qu'il ne convient pas d'admettre aux écoles minoritaires les enfants qui ne parlent que le polonais. Le Conseil a le ferme espoir qu'une fois que le Gouvernement polonais aura établi les formulaires servant aux déclarations verbales ou écrites sur la langue de l'enfant de manière à éviter tout malentendu possible quant au caractère objectif de ces déclarations, tel qu'il résulte de ce qui est dit au numéro I ci-dessus, des difficultés de la nature de celles qui se sont produites jusqu'à présent ne se reproduiront plus, et que le fonctionnement normal des écoles minoritaires, au point

le cas échéant, une certaine latitude d'appréciation des circonstances, ne constitue pas une faculté illimitée de choisir la langue dans laquelle l'enseignement doit être donné et l'école qui y correspond.

2. Le Gouvernement polonais est justifié de ne pas admettre aux écoles minoritaires les enfants dont la langue, d'après la déclaration des personnes responsables, n'est que la langue polonaise ou pour lesquels manque la déclaration relative à la langue de l'enfant.

3. Les autorités polonaises ne pourront soumettre les déclarations des personnes responsables de l'éducation des enfants relativement à leur langue à aucune vérification, contestation, pression ou entrave, sous quelque forme que ce soit."

II

„Le Conseil invite le Gouvernement polonais à faire savoir aux personnes ayant formulé les soixante-deux déclarations qui n'ont pas été admises parce que, conformément à l'affirmation du Gouvernement polonais, les enfants y visés n'appartenaient pas à la minorité, qu'elles pourraient, présenter de nouvelles demandes en vue de la création de l'école minoritaire de Biertułtowy. Aux nouvelles déclarations concernant la langue des enfants qui accompagneraient la demande de création de l'école devront s'appliquer les trois principes énoncés ci-dessus."

III

„Le Conseil rappelle que les difficultés qui se sont produites en cette matière (difficultés communes à plusieurs des questions dont le Conseil a été dernièrement saisi), sont dues au fait qu'un nombre considérable de personnes responsables de l'éducation d'enfants qui ne connaissaient pas la langue de la minorité demandaient pourtant l'admission de ces enfants dans les écoles minoritaires. A ce propos, le Conseil se réfère à l'avis exprimé dans sa résolution du 12 mars 1927, qu'il ne convient pas d'admettre aux écoles minoritaires les enfants qui ne parlent que le polonais. Le Conseil a le ferme espoir qu'une fois que le Gouvernement polonais aura établi les formulaires servant aux déclarations verbales ou écrites sur la langue de l'enfant de manière à éviter tout malentendu possible quant au caractère objectif de ces déclarations, tel qu'il résulte de ce qui est dit au numéro I ci-dessus, des difficultés de la nature de celles qui se sont produites jusqu'à présent ne se reproduiront plus, et que le fonctionnement normal des écoles minoritaires, au point

de vue pédagogique, sur lequel doivent veiller les autorités polonaises sera ainsi assuré."

IV

„Le Conseil est également saisi de deux autres appels du „Deutscher Volksbund" concernant respectivement la fermeture des écoles de minorité à Stara-Wieś et à Gierałtowice (voir documents C. 231. 1928 I et C. 229. 1928 I). La création de l'école de Stara-Wieś fut demandée pour cinquante-deux enfants par les personnes responsables de leur éducation; mais, d'après le Gouvernement, pour vingt-deux de ces enfants, les personnes responsables de leur éducation déclarèrent „que la langue véhiculaire" de ces enfants était le polonais. En ce qui concerne l'école de Gierałtowice, cette même déclaration fut formulée, d'après le Gouvernement, pour trente-huit enfants sur les quarante-quatre pour lesquels la création de l'école avait été demandée.

Le Conseil décide que la présente résolution sera également applicable aux cas des écoles de Stara-Wieś et de Gierałtowice."

W myśl powyższej uchwały Rady Ligi Narodów Prezydent Komisji Mieszanej po naradzie w łonie Komisji Mieszanej dochodzi do

poglądu:

Właściwe władze wzywa się, aby zawiadomiły tych uprawnionych do wychowania, których wnioski dla 42 dzieci o utworzenie szkoły mniejszościowej w Gołkowicach zostały unieważnione z powodu nieprzynależności dzieci do mniejszości językowej, że mogą swe wnioski przedstawić ponownie. W sprawie oświadczeń co do języka dzieci obowiązują zasady przytoczone powyżej w brzmieniu oryginalnym rezolucji Rady Ligi Narodów.

76

Pogląd

z dnia 23 lipca 1928 w sprawie nr 327 Niemieckiego Związku Ludowego na Śląsk Polski dla strzeżenia praw mniejszości, zw. zap., żalącego się, w Katowicach, ul. Młyńska 23, dotyczącej zwinięcia klasy VII liceum mniejszościowego w Królewskiej Hucie (Górny Śląsk Polski).

de vue pédagogique, sur lequel doivent veiller les autorités polonaises sera ainsi assuré."

IV

„Le Conseil est également saisi de deux autres appels du „Deutscher Volksbund" concernant respectivement la fermeture des écoles de minorité à Stara-Wieś et à Gierałtowice (voir documents C. 231. 1928 I et C. 229. 1928 I). La création de l'école de Stara-Wieś fut demandée pour cinquante-deux enfants par les personnes responsables de leur éducation; mais, d'après le Gouvernement, pour vingt-deux de ces enfants, les personnes responsables de leur éducation déclarèrent „que la langue véhiculaire" de ces enfants était le polonais. En ce qui concerne l'école de Gierałtowice, cette même déclaration fut formulée, d'après le Gouvernement, pour trente-huit enfants sur les quarante-quatre pour lesquels la création de l'école avait été demandée.

Le Conseil décide que la présente résolution sera également applicable aux cas des écoles de Stara-Wieś et de Gierałtowice."

Im Sinne dieses Völkerbundsratsbeschlusses gelangt der Präsident der Gemischten Kommission nach stattgehabter Beratung im Schoße der Gemischten Kommission zur

Stellungnahme:

Die zuständigen Behörden werden ersucht, den Erziehungsberechtigten, deren Anträge für 42 Kinder auf Errichtung einer Minderheitsschule in Gołkowice wegen Nichtzugehörigkeit der Kinder zur sprachlichen Minderheit für ungültig erklärt wurden, zur Kenntnis zu bringen, daß sie ihre Anträge wiederholen können. Für die Erklärungen betreffend die Sprache der Kinder sind die weiter oben im Originaltext der Resolution des Völkerbundsrates angeführten Prinzipien maßgebend.

76

Stellungnahme

vom 23. Juli 1928 in der Sache Nr. 327 des Deutsch-Oberschlesischen Volksbundes für Polnisch-Schlesien zur Wahrung der Minderheitsrechte, eingetragener Verein, Beschwerdeführer, in Katowice, ulica Młyńska 23, betreffend Schließung der Klasse VII des Minderheitslyzeums in Królewska-Huta (Polnisch-Oberschlesien).

I

1. Dnia 24 października 1927 (akt 2) wniósł Niemiecki Związek Ludowy w myśl art. 149 i n. Konwencji Genewskiej zażalenie do Polskiego Urzędu Spraw Mniejszości w Katowicach. Urząd Spraw Mniejszości przekazał to zażalenie dnia 29 listopada 1927 (akt 1) wraz z uwagami w myśl art. 152 Konwencji Genewskiej Prezydentowi Komisji Mieszanej. Następnie odbyła się wymiana pism, przewidziana w regulaminie postępowania Komisji Mieszanej. Na rozprawie ustnej z dnia 3 lipca 1928 zastępca Urzędu Spraw Mniejszości i żalący się mieli sposobność przedstawić dalsze wywody faktyczne i prawne.

2. Niemiecki Związek Ludowy żali się na to, że z początkiem roku szkolnego 1927-28 nie uruchomiono klasy VII liceum mniejszościowego w Królewskiej Hucie, jakkolwiek 32 dzieci, które uczęszczały do klasy VI, otrzymało z końcem roku szkolnego 1926-27 promocję do klasy VII. Urząd Spraw Mniejszości uzasadnia zwinięcie klasy VII tym, że w trzech następujących po sobie latach szkolnych liczba uczniów nie osiągnęła liczby minimalnej, przewidzianej w art. 122 ust. 1 w związku z art. 118 § 1 ust. 2 Konwencji Genewskiej.

3. Argumentacja Urzędu Spraw Mniejszości opiera się na przypuszczeniu, że dana instytucja szkolna w Królewskiej Hucie nie jest szkołą w myśl art. 118 § 1 ust. 1, lecz że istnieją jedynie klasy mniejszościowe w myśl ust. 2 wspomnianego postanowienia. Żalący się zaś zajmował od samego początku stanowisko — zobacz zażalenie nr 175 w sprawie liceum mniejszościowego w Królewskiej Hucie — że dopełnione są warunki, ustanowione przez Konwencję dla utworzenia szkoły.

Aby móc rozstrzygnąć kwestię sporną, która jest przedmiotem niniejszego postępowania zażaleniowego, Prezydent Komisji Mieszanej musi rozpatrzyć kwestię zasadniczą, czy chodzi o szkołę czy o klasy.

Według akt zażalenia nr 175 zgłoszono w roku 1923 przeszło 400 wniosków o utworzenie liceum mniejszościowego w Królewskiej Hucie. Właściwa władza nie tylko nie zaprzeczyła dotycznym twierdzeniom żalącego się, lecz ówczesny rektor Schirmeisen potwierdził wyraźnie z okazji przesłuchania go przez Prezydenta Komisji Mieszanej, że liczba zgłoszonych wniosków przekroczyła liczbę 400. Właściwa władza unieważniła jednak część wniosków i za ważne uznała mniej aniżeli 300 wniosków; w ten sposób doszła ona do wniosku,

I

1. Am 24. Oktober 1927 (act. 2) erhob der Deutsche Volksbund im Sinne von Art. 149 ff. der Genfer Konvention Beschwerde beim Polnischen Minderheitsamt in Katowice. Das Minderheitsamt überwies am 29. November 1927 (act. 1) die Beschwerde mit seinen Bemerkungen im Sinne von Artikel 152 der Genfer Konvention an den Präsidenten der Gemischten Kommission. Es fand hierauf der in der Verfahrensordnung der Gemischten Kommission vorgesehene Schriftenwechsel statt. In der mündlichen Verhandlung vom 3. Juli 1928 hatten der Vertreter des Minderheitsamtes und der Beschwerdeführer Gelegenheit, weitere Ausführungen in tatsächlicher und rechtlicher Beziehung vorzutragen.

2. Der Deutsche Volksbund beschwert sich, daß mit Beginn des Schuljahres 1927-28 die Klasse VII des Minderheitslyzeums Królewska-Huta nicht in Betrieb gesetzt wurde, trotzdem die die Klasse VI besuchenden 32 Kinder am Ende des Schuljahres 1926-27 nach Klasse VII versetzt worden seien. Das Minderheitsamt rechtfertigt die Schließung der Klasse VII damit, daß in drei aufeinanderfolgenden Jahren die Schülerzahl die in Art. 122 Abs. 1 im Zusammenhang mit Art. 118 § 1 Abs. 2 der Genfer Konvention vorgesehene Mindestzahl nicht erreicht habe.

3. Die Argumentation des Minderheitsamtes stützt sich auf die Annahme, daß die in Frage stehende Schuleinrichtung in Królewska-Huta keine Schule im Sinne von Abs. 1 des Art. 118 § 1 ist, sondern daß lediglich Minderheitsklassen im Sinne von Abs. 2 der genannten Bestimmung bestehen. Der Beschwerdeführer vertritt indes von jeher die Ansicht — siehe Beschwerdesache Nr. 175, betreffend Minderheitslyzeum Królewska-Huta, — daß die durch die Konvention statuierten Voraussetzungen für eine Schule gegeben sind.

Um die Gegenstand des vorliegenden Beschwerdeverfahrens bildende Streitfrage entscheiden zu können, muß der Präsident der Gemischten Kommission die grundlegende Frage, ob Schule oder Klassen, prüfen.

Nach den Akten der Beschwerdesache Nr. 175 sind im Jahre 1923 über 400 Anträge auf Errichtung eines Minderheitslyzeums in Królewska-Huta gestellt worden. Nicht nur ist die diesbezügliche Behauptung des Beschwerdeführers seitens der zuständigen Behörde unwidersprochen geblieben, sondern der damalige Rektor Schirmeisen hat anläßlich seiner Einvernahme vor dem Präsidenten der Gemischten Kommission ausdrücklich bestätigt, daß die Zahl der gestellten Anträge die Zahl 400 überschritten habe. Die zuständige Behörde hat indes einem Teil der

że warunki art. 118 § 1 ust. 1 nie są dopełnione, wobec czego przyznała danej instytucji szkolnej jedynie charakter klas mniejszościowych.

Celem zbadania powodów unieważnienia wniosków wezwano Urząd Spraw Mniejszości orzeczeniem z dnia 18 lutego 1928 (akt 11), aby przesłał Prezydentowi Komisji Mieszanej wszystkie zgłoszone wnioski i podał powody nieważności. Urząd Spraw Mniejszości doniósł dnia 26 czerwca 1928 (akt 31), że nie może żądanych wniosków przesłać, ponieważ wskutek zmian w kierownictwie liceum dotyczne akta są zdekompletowane. Śląski Urząd Wojewódzki stwierdził jednak ponownie, że liczba ważnych wniosków nie osiągnęła nigdy liczby 300 i że powodu unieważnienia części wniosków nie stanowił nigdy fakt, że miejscem zamieszkania niektórych uczniów nie była Królewska Huta.

Ponieważ nie jest sprzeczne, że w Królewskiej Hucie zgłoszono przeszło 400 wniosków o utworzenie liceum mniejszościowego, właściwa władza winna była według ogólnych zasad procesowych dostarczyć dowodów na twierdzenie, że część wniosków nie odpowiadała wymogom ustawowym i że zatem wnioski te były nieważne. Ponieważ tego dowodu nie dostarczono, Prezydent Komisji Mieszanej musi wychodzić z założenia, że zgłoszono więcej aniżeli 300 ważnych wniosków.

Stosunki faktyczne pozwalają zresztą przypuszczać, że w roku 1923 unieważniono przeszło 100 wniosków o utworzenie liceum w Królewskiej Hucie po części z powodów, które właściwa władza uznała później za nietrafne. Rektor Schirmeisen zeznał, że unieważnienie części wniosków nastąpiło na mocy „obowiązujących wówczas przepisów". Przepisy te, które władze stosowały w roku 1923, były przedmiotem zażalenia Junga i towarzyszy w sprawie szkół mniejszościowych w powiecie lublinieckim, i Prezydent wypowiedział się do nich w poglądzie nr 11 z dnia 3 stycznia 1924. Poglądem tym, który właściwe władze w myśl umowy z dnia 18 kwietnia 1924 przyjęły jako rozwiązanie zasadnicze, uznano przeważną część powodów unieważnienia za niedopuszczalne.

Na podstawie ważnych wniosków, które przekraczały liczbę 300, należało z początkiem roku szkolnego 1923-24 otworzyć liceum królewsko-huckie jako szkołę w myśl art. 118 § 1 ust. 1. Frekwencja

Anträge die Gültigkeit versagt und weniger als 300 Anträge als gültig anerkannt; so kam es, daß die zuständige Behörde die Voraussetzungen des Art. 118 § 1 Abs. 1 für nicht gegeben erachtete und der Schuleinrichtung lediglich den Charakter von Minderheitsklassen einräumte.

Um die Gründe der Ungültigerklärung der Anträge einer Prüfung unterziehen zu lassen, wurde das Minderheitsamt im vorliegenden Verfahren durch Verfügung vom 18. Februar 1928 (act. 11) ersucht, sämtliche eingereichten Anträge mit Angabe der Ungültigkeitsgründe dem Präsidenten der Gemischten Kommission einzureichen. Am 26. Juni 1928 teilte das Minderheitsamt mit (act. 31), daß es nicht in der Lage sei, die eingeforderten Anträge zu übersenden, weil die bezüglichen Akten infolge der in der Leitung des Lyzeums eingetretenen Änderungen nicht mehr vollständig seien. Das Schlesische Wojewodschaftsamt habe jedoch nochmals festgestellt, daß die Zahl der gültigen Anträge niemals 300 erreichte, sowie daß den Grund der Ungültigkeitserklärung niemals die Tatsache bildete, daß der Wohnsitz sich außerhalb von Królewska-Huta befand.

Nachdem unbestrittenermaßen über 400 Anträge auf Errichtung eines Minderheitslyzeums in Królewska-Huta eingereicht waren, war nach allgemeinen prozessualen Grundsätzen die zuständige Behörde für ihre Behauptung beweispflichtig, daß ein Teil der Anträge den gesetzlichen Anforderungen nicht entsprach und daher ungültig war. Da dieser Beweis nicht erbracht wurde, muß der Präsident der Gemischten Kommission davon ausgehen, daß mehr als 300 gültige Anträge eingereicht wurden.

Die tatsächlichen Verhältnisse lassen übrigens die Annahme zu, daß die im Jahre 1923 bezüglich des Lyzeums Królewska-Huta ausgesprochene Ungültigkeit von über 100 Anträgen sich zum Teil auf Gründe stützte, welche die zuständige Behörde später als unzutreffend anerkannt hat. Rektor Schirmeisen deponierte, daß die Ungültigerklärung eines Teiles der Anträge auf Grund »der damals geltenden Vorschriften« erfolgt sei. Diese, im Jahre 1923 von den Behörden angewandten Vorschriften bildeten Gegenstand der Beschwerdesache Jung und Genossen, betreffend Minderheitsschulen im Kreise Lubliniec, und der Präsident hat sich darüber in seiner Stellungnahme Nr. 11 vom 3. Januar 1924 ausgesprochen. Durch diese Stellungnahme, die in der Folge von den zuständigen Behörden gemäß Vereinbarung vom 18. April 1924 als grundsätzliche Lösung angenommen wurde, wurden die meisten Ungültigkeitsgründe für unzulässig erklärt.

Auf Grund der die Zahl 300 übersteigenden gültigen Anträge mußte das Lyzeum Królewska Huta als Schule im Sinne des Art. 118 § 1 Abs. 1 zu Beginn des Schuljahres 1923-24 eröffnet werden. Die

uczniów (obywateli polskich) wynosiła według zapodań Urzędu Spraw Mniejszości (akt 31):

1923-24 : 240
1924-25 : 267
1925-26 : 268
1926-27 : 224

Ponieważ w trzech następujących po sobie latach liczba uczniów nie spadła poniżej liczb minimalnych, ustalonych w art. 122 ust. 1 Konwencji Genewskiej, właściwa władza winna była także w roku 1927-28 uruchomić liceum jako szkołę. Tym samym uzasadnione jest roszczenie mniejszości o dalsze prowadzenie klasy VII, ponieważ szkoła składa się z różnych klas, niezależnie od ich liczby uczniów. Nie potrzeba zatem rozpatrywać kwestii, czy zwinięcie klasy VII było uzasadnione z uwagi na to, że na daną instytucję szkolną składały się jedynie klasy mniejszościowe.

II

Po naradzie w łonie Komisji Mieszanej Prezydent Komisji Mieszanej na mocy powyższych rozważań dochodzi do

poglądu:

Właściwą władzę wzywa się, aby ponownie uruchomiła klasę VII liceum mniejszościowego w Królewskiej Hucie, które jest szkołą w myśl art. 118 § 1 ust. 1 Konwencji.

77

Pogląd

z dnia 23 lipca 1928 w sprawie nr 291 Niemieckiego Związku Ludowego na Śląsk Polski dla strzeżenia spraw mniejszości, związku zapisanego, żalącego się, w Katowicach, ulica Młyńska 23, dotyczącej nieutworzenia szkoły mniejszościowej w Glinicy (Górny Śląsk Polski).

1. Z powodu nieutworzenia szkoły mniejszościowej w Glinicy Niemiecki Związek Ludowy wniósł dnia 5 listopada 1926 (akt 2) w myśl art. 149 i n. Konwencji Genewskiej zażalenie do Polskiego Urzędu Spraw Mniejszości w Katowicach. Dnia 8 marca 1927 Urząd

Schülerfrequenz (polnische Staatsangehörige) war nach Angabe des Minderheitsamtes folgende (act. 31):

1923-24 : 240,
1924-25 : 267,
1925-26 : 268,
1926-27 : 224.

Da in drei aufeinanderfolgenden Jahren die Schülerzahl nicht unter die in Art. 122 Abs. 1 der Genfer Konvention festgesetzten Mindestzahlen gesunken ist, war die zuständige Behörde verpflichtet, das Lyzeum auch im Schuljahr 1927-28 als Schule in Betrieb zu setzen. Dadurch erweist sich der Anspruch der Minderheit auf Weiterführung der Klasse VII ohne weiteres als begründet, indem sich die Schule aus den verschiedenen Klassen zusammensetzt, unabhängig von der Schülerzahl der einzelnen Klassen. Es erübrigt sich daher, auf die Frage einzutreten, ob die Schließung der Klasse VII aus dem Gesichtspunkte gerechtfertigt war, daß die Schuleinrichtung lediglich Minderheitsklassen darstellte.

II

Nach stattgehabter Beratung im Schoße der Gemischten Kommission gelangt der Präsident der Gemischten Kommission, gestützt auf die vorstehenden Erwägungen, zur

Stellungnahme:

Die zuständige Behörde wird ersucht, die Klasse VII des Minderheitslyzeums in Królewska-Huta, das eine Schule im Sinne des Art. 118 § 1 Abs. 1 der Konvention darstellt, wieder zu eröffnen.

77

Stellungnahme

vom 23. Juli 1928 in der Sache Nr. 291 des Deutsch-Oberschlesischen Volksbundes für Polnisch-Schlesien zur Wahrung der Minderheitsrechte, eingetragener Verein, Beschwerdeführer, in Katowice, ulica Młyńska 23, betreffend Nichterrichtung der Minderheitsschule in Glinica (Polnisch-Oberschlesien).

1. Am 5. November 1926 (act. 2) erhob der Deutsche Volksbund im Sinne von Art. 149 ff. der Genfer Konvention Beschwerde beim Polnischen Minderheitsamt in Katowice wegen Nichterrichtung der Minderheitsschule in Glinica. Das Minderheitsamt überwies die Beschwerde am

Spraw Mniejszości przekazał zażalenie Prezydentowi Komisji Mieszanej (akt 1) i załączył odpisy dwóch pism z dnia 18 stycznia i 16 lutego 1927, skierowanych do żalącego się (akt 3 i 4). Na rozprawie ustnej z dnia 16 lipca 1927 zastępca Urzędu Spraw Mniejszości i żalący się mieli sposobność przedstawić dalsze wywody faktyczne i prawne.

2. Jak wynika z pisma Urzędu Spraw Mniejszości z dnia 18 stycznia 1927 (akt 3), właściwa władza przesłuchała dnia 26 czerwca 1926 uprawnionych do wychowania, którzy dla 61 dzieci żądali otwarcia szkoły mniejszościowej w Glinicy. Ponieważ uprawnieni do wychowania oświadczyli, że dzieci ich nie należą do mniejszości językowej niemieckiej, właściwa władza unieważniła wszystkie wnioski.

Na posiedzeniach z dnia 5 i 9 czerwca 1928 Rada Ligi Narodów rozpatrywała analogiczne przypadki, co do których Związek Ludowy skorzystał z prawa wniesienia odwołania (zażalenia w sprawie nieutworzenia szkół mniejszościowych w Biertułtowicach, Starej Wsi, Gierałtowicach).

Wychodząc z założenia, że rozwiązanie tych kwestii spornych winno się opierać na wyroku Trybunału Sprawiedliwości Międzynarodowej w Hadze z dnia 26 kwietnia 1928, Rada Ligi Narodów powzięła na posiedzeniu z dnia 9 czerwca 1928 następującą rezolucję:

I

„Le Conseil décide qu'à l'avenir les déclarations concernant la langue des enfants, formulées par les personnes responsables de leur éducation conformément aux articles 106 et 131 de la Convention du 15 mai 1922 relative à la Haute-Silésie devront être réglées par les trois principes suivants:

1. Toute personne formulant une demande, soit en vue de la création d'une école de minorité, soit en vue de l'admission d'un enfant dans une école déjà existante, doit déclarer selon sa conscience et sous sa responsabilité quelle est la langue de l'enfant de l'éducation duquel elle est légalement responsable, cette déclaration devant porter sur ce que son auteur estime être la situation de fait concernant le point en question. Il doit être entendu que cette liberté de déclarer quelle est la langue d'un enfant, tout en comportant, le cas échéant, une certaine latitude d'appréciation des circonstances, ne constitue pas une faculté illimitée de choisir la langue dans laquelle l'enseignement doit être donné et l'école qui y correspond.

8. März 1927 (act. 1) an den Präsidenten der Gemischten Kommission und legte in Abschrift zwei an den Beschwerdeführer gerichtete Schreiben, dat. 18. Januar und 16. Februar 1927 (act. 3 und 4), bei. In der mündlichen Verhandlung vom 16. Juli 1927 hatten der Vertreter des Minderheitsamtes und der Beschwerdeführer Gelegenheit, weitere Ausführungen in tatsächlicher und rechtlicher Beziehung vorzutragen.

2. Wie aus dem Schreiben des Minderheitsamtes vom 18. Januar 1927 (act. 3) hervorgeht, hat die zuständige Behörde die Erziehungsberechtigten, die für 61 Kinder die Eröffnung einer Minderheitsschule in Glinica verlangten, am 26. Juni 1926 einer Einvernahme unterzogen; da die Erziehungsberechtigten erklärten, daß ihre Kinder nicht der deutschen Sprachminderheit angehören, hat die zuständige Behörde sämtliche Anträge für ungültig erklärt.

Dem Völkerbundsrat haben in seinen Sitzungen vom 5. und 9. Juni 1928 analoge Fälle, bezüglich welcher der Volksbund von seinem Appellationsrecht Gebrauch gemacht hatte (Beschwerden, betreffend Nichterrichtung der Minderheitsschulen Biertultowy, Stara-Wieś, Gieraltowice), zur Entscheidung vorgelegen.

Davon ausgehend, daß sich die Lösung dieser Streitfragen auf dem Urteil des Haager Internationalen Gerichtshofes vom 26. April 1928 aufbauen müsse, hat der Völkerbundsrat in seiner Sitzung vom 9. Juni 1928 folgende Resolution gefaßt:

I

„Le Conseil décide qu'à l'avenir les déclarations concernant la langue des enfants, formulées par les personnes responsables de leur éducation conformément aux articles 106 et 131 de la Convention du 15 mai 1922 relative à la Haute-Silésie devront être réglées par les trois principes suivants:

1. Toute personne formulant une demande, soit en vue de la création d'une école de minorité, soit en vue de l'admission d'un enfant dans une école déjà existante, doit déclarer selon sa conscience et sous sa responsabilité quelle est la langue de l'enfant de l'éducation duquel elle est légalement responsable, cette déclaration devant porter sur ce que son auteur estime être la situation de fait concernant le point en question. Il doit être entendu que cette liberté de déclarer quelle est la langue d'un enfant, tout en comportant, le cas échéant, une certaine latitude d'appréciation des circonstances, ne constitue pas une faculté illimitée de choisir la langue dans laquelle l'enseignement doit être donné et l'école qui y correspond.

2. Le Gouvernement polonais est justifié de ne pas admettre aux écoles minoritaires les enfants dont la langue, d'après la déclaration des personnes responsables, n'est que la langue polonaise ou pour lesquels manque la déclaration relative à la langue de l'enfant.

3. Les autorités polonaises ne pourront soumettre les déclarations des personnes responsables de l'éducation des enfants relativement à leur langue à aucune vérification, contestation, pression ou entrave, sous quelque forme que ce soit."

II

„Le Conseil invite le Gouvernement polonais à faire savoir aux personnes ayant formulé les soixante-deux déclarations qui n'ont pas été admises parce que, conformément à l'affirmation du Gouvernement polonais, les enfants y visés n'appartenaient pas à la minorité, qu'elles pourraient présenter de nouvelles demandes en vue de la création de l'école minoritaire de Biertułtowy. Aux nouvelles déclarations concernant la langue des enfants qui accompagneraient la demande de création de l'école devront s'appliquer les trois principes énoncés ci-dessus."

III

„Le Conseil rappelle que les difficultés qui se sont produites en cette matière (difficultés communes à plusieurs de questions dont le Conseil a été dernièrement saisi), sont dues au fait qu'un nombre considérable de personnes responsables de l'éducation d'enfants qui ne connaissaient pas la langue de la minorité demandaient pourtant l'admission de ces enfants dans les écoles minoritaires. A ce propos, le Conseil se réfère à l'avis exprimé dans sa résolution du 12 mars 1927, qu'il ne convient pas d'admettre aux écoles minoritaires les enfants qui ne parlent que le polonais. Le Conseil a le ferme espoir qu'une fois que le Gouvernement polonais aura établi les formulaires servant aux déclarations verbales ou écrites sur la langue de l'enfant de manière à éviter tout malentendu possible quant au caractère objectif de ces déclarations, tel qu'il résulte de ce qui est dit au numéro I ci-dessus, des difficultés de la nature de celles qui se sont produites jusqu'à présent ne se reproduiront plus, et que le fonctionnement normal des écoles minoritaires, au point de vue pédagogique, sur lequel doivent veiller les autorités polonaises sera ainsi assuré."

2. Le Gouvernement polonais est justifié de ne pas admettre aux écoles minoritaires les enfants dont la langue, d'après la déclaration des personnes responsables, n'est que la langue polonaise ou pour lesquels manque la déclaration relative à la langue de l'enfant.

3. Les autorités polonaises ne pourront soumettre les déclarations des personnes responsables de l'éducation des enfants relativement à leur langue à aucune vérification, contestation, pression ou entrave, sous quelque forme que ce soit."

II

„Le Conseil invite le Gouvernement polonais à faire savoir aux personnes ayant formulé les soixante-deux déclarations qui n'ont pas été admises parce que, conformément à l'affirmation du Gouvernement polonais, les enfants y visés n'appartenaient pas à la minorité, qu'elles pourraient présenter de nouvelles demandes en vue de la création de l'école minoritaire de Biertułtowy. Aux nouvelles déclarations concernant la langue des enfants qui accompagneraient la demande de création de l'école devront s'appliquer les trois principes énoncés ci-dessus."

III

„Le Conseil rappelle que les difficultés qui se sont produites en cette matière (difficultés communes à plusieurs de questions dont le Conseil a été dernièrement saisi), sont dues au fait qu'un nombre considérable de personnes responsables de l'éducation d'enfants qui ne connaissaient pas la langue de la minorité demandaient pourtant l'admission de ces enfants dans les écoles minoritaires. A ce propos, le Conseil se réfère à l'avis exprimé dans sa résolution du 12 mars 1927, qu'il ne convient pas d'admettre aux écoles minoritaires les enfants qui ne parlent que le polonais. Le Conseil a le ferme espoir qu'une fois que le Gouvernement polonais aura établi les formulaires servant aux déclarations verbales ou écrites sur la langue de l'enfant de manière à éviter tout malentendu possible quant au caractère objectif de ces déclarations, tel qu'il résulte de ce qui est dit au numéro I ci-dessus, des difficultés de la nature de celles qui se sont produites jusqu'à présent ne se reproduiront plus, et que le fonctionnement normal des écoles minoritaires, au point de vue pédagogique, sur lequel doivent veiller les autorités polonaises sera ainsi assuré."

IV

„Le Conseil est également saisi de deux autres appels du „Deutscher Volksbund" concernant respectivement la fermeture des écoles de minorité à Stara-Wieś et à Gierałtowice (voir documents C. 231. 1928 I et C. 229. 1928 I). La création de l'école de Stara-Wieś fut demandée pour cinquante-deux enfants par les personnes responsables de leur éducation; mais, d'après le Gouvernement, pour vingt-deux de ces enfants, les personnes responsables de leur éducation déclarèrent „que la langue véhiculaire" de ces enfants était le polonais. En ce qui concerne l'école de Gierałtowice, cette même déclaration fut formulée, d'après le Gouvernement, pour trente-huit enfants sur les quarante-quatre pour lesquels la création de l'école avait été demandée.

Le Conseil décide que la présente résolution sera également applicable aux cas des écoles de Stara-Wieś et de Gierałtowice."

W myśl powyższej uchwały Rady Ligi Narodów Prezydent Komisji Mieszanej po naradzie w łonie Komisji Mieszanej dochodzi do

poglądu:

Właściwe władze wzywa się, aby zawiadomiły tych uprawnionych do wychowania, których wnioski dla 61 dzieci o utworzenie szkoły mniejszościowej w Glinicy zostały unieważnione z powodu nieprzynależności dzieci do mniejszości językowej, że mogą swe wnioski przedstawić ponownie. W sprawie oświadczeń co do języka dzieci obowiązują zasady przytoczone powyżej w brzmieniu oryginalnym rezolucji Rady Ligi Narodów.

78

Pogląd

z dnia 23 lipca 1928 w sprawie nr 253 Niemieckiego Związku Ludowego na Śląsk Polski dla strzeżenia praw mniejszości, zw. zap., żalącego się, w Katowicach, ulica Młyńska 23, dotyczącej nieutworzenia szkoły mniejszościowej w Godowie (Górny Śląsk Polski).

I

1. Z powodu nieutworzenia szkoły mniejszościowej w Godowie żalący się wniósł dnia 8 lipca 1926 (akt 2) w myśl art. 149 i n. Kon-

IV

„Le Conseil est également saisi de deux autres appels du „Deutscher Volksbund" concernant respectivement la fermeture des écoles de minorité à Stara-Wieś et à Gierałtowice (voir documents C. 231. 1928 I et C. 229. 1928 I). La création de l'école de Stara-Wieś fut demandée pour cinquante-deux enfants par les personnes responsables de leur éducation; mais, d'après le Gouvernement, pour vingt-deux de ces enfants, les personnes responsables de leur éducation déclarèrent „que la langue véhiculaire" de ces enfants était le polonais. En ce qui concerne l'école de Gierałtowice, cette même déclaration fut formulée, d'après le Gouvernement, pour trente-huit enfants sur les quarante-quatre pour lesquels la création de l'école avait été demandée.

Le Conseil décide que la présente résolution sera également applicable aux cas des écoles de Stara-Wieś et de Gierałtowice."

Im Sinne dieses Völkerbundsratsbeschlusses gelangt der Präsident der Gemischten Kommission nach stattgehabter Beratung im Schoße der Gemischten Kommission zur

Stellungnahme:

Die zuständigen Behörden werden ersucht, den Erziehungsberechtigten, deren Anträge für 61 Kinder auf Errichtung einer Minderheitsschule in Glinica wegen Nichtzugehörigkeit der Kinder zur sprachlichen Minderheit für ungültig erklärt wurden, zur Kenntnis zu bringen, daß sie ihre Anträge wiederholen können. Für die Erklärungen betreffend die Sprache der Kinder sind die weiter oben im Originaltext der Resolution des Völkerbundsrates angeführten Prinzipien maßgebend.

78

Stellungnahme

vom 23. Juli 1928 in der Sache Nr. 253 des Deutsch-Oberschlesischen Volksbundes für Polnisch-Schlesien zur Wahrung der Minderheitsrechte, eingetragener Verein, Beschwerdeführer, in Katowice, ulica Młyńska 23, betreffend Nichterrichtung der Minderheitsschule in Godów (Polnisch-Oberschlesien).

I

1. Am 8. Juli 1926 (act. 2) erhob der Beschwerdeführer im Sinne von Art. 149 ff. der Genfer Konvention Beschwerde beim Polnischen Min-

wencji Genewskiej zażalenie do Polskiego Urzędu Spraw Mniejszości w Katowicach. Dnia 30 września 1926 Urząd Spraw Mniejszości przekazał zażalenie Prezydentowi Komisji Mieszanej (akt 1) i następnie dnia 18 listopada 1926 (akt 11) przesłał swe uwagi. Potem odbyła się wymiana pism, przewidziana w regulaminie postępowania Komisji Mieszanej. Na rozprawie ustnej z dnia 25 czerwca 1927 zastępca Urzędu Spraw Mniejszości i żalący się mieli sposobność przedstawić dalsze wywody faktyczne i prawne.

2. W październiku i listopadzie 1925 zgłoszono dla 79 dzieci wnioski o utworzenie szkoły mniejszościowej. Dnia 7 lipca 1926 właściwa władza przesłuchała uprawnionych do wychowania (zob. protokoły z przesłuchów akt 19). Uprawnieni do wychowania częściowo zrzekli się szkoły mniejszościowej, częściowo zaś jako język ojczysty dzieci podali język polski. W każdym razie Województwo unieważniło wszystkie wnioski, a mianowicie 42 wnioski z powodu nieprzynależności dzieci do mniejszości językowej.

Na posiedzeniach z dnia 5 i 9 czerwca 1928 Rada Ligi Narodów rozpatrywała analogiczne przypadki, co do których Związek Ludowy skorzystał z prawa wniesienia odwołania (zażalenia w sprawie nieutworzenia szkół mniejszościowych w Biertułtowicach, Starej Wsi, Gierałtowicach).

Wychodząc z założenia, że rozwiązanie tej kwestii spornej winno się opierać na wyroku Trybunału Sprawiedliwości Międzynarodowej w Hadze z dnia 26 kwietnia 1928, Rada Ligi Narodów powzięła na posiedzeniu z dnia 9 czerwca 1928 następującą rezolucję:

I

„Le Conseil décide qu'à l'avenir les déclarations concernant la langue des enfants, formulées par les personnes responsables de leur éducation conformément aux articles 106 et 131 de la Convention du 15 mai 1922 relative à la Haute-Silésie devront être réglées par les trois principes suivants:

1. Toute personne formulant une demande, soit en vue de la création d'une école de minorité, soit en vue de l'admission d'un enfant dans une école déjà existante, doit déclarer selon sa conscience et sous sa responsabilité quelle est la langue de l'enfant de l'éducation duquel elle est légalement resposable, cette déclaration devant por-

derheitsamt in Katowice wegen Nichterrichtung der Minderheitsschule in Godów. Das Minderheitsamt überwies die Beschwerde am 30. September 1926 (act. 1) an den Präsidenten der Gemischten Kommission und ließ am 18. November 1926 (act. 11) seine Bemerkungen folgen. Es fand hierauf der in der Verfahrensordnung der Gemischten Kommission vorgesehene Schriftenwechsel statt. In der mündlichen Verhandlung vom 25. Juni 1927 hatten der Vertreter des Minderheitsamtes und der Beschwerdeführer Gelegenheit, weitere Ausführungen in tatsächlicher und rechtlicher Beziehung vorzutragen.

2. Im Oktober und November 1925 wurden für 79 Kinder Anträge auf Errichtung einer Minderheitsschule gestellt. Die zuständige Behörde hat die Erziehungsberechtigten am 7. Juli 1926 einer Einvernahme unterzogen (siehe Einvernahmeprotokolle act. 19). Teils haben die Erziehungsberechtigten ihren Verzicht auf die Minderheitsschule ausgesprochen, teils haben sie als Muttersprache ihrer Kinder die polnische Sprache angegeben. Jedenfalls hat die Wojewodschaft allen Anträgen die Gültigkeit versagt, und zwar 42 Anträgen wegen Nichtzugehörigkeit der Kinder zur sprachlichen Minderheit.

Dem Völkerbundsrat haben in seinen Sitzungen vom 5. und 9. Juni 1928 analoge Fälle, bezüglich welcher der Volksbund von seinem Appellationsrecht Gebrauch gemacht hatte (Beschwerden, betreffend Nichterrichtung der Minderheitsschulen Biertultowy, Stara-Wieś, Gieraltowice), zur Entscheidung vorgelegen.

Davon ausgehend, daß sich die Lösung dieser Streitfragen auf dem Urteil des Haager Internationalen Gerichtshofes vom 26. April 1928 aufbauen müsse, hat der Völkerbundsrat in seiner Sitzung vom 9. Juni 1928 folgende Resolution gefaßt:

I

„Le Conseil décide qu'à l'avenir les déclarations concernant la langue des enfants, formulées par les personnes responsables de leur éducation conformément aux articles 106 et 131 de la Convention du 15 mai 1922 relative à la Haute-Silésie devront être réglées par les trois principes suivants:

1. Toute personne formulant une demande, soit en vue de la création d'une école de minorité, soit en vue de l'admission d'un enfant dans une école déjà existante, doit déclarer selon sa conscience et sous sa responsabilité quelle est la langue de l'enfant de l'éducation duquel elle est légalement resposable, cette déclaration devant por-

ter sur ce que son auteur estime être la situation de fait concernant le point en question. Il doit être entendu que cette liberté de déclarer quelle est la langue d'un enfant, tout en comportant, le cas échéant, une certaine latitude d'appréciation des circonstances, ne constitue pas une faculté illimitée de choisir la langue dans laquelle l'enseignement doit être donné et l'école qui y correspond.

2. Le Gouvernement polonais est justifié de ne pas admettre aux écoles minoritaires les enfants dont la langue, d'après la déclaration des personnes responsables, n'est que la langue polonaise ou pour lesquels manque la déclaration relative à la langue de l'enfant.

3. Les autorités polonaises ne pourront soumettre les déclarations des personnes responsables de l'éducation des enfants relativement à leur langue à aucune vérification, contestation, pression ou entrave, sous quelque forme que ce soit."

II

„Le Conseil invite le Gouvernement polonais à faire savoir aux personnes ayant formulé les soixante-deux déclarations qui n'ont pas été admises parce que, conformément à l'affirmation du Gouvernement polonais, les enfants y visés n'appartenaient pas à la minorité, qu'elles pourraient présenter de nouvelles demandes en vue de la création de l'école minoritaire de Biertułtowy. Aux nouvelles déclarations concernant la langue des enfants qui accompagneraient la demande de création de l'école devront s'appliquer les trois principes énoncés ci-dessus."

III

„Le Conseil rappelle que les difficultés qui se sont produites en cette matière (difficultés communes à plusieurs des questions dont le Conseil a été dernièrement saisi), sont dues au fait qu'un nombre considérable de personnes responsables de l'éducation d'enfants qui ne connaissaient pas la langue de la minorité demandaient pourtant l'admission de ces enfants dans les écoles minoritaires. A ce propos, le Conseil se réfère à l'avis exprimé dans sa résolution du 12 mars 1927, qu'il ne convient pas d'admettre aux écoles minoritaires les enfants qui ne parlent que le polonais. Le Conseil a le ferme espoir qu'une fois que le Gouvernement polonais aura établi les formulaires servant aux déclarations verbales ou écrites sur la langue de l'enfant de manière à éviter tout malentendu possible quant au caractère objectif de ces déclarations, tel qu'il résulte de ce qui

ter sur ce que son auteur estime être la situation de fait concernant le point en question. Il doit être entendu que cette liberté de déclarer quelle est la langue d'un enfant, tout en comportant, le cas échéant, une certaine latitude d'appréciation des circonstances, ne constitue pas une faculté illimitée de choisir la langue dans laquelle l'enseignement doit être donné et l'école qui y correspond.

2. Le Gouvernement polonais est justifié de ne pas admettre aux écoles minoritaires les enfants dont la langue, d'après la déclaration des personnes responsables, n'est que la langue polonaise ou pour lesquels manque la déclaration relative à la langue de l'enfant.

3. Les autorités polonaises ne pourront soumettre les déclarations des personnes responsables de l'éducation des enfants relativement à leur langue à aucune vérification, contestation, pression ou entrave, sous quelque forme que ce soit."

II

„Le Conseil invite le Gouvernement polonais à faire savoir aux personnes ayant formulé les soixante-deux déclarations qui n'ont pas été admises parce que, conformément à l'affirmation du Gouvernement polonais, les enfants y visés n'appartenaient pas à la minorité, qu'elles pourraient présenter de nouvelles demandes en vue de la création de l'école minoritaire de Biertułtowy. Aux nouvelles déclarations concernant la langue des enfants qui accompagneraient la demande de création de l'école devront s'appliquer les trois principes énoncés ci-dessus."

III

„Le Conseil rappelle que les difficultés qui se sont produites en cette matière (difficultés communes à plusieurs des questions dont le Conseil a été dernièrement saisi), sont dues au fait qu'un nombre considérable de personnes responsables de l'éducation d'enfants qui ne connaissaient pas la langue de la minorité demandaient pourtant l'admission de ces enfants dans les écoles minoritaires. A ce propos, le Conseil se réfère à l'avis exprimé dans sa résolution du 12 mars 1927, qu'il ne convient pas d'admettre aux écoles minoritaires les enfants qui ne parlent que le polonais. Le Conseil a le ferme espoir qu'une fois que le Gouvernement polonais aura établi les formulaires servant aux déclarations verbales ou écrites sur la langue de l'enfant de manière à éviter tout malentendu possible quant au caractère objectif de ces déclarations, tel qu'il résulte de ce qui

est dit au numéro I ci-dessus, des difficultés de la nature de celles qui se sont produites jusqu'à présent ne se reproduiront plus, et que le fonctionnement normal des écoles minoritaires, au point de vue pédagogique, sur lequel doivent veiller les autorités polonaises sera ainsi assuré."

IV

„Le Conseil est également saisi de deux autres appels du „Deutscher Volksbund" concernant respectivement la fermeture des écoles de minorité à Stara-Wieś et à Gierałtowice (voir documents C. 231. 1928 I et C. 229. 1928 I). La création de l'école de Stara-Wieś fut demandée pour cinquante-deux enfants par les personnes responsables de leur éducation; mais, d'après le Gouvernement, pour vingt-deux de ces enfants, les personnes responsables de leur éducation déclarèrent „que la langue véhiculaire" de ces enfants était le polonais. En ce qui concerne l'école de Gierałtowice, cette même déclaration fut formulée, d'après le Gouvernement, pour trente-huit enfants sur les quarante-quatre pour lesquels la création de l'école avait été demandée.

Le Conseil décide que la présente résolution sera également applicable aux cas des écoles de Stara-Wieś et de Gierałtowice."

W myśl powyższej uchwały Rady Ligi Narodów Prezydent Komisji Mieszanej po naradzie w łonie Komisji Mieszanej dochodzi do

poglądu:

Właściwe władze wzywa się, aby zawiadomiły tych uprawnionych do wychowania, których wnioski dla 42 dzieci o utworzenie szkoły mniejszościowej w Godowie zostały unieważnione z powodu nieprzynależności dzieci do mniejszości językowej, że mogą swe wnioski przedstawić ponownie. W sprawie oświadczeń co do języka dzieci obowiązują zasady przytoczone powyżej w brzmieniu oryginalnym rezolucji Rady Ligi Narodów.

79

Pogląd

z dnia 23 lipca 1928 w sprawie nr 491 97 uprawnionych do wychowania, zastąpionych przez Niemiecki Związek Ludowy na Śląsk Polski

est dit au numéro I ci-dessus, des difficultés de la nature de celles qui se sont produites jusqu'à présent ne se reproduiront plus, et que le fonctionnement normal des écoles minoritaires, au point de vue pédagogique, sur lequel doivent veiller les autorités polonaises sera ainsi assuré."

IV

„Le Conseil est également saisi de deux autres appels du „Deutscher Volksbund" concernant respectivement la fermeture des écoles de minorité à Stara-Wieś et à Gierałtowice (voir documents C. 231. 1928 I et C. 229. 1928 I). La création de l'école de Stara-Wieś fut demandée pour cinquante-deux enfants par les personnes responsables de leur éducation; mais, d'après le Gouvernement, pour vingt-deux de ces enfants, les personnes responsables de leur éducation déclarèrent „que la langue véhiculaire" de ces enfants était le polonais. En ce qui concerne l'école de Gierałtowice, cette même déclaration fut formulée, d'après le Gouvernement, pour trente-huit enfants sur les quarante-quatre pour lesquels la création de l'école avait été demandée.

Le Conseil décide que la présente résolution sera également applicable aux cas des écoles de Stara-Wieś et de Gierałtowice."

Im Sinne dieses Völkerbundsratsbeschlusses gelangt der Präsident der Gemischten Kommission nach stattgehabter Beratung im Schoße der Gemischten Kommission zur

Stellungnahme:

Die zuständigen Behörden werden ersucht, den Erziehungsberechtigten, deren Anträge für 42 Kinder auf Errichtung einer Minderheitsschule in Godów wegen Nichtzugehörigkeit der Kinder zur sprachlichen Minderheit für ungültig erklärt wurden, zur Kenntnis zu bringen, daß sie ihre Anträge wiederholen können. Für die Erklärungen betreffend die Sprache der Kinder sind die weiter oben im Originaltext der Resolution des Völkerbundsrates angeführten Prinzipien maßgebend.

79

Stellungnahme

vom 23. Juli 1928 in der Sache Nr. 491 von 97 Erziehungsberechtigten, vertreten durch den Deutschen Volksbund für Polnisch-Schlesien (t. z.)

(t. z.), w Katowicach, ulica Młyńska 23, dotyczącej niedopuszczenia ich dzieci do szkół mniejszościowych (Górny Śląsk Polski).

I

W czasie pomiędzy 13 września 1927 a 24 lutego 1928 Niemiecki Związek Ludowy wniósł imieniem i z pełnomocnictwa 102 uprawnionych do wychowania w myśl art. 149 Konwencji Genewskiej do Polskiego Urzędu Spraw Mniejszości w Katowicach 102 zażalenia z powodu nieprzyjęcia 163 uczniów mniejszościowych. Jakkolwiek przeważająca większość (94) tych zażaleń datuje z września i z października 1927, otrzymał je Prezydent Komisji Mieszanej dopiero w czasie pomiędzy 23 lutego a 2 maja 1928, ponieważ Polski Urząd Spraw Mniejszości wbrew swej dotychczasowej praktyce w grudniu 1927 zażądał od petentów oświadczeń co do ich przynależności do mniejszości i dostarczenie tych dokumentów wymagało dłuższego czasu. Po wpłynięciu pierwszych zażaleń do Prezydenta Komisji Mieszanej było wskazane odroczyć ich rozpatrywanie, ponieważ proces przed Stałym Trybunałem Sprawiedliwości Międzynarodowej dobiegał końca, tak że w niedługim czasie spodziewać się należało ogłoszenia wyroku. Oprócz tego do Rady Ligi Narodów wpłynęły zażalenia analogiczne. Dopiero kiedy obie instancje wyraziły swój pogląd, mianowicie Stały Trybunał Sprawiedliwości Międzynarodowej w Hadze dnia 26 kwietnia 1928 a Rada Ligi Narodów dnia 9 czerwca 1928, nadszedł czas do rozpatrzenia niniejszego zażalenia przed forum Prezydenta Komisji Mieszanej. Przeprowadzono wymianę pism, a następnie dnia 17 lipca 1928 odbyła się rozprawa ustna. Z uwagi na to, że zastępca Urzędu Spraw Mniejszości nie przybył na rozprawę i że stan prawny był dostatecznie wyjaśniony, za zgodą członków Komisji Mieszanej zrezygnowano z wysłuchania wywodów ustnych petenta. Bezpośrednio przed rozprawą ustną petent cofnął względnie uznano za bezprzedmiotowe kilka zażaleń, które dotyczyły razem 11 dzieci. Do rozpatrzenia pozostało zatem jeszcze 97 zażaleń dotyczących 152 dzieci.

II

U tych 152 dzieci, których nie przyjęto do szkoły mniejszościowej, chodzi o uczniów z 19 różnych związków szkolnych, mianowicie

in Katowice, ulica Młyńska 23, betreffend Nichtzulassung ihrer Kinder zu den Minderheitsschulen (Polnisch-Oberschlesien).

I

In der Zeit zwischen dem 13. September 1927 und dem 24. Februar 1928 wurden vom Deutschen Volksbund im Namen und in Vollmacht von 102 Erziehungsberechtigten beim Polnischen Minderheitsamt in Katowice 102 Beschwerden im Sinne von Art. 149 der Genfer Konvention eingereicht wegen der Nichtaufnahme von 163 Minderheitsschülern. Obwohl die überwiegende Mehrzahl (94) dieser Beschwerden aus den Monaten September und Oktober 1927 stammte, erfolgte ihre Weiterleitung an den Präsidenten der Gemischten Kommission erst zwischen dem 23. Februar und 2. Mai 1928, da das Polnische Minderheitsamt im Dezember 1927 in Abweichung seiner bisher befolgten Praxis von den Beschwerdeführern Erklärungen über ihre Zugehörigkeit zur Minderheit verlangte und die Beibringung dieser Urkunden längere Zeit in Anspruch nahm. Als der Präsident der Gemischten Kommission in den Besitz der ersten Beschwerden gelangte, erschien es angebracht, die Behandlung der Beschwerden zu vertagen, da der Prozeß vor dem Ständigen Internationalen Gerichtshof im Haag bereits so weit vorgeschritten war, daß die Verkündigung des Urteils in absehbarer Zeit zu erwarten war und da außerdem analog gelagerte Fälle beim Völkerbundsrat anhängig waren. Erst nachdem beide Instanzen, der Ständige Internationale Gerichtshof im Haag am 26. April 1928 und der Völkerbundsrat am 9. Juni 1928, ihre Auffassung ausgesprochen hatten, erschien der Zeitpunkt gekommen, die vorliegenden Beschwerden vor dem Forum des Präsidenten der Gemischten Kommission zu behandeln. Der Schriftenwechsel wurde durchgeführt und am 17. Juli 1928 fanden die mündlichen Verhandlungen statt; von der Anhörung der mündlichen Vorträge des Beschwerdeführers wurde aber mit Rücksicht darauf, daß der Vertreter des Minderheitsamtes zu diesen Verhandlungen sich nicht eingefunden hatte und die Rechtslage genügend abgeklärt erschien, im Einverständnis mit den Mitgliedern der Gemischten Kommission abgesehen. Unmittelbar vor den mündlichen Verhandlungen wurden vom Beschwerdeführer mehrere Beschwerden, die insgesamt 11 Kinder betrafen, zurückgezogen, bzw. als gegenstandslos erklärt, so daß noch 97 Beschwerden, welche 152 Kinder betreffen, aktuell blieben.

II

Bei den 152 nicht in die Minderheitsschule aufgenommenen Kindern handelt es sich um Schüler aus 19 verschiedenen Schulverbänden, die für

o uczniów, zgłoszonych na rok szkolny 1927, których jednak właściwe władze z początkiem roku szkolnego (1 września 1927) do szkoły mniejszościowej nie przyjęły. W kilku nielicznych przypadkach stan faktyczny odbiega nieco od powyższego, mianowicie o tyle, że dzieci te początkowo wprawdzie do szkoły mniejszościowej dopuszczono, lecz po krótkim uczęszczaniu do niej na zarządzenie właściwych władz znów usunięto. Petent wnosi o bezzwłoczne przyjęcie wszystkich tych uczniów do szkoły mniejszościowej. Urząd Spraw Mniejszości sprzeciwia się temu żądaniu i uzasadnia w uwagach postępowanie władzy tym, że we wszystkich przypadkach wykluczenie uczniów nastąpiło z powodu ich nieprzynależności do mniejszości niemieckiej.

1. Jak wynika z uwag Urzędu Spraw Mniejszości, w 131 przypadkach dotycznych uczniów wykluczono ze szkół mniejszościowych dlatego, że według zapatrywania właściwych władz nie należą oni do mniejszości (akt 3, 5, 17, 31, 35, 77—78, 90—91, 93—94, 97—98, 100—101, 103—104, 125—126, 154, 157—158, 160—161, 162) lub że ich uprawnieni do wychowania oświadczyli, że językiem ojczystym ich dzieci jest język polski (akt 9, 66, 74, 109—110, 122—123, 130, 137—138, 140—141, 147—148). Wykluczenie tych uczniów nastąpiło zatem z zupełnie tym samym uzasadnieniem, jak w postępowaniu zażaleniowym, dotyczącym szkół mniejszościowych w Biertułtowach, Starej Wsi i Gierałtowicach, co do których Rada Ligi Narodów powzięła na posiedzeniu z dnia 9 czerwca 1928 uchwałę i co do których Urząd Spraw Mniejszości przedłożył w szczególności również oświadczenia 33 uprawnionych do wychowania, że językiem ojczystym ich dzieci jest język polski. (Porównaj zażalenie nr 254 w sprawie szkoły mniejszościowej w Gierałtowicach, akt 14, 15, 16, 17 i zażalenie nr 197 w sprawie szkoły mniejszościowej w Starej Wsi, akt 16—17.)

Wspomniana rezolucja Rady Ligi Narodów brzmi:

I

„Le Conseil décide qu'à l'avenir les déclarations concernant la langue des enfants, formulées par les personnes responsables de leur éducation conformément aux articles 106 et 131 de la Convention du 15 mai 1922 relative à la Haute-Silésie devront être réglées par les trois principes suivants:

1. Toute personne formulant une demande, soit en vue de la création d'une école de minorité, soit en vue de l'admission d'un enfant dans une école déjà existante, doit déclarer selon sa conscience et sous sa responsabilité quelle est la langue el l'enfant de l'éduca-

das Schuljahr 1927 angemeldet wurden, deren Aufnahme aber zu Beginn des Schuljahres (1. September 1927) von den zuständigen Behörden verweigert wurde. In einigen wenigen Fällen ist der Tatbestand insofern etwas abweichend, als die Kinder zunächst zwar zur Minderheitsschule zugelassen, aber nach vorübergehendem Besuch auf Anordnung der zuständigen Behörden wieder aus ihr entfernt wurden. Der Beschwerdeführer beantragt die unverzügliche Aufnahme aller dieser Schüler in die Minderheitsschule; das Minderheitsamt widersetzt sich diesem Begehren und begründet in seinen Bemerkungen das Vorgehen der Behörde damit, daß in sämtlichen Fällen der Ausschluß wegen mangelnder Zugehörigkeit der Schüler zur deutschen Sprachminderheit erfolgt sei.

1. Wie aus den Bemerkungen des Minderheitsamtes hervorgeht, erfolgte in 131 Fällen der Ausschluß aus den Minderheitsschulen deshalb, weil die betreffenden Schüler nach Ansicht der zuständigen Behörden nicht der Minderheit angehören (act. 3, 5, 17, 31, 35, 77—78, 90—91, 93—94, 97—98, 100—101, 103—104, 125—126, 154, 157—158, 160—161, 162), bzw. weil ihre Erziehungsberechtigten erklärt hatten, daß die Muttersprache ihrer Kinder die polnische Sprache sei (act. 9, 66, 74, 109—110, 122—123, 130, 137—138, 140—141, 147—148). Der Ausschluß dieser Schüler ist somit mit ganz derselben Begründung erfolgt wie in den Beschwerdeverfahren, betreffend die Minderheitsschulen Biertułtowy, Stara-Wieś und Gierałtowice, über welche der Völkerbundsrat in seiner Sitzung vom 9. Juni 1928 Beschluß gefaßt hat und in welchen vom Minderheitsamt insbesondere auch Erklärungen vorgelegt wurden, laut welchen 33 Erziehungsberechtigte erklärten, daß die Muttersprache ihrer Kinder die polnische sei. (Vgl. Beschwerdesache Nr. 254, betreffend Minderheitsschule Gierałtowice, act. 14, 15, 16, 17 und Beschwerdesache Nr. 197, betreffend Minderheitsschule Stara-Wieś, act. 16—17.)

Die erwähnte Resolution des Völkerbundsrates lautet:

I

„Le Conseil décide qu'à l'avenir les déclarations concernant la langue des enfants, formulées par les personnes responsables de leur éducation conformément aux articles 106 et 131 de la Convention du 15 mai 1922 relative à la Haute-Silésie devront être réglées par les trois principes suivants:

1. Toute personne formulant une demande, soit en vue de la création d'une école de minorité, soit en vue de l'admission d'un enfant dans une école déjà existante, doit déclarer selon sa conscience et sous sa responsabilité quelle est la langue el l'enfant de l'éduca-

tion duquel elle est légalement responsable, cette déclaration devant porter sur ce que son auteur estime être la situation de fait concernant le point en question. Il doit être entendu que cette liberté de déclarer quelle est la langue d'un enfant, tout en comportant, le cas échéant, une certaine latitude d'appréciation des circonstances, ne constitue pas une faculté illimitée de choisir la langue dans laquelle l'enseignement doit être donné et l'école qui y correspond.

2. Le Gouvernement polonais est justifié de ne pas admettre aux écoles minoritaires les enfants dont la langue, d'après la déclaration des personnes responsables, n'est que la langue polonaise ou pour lesquels manque la déclaration relative à la langue de l'enfant.

3. Les autorités polonaises ne pourront soumettre les déclarations des personnes responsables de l'éducation des enfants relativement à leur langue à aucune vérification, contestation, pression ou entrave, sous quelque forme que ce soit."

II

„Le Conseil invite le Gouvernement polonais à faire savoir aux personnes ayant formulé les soixante-deux déclarations qui n'ont pas été admises parce que, conformément à l'affirmation du Gouvernement polonais, les enfants y visés n'appartenaient pas à la minorité, qu'elles pourraient présenter de nouvelles demandes en vue de la création de l'école minoritaire de Biertułtowy. Aux nouvelles déclarations concernant la langue des enfants qui accompagneraient la demande de création de l'école devront s'appliquer les trois principes énoncés ci-dessus."

III

„Le Conseil rappelle que les difficultés qui se sont produites en cette matière (difficultés communes à plusieurs des questions dont le Conseil a été dernièrement saisi), sont dues au fait qu'un nombre considérable de personnes responsables de l'éducation d'enfants qui ne connaissaient pas la langue de la minorité demandaient pourtant l'admission de ces enfants dans les écoles minoritaires. A ce propos, le Conseil se réfère à l'avis exprimé dans sa résolution du 12 mars 1927, qu'il ne convient pas d'admettre aux écoles minoritaires les enfants qui ne parlent que le polonais. Le Conseil a le ferme espoir qu'une fois que le Gouvernement polonais aura établi les formulaires servant aux déclarations verbales ou écrites

tion duquel elle est légalement responsable, cette déclaration devant porter sur ce que son auteur estime être la situation de fait concernant le point en question. Il doit être entendu que cette liberté de déclarer quelle est la langue d'un enfant, tout en comportant, le cas échéant, une certaine latitude d'appréciation des circonstances, ne constitue pas une faculté illimitée de choisir la langue dans laquelle l'enseignement doit être donné et l'école qui y correspond.

2. Le Gouvernement polonais est justifié de ne pas admettre aux écoles minoritaires les enfants dont la langue, d'après la déclaration des personnes responsables, n'est que la langue polonaise ou pour lesquels manque la déclaration relative à la langue de l'enfant.

3. Les autorités polonaises ne pourront soumettre les déclarations des personnes responsables de l'éducation des enfants relativement à leur langue à aucune vérification, contestation, pression ou entrave, sous quelque forme que ce soit."

II

„Le Conseil invite le Gouvernement polonais à faire savoir aux personnes ayant formulé les soixante-deux déclarations qui n'ont pas été admises parce que, conformément à l'affirmation du Gouvernement polonais, les enfants y visés n'appartenaient pas à la minorité, qu'elles pourraient présenter de nouvelles demandes en vue de la création de l'école minoritaire de Biertułtowy. Aux nouvelles déclarations concernant la langue des enfants qui accompagneraient la demande de création de l'école devront s'appliquer les trois principes énoncés ci-dessus."

III

„Le Conseil rappelle que les difficultés qui se sont produites en cette matière (difficultés communes à plusieurs des questions dont le Conseil a été dernièrement saisi), sont dues au fait qu'un nombre considérable de personnes responsables de l'éducation d'enfants qui ne connaissaient pas la langue de la minorité demandaient pourtant l'admission de ces enfants dans les écoles minoritaires. A ce propos, le Conseil se réfère à l'avis exprimé dans sa résolution du 12 mars 1927, qu'il ne convient pas d'admettre aux écoles minoritaires les enfants qui ne parlent que le polonais. Le Conseil a le ferme espoir qu'une fois que le Gouvernement polonais aura établi les formulaires servant aux déclarations verbales ou écrites

sur la langue de l'enfant de manière à éviter tout malentendu possible quant au caractère objectif de ces déclarations, tel qu'il résulte de ce qui est dit au numéro I ci-dessus, des difficultés de la nature de celles qui se sont produites jusqu'à présent ne se reproduiront plus, et que le fonctionnement normal des écoles minoritaires, au point du vue pédagogique, sur lequel doivent veiller les autorités polonaises, sera ainsi assuré."

IV

„Le Conseil est également saisi de deux autres appels du „Deutscher Volksbund" concernant respectivement la fermeture des écoles de minorité à Stara-Wieś et à Gierałtowice (voir documents C 231 1928 I et C. 229. 1928 I). La création de l'école de Stara-Wieś fut demandée pour cinquante-deux enfants par les personnes responsables de leur éducation; mais, d'après le Gouvernement, pour vingt-deux de ces enfants, les personnes responsables de leur éducation déclarèrent „que la langue véhiculaire" de ces enfants était le polonais. En ce qui concerne l'école de Gierałtowice, cette même déclaration fut formulée, d'après le Gouvernement, pour trente-huit enfants sur les quarante-quatre pour lesquels la création de l'école avait été demandée.

Le Conseil décide que la présente résolution sera également applicable aux cas des écoles de Stara-Wieś et de Gierałtowice."

Z uwagi na podobieństwo, jakie zachodzi pomiędzy przypadkami rozpatrywanymi przez Radę Ligi Narodów, a przypadkami niniejszymi, zaleca się zatem rozwiązać kwestię niniejszą w ten sam sposób, jak to uczyniła Rada Ligi Narodów i stosownie do tego polecić powtórzenie zgłoszeń.

2. Oprócz przypadków, rozpatrywanych pod 1, zażalenia dotyczą jeszcze innej grupy dzieci, których nie przyjęto do szkoły mniejszościowej. Chodzi tu o dzieci, co do których — według uwag Urzędu Spraw Mniejszości — uprawnieni do wychowania oświadczyli, że władają one tylko językiem polskim (akt 12, 15, 68, 107, 113—114, 118, 128, 143, 145, 151, 164—165). Ponieważ tego rodzaju oświadczenia nie stanowiły podstawy rezolucji Rady Ligi Narodów z dnia 9 czerwca 1928, rezolucji tej do tych przypadków krótką drogą stosować nie można. Wprawdzie Rada Ligi Narodów w rezolucji swej zajmuje widocznie zasadnicze stanowisko, że należy powtórzyć wszystkie poprzednie oświadczenia, które złożono przed ogłoszeniem wyroku haskiego i z okazji różnych dochodzeń urzędowych, lecz kwestię, czy Rada Ligi

sur la langue de l'enfant de manière à éviter tout malentendu possible quant au caractère objectif de ces déclarations, tel qu'il résulte de ce qui est dit au numéro I ci-dessus, des difficultés de la nature de celles qui se sont produites jusqu'à présent ne se reproduiront plus, et que le fonctionnement normal des écoles minoritaires, au point du vue pédagogique, sur lequel doivent veiller les autorités polonaises, sera ainsi assuré."

IV

„Le Conseil est également saisi de deux autres appels du „Deutscher Volksbund" concernant respectivement la fermeture des écoles de minorité à Stara-Wieś et à Gierałtowice (voir documents C 231. 1928 I et C. 229. 1928 I). La création de l'école de Stara-Wieś fut demandée pour cinquante-deux enfants par les personnes responsables de leur éducation; mais, d'après le Gouvernement, pour vingt-deux de ces enfants, les personnes responsables de leur éducation déclarèrent „que la langue véhiculaire" de ces enfants était le polonais. En ce qui concerne l'école de Gierałtowice, cette même déclaration fut formulée, d'après le Gouvernement, pour trente-huit enfants sur les quarante-quatre pour lesquels la création de l'école avait été demandée.

Le Conseil décide que la présente résolution sera également applicable aux cas des écoles de Stara-Wieś et de Gierałtowice."

Mit Rücksicht auf die zwischen den vorliegenden und den vom Völkerbundsrat behandelten Fällen bestehende Analogie erscheint es daher als gegeben, die vom Völkerbundsrat getroffene Lösung in casu anzuwenden und dementsprechend eine Wiederholung der Anmeldungen anzuempfehlen.

2. Außer den sub 1 behandelten Fällen betreffen die Beschwerden noch eine zweite Gruppe von Kindern, die aus der Minderheitsschule zurückgewiesen wurden. Bei dieser zweiten Gruppe handelt es sich um Fälle, in denen laut den Bemerkungen des Minderheitsamtes die Erziehungsberechtigten erklärt hatten, daß ihre Kinder nur die polnische Sprache beherrschen (act. 12, 15, 68, 107, 113—114, 118, 128, 143, 145, 151, 164—165). Da derartige Erklärungen der Resolution des Völkerbundsrates vom 9. Juni 1928 nicht zugrunde lagen, ist die von der Resolution getroffene Lösung nicht ohne weiteres auf diese Fälle anwendbar. Wohl scheint der Völkerbundsrat in seiner Resolution auf dem grundsätzlichen Standpunkt ze stehen, daß alle früheren, vor dem Erlaß des Haager Urteils und anläßlich der verschiedenen behördlichen Enquêten abgegebenen

Narodów chce, aby tę zasadę stosowano także do niniejszych przypadków, może rozstrzygnąć tylko ona sama. Prezydent Komisji Mieszanej nie ma prawa do tego rodzaju wykładni. Na podstawie praktycznych rozważań dochodzi on jednak do poglądu, że zbyteczne jest powtórzyć zgłoszenia w przypadkach, gdzie wyraźnie i niedwuznacznie oświadczono, że dziecko włada tylko językiem polskim.

3. Jeszcze jeden punkt należy poruszyć. W 95 przypadkach załączy się wniósł do akt oświadczenia następującej treści:

Oświadczam jako uprawniony do wychowania dziecka..... ur. dnia..... wobec swego sumienia i na własną odpowiedzialność, że językiem wymienionego dziecka jest język niemiecki.

....., dnia ..... 1928.

(Imię i nazwisko.)

Oświadczenia te datują z ostatnich dni czerwca i z początku lipca 1928 i podpisane są przez uprawnionych do wychowania. Mogłoby powstać pytanie, czy na podstawie tych oświadczeń, które co do swej treści można by łatwo uważać za oświadczenia językowe w myśl artykułu 131 Konwencji Genewskiej, zarządzić należy bezzwłoczne przeniesienie dotycznych uczniów. Lecz Prezydent Komisji Mieszanej kwestii tej już z tego powodu nie może rozpatrywać, ponieważ dotycznych oświadczeń nie wniesiono do właściwej władzy polskiej, jak to należało uczynić w myśl artykułu 131 Konwencji Genewskiej. Prezydent Komisji Mieszanej nie ma prawa przyjmować w miejsce właściwej władzy szkolnej tego rodzaju oświadczeń w myśl artykułu 131 Konwencji Genewskiej.

Po naradzie w łonie Komisji Mieszanej Prezydent Komisji Mieszanej na mocy powyższych rozważań dochodzi do

poglądu:

Właściwe władze wzywa się, aby zawiadomiły uprawnionych do wychowania, których zgłoszenia o przyjęcie dzieci do szkoły mniejszościowej zostały unieważnione z powodu nieprzynależności tych dzieci do mniejszości, że zgłoszenia swe mogą powtórzyć. W sprawie

Erklärungen zu wiederholen seien, aber die Frage, ob der Völkerbundsrat diesen Grundsatz auch auf die vorliegenden Fälle angewendet wissen will, kann nur vom Völkerbundsrat selbst entschieden werden. Der Präsident der Gemischten Kommission ist zu einer solchen Interpretation nicht befugt. Er gelangt aber aus praktischen Erwägungen zu der Auffassung, daß es überflüssig sei, in denjenigen Fällen die Anmeldungen wiederholen zu lassen, in denen eindeutig und ausdrücklich erklärt wurde, daß das Kind nur die polnische Sprache beherrsche.

3. Es bleibt noch ein weiterer Punkt zu berühren. Der Beschwerdeführer hat in 95 Fällen Erklärungen folgenden Inhalts zu den Akten gegeben:

Ich erkläre als Erziehungsberechtigte..... des Kindes..... geb. am..... vor meinem Gewissen und unter meiner eigenen Verantwortlichkeit, daß die Sprache des obengenannten Kindes die deutsche Sprache ist.

...... den ...... 1928.

(Vor- u. Zuname.)

Diese Erklärungen datieren aus den letzten Tagen des Juni und von Anfang Juli 1928 und sind von den Erziehungsberechtigten unterzeichnet. Es könnte sich fragen, ob auf Grund dieser Erklärungen, die dem Inhalte nach sehr wohl als Sprachenerklärungen im Sinne von Art. 131 der Genfer Konvention gelten könnten, die Versetzung der Schüler, die sie betreffen, ohne weiteres auszusprechen sei. Auf diese Frage kann der Präsident der Gemischten Kommission schon deshalb nicht eintreten, weil die fraglichen Erklärungen nicht, wie es Art. 131 der Genfer Konvention sinngemäß verlangt, der zuständigen polnischen Behörde eingereicht wurden. Der Präsident der Gemischten Kommission ist nicht berechtigt, an Stelle der zuständigen Schulbehörde solche Erklärungen im Sinne des Art. 131 der Genfer Konvention entgegenzunehmen.

Der Präsident der Gemischten Kommission gelangt nach stattgehabter Beratung im Schoße der Gemischten Kommission und gestützt auf die vorstehenden Erwägungen zur

Stellungnahme:

Die zuständigen Behörden werden ersucht, die Erziehungsberechtigten, deren Anmeldungen auf Aufnahme ihrer Kinder in die Minderheitsschule wegen Nichtzugehörigkeit der Kinder zur Minderheit für ungültig erklärt wurden, zu verständigen, daß sie ihre Anmeldungen wiederholen

oświadczeń co do języka dzieci obowiązują zasady ustalone w rezolucji Rady Ligi Narodów z dnia 9 czerwca 1928.

Powyższego wezwania nie potrzeba wystosować do tych uprawnionych do wychowania, którzy w ciągu roku szkolnego 1927-28 wyraźnie oświadczyli, że dzieci ich władają tylko językiem polskim.

80

Pogląd

z dnia 15 lutego 1929 w sprawie nr 534 Stanisława Schröttera w Brzezinach (Górny Śląsk Polski) i towarzyszy, żalących się, zastąpionych przez Niemiecki Związek Ludowy na Śląsk Polski (t. z.), w Katowicach, ulica Młyńska 23, dotyczącej nieprzyjęcia do szkoły mniejszościowej 172 uczniów, egzaminowanych swego czasu przez eksperta Maurera z wynikiem negatywnym.

I

W maju 1928 z okazji wpisów do szkół mniejszościowych na rok szkolny 1928-29 zgłoszono m. in. 172 uczniów, których w czasie od 24 maja 1927 do 27 lutego 1928 ekspert Rady Ligi Narodów Maurer egzaminował z tym wynikiem, że nie władają w dostatecznej mierze językiem niemieckim, aby móc z pożytkiem uczęszczać do szkoły mniejszościowej. Ponieważ na podstawie negatywnego wyniku egzaminu właściwe władze zgłoszeń tych z początkiem roku szkolnego 1928-29 (1 września 1928) nie uwzględniły, Niemiecki Związek Ludowy skierował imieniem i z pełnomocnictwa uprawnionych do wychowania do Polskiego Urzędu Spraw Mniejszości petycję w myśl art. 149 i n., wnosząc o bezzwłoczne przyjęcie tych dzieci do szkół mniejszościowych. W petycjach wskazuje się na to, że uprawnieni do wychowania, składając deklarację przewidzianą w art. 131 Konwencji Genewskiej, oświadczyli, że językiem ich dzieci jest język niemiecki. Właściwe władze zajęły stanowisko, że wykluczenie tych uczniów, zarządzone przez Prezydenta Komisji Mieszanej na podstawie wyników egzaminu eksperta Maurera, obowiązuje nie tylko na rok szkolny 1927-28, lecz także na rok szkolny 1928-29. Urząd Spraw Mniejszości na rozprawie ustnej rozszerzył to stanowisko jeszcze w tym kierunku, że wykluczenie uczniów pozostaje w mocy poza rok szkolny 1928-29 na cały dalszy czas szkolny dotycznych uczniów. Żalący się natomiast

können. Für die Erklärungen betreffend die Sprache der Kinder sind die in der Resolution des Völkerbundsrates vom 9. Juni 1928 festgelegten Prinzipien maßgebend.

Diese Aufforderung braucht nicht zu ergehen an diejenigen Erziehungsberechtigten, die im Laufe des Schuljahres 1927-28 die ausdrückliche Erklärung abgegeben hatten, daß ihre Kinder nur die polnische Sprache beherrschen.

80

Stellungnahme

vom 15. Februar 1929 in der Sache Nr. 534 des Stanislaus Schrötter, Brzeziny (Polnisch-Oberschlesien) und Genossen, Beschwerdeführer, vertreten durch den Deutschen Volksbund für Polnisch-Schlesien (t. z.) in Katowice, ulica Młyńska 23, betreffend Nichtaufnahme in die Minderheitsschule von 172 Schülern, die seinerzeit vom Experten Maurer mit negativem Ergebnis geprüft worden waren.

I

Im Mai 1928 wurden anläßlich der Einschreibungen zum Besuch der Minderheitsschulen für das Schuljahr 1928-29 u. a. 172 Schüler angemeldet, welche im Zeitraum vom 24. Mai 1927 bis 27. Februar 1928 durch den vom Völkerbundsrat ernannten Experten Maurer mit dem Ergebnis geprüft worden waren, daß sie die deutsche Sprache nicht in genügendem Maße beherrschten, um mit Nutzen die Minderheitsschule zu besuchen. Da diese Anmeldungen von den zuständigen Behörden gestützt auf das negative Prüfungsergebnis zu Beginn des Schuljahres 1928-29 (1. September 1928) unberücksichtigt gelassen wurden, wandte sich der Deutsche Volksbund im Namen und in Vollmacht der Erziehungsberechtigten mit Beschwerden im Sinne von Art. 149 ff. an das Polnische Minderheitsamt und beantragte, diese Kinder unverzüglich in die Minderheitsschulen aufzunehmen, unter Hinweis darauf, daß die Erziehungsberechtigten bei Abgabe der in Art. 131 der Genfer Konvention vorgesehenen Erklärung erklärt hatten, daß die Sprache ihrer Kinder die deutsche sei. Von Seiten der zuständigen Behörden wurde geltend gemacht, daß der vom Präsidenten der Gemischten Kommission auf Grund der Prüfungen des Experten Maurer verfügte Ausschluß dieser Schüler nicht nur für das Schuljahr 1927-28 wirksam sei, sondern auch für das Schuljahr 1928-29. Dieser Standpunkt wurde vom Minderheitsamt anläßlich der mündlichen Verhandlung noch dahin erweitert, daß der Ausschluß der Schüler über das

zajmuje stanowisko, że wykluczenia, zarządzone przez Prezydenta Komisji Mieszanej na podstawie negatywnego wyniku egzaminu, przestają obowiązywać z upływem roku szkolnego 1927-28.

Dotyczne zażalenia datują z czasu od 9 lipca 1928 do 13 listopada 1928. Polski Urząd Spraw Mniejszości przekazał je Prezydentowi Komisji Mieszanej na podstawie art. 152 Konwencji Genewskiej w czasie od 28 września 1928 do 31 stycznia 1929. Z okazji wymiany pism oraz na rozprawie ustnej z dnia 1 grudnia 1928 strony interesowane w postępowaniu miały sposobność przedstawić swe wywody faktyczne i prawne zarówno na piśmie jak i ustnie.

II

Przed rozpatrzeniem właściwej kwestii prawnej należy wyłączyć dwie grupy przypadków:

a) Z oświadczeń językowych, wniesionych do akt przez Urząd Spraw Mniejszości, można wnosić, że w 13 przypadkach uprawnieni do wychowania oświadczyli, że językiem dziecka jest język polski. O ile to zachodzi, dane zażalenia należy oddalić już z tego powodu, że tylko takie dzieci mają prawo, aby je dopuszczono do szkół mniejszościowych, które w myśl złożonego oświadczenia językowego mówią po niemiecku.

b) Według protokołów z egzaminów, które znajdują się u Prezydenta Komisji Mieszanej, ekspert Maurer nie egzaminował dziecka Alfreda Glasnera z Chropaczowa. Niedopuszczenie tego dziecka do szkoły mniejszościowej z tego powodu, że rzekomo nie zdało egzaminu, należy zatem uważać za niedostatecznie uzasadnione.

III

1. Artykuł 131 Konwencji Genewskiej przepisuje, że język dziecka ustala się jedynie w drodze oświadczenia osoby uprawnionej do wychowania i że oświadczenia tego nie wolno sprawdzać lub kwestionować.

Trybunał Sprawiedliwości Międzynarodowej w Hadze rozstrzygnął wyrokiem z dnia 26 kwietnia 1928 (zobacz tenor wyroku liczba 2, ustęp 2, uwaga 1), że oświadczenia językowe, składane przez upraw-

---

Uwaga 1: ...que lesdites déclarations doivent porter sur ce que leur auteur estime être la situation de fait concernant le point

Schuljahr 1928-29 hinaus für die ganze übrige Schulzeit der betreffenden Schüler in Geltung bleibe. Dem gegenüber vertritt der Beschwerdeführer die Auffassung, daß die auf Grund des negativen Prüfungsergebnisses vom Präsidenten der Gemischten Kommission angeordneten Ausschließungen mit Ablauf des Schuljahres 1927-28 dahinfallen.

Die diesbezüglichen Beschwerden datieren aus der Zeit vom 9. Juli 1928 bis 13. November 1928 und wurden dem Präsidenten der Gemischten Kommission in der Zeit vom 28. September 1928 bis 31. Januar 1929 durch das Polnische Minderheitsamt auf Grund des Artikels 152 der Genfer Konvention überwiesen. In dem darauffolgenden Schriftenwechsel, sowie in den mündlichen Verhandlungen vom 1. Dezember 1928 hatten die an dem Verfahren beteiligten Parteien Gelegenheit, ihre Ausführungen in rechtlicher und tatsächlicher Beziehung sowohl schriftlich wie mündlich vorzutragen.

II

Vor dem Eintreten auf die eigentliche Rechtsfrage sind 2 Gruppen von Fällen auszuscheiden:

a) Den vom Minderheitsamt zu den Akten gegebenen Spracherklärungen ist zu entnehmen, daß in 13 Fällen von den Erziehungsberechtigten die polnische Sprache als die Sprache des Kindes erklärt wurde. Soweit letzteres der Fall ist, sind die bezüglichen Beschwerden schon aus diesem Grunde ohne weiteres abzuweisen, da nur solche Kinder Anspruch auf Zulassung zur Minderheitsschule haben, welche laut der abgegebenen Spracherklärung deutsch sprechen.

b) Laut den beim Präsidenten der Gemischten Kommission befindlichen Prüfungsprotokollen ist das Kind Alfred Glasner, Chropaczów, vom Experten Maurer einer Sprachprüfung nicht unterzogen worden. Die auf eine angeblich negative Sprachprüfung gestützte Zurückweisung aus der Minderheitsschule ist daher als nicht genügend begründet anzusehen.

III

1. Art. 131 der Genfer Konvention schreibt vor, daß die Sprache eines Kindes einzig durch die Erklärung der erziehungsberechtigten Person festgestellt wird und daß diese Erklärung nicht Gegenstand irgendeiner Nachprüfung oder Bestreitung bilden dürfe.

Der Internationale Gerichtshof im Haag hat mit Urteil vom 26. April 1928 (siehe Dispositiv Ziffer 2, zweiter Absatz, Anmerkung 1) entschieden, daß die gemäß Art. 131 der Genfer Konvention vom Erziehungs-

---

Anmerkung 1: ...que lesdites déclarations doivent porter sur ce que leur auteur estime être la situation de fait concernant le point

nionych do wychowania w myśl art. 131 Konwencji Genewskiej, powinny odpowiadać stosunkom faktycznym i że swoboda oświadczenia, który język jest językiem ucznia lub dziecka, chociaż pozostawia ona w danym razie pewną wolność oceny dotycznych okoliczności (zobacz rozważania wyroku na str. 34 uwaga 2) i na str. 40—41, uwaga 3), nie oznacza przecież, że uprawniony do wychowania ma nieograniczone prawo wyboru języka nauczania i dotycznej szkoły (zobacz rozważa-

---

en question et que la liberté de déclarer quelle est la langue d'un élève ou d'un enfant, tout en comportant, le cas échéant, une certaine latitude d'appréciation des circonstances, ne constitue pas une faculté illimitée de choisir la langue dans laquelle l'enseignement doit être donné et l'école qui y correspond.

Uwaga 2: Il y a lieu de croire que, dans les conditions qui règnent en Haute-Silésie, il se présente une multitude de cas où l'appartenance à une moinorité, notamment de race ou de langue, ne ressort pas clairement des faits. Une telle incertitude pourrait, par exemple, exister en ce qui concerne la langue, là où une personne ne parle ni l'allemand ni le polonais littéraire, ou bien connait et emploie plusieurs langues, et, en ce qui concerne la race, dans le cas de mariages mixtes. Si les autorités voulaient procéder à la vérification ou à la contestation du contenu de la déclaration de la personne elle-même, il est peu probable que, dans de tels cas, elles pourraient arriver à un résultat plus conforme à la realité. Pareil procédé, de la part des autorités, prendrait en outre facilement, dans l'opinion de la population, l'aspect d'une mesure vexatoire qui enflammerait les passions politiques et contrecarrerait le but d'apaisement, qui est aussi celui des stipulations concernant la protection des minorités.

Uwaga 3: Mais, si la conclusion tirée par la Cour du texte de la Convention est que l'article 131 vise une déclaration qui, en principe, doit porter sur l'existence d'un fait et non exprimer une volonté ou un désir, cela n'exclut pas que, dans l'appréciation des faits, un élément subjectif puisse légitimement entrer. En effet, ce qu'il faut entendre par la langue d'une personne n'est pas toujours clair et hors de doute; notamment quand il s'agit d'un enfant arrivant à l'âge scolaire, il est sans doute légitime de ne pas tenir compte exclusivement de la langue dont l'enfant se sert en général, si c'est dans une autre langue que les parents satisfont leurs besoins culturels et si c'est cette langue qu'ils considèrent comme étant de préférence la leur. Ce qui vient d'être dit est tout particulièrement vrai pour la Haute-Silésie, étant donné les conditions très spéciales qui paraissent y régner, d'après les éléments de la procédure, au point de vue linguistique.

berechtigten abzugebende Spracherklärung den tatsächlichen Verhältnissen entsprechen soll und daß die Freiheit, zu erklären, welches die Sprache eines Schülers oder Kindes ist, obwohl sie gegebenenfalls einen gewissen Spielraum des Ermessens in der Beurteilung der bezüglichen Umstände in sich schließt (siehe die Erwägungen des Urteils auf Seite 34, Anmerkung 2 und auf Seite 40—41, Anmerkung 3), doch nicht eine unbeschränkte Befugnis bedeutet hinsichtlich der Wahl der Unterrichtssprache und der entsprechenden Schule (siehe Erwägung Seite 43, dritter Absatz, Anmer-

---

en question et que la liberté de déclarer quelle est la langue d'un élève ou d'un enfant, tout en comportant, le cas échéant, une certaine latitude d'appréciation des circonstances, ne constitue pas une faculté illimitée de choisir la langue dans laquelle l'enseignement doit être donné et l'école qui y correspond.

Anmerk. 2: Il y a lieu de croire que, dans les conditions qui règnent en Haute-Silésie, il se présente une multitude de cas où l'appartenance à une moinorité, notamment de race ou de langue, ne ressort pas clairement des faits. Une telle incertitude pourrait, par exemple, exister en ce qui concerne la langue, là où une personne ne parle ni l'allemand ni le polonais littéraire, ou bien connait et emploie plusieurs langues, et, en ce qui concerne la race, dans le cas de mariages mixtes. Si les autorités voulaient procéder à la vérification ou à la contestation du contenu de la déclaration de la personne elle-même, il est peu probable que, dans de tels cas, elles pourraient arriver à un résultat plus conforme à la realité. Pareil procédé, de la part des autorités, prendrait en outre facilement, dans l'opinion de la population, l'aspect d'une mesure vexatoire qui enflammerait les passions politiques et contrecarrerait le but d'apaisement, qui est aussi celui des stipulations concernant la protection des minorités.

Anmerk. 3: Mais, si la conclusion tirée par la Cour du texte de la Convention est que l'article 131 vise une déclaration qui, en principe, doit porter sur l'existence d'un fait et non exprimer une volonté ou un désir, cela n'exclut pas que, dans l'appréciation des faits, un élément subjectif puisse légitimement entrer. En effet, ce qu'il faut entendre par la langue d'une personne n'est pas toujours clair et hors de doute; notamment quand il s'agit d'un enfant arrivant à l'âge scolaire, il est sans doute légitime de ne pas tenir compte exclusivement de la langue dont l'enfant se sert en général, si c'est dans une autre langue que les parents satisfont leurs besoins culturels et si c'est cette langue qu'ils considèrent comme étant de préférence la leur. Ce qui vient d'être dit est tout particulièrement vrai pour la Haute-Silésie, étant donné les conditions très spéciales qui paraissent y régner, d'après les éléments de la procédure, au point de vue linguistique.

nie str. 43, ustęp trzeci, uwaga 4). Pod względem materialno-prawnym z powyższego tenoru wyroku i z poprzedzających go rozważań wyciągnąć należy w zastosowaniu do niniejszego przypadku następujący wniosek: Uprawnieni do wychowania mają prawo posyłać dzieci, które mówią po niemiecku bądź to wyłącznie bądź też obok języka polskiego, do niemieckiej szkoły mniejszościowej, i oświadczyć w tym celu, że językiem dzieci jest język niemiecki. Uprawnieni do wychowania nie mają natomiast prawa do określania języka niemieckiego jako języka nauczania dla dzieci, które nie mówią po niemiecku, i do posyłania tych dzieci do niemieckiej szkoły mniejszościowej.

Z drugiej strony Trybunał Sprawiedliwości Międzynarodowej podtrzymał pod względem formalno-prawnym absolutny zakaz wszelkiego sprawdzania lub kwestionowania (tenor wyroku liczba 2, ustęp 3, uwaga 5) i rozważania str. 35, uwaga 6) i wypowiedział się w tym kierunku, że oświadczenie w myśl artykułów 131 i 74 należy uznać bezwzględnie nawet wówczas, gdy wydaje się ono być niezgodne z prawdą. (Zobacz rozważania str. 43—44, uwaga 7). Gdyby zatem Prezydent Komisji Mieszanej chciał uwzględnić tylko Konwencję Genewską i wyrok Trybunału Międzynarodowego w Hadze, musiałby

---

Uwaga 4: ...Il résulte de ce qui a été exposé ci-dessus, qu'on ne peut considérer comme contraire à la Convention le refus d'admettre aux écoles (classes ou cours) minoritaires des enfants dont la l. ngue, d'après la déclaration des personnes responsables, n'est que la langue polonaise, ou pour lesquels manque la déclaration relative à la langue de l'enfant.

Uwaga 5: ...que, cependant, la déclaration visée par l'article 131 de la Convention ainsi que la question de savoir si une personne appartient ou non à une minorité de race, de langue ou de religion, ne sont pas soumises, sous quelque forme que ce soit, à une vérification, contestation, pression ou entrave de la part des autorités.

Uwaga 6: Si, d'après ce qui a été dit ci-dessus, une déclaration qui est pleine contradiction avec les faits doit être considérée comme non conforme à la Convention de Genéve, il n'en découle pas que l'interdiction de verification et de contestation cesse d'être applicable en pareil cas, comme semble vouloir le soutenir le Gouvernement polonais.

Uwaga 7: Si une déclaration a été faite, il faut toujours la respecter. Pour ce qui est de l'art. 131, comme de l'art. 74, la Cour estime que l'interdiction de toute vérification ou contestation ne cesse pas d'être applicable dans des cas où il apparaît que la déclaration n'est pas conforme à la vérité. La Cour renvoie sur ce point à ce qu'elle a dit plus haut au sujet de l'art. 74.

kung 4). In materiell-rechtlicher Hinsicht ist aus diesem Dispositiv und den vorausgehenden Erwägungen in Anwendung auf den vorliegenden Fall folgender Schluß zu ziehen: Die Erziehungsberechtigten haben das Recht, Kinder, die die deutsche Sprache, sei es ausschließlich, sei es neben der polnischen Sprache sprechen, in die deutsche Minderheitsschule zu schicken und zu diesem Zwecke die deutsche Sprache als die Sprache der Kinder zu erklären. Dagegen sind die Erziehungsberechtigten nicht befugt, für Kinder, welche die deutsche Sprache nicht sprechen, die deutsche Sprache als die Unterrichtssprache zu bestimmen und diese Kinder in die deutsche Minderheitsschule zu schicken.

Andererseits hat der Internationale Gerichtshof in formell-rechtlicher Hinsicht das absolute Verbot jeglicher Nachprüfung oder Bestreitung aufrechterhalten (Dispositiv Ziffer 2, Absatz 3, Anmerkung 5, und Erwägung Seite 35, Anmerkung 6) und sich dahin ausgesprochen, daß eine Erklärung im Sinne der Art. 131 und 74 unter allen Umständen anzuerkennen ist, selbst da, wo die Erklärung der Wahrheit nicht konform erscheint. (Siehe Erwägung Seite 43—44, Anmerkung 7.) Demnach müßte der Präsident der Gemischten Kommission, wenn er nur der Genfer Konvention und dem Urteil des Internationalen Gerichtshofs im Haag Rechnung trüge, sein

---

Anmerk. 4: ...Il résulte de ce qui a été exposé ci-dessus, qu'on ne peut considérer comme contraire à la Convention le refus d'admettre aux écoles (classes ou cours) minoritaires des enfants dont la langue, d'après la déclaration des personnes responsables, n'est que la langue polonaise, ou pour lesquels manque la déclaration relative à la langue de l'enfant.

Anmerk. 5: ...que, cependant, la déclaration visée par l'article 131 de la Convention ainsi que la question de savoir si une personne appartient ou non à une minorité de race, de langue ou de religion, ne sont pas soumises, sous quelque forme que ce soit, à une vérification, contestation, pression ou entrave de la part des autorités.

Anmerk. 6: Si, d'après ce qui a été dit ci-dessus, une déclaration qui est pleine contradiction avec les faits doit être considérée comme non conforme à la Convention de Genéve, il n'en découle pas que l'interdiction de verification et de contestation cesse d'être applicable en pareil cas, comme semble vouloir le soutenir le Gouvernement polonais.

Anmerk. 7: Si une déclaration a été faite, il faut toujours la respecter. Pour ce qui est de l'art. 131, comme de l'art. 74, la Cour estime que l'interdiction de toute vérification ou contestation ne cesse pas d'être applicable dans des cas où il apparaît que la déclaration n'est pas conforme à la vérité. La Cour renvoie sur ce point à ce qu'elle a dit plus haut au sujet de l'art. 74.

wydać opinię w tym sensie, że do szkół mniejszościowych należy dopuścić wszystkich dotycznych uczniów, ponieważ w przypadkach tych uprawniony do wychowania właśnie oświadczył, że językiem jego dziecka jest język niemiecki. Nie sprawiałoby przy tym różnicy, czy według oświadczenia uprawnionego do wychowania dziecko mówi tylko jednym językiem lub oprócz po niemiecku mówi także po polsku.

Lecz poza tym normalnym położeniem prawnym, ustalonym Konwencją i wyrokiem haskim, wyjątkowo wchodzi tutaj w rachubę jeszcze dalszy czynnik, mianowicie rezolucje Rady Ligi Narodów z 12 marca 1927 i 8 grudnia 1927 oraz oparte na nich egzaminy językowe. Na mocy tych rezolucyj Rady Ligi Narodów inspektor szkolny Maurer egzaminował dzieci w przypadkach określonych jako wątpliwe, aby stwierdzić, czy władają one językiem niemieckim w dostatecznej mierze, aby z pożytkiem móc uczęszczać do niemieckich szkół mniejszościowych. Jako wynik tych egzaminów pozostaje fakt oczywisty, że dzieci, egzaminowane przez inspektora Maurera w czasie od 24 maja 1927 do 27 lutego 1928, nie władały wówczas w dostatecznej mierze językiem niemieckim.

Wprawdzie należy wychodzić z założenia, że stan rzeczy stwierdzony w pewnym określonym czasie co do stosunków językowych danych dzieci, podlega zmianie: dzieci mogą się bowiem później nauczyć języka niemieckiego. Z drugiej zaś strony jest zupełnie jasne, że ten stan rzeczy nie może się zmienić z dnia na dzień. Dopiero po upływie stosownego czasu upada siła dowodowa stwierdzeń inspektora Maurera i można się liczyć z możliwością lub prawdopodobieństwem, że późniejsze oświadczenia językowe nie będą się sprzeciwiały obiektywnej prawdzie. Jaki czas co do ogółu tych uczniów uważa się za potrzebny, aby nabyli dostatecznych znajomości języka niemieckiego, jest kwestią swobodnej oceny. Co prawda należy przy tym uwzględnić, że w tak mieszanym obszarze językowym, a mianowicie u rodzin, gdzie rozmawia się obydwoma językami, dane są liczne sposobności do nauczenia się języka niemieckiego. W niniejszym przypadku trzeba jednak przypuścić, że stwierdzenia eksperta z uwagi na krótki czas, jaki upłynął od przeprowadzenia egzaminów aż do nowych zgłoszeń, zgodne są jeszcze z rzeczywistością, ponieważ z danych uczniów egzaminowano:

14 w maju 1927,
32 w czerwcu 1927,
25 we wrześniu 1927,

Gutachten in dem Sinne abgeben, daß sämtliche in Frage stehenden Schüler zu den Minderheitsschulen zuzulassen seien, weil eben der Erziehungsberechtigte in diesen Fällen erklärt hat, daß die Sprache seines Kindes die deutsche sei. Dabei würde es keinen Unterschied machen, ob das Kind nach der Erklärung des Erziehungsberechtigten einsprachig ist oder neben der deutschen Sprache auch polnisch spricht.

Allein neben dieser, durch die Konvention und das Haager Urteil bestimmten normalen Rechtslage, kommt hier ausnahmsweise ein weiterer Faktor in Betracht: die Resolution des Völkerbundsrates vom 12. März und 8. Dezember 1927 und die darauf gestützten Sprachprüfungen. Auf Grund dieser Resolutionen des Völkerbundsrates hat Schulinspektor Maurer in den als zweifelhaft bezeichneten Fällen die Kinder geprüft, um festzustellen, ob sie die deutsche Sprache genügend beherrschten, um mit Nutzen die deutschen Minderheitsschulen zu besuchen. Als Ergebnis dieser Prüfungen bleibt die offenkundige Tatsache bestehen, daß die fraglichen Kinder, welche im Zeitraum vom 24. Mai 1927 bis 27. Februar 1928 von Inspektor Maurer geprüft wurden, damals die deutsche Sprache nicht in genügendem Maße beherrschten.

Nun ist allerdings davon auszugehen, daß der in einem bestimmten Zeitpunkt festgestellte Zustand hinsichtlich der Sprachverhältnisse der betreffenden Kinder der Veränderung unterliegt: die Kinder können nachträglich die deutsche Sprache erlernen. Andererseits ist es aber ohne weiteres einleuchtend, daß jener Zustand nicht von einem Tag zum andern wechseln kann. Erst nach Ablauf eines entsprechenden Zeitraumes fällt die Beweiskraft der Feststellungen des Inspektors Maurer dahin und darf mit der Möglichkeit oder Wahrscheinlichkeit gerechnet werden, daß die späteren Spracherklärungen mit der objektiven Wahrheit nicht im Widerspruch stehen. Welchen Zeitraum man hinsichtlich der Gesamtheit dieser Schüler als notwendig erachtet, um genügende Kenntnisse in der deutschen Sprache zu erwerben, ist eine Frage des freien Ermessens. Dabei ist allerdings zu berücksichtigen, daß in einem so gemischten Sprachgebiet, und namentlich in Familien, in welchen die Kenntnis beider Sprachen sich vorfindet, mannigfache Gelegenheiten zur Erlernung der deutschen Sprache gegeben sind. Im vorliegenden Falle muß indessen angenommen werden, daß die Feststellungen des Experten angesichts der Kürze der zwischen den Prüfungen und der Neuanmeldung verstrichenen Zeit noch der Wirklichkeit entsprechen, denn von den in Frage stehenden Schülern wurden

14 im Mai 1927,
32 „ Juni 1927,
25 „ September 1927,

26 w październiku 1927,
36 w listopadzie 1927,
16 w grudniu 1927,
6 w styczniu 1928,
22 w lutym 1928,

natomiast oświadczenia językowe złożono w maju 1928, a zatem przeciętnie po upływie 6 i ½ miesiąca po egzaminie. Dla blisko połowy uczniów okres ten był jeszcze krótszy. Odpowiada zatem stanowi rzeczy, jeżeli się przyjmie, że przeważająca większość tych uczniów w tym krótkim czasie nie mogła nabyć takich znajomości języka niemieckiego, aby z pożytkiem móc uczęszczać do szkoły mniejszościowej. Na podstawie powyższych rozważań z egzaminów Maurera wynika zatem jasno — bez potrzeby szczególnego sprawdzania oświadczeń złożonych na rok szkolny 1927-28 — że te oświadczenia językowe uprawnionych do wychowania w przeważającej większości przypadków nie mogą odpowiadać obiektywnym faktom.

Mamy tu do czynienia z zagadnieniem przejściowym pomiędzy rezolucją Rady Ligi Narodów z dnia 12 marca 1927 a wyrokiem haskim z dnia 26 kwietnia 1928. Ponieważ ani Konwencja Genewska ani rezolucja Rady Ligi Narodów ani w końcu wyrok Trybunału Sprawiedliwości Międzynarodowej w Hadze tego stanu rzeczy nie przewidują, przeto nie można wysuniętego tu zagadnienia rozwiązać jedynie przy pomocy źródeł prawnych, lecz szukać trzeba rozwiązania w drodze swobodnego sędziowskiego poszukiwania prawa. Wobec tego zupełnie wyjątkowego stanu rzeczy Prezydent Komisji Mieszanej uważa za swe prawo i obowiązek, dać wyjątkowo pierwszeństwo względom słuszności i pojednawczej polityki szkolnej przed ścisłymi, w wyroku haskim ustanowionymi zasadami prawnymi, w myśl których respektować należy każde oświadczenie językowe bez względu na jego prawdziwość i w myśl których wszelkie kwestionowanie tego oświadczenia jest zakazane. Z przyczyn słuszności i pojednania Prezydent Komisji Mieszanej dochodzi do przekonania, że omawiane oświadczenia językowe, złożone na rok szkolny 1928-29, należy oddalić.

Prezydent Komisji Mieszanej przedstawionych powyżej szczególnych powodów, które przemawiają za wykluczeniem dotycznych dzieci na rok szkolny 1928-29, nie może pozostawić bez uwzględnienia, tym bardziej, że od samego początku zarówno w Komisji Mieszanej jak i wobec mniejszości stale zajmował stanowisko, że uważa to za wielki błąd pedagogiczny, jeżeli się do szkoły mniejszościowej po-

26 im Oktober 1927,
36 „ November 1927,
16 „ Dezember 1927,
6 „ Januar 1928,
22 „ Februar 1928

geprüft, während die Abgabe der Spracherklärungen im Mai 1928 erfolgte. Die Spracherklärung erfolgte somit im Durchschnitt 6½ Monate nach der Prüfung. Für nahezu die Hälfte der Schüler jedoch war die dazwischenliegende Zeitspanne eine noch geringere. Es entspricht daher der Sachlage, wenn man annimmt, daß es der großen Mehrheit dieser Schüler nicht möglich war, in dieser kurzen Zeit sich die deutsche Sprache so anzueignen, um mit Nutzen die Minderheitsschule zu besuchen. Auf Grund vorstehender Erwägungen ergibt sich also aus den Maurerschen Prüfungen ohne weiteres, ohne daß eine spezielle Nachprüfung der für das Schuljahr 1927-28 abgegebenen Erklärungen nötig ist, daß diese Spracherklärungen der Erziehungsberechtigten hinsichtlich der weitaus meisten Fälle nicht den objektiven Tatsachen entsprechen können.

Wir haben es hier mit einem Übergangsproblem zwischen der Resolution des Völkerbundsrates vom 12. März 1927 und dem Haager Urteil vom 26. April 1928 zu tun. Da dieser Tatbestand weder von der Genfer Konvention noch von der Resolution des Völkerbundsrates oder dem Urteil des Internationalen Schiedsgerichtshofes im Haag vorgesehen ist, kann man dem hier aufgeworfenen Problem bei alleiniger Heranziehung dieser Rechtsquellen nicht gerecht werden und es muß daher die Lösung auf dem Wege der freien richterlichen Rechtsfindung gesucht werden. Angesichts dieser ganz besonderen Sachlage erachtet sich der Präsident der Gemischten Kommission für berechtigt und verpflichtet, ausnahmsweise die im Haager Urteil statuierten strikten Rechtsgrundsätze, wonach jede Bestreitung untersagt und jede Spracherklärung ohne Rücksicht auf ihre Richtigkeit zu respektieren ist, zurücktreten zu lassen hinter den Erwägungen der Billigkeit und einer versöhnenden Schulpolitik. Aus Gründen der Billigkeit und Versöhnung gelangt der Präsident der Gemischten Kommission zur Überzeugung, daß die fraglichen für das Schuljahr 1928-29 abgegebenen Spracherklärungen zurückzuweisen sind.

Der Präsident der Gemischten Kommission kann sich den dargelegten besonderen Gründen, welche für den Ausschluß der fraglichen Kinder während des Schuljahres 1928-29 sprechen, um so weniger verschließen, als er seit jeher immer wieder, sowohl in der Gemischten Kommission als auch gegenüber der Minderheit den Standpunkt vertreten hat, daß es ein großer pädagogischer Fehler ist, Schüler, die nicht deutsch ver-

syła uczniów, którzy nie rozumieją po niemiecku. Co prawda zajmował on pod względem prawnym co do prawa swobodnego stanowienia uprawnionych do wychowania w myśl artykułu 131 odmienne stanowisko prawne od wyroku haskiego, który obecnie jest jedynie decydujący. Lecz pominąwszy zupełnie kwestię prawną, należy zawsze podkreślać, że uczniowie, którzy nie władają językiem mniejszości, nie powinni ze względów pedagogicznych uczęszczać do szkoły mniejszościowej, zważywszy, że nie jest to w dobrze zrozumianym interesie ani rodziców, ani szkoły mniejszościowej.

2. Co do dalej idącego stanowiska Polskiego Urzędu Spraw Mniejszości na rozprawie ustnej, że wykluczyć należy ze szkoły mniejszościowej na cały dalszy okres szkolny te wszystkie dzieci, które w latach 1926-27 i 1927-28 nie zdały egzaminu językowego Maurera, zapatrywanie to zdaniem Prezydenta Komisji Mieszanej nie odpowiada ani celowi ani doniosłości rezolucji Rady Ligi Narodów ani też duchowi wyroku Trybunału Haskiego. Decydująca rezolucja Rady Ligi Narodów z dnia 12 marca 1927 sama określa się wyraźnie jako wyjątkowe zarządzenie, które wydano dla usunięcia chwilowych trudności ówczesnej nadzwyczajnej sytuacji, wytworzonej przez to, że oddalono tysiące uczniów (zobacz rezolucję Rady Ligi Narodów z dnia 12 marca 1927, ustęp V). Omawianą rezolucję powzięto tymczasem tylko na rok szkolny 1926-27 i zastosowanie jej do roku szkolnego 1927-28 nastąpiło na mocy autentycznej interpretacji sprawozdawcy Rady Ligi Narodów z dnia 4 XI 1927, zatwierdzonej potem rezolucją z dnia 8 XII 1927. Podobnie jak z upływem tych lat szkolnych egzaminy językowe odpadły automatycznie, tak samo muszą stracić ważność wydane na podstawie tych egzaminów orzeczenia Prezydenta Komisji Mieszanej, według których dzieci, nie władające w dostatecznej mierze językiem niemieckim, wykluczono ze szkoły mniejszościowej, ponieważ podstawa prawna zarówno egzaminów jak i orzeczeń, mianowicie rezolucje Rady Ligi Narodów mają skutek prawny tylko dla dwóch wspomnianych lat szkolnych 1926-27 i 1927-28 i nie obowiązują w żadnym razie na czas po 30 czerwca 1928 (koniec roku szkolnego 1927-28). Co do roku szkolnego 1928-29 nie może tu zatem być mowy o ewentualnej rzeczy przesądzonej (res judicata). Co do wyroku, wydanego w międzyczasie przez Trybunał Sprawiedliwości Międzynarodowej w Hadze, to zawarta w tym wyroku interpretacja dotycznych postanowień Konwencji Genewskiej wyklucza całkowicie dalsze stosowanie zarządzeń rezolucji. Jak wspomniano, stwierdzono w tenorze i rozważaniach wyroku z dnia 26 kwietnia 1928, że kwestio-

stehen, in die Minderheitsschule zu schicken. Er hat zwar in rechtlicher Hinsicht bezüglich des freien Bestimmungsrechtes der Erziehungsberechtigten im Sinne des Art. 131 eine andere juristische Auffassung vertreten als diejenige des Haager Urteils, welches heute einzig maßgebend ist. Aber stets muß, ganz abgesehen von der Rechtsfrage betont werden, daß die Schüler, welche die Minderheitssprache nicht sprechen, die Minderheitsschule aus pädagogischen Gründen nicht besuchen sollten, da daran weder die Eltern noch die Minderheitsschule ein wohlverstandenes Interesse haben können.

2. Was den vom Polnischen Minderheitsamt in den mündlichen Verhandlungen vertretenen weitergehenden Standpunkt anbetrifft, daß alle Kinder, welche die Maurersche Sprachprüfung in den Jahren 1926-27 und 1927-28 nicht bestanden haben, während ihrer ganzen ferneren Schulzeit von der deutschen Minderheitsschule auszuschließen seien, so entspricht nach Ansicht des Präsidenten der Gemischten Kommission diese Auffassung weder dem Zweck und der Tragweite der vom Völkerbundsrat gefaßten Resolution noch dem Geiste des Urteils des Haager Gerichtshofes. Die maßgebende Resolution des Völkerbundsrates vom 12. März 1927 bezeichnet sich ausdrücklich als ausnahmsweise Maßnahme, die getroffen wurde, um die momentanen Schwierigkeiten der damaligen außerordentlichen Lage, welche durch Rückweisung von Tausenden von Schülern geschaffen worden war, zu überwinden (siehe Resolution des Völkerbundsrates vom 12. März 1927, Passus V). Sie wurde zunächst nur für das Schuljahr 1926-27 gefaßt und die Anwendung auf das Jahr 1927-28 erfolgte durch die vom Berichterstatter des Völkerbundsrates am 4. November 1927 gegebene authentische Auslegung, welche durch die Resolution vom 8. Dezember 1927 bestätigt wurde. Ebenso wie mit Ablauf dieser Schuljahre die Sprachprüfungen automatisch dahinfielen, ebenso muß dies geschehen mit den gestützt auf sie erlassenen Verfügungen des Präsidenten der Gemischten Kommission, wonach die der deutschen Sprache nicht genügend mächtigen Kinder von der Minderheitsschule ausgeschlossen wurden, da ihre rechtliche Basis, die Resolutionen des Völkerbundsrates, nur für die zwei erwähnten Schuljahre 1926-27 und 1927-28 und keinesfalls für die Zeit nach dem 30. Juni 1928 (Ende des Schuljahres 1927-28) rechtswirksam sind. Somit kann hier in bezug auf das Schuljahr 1928-29 nicht etwa von einer res judicata die Rede sein. Was sodann das in der Zwischenzeit vom Internationalen Gerichtshof im Haag gefällte Urteil anbetrifft, so schließt die Interpretation, die die einschlägigen Bestimmungen der Genfer Konvention durch dasselbe erfahren haben, eine weitere Anwendung der in der Resolution getroffenen Maßnahmen

nowanie i sprawdzanie oświadczeń w jakiejkolwiek formie lub jakimkolwiek przypadku jest zakazane. Tą interpretacją Trybunału haskiego Prezydent Komisji Mieszanej związany jest bezwzględnie także w przyszłości. Jeżeli w niniejszym przypadku Prezydent wypowiada się za wykluczeniem egzaminowanych z wynikiem negatywnym dzieci na bieżący rok szkolny 1928-29, czyni to wyłącznie z uwagi na szczególną naturę tego już scharakteryzowanego zagadnienia przejściowego i ponieważ doszedł do przekonania, że wobec krótkiego czasu, jaki dzieli egzaminy od ponownych zgłoszeń, oświadczenia językowe uprawnionych do wychowania widocznie nie mogą zgadzać się z prawdą. Ta pewność, że dotyczne dzieci nie mówią po niemiecku, nie istnieje już co do roku szkolnego 1929-30 i co do następnych lat szkolnych, ponieważ badania eksperta Maurera nie dotyczyły przynależności rasowej uczniów lub innych niezmiennych właściwości, lecz jedynie ich znajomości językowych w chwili egzaminu. I, jak już powiedziano powyżej, jest w naturze rzeczy, że ten stan rzeczy nie jest niezmienny, w szczególności zaś nie u dzieci i na takim obszarze jak Górny Śląsk, gdzie wskutek mieszanych stosunków językowych ludności oraz wskutek częstych małżeństw mieszanych zmiany pod względem językowym zdarzają się łatwiej niż gdzie indziej.

W końcu należy wskazać na to, że zapatrywanie Urzędu Spraw Mniejszości, według którego należałoby na podstawie egzaminów Maurera wykluczyć dotyczne dzieci ze szkoły mniejszościowej na cały dalszy czas szkolny, sprzeczne jest nie tylko z praktyką Prezydenta Komisji Mieszanej, lecz także z praktyką polskich władz szkolnych. Według tej praktyki przeniesienie dziecka ze szkoły większościowej do szkoły mniejszościowej i odwrotnie dotychczas było zawsze dopuszczane, jeżeli to odpowiadało wyraźnie oświadczonej woli uprawnionych do wychowania. (Zobacz m. in. publikacje władz szkolnych w sprawie wpisów na lata szkolne 1927-28 i 1928-29). Jeżeli się zaś dopuszcza przeniesienie uczniów, którzy uczęszczali do szkoły polskiej, do szkoły mniejszościowej, to będzie rzeczą słuszną i sprawiedliwą, aby dzieci niniejszych żalących się z dniem 1 września 1929 traktowano w ten sam sposób, jeżeli uprawnieni do wychowania złożą na rok szkolny 1929-30 odpowiednie oświadczenie językowe, ponieważ od tego terminu egzaminy Maurera nie mogą już stanowić oczywistego dowodu.

völlig aus. Wie bereits erwähnt, ist im Dispositiv und in den Erwägungen des am 26. April 1928 gefällten Urteils festgestellt worden, daß die Bestreitung und Nachprüfung in jeder Form und in allen Fällen untersagt ist. Durch diese Auslegung des Haager Gerichtshofes ist auch der Präsident der Gemischten Kommission in Zukunft absolut gebunden. Soweit er im vorliegenden Fall sich für den Ausschluß der mit negativem Ergebnis geprüften Kinder für das laufende Schuljahr 1928-29 ausspricht, so tut er dies lediglich mit Rücksicht auf die besondere Natur dieses bereits charakterisierten Übergangsproblems und weil er die Überzeugung gewonnen hat, daß die Spracherklärungen der Erziehungsberechtigten in Anbetracht der Kürze der zwischen der Prüfung und der Neuanmeldung verstrichenen Zeit offenbar nicht der Wahrheit entsprechen können. Eine solche Gewißheit, daß die fraglichen Kinder die deutsche Sprache nicht sprechen, besteht für das Schuljahr 1929-30 und die folgenden Schuljahre nicht mehr, denn die Untersuchungen des Experten Maurer bezogen sich nicht etwa auf die Rassezugehörigkeit der Schüler oder andere unveränderliche Eigenschaften, sondern lediglich auf ihre im Augenblick der Prüfung vorhandenen Sprachkenntnisse. Es liegt aber, wie schon weiter oben angeführt wurde, in der Natur der Sache, daß dieser Sachverhalt nicht unveränderlich ist, insbesondere nicht bei Kindern und in einem Gebiete wie Oberschlesien, wo bei der Gemischtsprachigkeit der Bevölkerung und der Häufigkeit gemischter Ehen Wandlungen in sprachlicher Beziehung leichter vorkommen als irgendwo anders.

Endlich ist darauf hinzuweisen, daß die Auffassung des Minderheitsamtes, wonach gestützt auf die Maurerschen Prüfungen die fraglichen Kinder für ihre ganze weitere Schulzeit von der Minderheitsschule auszuschließen waren, nicht nur mit der Praxis des Präsidenten der Gemischten Kommission, sondern auch mit derjenigen der polnischen Schulbehörden im Widerspruch steht, kraft welcher die Versetzung eines Kindes aus der Mehrheitsschule in die Minderheitsschule und umgekehrt bisher stets zugelassen war, sofern dies der ausdrücklich erklärte Wille der Erziehungsberechtigten war. (Siehe u. a. Publikationen der Schulbehörden betreffend Einschreibungen für die Schuljahre 1927-28 und 1928-29.) Wenn es aber zulässig ist, Schüler, die die polnische Schule besuchten, in die Minderheitsschule zu versetzen, so erscheint es als recht und billig, den Kindern der heutigen Beschwerdeführer vom 1. September 1929 an die gleiche Behandlung zuteil werden zu lassen, falls die Erziehungsberechtigten für das Schuljahr 1929-30 eine entsprechende Spracherklärung abgeben, da von diesem Zeitpunkte an die Maurerschen Prüfungen nicht mehr offenkundigen Beweis liefern können.

Z powyższych powodów dotyczne dzieci wykluczyć należy ze szkoły mniejszościowej tylko na rok szkolny 1928-29. Uprawnieni do wychowania mają prawo zgłosić te same dzieci do szkoły mniejszościowej na rok szkolny 1929-30.

Po naradzie w łonie Komisji Mieszanej Prezydent Komisji Mieszanej na podstawie powyższych rozważań dochodzi do

poglądu:

O ile oświadczenia językowe, złożone z okazji wpisów szkolnych w maju 1928, niezgodne są z wynikami egzaminów językowych Maurera, dotyczne zgłoszenia należy oddalić i dane dzieci wykluczyć ze szkoły mniejszościowej na rok szkolny 1928-29.

Również oddalić należy zgłoszenia tych uprawnionych do wychowania, którzy oświadczyli, że językiem ich dzieci jest język polski.

Właściwe władze wzywa się, aby wymienione sub II dziecko Alfreda Glasnera z Chropaczowa na podstawie zawartych tamże rozważań dopuściły do szkoły mniejszościowej.

81

Pogląd

z dnia 15 kwietnia 1929 w sprawie nr 552 Ambrożego Sonntaga w Chropaczowie (Górny Śląsk Polski) i towarzyszy, zastąpionych przez Niemiecki Związek Ludowy na Śląsk Polski (t. z.), w Katowicach, ul. Młyńska 23, dotyczącej niedopuszczenia do szkół mniejszościowych 109 dzieci, których uprawnieni do wychowania z okazji wpisów szkolnych oświadczyli, że dzieci ich mówią tylko po polsku.

I

Przedmiotem niniejszego zażalenia jest nieprzyjęcie 109 uczniów, których z okazji wpisów szkolnych w maju 1928 zgłoszono do niemieckich szkół mniejszościowych na Górnym Śląsku Polskim. Właściwe władze nie dopuściły jednak z początkiem roku szkolnego (1 września 1928) tych uczniów do szkół mniejszościowych, ponieważ uprawnieni do wychowania oświadczyli z okazji wpisów szkolnych, że uczniowie ci mówią tylko po polsku. Na to żalący się podnieśli zarzut, że ich oświadczenia mylnie zaprotokołowano, mianowicie w 79 przy-

Aus diesen Gründen sind die in Frage stehenden Kinder nur für das Schuljahr 1928-29 aus der Minderheitsschule auszuschließen. Die Erziehungsberechtigten sind befugt, dieselben Kinder für das Schuljahr 1929-30 zum Besuch der Minderheitsschule anzumelden.

Nach stattgehabter Beratung im Schoße der Gemischten Kommission gelangt der Präsident der Gemischten Kommission, gestützt auf die vorstehenden Erwägungen, zur

Stellungnahme:

Soweit die anläßlich der Schuleinschreibungen im Mai 1928 abgegebenen Spracherklärungen im Widerspruch stehen zu den Ergebnissen der Maurerschen Sprachprüfungen, sind die diesbezüglichen Anmeldungen zurückzuweisen und die betreffenden Kinder für das Schuljahr 1928-29 aus der deutschen Minderheitsschule auszuschließen.

Ebenso sind abzuweisen die Anmeldungen derjenigen Erziehungsberechtigten, die erklärt haben, die Sprache ihrer Kinder sei die polnische.

Die zuständigen Behörden werden ersucht, das sub II erwähnte Kind Alfred Glasner, Chropaczów, gestützt auf die dortigen Erwägungen, zur Minderheitsschule zuzulassen.

81

Stellungnahme

vom 15. April 1929 in der Sache Nr. 552 des Ambrosius Sonntag, Chropaczów (Polnisch-Oberschlesien) und Genossen, vertreten durch den Deutschen Volksbund für Polnisch-Schlesien (t. z.), in Katowice, ulica Młyńska 23, betreffend Nichtzulassung von 109 Kindern zu den Minderheitsschulen, deren Erziehungsberechtigte anläßlich der Schuleinschreibungen die Erklärung abgegeben hatten, daß ihre Kinder nur polnisch sprechen.

I

Gegenstand der vorliegenden Beschwerde ist die Nichtaufnahme von 109 Schülern, die anläßlich der Schuleinschreibungen im Mai 1928 für die deutschen Minderheitsschulen in Polnisch-Oberschlesien angemeldet wurden, aber von den zuständigen Behörden zu Beginn des Schuljahres 1928-29 (1. September 1928) nicht zum Unterricht zugelassen wurden, weil die Erziehungsberechtigten anläßlich der Schuleinschreibungen die Erklärung abgegeben hatten, daß die betreffenden Schüler nur die polnische Sprache sprechen. Demgegenüber wird von den Beschwerdeführern geltend gemacht,

padkach oświadczenie językowe uprawnionych do wychowania brzmiało „językiem niemieckim i językiem polskim", a w 25 przypadkach rodzice oświadczyli nawet, że językiem ich dzieci jest wyłącznie język niemiecki. Zarówno w tych jak i w pięciu dalszych, lecz inaczej uzasadnionych przypadkach (zobacz rozważania III) żałący się wnoszą o natychmiastowe przyjęcie dotycznych 109 uczniów do szkoły mniejszościowej.

Zażalenia te datują z czasu od 22 sierpnia 1928 do 13 grudnia 1928. Polski Urząd Spraw Mniejszości przekazał je Prezydentowi Komisji Mieszanej w myśl art. 152 Konwencji Genewskiej w czasie od 25 października 1928 do 31 stycznia 1929. Podczas późniejszej wymiany pism oraz na rozprawie ustnej z dnia 19 lutego 1929 strony uczestniczące w postępowaniu miały sposobność przedstawić swe wywody pod względem prawnym i faktycznym zarówno pisemnie jak i ustnie.

II

1. Na twierdzenie żałących się, że uprawnieni do wychowania nie podali z okazji wpisów szkolnych języka polskiego jako języka dzieci, lecz w 79 przypadkach język niemiecki i polski, a w 25 przypadkach język niemiecki, Polski Urząd Spraw Mniejszości odpowiedział wniesieniem do akt protokołów oświadczeń uprawnionych do wychowania, które z okazji wpisów szkolnych sporządzone zostały przez Komisję Wpisową. Protokoły te są podpisane zarówno przez protokołującego urzędnika jak i przez dotycznych uprawnionych do wychowania, są zredagowane w języku polskim i niemieckim i brzmią jak następuje:

„Oświadczam podług sumienia i pod osobistą odpowiedzialnością, że powyższe dziecko mówi tylko językiem polskim."

Z drugiej strony żałący się wnieśli do Śląskiego Urzędu Wojewódzkiego dodatkowo, tzn. jako załączniki do zażaleń, wniesionych z powodu nieprzyjęcia uczniów, nowe oświadczenia językowe. Treść tych dokumentów, których odpisy żałący się wnieśli do akt, jest następująca:

„Jako uprawniony do wychowania dziecka oświadczam podług sumienia i pod osobistą odpowiedzialnością, że językiem wymienionego dziecka jest język niemiecki."

Należy nasamprzód stwierdzić, że te dokumenty są co do swej treści odwołaniem oświadczeń, złożonych poprzednio przed Komisjami Wpisowymi. O ile chodzi o możliwość odwołania oświadczeń języ-

ihre Erklärungen seien unrichtig protokolliert worden, und zwar hätte in 79 Fällen die Spracherklärung der Erziehungsberechtigten gelautet »deutsch und polnisch« und in 25 Fällen hätten die Eltern sogar erklärt, die Sprache ihrer Kinder sei ausschließlich die deutsche. Sowohl in diesen wie in fünf weiteren aber anders begründeten Fällen (siehe Erwägungen III) beantragen die Beschwerdeführer die sofortige Aufnahme der fraglichen 109 Schüler in die Minderheitsschule.

Diese Beschwerden datieren aus der Zeit vom 22. August 1928 bis 13. Dezember 1928 und wurden dem Präsidenten der Gemischten Kommission in der Zeit vom 25. Oktober 1928 bis 31. Januar 1929 durch das Polnische Minderheitsamt auf Grund von Art. 152 der Genfer Konvention überwiesen. In dem darauffolgenden Schriftenwechsel sowie in den mündlichen Verhandlungen vom 19. Februar 1929 hatten die an dem Verfahren beteiligten Parteien Gelegenheit, ihre Ausführungen in rechtlicher und tatsächlicher Beziehung sowohl schriftlich wie mündlich vorzutragen.

II

1. Das Polnische Minderheitsamt hat auf die Behauptung der Beschwerdeführer, daß die Erziehungsberechtigten anläßlich der Schuleinschreibungen nicht die polnische Sprache als Sprache ihrer Kinder bezeichnet hätten, sondern in 79 Fällen die deutsche und polnische und in 25 Fällen die deutsche, damit geantwortet, daß es die Protokolle zu den Akten gab, die anläßlich der Schuleinschreibungen von der Kommission über die Erklärungen der Erziehungsberechtigten angefertigt wurden. Diese Protokolle sind sowohl von den protokollierenden Beamten wie von den betreffenden Erziehungsberechtigten unterzeichnet und haben folgenden polnisch und deutsch redigierten Wortlaut:

»Ich erkläre nach meinem Gewissen und unter meiner persönlichen Verantwortung, daß das obige Kind nur polnisch spricht.«

Andererseits wurden von den Beschwerdeführern dem Schlesischen Wojewodschaftsamt nachträglich, d. h. als Beilage zu den wegen der Nichtaufnahme der Schüler eingereichten Beschwerden neue Spracherklärungen überreicht. Diese Urkunden, von denen die Beschwerdeführer Abschriften zu den Akten gegeben haben, haben folgenden Inhalt:

»Ich erkläre als Erziehungsberechtigter des Kindes vor meinem Gewissen und unter meiner eigenen Verantwortlichkeit, daß die Sprache des obengenannten Kindes die deutsche Sprache ist.«

Zunächst ist festzustellen, daß diese Urkunden ihrem Inhalte nach einen Widerruf der seinerzeit vor den Einschreibungskommissionen abgegebenen Erklärungen darstellen. Bezüglich der Möglichkeit, Spracherklärun-

kowych, Prezydent Komisji Mieszanej jest zdania, że złożonych przed władzą oświadczeń językowych nie można bez uzasadnienia odwołać i że obowiązują one zasadniczo przez cały rok szkolny, na który je złożono. W niniejszym przypadku należy się zatem opierać na oświadczeniach językowych, które złożono przed Komisją Wpisową. Co do prawnego charakteru protokołów, sporządzonych przez Komisje Wpisowe, należy je uważać za dokumenty publiczne w myśl § 415 obowiązującej na Górnym Śląsku ustawy postępowania cywilnego. Jako takie mają one za sobą nie tylko domniemanie prawdziwości (§ 437 u. p. c.), lecz stanowią zupełny dowód stwierdzonego zdarzenia (§ 415 u. p. c.). Co prawda nie chodzi przy tym o praesumptio juris et de jure, ponieważ według § 415 alinea 2 u. p. c. dopuszczony jest dowód przeciwny, że zdarzenie mylnie zaprotokołowano. Pod względem prawnym Prezydentowi Komisji Mieszanej nie stałoby zatem nic na przeszkodzie, aby pızystąpić do rozpatrywania dowodu przeciwnego. Również okoliczność, że żałący się nie zaofiarowali nigdy dowodu przeciwnego i że nigdy nie twierdzili, że protokołowanie nastąpiło świadomie błędnie, nie byłoby dla Prezydenta przeszkodą do przeprowadzenia dowodów z urzędu. Wątpliwości, które go od tego powstrzymują, są natury praktycznej. Celem wyjaśnienia kwestii oświadczeń językowych, złożonych przez uprawnionych do wychowania, musiałby Prezydent wezwać na przesłuchy nie tylko osoby, które te 109 protokołów podpisały, lecz także urzędników-protokolantów i ewentualnie wszystkich innych członków Komisyj Wpisowych. Następstwem przesłuchania tak wielkiej liczby świadków byłoby, że Prezydent Komisji Mieszanej musiałby przez dłuższy czas zajmować się wyłącznie tą sprawą zażaleniową. Ucierpiałyby na tym pilniejsze, a przede wszystkim ważniejsze sprawy. Następnie należy rozważyć, że zaofiarowane przez żałących się środki dowodowe nie obiecują wcale dodatniego wyniku postępowania dowodowego, ponieważ, jak należy przypuszczać, twierdzeniom uprawnionych do wychowania sprzeciwiałaby się większość twierdzeń przeciwnych, mianowicie nie tylko twierdzenie protokolanta, lecz także twierdzenia reszty członków Komisji Wpisowej. W końcu ważne znaczenie ma jeszcze okoliczność, że zeznania uprawnionych do wychowania już z tego powodu mają bardzo osłabioną wartość dowodową, że uprawnieni do wychowania podpisali własnoręcznie zaczepione przez nich protokoły, przy czym prawdziwości podpisu w żadnym przypadku nie zakwestionowano. W rachubę prawdopodobnie nie wchodzi też zarzut, że uprawnieni do wychowania nie zrozumieli treści protokołów, lub że pojęli ją błędnie, ponieważ treść była ujęta w sposób dostępny i tekst zredagowany był w języku polskim

gen zu widerrufen, vertritt aber der Präsident der Gemischten Kommission die Ansicht, daß die vor der Behörde abgegebenen Spracherklärungen nicht ohne weiteres widerrufen werden können, sondern in der Regel während des ganzen Schuljahres, für das sie abgegeben wurden, ihre Gültigkeit bewahren. Im vorliegenden Fall ist daher auf die vor der Einschreibungskommission abgegebenen Spracherklärungen abzustellen. Was den rechtlichen Charakter der von den Einschreibungskommissionen errichteten Protokolle anbetrifft, so sind diese als öffentliche Urkunden im Sinne von § 415 der in Polnisch-Oberschlesien geltenden Zivilprozeßordnung anzusehen. Als solche haben sie nach § 437 der ZPO. nicht nur die Vermutung der Echtheit für sich, sondern erbringen nach § 415 ZPO. über den beurkundeten Vorgang vollen Beweis. Allerdings handelt es sich dabei um keine praesumptio juris et de jure, denn nach § 415 Alinea 2 ZPO. ist der Gegenbeweis, daß der Vorgang unrichtig beurkundet wurde, zulässig. Rechtlich wäre daher der Präsident der Gemischten Kommission nicht gehindert, auf den Gegenbeweis einzutreten. Auch der Umstand, daß die Beschwerdeführer den Gegenbeweis nie beantragt haben und auch nie die Behauptung aufgestellt haben, die Protokollierungen seien bewußt unrichtig erfolgt, würde den Präsidenten nicht hindern, ex officio die Beweise zu erheben. Die Bedenken, die ihn zurückhalten, sind praktischer Natur. Um die Frage der von den Erziehungsberechtigten abgegebenen Spracherklärungen abzuklären, müßte der Präsident nicht nur die Unterzeichner der 109 Protokolle vorladen, sondern gleichzeitig auch die protokollierenden Beamten, sowie unter Umständen alle übrigen Mitglieder der Einschreibungskommissionen abhören. Die Abhörung einer so großen Zahl von Zeugen würde zur Folge haben, daß der Präsident der Gemischten Kommission für längere Zeit ausschließlich mit dieser Beschwerdesache beschäftigt wäre. Dringendere und vor allem wichtigere Geschäfte würden darunter leiden. Ferner ist zu bedenken, daß die von den Beschwerdeführern angebotenen Beweismittel keineswegs ein schlüssiges Beweisergebnis versprechen, da den Behauptungen der Erziehungsberechtigten, wie ohne weiteres anzunehmen ist, eine Mehrzahl von Gegenbehauptungen gegenüberständen, nicht nur diejenige des Protokollführers, sondern auch noch diejenigen der übrigen Mitglieder der Einschreibungskommission. Endlich fällt schwerwiegend in die Wagschale, daß den Aussagen der Erziehungsberechtigten deshalb ein stark abgeschwächter Beweiswert zukommt, weil sie die von ihnen angefochtenen Protokolle eigenhändig unterzeichnet haben, wobei die Echtheit der Unterschrift in keinem einzigen Falle in Frage gestellt ist. Auch der Einwand, daß die Erziehungsberechtigten den Text der Protokolle nicht oder anders verstanden hätten, dürfte nicht in Betracht kommen, da der Inhalt leicht faßlich und der Text in polnischer und deutscher

i niemieckim. W danych warunkach Prezydent Komisji Mieszanej uważa, że w tym przypadku oraz podobnych przypadkach, dotyczących roku szkolnego 1928-29, może wychodzić z założenia, że protokoły, sporządzone w sprawie oświadczeń językowych przez Komisje Wpisowe, nie zostały pozbawione mocy dowodowej i że właściwe władze mogły dotycznych uczniów wykluczyć ze szkoły mniejszościowej, ponieważ według zasad wyroku Trybunału Międzynarodowego w Hadze z dnia 26 kwietnia 1928 dzieci, co do których oświadczono, że ich wyłącznym językiem jest język polski, nie mają prawa, aby je dopuszczono do szkoły mniejszościowej. Gdyby się w przyszłych latach szkolnych powtórzyły podobne przypadki, Prezydent Komisji Mieszanej musiałby z przyczyn przytoczonych sub II zastrzec sobie prawo wniesienia o ponowne spisanie protokołów.

2. Należy bowiem z góry powiedzieć, że zalecone sub 1 rozwiązanie tego rodzaju kontrowersyj nie mogłoby na stałe zadowolić. Jest nie do pomyślenia, aby wszyscy żalący się, którzy podnoszą zarzut, że nie podali języka polskiego jako wyłącznego języka swych dzieci, świadomie kłamali. Z drugiej strony tym trudniej przypuścić, aby urzędnicy świadomie mylnie zaprotokołowali oświadczenia uprawnionych do wychowania. Sprzeczności, które się tutaj wyłoniły, można sobie psychologicznie wytłumaczyć raczej tylko w ten sposób, że zarówno u uprawnionych do wychowania, jak i u protokołujących urzędników omyłki i nieporozumienia powstały na tle niejasnego tekstu drukowanych formularzy oświadczeń językowych i niecelowego sposobu protokołowania. Drukowana treść oświadczeń językowych, które uprawnieni do wychowania mieli podpisać, była następująca:

„Oświadczam podług sumienia i pod osobistą odpowiedzialnością, że to (te) dziecko (dzieci) mówi (mówią) tylko językiem polskim — niemieckim."

Ponieważ, czytając to oświadczenie, mimowoli skłonni jesteśmy — jak to również podkreślił sprawozdawca Rady Ligi Narodów na posiedzeniu z dnia 15 grudnia 1928 — słowo „tylko" odnieść zarówno do słów „językiem polskim" jak i do słów „językiem niemieckim", przeto powyższa formułka wykazuje dość poważny brak, ponieważ nie uwzględnia liczbowo tak znacznej na Górnym Śląsku kategorii osób dwujęzycznych. Nie da się zaprzeczyć, że ta za ciasna alternatywa może zarówno u uprawnionych do wychowania jak i u protokolantów wywołać błędne mniemanie, że niemieckie oświadczenie językowe można złożyć tylko wtenczas, jeżeli język ten jest wyłącznym

Sprache redigiert ist. Unter solchen Umständen erachtet sich der Präsident der Gemischten Kommission in diesem Falle und in ähnlichen Fällen, betreffend das Schuljahr 1928-29 als berechtigt, davon auszugehen, daß die von den Einschreibungskommissionen über die Spracherklärungen errichteten Protokolle nicht entkräftet sind und daß die zuständigen Behörden berechtigt waren, die betreffenden Kinder vom Besuch der Minderheitsschule auszuschließen, da nach den Grundsätzen des vom Internationalen Gerichtshof im Haag gefällten Urteils vom 26. April 1928 Kinder, als deren Sprache ausschließlich die polnische bezeichnet wurde, keinen Anspruch auf Zulassung zur Minderheitsschule haben. Sollten sich ähnliche Fälle in bezug auf künftige Schuljahre wiederholen, so muß sich der Präsident der Gemischten Kommission aus den sub. 2 entwickelten Gründen vorbehalten, eine nochmalige Protokollierung zu beantragen.

2. Es muß nämlich ohne weiteres gesagt werden, daß die sub. 1 befürwortete Lösung solcher Kontroversen auf die Dauer nicht befriedigen könnte. Es ist undenkbar, daß alle Beschwerdeführer bewußt lügen, welche geltend machen, daß sie die polnische Sprache nicht als ausschließliche Sprache ihrer Kinder bezeichnet haben. Noch weniger ist andererseits daran zu denken, daß die Erklärungen der Erziehungsberechtigten von den Beamten bewußt unrichtig protokolliert worden wären. Vielmehr können die zutage getretenen Widersprüche psychologisch nur so erklärt werden, daß durch den unklaren Text der vorgedruckten Spracherklärungen und die unzweckmäßige Art der Protokollierung sowohl bei den Erziehungsberechtigten wie bei den protokollierenden Beamten Irrtümer und Mißverständnisse hervorgerufen wurden. Der vorgedruckte Wortlaut der Spracherklärungen, die den Erziehungsberechtigten zur Unterzeichnung vorlagen, war folgender:

»Ich erkläre, nach meinem Gewissen und unter meiner persönlichen Verantwortung, daß das (die) obige (en) Kind (der) nur polnisch — deutsch spricht (sprechen).«

Da man beim Durchlesen dieser Erklärung unwillkürlich, wie dies auch vom Berichterstatter des Völkerbundsrates in der Sitzung vom 15. Dezember 1928 hervorgehoben wurde, geneigt ist, das Wort »nur« sowohl auf das Wort »polnisch« wie »deutsch« zu beziehen, haftet dieser Formel ein nicht unerheblicher Mangel an, da sie die in Oberschlesien nummerisch so bedeutende Kategorie der Zweisprachigen nicht berücksichtigt. Es ist nicht zu bestreiten, daß diese zu enge Alternative geeignet ist, bei Erziehungsberechtigten wie bei Protokollführern die irrige Meinung hervorzurufen, daß eine deutsche Spracherklärung nur abgegeben werden kann, wo dies die ausschließliche Sprache des betreffenden Kindes ist. Da

językiem danego dziecka. Ponieważ omawiana formułka może wywołać liczne nieporozumienia, przeto jest rzeczą wielce pożądaną, aby formułka przepisana dla oświadczeń językowych została zmieniona. Nie będzie to chyba sprawiać trudności, zważywszy, że co do dotycznych podstawowych kwestyj prawnych nie ma rozbieżności zdań. Rząd Polski oświadczył bowiem wyraźnie w piśmie do Rady Ligi Narodów z dnia 17 sierpnia 1928, że tekst oświadczenia należy rozumieć w ten sposób, że słowo „tylko" odnosi się wyłącznie do słów „językiem polskim". Wykładnia ta odpowiada zasadom wyroku Trybunału Międzynarodowego w Hadze z dnia 26 kwietnia 1928 oraz rezolucji Rady Ligi Narodów z dnia 9 czerwca 1928, według których dziecko dwujęzyczne ma prawo, aby je przyjęto do szkoły mniejszościowej. Jedynym nieodzownym warunkiem przyjęcia jest, aby uprawniony do wychowania oświadczył, że jego dziecko mówi po niemiecku, bez znaczenia jest natomiast okoliczność, czy dane dziecko włada prócz tego jeszcze innym językiem. Ponieważ używana dotychczas formułka, jak to również zaznaczył sprawozdawca Rady Ligi Narodów, nie uwzględnia kategorii osób dwujęzycznych lub uwzględnia ją w sposób niejasny, przeto treść nowej formułki powinna stosownie do życzenia Rady Ligi Narodów z dnia 15 grudnia 1928 wyrazić jaśniej i dokładniej interpretację Rządu Polskiego z dnia 17 VIII 1928. Zalecałoby się zatem, ażeby formułka oświadczenia językowego brzmiała jak następuje:

„Oświadczam podług sumienia i pod osobistą odpowiedzialnością, że językiem mego dziecka jest ...... "

Jak tu zaznaczono, miejsce dla podania języka powinno się zostawić wolne, tak, aby ten najważniejszy punkt protokołu przy protokołowaniu można było wypełnić odręcznie, a mianowicie słowo lub słowa: język niemiecki, lub język polski, lub język niemiecki i polski powinni uprawnieni do wychowania wpisać sami. Dotychczas protokołowano w sposób następujący: Słowa „językiem polskim — językiem niemieckim" były wydrukowane i stosownie do oświadczenia uprawnionego do wychowania protokołujący urzędnik przekreślał albo słowa „językiem niemieckim" albo słowa „językiem polskim". Ta metoda przekreślania wykazuje dość znaczną słabość, ponieważ z kreski nie można wnioskować o osobie, która ją zrobiła. Gdyby uprawniony do wychowania język dziecka zaprotokołował własnoręcznie, nie tylko usunęłoby się tę wadę, lecz osiągnęłoby się ponadto, że co do sensu oświadczenia złożonego przez uprawnionego do wychowania nie mógłby powstać żaden spór. A niebezpieczeństwo to jest znaczne, gdyż,

mit dieser Formel Mißverständnissen Tür und Tor geöffnet ist, erscheint es dringend wünschenswert, die für die Spracherklärung vorgeschriebene Formel abzuändern. Dies sollte ohne weiteres möglich sein, da über die zugrunde liegenden Rechtsfragen keinerlei Meinungsverschiedenheiten bestehen. Die Polnische Regierung hat nämlich in ihrem an den Völkerbundsrat gerichteten Schreiben vom 17. August 1928 ausdrücklich erklärt, daß der Text der Spracherklärung so zu verstehen sei, daß das Wort »nur« sich nur auf das Wort »polnisch« beziehe. Diese Interpretation entspricht den Grundsätzen des vom Internationalen Gerichtshof im Haag am 26. April 1928 gefällten Urteils wie auch der Resolution des Völkerbundsrates vom 9. Juni 1928, wonach ein doppelsprachiges Kind Anspruch auf Beschulung in der Minderheitsschule hat. Unerläßliches Erfordernis ist bloß, daß der Erziehungsberechtigte die Erklärung abgibt, daß sein Kind deutsch spricht, irrelevant ist dagegen, welche Sprache das Kind daneben noch beherrscht. Da die bis dahin angewendete Formel, wie auch der Berichterstatter des Völkerbundsrates angedeutet hat, die Kategorie der Zweisprachigen nicht bzw. in unklarer Formulierung berücksichtigt, sollte entsprechend dem vom Völkerbundsrat am 15. Dezember 1928 zum Ausdruck gebrachten Wunsche im Wortlaut der neuen Formel, die von der Polnischen Regierung am 17. August 1928 gegebene Interpretation klarer und deutlicher zum Ausdruck kommen. Es würde sich daher als Formel für die Spracherklärung folgender Text empfehlen:

»Ich erkläre, nach meinem Gewissen und unter meiner persönlichen Verantwortung, daß die Sprache meines Kindes ...... ist.«

Dabei sollte, wie dies hier angedeutet ist, der Raum für die anzugebende Sprache freigelassen werden, so daß diese wichtigste Stelle des Protokolls bei der Protokollierung durch Handschrift ausgefüllt werden kann, und zwar sollte das Wort bzw. die Worte: deutsch, oder polnisch, oder deutsch und polnisch von den Erziehungsberechtigten selbst eingetragen werden. Bei der bisher geübten Protokollierung war der Vorgang folgender: Die Worte polnische Sprache — deutsche Sprache waren bereits vorgedruckt und je nach der Erklärung des Erziehungsberechtigten wurde vom protokollierenden Beamten entweder das Wort »deutsch« oder das Wort »polnisch« gestrichen. Dieser Methode des Durchstreichens wohnt eine nicht unbedeutende Schwäche inne, da der Strich über den Urheber keinen Schluß ziehen läßt. Mit der eigenhändigen Protokollierung der Sprache des Kindes würde nicht nur dieser Mangel beseitigt, sondern außerdem noch erreicht, daß über den Sinn der vom Erziehungsberechtigten abgegebenen Erklärung kein Streit entstehen kann. Diese Gefahr ist aber keines-

jak Prezydent Komisji Mieszanej zdołał w licznych przypadkach stwierdzić, nie łatwo powtórzyć istotny sens zeznań uprawnionych do wychowania. Z uwagi na tę trudność byłoby zatem najbardziej godne polecenia, aby wypełnienie oświadczenia językowego i tym samym odpowiedzialność za jego sformułowanie pozostawiono uprawnionym do wychowania.

3. Żalący się wytknęli, że sposób, w jaki Komisje Wpisowe stawiały pytania przy oświadczeniu językowym, był nieodpowiedni, ponieważ urzędnicy nie pytali o język dzieci, lecz o to, jak się rozmawia w domu. Jeżeli te twierdzenia są zgodne z faktami, należy tę krytykę uznać za uzasadnioną, ponieważ wynika z tenoru i rozważań wyroku Trybunału Międzynarodowego w Hadze z dnia 26 kwietnia 1928, że przy składaniu oświadczenia językowego należy uwzględnić nie konkretne znamiona, jak język ojczysty lub potoczny język domowy, lecz wyłącznie to, co uprawniony do wychowania uważa za obiektywny stan faktyczny.

4. Żalący się wskazali na to, że przy składaniu oświadczeń językowych przez uprawnionych do wychowania Marię Konietzną, Lipiny (nr 49) i Pawła Opielkę, Wielkie Piekary (nr 88—89), protokołujący kierownik szkoły zakwestionował ich oświadczenia, że językiem dziecka jest język niemiecki, wskazując na to, że dziecko mówi tylko lub także językiem polskim. W przypadku uprawnionego do wychowania Jana Goika, Wilcza Górna (nr 86—87), kierownik szkoły zwrócił uwagę uprawnionego do wychowania, który jako język swych dzieci podał język niemiecki i polski, że może podać tylko jeden język. Jeżeli te twierdzenia są zgodne z prawdą, urzędnicy ci dopuścili się naruszenia art. 131 Konwencji Genewskiej, który zawiera bezwzględny zakaz kwestionowania oświadczeń złożonych przez uprawnionych do wychowania.

III

Przypadki szczególne.

W trzech przypadkach żalący się twierdzą, że uprawnionych do wychowania Jana Scholtyszka, Wielkie Piekary (nr 24), Jana Garusa, Kończyce (nr 44) i Jana Beckera, Wielkie Piekary (nr 83), nie pytano w ogóle o język ich dzieci. Zważywszy jednak, że dane oświadczenia językowe są podpisane przez tych uprawnionych do wychowania, twierdzenia ich nie mogą mieć wielkiej pretensji do wiarogodności. Lecz nawet gdyby odpowiadały prawdzie, nie można by tej okolicz-

wegs gering, denn wie der Präsident der Gemischten Kommission in zahlreichen Fällen konstatieren konnte, ist es nicht leicht, den wirklichen Sinn der von den erziehungsberechtigten Personen gemachten Aussagen wiederzugeben. Angesichts dieser Schwierigkeit erscheint es daher als das Empfehlenswerteste, den Erziehungsberechtigten die Ausfüllung und damit die Verantwortung der Formulierung zu überlassen.

3. Es ist von den Beschwerdeführern gerügt worden, daß die von den Einschreibungskommissionen bei der Spracherklärung verwendete Fragestellung unrichtig gewesen sei, da die Beamten nicht nach der Sprache der Kinder gefragt hätten, sondern wie zu Hause gesprochen werde. Sofern diese Behauptungen den Tatsachen entsprechen, ist die Kritik als berechtigt anzuerkennen, denn aus dem Dispositiv und aus den Erwägungen des vom Internationalen Gerichtshof im Haag am 26. April 1928 gefällten Urteils geht hervor, daß bei der Abgabe der Spracherklärung nicht auf konkrete Merkmale wie Muttersprache oder häusliche Umgangssprache abzustellen ist, sondern ausschließlich auf das, was der Erziehungsberechtigte als den objektiven Tatbestand ansieht.

4. Die Beschwerdeführer haben darauf hingewiesen, daß bei Abgabe der Spracherklärungen durch die Erziehungsberechtigten Marie Konietzny, Lipiny (Nr. 49) und Paul Opielka, Wielkie-Piekary (Nr. 88—89) der protokollierende Schulleiter ihre Erklärung, die Sprache des Kindes sei die deutsche, unter dem Hinweis darauf bestritten hätte, daß das Kind nur bzw. auch polnisch spräche. Im Falle des Erziehungsberechtigten Johann Goik, Wilcza-Górna (Nr. 86—87) habe der Schulleiter den Erziehungsberechtigten, welcher als Sprache seiner Kinder die deutsche und polnische angab, aufmerksam gemacht, daß er nur eine Sprache angeben dürfe. Sofern diese Behauptungen zutreffen, haben sich die betreffenden Beamten einer Verletzung des Art. 131 der Genfer Konvention schuldig gemacht, da diese Bestimmung ein absolutes Verbot enthält, die von den Erziehungsberechtigten abgegebenen Erklärungen zu bestreiten.

III

Die besonderen Fälle.

In drei Fällen behaupten die Beschwerdeführer, die Erziehungsberechtigten Johann Scholtyssek, Wielkie-Piekary (Nr. 24), Johann Garus, Kończyce (Nr. 44) und Johann Becker, Wielkie-Piekary (Nr. 83) seien nach der Sprache ihrer Kinder überhaupt nicht gefragt worden. Angesichts des Umstandes aber, daß die betreffenden Spracherklärungen die Unterschrift dieser Erziehungsberechtigten tragen, haben ihre Angaben keinen großen Anspruch auf Glaubwürdigkeit. Aber selbst wenn sie wahr wären,

ności przypisywać znaczenia, bo jest rzeczą uprawnionych do wychowania, aby przez złożenie odpowiedniego oświadczenia językowego uskutecznili w myśl rozważań wyroku Trybunału Międzynarodowego w Hadze z dnia 26 kwietnia 1928 przyjęcie dzieci do szkoły mniejszościowej. Poza tym podpisując protokół, mogli sprostować jego treść.

Nieprawdopodobne i nie zasługujące na uwagę jest twierdzenie uprawnionego do wychowania Jana Scholtysska, Wielkie Piekary (nr 24), że nie czytał protokołu, gdy go podpisywał, ponieważ w lokalu było ciemno. W takim razie powinien był żądać, aby temu zaradzono i gdyby tego nie uczyniono, powinien był odmówić podpisu.

Żalący się Józef Mandrisch, Brzezie (nr 29), twierdzi, że jego wniosku i jego oświadczenia językowego nie zaprotokołowano. To twierdzenie jest oczywiście mylne, ponieważ Urząd Spraw Mniejszości wniósł do akt protokół, podpisany imieniem i nazwiskiem żalącego się.

Żaląca się Maria Psottowa, Brzezie (nr 30), powołuje się na to. że bezskutecznie starała się następnego dnia odwołać złożone przez nią polskie oświadczenie językowe. Jak już przytoczono, Prezydent Komisji Mieszanej jest zdania, że takiego odwołania odnośnie dotycznego roku szkolnego nie potrzeba uwzględnić.

IV

Z całokształtu powyższych zażaleń wynika jasno, że osobiste stawienie się uprawnionych do wychowania celem złożenia oświadczenia językowego i sporządzenia dotycznych protokołów wywołuje bardzo często różnego rodzaju rozbieżności. Jedynym racjonalnym systemem jest przesłać pisemne zgłoszenie i oświadczenie językowe pocztą lub doręczyć je przez jakąkolwiek osobę.

V

Na podstawie powyższych rozważań i po naradzie w łonie Komisji Mieszanej Prezydent Komisji Mieszanej dochodzi do

poglądu:

1. Niniejsze zażalenia, wniesione z powodu nieprzyjęcia dzieci do szkół mniejszościowych, oddala się.

so wäre diesem Umstand keine Bedeutung beizumessen, denn einerseits ist es nach den Erwägungen des vom Internationalen Gerichtshof im Haag am 26. April 1928 gefällten Urteils Sache der Erziehungsberechtigten, durch Abgabe einer entsprechenden Spracherklärung die Aufnahme ihrer Kinder in die Minderheitsschule zu bewerkstelligen, andererseits hätten die Erziehungsberechtigten beim Unterzeichnen des Protokolls Gelegenheit gehabt, seinen Inhalt zu berichtigen.

Unwahrscheinlich und unbeachtlich ist die Angabe des Erziehungsberechtigten Johann Scholtyssek, Wielkie-Piekary (Nr. 24), daß er wegen der im Lokal herrschenden Dunkelheit das Protokoll bei der Unterzeichnung nicht gelesen hätte. In diesem Falle hätte er Abhilfe verlangen sollen, und falls diese versagt worden wäre, wäre er verpflichtet gewesen, seine Unterschrift zu verweigern.

Der Beschwerdeführer Josef Mandrisch, Brzezie (Nr. 29) führt an, sein Antrag und seine Spracherklärung seien nicht protokolliert worden. Diese Angaben sind offenbar unrichtig, da das Minderheitsamt ein Protokoll zu den Akten gegeben hat, das mit seinem Namen und Vornamen unterzeichnet ist.

Die Beschwerdeführerin Marie Psotta, Brzezie (Nr. 30) macht geltend, daß sie die von ihr abgegebene polnische Spracherklärung am nächsten Tag vergeblich zu widerrufen versuchte. Wie bereits ausgeführt, ist der Präsident der Gemischten Kommission der Ansicht, daß ein solcher Widerruf für das betreffende Schuljahr nicht zu berücksichtigen ist.

IV

Aus der ganzen Beschaffenheit dieser Beschwerdefälle geht klar hervor, das das persönliche Erscheinen der Erziehungsberechtigten behufs Abgabe der Spracherklärung und die Errichtung der bezüglichen Protokolle sehr häufig Differenzen dieser oder jener Art hervorrufen und daß die Zusendung der schriftlichen Anmeldung und Spracherklärung durch die Post oder durch Überbringen durch irgendeine Person das einzig rationelle System ist.

V

Gestützt auf obige Erwägungen und nach stattgehabter Beratung im Schoße der Gemischten Kommission gelangt der Präsident der Gemischten Kommission zur

Stellungnahme

1. Die vorliegenden, wegen Nichtaufnahme von Kindern in die Minderheitsschule eingereichten Beschwerden werden abgewiesen.

2. Właściwe władze wzywa się, aby w myśl rozważań niniejszego poglądu (i stosownie do życzenia, wyrażonego przez sprawozdawcę Rady Ligi Narodów na posiedzeniu z dnia 15 grudnia 1928) zmieniły używaną dotychczas formułkę dla oświadczeń językowych, opuszczając wszelki druk co do języka dziecka.

3. W sprawie rzekomego wpływania dotycznych kierowników szkół na uprawnionych do wychowania: Marię Konietzną, Lipiny (nr 49), Jana Goika, Wilcza Górna (nr 86—87) i Pawła Opielkę, Wielkie Piekary (nr 88—89), właściwe władze wzywa się, aby wdrożyły dochodzenie i zawiadomiły o jego wyniku Prezydenta Komisji Mieszanej.

82

Pogląd

z dnia 30 czerwca 1929 w sprawie nr 307 dra Cohna w Siemianowicach i 14 towarzyszy, żalących się, zastąpionych przez Niemiecki Związek Ludowy w Katowicach, dotyczącej naruszenia Konwencji Genewskiej przez Zarząd Spółki Brackiej w Tarnowskich Górach (Górny Śląsk Polski).

I

Dnia 12 czerwca 1926 i dnia 23 lipca 1926 (akt 2 i 4) wniosło 32 lekarzy okręgowych, którzy do tej pory zatrudnieni byli w Spółce Brackiej w Tarnowskich Górach, następczyni wspomnianej w artykule 214 Konwencji Genewskiej Górnośląskiej Spółki Brackiej (zwanej odtąd krótko „Spółką Bracką"), w myśl art. 149 i n. Konwencji Genewskiej do Polskiego Urzędu Spraw Mniejszości w Katowicach petycję, w której, powołując się na artykuły 75, 77 i 82 Konwencji Genewskiej, przedstawili wniosek o uchylenie powziętej przez Zarząd Spółki Brackiej uchwały, aby ich dalej nie zatrudniać. Oprócz tego zażalenie kieruje się przeciwko delegatowi Rządu przy Zarządzie Spółki Brackiej, Hanasiewiczowi, któremu zarzuca się naruszenie art. 75 Konwencji Genewskiej (akt 2 i 3). Zażalenie to przekazane zostało Prezydentowi Komisji Mieszanej wraz z uwagami, przepisanymi w artykule 152 Konwencji Genewskiej, dopiero dnia 26 września 1927 (akt 1), zamiast w terminie 30-dniowym, przewidzianym dla przekazywania zażaleń. Następnie odbyła się wymiana pism, przewidziana w Regulaminie postępowania Komisji Mieszanej. Na rozprawie ustnej, która

2. Die zuständigen Behörden werden ersucht, die derzeit geltende Formel für die Spracherklärungen entsprechend den Erwägungen dieser Stellungnahme (und entsprechend dem vom Berichterstatter des Völkerbundsrates in der Sitzung vom 15. Dezember 1928 ausgesprochenen Wunsche) abzuändern unter Weglassung jedes Vordruckes hinsichtlich der Sprache des Kindes.

3. Bezüglich der angeblich erfolgten Beeinflussung der Erziehungsberechtigten Marie Konietzny, Lipiny (Nr. 49), Johann Goik, Wilcza-Górna (Nr. 86—87) und Paul Opielka, Wielkie-Piekary (Nr. 88—89) durch die zuständigen Schulleiter werden die zuständigen Behörden ersucht, eine Untersuchung einzuleiten und dem Präsidenten der Gemischten Kommission über deren Ergebnis Bericht zu erstatten.

82

Stellungnahme

vom 30. Juni 1929 in der Sache Nr. 307 des Dr. Cohn in Siemianowice und 14 Genossen, Beschwerdeführer, vertreten durch den Deutschen Volksbund in Katowice, betreffend Verletzung des Genfer Abkommens durch den Vorstand der Spółka Bracka in Tarnowskie Góry (Polnisch-Oberschlesien).

I

Am 12. Juni 1926 und 23. Juli 1926 (act. 2 und 4) reichten beim Polnischen Minderheitsamt in Katowice 32 bis dahin bei der Spółka Bracka in Tarnowskie Góry, Nachfolgerin des in Art. 214 der Genfer Konvention erwähnten Oberschlesischen Knappschaftsvereins (von nun an kurz Spółka Bracka genannt) angestellte Bezirksärzte eine Eingabe im Sinne von Art. 149 ff. der Genfer Konvention ein, in welcher sie unter Berufung auf die Art. 75, 77 und 82 der Genfer Konvention beantragten, den vom Vorstand der Spółka Bracka gefaßten Beschluß, sie nicht weiter zu beschäftigen, aufzuheben. Die Beschwerde richtet sich außerdem gegen den Delegierten der Regierung beim Vorstand der Spółka Bracka, Hanasiewicz, wegen Verletzung des Art. 75 der Genfer Konvention (act. 2 und 3). Diese Beschwerde wurde anstatt in der Überweisungsfrist von 30 Tagen erst am 26. September 1927 dem Präsidenten der Gemischten Kommission zusammen mit den in Art. 152 der Genfer Konvention vorgeschriebenen Bemerkungen überwiesen (act. 1). Anschließend fand der in der Verfahrensordnung der Gemischten Kommission vorgesehene Schriftenwechsel statt. In den mündlichen Verhandlungen, welche am 10. März

odbyła się dnia 10 marca 1928, strony miały sposobność przedstawić dalsze argumenty prawne i faktyczne.

W toku postępowania zażaleniowego 16 zażaleń stało się bezprzedmiotowymi, ponieważ starania pięciu żalących się miały ten skutek, że Spółka Bracka przyjęła ich z powrotem do służby i ponieważ dalszych jedenastu żalących się zdecydowało się na opuszczenie kraju. Że zaś jeden z żalących się (dr Koelling) zmarł, pozostało 15 żalących się, z których 14 ma obywatelstwo polskie, a jeden obywatelstwo niemieckie.

Prezydent Komisji Mieszanej starał się kilkakrotnie załatwić niniejszą sprawę polubownie. W tym celu zwracał się w ciągu roku 1926 jeszcze przed otrzymaniem petycji od Urzędu Spraw Mniejszości kilkakrotnie do Przedstawiciela Państwa Polskiego, opierając się przy tym na art. 585 Konwencji Genewskiej. Ponieważ na tej drodze nie dało się sprawy załatwić w sposób zadowalający, należało przeprowadzić postępowanie w myśl art. 149 i n. Konwencji Genewskiej.

Pod koniec tego postępowania Prezydent Komisji Mieszanej poczynił jeszcze raz kroki dla osiągnięcia polubownego załatwienia sprawy i przedłożył w tym celu dnia 9 lutego 1929, zanim przystąpił do wydania poglądu, Polskiemu Urzędowi Spraw Mniejszości następującą propozycję ugody (akt 166—167):

„1. Zażaleń obywateli niemieckich nie będzie się rozpatrywało.

2. Następujących lekarzy, którzy wszyscy są obywatelami polskimi i którzy poza tym albo urodzili się na Górnym Śląsku albo też byli przynajmniej 20 lat w służbie brackiej, winna Spółka Bracka po złożeniu przez nich egzaminu z języka polskiego przyjąć ponownie do służby w charakterze lekarzy okręgowych:

1. dra Scholza — Chorzów,
2. dra Curtiusa — Wielkie Hajduki,
3. dra Hertwiga — Nowy Bytom,
4. dra Kutschę — Królewska Huta,
5. dra Hadamika — Królewska Huta,
6. dra Müllera — Świętochłowice,
7. dra Polatzka — Lipiny,
8. dra Kunika — Roździeń,
9. dra Scholza — Tarnowskie Góry,
10. dra Stanowskiego — Strzebnica,
11. dra Wiesnera — Rybnik.

1928 stattfanden, hatten die Parteien Gelegenheit, alle rechtlichen und tatsächlichen Argumente vorzutragen, die sie noch geltend zu machen hatten.

Im Laufe des Beschwerdeverfahrens sind 16 Beschwerden gegenstandslos geworden, weil es fünf Beschwerdeführern gelang, nachträglich wieder Beschäftigung bei der Spółka Bracka zu finden und weil weitere elf Beschwerdeführer sich zur Abwanderung entschlossen. Da ferner einer der Beschwerdeführer (Dr. Koelling) gestorben war, blieben 15 Beschwerdeführer, wovon 14 polnische Staatsangehörige und einer deutscher Staatsangehöriger ist.

Der Präsident der Gemischten Kommission hat zu verschiedenen Malen den Versuch unternommen, die Angelegenheit gütlich zu erledigen. Schon bevor ihm die Eingabe vom Minderheitsamt überwiesen wurde, wandte er sich zu diesem Zwecke im Laufe des Jahres 1926 wiederholt auf Grund von Art. 585 der Genfer Konvention an den Polnischen Staatsvertreter. Da aber eine zufriedenstellende Lösung auf diesem Wege nicht zu erreichen war, mußte das Verfahren gemäß Art. 149 ff. der Genfer Konvention durchgeführt werden.

Am Schlusse dieses Verfahrens machte der Präsident der Gemischten Kommission noch einen letzten Versuch zu gütlicher Erledigung und unterbreitete am 9. Februar 1929, bevor er zum Erlaß seiner Stellungnahme schritt, dem Polnischen Minderheitsamt folgenden Vermittlungsvorschlag (act. 166—167):

»1. Auf die Beschwerden der deutschen Reichsangehörigen wird nicht eingetreten.

2. Die nachfolgenden Ärzte, die sämtlich polnische Staatsangehörige sind und außerdem entweder in Oberschlesien geboren wurden oder wenigstens 20 Jahre im Dienste der Knappschaft standen, sind nach erfolgreichem Bestehen einer polnischen Sprachprüfung von der Spółka Bracka wieder als Bezirksärzte einzustellen:

1. Dr. Scholz — Chorzów,
2. Dr. Curtius — Wielkie-Hajduki,
3. Dr. Hertwig — Nowy-Bytom,
4. Dr. Kutscha — Królewska-Huta,
5. Dr. Hadamik — Królewska-Huta,
6. Dr. Müller — Świętochłowice,
7. Dr. Polatzek — Lipiny,
8. Dr. Kunik — Rożdzień,
9. Dr. Scholz — Tarnowskie-Góry,
10. Dr. Stanowski — Strzebnica,
11. Dr. Wiesner — Rybnik.

Lekarze ci winni przy egzaminie wykazać, że władają w słowie językiem polskim lub polskim narzeczem górnośląskim w tym stopniu, że z pacjentem narodowości polskiej mogą się w zupełności porozumieć. Niezupełnie poprawne opanowanie języka pod względem gramatycznym i fonetycznym nie może wpłynąć ujemnie na wynik egzaminu. Lekarze nie potrzebują wykazać się znajomością języka w piśmie.

Egzamin przeprowadza komitet, składający się z lekarza zaufania Spółki Brackiej i z lekarza obywatelstwa polskiego, wyznaczonego przez żalących się.

Gdyby egzaminatorzy nie doszli do porozumienia, ustanowi się nowy komitet egzaminacyjny, co do składu którego Prezydent Komisji Mieszanej porozumie się ze Spółką Bracką.

Interesowani lekarze mogą wnieść o przeprowadzenie egzaminu językowego najpóźniej do dnia 30 września 1930.

Z uwagi na podeszły wiek zwolnieni są z egzaminu ci lekarze, którzy liczą obecnie 60 lat i więcej, są rodowitymi Górnoślązakami i mówią według swych zapodań polskim narzeczem górnośląskim (dr Cohn — Siemianowice, dr Haase — Wirek, dr Riedel — Królewska Huta)."

W odpowiedzi z dnia 13 lutego 1929 (akt 171—172) Polski Urząd Spraw Mniejszości oświadczył, że użyje całego wpływu, aby właściwe organa Spółki Brackiej przyjęły propozycję ugody. Ponieważ jednak ani Urząd Spraw Mniejszości ani Administracja Spółki Brackiej nie udzieliły odpowiedzi, należy uważać, że starania Prezydenta Komisji Mieszanej o polubowne załatwienie zażalenia spełzły na niczym.

II

Według spisu lekarzy, wniesionego do akt przez dyrektora Spółki Brackiej (akt 138—139), przed 31 grudnia 1925 czynnych było w Spółce Brackiej 97 lekarzy jako lekarze okręgowi, których kontrakty kończyły się wszystkie z dniem 31 grudnia 1925. Na posiedzeniu Zarządu z dnia 9 grudnia 1925 był przedstawiony do dyskusji wniosek, aby kontraktów z 25 dotychczasowymi lekarzami okręgowymi nie odnawiać. Ponieważ jednak w kwestii tej nie dało się osiągnąć porozumienia, rozstrzygnięcie odroczono i kontrakty przedłużono do dnia 1 kwietnia 1926 (akt 144—145). Następnie Administracja Spółki Brackiej przedłożyła Zarządowi różne dane co do redukcji lekarzy. Nasamprzód przedłożono Zarządowi opinię z dnia 15 grudnia 1925

Diese Ärzte haben sich in der Prüfung darüber auszuweisen, daß sie die polnische Sprache oder den polnischen Dialekt Oberschlesiens mündlich in dem Maße beherrschen, daß sie sich mit einem Patienten polnischer Zunge vollständig verständigen können. Eine grammatikalisch und phonetisch nicht einwandfreie Beherrschung der gesprochenen Sprache darf das Prüfungsergebnis nicht in Frage stellen. Über Kenntnisse der geschriebenen Sprache haben sich die Ärzte nicht auszuweisen.

Die Prüfung erfolgt durch ein Komitee bestehend aus einem Vertrauensarzt der Spółka Bracka und einem von den Beschwerdeführern bezeichneten Arzt polnischer Staatsangehörigkeit.

Sollten diese Examinatoren sich nicht einigen können, wird ein neues Prüfungskomitee eingesetzt, über dessen Zusammensetzung der Präsident der Gemischten Kommission und die Spółka Bracka sich ins Einvernehmen setzen werden.

Die Sprachprüfung kann von den interessierten Ärzten bis spätestens 30. September 1930 beantragt werden.

Mit Rücksicht auf ihr hohes Alter sind von der Sprachprüfung befreit diejenigen Ärzte, die derzeit 60 Jahre und mehr zählen, gebürtige Oberschlesier sind und nach ihren Angaben den oberschlesischen polnischen Dialekt sprechen (Dr. Cohn — Siemianowice, Dr. Haase — Wirek, Dr. Riedel — Królewska-Huta).«

In seiner Antwort vom 13. Februar 1929 (act. 171—172) erklärte das polnische Minderheitsamt, seinen ganzen Einfluß dahin geltend zu machen, daß der Vorschlag von den zuständigen Organen der Spółka Bracka angenommen werde. Da jedoch weder vom Minderheitsamt noch von der Verwaltung der Spółka Bracka eine Antwort eintraf, müssen die Bemühungen des Präsidenten der Gemischten Kommission, die Beschwerdesache gütlich zu erledigen, als gescheitert betrachtet werden.

II

Laut der vom Direktor der Spółka Bracka überreichten Ärzteliste (act. 138—139) waren vor dem 31. Dezember 1925 bei der Spółka Bracka 97 Ärzte als Bezirksärzte tätig, deren Anstellungsverträge sämtlich am 31. Dezember 1925 abliefen. In der Vorstandssitzung vom 9. Dezember 1925 stand der Antrag zu Diskussion, die Verträge von 25 der bisherigen Bezirksärzte nicht zu erneuern. Da aber in dieser Frage keine Einigung erzielt werden konnte, wurde die Entscheidung vertagt und die Verträge bis 1. April 1926 verlängert (act. 144—145). In der Folge wurde dem Vorstande von der Verwaltung der Spółka Bracka verschiedenes auf den Ärzteabbau bezügliches Material unterbreitet. Zunächst wurde dem Vorstand ein vom 15. Dezember 1925 datiertes Gutachten vorgelegt (act. 3 a),

(akt 3 a), w której podkreślono potrzebę redukcji lekarzy okręgowych ze względów oszczędnościowych i proponowano, aby dla osiągnięcia tego celu zredukować 9 lekarzy okręgowych obywateli niemieckich i 16 lekarzy mniejszościowych, ponieważ nie władają dostatecznie językiem polskim. W miejsce zredukowanych miano przyjąć 14 nowych lekarzy, którzy według niezaprzeczonego twierdzenia żalących się należeli bez wyjątku do większości. Poza tym Administracja przedstawiła Zarządowi odpowiedzi starszych brackich na okólnik, który zawierał zapytanie, czy mogą podnieść zarzuty przeciwko dotychczasowym lekarzom okręgowym, czy życzą sobie, aby zostali z powrotem przyjęci i czy dany lekarz rozmawia z pacjentami po polsku (akt 38 do 53 włącznie). Po rozpatrzeniu tego materiału Zarząd powziął na posiedzeniu z dnia 18 lutego 1926 sześcioma głosami przeciwko pięciu uchwałę, aby lekarzy okręgowych nie redukować (protokół z posiedzenia z dnia 17 lutego 1926, akt 144 i 145). Do tej uchwały powrócił jednak Zarząd jeszcze na tym samym posiedzeniu, ponieważ pełnomocnik Rządu Polskiego, przewidziany w artykule 31 polsko-niemieckiej umowy w sprawie podziału Górnośląskiej Spółki Brackiej z dnia 26 sierpnia 1922, wniósł sprzeciw, na skutek czego Zarząd — widocznie pod wrażeniem tego votum — uchwalił, aby na jednym z następnych posiedzeń ustalić ostatecznie, z którymi lekarzami okręgowymi należy zawrzeć umowy. Protokół z posiedzenia zawiera odnośnie tego zajścia następujące notatki: „Delegat Rządu p. Hanasiewicz zakłada stanowcze „veto" przeciwko tej uchwale i opuszcza posiedzenie". Na następnym posiedzeniu Zarządu Spółki Brackiej z dnia 15 kwietnia 1926 nie doszło znów do rozstrzygnięcia, natomiast dnia 6 maja 1926 powzięto uchwałę, aby z 25 dotychczasowymi lekarzami okręgowymi nie zawierać umów, ponieważ lekarze ci (pismo dyrektora Spółki Brackiej z dnia 17 kwietnia 1928, akt 135—136) nie władają językiem polskim. Równocześnie polecono Administracji, aby w miejsce tych lekarzy przyjęła innych. (Protokół z posiedzenia z dnia 6 maja 1926, akt 144—145). O ile chodzi o przynależność narodową, wszyscy lekarze okręgowi dotknięci powyższym zarządzeniem byli albo obywatelami polskimi, należącymi do mniejszości niemieckiej, albo obywatelami niemieckimi. Przytoczyć należy tu dwa w związku z tymi posiedzeniami pozostające zajścia, dla wyjaśnienia których Prezydent Komisji Mieszanej w postępowaniu, wdrożonym wówczas w myśl artykułu 585 Konwencji Genewskiej, przesłuchał dnia 21 maja 1926 (akt 127—128) w charakterze świadka starszego brackiego Mularczyka. Zeznania Mularczyka dają następujący obraz stanu rzeczy:

welches die Notwendigkeit betonte, aus Ersparnisgründen eine Reduktion der Bezirksärzte vorzunehmen und zur Erreichung dieses Zieles vorschlug, 9 reichsangehörige und 16 minderheitsangehörige Bezirksärzte abzubauen, da diese die polnische Sprache nicht genügend beherrschten. An ihrer Stelle sollten 14 neue Ärzte angestellt werden, die nach einer unbestritten gebliebenen Angabe der Beschwerdeführer sämtlich der Mehrheitsbevölkerung angehörten. Ferner legte die Verwaltung dem Vorstand die Antworten vor, welche die Knappschaftsältesten auf die Rundfrage erteilt hatten, ob sie gegen die bisherigen Bezirksärzte Einwände zu erheben hätten, ob sie ihre Wiederanstellung wünschten und ob der betreffende Arzt mit den Patienten polnisch spreche (act. 38 bis und mit 53). Nach Prüfung dieses Materials faßte der Vorstand in der Sitzung vom 18. Februar 1926 mit sechs gegen fünf Stimmen den Beschluß, die Bezirksärzte nicht zu reduzieren. (Sitzungsprotokoll vom 17. Februar 1926, act. 144 und 145). Auf diesen Beschluß kam jedoch der Vorstand noch in der gleichen Sitzung zurück, da der in Art. 31 des deutsch-polnischen Abkommens über die Teilung des oberschlesischen Knappschaftsvereins vom 26. August 1922 vorgesehene Bevollmächtigte der Polnischen Regierung Protest erhob, worauf der Vorstand — offenbar unter dem Eindruck dieses Votums — beschloß, in einer künftigen Sitzung endgültig festzusetzen, mit welchen Bezirksärzten Verträge abzuschließen seien. Im Sitzungsprotokoll befinden sich bezüglich dieses Vorfalls folgende Aufzeichnungen: »Der Regierungsdelegierte Hanasiewicz legt gegen diesen Beschluß ein entschiedenes Veto ein und verläßt die Sitzung«. In der darauffolgenden Sitzung des Vorstandes der Spółka Bracka vom 15. April 1926 kam es wiederum zu keiner Entscheidung, dagegen wurde am 6. Mai 1926 der Beschluß gefaßt, mit 25 der bisherigen Bezirksärzte keine Verträge abzuschließen, weil diese (Schreiben des Direktors der Spółka Bracka vom 17. April 1928, act. 135—136) die polnische Sprache nicht beherrschten. Gleichzeitig wurde die Verwaltung beauftragt, an Stelle dieser Ärzte andere anzustellen. (Sitzungsprotokoll vom 6. Mai 1926, act. 144—145.) Was die völkische Zugehörigkeit anbetrifft, so waren alle von dieser Maßnahme betroffenen Bezirksärzte entweder der deutschen Minderheit angehörige polnische Staatsangehörige oder Bürger des Deutschen Reichs. Hier sind zwei mit diesen Sitzungen im Zusammenhang stehende Vorfälle zu erwähnen, zu deren Abklärung der Präsident der Gemischten Kommission am 21. Mai 1926 (act. 127—128) in dem damals im Sinne des Art. 585 der Genfer Konvention eröffneten Verfahren den Knappschaftsältesten Mularczyk als Zeugen abgehört hat. Aus den von Mularczyk gemachten Aussagen ergibt sich folgendes Bild des Sachverhalts:

Dnia 15 kwietnia 1926, w którym to dniu Zarząd Spółki Brackiej miał rozpatrywać kwestię lekarzy okręgowych, zjawił się o godzinie 5 min. 30 rano w mieszkaniu Józefa Mularczyka, członka Zarządu Spółki Brackiej, posterunkowy i, nie przedkładając nakazu aresztowania, wezwał Mularczyka, aby się natychmiast z nim udał do Starostwa w Wielkich Hajdukach, gdzie Mularczyka przytrzymano mniej więcej do godziny 11. Podczas przytrzymania przesłuchano Mularczyka, który na posiedzeniu Zarządu w dniu 18 lutego 1926 głosował przeciwko redukcji lekarzy niemieckich. Pytano go przy tym, dlaczego to uczynił i pokazano mu równocześnie numer gazety „Polak", w której w artykule pt. „Judasz z Szarleju" krytykowano go ostro za wstawienie się za niemieckimi lekarzami okręgowymi. Po wypuszczeniu na wolność udał się Mularczyk na posiedzenie Zarządu, na które przybył z jednogodzinnym opóźnieniem.

W wieczór przed posiedzeniem z dnia 6 maja 1926, na którym miano rozstrzygnąć kwestię redukcji lekarzy okręgowych, ten sam Józef Mularczyk został ponownie aresztowany i zatrzymany przez noc na posterunku policji. I tym razem nie przedłożono mu nakazu aresztowania. Gdy go następnego dnia rano przesłuchiwano, zarzucano mu, że głosował za lekarzami niemieckimi. Po południu sędzia śledczy, do którego Mularczyka odstawiono, wypuścił Mularczyka na wolność, nie przesłuchawszy go. Gdy Mularczyk zapytał o powód aresztowania, sędzia śledczy wskazał na gazetę „Polak", w której pojawił się wspomniany już artykuł „Judasz z Szarleju" (akt 127 do 128). Wskutek tego aresztowania Mularczyk nie mógł uczestniczyć w posiedzeniu z dnia 6 maja 1926, na którym uchwalono redukcję lekarzy.

Na następnym zebraniu (20 maja 1926) Zarząd miał powziąć decyzję co do ponownego przyjęcia dalszych pięciu lekarzy okręgowych należących do mniejszości względnie obywateli niemieckich, przy czym w jednym przypadku wypowiedział się za zwolnieniem, a w czterech przypadkach za odnowieniem kontraktu (akt 144—145).

Dnia 18 czerwca 1926 Zarząd Spółki Brackiej rozpatrywał ponownie kwestię przyjęcia lekarzy okręgowych i zdecydował się na zwolnienie 20 dalszych lekarzy (akt 144—145 i 146—147), o ile nie udowodnią, że odpowiadają wymogom nowej umowy służbowej, którą uchwalono na tym samym posiedzeniu i w której pod § 2 lit. e umieszczono następujące nowe postanowienie (akt 140—141):

Am 15. April 1926, an welchem im Vorstand der Spółka Bracka die Frage der Bezirksärzte behandelt werden sollte, wurde der dem Vorstand der Spółka Bracka angehörende Josef Mularczyk morgens 5.30 Uhr von einem Polizisten in seiner Wohnung aufgesucht und, obwohl ein Haftbefehl nicht vorgewiesen wurde, aufgefordert, sofort mit ihm auf das Landratsamt nach Wielkie-Hajduki zu kommen, wo er bis gegen 11 Uhr festgehalten wurde. Während seiner Festnahme wurde Mularczyk, welcher in der Vorstandssitzung vom 18. Februar 1926 gegen den Abbau der deutschen Ärzte gestimmt hatte, einem Verhör unterworfen und dabei gefragt, warum er dies getan habe; gleichzeitig wurde ihm auch eine Nummer der Zeitung »Polak« gezeigt, in welcher Mularczyk in einem »Der Judas aus Szarlej« betitelten Artikel wegen seines Eintretens für die deutschen Bezirksärzte heftig kritisiert war. Nach seiner Entlassung begab sich Mularczyk zur Vorstandssitzung, wo er mit einer Stunde Verspätung eintraf.

Am Vorabend der Sitzung des 6. Mai 1926, in welcher die Frage des Abbaus der Bezirksärzte entschieden werden sollte, wurde derselbe Josef Mularczyk neuerdings verhaftet und ohne Vorweisung eines Haftbefehls die Nacht über auf dem Polizeiposten behalten. Bei seiner Einvernahme am nächsten Morgen wurde Mularczyk vorgeworfen, für die deutschen Ärzte gestimmt zu haben. Am Nachmittag, vor den Untersuchungsrichter geführt, wurde Mularczyk ohne Einvernahme für freigelassen erklärt. Als Mularczyk nach dem Grunde seiner Verhaftung fragte, deutete der Untersuchungsrichter auf die Zeitung »Polak«, in welcher der bereits erwähnte Artikel »Der Judas aus Szarlej« erschienen war (act. 127—128). Mularczyk war infolge dieser Verhaftung verhindert, der Sitzung vom 6. Mai 1926 beizuwohnen, in welcher der Abbau der Ärzte beschlossen wurde.

Bei seinem nächsten Zusammentreten (20. Mai 1926) hatte sich der Vorstand über die Wiederanstellung weiterer fünf minderheitsangehöriger bzw. reichsdeutscher Bezirksärzte zu entscheiden, wobei er sich in einem Falle für die Entlassung und in vier Fällen für Erneuerung des Vertrages entschied (act. 144—145).

Am 18. Juni 1926 befaßte sich der Vorstand der Spółka Bracka neuerdings mit der Angelegenheit der Anstellung der Bezirksärzte und entschied sich für die Entlassung weiterer 20 Ärzte (act. 144—145 und 146—147), sofern sie nicht den Nachweis erbrächten, daß sie den Anforderungen des neuen Dienstvertrages entsprechen, welcher in der nämlichen Sitzung beschlossen wurde und in welchen unter § 2 lit. e) folgende neue Bestimmung aufgenommen wurde (act. 140—141):

§ 2

„Pan Doktor winien jako lekarz okręgowy:

e) władać w mowie i piśmie językiem urzędowym i posługiwać się nim na żądanie pacjentów."

Na podstawie tej uchwały wezwano dnia 10 i 21 czerwca 1926 28 lekarzy, aby poddali się egzaminowi językowemu. Egzamin ten zdali czterej lekarze (Mletzko, Drischel, Sarnes, Skupin), podczas gdy znajomości językowe 10 innych uznano za niedostateczne. Czternastu lekarzy, którzy byli zdania, że nię złożą egzaminu, nie stawiło się.

Ponieważ na podstawie tego wyniku egzaminu Zarząd Spółki Brackiej zamierzał zwolnić wszystkich lekarzy okręgowych, którzy nie złożyli egzaminu językowego, Prezydent Komisji Mieszanej zwrócił się na mocy artykułu 585 Konwencji Genewskiej ponownie do Przedstawiciela Państwa Polskiego (13 VII 1926) z prośbą, aby nie zwalniano lekarzy dopóki on, Prezydent Komisji Mieszanej, lub Rada Ligi Narodów nie rozpatrzą zażalenia, wniesionego w myśl artykułu 149 Konwencji Genewskiej. Na następnej konferencji (dnia 27 lipca 1926) Prezydent zajął stanowisko, że wymogi dotychczasowych egzaminów były za ostre i podkreślił konieczność przyznania lekarzom stosownego terminu przygotowawczego. Propozycji tej nie przyjęto, tak, że polubowne załatwienie sprawy było niemożliwe. Natomiast oświadczył Przedstawiciel Państwa Polskiego, że zredukowanych lekarzy podda się ponownemu bardzo liberalnemu egzaminowi językowemu, którego program ograniczy się do najkonieczniejszych znajomości językowych. Następnie Zarząd Spółki Brackiej uchwalił na posiedzeniu z dnia 2 września 1926 przeprowadzić ponowne egzaminy (protokół z dnia 2 września 1926, akt 144—145). W tym celu wybrano komisję egzaminacyjną, składającą się z urzędnika Śląskiego Urzędu Wojewódzkiego, delegata Spółki Brackiej, komisarza rządowego przy Spółce Brackiej oraz z delegata lekarzy polskich i delegata lekarzy niemieckich. Zdaniem Prezydenta Komisji Mieszanej warunki egzaminu nie były bardzo liberalne, lecz o wiele za trudne, ponieważ egzamin obejmował poza częścią ustną (badanie chorego) także prace pisemne, w szczególności tłumaczenie akt i sporządzenie protokołu z sekcji zwłok, tak że z 37 lekarzy, którzy zostali wezwani na egzamin na 8 i 21 września oraz 2 grudnia 1926, zdało egzamin tylko pięciu; 21 oddalono z powodu niedostatecznej znajomości języka polskiego, a 11 nie przybyło na egzamin, widocznie odstraszeni za ciężkimi warunkami.

§ 2

»Der Herr Doktor ist als Bezirksarzt verpflichtet:

e) die Amtssprache in Wort und Schrift zu beherrschen und sich ihrer auf Wunsch der Patienten zu bedienen.«

Auf Grund dieses Beschlusses wurden am 10. und 21. Juni 1926 28 Ärzte eingeladen, sich einer Sprachprüfung zu unterziehen, die von vier Ärzten (Mletzko, Drischel, Sarnes, Skupin) bestanden wurde, während die Sprachkenntnisse von 10 anderen für ungenügend befunden wurden. Vierzehn Ärzte, die sich der Prüfung nicht gewachsen fühlten, waren nicht erschienen.

Da der Vorstand der Spółka Bracka auf Grund dieses Prüfungsergebnisses zur Entlassung aller in der Sprachprüfung nicht erfolgreichen Bezirksärzte schreiten wollte, wandte sich der Präsident der Gemischten Kommission auf Grund von Art. 585 der Genfer Konvention neuerdings an den Polnischen Staatsvertreter (13. VII. 1926), um ihn zu ersuchen, nicht eher zur Entlassung der Ärzte zu schreiten, bis er, bzw. der Völkerbundsrat Gelegenheit gehabt hätten, die gemäß Art. 149 der Genfer Konvention eingereichte Eingabe zu prüfen. In einer weiteren Besprechung (27. Juli 1926) vertrat der Präsident den Standpunkt, daß die Anforderungen der bisherigen Prüfungen zu schwer gewesen seien und betonte die Notwendigkeit, den Ärzten eine angemessene Vorbereitungsfrist zu gewähren. Dieser Vorschlag wurde abgelehnt, so daß eine gütliche Erledigung nicht möglich war. Dagegen erklärte der Polnische Staatsvertreter, daß die abgebauten Ärzte einer neuen sehr liberalen Sprachprüfung unterzogen würden, deren Programm sich auf die allernotwendigsten Sprachkenntnisse beschränken würde. In der Folge beschloß der Vorstand der Spółka Bracka in seiner Sitzung vom 2. September 1926, neue Prüfungen durchzuführen (Protokoll vom 2. September 1926, act. 144—145). Es wurde zu diesem Zwecke eine Prüfungskommission gewählt, welche sich aus einem Beamten der Schlesischen Wojewodschaft, einem Delegierten der Spółka Bracka, dem Regierungskommissar bei der Spółka Bracka und je einem Delegierten der polnischen und deutschen Ärzte zusammensetzte. Die Prüfungsbedingungen waren nach Ansicht des Präsidenten der Gemischten Kommission nicht sehr liberal, sondern viel zu schwer, da die Prüfung neben ihrem mündlichen Teil (Untersuchung eines Kranken) auch schriftliche Arbeiten, insbesondere die Übersetzung von Akten und die Abfassung eines Leichensezierungsprotokolls, umfaßte, so daß von 37 Ärzten, die zu den am 8. und 21. September und 2. Dezember 1926 angesetzten Prüfungen geladen wurden, nur fünf die Prüfung bestanden; 21 wurden wegen ungenügender Kenntnis der polnischen Sprache zurückgewiesen, während

Z wywodów dyrektora Spółki Brackiej wynika, że ostatecznie zwolniono 45 lekarzy, z których dwóch należy do większości polskiej, pozostali zaś bądź to należą do mniejszości niemieckiej, bądź też są obywatelami niemieckimi. W miejsce zwolnionych lekarzy przyjęto do dnia 28 lutego 1927 (akt 149—150) 33 nowych lekarzy okręgowych, którzy z bardzo małymi wyjątkami należą do większości polskiej.

III

1. Polski Urząd Spraw Mniejszości wskazał w swych uwagach (akt 1) na to, że Prezydent Komisji Mieszanej nie jest właściwy do rozpatrywania zażaleń lekarzy, którzy nie posiadają obywatelstwa polskiego. Do tego zapatrywania Polskiego Urzędu Spraw Mniejszości należy się przyłączyć. Artykuł 149 Konwencji Genewskiej postanawia wyraźnie, że tylko osoby należące do mniejszości mogą wnosić zażalenia przed forum Prezydenta Komisji Mieszanej. Ponieważ w stosunku do władz polskich jako osoby należące do mniejszości można uważać tylko obywateli polskich, przeto nie można rozpatrywać zażaleń obywateli niemieckich.

2. Co do pozostałych 14 zażaleń, które pochodzą wszystkie od osób, których obywatelstwo polskie i przynależność do mniejszości są niezaprzeczone, Urząd Spraw Mniejszości nie zaprzeczył wyraźnie właściwości Prezydenta Komisji Mieszanej, natomiast wskazał w swych uwagach (akt 7—8) na to, że wybór lekarzy pozostawiony jest swobodnemu uznaniu Zarządu Spółki Brackiej, wobec czego Zarząd nie potrzebuje przyjmować żadnych zleceń władzy nadzorczej (Wyższy Urząd Górniczy). O ile by Urząd Spraw Mniejszości chciał przez to wyrazić wątpliwość, że któryś z warunków artykułu 149 Konwencji Genewskiej w niniejszym przypadku nie jest dopełniony, stwierdza się co następuje:

W myśl artykułów 149 i n. Konwencji Genewskiej zażalenia, wytoczone przed forum Prezydenta Komisji Mieszanej, muszą kierować się przeciwko władzom administracyjnym. Aby z jednej strony pojęcie władz administracyjnych ująć możliwie szeroko i aby z drugiej strony odgraniczyć je od pojęcia władz sądowych, wzięto za podstawę kryterium, czy jakaś władza winna stosować się do rozkazów lub zleceń przełożonych instancyj lub przełożonych władz nadzorczych. Przez władze administracyjne w myśl artykułu 149 Konwencji Genewskiej należy jednak rozumieć nie tylko bezpośrednich urzędników

11 sich nicht zur Prüfung stellten, offenbar abgeschreckt durch die allzu schweren Prüfungsbedingungen.

Den Ausführungen des Direktors der Spółka Bracka ist zu entnehmen, daß im Endergebnis 45 Ärzte entlassen wurden, von welchen zwei dem polnischen Bevölkerungsteil und die übrigen sei es der deutschen Minderheit angehörten oder Reichsdeutsche waren. An Stelle der entlassenen Ärzte wurden bis 28. Februar 1927 (act. 149—150) 33 neue Bezirksärzte angestellt, die mit ganz wenigen Ausnahmen dem polnischen Bevölkerungsteil angehörten.

III

1. Das Polnische Minderheitsamt hat in seinen Bemerkungen (act. 1) darauf hingewiesen, daß der Präsident der Gemischten Kommission nicht zuständig sei, die Beschwerden von Ärzten zu prüfen, die nicht die polnische Staatsangehörigkeit besitzen. Dieser Auffassung des Polnischen Minderheitsamtes ist beizupflichten. Art. 149 der Genfer Konvention bestimmt ausdrücklich, daß nur minderheitsangehörige Personen sich vor dem Forum des Präsidenten der Gemischten Kommission beschweren können. Da im Verhältnis zu polnischen Behörden nur polnische Staatsbürger als Minderheitsangehörige angesehen werden können, kann auf die Beschwerden der deutschen Staatsangehörigen nicht eingetreten werden.

2. Bezüglich der restlichen 14 Beschwerden, welche alle von Personen herrühren, deren polnische Staatsangehörigkeit und Minderheitszugehörigkeit unbestritten ist, hat das Minderheitsamt die Zuständigkeit des Präsidenten der Gemischten Kommission nicht ausdrücklich bestritten, dagegen in seinen Bemerkungen (act. 7—8) darauf hingewiesen, daß die Auswahl der Ärzte dem freien Ermessen des Vorstandes der Spółka Bracka überlassen sei und dieser deshalb keine Anweisungen der Aufsichtsbehörde (Oberbergamt) anzunehmen habe. Sofern damit vom Minderheitsamt der Zweifel zum Ausdruck gebracht werden sollte, daß irgendeine der Voraussetzungen des Art. 149 der Genfer Konvention im vorliegenden Falle nicht erfüllt sei, sei folgendes festgestellt:

Gemäß Art. 149 ff. der Genfer Konvention müssen sich die Beschwerden, die vor das Forum des Präsidenten der Gemischten Kommission gebracht werden, gegen Verwaltungsbehörden richten. Um den Begriff der Verwaltungsbehörden möglichst weit zu fassen und ihn anderseits gegenüber den Gerichtsbehörden abzugrenzen, wurde auf das Kriterium abgestellt, ob eine Behörde verpflichtet ist, Befehle oder Weisungen vorgesetzter Instanzen oder von übergeordneten Aufsichtsbehörden entgegenzunehmen. Unter Verwaltungsbehörden im Sinne von Art. 149 der Genfer Konvention sind aber nicht nur die unmittelbaren Staatsbeamten

państwowych, lecz także, o ile zachodzi to znamię podporządkowania pod państwową władzę rozkazywania, owe liczne, większym lub mniejszym samorządem wyposażone instytucje prawa publicznego — korporacje publiczne, zakłady publiczne i instytucje publiczne — którym powierzono państwowe zadania administracyjne i które z państwem pozostają w tak ścisłym związku, że, podobnie jak gminy, włączone są do ustroju państwa i tworzą część ustroju publicznego państwa. (Komentarz do kodeksu cywilnego, opracowany przez dra Buscha, Erlera, dra Lobego, Michaelisa, Oegga, Sayna, Schliewena i Seyffartha, wydanie 6, tom I, str. 36 i n., uwaga wstępna do § 21.) Zapatrywanie to znajduje potwierdzenie w artykule 77 Konwencji Genewskiej: W myśl tego postanowienia na établissements publics — a przez nie należy rozumieć różne formy wspomnianych co dopiero instytucyj publiczno-prawnych: korporacje publiczno-prawne, zakłady publiczno-prawne, instytucje publiczno-prawne — ciążą co do traktowania osób mniejszościowych prawie te same obowiązki, co na państwie i także stąd należy wyciągnąć wniosek, że układające się strony chciały przeciwko établissements publics przyznać drogę zażaleniową w myśl art. 149 i n., jeżeliby przyjęte zobowiązania zostały naruszone.

Dla kwestii, czy Prezydent Komisji Mieszanej winien przystąpić do rozpatrywania niniejszego zażalenia, decydujące jest zatem, czy Spółka Bracka przedstawia się jako établissement public w myśl art. 77 Konwencji Genewskiej. W toku postępowania zażaleniowego Polski Urząd Spraw Mniejszości nie kwestionował nigdy twierdzenia żalącego się, że Spółka Bracka jest „établissement public". W istocie przedstawia Spółka Bracka, jak to wynika z poniżej przytoczonych szczegółowych wywodów, instytucję, która została powołana do życia przez prawo publiczne i która jest na tym prawie oparta, instytucję, której powierzone są zadania państwowe lub publiczne, przy spełnianiu których kieruje się względami interesu publicznego i dobra ogółu. Czy chodzi przy tym o korporację publiczną, zakład publiczny lub instytucję publiczną, ze stanowiska Konwencji Genewskiej jest obojętne, jeżeli zachodzą wyliczone właśnie znamiona. Co nasamprzód dotyczy publiczno-prawnej natury Spółki Brackiej, Urząd Spraw Mniejszości uznał wyraźnie (akt 7—8), że „Spółka Bracka w Tarnowskich Górach jest instytucją publiczno-prawną, podlegającą nadzorowi Wyższego Urzędu Górniczego w Katowicach". Do tego samego zapatrywania dochodzi się na podstawie decydujących postanowień

zu verstehen, sondern, soweit dieses Merkmal der Unterwerfung unter die staatliche Befehlsgewalt erfüllt ist, auch jene zahlreichen mit einem größeren oder geringeren Maß von Autonomie ausgestatteten Institutionen des öffentlichen Rechts — öffentliche Körperschaften, öffentliche Stiftungen, öffentliche Anstalten — welche mit staatlichen Verwaltungsaufgaben betraut sind und mit dem Staate in einem so engen Konnexe stehen, daß sie — ähnlich wie die Gemeinden — der Staatsordnung eingegliedert sind und einen Teil der öffentlichen Ordnung des Staates bilden. (Kommentar zum BGB., erläutert von Dr. Busch, Erler, Dr. Lobe, Michaelis, Oegg, Sayn, Schliewen und Seyffarth, 6. Auflage, Band I, Seite 36 ff. Vorbemerkung zu § 21.) Diese Auffassung findet ihre Bestätigung in dem Art. 77 der Genfer Konvention: Gemäß dieser Bestimmung sind den établissements publics — und darunter sind die verschiedenen Erscheinungsformen der oben erwähnten öffentlich-rechtlichen Institutionen zu verstehen — die öffentlich-rechtlichen Körperschaften, Anstalten, Stiftungen — in bezug auf die Behandlung der Minderheitsangehörigen nahezu die gleichen Pflichten auferlegt wie dem Staate selbst und es muß auch daraus der Schluß gezogen werden, daß die Vertragsparteien für den Fall einer Verletzung der eingegangenen Verpflichtungen gegen die établissements publics den Beschwerdeweg gemäß Art. 149 ff. der Genfer Konvention einräumen wollten.

Für die Frage, ob der Präsident der Gemischten Kommission auf die Beschwerde einzutreten habe, ist demnach entscheidend, ob die Spółka Bracka sich als établissement public im Sinne von Art. 77 der Genfer Konvention darstellt. Das Polnische Minderheitsamt hat im Laufe des Beschwerdeverfahrens die Behauptung des Beschwerdeführers nie in Zweifel gezogen, daß die Spółka Bracka ein »établissement public« ist. In der Tat stellt die Spółka Bracka — wie das im einzelnen weiter unten dargestellt wird — eine durch das öffentliche Recht ins Leben gerufene und auf demselben fußende Institution dar, die Trägerin staatlicher oder öffentlicher Aufgaben ist und sich bei Erfüllung derselben von den Erwägungen des öffentlichen Interesses und allgemeinen Wohls leiten läßt. Ob es sich dabei um eine öffentliche Körperschaft, öffentliche Anstalt oder öffentliche Stiftung handelt, ist vom Standpunkt der Genfer Konvention gleichgültig, sofern die eben aufgezählten Merkmale erfüllt sind. Was zunächst die öffentlich-rechtliche Natur der Spółka Bracka anbetrifft, so ist vom Minderheitsamt ausdrücklich anerkannt worden (act. 7—8), daß »die Spółka Bracka in Tarnowskie-Góry eine öffentlich-rechtliche, der Aufsicht des Oberbergamts in Katowice unterstellte Institution« ist. Zu derselben Auffassung gelangt man auf Grund der maßgebenden rechtlichen

prawnych (w myśl art. 1 Konwencji Genewskiej są to niemieckie przepisy prawne, które obowiązywały w dniu zmiany suwerenności oraz późniejsze ich uzupełnienia): Spółki brackie powołane są do życia prawem publicznym, ponieważ utworzenie ich przepisane jest ogólnie pruską ustawą o bractwach górniczych z dnia 17 czerwca 1912 (ustawa o bractwach górniczych § 1); statuty wymagają zatwierdzenia Wyższego Urzędu Górniczego, którym to zatwierdzeniem nabywa się także osobowość prawną i to, jak ogólnie przyjmuje literatura i orzecznictwo, osobowość prawa publicznego. (Wyrok Sądu Rzeszy z dnia 1 października 1910, uchwała Sądu Kameralnego z dnia 28 marca 1904, komentarz do ustawy o bractwach górniczych O. Steinbrinka, wydanie z r. 1912, str. 64 i 76, profesor Fleischmann: Słownik niemieckiego prawa państwowego i administracyjnego, wydanie z r. 1913, tom 2, str. 584.) Poza tym powierzone są Spółce Brackiej państwowe zadania administracyjne, bo ubezpieczenie społeczne robotników jest zasadniczo sprawą administracji państwowej. Przez to, że ubezpieczenie społeczne górników i hutników powierzone zostało Spółce Brackiej, zrobiono ją organem pomocniczym państwowej działalności administracyjnej. Jako taki musi ona kierować się względami dobra publicznego, jej cel nie polega na dawaniu zysków, lecz na tym, aby członkom udzielała zasiłków na równych (§ 40 ustawy o bractwach górniczych) i słusznych (§§ 37 do 40 al. 2 ustawy o bractwach górniczych, statuty §§ 83, 86) warunkach. Poza tym świadczenia minimalne, których należy udzielać członkom, są ściśle przepisane (ustawa o bractwach górniczych § 13 i 30). I tak np. zasiłki, udzielane przez Spółkę Bracką chorym, muszą być przynajmniej równie wysokie, jak zasiłki kas, powołanych do życia Ordynacją Ubezpieczeniową Rzeszy. Jeszcze wyraźniej występuje publiczno-prawny charakter Spółki Brackiej w jej stosunku do posiadaczy zakładów i do osób korzystających z tej instytucji. W §§ 9 i 27 ustawy o bractwach górniczych państwo wyposażyło Spółkę Bracką w daleko idące prawo władztwa, mocą którego robotnicy kopalniani i hutniczy stają się ipso jure, tzn. bez potrzeby złożenia oświadczenia o przystąpieniu lub zgłoszenia wniosku, członkami kas chorych i pensyjnych. Co się tyczy posiadaczy zakładów, są oni ustawowo zobowiązani do płacenia b. znacznych dodatków do składek członkowskich (§ 38 ustawy o bractwach górniczych). Że Spółka Bracka nie jest prywatnym zakładem ubezpieczeń i że jej stosunek prawny do członków nie jest oparty na umowie ubezpieczeniowej, znajduje w końcu wyraz w tym, że świadczenia na rzecz członków mogą być jednostronnie obniżone (§ 41 ustawy o bractwach górniczych, komentarz Steinbrinka, str. 64 i 195). Wypły-

Bestimmungen (gemäß Art. 1 der Genf. Konvention sind dies die am Tage des Souveränitätswechsels in Kraft gewesenen deutschen rechtlichen Vorschriften nebst den hinzugekommenen Ergänzungen): Die Knappschaftsvereine sind durch das öffentliche Recht ins Leben gerufen, denn ihre Bildung ist durch das preußische Knappschaftsgesetz vom 17. Juni 1912 allgemein vorgeschrieben (Knappschaftsgesetz § 1); die Statuten bedürfen der Bestätigung durch das Oberbergamt, mit welcher auch die juristische Persönlichkeit erworben wird, und zwar, wie von Literatur und Judicatur allgemein angenommen wird, diejenige des öffentlichen Rechts. (Reichsgerichtsurteil vom 1. Oktober 1910, Kammergerichtsbeschluß vom 28. März 1904, Kommentar zum Knappschaftsgesetz von O. Steinbrink, Ausgabe 1912, Seite 64 und 76, Professor Fleischmann — Wörterbuch des deutschen Staats- und Verwaltungsrechts, Ausgabe 1913, Band 2, Seite 584.) Sodann ist die Spółka Bracka Trägerin staatlicher Verwaltungsaufgaben, denn die soziale Arbeiterversicherung ist grundsätzlich eine Angelegenheit der staatlichen Verwaltung; damit, daß der Spółka Bracka die Sozialversicherung der Berg- und Hüttenarbeiter übertragen wurde, ist sie zu einem Hilfsorgan der staatlichen Verwaltungstätigkeit gemacht worden. Als solches muß sie sich von den Erwägungen des öffentlichen Wohls leiten lassen: ihr Zweck besteht daher nicht in der Ausschüttung von Gewinnen, sondern in der Gewährung von Unterstützungen an die Mitglieder zu gleichen (§ 40 Knappschaftsgesetz) und billigen (§§ 37—40 al. 2 Knappschaftsgesetz, Statuten §§ 83, 86) Bedingungen. Ferner sind die Mindestleistungen an die Mitglieder genau vorgeschrieben (Knappschaftgesetz § 13 und 30), so müssen z. B. die von der Spółka Bracka gewährten Krankenunterstützungen mindestens gleich hoch sein wie diejenigen der von der Reichsversicherungsordnung ins Leben gerufenen Kassen. Noch deutlicher tritt der öffentlich-rechtliche Charakter der Spółka Bracka hervor in ihrem Verhältnis zu den Werkbesitzern und Benutzern der Anstalt. Durch §§ 9 und 27 des Knappschaftsgesetzes ist die Spółka Bracka vom Staat mit einem weitgehenden Herrschaftsrecht ausgestattet worden, kraft dessen die Arbeiter der Berg- und Hüttenwerke ipso jure, d. h. ohne daß es einer Beitrittserklärung oder eines Antrages bedürfte, Mitglieder der Kranken- und Pensionskassen werden. Was die Werkbesitzer anbetrifft, so sind diese gesetzlich verpflichtet, sehr erhebliche Zuschüsse zu den Beiträgen der Mitglieder zu leisten (§ 38 Knappschaftsgesetz). Daß die Spółka Bracka keine private Versicherungsanstalt ist und daß das Rechtsverhältnis zu den Mitgliedern nicht auf einem Versicherungsvertrage beruht, kommt endlich darin zum Ausdruck, daß die Leistungen an die Mitglieder einseitig herabgesetzt werden können (§ 41 Knappschaftsgesetz) (Kommentar Steinbrink, Seite 64 und 195). Ausfluß der gleichen öffentlichen

wem tej samej władzy publicznej jest prawo zakładu nakładać na opornych członków kary porządkowe, dla ściągania których państwo ponadto stawia jeszcze do dyspozycji uprzywilejowane postępowanie, mianowicie wspomniane w § 44 ustawy o bractwach górniczych administracyjne postępowanie przymusowe. Jeszcze bardziej zacieśnił się stosunek z państwem wskutek postanowień prawnych, wydanych od czasu zmiany suwerenności, bo artykuł 31 ust. 3 polsko-niemieckiej umowy o podziale Górnośląskiej Spółki Brackiej z dnia 26 sierpnia 1922 postanawia:

„Prawa i obowiązki Zarządu Spółki Brackiej przechodzą co do Polskiej Spółki Brackiej na mianowanego przez Rząd Polski pełnomocnika, który na przeciąg 10-letniego okresu przejściowego wstępuje jako członek do Zarządu Polskiej Spółki Brackiej..."

Przez tę ustawowo i statutowo (§ 132 statutów) przewidzianą współpracę pełnomocnika państwowego stwarza się bezpośrednią odpowiedzialność państwa za uchwały Zarządu, tak, że pominąwszy zupełnie przytoczone już argumenty, zażalenie przeciwko Spółce Brackiej uważać należy za dopuszczalne na podstawie art. 149 i n. Konwencji Genewskiej, tym bardziej, że w zupełności zachodzi także drugie decydujące znamię, czy mianowicie Spółka Bracka winna przestrzegać wskazówek przełożonych władz. Ta zaś zależność Spółki Brackiej istnieje nie tylko na mocy przytoczonego postanowienia umownego w sprawie pełnomocnika Rządu Polskiego, lecz istniała ona i istnieje już na mocy ustawy o bractwach górniczych z dnia 17 czerwca 1912. Na podstawie §§ 41, 65 i n. tej ustawy Spółka Bracka podlega daleko idącemu nadzorowi państwowemu przez Wyższy Urząd Górniczy, którego najwyższą władzą nadzorczą jest Rząd Państwa. Nasamprzód Wyższy Urząd Górniczy winien czuwać nad tym, aby Spółka Bracka spełniała swe zadanie administracyjne i aby stale miała możność sprostania temu zadaniu pod względem finansowym. W tym celu ustawa o bractwach górniczych upoważnia Państwo do całego szeregu interwencyj. Jeżeli np. dochody Spółki Brackiej okażą się niewystarczające, Wyższy Urząd Górniczy może wezwać Spółkę Bracką do wydania potrzebnych zarządzeń i, jeżeli zarządzenia te nie zostaną wydane, wydać je sam (§ 41 ustawy o bractwach górniczych). Uprawnienia władzy nadzorczej nie ograniczają się jednak do nadzoru nad przemysłową działalnością Spółki Brackiej, lecz jest ona ponadto uprawniona kontrolować zupełnie ogólnie legalność działalności Spółki Brackiej i to bez potrzeby czekania na dotyczny wniosek

Gewalt ist das Recht der Anstalt, gegen renitente Mitglieder Ordnungsstrafen zu verhängen, für deren Eintreibung der Staat überdies noch ein privilegiertes Verfahren zur Verfügung stellt, das in § 44 des Knappschaftsgesetzes erwähnte Verwaltungszwangsverfahren. Durch die seit dem Souveränitätswechsel hinzugekommenen rechtlichen Bestimmungen ist die Verbindung mit dem Staate noch eine wesentlich engere geworden, denn Art. 31 Abs. 3 des deutsch-polnischen Abkommens über die Teilung des Oberschlesischen Knappschaftsvereins vom 26. August 1922 bestimmt folgendes:

»Die Rechte und Pflichten des Knappschaftsvorstandes gehen hinsichtlich des polnischen Knappschaftsvereins auf einen von der Polnischen Regierung zu ernennenden Bevollmächtigten über, welcher für die Dauer einer Übergangszeit von zehn Jahren als Mitglied in den Vorstand des polnischen Knappschaftsvereins eintritt...«

Durch diese gesetzlich und statutarisch (§ 132 Statuten) vorgesehene Mitwirkung des staatlichen Bevollmächtigten wird eine direkte Verantwortlichkeit des Staates an den Beschlüssen des Vorstandes begründet, so daß, ganz abgesehen von den bereits angeführten Argumenten, eine Beschwerde gegen die Spółka Bracka auf Grund von Art. 149 ff. der Genfer Konvention als zulässig betrachtet werden muß, um so mehr, als auch das zweite entscheidende Merkmal, ob nämlich die Spółka Bracka Weisungen vorgesetzter Behörden zu befolgen hat, voll erfüllt vorliegt. Und zwar besteht diese Abhängigkeit der Spółka Bracka nicht nur kraft der oben zitierten Vertragsbestimmung betreffend den Bevollmächtigten der Polnischen Regierung, sondern sie bestand und besteht schon kraft des Knappschaftsgesetzes vom 17. Juni 1912. Auf Grund der §§ 41, 65 ff. dieses Gesetzes ist die Spółka Bracka einer weitgehenden staatlichen Aufsicht durch das Oberbergamt unterworfen, über welchem als letzte Aufsichtsbehörde die Staatsregierung steht. Zunächst hat das Oberbergamt darüber zu wachen, daß die Spółka Bracka ihre Verwaltungsaufgabe erfüllt und jederzeit in der Lage bleibt, ihr nach der finanziellen Seite zu genügen. Zu diesem Zwecke ermächtigt das Knappschaftsgesetz den Staat zu einer Reihe von Interventionen. Erweisen sich z. B. die Einkünfte der Spółka Bracka als ungenügend, so kann das Oberbergamt die Spółka Bracka auffordern, die nötigen Maßnahmen zu treffen und, falls dies nicht geschieht, diese Maßnahmen selber anordnen (§ 41 des Knappschaftsgesetzes). Die Befugnisse der Aufsichtsbehörde beschränken sich aber nicht auf die Überwachung der gewerblichen Betätigung der Spółka Bracka, sondern sie ist darüber hinaus berechtigt, ganz allgemein die Gesetzmäßigkeit des Handelns der Spółka Bracka zu kontrollieren, und zwar ohne daß

lub zażalenie. Do czynności podlegających tej kontroli należy bezsprzecznie także wchodzący w zakres właściwości Zarządu wybór lekarzy (statuty z dnia 28 II 1925 § 95 lit. i), a do norm prawnych, których Spółka Bracka winna przy tym przestrzegać, należy oczywiście także Konwencja Genewska, przy czym Państwo, jako układająca się Strona Konwencji Genewskiej, ma nie tylko prawo, lecz i obowiązek czuwania, aby przestrzegano postanowień przyjętych co do établissements publics: Do wykonywania tej kontroli przysługuje Wyższemu Urzędowi Górniczemu szereg środków prawnych. Nasamprzód może mianowany ad hoc komisarz Wyższego Urzędu Górniczego uczestniczyć we wszystkich posiedzeniach Zarządu, zaczepiać ewentualne nielegalne zarządzenia Spółki Brackiej i spowodować ją tym samym do cofnięcia ich. Jeżeli ta droga nie doprowadzi do celu, może Wyższy Urząd Górniczy w myśl § 66 ustawy o bractwach górniczych uchylić zaczepione uchwały. Jeszcze skuteczniejszy jest następujący środek: Jeżeli organa Spółki Brackiej nie wypełniają swych obowiązków ustawowych, może Wyższy Urząd Górniczy wkroczyć i przez wykonywanie uprawnień normalnych organów samorządowych wspomniane organa w zupełności wyłączyć (§ 67 ustawy o bractwach górniczych). Wreszcie Wyższy Urząd Górniczy ma do dyspozycji jeszcze ten środek, że za pomocą nakładania kar porządkowych może zmusić członków Zarządu do przestrzegania przepisów prawnych (§ 65 ustawy o bractwach górniczych).

IV

1. Ponieważ zatem jest ustalone, że Spółkę Bracką należy uważać za établissement public, przeto winna ona, stosownie do przepisu artykułu 77 Konwencji Genewskiej, traktować równo osoby należące do mniejszości przy dopuszczeniu ich do jej działalności. Co się tyczy wykładni tego postanowienia, w toku postępowania nikt nie kwestionował, że przez dopuszczenie (admission) w myśl tego postanowienia rozumieć należy nie tylko prawo do korzystania z zakładu, lecz także prawo do wykonywania w nim działalności. Zapatrywanie to, które podziela także polsko-niemiecki Trybunał Rozjemczy (wyrok z dnia 15 października 1927 w sprawie dra Brucka), narzuca się, jeżeli się przegląda przykłady, przytoczone w artykule 77 Konwencji Genewskiej. Ponieważ we wszystkich innych przykładach: dopuszczenie do urzędów publicznych, funkcyj i urzędów honorowych oraz stopni wojskowych, słowo dopuszczenie może mieć tylko znaczenie powierze-

sie einen diesbezüglichen Antrag oder eine Beschwerde abwarten müßte. Zu den Handlungen, die dieser Kontrolle unterliegen, gehört zweifellos auch die in die Kompetenz des Vorstandes fallende Auswahl der Ärzte (Statuten vom 28. II. 1925 § 95 lit. i) und zu den Rechtsnormen, die die Spółka Bracka dabei beachten muß, zählt selbstverständlich auch die Genfer Konvention, wobei der Staat als Vertragspartei der Genfer Konvention nicht nur das Recht, sondern auch die Pflicht hat, die Respektierung der bezüglich der établissements publics eingegangenen Stipulationen zu überwachen: Dem Oberbergamt steht zur Ausübung der diesbezüglichen Kontrolle eine Reihe von rechtlichen Mitteln zu. Zunächst kann der ad hoc ernannte Kommissar des Oberbergamtes allen Vorstandssitzungen beiwohnen, eventuelle gesetzwidrige Akte der Spółka Bracka beanstanden und sie dadurch zur Zurücknahme derselben veranlassen. Führt dieser Weg nicht zum Ziel, so kann das Oberbergamt nach § 66 des Knappschaftsgesetzes die beanstandeten Beschlüsse aufheben. Noch weitergehend ist folgendes Mittel: Unterlassen es Organe der Spółka Bracka, ihre gesetzlichen Obliegenheiten zu erfüllen, so kann das Oberbergamt eingreifen und durch Ausübung der Befugnisse der normalen Selbstverwaltungsorgane diese gänzlich ausschalten (§ 67 Knappschaftsgesetz). Schließlich ist dem Oberbergamt noch das Mittel in die Hand gegeben, durch Verhängung von Ordnungsstrafen die Vorstandsmitglieder zur Befolgung der gesetzlichen Vorschriften zu zwingen (§ 65 Knappschaftsgesetz).

IV

1. Da somit feststeht, daß die Spółka Bracka als établissement public anzusehen ist, muß sie entsprechend der Vorschrift des Art. 77 der Genfer Konvention die Minderheitsangehörigen bei der Zulassung zu ihrem Betriebe gleichmäßig behandeln. Was die Auslegung dieser Bestimmung anbetrifft, so ist im Laufe des Verfahrens von keiner Seite in Frage gestellt worden, daß unter Zulassung (admission) im Sinne dieser Bestimmung nicht nur das Recht auf Benutzung der Anstalt zu verstehen ist, sondern auch dasjenige, eine Tätigkeit bei ihr auszuüben. Diese Auffassung, welche auch vom deutsch-polnischen Schiedsgericht (Urteil vom 15. Oktober 1927 i. S. Dr. Bruck) vertreten wird, drängt sich auf, wenn man die in Art. 77 der Genfer Konvention erwähnten Beispiele durchgeht. Da in allen anderen Beispielen: Zulassung zu öffentlichen Ämtern, Tätigkeiten, Ehrenstellungen und militärischen Chargen dem Worte Zulassung nur die Bedeutung der Übertragung einer Tätigkeit zukommen kann,

nia jakiejś czynności, przeto jest łatwo zrozumiałe, że także tam, gdzie używa się tego słowa w odniesieniu do zakładów publicznych, przypisać mu należy w pierwszym rzędzie to znaczenie.

Zapatrywania stron rozbieżne są dopiero w tym punkcie, w jakim sensie należy stosować zasadę równego traktowania w myśl artykułu 77 Konwencji Genewskiej. Nasamprzód należy oddalić jako mylne zapatrywanie żalącego się, że artykuł 77 Konwencji Genewskiej zawiera absolutny zakaz uzależniania dopuszczenia do wyliczonych tamże urzędów i funkcyj od pewnych znajomości językowych. Wystarczy bowiem przejrzeć wyliczone w artykule 77 Konwencji Genewskiej urzędy i funkcje, aby dojść do zapatrywania, że u kilku z nich znajomość języka urzędowego jest niezbędnym warunkiem ich dobrego sprawowania. Sprawowanie niektórych urzędów cywilnych i wojskowych byłoby nawet nie do pomyślenia bez znajomości języka urzędowego. Jakkolwiek zatem zasadniczo żądanie znajomości języka polskiego zdaje się być zgodne z artykułem 77 Konwencji Genewskiej, to jednak Prezydent nie może przychylić się bez zastrzeżeń do zapatrywania Urzędu Spraw Mniejszości, według którego nierówne traktowanie nie wchodzi w rachubę już z tego powodu, że zarówno od lekarzy polskich jak i niemieckich wymagało się wypełnienia tego samego warunku: władania językiem polskim w słowie i piśmie. Nierówne traktowanie osób należących do mniejszości zachodzi nie tylko wówczas, jeżeli się osobom należącym do mniejszości stawia inne warunki niż osobom należącym do większości, lecz także wówczas, jeżeli warunki dopuszczenia co do formy zewnętrznej są wprawdzie te same, lecz w rzeczywistości, ze względu na stosunki faktyczne, przedstawiają jednostronne utrudnienie dla osób należących do mniejszości. W szczególności zaś nie da się pogodzić z duchem Konwencji Genewskiej i z zasadą równego traktowania, jeżeli nałożone warunki zmierzają do ogólnego wyłączenia mniejszości. Myślą przewodnią, na której opiera się Konwencja Genewska, jest stworzenie w interesie ludności górnośląskiej 15-letniego okresu przejściowego i okresu dostosowania się, w którym, dla uniknięcia niepotrzebnej surowości, ze względów słuszności i celowości stopniowo dostosowane być mają do nowej sytuacji i w tę sytuację wprowadzone stosunki, które istniały do roku 1922. Wobec szczególnych stosunków językowych na Górnym Śląsku nałożenie trudnych do spełnienia warunków językowych może mieć szczególnie łatwo charakter prohibicyjny. Jak wiadomo, poważna część ludności Górnego Śląska Polskiego nie wyniosła z domu znajomości języka polskiego. Ponieważ zaś ta część ludności przed zmianą suwe-

ist es naheliegend, ihm auch dort, wo es in Beziehung auf öffentliche Anstalten gebraucht ist, in erster Linie diese Bedeutung beizumessen.

Die Auffassungen der Parteien gehen erst darüber auseinander, in welchem Sinne der Grundsatz der gleichmäßigen Behandlung im Sinne des Art. 77 der Genfer Konvention anzuwenden sei. Als irrig muß zunächst die Auffassung des Beschwerdeführers zurückgewiesen werden, wonach im Art. 77 der Genfer Konvention das absolute Verbot ausgesprochen wäre, die Zulassung zu den dort aufgezählten Ämtern und Tätigkeiten vom Besitz gewisser Sprachkenntnisse abhängig zu machen. Es genügt, die in Art. 77 der Genfer Konvention aufgezählten Ämter und Tätigkeiten zu durchgehen, um die Auffassung zu gewinnen, daß bei mehreren derselben Kenntnisse der Amtssprache ein unerläßliches Erfordernis für ihre gute Verwaltung darstellen. Die Bekleidung gewisser Ämter und militärischer Chargen wäre ohne Kenntnisse der Amtssprache sogar nicht denkbar. Wenn es somit auch grundsätzlich mit Art. 77 der Genfer Konvention vereinbar erscheint, Kenntnisse der polnischen Sprache zu verlangen, so kann der Präsident doch nicht ohne weiteres der Auffassung des Minderheitsamtes zustimmen, wonach eine ungleiche Behandlung schon deshalb außer Betracht fiele, weil von den polnischen wie von den deutschen Ärzten das gleiche Erfordernis: die Beherrschung der polnischen Sprache in Wort und Schrift verlangt worden sei. Eine ungleiche Behandlung Minderheitsangehöriger liegt nicht nur dann vor, wenn den Minderheitsangehörigen andere Bedingungen als den Mehrheitsangehörigen auferlegt werden, sondern auch dann, wenn die Zulassungsbedingungen äußerlich betrachtet zwar dieselben sind, aber in praxi mit Rücksicht auf die tatsächlichen Verhältnisse eine einseitige Erschwerung für die Minderheitsangehörigen darstellen. Insbesondere ist aber mit dem Geist der Genfer Konvention und dem Grundsatz der gleichmäßigen Behandlung unvereinbar, wenn die auferlegten Bedingungen auf eine generelle Ausschaltung der Minderheit hinauslaufen. Der Leitgedanke, auf dem die Genfer Konvention beruht, ist, im Interesse der oberschlesischen Bevölkerung eine 15-jährige Übergangs- und Anpassungsperiode zu schaffen, während welcher die bis 1922 bestandenen Verhältnisse zur Vermeidung unnötiger Härten, aus Gründen der Billigkeit und Zweckmäßigkeit sukzessive der neuen Situation angepaßt und in sie übergeführt werden sollen. Angesichts der besonderen sprachlichen Verhältnisse Oberschlesiens kann die Auferlegung von schwer erfüllbaren sprachlichen Bedingungen besonders leicht prohibitiven Charakter haben. Bekanntlich ist ein bedeutender Teil der Bevölkerung Polnisch-Oberschlesiens von Hause aus der polnischen Sprache unkundig, und da dieser

renności nie miała sposobności do nauczenia się języka polskiego w szkołach publicznych, przeto leży w naturze rzeczy, że tego dostosowania się do nowej sytuacji wymagać można dopiero w ciągu lat, w szczególności jeżeli się uwzględni doświadczenie praktyczne, że przyswojenie sobie języka polskiego nastręcza ludności niemieckojęzycznej w ogólności większe trudności, niż np. przyswojenie sobie języków anglosaskich i romańskich. Jeżeli się uwzględni te historycznie uwarunkowane stosunki, to podczas 15-letniego okresu przejściowego nie będzie się wymagało zupełnego, ustnego i pisemnego opanowania języka w tych wszystkich przypadkach, gdzie nie przemawiają za tym konieczne powody. Będzie się natomiast wymagało tylko takich znajomości językowych, jakie są niezbędne do dobrego sprawowania powierzonych funkcyj. Wychodząc z zasady, że głównym zadaniem lekarza w zakresie jego obowiązków jest udzielanie pomocy lekarskiej (§§ 1 i 2 umowy służbowej, akt 140 i 141), Prezydent Komisji Mieszanej dochodzi do zapatrywania, że od lekarza można wymagać, aby polski język literacki lub narzecze polskie, które jest w użyciu na Górnym Śląsku, rozumiał i językiem tym lub narzeczem władał w tym stopniu, żeby móc porozumieć się dostatecznie z pacjentem polskojęzycznym celem udzielenia mu pomocy lekarskiej. Wbrew temu należy stwierdzić, że wymogi egzaminów językowych, którym poddano w roku 1926 niemieckojęzycznych lekarzy okręgowych, przekraczały te granice znacznie, ponieważ egzamin nie ograniczał się do żądania od lekarzy ustnych znajomości języka, potrzebnych do porozumiewania się z pacjentami mówiącymi po polsku, lecz kandydaci musieli zrobić tłumaczenie pisemne i spisać protokół z sekcji w języku polskim. Niewystarczający był następnie termin, wyznaczony do przygotowania się do egzaminów. Ponieważ do tego czasu lekarze nie byli zobowiązani ani na podstawie statutów ani na podstawie umów służbowych do władania językiem polskim, należało udzielić im odpowiedniego terminu, jak np. uczyniło to Państwo, gdy ustawą o języku urzędowym z dnia 16 stycznia 1923 nałożyło na swych urzędników i funkcjonariuszów obowiązek nauczenia się języka polskiego. Udzielony wówczas termin wynosił przeszło 3½ roku, tzn. trwał do dnia 15 lipca 1926. Natomiast termin, udzielony przez Spółkę Bracką, wynosił zaledwie kilka miesięcy, ponieważ uchwałę, aby od lekarzy żądać władania językiem polskim w słowie i piśmie, powzięto na posiedzeniu z dnia 20 maja 1926. Ponieważ pierwsze egzaminy odbyły się już w czerwcu, a drugie jesienią 1926, nie potrzeba dalszych wywodów na to, że kandydaci, którzy nie władali już językiem polskim, obiektywnie nie mogli zadośćuczynić wymogom egzaminów, w szczególności zaś, jeżeli się

Bevölkerungsteil vor dem Souveränitätswechsel keine Gelegenheit hatte, die polnische Sprache in den öffentlichen Schulen zu erlernen, liegt es in der Natur der Dinge, daß die Anpassung nur im Laufe der Jahre verlangt werden kann, besonders wenn man die praktische Erfahrung berücksichtigt, daß die Erlernung der polnischen Sprache der deutschsprachigen Bevölkerung im allgemeinen größere Schwierigkeiten bereitet als z. B. die Aneignung der angelsächsischen oder romanischen Sprachen. Berücksichtigt man diese geschichtlich begründeten Verhältnisse, so wird man während der 15-jährigen Übergangsperiode von der vollen, d. h. mündlichen und schriftlichen Beherrschung der Sprache überall dort absehen, wo sie nicht durch zwingende Gründe gefordert wird, und nur diejenigen Sprachkenntnisse verlangen, die für die gute Verwaltung unerläßlich sind. Ausgehend davon, daß die Hauptaufgabe des Arztes innerhalb seines Pflichtenkreises die Gewährung ärztlicher Hilfe ist (§ 1 und 2 des Dienstvertrages, act. 140 und 141), gelangt der Präsident der Gemischten Kommission zu der Auffassung, daß vom Arzt verlangt werden kann, daß er die hochpolnische Sprache oder den in Oberschlesien gesprochenen polnischen Dialekt versteht und soweit spricht, daß er sich mit einem Patienten polnischer Zunge genügend verständigen kann, um ihm ärztliche Hilfe zu gewähren. Demgegenüber muß festgestellt werden, daß die Anforderungen der Sprachprüfungen, welchen die deutschsprachigen Bezirksärzte im Jahre 1926 unterworfen wurden, bedeutend über diese Grenzen hinausgingen, denn die Prüfung blieb nicht darauf beschränkt, von den Ärzten die für den Umgang mit polnischsprechenden Patienten erforderlichen mündlichen Kenntnisse zu verlangen, sondern die Kandidaten hatten eine schriftliche Übersetzungsarbeit zu machen und in polnischer Sprache ein Sektionsprotokoll zu schreiben. Ungenügend bemessen war ferner der für die Vorbereitung der Prüfungen gewährte Termin. Da die Ärzte bis dahin weder durch die Statuten, noch durch die Dienstverträge verpflichtet waren, die polnische Sprache zu beherrschen, hätte ihnen eine angemessene Frist gewährt werden sollen, wie dies z. B. der Staat gemacht hat, als er seinen Beamten und Angestellten durch das Amtssprachengesetz vom 16. Januar 1923 die Erlernung der polnischen Sprache zur Pflicht machte. Die damals gewährte Frist betrug mehr als 3½ Jahre, d. h. bis zum 15. Juli 1926. Demgegenüber zählte die von der Spółka Bracka eingeräumte Frist kaum ein paar Monate, denn der Beschluß, von den Ärzten die Beherrschung der polnischen Sprache in Wort und Schrift zu verlangen, ist in der Sitzung vom 20. Mai 1926 gefaßt worden. Da die ersten Prüfungen bereits im Juni und die zweiten im Herbst 1926 stattfanden, bedarf es keiner näheren Ausführungen, daß es für die Kandidaten, die die Sprache nicht schon beherrschten, insbesondere aber wenn sie — wie dies bei den Beschwerdeführern

uwzględni, co zachodziło u wszystkich żalących się, że byli oni już w podeszłym wieku (4 lekarze liczą od 37 do 50 lat, 8 od 50 do 60, a 2 od 60 do 70 lat) i że ze względu na swe stosunki zawodowe i familijne mogli tylko pewną ograniczoną część czasu poświęcić swym studiom językowym. Przeważająca większość lekarzy (21) nie uczyniła też zadość tym wymogom lub uważała za beznadziejne (11) stawić się na egzaminy.

Wreszcie należy jeszcze zbadać, czy na podstawie doświadczeń praktycznych istniały konieczne powody, aby od lekarzy okręgowych żądać tak daleko idących znajomości językowych. Celem wyjaśnienia tej kwestii Prezydent Komisji Mieszanej wezwał Polski Urząd Spraw Mniejszości do przedłożenia wszystkich skarg podanych na żalących się. Z dokumentów, wręczonych na skutek tego wezwania przez Urząd Spraw Mniejszości (akt 34—35 do 56—57 oraz plik 1 do 6), tylko dwa odnoszą się do żalących się, mianowicie do dra Haasego (akt 38—39 i plik 3) i do dra Hertwiga (akt 48—49 i plik 5). Dokumenty te zawierają nasamprzód wynik wspomnianej już ankiety pomiędzy starszymi brackimi (akt 38—39 i 48—49). Pytania przedłożone starszym brackim były następujące:

1. Czy można podnieść zarzuty przeciwko urzędowaniu lekarza?

2. Czy lekarz rozmawia z pacjentami po polsku i w jakim stopniu włada językiem polskim?

3. Czy członkowie życzą sobie, aby umowę przedłużono?

W sprawie urzędowania dra Haasego z 13 starszych brackich oświadczyło trzech, że traktuje ludzi lekceważąco lub po grubijańsku. Trzech innych oświadczyło wyraźnie, że jego urzędowaniu nie mają nic do zarzucenia. Reszta siedmiu nie odpowiedziała na to pytanie. Co do języka oświadczyło pięciu, że mówi więcej po niemiecku niż po polsku, jeden, że nie włada językiem polskim, a siedmiu nie odpowiedziało wcale. W sprawie ponownego powołania go do służby zaproponowało pięciu, aby mianowano innych lekarzy (dra Ogana — 1, dra Olbricha — 2, dra Kawallę — należącego do mniejszości — 2). Dwóch oświadczyło się za pozostawieniem go w służbie, sześciu nie odpowiedziało na pytanie.

Co do dra Hertwiga dają informacje odpowiedzi 12 starszych brackich: Co do jego urzędowania oświadczyło sześciu, że nie mają nic do zarzucenia, a sześciu nie udzieliło w ogóle odpowiedzi na to pytanie. Co do języka oświadczyło dwóch, że mówi więcej po niemiec-

durchwegs der Fall war — bereits im vorgerückten Alter standen (4 Ärzte stehen zwischen 37 und 50, 8 zwischen 50 und 60 und 2 zwischen 60 und 70 Jahren) und infolge ihrer Berufs- und Familienverhältnisse nur einen beschränkten Teil ihrer Zeit für ihre Sprachstudien freimachen können, objektiv unmöglich war, den Anforderungen der Prüfungen zu genügen. Die überwiegende Mehrzahl der Ärzte (21) hat diesen Anforderungen auch nicht genügt oder es als hoffnungslos betrachtet (11), sich den Prüfungen zu stellen.

Es bleibt noch zu untersuchen, ob auf Grund der gemachten praktischen Erfahrungen zwingende Gründe bestanden, um von den Bezirksärzten so weitgehende Sprachkenntnisse zu verlangen. Zur Abklärung dieser Frage hat der Präsident der Gemischten Kommission das Polnische Minderheitsamt ersucht, alle gegen die Beschwerdeführer lautgewordenen Klagen vorzulegen. Unter den vom Minderheitsamt daraufhin überreichten Dokumenten (act. 34—35 bis 56—57 und Faszikel 1 bis 6) haben bloß zwei Bezug auf Beschwerdeführer, nämlich auf Dr. Haase (act. 38—39 und Faszikel 3) und Dr. Hertwig (act. 48—49 und Faszikel 5). Zunächst befindet sich in diesen das Ergebnis der bereits obenerwähnten Enquête unter den Knappschaftsältesten (act. 38—39 und 48—49). Die den Knappschaftsältesten vorgelegten Fragen waren folgende:

1. Kann gegen die Amtsführung des Arztes ein Einwand erhoben werden?

2. Spricht der Arzt mit den Patienten polnisch und in welchem Maße spricht er die polnische Sprache?

3. Wünschen die Mitglieder, daß der Vertrag verlängert wird?

Bezüglich der Amtsführung des Dr. Haase erklärten von 13 Knappschaftsältesten drei, daß er die Leute geringschätze bzw. grob behandle. Andere drei erklärten ausdrücklich, nichts gegen seine Amtsführung einzuwenden zu haben. Die restlichen sieben ließen die Frage unbeantwortet. Bezüglich der Sprache erklärten fünf, daß er mehr deutsch als polnisch spreche, einer, daß er die polnische Sprache nicht beherrsche, sieben äußerten sich nicht. — Bezüglich der Wiederanstellung schlugen fünf die Ernennung anderer Ärzte vor (des Dr. Ogan — 1), (des Dr. Olbrich — 2), (des Dr. Kawalla [Minderheitsangehöriger] — 2). Zwei erklärten ihn beibehalten zu wollen, sechs äußerten sich nicht.

Über Dr. Hertwig informieren die Äußerungen von 12 Knappschaftsältesten: Bezüglich seiner Amtsführung erklärten sechs, keine Einwendungen zu haben und sechs lassen die Frage überhaupt unbeantwortet. — Bezüglich der Sprache erklärten zwei, daß er mehr deutsch spreche, einer,

ku, jeden, że mówi bardzo mało po polsku, a reszta siedmiu nie odpowiedziała wcale na to pytanie. Co do ponownego powołania go do służby wypowiedział się jeden za redukcją, trzech za pozostawieniem go w służbie, a reszta ośmiu nie odpowiedziała na to pytanie.

W pozostałych aktach (plik 3 i 5) chodzi o sześć przypadków sporu o honorarium. Spór ten jest następującego rodzaju: Pacjent, który nie zastał lekarza okręgowego, musiał zwrócić się do lekarza prywatnego i żąda zwrotu kosztów. W żadnym przypadku nie podniesiono zarzutu uchybienia zawodowego. Lecz również nie przytoczono, aby niedostateczna biegłość językowa lekarzy utrudniała była urzędowanie lub co więcej przyczyniła się była do jakiegoś niepowodzenia zawodowego. Zresztą u dra Hertwiga nie zachodzi prawdopodobnie związek pomiędzy reklamacjami a stosunkami językowymi już z tego powodu, że reklamacje zredagowane są w języku niemieckim, tak, że należy przypuszczać, że autorzy ich należą do mniejszości. Co się tyczy czterech reklamacyj przeciwko drowi Haasemu, tylko dwa pisma pochodzą od pacjentów samych i z pism tych jedno jest zredagowane w języku niemieckim a drugie w języku polskim (plik 3).

Z tego materiału nie wynika zatem, aby pacjenci zostali poszkodowani. Zresztą niebezpieczeństwo, aby dla pacjentów polskojęzycznych mogły powstać szkody z powodu niedostatecznego opanowania języka polskiego przez lekarzy, można z kilku powodów uważać za prawie zupełnie wykluczone. Nasamprzód w największej części okręgów lekarskich jest do dyspozycji kilku lekarzy okręgowych, tak, że wobec systemu wolnego wyboru lekarza pacjenci mają zupełną swobodę zwrócić się do tego lekarza, któremu dają pierwszeństwo ze względów językowych lub innych. Następnie wobec panujących na Górnym Śląsku warunków językowych dana jest prawdopodobnie zawsze możliwość porozumienia się lekarza należącego do mniejszości z pacjentem należącym do większości, jeżeli się zważy, że wszyscy żalący się lekarze zapewniają, że posiadają niezbędne znajomości języka polskiego i że z drugiej strony poważna część ludności polskojęzycznej ma znajomości języka niemieckiego. W przyszłości stosunki te będą jeszcze o wiele korzystniejsze, bo od czasu przejścia suwerenności, a zwłaszcza od roku 1926 przyjęto licznych nowych lekarzy polskojęzycznych. Poza tym, zdaniem Prezydenta Komisji Mieszanej, ma się w przyszłości przyjmować tylko takich nowych lekarzy, którzy mogą udowodnić, że posiadają najkonieczniejsze znajomości języka polskiego.

daß er sehr wenig polnisch spreche, während die restlichen sieben sich zu der Frage gar nicht äußerten. — Bezüglich der Wiederanstellung sprach sich einer für den Abbau aus, drei für die Beibehaltung, die restlichen acht beantworteten die Frage nicht.

In den übrigen Akten (Faszikel 3 und 5) handelt es sich um 6 Fälle von Honorarstreitigkeiten folgender Art: Der Patient, welcher den Bezirksarzt nicht angetroffen hatte, mußte sich an einen Privatarzt wenden und verlangt Zurückerstattung der ihm erwachsenden Unkosten. In keinem Falle ist der Vorwurf einer professionellen Verfehlung erhoben worden. Es ist aber auch nicht geltend gemacht worden, daß ungenügende sprachliche Fertigkeit der Ärzte störend gewirkt hätte oder gar, daß ein professionelles Mißgeschick auf diese zurückzuführen sei. Bei Dr. Hertwig dürfte übrigens ein Zusammenhang der Reklamationen mit den sprachlichen Verhältnissen schon aus dem Grunde nicht in Betracht fallen, weil die Reklamationsschreiben in deutscher Sprache verfaßt sind, so daß anzunehmen ist, daß ihre Verfasser Minderheitsangehörige waren. Was die vier Reklamationsschreiben gegen Dr. Haase anbetrifft, so stammen bloß zwei Schreiben von den Patienten selbst und von diesen ist eines deutsch und das andere polnisch redigiert (Faszikel 3).

Aus diesem Aktenmaterial geht somit nicht hervor, daß Beeinträchtigungen der Patienten stattgefunden hätten. Übrigens kann die Gefahr, daß den polnischsprechenden Patienten aus der unvollkommenen Beherrschung der polnischen Sprache durch die Ärzte Nachteile erwachsen könnten, aus mehreren Gründen als fast völlig ausgeschaltet betrachtet werden. Zunächst stehen in den meisten ärztlichen Distrikten mehrere Bezirksärzte zur Verfügung, so daß die Patienten bei dem System der freien Arztwahl vollständig frei sind, sich an denjenigen Arzt zu wenden, dem sie aus sprachlichen oder anderen Gründen den Vorzug geben. Sodann dürfte bei den in Oberschlesien herrschenden Sprachverhältnissen die Verständigungsmöglichkeit zwischen dem minderheitsangehörigen Arzt und einem der Mehrheit angehörigen Patienten fast immer gegeben sein, indem alle beschwerdeführenden Ärzte versichern, im Besitz der unumgänglich notwendigen polnischen Sprachkenntnisse zu sein und da andrerseits ein großer Teil der polnischsprechenden Bevölkerung deutsche Sprachkenntnisse besitzt. In Zukunft werden diese Verhältnisse noch viel günstiger liegen, denn seit dem Souveränitätswechsel und namentlich seit 1926 sind zahlreiche neue Ärzte polnischer Zunge angestellt worden, sodann sollen, nach Ansicht des Präsidenten der Gemischten Kommission, künftig nur solche neue Ärzte angestellt werden, die nachweisen können, daß sie im Besitze der notwendigsten polnischen Sprachkenntnisse sind.

W końcu należy jeszcze zbadać, czy korespondencja, którą lekarze muszą prowadzić ze Spółką Bracką, wymaga absolutnie, aby władali językiem polskim w słowie i piśmie. W myśl § 2 lit. c umowy służbowej lekarze muszą wypełniać wszystkie poświadczenia, wykazy, ewidencje chorych, formularze statystyczne, które pozostają w związku z pomocą lekarską. Ponieważ zakład może wymagać od swych lekarzy, aby w swych odpowiedziach, sprawozdaniach, zawiadomieniach etc. posługiwali się językiem polskim, przeto za słabe władanie językiem ze strony poszczególnych lekarzy nie może spowodować większej pracy dla zakładu, ponieważ ci lekarze, którzy nie mogą sami wykonać tych prac, muszą przywołać do pomocy tłumacza.

2. Jak wynika z powyższych wywodów, nie chodzi tu jedynie o kwestię ścisłego prawa, lecz o to, aby historycznie dane stosunki osądzić ze stanowiska słuszności, i to z uwzględnieniem ogólnego celu Konwencji Genewskiej, która w interesie ludności Górnego Śląska przewidziała 15-letni okres stopniowego dostosowania się i konsolidacji. Poniżej wskazuje się jeszcze na kilka szczególnie ważnych powodów słuszności, które obok powyższych rozważań prawnych przemawiają za dalszym zatrudnianiem żalących się.

Ponieważ wszyscy żalący się czerpią ze swej działalności w Spółce Brackiej znaczną część swych dochodów, przeto musiałoby wielu z nich, gdyby dochody te ostatecznie odpadły, opuścić dla braku dostatecznych środków utrzymania miejsce swej dotychczasowej działalności i z uwagi na to, że w innych miejscowościach Górnego Śląska panują mniej więcej te same warunki, zdecydować się na opuszczenie miejsca pracy całego życia, tak jak to musiało już uczynić 11 pierwotnych żalących się. Przymusowa emigracja dotknęłaby tych mężczyzn tym boleśniej, że bez wyjątku nie są już w młodym wieku i że większość z nich ma rodziny. Szczególnie boleśnie dotknęłoby to tych 10 żalących się, którzy są rodowitymi Górnoślązakami. Lecz także pozostali czterej żalący się, którzy nie urodzili się na Górnym Śląsku, osiedlili się na Górnym Śląsku od tak dawnych lat (od roku 1878, 1898, 1904, 1906), że Górny Śląsk stał się ich właściwą ojczyzną.

Wreszcie nie należy zapominać o moralnym prawie, które żalący się nabyli do dalszego zatrudniania ich przez to, że w ciągu długich lat wykonywali swą działalność w służbie Spółki Brackiej ku jej zupełnemu zadowoleniu. (Zobacz pismo z dnia 1 lipca 1926, akt 94, którym Spółka Bracka wyraża żalącym się podziękowanie). Trzech żalą-

Schließlich bleibt noch zu untersuchen, ob es die Korrespondenz, die die Ärzte mit der Spółka Bracka zu führen haben, zwingend verlangt, daß sie die polnische Sprache in Wort und Schrift beherrschen. Gemäß § 2 lit. c des Dienstvertrages haben die Ärzte alle mit der Krankenhilfe zusammenhängenden Bescheinigungen, Ausweise, Krankenevidenzen, statistischen Unterlagen auszufüllen. Da die Anstalt von ihren Ärzten fordern kann, daß sie sich in ihren Antworten, Berichten, Meldungen usw. der polnischen Sprache bedienen, kann aus der mangelhaften Sprachbeherrschung einzelner Ärzte für die Anstalt keine Mehrarbeit erwachsen, da diejenigen Ärzte, die nicht imstande sind, diese Arbeiten selber auszuführen, sich eben durch Zuziehung eines Übersetzers behelfen müssen.

2. Wie aus vorstehenden Ausführungen hervorgeht, handelt es sich nicht einzig um eine Frage strikten Rechts, sondern darum, historisch gegebene Verhältnisse nach dem Gesichtspunkte der Billigkeit zu beurteilen, und zwar unter Berücksichtigung des allgemeinen Zweckes der Genfer Konvention, welche im Interesse der Bevölkerung Oberschlesiens eine fünfzehnjährige Übergangsperiode sukzessiver Anpassung und Konsolidierung vorgesehen hat. Im Nachfolgenden sei noch auf mehrere ganz besonders wichtige Billigkeitsgründe hingewiesen, welche neben vorstehenden rechtlichen Erwägungen für die Weiterbeschäftigung der Beschwerdeführer sprechen.

Da für alle Beschwerdeführer die Einnahmen aus ihrer Tätigkeit bei der Spółka Bracka einen bedeutenden Teil ihrer Einkünfte darstellten, müßten, falls sie definitiv wegfallen würden, viele von ihnen mangels genügender Existenzmittel den Ort ihrer bisherigen Tätigkeit aufgeben und, da in den übrigen Ortschaften Oberschlesiens ungefähr die gleichen Verhältnisse herrschen, sich dazu entschließen, die Stätten ihrer Lebensarbeit zu verlassen, wie dies bereits 11 der ursprünglichen Beschwerdeführer hatten tun müssen. Der Zwang zur Auswanderung müßte diese Männer um so härter treffen, als sie ausnahmslos nicht mehr in jungen Jahren stehen und da die Mehrzahl Familienväter sind. Insbesondere müßte dieser Ausweg aber sehr schmerzhaft für die 10 Beschwerdeführer sein, die gebürtige Oberschlesier sind. Aber auch die übrigen vier Beschwerdeführer, die nicht in Oberschlesien geboren sind, sind seit so langen Jahren (seit 1878, 1898, 1904, 1906) in Oberschlesien niedergelassen, daß Oberschlesien zu ihrer eigentlichen Heimat geworden ist.

Nicht zu vergessen ist schließlich der moralische Anspruch, den die Beschwerdeführer auf Weiterbeschäftigung dadurch erworben haben, daß sie während langer Jahre und zur vollen Zufriedenheit der Spółka Bracka in ihrem Dienst gewirkt haben. (Siehe Dankschreiben der Spółka Bracka an die Beschwerdeführer vom 1. Juli 1926, act. 94.) Drei Beschwerde-

cych się czynnych było w służbie Spółki przez 35, 27 lub 26 lat; ośmiu z nich przyjęto do służby w czasie od roku 1900 do 1914; tylko trzech przyjęto później, tzn. w roku 1917, 1920 i 1921.

W końcu należy wskazać na to, że ponowne powołanie do służby 14 żalących się nie spowodowałoby dla zakładu znaczniejszego wzrostu wydatków, ponieważ lekarze nie otrzymują stałej pensji, lecz bywają wynagradzani pro rata w miarę udzielanej pomocy lekarskiej. Pomimo przyjęcia w roku 1926 i 1927 35 nowych lekarzy, można by zatem bez szkody finansowej dla zakładu przyjąć tych 14 lekarzy, którzy obecnie jeszcze prowadzą zażalenia. Dopuszczenie żalących się nie spowodowałoby także dla lekarzy, zatrudnionych obecnie w Spółce Brackiej, znacznego zmniejszenia ich dochodów, ponieważ w miejsce zwolnionych 45 lekarzy przyjęto tylko 35 nowych, tak że po dopuszczeniu żalących się ilość lekarzy okręgowych, zatrudnionych przez Spółkę Bracką, odpowiadałaby mniej więcej stanowi z roku 1926. Krok ten można by uzasadnić także tym, że od roku 1926 przemysł Górnego Śląska Polskiego doszedł do znacznego rozkwitu, tak że wraz z ilością robotników wzrosła bezsprzecznie także ilość członków Spółki Brackiej, uprawnionych do opieki lekarskiej.

3. W piśmie zażaleniowym wywodzi się, że przewidziany w polsko-niemieckiej umowie, dotyczącej podziału Górnośląskiej Spółki Brackiej z dnia 26 sierpnia 1922, delegat Rządu Polskiego w Zarządzie Spółki Brackiej, Hanasiewicz, naruszył artykuł 75 Konwencji Genewskiej przez to, że dnia 18 lutego 1926, gdy Zarząd Spółki Brackiej uchwalił, aby zatrzymać dotychczasowych lekarzy, wniósł ostry sprzeciw i na znak protestu opuścił posiedzenie, tak że Zarząd pod wrażeniem tej interwencji uchylił powziętą co dopiero uchwałę. Opisane przez żalącego się zajście znajduje potwierdzenie w zapiskach oficjalnego protokołu (akt 144—145), i jest także prawdopodobne, że wkroczenie przedstawiciela Rządu wpłynęło na ówczesne postanowienia Zarządu Spółki Brackiej. Zbyteczne jest natomiast poddać ocenie prawnej postępowanie pełnomocnika rządowego, ponieważ żalący się nie przedstawił dotycznego wniosku.

4. Żalący się przywiązywali wielką wagę do zajścia z Mularczykiem. Co się tyczy tego pożałowania godnego zajścia, zbyteczne jest z podwójnego powodu przystąpić do bliższego rozpatrywania go. Nasamprzód żalący się pod względem dyscyplinarnym nie zgłosił

führer waren 35, 27 bzw. 26 Jahre im Dienst der Anstalt tätig. Die Anstellung von acht Beschwerdeführern geht auf die Jahre zwischen 1900 und 1914 zurück. Bloß drei Beschwerdeführer wurden später, d. h. 1917, 1920 und 1921 angestellt.

Schließlich ist darauf hinzuweisen, daß aus der Wiederanstellung der 14 Beschwerdeführer der Anstalt keine erheblichen Mehrauslagen erwachsen würden, da die Ärzte nicht durch ein Fixum, sondern pro rata ihrer Beanspruchung honoriert werden. Es könnten daher trotz der im Jahre 1926 und 1927 erfolgten Einstellung von 35 neuen Ärzten ohne finanziellen Schaden für die Anstalt die 14 Ärzte wieder angestellt werden, welche derzeit noch Beschwerde führen. Die Zulassung der Beschwerdeführer dürfte auch für die jetzt angestellten Ärzte der Spółka Bracka keine erhebliche Verminderung ihrer Einnahmen bedeuten, da an Stelle der 45 entlassenen Ärzte nur 35 neue angestellt wurden, so daß nach Zulassung der Beschwerdeführer die Anzahl der von der Spółka Bracka beschäftigten Bezirksärzte ungefähr die gleiche wäre, wie bis zum Jahre 1926. Diese Maßnahme ließe sich auch insofern rechtfertigen, als seit dem Jahre 1926 die Industrie in Polnisch-Oberschlesien einen erheblichen Aufschwung erlebt hat, so daß mit der Zahl der Arbeiter auch diejenige der kurberechtigten Mitglieder der Spółka Bracka zweifellos zugenommen hat.

3. In der Beschwerdeschrift wird geltend gemacht, der auf Grund des polnisch-deutschen Abkommens betr. Teilung des Oberschlesischen Knappschaftsvereins vom 26. August 1922 vorgesehene Delegierte der polnischen Regierung beim Vorstand der Spółka Bracka, Hanasiewicz, hätte Art. 75 der Genfer Konvention dadurch verletzt, daß er am 18. Februar 1926, als der Vorstand der Spółka Bracka beschloß, die bisherigen Ärzte beizubehalten, scharfen Einspruch einlegte und die Sitzung zum Zeichen des Protestes verließ, so daß der Vorstand unter dem Eindruck dieser Intervention seinen eben gefaßten Beschluß aufhob. Der vom Beschwerdeführer geschilderte Vorfall findet sich in den Aufzeichnungen des offiziellen Protokolls (act. 144—145) bestätigt, und es erscheint auch als wahrscheinlich, daß das Eingreifen des Regierungsvertreters den Vorstand der Spółka Bracka bei seinen damaligen Entschließungen beeinflußt hat. Dagegen erübrigt es sich, auf eine rechtliche Würdigung des Vorgehens des Regierungsbevollmächtigten einzugehen, da vom Beschwerdeführer keine diesbezüglichen Anträge gestellt wurden.

4. Die Beschwerdeführer haben großes Gewicht auf den Vorfall Mularczyk gelegt. Was diesen bedauerlichen Vorfall anbetrifft, erübrigt es sich aus einem doppelten Grunde, auf denselben näher einzutreten. Erstens sind vom Beschwerdeführer in disziplinarischer Hinsicht keinerlei Anträge

żadnych wniosków przeciwko władzom, które zarządziły aresztowanie Mularczyka. Co się zaś tyczy znaczenia, jakie zajście to miało dla kwestii zwolnienia żalących się, należy wskazać na to, że uchwała z dnia 6 maja 1926 została potwierdzona późniejszymi uchwałami z dnia 20 maja, 18 czerwca i 2 września 1926.

V

Po naradzie w łonie Komisji Mieszanej Prezydent Komisji Mieszanej na mocy powyższych rozważań dochodzi do

poglądu:

1. Zażaleń, wniesionych przez obywateli niemieckich, nie rozpatruje się.

2. Właściwe władze wzywa się, aby na mocy przysługującego im prawa nadzoru wezwały Spółkę Bracką, aby następującym żalącym się, którzy są obywatelami polskimi, dały sposobność do poddania się ponownym egzaminom językowym:

1. drowi Scholzowi — Chorzów,
2. drowi Curtiusowi — Wielkie Hajduki,
3. drowi Hertwigowi — Nowy Bytom,
4. drowi Kutschy — Królewska Huta,
5. drowi Hadamikowi — Królewska Huta,
6. drowi Müllerowi — Świętochłowice,
7. drowi Polatzkowi — Lipiny,
8. drowi Kunikowi — Roździeń,
9. drowi Scholzowi — Tarnowskie Góry,
10. drowi Stanowskiemu — Strzebnica,
11. drowi Wiesnerowi — Rybnik.

Jeżeli żalący się w ciągu 18-miesięcznego terminu, który wyznaczy właściwa władza, udowodnią, że władają ustnie bądź to polskim językiem literackim bądź też używanym na Górnym Śląsku narzeczem polskim w tym stopniu, aby móc udzielać pomocy lekarskiej pacjentom polskojęzycznym, wówczas należy ich ponownie powołać do służby w charakterze lekarzy okręgowych. Egzamin przeprowadzi komitet, składający się z lekarza zaufania Spółki Brackiej i z lekarza obywatelstwa polskiego, wyznaczonego przez żalących się. Gdyby ci egzaminatorzy nie doszli do porozumienia, wyznaczy się nowy komitet egzaminacyjny, co do składu którego Prezydent Komisji Mieszanej porozumie się ze Spółką Bracką.

gestellt worden gegen die Behörden, welche seine Verhaftungen angeordnet haben. Was sodann die Bedeutung des Vorfalls für die Frage der Entlassung der Beschwerdeführer anbetrifft, so ist darauf hinzuweisen, daß der Beschluß vom 6. Mai 1926 durch die späteren Beschlüsse vom 20. Mai, 18. Juni und 2. September 1926 bestätigt wurde.

V

Nach stattgehabter Beratung im Schoße der Gemischten Kommission gelangt der Präsident der Gemischten Kommission, gestützt auf die vorstehenden Erwägungen, zur

Stellungnahme:

1. Auf die Beschwerden, welche von deutschen Staatsangehörigen eingereicht wurden, wird nicht eingetreten.

2. Die zuständigen Behörden werden ersucht, kraft ihres Aufsichtsrechts die Spółka Bracka aufzufordern, den nachfolgenden Beschwerdeführern polnischer Staatsangehörigkeit Gelegenheit zu geben, sich neuen Sprachprüfungen zu unterziehen:

1. Dr. Scholz — Chorzów,
2. Dr. Curtius — Wielkie-Hajduki,
3. Dr. Hertwig — Nowy-Bytom,
4. Dr. Kutscha — Królewska-Huta,
5. Dr. Hadamik — Królewska-Huta,
6. Dr. Müller — Świętochłowice,
7. Dr. Polatzek — Lipiny,
8. Dr. Kunik — Rożdzień,
9. Dr. Scholz — Tarnowskie-Góry,
10. Dr. Stanowski — Strzebnica,
11. Dr. Wiesner — Rybnik.

Sofern die Beschwerdeführer innert einer von der zuständigen Behörde festzusetzenden Frist von 18 Monaten den Nachweis erbringen, daß sie, sei es die hochpolnische Sprache, sei es den in Oberschlesien gesprochenen polnischen Dialekt mündlich soweit beherrschen, um Patienten polnischer Zunge ärztliche Hilfe zu gewähren, sind sie wieder als Bezirksärzte anzustellen. Die Prüfung erfolgt durch ein Komitee, bestehend aus einem Vertrauensarzt der Spółka Bracka und einem von den Beschwerdeführern bezeichneten Arzt polnischer Staatsangehörigkeit. Sollten diese Examinatoren sich nicht einigen können, wird ein neues Prüfungskomitee eingesetzt, über dessen Zusammensetzung der Präsident der Gemischten Kommission und die Spółka Bracka sich ins Einvernehmen setzen werden.

3. Z uwagi na podeszły wiek zwolnieni są z egzaminu ci lekarze, którzy obecnie liczą 60 lat i więcej, są rodowitymi Górnoślązakami i według swych zapodań mówią polskim narzeczem górnośląskim (dr Cohn — Siemianowice, dr Haase — Wirek, dr Riedel — Królewska Huta).

83

Pogląd

z dnia 19 sierpnia 1929 w sprawie nr 582 Grzegorza Sakrego, Szopienice (Górny Śląsk Polski), żalącego się, zastąpionego przez Niemiecki Związek Ludowy w Katowicach, dotyczącej nieprzyjęcia jego dzieci do szkoły mniejszościowej.

I

1. Z powodu nieprzyjęcia do szkoły mniejszościowej dzieci: Klary, Jadwigi i Stefana Sakrych Niemiecki Związek Ludowy wniósł imieniem uprawnionego do wychowania Grzegorza Sakrego dnia 24 października 1928 (akt 3) w myśl art. 149 i n. Konwencji Genewskiej zażalenie do Polskiego Urzędu Spraw Mniejszości w Katowicach. Dnia 19 grudnia 1928 (akt 1 i 2) Urząd Spraw Mniejszości przekazał to zażalenie Prezydentowi Komisji Mieszanej. Następnie odbyła się wymiana pism, przewidziana regulaminem postępowania Komisji Mieszanej.

Z uwagi na to, że przed końcem roku szkolnego 1928-29 niniejszego postępowania zażaleniowego nie dało się zakończyć i wychodząc z założenia, że uprawniony do wychowania Sakry miał w okresie wpisów szkolnych od 21 do 27 maja 1929 okazję do zgłoszenia dzieci na rok szkolny 1929-1930, postępowanie zażaleniowe orzeczeniem z dnia 4 czerwca 1929 (akt 28 i 29) tymczasowo zawieszono.

Gdy właściwa władza oświadczyła, że uskutecznione dnia 24 maja 1929 zgłoszenie dzieci Sakrych do szkoły mniejszościowej uznała za nieważne (pismo Urzędu Spraw Mniejszości z dnia 24 lipca 1929), postępowanie zażaleniowe wznowiono. Na rozprawie ustnej z dnia 30 lipca 1929 kierownik Urzędu Spraw Mniejszości i zastępca żalącego się mieli sposobność przedstawić dalsze wywody faktyczne i prawne.

2. Zgłoszenie dzieci Klary, Jadwigi i Stefana do szkoły mniejszościowej na rok szkolny 1929-30, dokonane przez uprawnionego do wy-

3. Mit Rücksicht auf ihr hohes Alter sind von der Sprachprüfung befreit diejenigen Ärzte, die derzeit 60 Jahre und mehr zählen, gebürtige Oberschlesier sind und nach ihren Angaben den oberschlesischen polnischen Dialekt sprechen (Dr. Cohn — Siemianowice, Dr. Haase — Wirek, Dr. Riedel — Królewska-Huta).

83

Stellungnahme

vom 19. August 1929 in der Sache Nr. 582 des Gregor Sakry, Szopienice (Polnisch-Oberschlesien), Beschwerdeführer, vertreten durch den Deutschen Volksbund in Katowice, betreffend Nichtaufnahme seiner Kinder in die Minderheitsschule.

I

1. Am 24. Oktober 1928 (act. 3) erhob der Deutsche Volksbund namens des Gregor Sakry im Sinne von Art. 149 ff. der Genfer Konvention Beschwerde beim polnischen Minderheitsamt in Katowice wegen Nichtaufnahme der Kinder Klara, Hedwig und Stefan Sakry in die Minderheitsschule. Das Minderheitsamt überwies die Beschwerde am 19. Dezember 1928 (act. 1 u. 2) an den Präsidenten der Gemischten Kommission. Es fand hierauf der in der Verfahrensordnung der Gemischten Kommission vorgesehene Schriftenwechsel statt.

Mit Rücksicht darauf, daß es nicht möglich war, die vorliegende Beschwerde vor Ablauf des Schuljahres 1928-29 zum Abschluß zu bringen und davon ausgehend, daß der Erziehungsberechtigte Sakry in der Einschreibungsfrist vom 21. bis 27. Mai 1929 Gelegenheit hatte, seine Kinder für das Schuljahr 1929-1930 anzumelden, wurde das Beschwerdeverfahren mit Verfügung vom 4. Juni 1929 (act. 28 u. 29) vorläufig eingestellt.

Nachdem die zuständige Behörde die am 24. Mai 1929 erfolgte Anmeldung der Kinder Sakry zur Minderheitsschule für ungültig erklärt hat (Eingabe des Minderheitsamtes vom 24. Juli 1929), wurde das Verfahren wieder aufgenommen. In den mündlichen Verhandlungen vom 30. Juli 1929 hatten der Leiter des Minderheitsamtes und der Vertreter des Beschwerdeführers Gelegenheit, weitere Ausführungen in tatsächlicher und rechtlicher Beziehung vorzutragen.

2. Die vom Erziehungsberechtigten Sakry am 24. Mai 1929 vorgenommene Anmeldung der Kinder Klara, Hedwig und Stefan zur Min-

chowania Sakrego dnia 24 maja 1929, czyni pod każdym względem zadość przepisom formalnym. Żalący się oświadcza protokolarnie (akt 32), że zalicza się do mniejszości niemieckiej; jako język swych dzieci podaje według swego sumienia i pod osobistą odpowiedzialnością język niemiecki. Właściwa władza uzasadnia unieważnienie zgłoszenia tym, że stwierdzono wcześniejszym protokolarnym oświadczeniem językowym żalącego się, że jego oświadczenie z maja 1929, według którego językiem jego dzieci jest język niemiecki, jest niezgodne z istotnym stanem rzeczy.

Powyższe oświadczenie językowe, na które właściwa władza się powołuje, datuje z 9 marca 1929 i brzmi:

a) co do dziecka Stefana: „Oświadczam według sumienia i pod moją osobistą odpowiedzialnością, że językiem tego dziecka jest język polski, chcę jednak, aby się uczyło po niemiecku";

b) co do dzieci Klary i Jadwigi: „Oświadczam według sumienia i pod moją osobistą odpowiedzialnością, że językiem tych dzieci jest język niemiecki, lecz mówią dotychczas więcej po polsku".

Przytoczone oświadczenia dotyczą wpisów szkolnych na rok szkolny 1928-29, datują jednak dopiero z 9 marca 1929. Ten stan rzeczy znajduje wyjaśnienie w tym, że władza szkolna nie znalazła w swych aktach szkolnych rzekomych zgłoszeń żalącego się z maja 1928, wobec czego na skutek jego zażalenia dała mu w ciągu roku szkolnego sposobność do ponownego uskutecznienia zgłoszeń.

3. Interpretując artykuły 74 i 131 Konwencji Genewskiej, Trybunał Sprawiedliwości Międzynarodowej w Hadze stwierdził wyraźnie wyrokiem z dnia 26 kwietnia 1928, że zakaz sprawdzania oświadczenia językowego nie dopuszcza żadnych ograniczeń, że zatem należy respektować także takie oświadczenia językowe, które w sposób oczywisty sprzeciwiają się istotnemu stanowi rzeczy.

„Pour ce qui est de l'article 131 comme de l'article 74, la Cour estime que l'interdiction de toute vérification ou contestation ne cesse pas d'être applicable dans des cas où il apparaît que la déclaration n'est pas conforme à la verité."

(Str. 43—44 wyroku haskiego)

„Si, d'après ce qui a été dit ci-dessus, une déclaration qui est en pleine contradiction avec les faits doit être considérée comme non conforme à la Convention de Genève, il n'en découle pas que l'interdiction de vérification et de contestation cesse d'être applicable en pareil cas, comme semble vouloir le soutenir le Gouvernement polo-

derheitsschule für das Schuljahr 1929-1930 ist in jeder Beziehung formgerecht. Der Beschwerdeführer bekennt sich in der protokollarischen Erklärung (act. 32) zur deutschen Minderheit und gibt als Sprache der Kinder nach seinem Gewissen und unter seiner persönlichen Verantwortung die deutsche Sprache an. Die zuständige Behörde begründet die Ungültigerklärung der Anmeldung damit, daß durch eine frühere, vom Beschwerdeführer zu Protokoll gegebene Spracherklärung erwiesen sei, daß die Erklärung vom Mai 1929, wonach die Sprache der Kinder Sakry die deutsche Sprache sei, nicht den tatsächlichen Verhältnissen entspreche.

Die Spracherklärung, datiert 9. März 1929, auf welche sich die zuständige Behörde beruft, lautet: a) bezüglich des Kindes Stefan: »Ich erkläre nach meinem Gewissen und unter meiner persönlichen Verantwortung, daß die Sprache dieses Kindes die polnische Sprache ist, doch will ich, daß es deutsch lernt«, b) bezüglich der Kinder Klara und Hedwig: »Ich erkläre nach meinem Gewissen und unter meiner persönlichen Verantwortung, daß die Sprache dieser Kinder die deutsche Sprache ist, doch sprechen sie bis jetzt mehr polnisch«.

Diese Erklärungen betreffen die Einschreibungen für das Schuljahr 1928-29, sie wurden aber erst am 9. März 1929 zu Protokoll gegeben. Dies erklärt sich damit, daß die Schulbehörde die vom Beschwerdeführer angeblich im Mai 1928 vorgenommene Anmeldung in ihren Akten nicht bestätigt fand und ihm daher im Laufe des Schuljahres, gestützt auf seine Beschwerde, Gelegenheit gab, die Anmeldung erneut vorzunehmen.

3. Der Haager Schiedsgerichtshof hat in seinem Urteil vom 26. April 1928, in Auslegung der Art. 74 und 131 der Genfer Konvention, ausdrücklich festgestellt, daß das Verbot der Nachprüfung einer Spracherklärung keine Einschränkung zuläßt, daß also auch Spracherklärungen, die in offenbarem Widerspruch zu den tatsächlichen Verhältnissen stehen, respektiert werden müssen.

„Pour ce qui est de l'article 131 comme de l'article 74, la Cour estime que l'interdiction de toute vérification ou contestation ne cesse pas d'être applicable dans des cas où il apparaît que la déclaration n'est pas conforme à la verité."

(Seite 43—44 des Haager Urteils.)

„Si, d'après ce qui a été dit ci-dessus, une déclaration qui est en pleine contradiction avec les faits doit être considérée comme non conforme à la Convention de Genève, il n'en découle pas que l'interdiction de vérification et de contestation cesse d'être applicable en pareil cas, comme semble vouloir le soutenir le Gouvernement polo-

nais. L'interdiction conçue en des termes absolus, ne peut souffrir aucune restriction."

(Str. 35 wyroku haskiego)

Z powyższego wynika, że właściwa władza winna zgłoszenie dzieci Sakrego uskutecznione w należytej formie na rok szkolny 1929-30 uwzględnić nawet wówczas, gdyby z poprzednich oświadczeń Sakrego, które nie dotyczą bieżącego roku szkolnego, można wnioskować, że jego oświadczenie, według którego językiem jego dzieci jest język niemiecki, nie jest zgodne z istotnym stanem rzeczy.

Należy wskazać na to, że oświadczenie językowe żalącego się z dnia 9 marca 1929 jest niezgodne z jego oświadczeniem językowym z dnia 24 maja 1929 jedynie co do chłopca Stefana, że pokrywają się natomiast oba oświadczenia językowe co do dzieci Klary i Jadwigi, co do których Sakry zarówno dnia 9 marca 1929 jak i 24 maja 1929 podał, że ich językiem jest język niemiecki. Dopisek zaś Sakrego, że dzieci Klara i Jadwiga „dotychczas mówią więcej po polsku", nie osłabia treści oświadczenia, oznacza jedynie, że dzieci te są dwujęzyczne. Wyrok haski i uchwała Rady Ligi Narodów z dnia 15 grudnia 1928 w sprawie wpisów szkolnych przewidują wyraźnie przypadki zgłaszania do szkoły mniejszościowej dzieci dwujęzycznych.

II

Po naradzie w łonie Komisji Mieszanej Prezydent Komisji Mieszanej na mocy powyższych rozważań dochodzi do

poglądu:

Właściwą władzę wzywa się, aby na podstawie zgłoszenia z dnia 24 maja 1929 dopuściła do szkoły mniejszościowej dzieci: Klarę, Jadwigę i Stefana Sakrych.

84

Pogląd

z dnia 12 listopada 1929 w sprawie nr 558 Jana Niechoja, Siemianowice (Górny Śląsk Polski), żalącego się, zastąpionego przez Niemiecki Związek Ludowy w Katowicach, dotyczącej zwolnienia z pracy przez Dyrekcję Zjednoczonych Hut Królewskiej i Laury.

I

1. Dnia 27 kwietnia 1928 (akt 3) wniósł Jan Niechoj w myśl art. 149 i n. Konwencji Genewskiej zażalenie do Polskiego Urzędu Spraw

nais. L'interdiction conçue en des termes absolus, ne peut souffrir aucune restriction."

(Seite 35 des Haager Urteils.)

Das bedeutet, daß die zuständige Behörde der formgerechten Anmeldung der Kinder Sakry für das Schuljahr 1929-1930 Folge geben muß, auch wenn aus früheren, nicht das laufende Schuljahr betreffenden Erklärungen des Beschwerdeführers geschlossen werden könnte, daß die Erklärung des Sakry, die Sprache seiner Kinder sei die deutsche, den Tatsachen nicht entspreche.

Es sei darauf hingewiesen, daß wohl die Spracherklärung des Beschwerdeführers vom 9. März 1929 hinsichtlich des Knaben Stefan, nicht dagegen diejenige betreffend die Kinder Klara und Hedwig im Widerspruch steht zur Spracherklärung vom 24. Mai 1929. Der Erziehungsberechtigte Sakry hat auch am 9. März 1929 als Sprache der Kinder Klara und Hedwig die deutsche Sprache angegeben. Der Nachsatz »doch sprechen sie bis jetzt mehr polnisch« beeinträchtigt die Erklärung nicht, er besagt nur, daß die Kinder zweisprachig sind. Das Haager Urteil und der Beschluß des Vökerbundsrates vom 15. Dezember 1928 in der Angelegenheit der Schuleinschreibungen sehen ausdrücklich die Fälle vor, in denen zweisprachige Kinder zur Minderheitsschule angemeldet werden.

II

Nach stattgehabter Beratung im Schoße der Gemischten Kommission gelangt der Präsident der Gemischten Kommission für Oberschlesien, gestützt auf die vorstehenden Erwägungen, zur

Stellungnahme:

Die zuständige Behörde wird ersucht, die Kinder Klara, Hedwig und Stefan Sakry auf Grund der am 24. Mai 1929 erfolgten Anmeldung zur Minderheitsschule zuzulassen.

84

Stellungnahme

vom 12. November 1929 in der Sache Nr. 558 des Johann Niechoj, Siemianowice (Polnisch-Oberschlesien), Beschwerdeführer, vertreten durch den Deutschen Volksbund in Katowice, betreffend Entlassung aus der Arbeit durch die Direktion der Vereinigten Königs- und Laurahütte.

I

1. Am 27. April 1928 (act. 3) erhob Johann Niechoj im Sinne von Art. 149 ff. der Genfer Konvention Beschwerde beim Polnischen Minder-

Mniejszości w Katowicach. Urząd Spraw Mniejszości przekazał dnia 17 listopada 1928 (akt 1 i 2) powyższe zażalenie wraz z uwagami w myśl art. 152 Konwencji Genewskiej Prezydentowi Komisji Mieszanej. Następnie odbyła się wymiana pism, przewidziana w regulaminie postępowania Komisji Mieszanej. Na rozprawie ustnej z dnia 28 października 1929 zastępca Urzędu Spraw Mniejszości i żałący się mieli sposobność przedstawić dalsze wywody faktyczne i prawne.

2. Żałący się był od czerwca 1907 zatrudniony jako starszy dozorca kotłów, a ostatnio jako starszy dozorca maszyn na kopalni „Richter", należącej do Zjednoczonych Hut Królewskiej i Laury. Dnia 30 czerwca 1927 wypowiedziano mu stosunek służbowy na 30 września 1927. Ponieważ w czasie wypowiedzenia stosunku służbowego żałący się był członkiem Rady Urzędniczej kopalni „Richter", przeto pracodawca winien był w myśl § 96 ustawy o radach zakładowych z dnia 4 lutego 1920 uzyskać na wypowiedzenie zgodę zastępstwa Rady Zakładowej. Rada Urzędnicza na posiedzeniu z dnia 28 czerwca 1927 nie zgodziła się na wypowiedzenie (akt 9), wobec czego pracodawca zwrócił się na mocy § 97 ustawy o radach zakładowych do Komisji Pojednawczej i Arbitrażowej z wnioskiem, aby brak zgody zastępstwa Rady Zakładowej zastąpiła wyrokiem arbitrażowym. Komisja Pojednawcza i Arbitrażowa uznała wyrokiem z dnia 15 września 1927 zwolnienie żałącego się za słuszne (akt 7, 8).

Przeciwko postępowaniu Komisji Pojednawczej i Arbitrażowej żałący się wniósł dnia 28 września 1927 (akt 4) na podstawie § 30 rozporządzenia o umowach taryfowych, komitetach robotniczych i urzędniczych oraz ugodowym załatwianiu sporów pracy z dnia 23 grudnia 1918 zażalenie do Wojewody i przedstawił wniosek, aby Komisji sprawę przekazano do ponownego rozpatrzenia. Żałący się dopatruje się formalnego uchybienia Komisji Pojednawczej i Arbitrażowej w tym, że Komisja ta, oddalając podniesiony przezeń zarzut niewłaściwości, wydała równocześnie rozstrzygnięcie merytoryczne, nie dawszy mu poprzednio sposobności do przedstawienia rzeczowych zarzutów przeciwko zwolnieniu.

Na powyższe zażalenie Wojewoda nie udzielił do dziś dnia odpowiedzi.

3. W zażaleniu, wniesionym do Urzędu Spraw Mniejszości w myśl art. 149 Konwencji Genewskiej, żałący się twierdzi, że powodem rozstrzygnięcia Komisji Pojednawczej i Arbitrażowej oraz nieudzielenia

heitsamt in Katowice. Das Minderheitsamt überwies die Beschwerde am 17. November 1928 (act. 1 und 2) mit seinen Bemerkungen im Sinne von Art. 152 der Genfer Konvention an den Präsidenten der Gemischten Kommission. Es fand hierauf der in der Verfahrensordnung der Gemischten Kommission vorgesehene Schriftenwechsel statt. In der mündlichen Verhandlung vom 28. Oktober 1929 wurde dem Vertreter des Minderheitsamtes und dem Beschwerdeführer Gelegenheit gegeben, weitere Ausführungen in tatsächlicher und rechtlicher Beziehung vorzutragen.

2. Der Beschwerdeführer ist seit Juni 1907 auf der Richtergrube der Vereinigten Königs- und Laurahütte als Oberkesselwärter und zuletzt als Maschinenoberaufseher beschäftigt gewesen. Am 30. Juni 1927 wurde ihm das Arbeitsverhältnis zum 30. September 1927 gekündigt. Da der Beschwerdeführer zur Zeit der Kündigung Mitglied des Angestelltenrates der Richtergrube war, mußte der Arbeitgeber gemäß § 96 des Betriebsrätegesetzes vom 4. Februar 1920 zur Kündigung die Zustimmung der Betriebsvertretung einholen. Die Zustimmung zur Kündigung wurde vom Angestelltenrat in seiner Sitzung vom 28. Juni 1927 (act. 9) versagt. Der Arbeitgeber wandte sich daher gestützt auf § 97 des B. R. G. an den Schlichtungsausschuß mit dem Antrag, die fehlende Zustimmung der Betriebsvertretung durch einen Schiedspruch zu ersetzen. Der Schlichtungsausschuß hat mit Urteil vom 15. September 1927 die Entlassung des Beschwerdeführers gebilligt (act. 7, 8).

Gestützt auf § 30 der Verordnung über Tarifverträge, Arbeiter- und Angestelltenausschüsse und Schlichtung von Arbeitsstreitigkeiten vom 23. Dezember 1918 reichte der Beschwerdeführer am 28. September 1927 (act. 4) beim Wojewoden Beschwerde über die Geschäftsführung des Schlichtungsausschusses ein mit dem Antrag, die Angelegenheit zur nochmaligen Verhandlung an den Schlichtungsausschuß zurückzuverweisen. Der Beschwerdeführer erblickt einen formalen Verstoß des Schlichtungsausschusses darin, daß dieser gleichzeitig mit der Abweisung der seitens des Beschwerdeführers erhobenen Unzuständigkeitseinrede den meritorischen Entscheid fällte, ohne vorerst dem Beschwerdeführer Gelegenheit gegeben zu haben, sachliche Einwendungen gegen die Entlassung vorzubringen.

Der Wojewode ließ bis heute die Beschwerde unbeantwortet.

3. In der beim Minderheitsamt im Sinne von Art. 149 der Genfer Konvention anhängig gemachten Beschwerde führt der Beschwerdeführer den Entscheid des Schlichtungsausschusses und die Nichtbeantwortung der

odpowiedzi na zażalenie, które wniósł do Wojewody Śląskiego na zasadzie § 30 przytoczonego rozporządzenia, jest jego przynależność do mniejszości niemieckiej. Żalący się jest przewodniczącym Komisji Szkolnej katolickiej szkoły mniejszościowej oraz niemieckim członkiem Rady Gminnej w Siemianowicach. Przypuszczenie, że Komisja Pojednawcza i Arbitrażowa dopuściła się nierównego traktowania, żalący się opiera na fakcie, że Komisja ta na tym samym posiedzeniu, na którym wyraziła zgodę na jego zwolnienie, nie zgodziła się, stosując postanowienie § 84 liczba 4 ustawy o radach zakładowych („jeżeli wypowiedzenie jest niesłuszną surowością, nieuzasadnioną ani postępowaniem pracobiorcy ani stosunkami w zakładzie pracy") na zwolnienia zaliczającego się do większości polskiej Wojtyczki. Żalący się wywodzi, że przesłanki § 84 zachodziły co do niego przynajmniej w tej samej mierze, jak co do Wojtyczki, ponieważ od przeszło 20 lat był w służbie pracodawcy i ma na utrzymaniu żonę i dwoje dzieci.

W petitum zażalenia, zmodyfikowanym przez zastępcę żalącego się na rozprawie ustnej, żąda się stwierdzenia, że Wojewoda Śląski naruszył art. 75 Konwencji Genewskiej przez to, że nie rozpatrzył zażalenia, wniesionego w myśl § 30 przytoczonego rozporządzenia. Poza tym żąda się stwierdzenia, że Wojewoda winien wniesione zażalenie rozpatrzeć.

4. Czy Prezydent Komisji Mieszanej jest właściwy do rozpatrzenia niniejszego zażalenia?

Należy wychodzić z założenia, że wyrok Komisji Pojednawczej i Arbitrażowej z dnia 15 września 1927 stanowi w myśl ustawy o radach zakładowych rozstrzygnięcie natury sędziowskiej. W myśl § 87 ustawy o radach zakładowych wyrok ten stwarza prawo pomiędzy interesowanym pracodawcą a pracobiorcą. Całe postępowanie jest natury sędziowskiej.

Wprawdzie § 30 przytoczonego rozporządzenia z dnia 23 grudnia 1918 przewiduje z powodu wad procesowych zażalenie do centralnej władzy krajowej, którą w niniejszym przypadku jest Wojewoda Śląski. Ustawa określiła zatem jako instancję zażaleniową — widocznie ze względów czysto praktycznych — władzę administracyjną. Że jednak chodzi o postępowanie, w którym ma być wydana decyzja o wadach procesowych postępowania natury sędziowskiej, należy przypuścić, że ustawodawca chciał w tym przypadku przelać na Wojewodę funkcje sędziowskie, przy wykonywaniu których przełożona władza nie może mu udzielać wiążących wskazówek. W myśl art. 149 Prezydent

nach § 30 der zitierten Verordnung eingereichten Beschwerde durch den Schlesischen Wojewoden auf seine Zugehörigkeit zur deutschen Minderheit zurück. Er ist Vorsitzender der katholischen Minderheitsschulkommission und deutsches Mitglied der Gemeindevertretung in Siemianowice. Die Annahme der unterschiedlichen Behandlung durch den Schlichtungsausschuß stützt sich auf die Tatsache, daß er in derselben Sitzung, in der er die Zustimmung zur Entlassung des Beschwerdeführers erteilt hat, die Zustimmung zur Entlassung des sich zur polnischen Mehrheit bekennenden Wojtyczka unter Zubilligung der Bestimmung aus § 84 Ziffer 4 des Betriebsrätegesetzes versagt hat (»wenn die Kündigung eine unbillige, nicht durch das Verhalten des Arbeitsnehmers oder durch die Verhältnisse des Betriebes bedingte Härte darstellt«). Der Beschwerdeführer macht geltend, daß für ihn die Voraussetzungen nach § 84 mindestens so gut gegeben waren wie bei Wojtyczka, da er über 20 Jahre in Diensten des Arbeitgebers gestanden und für Frau und zwei Kinder zu sorgen habe.

Das vom Vertreter des Beschwerdeführers in der mündlichen Verhandlung modifizierte Petitum lautet auf Feststellung, daß die Nichtbehandlung der Beschwerde im Sinne von § 30 der zitierten Verordnung durch den Schlesischen Wojewoden eine Verletzung des Art. 75 der Genfer Konvention darstelle und daß der Wojewode verpflichtet sei, auf die Beschwerde einzutreten.

4. Ist der Präsident der Gemischten Kommission zur Behandlung der vorliegenden Beschwerde zuständig?

Es ist davon auszugehen, daß der Spruch des Schlichtungsausschusses vom 15. September 1927 im Sinne des Betriebsrätegesetzes ein Entscheid richterlicher Natur ist. Das Urteil schafft nach § 87 des B. R. G. Recht zwischen dem beteiligten Arbeitgeber und Arbeitnehmer. Das ganze Verfahren ist richterlicher Natur.

Allerdings sieht § 30 der zitierten Verordnung vom 23. Dezember 1918 eine Beschwerde wegen prozessualer Mängel an die Landeszentralbehörde vor und die zuständige Instanz ist in concreto der Schlesische Wojewode. Das Gesetz hat somit als Beschwerdeinstanz — offenbar aus rein praktischen Gründen — eine Verwaltungsbehörde bezeichnet. Da es sich indes um ein Verfahren handelt, in dem über prozessuale Mängel eines Verfahrens richterlicher Natur entschieden werden soll, muß als Wille des Gesetzgebers angenommen werden, daß in diesem Falle dem Wojewoden richterliche Funktionen übertragen wurden, die er ausübt, ohne daß ihm von der vorgesetzten Behörde verbindliche Weisungen erteilt werden

Komisji Mieszanej nie jest zatem właściwy do zajęcia stanowiska w sprawie samej.

II

Po naradzie w łonie Komisji Mieszanej Prezydent Komisji Mieszanej na mocy powyższych rozważań dochodzi do

poglądu:

Zażalenie oddala się z powodu niewłaściwości.

85

Pogląd

z dnia 31 stycznia 1930 w sprawie nr 393 Niemieckiego Związku Ludowego w Katowicach, żalącego się, dotyczącej zwolnienia sztygara Adolfa Klimy (Górny Śląsk Polski).

I

1. Dnia 11 października 1927 wniósł Niemiecki Związek Ludowy w myśl art. 149 i n. Konwencji Genewskiej zażalenie do Polskiego Urzędu Spraw Mniejszości w Katowicach (akt 8 i 9). Dnia 20 stycznia 1928 Urząd Spraw Mniejszości przekazał zażalenie wraz z uwagami w myśl art. 152 Konwencji Genewskiej (akt 1 i 2) Prezydentowi Komisji Mieszanej. Następnie odbyła się wymiana pism, przewidziana w regulaminie postępowania Komisji Mieszanej. Na rozprawie ustnej z dnia 6 listopada 1929 zastępca Urzędu Spraw Mniejszości i żalący się mieli sposobność przedstawić dalsze wywody faktyczne i prawne.

2. Naczelna Dyrekcja Górnicza Zjednoczonych Hut Królewskiej i Laury wypowiedziała dnia 1 lipca 1927 na 30 września 1927 posadę sztygarowi wiatrowemu Adolfowi Klimie, który w firmie tej był zatrudniony od szeregu lat. Przeciwko temu wypowiedzeniu wniósł Klima sprzeciw. Według przedstawienia sprawy przez żalącego się miał syndyk pracodawczyni przy uzasadnieniu wypowiedzenia na posiedzeniu Komisji Pojednawczej i Arbitrażowej z dnia 15 września 1927 skorzystać z pisma Okręgowego Urzędu Górniczego w Katowicach, w którym się sztygarowi Klimie zarzucało antypaństwową działalność. Zastępca Zjednoczonych Hut Królewskiej i Laury zaprzecza wyraźnie, jakoby się przed Komisją Pojednawczą i Arbitrażową powołał był

können. Der Präsident der Gemischten Kommission ist daher nach Art. 149 nicht kompetent, in der Sache selbst Stellung zu nehmen.

II

Nach stattgehabter Beratung im Schoße der Gemischten Kommission gelangt der Präsident der Gemischten Kommission für Oberschlesien, gestützt auf die vorstehenden Erwägungen, zur

Stellungnahme:

Die Beschwerde wird wegen Unzuständigkeit abgewiesen.

85

Stellungnahme

vom 31. Januar 1930 in der Sache Nr. 393 des Deutschen Volksbundes in Katowice, Beschwerdeführer, betreffend Entlassung des Steigers Adolf Klima (Polnisch-Oberschlesien).

I

1. Am 11. Oktober 1927 (act. 8 u. 9) erhob der Deutsche Volksbund im Sinne von Art. 149 ff. der Genfer Konvention Beschwerde beim Polnischen Minderheitsamt in Katowice. Das Minderheitsamt überwies am 20. Januar 1928 (act. 1 u. 2) die Beschwerde mit seinen Bemerkungen im Sinne von Art. 152 der Genfer Konvention an den Präsidenten der Gemischten Kommission. Es fand hierauf der in der Verfahrensordnung der Gemischten Kommission vorgesehene Schriftenwesel statt. In den mündlichen Verhandlungen vom 6. November 1929 hatten der Vertreter des Minderheitsamtes und der Beschwerdeführer Gelegenheit, weitere Ausführungen in tatsächlicher und rechtlicher Beziehung vorzutragen.

2. Die Oberbergdirektion der Vereinigten Königs- und Laurahütte hat dem seit vielen Jahren bei ihr angestellt gewesenen Wettersteiger Adolf Klima seine Stellung am 1. Juli 1927 zum 30. September 1927 gekündigt. Klima hat gegen die Kündigung Einspruch erhoben. In der Sitzung des Schlichtungsausschusses vom 15. September 1927 hat nach Darstellung des Beschwerdeführers der Syndikus der Arbeitgeberin zur Begründung der Kündigung von einer Zuschrift des Bezirksbergamtes Katowice Gebrauch gemacht, in der dem Steiger Klima antistaatliche Betätigung zur Last gelegt wurde. Der Vertreter der Vereinigten Königs- und Laurahütte stellt ausdrücklich in Abrede, daß er sich vor dem Schlichtungsausschuß auf eine Zuschrift des Bergamtes genannten Inhaltes berufen habe

na pismo Urzędu Górniczego o wymienionej treści (akt 5 i 6). W myśl wywodów właściwej władzy jest natomiast ustalone, że władza górnicza istotnie interweniowała w sprawie Klimy u pracodawczyni. Pismo Okręgowego Urzędu Górniczego z dnia 25 czerwca 1927 brzmi jak następuje (akt 4):

„Na zasadzie posiadanych danych Urząd tut. stwierdził, że p. Adolf Klima, kierownik stacji ratowniczej i sztygar wiatrowy kop. Ficinus (ostatnie zatwierdzenie z dnia 1 maja 1924 L. 2049/24), prowadzi na kopalni w czasie służby pomiędzy robotnikami agitację antypaństwową, co powoduje, że kwalifikacje moralne p. Klimy nie mogą odpowiadać warunkom określonym przez § 73 i 74 powsz. prus. ust. górn. Upraszam o powiadomienie mnie w ciągu tygodnia o stanowisku, jakie Naczelna Dyrekcja zajmuje wobec powyższej sprawy."

Dyrekcja Zjednoczonych Hut Królewskiej i Laury doniosła dnia 5 sierpnia 1927 Okręgowemu Urzędowi Górniczemu, że dnia 1 lipca 1927 wypowiedziała sztygarowi Klimie stosunek służbowy.

3. W czasie wypowiedzenia stosunku służbowego żalący się Klima był przewodniczącym Komisji Szkolnej, utworzonej na mocy art. 111 Konwencji Genewskiej przy niemiecko-katolickiej szkole mniejszościowej w Siemianowicach. W piśmie zażaleniowym Klima wskazuje na to, że jego działalność na rzecz szkoły mniejszościowej wypływa wyłącznie z jego charakteru przewodniczącego Komisji Szkolnej. Jego zdaniem stanowi ingerencja Urzędu Górniczego naruszenie art. 75 Konwencji Genewskiej, ponieważ należy ją wyłącznie przypisać okoliczności, że on, żalący się, należy do mniejszości i wykonywa swe prawa mniejszościowe.

Właściwa władza zaprzecza temu, że Konwencja Genewska została naruszona. W piśmie Urzędu Górniczego z dnia 25 czerwca 1927 nie porusza się wcale kwestii agitacji Klimy na rzecz niemczyzny lub szkół mniejszościowych, wyraża się tam jedynie subiektywne zapatrywanie władzy górniczej, że Klima w czasie służby uprawiał na kopalni agitację antypaństwową. Pismo to ma zatem tylko informacyjny charakter.

4. Właściwa władza nie dostarczyła żadnego dowodu na antypaństwową działalność żalącego się. Wskazuje się na następujące dane: Prezydent Komisji Mieszanej wezwał Urząd Spraw Mniejszości orzeczeniem z dnia 15 lutego 1928 (akt 15 i 16), aby mu przesłał akta co do antypaństwowej agitacji żalącego się. Dnia 13 marca 1928 (akt 19 i 20) Urząd Spraw Mniejszości doniósł, że Wyższy Urząd

(act. 5 u. 6), dagegen steht nach den Ausführungen der zuständigen Behörde fest, daß die Bergbehörde im Falle Klima in der Tat bei der Arbeitgeberin vorstellig geworden ist. Die Zuschrift des Bezirksbergamtes, datiert 25. Juni 1927, hat folgenden Wortlaut (act. 4):

»Auf Grund der hier befindlichen Angaben hat das hiesige Amt festgestellt, daß der Steiger Herr Adolf Klima, der Leiter der Rettungsstation und der Wettersteiger der Ficinusgrube (letzte Bestätigung vom 1. Mai 1924 Nr. 2049-24) auf der Grube während des Dienstes unter den Arbeitern antistaatliche Agitation betreibt, was zur Folge hat, daß die moralischen Qualifikationen des Herrn Klima den in den §§ 73 und 74 des allgemeinen preußischen Berggesetzes bezeichneten Voraussetzungen nicht entsprechen können.

Ich bitte Sie, mich binnen einer Woche zu benachrichtigen, welchen Standpunkt die Generaldirektion in der obigen Angelegenheit einnimmt.«

Am 5. August 1927 teilte die Direktion der Vereinigten Königs- und Laurahütte dem Bezirksbergamt mit, daß sie dem Steiger Klima am 1. Juli 1927 das Dienstverhältnis gekündigt habe.

3. Der Beschwerdeführer Klima war zur Zeit der Kündigung Vorsitzender der auf Grund des Art. 111 der Genfer Konvention für die deutsche katholische Minderheitsschule in Siemianowice errichteten Schulkommission. Der Beschwerdeführer weist in der Beschwerdeschrift darauf hin, daß seine Tätigkeit zu Gunsten der Minderheitsschule ausschließlich seiner Eigenschaft als Vorsitzender der Schulkommission entspringe. Nach der Darstellung des Beschwerdeführers stellt die Intervention des Bergamtes eine Verletzung des Art. 75 der Genfer Konvention dar, da das Eingreifen der Behörde lediglich auf seine Zugehörigkeit zur Minderheit und die Betätigung seiner Minderheitsrechte zurückzuführen sei.

Die zuständige Behörde bestreitet eine Verletzung der Genfer Konvention. Das Schreiben des Bergamtes vom 25. Juni 1927 berühre keineswegs die Agitation des Klima für das Deutschtum bezw. für die Minderheitsschulen, übrigens bringe es nur die subjektive Ansicht der Bergbehörde zum Ausdruck, daß Klima eine staatsfeindliche Agitation während seines Dienstes auf der Grube betrieben habe. Das Schreiben habe somit nur informatorischen Charakter.

4. Irgend ein Beweis für die antistaatliche Tätigkeit des Beschwerdeführers ist von der zuständigen Behörde in keiner Weise erbracht worden. Es sei auf folgende Daten verwiesen: Mit Verfügung des Präsidenten der Gemischten Kommission vom 15. Februar 1928 (act. 15, 16) wurde das Minderheitsamt um Übersendung der Akten über die antistaatliche Agitation des Beschwerdeführers ersucht. Am 13. März 1928 (act. 19, 20) teilte

Górniczy w Katowicach nie posiada żadnych akt w sprawie antypaństwowej agitacji sztygara Klimy. Wobec tego wezwał Prezydent Komisji Mieszanej właściwą władzę orzeczeniem z dnia 2 kwietnia 1928 (akt 21 i 22), aby mu doniosła, na czym miała polegać antypaństwowa agitacja sztygara Klimy. Dnia 20 czerwca 1928 (akt 27 i 28) otrzymał Prezydent od Urzędu Spraw Mniejszości doniesienie, że Urząd ten nie może zadośćuczynić orzeczeniu z dnia 2 kwietnia 1928, ponieważ władze górnicze nigdy tej sprawy protokolarnie nie stwierdziły.

Jest niezaprzeczone, że żadna władza ani też pracodawczyni nigdy nie wezwały Klimy do usprawiedliwienia się z powodu rzekomej działalności antypaństwowej i że go też nigdy w tej sprawie nie przesłuchano.

II

Po zakończeniu postępowania doniósł Niemiecki Związek Ludowy, że Klima, zmuszony przez stosunki, nabył w czerwcu 1929 obywatelstwo niemieckie, aby po utracie posady w Zjednoczonych Hutach Królewskiej i Laury znaleźć pracę i zarobek w Niemczech.

Jak już wspomniano, nie ma żadnego dowodu na to, że Klima uprawiał przypisywaną mu agitację antypaństwową. Że jednak wskutek utraty obywatelstwa polskiego nie należy już więcej do mniejszości niemieckiej na Górnym Śląsku Polskim, przeto utracił dodatkowo prawo zażaleniowe, które mu przysługiwało w czasie całego postępowania pisemnego. Wobec tego zażalenie należy oddalić.

III

Po naradzie w łonie Komisji Mieszanej Prezydent Komisji Mieszanej na mocy powyższych rozważań dochodzi do

poglądu:

W myśl powyższych rozważań zażalenie oddala się.

86

Pogląd

z dnia 10 lutego 1930 w sprawie nr 733 Józefa Kawuloka, Nowa Wieś (Górny Śląsk Polski) i towarzyszy, żalących się, zastąpionych przez

das Minderheitsamt mit, daß das Oberbergamt in Katowice keine Akten betr. die antistaatliche Agitation des Steigers Klima besitze. Der Präsident der Gemischten Kommission ersuchte hierauf mit Verfügung vom 2. April 1928 (act. 21, 22) die zuständige Behörde um Mitteilung, worin die antistaatliche Agitation des Steigers Klima bestanden habe. Am 20. Juni 1928 (act. 27, 28) teilte das Minderheitsamt mit, daß es nicht in der Lage sei, der Verfügung vom 2. April 1928 nachzukommen, da die Angelegenheit durch die Bergbehörden niemals protokollarisch festgestellt worden sei.

Es ist unbestritten, daß Klima wegen seiner angeblichen antistaatlichen Tätigkeit niemals von irgendeiner Behörde oder von der Arbeitgeberin zur Rede gestellt oder einvernommen worden ist.

II

Nach Schluß des Verfahrens hat der Deutsche Volksbund mitgeteilt, daß Klima im Juni 1929, durch die Verhältnisse gezwungen, die deutsche Staatsangehörigkeit erworben hat, um in Deutschland Arbeit und Verdienst zu finden, nachdem er seine Stelle bei der Vereinigten Königs- und Laurahütte verloren hatte.

Wie schon erwähnt, liegt keinerlei Beweis vor für die behauptete antistaatliche Agitation des Klima. Da jedoch Klima infolge Verlustes seiner polnischen Staatsangehörigkeit heute nicht mehr Angehöriger der deutschen Minderheit in Polnisch-Oberschlesien ist, hat er das Beschwerderecht, das ihm während des ganzen schriftlichen Verfahrens zustand, nachträglich verloren und die Beschwerde muß aus diesem Grunde abgewiesen werden.

III

Nach stattgehabter Beratung im Schoße der Gemischten Kommission gelangt der Präsident der Gemischten Kommission für Oberschlesien, gestützt auf die vorstehenden Erwägungen, zur

Stellungnahme:

Die Beschwerde wird im Sinne der vorstehenden Erwägungen abgewiesen.

86

Stellungnahme

vom 10. Februar 1930 in der Sache Nr. 733 des Josef Kawulok, Nowa-Wies (Polnisch-Oberschlesien) und Genossen, Beschwerdeführer, vertreten

Niemiecki Związek Ludowy na Śląsk Polski (t. z.) w Katowicach, ul. Młyńska 23, dotyczącej nieprzyjęcia do szkół mniejszościowych 60 dzieci, egzaminowanych swego czasu przez eksperta Maurera z wynikiem negatywnym.

I

Przedmiotem niniejszych zażaleń jest nieprzyjęcie do niemieckich szkół mniejszościowych Górnego Śląska Polskiego 60 uczniów, zgłoszonych na rok szkolny 1929-30. Polski Urząd Spraw Mniejszości uzasadnia nieprzyjęcie faktem, że dane dzieci zostały w czasie od 25 maja 1927 do 11 lutego 1928 egzaminowane przez mianowanego przez Radę Ligi Narodów eksperta Maurera z tym wynikiem, że nie władają w dostatecznej mierze językiem niemieckim, aby móc z pożytkiem uczęszczać do szkoły mniejszościowej. Niemiecki Związek Ludowy, który imieniem i z pełnomocnictwa uprawnionych do wychowania oraz na mocy art. 149 i n. Konwencji Genewskiej wniósł z tego powodu zażalenie, wnosi o przyjęcie tych dzieci do szkoły mniejszościowej, przy czym wskazuje na to, że uprawnieni do wychowania oświadczyli z okazji wpisów szkolnych w czasie od 21 do 27 maja 1929, że językiem ich dzieci jest język niemiecki.

Zażalenia, wniesione przez Niemiecki Związek Ludowy, datują z czasu od 26 sierpnia 1929 do 20 grudnia 1929 i zostały przekazane Prezydentowi Komisji Mieszanej przez Polski Urząd Spraw Mniejszości w myśl art. 152 Konwencji Genewskiej w czasie od 4 listopada 1929 do 30 stycznia 1930. W czasie wymiany pism oraz na rozprawie ustnej z dnia 22 listopada 1929 strony miały sposobność przedstawić wszelkie swe wywody zarówno pisemnie jak i ustnie.

Prezydent Komisji Mieszanej zajmował się już raz większą częścią rozpatrywanych tutaj przypadków. Z danych uczniów zgłoszono mianowicie 43 już w ubiegłym roku bezskutecznie do szkół mniejszościowych. W dotycznym postępowaniu zażaleniowym Prezydent Komisji Mieszanej wydał pogląd dnia 15 lutego 1929 i polecił żałącym się, aby z uwagi na krótki czas, jaki upłynął od przeprowadzenia egzaminu językowego do oświadczenia językowego, zrezygnowali na rok szkolny 1928-29 z posyłania dzieci do szkoły mniejszościowej. Równocześnie jednak powiedziano w rozważaniach tego poglądu, że wykluczenie tych uczniów ze szkoły mniejszościowej nie wchodzi już w rachubę na rok szkolny 1929-30. (Zobacz pogląd Prezydenta Komisji Mieszanej z dnia 15 lutego 1929 w sprawie zażalenia nr 534, rozważanie III/2.)

durch den Deutschen Volksbund für Polnisch-Schlesien (t. z.) in Katowice, ul. Młyńska 23, betreffend Nichtaufnahme in die Minderheitsschulen von 60 Schülern, die seiner Zeit vom Experten Maurer mit negativem Ergebnis geprüft worden waren.

I

Gegenstand der vorliegenden Beschwerden bildet die Nichtaufnahme in die deutschen Minderheitsschulen Polnisch-Oberschlesiens von 60 für das Schuljahr 1929-30 angemeldeten Schülern. Das Polnische Minderheitsamt stützt die Nichtaufnahme auf die Tatsache, daß diese Kinder im Zeitraume vom 25. Mai 1927 bis 11. Februar 1928 durch den vom Völkerbundsrat ernannten Experten Maurer mit dem Ergebnis geprüft worden waren, daß sie die deutsche Sprache nicht in genügendem Maße beherrschten, um mit Nutzen die Minderheitsschule zu besuchen. Der Deutsche Volksbund, der im Namen und in Vollmacht der Erziehungsberechtigten und gestützt auf Art. 149 ff. der Genfer Konvention beim Polnischen Minderheitsamt deswegen Beschwerde erhob, beantragt die Aufnahme dieser Kinder in die Minderheitsschule unter Hinweis darauf, daß die Erziehungsberechtigten anläßlich der Schuleinschreibungen vom 21. bis 27. Mai 1929 erklärt hätten, daß die Sprache ihrer Kinder die deutsche sei.

Die vom Deutschen Volksbund eingereichten Beschwerden datieren aus der Zeit vom 26. August 1929 bis 20. Dezember 1929 und wurden dem Präsidenten der Gemischten Kommission in der Zeit vom 4. November 1929 bis 30. Januar 1930 auf Grund von Artikel 152 der Genfer Konvention durch das Polnische Minderheitsamt überwiesen. Die Parteien hatten während des Schriftenwechsels sowie in den mündlichen Verhandlungen vom 22. November 1929 Gelegenheit, schriftlich und mündlich alle ihre Anbringen vorzutragen.

Die Mehrzahl der hier behandelten Fälle hat den Präsidenten der Gemischten Kommission bereits einmal befaßt. 43 dieser Schüler sind nämlich schon letztes Jahr erfolglos für die Minderheitsschule angemeldet worden. In dem diesbezüglichen Beschwerdeverfahren hat der Präsident der Gemischten Kommission seine Stellungnahme am 15. Februar 1929 erlassen und den Beschwerdeführern anempfohlen, mit Rücksicht auf die Kürze der zwischen Sprachprüfung und Spracherklärung verflossenen Zeit für das Schuljahr 1928-29 auf die Beschulung in der Minderheitsschule zu verzichten. Gleichzeitig wurde aber in den Erwägungen dieser Stellungnahme ausgeführt, daß für das Schuljahr 1929-30 ein Ausschluß dieser Schüler aus der Minderheitsschule nicht mehr in Betracht falle. (Siehe Stellungnahme des Präsidenten der Gemischten Kommission vom 15. Februar 1929 in der Beschwerdesache Nr. 534, Erwägung III/2.)

II

1. Jako jedyny zarzut przeciwko dopuszczeniu dotycznych uczniów do niemieckich szkół mniejszościowych Urząd Spraw Mniejszości przytoczył, że mianowany przez Radę Ligi Narodów ekspert Maurer stwierdził w swoim czasie, że uczniowie ci nie władali wówczas dostatecznie językiem niemieckim, aby móc z pożytkiem uczęszczać do szkoły mniejszościowej. Zarzut ten nie da się jednak utrzymać wobec oświadczeń językowych, które uprawnieni do wychowania złożyli na rok szkolny 1929-30. Jak wynika z protokołów, spisanych z okazji wpisów szkolnych w maju 1929, uprawnieni do wychowania podali we wszystkich przypadkach jako język dzieci język niemiecki lub niemiecki i polski. Wobec takiego stanu rzeczy przyjęciu tych uczniów do szkół mniejszościowych w bieżącym roku szkolnym nie stoi — jak wywodzi Prezydent Komisji Mieszanej w poglądzie z dnia 15 lutego 1929 rozważanie III/1 i 2) — już nic na przeszkodzie.

Pod względem materialno-prawnym wynika z rozważań, które wyrok Międzynarodowego Trybunału w Hadze poświęcił artykułowi 131 Konwencji Genewskiej, że w przypadkach, gdzie uprawniony do wychowania oświadcza, że jego dziecko mówi językiem niemieckim bądź to wyłącznie, bądź też, że oprócz tego mówi także językiem polskim, dane jest prawo do posyłania tego dziecka do szkoły mniejszościowej. Oświadczenie to powinno co prawda odpowiadać warunkom faktycznym, tak, że uprawnieni do wychowania nie mają prawa podawać jako język dzieci, które nie mówią po niemiecku, języka niemieckiego i zgłaszać te dzieci do niemieckiej szkoły mniejszościowej. W tenorze i rozważaniach wyroku powiedziane jest pod tym względem, że swoboda, jaka przysługuje rodzicom przy składaniu oświadczenia, który język jest językiem danego ucznia, zawiera wprawdzie w danym przypadku pewną wolność oceny okoliczności, lecz że nie oznacza ona, że rodzicom przysługuje nieograniczone prawo wyboru języka nauczania i szkoły. Dotyczne wywody Międzynarodowego Trybunału w Hadze brzmią:

Tenor wyroku liczba 2, ustęp drugi:

...que lesdites déclarations doivent porter sur ce que leur auteur estime être la situation de fait concernant le point en question, et que la liberté de déclarer quelle est la langue d'un élève ou d'un enfant tout en comportant, le cas échéant, une certaine latitude d'appréciation des circonstances, ne constitue pas une faculté illimitée

II

1. Als einziger Einwand gegen die Zulassung der in Frage stehenden Schüler zu den deutschen Minderheitsschulen ist vom Minderheitsamt geltend gemacht worden, daß durch den vom Völkerbundsrat ernannten Experten Maurer seiner Zeit festgestellt wurde, daß sie damals nicht genügend die deutsche Sprache beherrschten, um mit Nutzen die Minderheitsschule zu besuchen. Dieser Einwand kann aber nicht Stand halten gegenüber den Spracherklärungen, welche die Erziehungsberechtigten für das Schuljahr 1929-30 abgegeben haben. Wie aus den Protokollen, die anläßlich der Schuleinschreibungen im Mai 1929 aufgenommen wurden, hervorgeht, ist in allen Fällen von den Erziehungsberechtigten als Sprache der Kinder die deutsche bezw. die deutsche und polnische angegeben worden. Bei dieser Sachlage steht, wie der Präsident der Gemischten Kommission in seiner Stellungnahme vom 15. Februar 1929 Erwägung III 1 und 2 ausgeführt hat, im laufenden Schuljahre der Aufnahme dieser Schüler in die Minderheitsschulen nichts mehr im Wege.

Im materiell-rechtlicher Hinsicht geht aus den Erwägungen, die das Urteil des Internationalen Gerichtshofes im Haag dem Artikel 131 der Genfer Konvention gewidmet hat, hervor, daß in den Fällen, wo der Erziehungsberechtigte erklärt, daß sein Kind die deutsche Sprache, sei es ausschließlich sei es neben der polnischen, spricht, der Anspruch auf die Beschulung in der Minderheitsschule gegeben ist. Diese Erklärung soll allerdings den tatsächlichen Verhältnissen entsprechen, sodaß die Erziehungsberechtigten nicht befugt sind für Kinder, welche die deutsche Sprache nicht sprechen, die deutsche Sprache als Sprache der Kinder anzugeben und diese Kinder für die deutsche Minderheitsschule anzumelden. Dispositiv und Erwägungen haben in dieser Hinsicht ausgeführt, daß die Freiheit der Eltern, zu erklären, welches die Sprache eines Schülers ist, zwar im gegebenen Falle einen gewissen Spielraum des Ermessens in der Beurteilung der Umstände in sich schließt, ohne jedoch eine unbeschränkte Befugnis hinsichtlich der Wahl der Unterrichtssprache und der Schule zu bedeuten. Die diesbezüglichen Ausführungen des Internationalen Gerichtshofes im Haag lauten:

Dispositiv Ziffer 2, zweiter Absatz:

...que lesdites déclarations doivent porter sur ce que leur auteur estime être la situation de fait concernant le point en question, et que la liberté de déclarer quelle est la langue d'un élève ou d'un enfant tout en comportant, le cas échéant, une certaine latitude d'appréciation des circonstances, ne constitue pas une faculté illimitée

de choisir la langue dans laquelle l'enseignement doit être donné et l'école qui y correspond;

strona 40—41:

Mais, si la conclusion tirée par la Cour du texte de la Convention est que l'article 131 vise une déclaration qui, en principe, doit porter sur l'existence d'un fait et non exprimer une volonté ou un désir, cela n'exclut pas que, dans l'appréciation des faits, un elément subjectif puisse légitimement entrer. En effet, ce qu'il faut entendre par la langue d'une personne n'est pas toujours clair et hors de doute; notamment quand il s'agit d'un enfant arrivant à l'âge scolaire, il est sans doute légitime de ne pas tenir compte exclusivement de la langue dont l'enfant se sert en général, si c'est dans une autre langue que les parents satisfont leurs besoins culturels et si c'est cette langue qu'ils considèrent comme étant de préférence la leur. Ce qui vient d'être dit est tout particulièrement vrai pour la Haute-Silésie, étant donné les conditions très spéciales qui paraissent y régner, d'après les éléments de la procédure, au point de vue linguistique.

Strona 43, ustęp trzeci:

...Il résulte de ce qui a été exposé ci-dessus, qu'on ne peut considérer comme contraire à la Convention le refus d'admettre aux écoles (classes ou cours) minoritaires des enfants dont la langue, d'après da déclaration des personnes responsables, n'est que la langue polonaise, ou pour lesquels manque la déclaration relative à la langue de l'enfant.

Z drugiej strony Międzynarodowy Trybunał w Hadze podtrzymał pod względem formalno-prawnym absolutny zakaz wszelkiego sprawdzania lub kwestionowania oświadczeń językowych i wypowiedział się w tym sensie, że oświadczenie w myśl art. 131 i 74 Konwencji Genewskiej należy uznać bezwzględnie nawet wówczas, gdy zdaje się nie odpowiadać prawdzie. Dotyczne wywody Międzynarodowego Trybunału w Hadze brzmią jak następuje:

Artykuł 131, al. 1 Konwencji Genewskiej:

Pour établir quelle est la langue d'un élève ou enfant, il sera uniquement tenu compte de la déclaration verbale ou écrite de la personne légalement responsable de son éducation. Cette déclaration ne pourra faire l'objet d'aucune vérification ou contestation de la part des autorités scolaires.

de choisir la langue dans laquelle l'enseignement doit être donné et l'école qui y correspond;

Seite 40—41:

Mais, si la conclusion tirée par la Cour du texte de la Convention est que l'article 131 vise une déclaration qui, en principe, doit porter sur l'existence d'un fait et non exprimer une volonté ou un désir, cela n'exclut pas que, dans l'appréciation des faits, un elément subjectif puisse légitimement entrer. En effet, ce qu'il faut entendre par la langue d'une personne n'est pas toujours clair et hors de doute; notamment quand il s'agit d'un enfant arrivant à l'âge scolaire, il est sans doute légitime de ne pas tenir compte exclusivement de la langue dont l'enfant se sert en général, si c'est dans une autre langue que les parents satisfont leurs besoins culturels et si c'est cette langue qu'ils considèrent comme étant de préférence la leur. Ce qui vient d'être dit est tout particulièrement vrai pour la Haute-Silésie, étant donné les conditions très spéciales qui paraissent y régner, d'après les éléments de la procédure, au point de vue linguistique.

Seite 43, dritter Absatz:

...Il résulte de ce qui a été exposé ci-dessus, qu'on ne peut considérer comme contraire à la Convention le refus d'admettre aux écoles (classes ou cours) minoritaires des enfants dont la langue, d'après da déclaration des personnes responsables, n'est que la langue polonaise, ou pour lesquels manque la déclaration relative à la langue de l'enfant.

Andererseits hat der Internationale Gerichtshof im Haag in formellrechtlicher Hinsicht das absolute Verbot jeglicher Nachprüfung oder Bestreitung der Spracherklärungen aufrechterhalten und sich dahin ausgesprochen, daß eine Erklärung im Sinne der Art. 131 und 74 der Genfer Konvention unter allen Umständen anzuerkennen ist, selbst da, wo die Erklärung der Wahrheit nicht konform erscheint. Die diesbezüglichen Ausführungen des Internationalen Gerichtshofes im Haag lauten:

Artikel 131, Al. 1 der Genfer Konvention:

Pour établir quelle est la langue d'un élève ou enfant, il sera uniquement tenu compte de la déclaration verbale ou écrite de la personne légalement responsable de son éducation. Cette déclaration ne pourra faire l'objet d'aucune vérification ou contestation de la part des autorités scolaires.

Tenor wyroku liczba 2, ustęp 3:

...que, cependant, la déclaration visée par l'article 131 de la Convention, ainsi que la question de savoir si une personne appartient ou non à une minorité de race, de langue ou de religion, ne sont pas soumises, sous quelque forme que ce soit, à une vérification, contestation, pression ou entrave de la part des autorités;

Strona 34:

Il y a lieu de croire que, dans les conditions qui règnent en Haute-Silésie, il se présente une multitude de cas où l'appartenance à une minorité, notamment de race ou de langue, ne ressort pas clairement des faits. Une telle incertitude pourrait, par exemple, exister en ce qui concerne la langue, là, où une personne ne parle ni l'allemand ni le polonais littéraire, ou bien connaît et emploie plusieurs langues, et, en ce qui concerne la race, dans le cas de mariages mixtes. Si les autorités voulaient procéder à la vérification ou à la contestation du contenu de la déclaration de la personne elle-même il est peu probable que, dans de tels cas, elles pourraient arriver à un résultat plus conforme à la réalité. Pareil procédé, de la part des autorités, prendrait en outre facilement, dans l'opinion de la population, l'aspect d'une mesure vexatoire qui enflammerait les passions politiques et contrecarrerait le but d'apaisement qui est aussi celui des stipulations concernant la protection des minorités.

Strona 35:

Si, d'après ce qui a été dit ci-dessus, une déclaration qui est en pleine contradiction avec les faits doit être considérée comme non conforme à la Convention de Genève, il n'en découle pas que l'interdiction de vérification et de contestation cesse d'être applicable en pareil cas, comme semble vouloir le soutenir le Gouvernement polonais. L'interdiction conçue en des termes absolues, ne peut souffrir aucune restriction.

Strona 43—44:

Si une déclaration a été faite, il faut toujours la respecter. Pour ce qui est de l'article 131 comme de l'article 74, la Cour estime que l'interdiction de toute vérification ou contestation ne cesse pas d'être applicable dans des cas où il apparaît que la déclaration n'est pas conforme à la vérité. La Cour renvoie sur ce point à ce qu'elle a dit plus haut au sujet de l'article 74.

Dispositiv Ziffer 2, Absatz 3:

...que, cependant, la déclaration visée par l'article 131 de la Convention, ainsi que la question de savoir si une personne appartient ou non à une minorité de race, de langue ou de religion, ne sont pas soumises, sous quelque forme que ce soit, à une vérification, contestation, pression ou entrave de la part des autorités;

Seite 34:

Il y a lieu de croire que, dans les conditions qui règnent en Haute-Silésie, il se présente une multitude de cas où l'appartenance à une minorité, notamment de race ou de langue, ne ressort pas clairement des faits. Une telle incertitude pourrait, par exemple, exister en ce qui concerne la langue, là, où une personne ne parle ni l'allemand ni le polonais littéraire, ou bien connaît et emploie plusieurs langues, et, en ce qui concerne la race, dans le cas de mariages mixtes. Si les autorités voulaient procéder à la vérification ou à la contestation du contenu de la déclaration de la personne elle-même il est peu probable que, dans de tels cas, elles pourraient arriver à un résultat plus conforme à la réalité. Pareil procédé, de la part des autorités, prendrait en outre facilement, dans l'opinion de la population, l'aspect d'une mesure vexatoire qui enflammerait les passions politiques et contrecarrerait le but d'apaisement qui est aussi celui des stipulations concernant la protection des minorités.

Seite 35:

Si, d'après ce qui a été dit ci-dessus, une déclaration qui est en pleine contradiction avec les faits doit être considérée comme non conforme à la Convention de Genève, il n'en découle pas que l'interdiction de vérification et de contestation cesse d'être applicable en pareil cas, comme semble vouloir le soutenir le Gouvernement polonais. L'interdiction conçue en des termes absolues, ne peut souffrir aucune restriction.

Seite 43—44:

Si une déclaration a été faite, il faut toujours la respecter. Pour ce qui est de l'article 131 comme de l'article 74, la Cour estime que l'interdiction de toute vérification ou contestation ne cesse pas d'être applicable dans des cas où il apparaît que la déclaration n'est pas conforme à la vérité. La Cour renvoie sur ce point à ce qu'elle a dit plus haut au sujet de l'article 74.

Stosując powyższe zasady do niniejszych przypadków, dochodzi się do konkluzji, że oświadczenia językowe, złożone przez uprawnionych do wychowania w myśl art. 131 Konwencji Genewskiej, muszą być przestrzegane nawet wówczas, gdyby zachodziły wątpliwości co do tego, czy odpowiadają obiektywnej rzeczywistości. Przy tym nie może także wchodzić w rachubę, na jakich okolicznościach te wątpliwości się opierają. W myśl zasad logiki należy to stanowisko zająć także tam, gdzie, jak w niniejszym przypadku, wątpliwości wywołane zostały stwierdzeniami, które poczynił w danym czasie mianowany przez Radę Ligi Narodów ekspert Maurer.

Zresztą należy podkreślić, że z uwagi na upłynięcie 15 do 24 miesięcy od przeprowadzenia egzaminów językowych stwierdzenia eksperta nie posiadają już mocy dowodowej i nie mogą uzasadnić odstąpienia od zasady nienaruszalności oświadczeń językowych na rok szkolny 1929-30. W poglądzie z dnia 15 lutego 1929 Prezydent Komisji Mieszanej usunął wyjątkowo na czas przejściowy roku szkolnego 1928-29 ustanowione w wyroku haskim ścisłe zasady prawne na drugi plan, kierując się przede wszystkim względami słuszności i pojednawczej polityki szkolnej. Dziś winien jednak ściśle przestrzegać tenoru i rozważań wyroku haskiego, gdzie podkreśla się z naciskiem, że wyrażony w artykule 131 Konwencji Genewskiej zakaz sprawdzania i kwestionowania uważać należy za zakaz absolutny, który nie znosi żadnego ograniczenia. Egzaminy językowe, które Prezydent Komisji Mieszanej zawsze popierał ze względów pedagogicznych, nie są dopuszczalne bez zmiany Konwencji. To zapatrywanie, że według wyroku haskiego egzaminy językowe uważać należy zasadniczo za niezgodne z artykułem 131 Konwencji Genewskiej, podziela widocznie także Rada Ligi Narodów, ponieważ od tego czasu nie zarządziła dalszych egzaminów. Niedopuszczalność egzaminów językowych przemawia jednak także za przypuszczeniem, że przeprowadzone już egzaminy językowe muszą przestać wywoływać skutki prawne. Tylko wówczas byłoby dopuszczalne przyznawać egzaminom językowym ten skutek, że mogą one pozbawiać mocy sprzeczne oświadczenia językowe, gdyby wyrok haski zawierał pod tym względem wyraźne zastrzeżenie — co nie zachodzi — lub gdyby z rezolucyj z dnia 12 marca i 8 grudnia 1927 można było wnosić, że dzieci, które wówczas nie zdały egzaminów językowych, miały być wykluczone ze szkoły mniejszościowej ostatecznie na cały czas szkolny. Lecz ani rezolucja z dnia 12 marca ani rezolucja z dnia 8 grudnia 1927 nie zawierają tego rodzaju postanowienia.

Wendet man diese Grundsätze auf die vorliegenden Fälle an, so gelangt man zu dem Schlusse, daß die von den Erziehungsberechtigten abgegebenen Spracherklärungen im Sinne von Art. 131 der Genfer Konvention respektiert werden müssen, auch wenn Zweifel darüber beständen, ob sie der objektiven Wirklichkeit konform sind. Dabei kann auch nicht in Betracht fallen, auf welche Umstände sich diese Zweifel gründen. Logischerweise muß dieser Standpunkt auch dort eingenommen werden, wo, wie im vorliegenden Falle, die Zweifel veranlaßt sind durch Feststellungen, die der vom Völkerbundsrat ernannte Experte Maurer seinerzeit gemacht hat.

Übrigens muß betont werden, daß, nachdem eine Zeitspanne von 15 bis 24 Monaten seit der Vornahme der Sprachprüfungen verflossen ist, die Feststellungen des Experten nicht mehr beweiskräftig sind und ein Abweichen vom Grundsatz der Unantastbarkeit der Spracherklärungen für das Schuljahr 1929-30 nicht rechtfertigen können. Der Präsident der Gemischten Kommission hat in seiner Stellungnahme vom 15. Februar 1929 ausnahmsweise für die Uebergangszeit des Schuljahrs 1928-29 die im Haager Urteil statuierten strikten Rechtsgrundsätze hinter Erwägungen der Billigkeit und einer versöhnenden Schulpolitik zurücktreten lassen. Heute hat er sich strikt an das Dispositiv und die Erwägungen des Haager Urteils zu halten, die beide nachdrücklich betonen, daß das in Artikel 131 der Genfer Konvention ausgesprochene Verbot der Nachprüfung und Bestreitung als ein absolutes anzusehen ist, das keine Einschränkung verträgt. Die Sprachprüfungen, für welche der Präsident der Gemischten Kommission aus pädagogischen Gründen immer eingetreten ist, sind ohne eine Änderung der Konvention nicht zulässig. Dieser Auffassung, daß nach dem Haager Urteil Sprachprüfungen grundsätzlich als unvereinbar mit Artikel 131 der Genfer Konvention zu betrachten sind, scheint auch der Völkerbundsrat zu huldigen, da er seither verzichtet hat, weitere Prüfungen anzuordnen. Die Unzulässigkeit der Sprachprüfungen spricht aber auch für die Annahme, daß die bereits durchgeführten Sprachprüfungen aufhören müssen, rechtliche Wirkungen zu äußern. Es wäre nur dann angängig, den Sprachprüfungen die Wirkung zuzubilligen, entgegenstehende Spracherklärungen zu entkräften, falls das Haager Urteil diesbezüglich einen ausdrücklichen Vorbehalt gemacht hätte — was nicht der Fall ist — oder falls aus den Resolutionen vom 12. März und 8. Dezember 1927 zu entnehmen wäre, daß die Kinder, welche die Sprachprüfungen damals nicht bestanden haben, endgültig, für die ganze Schulzeit der fraglichen Kinder, aus der Minderheitsschule ausgeschlossen sein sollten. Weder die Resolution vom 12. März noch diejenige vom 8. Dezember 1927 enthalten eine solche Bestimmung.

Dalszego dowodu na to, że przeprowadzone przez eksperta Maurera egzaminy językowe nie miały wywierać stałych skutków prawnych, należy dopatrywać się w tym, że rezolucja Rady Ligi Narodów z dnia 12 marca 1927 określa się wyraźnie jako zarządzenie wyjątkowe, które zostało wydane w tym celu, aby przezwyciężyć chwilowe trudności ówczesnej wyjątkowej sytuacji, jaka powstała wskutek nieprzyjęcia tysięcy dzieci. Ustęp V rezolucji Rady Ligi Narodów z dnia 12 marca 1927 brzmi:

„L'arrangement prévu sous Nos. II, III et IV ci-dessus doit être considéré comme une mesure exceptionelle, destinée à faire face à une situation de fait non prévue par la Convention du 15 mai 1922; il ne doit en rien être interprété comme comportant une modification des stipulations de cette Convention."

Do tego samego wniosku dochodzi się, jeżeli się uwzględni zadanie, jakie Liga Narodów powierzyła ekspertowi tą rezolucją.

Ekspert miał zlecenie stwierdzić, czy dzieci, które Rząd Polski przedstawił do egzaminu językowego, władały w dostatecznej mierze językiem niemieckim, aby móc wówczas z pożytkiem uczęszczać do szkoły mniejszościowej. Ekspert nie miał się zatem wypowiedzieć o niezmiennym fakcie, odnoszącym się do całego czasu szkolnego tych dzieci, lecz stwierdzić stan rzeczy, istniejący co do warunków językowych w chwili egzaminu. Jest jednak w naturze rzeczy, że ten stan faktyczny, stwierdzony przez eksperta w pewnym określonym czasie, podlega zmianie. To rozważanie ma szczególne znaczenie, jeżeli chodzi o stwierdzenie językowe na Górnym Śląsku. Mieszane stosunki językowe ludności, jej bardzo rozpowszechniona dwujęzyczność, częstość mieszanych małżeństw oraz stosunki pokrewieństwa i stosunki towarzyskie pomiędzy rodzinami mówiącymi po polsku a rodzinami mówiącymi po niemiecku sprawiają, że zarówno w domu jak i poza domem działają stale wpływy językowe w obu kierunkach, tak, że zmiany pod względem językowym zachodzą częściej niż gdziekolwiek indziej. W rzeczywistości istnieją zapewne liczne nie dające się przewidzieć możliwości, które mogą spowodować zmianę stwierdzonego przez eksperta stanu rzeczy. Stan ten nie może oczywiście nawet przy szybkim pojmowaniu w wieku dziecięcym zmieniać się z jednego na drugi, i to skłoniło Prezydenta Komisji Mieszanej do tego, że w poglądzie z dnia 15 lutego 1929 polecił żalącemu się w interesie pojednawczej polityki szkolnej, aby na rok szkolny 1928-29 zrezygnował z posyłania tych uczniów do szkoły mniejszościowej, ponieważ z uwagi

Ein weiterer Beweis, daß den vom Experten Maurer durchgeführten Sprachprüfungen keine dauernden Rechtswirkungen zukommen sollten, ist darin zu erblicken, daß die Resolution des Völkerbundsrats vom 12. März 1927 sich ausdrücklich als ausnahmsweise Maßnahme bezeichnet, die getroffen wurde, um die momentanen Schwierigkeiten der damaligen außerordentlichen Lage, welche durch die Zurückweisung von Tausenden von Kindern geschaffen worden war, zu überwinden. Passus V der Resolution des Völkerbundsrates vom 12. März 1927 lautet:

„L'arrangement prévu sous Nos. II, III et IV ci-dessus doit être considéré comme une mesure exceptionelle, destinée à faire face à une situation de fait non prévue par la Convention du 15 mai 1922; il ne doit en rien être interprété comme comportant une modification des stipulations de cette Convention."

Zum gleichen Schluß gelangt man, wenn man auf die Aufgabe zurückgeht, die dem Experten des Völkerbundes durch diese Resolution gestellt worden ist.

Der dem Experten erteilte Auftrag lautete, festzustellen, ob die von der Polnischen Regierung für eine Sprachprüfung vorgeschlagenen Kinder in genügendem Maße die deutsche Sprache beherrschten, um damals mit Nutzen die Minderheitsschule zu besuchen. Der Experte hatte sich somit nicht über eine die gesamte Schulzeit dieser Kinder betreffende unabänderliche Tatsache auszusprechen, sondern den Sachverhalt festzustellen, wie er in Bezug auf die Sprachverhältnisse im Augenblick der Prüfung bestand. Es liegt aber in der Natur der Sache, daß dieser, vom Experten in einem bestimmten Zeitpunkt festgestellte Tatbestand der Veränderung unterliegt. Dieser Erwägung kommt eine ganz besondere Bedeutung zu, wenn es sich um sprachliche Feststellungen in Oberschlesien handelt. Die Gemischtsprachigkeit der Bevölkerung, ihre sehr verbreitete Zweisprachigkeit, die Häufigkeit gemischter Ehen sowie verwandschaftliche und gesellschaftliche Beziehungen zwischen polnischsprechenden und deutschsprechenden Familien bewirken, daß in und außerhalb des Hauses sprachliche Einflüsse in beiden Richtungen ständig wirksam sind, sodaß Wandlungen in sprachlicher Beziehung leichter vorkommen als irgend wo anders. In Wirklichkeit dürfte eine unübersehbare Zahl von Möglichkeiten bestehen, die eine Änderung des vom Experten festgestellten Sachverhalts bewirken können. Selbstverständlich kann dieser Zustand selbst bei der raschen Auffassungsgabe des Kinderalters nicht von einem Tage zum andern wechseln, und dies hatte den Präsidenten der Gemischten Kommission bewogen, in seiner Stellungnahme vom 15. Februar 1929 dem Beschwerdeführer im Interesse einer versöhnenden Schulpolitik anzuempfehlen, auf die Beschulung der Schüler

na krótki czas, jaki upłynął od przeprowadzenia egzaminów Maurera do ponownego zgłoszenia (okres ten wynosił przeciętnie 6½ miesięcy), zmiana stwierdzonych przez eksperta warunków językowych nie była prawdopodobna. Dzisiaj stan rzeczy jest inny. Od czasu przeprowadzenia egzaminów przez eksperta Maurera upłynął dość długi okres. Egzaminy przeprowadzono w czasie od 25 maja 1927 do dnia 11 lutego 1928, tak że okres pomiędzy egzaminem językowym a złożeniem oświadczeń językowych (21 do 27 maja 1929) wynosi od 15 do 24 miesięcy.

		Okres pomiędzy egzaminem językowym a oświadczeniem językowym:
w maju 1927 egzaminowano	2 uczniów	24 miesiące
w czerwcu 1927 egzaminowano	16 „	23 „
we wrześniu 1927 egzaminowano	11 „	20 miesięcy
w październiku 1927 egzaminowano	4 „	19 „
w listopadzie 1927 egzaminowano	16 „	18 „
w grudniu 1927 egzaminowano	5 „	17 „
w styczniu 1928 egzaminowano	4 „	16 „
w lutym 1928 egzaminowano	2 „	15 „

Okres pomiędzy egzaminami językowymi a złożeniem nowych oświadczeń językowych wynosi zatem przeciętnie 19½ miesięcy. Okres ten jest jednak przypuszczalnie wystarczający, aby w takim kraju, jak Górny Śląsk, gdzie działają opisane wpływy językowe, wywołać pewne przesunięcia pod względem językowym. W danych warunkach nie zdaje się być absolutnie czymś nadzwyczajnym, jeżeli się dziś co do drobnego odłamka 798 dzieci, egzaminowanych przez eksperta Maurera z wynikiem ujemnym, twierdzi, że władają językiem niemieckim. Tego rodzaju fluktuacje językowe są w obszarze o mieszanych stosunkach językowych zjawiskiem zupełnie naturalnym i będą zachodzić stale i wszędzie tam, gdzie rozmaite języki są obok siebie w użyciu. W końcu nadmienia się jeszcze, że niektóre z dzieci, które egzaminował ekspert Maurer, posiadały już wówczas pewne znajomości języka niemieckiego, choć nie w dostatecznym stopniu, i że ekspert napotykał niejednokrotnie na przypadki prawie równomiernego władania obu językami, tak, że już wówczas nie było mu łatwo rozstrzygać.

2. Wreszcie należy wskazać na to, że zapatrywanie Urzędu Spraw Mniejszości, według którego na podstawie egzaminów maurerowskich dotyczne dzieci wykluczyć należy ze szkoły mniejszościowej na cały dalszy czas szkolny, sprzeciwia się nie tylko praktyce Prezydenta Komisji Mieszanej, lecz także praktyce polskich władz szkol-

in der Minderheitsschule für das Schuljahr 1928-29 zu verzichten, da mit Rücksicht auf die Kürze der zwischen der Maurer'schen Prüfungen und Neuanmeldung liegenden Zeit (es waren im Durchschnitt 6½ Monate) eine Änderung der vom Experten festgestellten Sprachverhältnisse nicht wahrscheinlich erschien. Heute ist die Sachlage eine andere. Seit der Prüfung durch den Experten Maurer ist ein erheblicher Zeitraum verstrichen. Die Prüfungen erfolgten in der Zeit vom 25. Mai 1927 bis 11. Februar 1928, sodaß der zwischen Sprachprüfung und Abgabe der Spracherklärungen (21. bis 27. Mai 1929) liegende Zeitraum zwischen 15 und 24 Monaten beträgt.

			Zeitraum zwischen Sprachprüfung und Spracherklärung:
Im Mai 1927 wurden geprüft	2	Schüler	24 Monate
„ Juni 1927 wurden geprüft	16	„	23 „
„ September 1927 wurden geprüft	11	„	20 „
„ Oktober 1927 wurden geprüft	4	„	19 „
„ November 1927 wurden geprüft	16	„	18 „
„ Dezember 1927 wurden geprüft	5	„	17 „
„ Januar 1928 wurden geprüft	4	„	16 „
„ Februar 1928 wurden geprüft	2	„	15 „

Zwischen den Sprachprüfungen und der Abgabe der neuen Spracherklärungen liegt somit ein Zeitraum, der im Durchschnitt 19½ Monate beträgt. Eine solche Zeitspanne erscheint aber als ausreichend, um in einem Lande wie Oberschlesien, wo die geschilderten sprachlichen Einflüsse wirksam sind, gewisse Verschiebungen in sprachlicher Beziehung zu bewirken. Unter den obwaltenden Umständen erscheint es durchaus nicht als außergewöhnlich, wenn heute von einem geringen Bruchteil der 798 vom Experten Maurer mit negativem Ergebnis geprüften Kinder behauptet wird, daß sie die deutsche Sprache sprechen. Derartige sprachliche Fluktuationen sind in einem gemischtsprachigen Gebiet eine durchaus natürliche Erscheinung und werden überall und stets vorkommen, wo verschiedene Sprachen nebeneinander gesprochen werden. Schließlich sei noch bemerkt, daß einzelne der vom Experten Maurer geprüften Kinder schon damals gewisse Kenntnisse der deutschen Sprache, wenn auch nicht in hinreichendem Maße, besassen, und daß der Experte nicht selten Grenzfällen gegenüberstand, in welchen ihm schon damals die Entscheidung nicht leicht fiel.

2. Endlich ist darauf hinzuweisen, daß die Auffassung des Minderheitsamtes, wonach gestützt auf die Maurer'schen Prüfungen die fraglichen Kinder für die ganze weitere Schulzeit von der Minderheitsschule auszuschließen seien, nicht nur mit der Praxis des Präsidenten der Gemischten Kommission, sondern auch mit derjenigen der polnischen Schulbehörden in

nych, w myśl której przeniesienie dziecka ze szkoły większościowej do szkoły mniejszościowej i na odwrót było dotychczas zawsze dopuszczane, jeżeli taką była wyraźnie oświadczona wola uprawnionego do wychowania. (Zobacz m. in. obwieszczenia władz szkolnych w sprawie wpisów na lata szkolne 1927-28 i 1928-29.) Jeżeli jest jednak dopuszczalne przenosić uczniów, którzy uczęszczali do szkoły polskiej, do szkoły mniejszościowej, to jest słuszne i sprawiedliwe, aby dzieci dzisiejszych żalących się traktować tak samo, jeżeli uprawnieni do wychowania złożyli odpowiednie oświadczenie językowe.

Po naradzie w łonie Komisji Mieszanej Prezydent Komisji Mieszanej na mocy powyższych rozważań dochodzi do

poglądu:

Właściwe władze wzywa się, aby uczniów, co do których z okazji wpisów szkolnych w maju 1929 podano jako język język niemiecki, lecz którzy w danym czasie nie zdali zarządzonych przez Radę Ligi Narodów egzaminów językowych, dopuściły obecnie do szkół mniejszościowych.

87

Pogląd

z dnia 1 marca 1930 w sprawie nr 705 Niemieckiej Gminy Teatralnej na Śląsk Polski t. z. w Katowicach, zastąpionej przez Niemiecki Związek Ludowy na Śląsk Polski (t. z.) w Katowicach, ul. Młyńska 23, dotyczącej odstąpienia budynku teatru miejskiego w Katowicach dla przedstawień teatralnych mniejszości.

I

Imieniem i z pełnomocnictwa Niemieckiej Gminy Teatralnej na Śląsk Polski, związku zapisanego w Katowicach (akt 15), Niemiecki Związek Ludowy wniósł dnia 11 lipca 1929 w myśl art. 149 Konwencji Genewskiej do Polskiego Urzędu Spraw Mniejszości w Katowicach zażalenie, w którym przedstawił wniosek o odstąpienie mu w 10 do 11 dniach w miesiącu budynku teatru miejskiego w Katowicach dla niemieckich przedstawień teatralnych. W tym celu miał Magistrat miasta Katowic zawrzeć z żalącym się umowę, podczas gdy umowa istniejąca

Widerspruch steht, kraft welcher die Versetzung eines Kindes aus der Mehrheitsschule in die Minderheitsschule und umgekehrt bisher stets zugelassen war, sofern dies der ausdrücklich erklärte Wille der Erziehungsberechtigten war. (Siehe u. a. Publikationen der Schulbehörden betreffend Einschreibungen für die Schuljahre 1927-28 und 1928-29.) Wenn es aber zulässig ist, Schüler, die die polnische Schule besuchten, in die Minderheitsschule zu versetzen, so erscheint es als recht und billig, den Kindern der heutigen Beschwerdeführer die gleiche Behandlung zuteil werden zu lassen, falls die Erziehungsberechtigten eine entsprechende Spracherklärung abgaben.

Der Präsident der Gemischten Kommission gelangt nach stattgehabter Beratung im Schoße der Gemischten Kommission und gestützt auf die vorstehenden Erwägungen, zur

Stellungnahme:

Die zuständigen Behörden werden ersucht, die Schüler, für welche anläßlich der Schuleinschreibungen im Mai 1929 die deutsche Sprache als Sprache angegeben wurde, die aber seiner Zeit die vom Völkerbundsrat angeordneten Sprachprüfungen nicht bestanden haben, nunmehr zu den Minderheitsschulen zuzulassen.

87

Stellungnahme

vom 1. März 1930 in der Sache Nr. 705 der Deutschen Theatergemeinde für Polnisch-Schlesien t. z. in Katowice, vertreten durch den Deutschen Volksbund für Polnisch-Schlesien (t. z.) in Katowice, ul. Młyńska 23, betreffend Überlassung des städtischen Theatergebäudes in Katowice für Theateraufführungen der Minderheit.

I

Am 11. Juli 1929 erhob der Deutsche Volksbund im Namen und in Vollmacht der Deutschen Theatergemeinde für Polnisch-Schlesien, eingetragener Verein in Katowice (act. 15) im Sinne von Art. 149 der Genfer Konvention Beschwerde beim Polnischen Minderheitsamt in Katowice, in welcher er beantragte, ihm das städtische Theatergebäude in Katowice an 10 bis 11 Tagen im Monat für deutsche Theateraufführungen zu überlassen. Zu diesem Zwecke sollte die Stadtgemeinde einen Vertrag mit dem Beschwerdeführer abschließen und der derzeit zwischen der Stadtgemeinde

obecnie pomiędzy Magistratem a Towarzystwem Przyjaciół Teatru Polskiego miała być unieważniona.

Z uwagi na rozpoczynający się dnia 1 września 1929 sezon teatralny i wynikającą stąd pilność zażalenia Prezydent Komisji Mieszanej wezwał Polski Urząd Spraw Mniejszości, aby zażalenie wraz z uwagami zamiast po 45 dniach przekazał już w ciągu 35 dni. Termin ten upłynął dnia 16 sierpnia 1929. Przekazanie akt i uwag w myśl art. 152 Konwencji Genewskiej nastąpiło dnia 19 października 1929. Okoliczność ta uniemożliwiła Prezydentowi Komisji Mieszanej zakończenie postępowania w ciągu 6 miesięcy.

Po zakończeniu wymiany pism, przewidzianej regulaminem postępowania Komisji Mieszanej, odbyła się dnia 19 lutego 1930 rozprawa ustna, na której strony miały sposobność zająć także ustnie stanowisko do kwestii faktycznych i prawnych.

II

Z punktu widzenia historycznego z wywodów żalącego się, którym Urząd Spraw Mniejszości nie zaprzeczył, wynika następujący stan faktyczny (akt 15, 17, 18, 19, 53, 54, 58, 59, 64):

W Katowicach istnieje budynek teatru miejskiego, w którym od czasu zmiany suwerenności państwowej Towarzystwo Przyjaciół Teatru Polskiego urządzało polskie przedstawienia teatralne, a Niemiecka Gmina Teatralna niemieckie przedstawienia teatralne. Obydwa towarzystwa są organizacjami prywatnymi, którym jednak z uwagi na to, że działalność ich ma charakter użyteczności publicznej, władze dawały znaczne subwencje w gotówce i w naturze (bezpłatne odstąpienie budynku teatralnego (umowa dzierżawna pomiędzy Magistratem a Towarzystwem Przyjaciół Teatru Polskiego z dnia 10 IX 1928 § 3), ponoszenie kosztów oświetlenia i opalania (l. c. §§ 13 i 14) oraz kosztów utrzymania (l. c. § 4), bezpłatne dawanie sił roboczych (l. c. § 3)).

W pierwszych latach po przejściu suwerenności państwowej (sezon gry 22/23 i 23/24) odbywało się miesięcznie 15 polskich i 15 niemieckich przedstawień teatralnych. Z początkiem sezonu gry 1924-25 zamierzano ilość niemieckich przedstawień tratralnych zredukować. Konflikt, jaki powstał na tym tle, rozstrzygnęła Rada Wojewódzka dnia 30 lipca 1924 zarządzając, że „budynek teatru miejskiego odstępuje się Towarzystwu Przyjaciół Teatru Polskiego na sezon gry 1924-25 pod tym warunkiem, że Niemiecka Gmina Teatralna będzie korzystała z budynku teatralnego w 9 względnie 10 dniach w miesiącu, w tym w jednym dniu świątecznym" (akt 50). Niemiecka Gmina

und dem Verein polnischer Theaterfreunde bestehende Vertrag sollte nichtig erklärt werden.

Mit Rücksicht auf die am 1. September 1929 beginnende Theatersaison und die sich daraus ergebende Dringlichkeit der Beschwerde, ersuchte der Präsident der Gemischten Kommission das Polnische Minderheitsamt, die Beschwerde sowie seine Bemerkungen anstatt nach 45 Tagen schon innert 35 Tagen zu überweisen. Diese Frist lief am 16. August 1929 ab. Die Überweisung der Akten und Bemerkungen im Sinne von Art. 152 der Genfer Konvention erfolgte am 19. Oktober 1929. Dieser Umstand machte es dem Präsidenten der Gemischten Kommission unmöglich, das Verfahren innert 6 Monaten zum Abschluß zu bringen.

Nach Abschluß des in der Verfahrensordnung der Gemischten Kommission vorgesehenen Schriftenwechsels fanden am 19. Februar 1930 die mündlichen Verhandlungen statt, die den Parteien Gelegenheit boten, auch mündlich zu den Tat- und Rechtsfragen Stellung zu nehmen.

II

In historischer Beziehung ist den Ausführungen des Beschwerdeführers, welche vom Minderheitsamt nicht bestritten wurden, folgender Tatbestand zu entnehmen (act. 15, 17, 18, 19, 53, 54, 58, 59, 64):

In der Stadtgemeinde Katowice besteht ein städtisches Theatergebäude, in welchem seit dem Souveränitätswechsel vom Verein polnischer Theaterfreunde polnische und von der Deutschen Theatergemeinde deutsche Theateraufführungen veranstaltet wurden. Beide Vereine sind private Organisationen, die aber in Anbetracht der Gemeinnützigkeit ihres Wirkens von den Behörden durch namhafte Subventionen in bar und natura (kostenlose Überlassung des Theatergebäudes (Pachtvertrag zwischen Stadt und Verein polnischer Theaterfreunde vom 10. IX. 1928 § 3), Tragung der Beleuchtungs- und Heizungskosten (l. c. §§ 13 und 14) und Instandhaltungskosten (l. c. § 4), unentgeltliche Stellung von Arbeitskräften (l. c. § 3)) unterstützt werden.

In den ersten Jahren nach dem Souveränitätswechsel (Spielsaison 22-23 und 23-24) fanden monatlich je 15 polnische und deutsche Theateraufführungen statt. Mit Beginn der Spielzeit 1924-25 sollte die Anzahl der deutschen Theateraufführungen reduziert werden; der darüber entstandene Konflikt wurde am 30. Juli 1924 vom Wojewodschaftsrat entschieden, welcher die Anordnung traf, »das städtische Theatergebäude dem Verein polnischer Theaterfreunde für die Spielzeit 1924-25 unter der Bedingung zu überlassen, daß die Deutsche Theatergemeinde 9 bezw. 10 Tage im Monat und darin einen Feiertag zu ihrer Verfügung erhält« (act. 50). Die Deutsche Theatergemeinde hat in den folgenden Jahren

Teatralna prosiła w następnych latach Magistrat kilkakrotnie, aby zawarł z nią samodzielną umowę dzierżawną, podobnie jak to uczynił dnia 28 sierpnia 1925 (akt 58) względnie dnia 10 września 1928 (akt 17) — każdorazowo na przeciąg 3 lat — z Towarzystwem Przyjaciół Teatru Polskiego. Prośby tej nie uwzględniono, natomiast w umowie dzierżawnej z Towarzystwem Przyjaciół Teatru Polskiego zastrzeżono roszczenia mniejszości do budynku teatralnego w następujący sposób:

§ 11 ustęp 2:

„Sprawę, dotyczącą odstąpienia teatru Niemieckiej Gminie Teatralnej, pozostawia się wspólnemu uregulowaniu pomiędzy Towarzystwem Przyjaciół Teatru Polskiego jako użytkownikiem teatru a zainteresowanymi niemieckimi związkami teatralnymi."

Na podstawie umów, zawieranych rokrocznie pomiędzy Towarzystwem Przyjaciół Teatru Polskiego a Niemiecką Gminą Teatralną, odbywało się w następujących pięciu sezonach gry 24-25, 25-26, 26-27, 27-28 i 28-29 dziewięć do dziesięciu przedstawień niemieckich miesięcznie. Stan ten trwał aż do dnia, w którym w Opolu doszło do znanego zakłócenia polskiego przedstawienia teatralnego w dniu 28 kwietnia 1929. Ponieważ Towarzystwo Przyjaciół Teatru Polskiego skorzystało z tych pożałowania godnych zajść, aby zamknąć lokal biurowy, zajmowany przez Niemiecką Gminę Teatralną w budynku teatralnym, i ponieważ Niemiecka Gmina Teatralna nie zdołała także dojść do porozumienia z Towarzystwem Przyjaciół Teatru Polskiego w sprawie odstąpienia jej budynku teatralnego na sezon gry 1929-30, poprosiła dnia 20 czerwca 1929 Prezydenta miasta o interwencję. Na konferencji, która odbyła się na skutek tej prośby, oświadczył Prezydent miasta, że z uwagi na umowę zawartą z Towarzystwem Przyjaciół Teatru Polskiego nie może nic więcej uczynić, jak zapośredniczyć konferencję pomiędzy obydwoma gminami teatralnymi. Na konferencji tej (dnia 28 czerwca 1929) oświadczył przedstawiciel Towarzystwa Przyjaciół Teatru Polskiego, że w przyszłości Niemieckiej Gminie Teatralnej będzie można przyznać tylko tyle dni gry, ile udzieli się teatrowi polskiemu na Górnym Śląsku Niemieckim. W tym stadium wniesiono niniejsze zażalenie. Ponieważ wzburzenie umysłów w obu częściach obszaru plebiscytowego trwało nadal i obawiać się należało, że w przyszłości przedstawienia teatralne mniejszości napotykać mogą na trudności, odbyły się z inicjatywy Prezydenta Komisji Mieszanej w lipcu i we wrześniu 1929 pomiędzy członkiem polskim Komisji Mieszanej, p. ministrem Morawskim, a członkiem niemieckim Komisji Mieszanej, p. drem van Husenem, rokowania, które miały na celu stworzenie dla

den Magistrat wiederholt ersucht, mit ihr einen selbständigen Pachtvertrag abzuschließen, in Analogie zu demjenigen, der am 28. August 1925 (act. 58) bezw. am 10. September 1928 (act. 17) für jeweilen 3 Jahre zwischen der Stadt und dem Verein polnischer Theaterfreunde abgeschlossen worden war. Diesem Ersuchen wurde nicht entsprochen, dagegen wurden in dem Pachtvertrag mit dem Verein polnischer Theaterfreunde die Ansprüche der Minderheit auf das Theatergebäude in folgender Form vorbehalten:

§ 11 Alinéa 2:

»Die Angelegenheit betr. Überlassung des Theaters für die deutsche Theatergemeinde wird einer gemeinsamen Regelung zwischen dem Verein polnischer Theaterfreunde als Benutzer des Theaters und den interessierten deutschen Theatervereinen überlassen.«

Auf Grund der Vereinbarungen, die jährlich zwischen dem Verein polnischer Theaterfreunde und der Deutschen Theatergemeinde getroffen wurden, fanden in den folgenden 5 Spielzeiten (24-25, 25-26, 26-27, 27-28 und 28-29) neun bis zehn deutsche Aufführungen pro Monat statt. Dieser Zustand dauerte bis zu dem Tage an, wo in Oppeln die bekannte Störung der polnischen Theateraufführung vom 28. April 1929 stattfand. Da der Verein polnischer Theaterfreunde diese sehr bedauerlichen Vorfälle zum Anlaß nahm, um den Büroraum, den die Deutsche Theatergemeinde im Theatergebäude innehatte, zu sperren, und da es der Deutschen Theatergemeinde auch nicht gelang, mit dem Verein polnischer Theaterfreunde zu einer Einigung wegen der Überlassung des Theatergebäudes für die Spielzeit 1929-30 zu gelangen, bat sie am 20. Juni 1929 den Stadtpräsidenten einzugreifen. In der Besprechung, die daraufhin erfolgte, erklärte dieser, daß er mit Rücksicht auf den mit dem Verein polnischer Theaterfreunde bestehenden Vertrag nichts anderes tun könne, als eine Konferenz zwischen den beiden Theatergemeinden zu vermitteln. In dieser Konferenz (28. Juni 1929) erklärte der Vertreter des Vereins polnischer Theaterfreunde, daß künftighin der Deutschen Theatergemeinde nur so viele Spieltage eingeräumt werden könnten, als dem polnischen Theater in Deutsch-Oberschlesien gewährt würden. In diesem Stadium wurde die vorliegende Beschwerde eingereicht. Da die Erregung der Gemüter in beiden Hälften des Abstimmungsgebietes andauerte und befürchten ließ, daß künftig die Theateraufführungen der Minderheit hüben und drüben auf Schwierigkeiten stoßen würden, fanden auf Anregung des Präsidenten der Gemischten Kommission im Juli und September 1929 zwischen dem polnischen Mitglied der Gemischten Kommission, Herrn Minister Morawski, und dem deutschen Mitglied der Gemischten Kommission, Herrn Dr. van Husen, Verhandlungen statt, die zum Zwecke hatten, die Theateraufführun-

przedstawień teatralnych w obu częściach Górnego Śląska stałych podstaw, w szczególności także co do ilości przedstawień. Niestety rokowania te rozbiły się w ostatnim momencie, co doprowadziło do tego, że w sezonie gry 1929-30 przewidziane niemieckie przedstawienia teatralne nie mogły się dotąd odbyć.

III

1. Urząd Spraw Mniejszości wywodził, nie podnosząc wszelako formalnego zarzutu niewłaściwości (akt 20—21), że z uwagi na klauzulę § 11 ust. 2 umowy pomiędzy Magistratem a Towarzystwem Przyjaciół Teatru Polskiego z dnia 10 września 1928 Niemiecką Gminę Teatralną skierować należy z roszczeniem o odstąpienie budynku teatralnego na drogę skargi cywilnej. Nie jest rzeczą Prezydenta Komisji Mieszanej zajmować tutaj stanowisko do kwestii, czy z tej klauzuli Niemieckiej Gminie Teatralnej przysługuje roszczenie zaskarżalne w drodze cywilno-prawnej. Gdyby nawet tak było, to Prezydent Komisji Mieszanej byłby nadal właściwy do rozstrzygnięcia kwestii, czy postępowanie Magistratu co do odstąpienia budynku teatralnego zgodne było z Konwencją Genewską lub nie, bo pomimo zobowiązania, jakie Magistrat nałożył pod tym względem na Towarzystwo Przyjaciół Teatru Polskiego, pozostał on nadal sam i bezpośrednio odpowiedzialny za wypełnienie zobowiązań, ciążących na nim w myśl Konwencji Genewskiej.

2. Prawo mniejszości do organizowania przedstawień teatralnych Polski Urząd Spraw Mniejszości uznał wyraźnie (akt 62—63). Zresztą wskazuje się na artykuł 81 Konwencji Genewskiej, który gwarantuje mniejszościom prawo do zakładania instytucji kulturalnych oraz do kierowania i zarządzania nimi. Z uwagi na znaczenie, jakie teatr posiada dla pielęgnowania kultury, nie może być wątpliwości, że urządzanie przedstawień teatralnych podpada pod pojęcie instytucji kulturalnych w myśl artykułu 81 Konwencji Genewskiej.

Inną kwestią jest, czy mniejszość ma prawo żądać, aby jej odstąpiono budynek teatru miejskiego w Katowicach dla przedstawień teatralnych. Ponieważ w tej sprawie Urząd Spraw Mniejszości nie złożył bezwarunkowego oświadczenia, wywodzi się co następuje: Ponieważ budynek teatralny jest własnością miasta Katowic i służy celowi użyteczności publicznej, mianowicie szerzeniu sztuki i oświaty, przeto nie może być wątpliwości, że odstąpienie go w interesie publicznym na urządzanie przedstawień uważać należy jako „disposition administrative" w myśl art. 75 i jako „action officielle" w myśl art. 73

gen in den beiden Hälften Oberschlesiens auf feste Grundlagen zu stellen, insbesondere auch hinsichtlich der Zahl der Aufführungen. Leider zerschlugen sich diese Verhandlungen im letzten Moment, und das führte bedauerlicher Weise dazu, daß in der Spielsaison 1929-30 die vorgesehenen deutschen Theatervorstellungen bisher nicht stattfinden konnten.

III

1. Das Minderheitsamt hat, ohne jedoch eine formelle Kompetenzeinrede zu erheben (act. 20—21), geltend gemacht, daß die deutsche Theatergemeinde mit Rücksicht auf die Klausel des § 11 Alinea 2 im Vertrage zwischen dem Magistrat und dem Verein polnischer Theaterfreunde vom 10. September 1928 mit ihrem Begehren um Überlassung des Theatergebäudes auf den Weg der Zivilklage zu verweisen sei. Es ist nicht Sache des Präsidenten der Gemischten Kommission hier zu der Frage Stellung zu nehmen, ob der Deutschen Theatergemeinde aus der Klausel ein zivilrechtlich klagbarer Anspruch zusteht. Auch wenn dies der Fall wäre, so bliebe der Präsident der Gemischten Kommission für die Entscheidung der Frage zuständig, ob das Vorgehen der Stadt in Bezug auf Überlassung des Theatergebäudes der Genfer Konvention konform war oder nicht, denn trotz der Verpflichtung, die die Stadt dem Verein polnischer Theaterfreunde diesbezüglich auferlegt hatte, war sie nach wie vor selber und unmittelbar verantwortlich für die Erfüllung der ihr gemäß der Genfer Konvention obliegenden Verpflichtungen.

2. Das Recht der Minderheit, Theatervorstellungen zu organisieren, ist vom polnischen Minderheitsamt ausdrücklich anerkannt worden (act. 62—63). Übrigens sei verwiesen auf Artikel 81 der Genfer Konvention, der den Minderheiten das Recht gewährleistet, kulturelle Einrichtungen zu errichten, zu leiten und zu beaufsichtigen. Angesichts der Bedeutung, die das Theater für die Kulturpflege hat, kann es nicht zweifelhaft sein, daß die Veranstaltung von Theateraufführungen unter den Begriff kultureller Einrichtungen im Sinne von Artikel 81 der G. K. fällt.

Eine andere Frage ist, ob die Minderheit einen Anspruch hat, für ihre Theateraufführungen die Überlassung des Städtischen Theatergebäudes in Katowice zu verlangen. Da diesbezüglich vom Minderheitsamt keine vorbehaltlose Erklärung abgegeben worden ist, sei folgendes ausgeführt: Da das Theatergebäude im Eigentum der Stadt Katowice steht und einem gemeinnützigen Zwecke gewidmet ist, nämlich der Förderung von Kunst und Bildung, so kann es nicht zweifelhaft sein, daß die im öffentlichen Interesse gewährte Überlassung des Theatergebäudes zwecks Veranstaltung von Aufführungen als »disposition administrative« im

Konwencji Genewskiej, które muszą odpowiadać ustanowionej w art. 75 ustęp 2 zdania 1 i 2 zasadzie równego traktowania. Zdanie 3 art. 75 ustęp 2 potwierdza wyraźnie to zapatrywanie, dodając expressis verbis, że władze w szczególności przy przydziale pomieszczeń winny postępować według zasady równego traktowania. Z powyższego wynika, że postanowienie to ma na oku przede wszystkim naruszenie własności prywatnej celem zwalczania nędzy mieszkaniowej. Jeżeli zaś zasada równego traktowania obowiązuje dla przydziału pomieszczeń w własności prywatnej, to musi ona obowiązywać a fortiori dla przydziału pomieszczeń w własności publicznej. Z uwagi na odstąpienie budynku teatralnego Towarzystwu Przyjaciół Teatru Polskiego roszczenie mniejszości zdaje się zatem być uzasadnione, bo zasada równego traktowania, zastosowana odpowiednio do niniejszego przypadku, oznacza, że Magistrat winien starania mniejszości o korzystanie z budynku teatralnego traktować na równi ze staraniami większości. O ile chodzi o zakres, w jakim budynek teatralny ma być odstąpiony, Magistrat winien go odstąpić obu częściom ludności, uwzględniając sprawiedliwie ich siłę liczebną i ich potrzeby kulturalne. W niniejszym przypadku nie potrzeba tych faktorów poddawać ocenie, ponieważ uregulowanie Rady Wojewódzkiej z dnia 30 lipca 1924, mocą którego odstąpiono mniejszości budynek teatralny w 9 lub 10 dniach w miesiącu, w tym w jednym dniu świątecznym, odpowiada zdaniem Prezydenta zasadzie słuszności. Status quo ostatnich pięciu lat przewyższał nawet nieco liczby ustalone przez Radę Wojewódzką, ponieważ Niemiecka Gmina Teatralna miała poza tym teatr do dyspozycji także w pierwszych dniach świątecznych Bożego Narodzenia, Wielkanocy i Zielonych Świątek, w dniach tych bowiem aktorzy polscy i polski personel teatralny wolny jest od wszelkich obowiązków służbowych. Frekwencja tychże lat wykazała, że ilość 9 do 10 dni gry w miesiącu odpowiada istotnej potrzebie mniejszości niemieckiej, ponieważ w dotycznych latach z ogólnej ilości miejsc w teatrze wykupionych było przeciętnie 63 proc. (1924-25), 67 proc. (1925-26), 62,5 proc. (1926-27), 75 proc. (1927-28), 80,5 proc. (1928-29) (akt 19).

O ile chodzi o warunki odstąpienia budynku teatru miejskiego, warunki te na podstawie art. 75 ust. 2 winny być te same zarówno dla polskiej jak i dla niemieckiej gminy teatralnej. Odnosi się to

Sinne von Art. 75 und als »action officielle« im Sinne von Artikel 73 der Genfer Konvention anzusehen ist, die dem in Artikel 75 Alinea 2 Satz 1 und 2 statuierten Grundsatz der gleichmäßigen Behandlung entsprechen müssen. Satz 3 des Artikels 75 Alinea 2 liefert für diese Auffassung eine ausdrückliche Bestätigung, da er expressis verbis hinzufügt, daß die Behörden insbesondere bei der Zuteilung von Räumen nach dem Prinzip der gleichmäßigen Behandlung vorzugehen haben. Aus dem Zusammenhang ergibt sich, daß diese Bestimmung in erster Linie die Eingriffe ins Privateigentum zur Bekämpfung der Wohnungsnot im Auge hat. Wenn aber der Grundsatz gleichmäßiger Behandlung für die Zuteilung von Räumen im Privateigentum gilt, so muß er a fortiori für die Zuteilung von Räumen im öffentlichen Eigentum gelten. Mit Rücksicht auf die Überlassung des Theatergebäudes an den Verein polnischer Theaterfreunde erscheint daher der Anspruch der Minderheit als gerechtfertigt, denn der Grundsatz der gleichen Behandlung, sinngemäß auf den vorliegenden Fall angewandt, bedeutet, daß die Stadtgemeinde Bewerbungen der Minderheit auf Benutzung des Theatergebäudes gleich behandeln muß wie diejenigen der Mehrheit. Was den Umfang der Überlassung anbetrifft, so ist die Stadtgemeinde gehalten, das Theater den beiden Bevölkerungsteilen in gerechter Abwägung ihrer nummerischen Stärke und ihrer kulturellen Bedürfnisse zur Verfügung zu stellen. Von einer Abschätzung dieser Faktoren kann im vorliegenden Falle abgesehen werden, denn die vom Wojewodschaftsrat am 30. Juli 1924 getroffene Normierung, das Theatergebäude an 9 bezw. 10 Tagen im Monat und darunter an einem Feiertag der Minderheit zur Verfügung zu stellen, entspricht nach Ansicht des Präsidenten der Gemischten Kommission der Billigkeit. Der Status quo der letzten 5 Jahre ging sogar um ein Geringes über die vom Wojewodschaftsrat fixierten Zahlen hinaus, indem der Deutschen Theatergemeinde außerdem die ersten Feiertage von Weihnachten, Ostern und Pfingsten überlassen wurden, da an diesen Tagen die polnischen Bühnenkünstler und das polnische Theaterpersonal von jeglicher Dienstleistung befreit sind. Die Besuchsziffern dieser Jahre haben bewiesen, daß eine Anzahl von 9 bis 10 Spieltagen pro Monat einem wirklichen Bedürfnis der deutschen Minderheit entspricht, indem in den betreffenden Jahren von der Gesamtzahl der Plätze des Theaters durchschnittlich 63% (1924-25), 67% (1925-26), 62,5% (1926-27), 75% (1927-28), 80,5% (1928-29) besetzt waren (act. 19).

Was die Bedingungen der Überlassung des städtischen Theatergebäudes anbetrifft, so müssen diese gestützt auf Art. 75 Alinea 2 die gleichen sein für die polnische und die deutsche Theatergemeinde. Dies gilt insbe-

w szczególności do czasu gry, odstąpienia pomieszczeń głównych i pobocznych, ogrzewania, dostarczania prądu elektrycznego etc., które były dotychczas bezpłatne.

3. Dalszy wniosek żalącego się o unieważnienie umowy Magistratu z Towarzystwem Przyjaciół Teatru Polskiego z dnia 10 września 1928 należy oddalić, ponieważ Prezydent Komisji Mieszanej nie jest właściwy do unieważnienia umowy cywilno-prawnej.

Żalący się wywodzi następnie, że artykuł 75 Konwencji Genewskiej został naruszony przez to, że Magistrat, zamiast zawrzeć umowy dzierżawne z obydwoma towarzystwami teatralnymi, wydzierżawił budynek teatralny wyłącznie Towarzystwu Przyjaciół Teatru Polskiego. Dla udzielenia odpowiedzi na to pytanie wchodzi zdaniem Prezydenta Komisji Mieszanej w rachubę, czy roszczenie to zostało materialnie zaspokojone lub nie. Jeżeli budynek teatralny faktycznie odstąpiono — a tak było aż do upływu sezonu gry 1928—29 — to nie może być mowy o nierównym traktowaniu, chociaż nie doszło do zawarcia umowy dzierżawnej. W jaki sposób władze chcą postąpić przy odstąpieniu, jest kwestią formy, pozostawioną ich inicjatywie i ich swobodnemu uznaniu. Zakaz nierównego traktowania nie ma tego znaczenia, że wszędzie, gdzie istnieją obok siebie podobne roszczenia większości i mniejszości, nastąpić musi mechanicznie równe traktowanie. Niejednakowość w postępowaniu formalnym, uzasadniona okolicznościami, nie narusza zasady równego traktowania. W niniejszym przypadku można przytoczyć powody celowości na to, aby umowę zawierano nie z kilkoma przedsiębiorstwami, lecz tylko z jednym odpowiedzialnym przedsiębiorstwem. W szczególności może być niepraktyczną podzielona odpowiedzialność za odstąpiony inwentarz, a zwłaszcza za odstąpione urządzenia techniczne. Naruszenie artykułu 75 ust. 2 zachodziłoby tylko wówczas, gdyby w umowie z dnia 10 września 1928 (akt 17) roszczenia mniejszości wyraźnie lub implicite negowano. Tak jednak nie jest. W dotycznym § 11 ust. 2, który brzmi:

„Sprawę, dotyczącą odstąpienia teatru Niemieckiej Gminie Teatralnej, pozostawia się wspólnemu uregulowaniu pomiędzy Towarzystwem Przyjaciół Teatru Polskiego jako użytkownikiem teatru a zainteresowanymi niemieckimi związkami teatralnymi"

roszczenia mniejszości są wymienione i uznane. Wprawdzie tą klauzulą nie daje się mniejszości do rąk dającego się zrealizować roszcze-

sondere für die Spielzeit, die Überlassung der Haupt- und Nebenräume, für die Beheizung, elektrische Stromlieferung etc., die bis dahin unentgeltlich waren.

3. Der weitere Antrag des Beschwerdeführers auf Nichtigerklärung des zwischen der Stadt und dem Verein polnischer Theaterfreunde abgeschlossenen Vertrages vom 10. September 1928 ist abzuweisen, da der Präsident der Gemischten Kommission nicht zuständig ist, einen zivilrechtlichen Vertrag zu annullieren.

Der Beschwerdeführer macht ferner geltend, daß Artikel 75 der Genfer Konvention dadurch verletzt worden sei, daß die Stadtgemeinde, anstatt mit beiden Theatergesellschaften Pachtverträge abzuschließen, das Theatergebäude ausschließlich an den Verein polnischer Theaterfreunde verpachtet hat. Für die Beantwortung dieser Frage kommt es nach Ansicht des Präsidenten der Gemischten Kommission darauf an, ob eine materielle Befriedigung dieses Anspruches stattgefunden hat oder nicht. Hat eine Überlassung des Theatergebäudes stattgefunden — und dies war bis zum Ablauf der Spielzeit 1928-29 der Fall — so kann von einer ungleichmäßigen Behandlung nicht die Rede sein, auch wenn es nicht zum Abschluß eines Pachtvertrages gekommen ist. Wie die Behörden bei der Überlassung vorgehen wollen, ist eine Formfrage, die ihrer Initiative und ihrem freien Ermessen überlassen ist. Das Verbot ungleichmäßiger Behandlung besagt nicht, daß überall, wo ähnliche Ansprüche der Mehrheit und Minderheit nebeneinander bestehen, eine mechanische Gleichbehandlung platzgreifen müsse. Differenzierungen in Bezug auf das formelle Verfahren, die durch die Verhältnisse begründet sind, verstoßen nicht gegen das Prinzip gleichmäßiger Behandlung. Im vorliegenden Falle lassen sich Zweckmäßigkeitsgründe dafür anführen, den Vertrag nicht mit mehreren, sondern nur mit einer verantwortlichen Unternehmung abzuschließen. Insbesondere mag eine geteilte Verantwortlichkeit für das überlassene Inventar und namentlich für die überlassenen maschinellen Anlagen unpraktisch sein. Ein Verstoß gegen Artikel 75 Alinea 2 würde nur dann vorliegen, wenn die Ansprüche der Minderheit im Vertrage vom 10. September 1928 (act. 17) ausdrücklich oder implicite negiert wären. Dies ist nicht der Fall. In dem fraglichen § 11 Alinea 7, welcher lautet:

»Die Angelegenheit betr. Überlassung des Theaters für die deutsche Theatergemeinde wird einer gemeinsamen Regelung zwischen dem Verein polnischer Theaterfreunde als Benutzer des Theaters und den interessierten deutschen Theatervereinen überlassen«

werden die Ansprüche der Minderheit erwähnt und anerkannt. Allerdings ist durch diese Klausel der Minderheit kein liquider Anspruch in die

nia, bo nie wspomniano słowem, w jakim zakresie i pod jakimi warunkami miało nastąpić odstąpienie budynku teatralnego. Lecz także to ominięcie nie stanowiłoby naruszenia Konwencji Genewskiej, gdyby Magistrat następnie był wkroczył, aby dopomóc mniejszości do zrealizowania jej roszczeń. Lecz interwencja ta nie nastąpiła na czas i nie była dostatecznie skuteczna, bo gdy w lecie 1929 pomiędzy Niemiecką Gminą Teatralną a Towarzystwem Przyjaciół Teatru Polskiego powstały trudności z powodu odstąpienia budynku teatralnego i mniejszość zwróciła się do Magistratu, aby trudnościom tym zaradził, Magistrat ograniczył się do zapośredniczenia konferencji pomiędzy Niemiecką Gminą Teatralną a Towarzystwem Przyjaciół Teatru Polskiego. Właśnie dlatego, że Magistrat zadowolił się tak ogólnikowo ujętą klauzulą, winien był nakłonić dzierżawcę wszelkimi danymi mu środkami do odstąpienia mniejszości budynku teatralnego. Że kroków tych nie przedsięwzięto dość skutecznie, tego dowodzi fakt, że pomimo odpowiednich środków (kara umowna i prawo rozwiązania lub wypowiedzenia umowy w myśl §§ 23 i 24 umowy dzierżawnej) (akt 17) niemieckie przedstawienia teatralne w teatrze miejskim w Katowicach nie doszły do dziś dnia do skutku. Władze były jednak tym bardziej zobowiązane do umożliwienia tych przedstawień, że roszczenie mniejszości było uznane zarówno w zasadzie jak i w swej rozciągłości przytoczoną uchwałą Rady Wojewódzkiej z dnia 30 lipca 1924. Miasto Katowice zobowiązane i odpowiedzialne jest wobec mniejszości samo i bezpośrednio i nie może uzależniać wypełnienia swych zobowiązań od woli lub zgody Towarzystwa Przyjaciół Teatru Polskiego.

Przez swe pasywne stanowisko właściwa władza miejska przyłączyła się do stanowiska Towarzystwa Przyjaciół Teatru Polskiego, według którego można odmówić mniejszości budynku teatralnego z tego powodu, że władze niemieckie nie uwzględniły lub nie uwzględniły w dostatecznej mierze analogicznych roszczeń mniejszości polskiej na Górnym Śląsku Niemieckim. Tego rodzaju zapatrywanie nie da się pod względem prawnym utrzymać. Mniejszości niemieckiej na Górnym Śląsku Polskim i mniejszości polskiej na Górnym Śląsku Niemieckim przysługują na podstawie Konwencji Genewskiej samodzielne prawa, o których w razie sporu winien rozstrzygać Prezydent Komisji Mieszanej, a w ostatniej instancji Rada Ligi Narodów. Nie uchodzi, aby w jednej części obszaru plebiscytowego odrzucono jakieś roszczenie mniejszości dlatego, że rzekomo lub w istocie prawa mniejszości w dru-

Hand gegeben worden, denn es ist mit keinem Worte gesagt, in welchem Umfang und unter welchen Bedingungen die Überlassung des Theatergebäudes erfolgen sollte. Aber auch in dieser Unterlassung würde keine Verletzung der Genfer Konvention bestehen, wenn die Stadtgemeinde in der Folge eingeschritten wäre, um der Minderheit zur Erfüllung ihrer Ansprüche zu verhelfen. Dies ist aber nicht rechtzeitig und nicht wirksam genug geschehen, denn als im Sommer 1929 zwischen der Deutschen Theatergemeinde und dem Verein polnischer Theaterfreunde Schwierigkeiten wegen der Überlassung des Theatergebäudes entstanden, und die Stadt von der Minderheit um Abhilfe angerufen wurde, beschränkte sie sich darauf, eine Konferenz zwischen der Deutschen Theatergemeinde und dem Verein polnischer Theaterfreunde zu vermitteln. Gerade deswegen, weil sich die Stadt mit einer so allgemein gehaltenen Klausel begnügt hatte, hätte sie mit allen zur Verfügung stehenden Mitteln den Pächter zur Überlassung des Theatergebäudes an die Minderheit anhalten müssen. Daß dies nicht wirksam genug geschehen ist, beweist die Tatsache, daß es trotz geeigneter Mittel (Konventionalstrafe und Recht den Vertrag aufzulösen bezw. zu kündigen gemäß §§ 23 und 24 des Pachtvertrages (act. 17) bis zu dem heutigen Tage noch zu keinen deutschen Theateraufführungen im Stadttheater Katowice gekommen ist. Diese zu ermöglichen waren aber die Behörden umso mehr verpflichtet, als der Anspruch der Minderheit durch den zitierten Beschluß des Wojewodschaftsrates vom 30. Juli 1924 sowohl im Prinzip wie auch dem Umfange nach anerkannt war. Die Stadt Katowice ist selber und unmittelbar gegenüber der Minderheit verpflichtet und verantwortlich, und sie kann die Erfüllung ihrer Verpflichtungen nicht vom Willen oder von der Zustimmung des Vereins polnischer Theaterfreunde abhängig machen.

Die zuständige städtische Behörde hat sich durch ihre passive Stellungnahme dem Standpunkt des Vereins der polnischen Theaterfreunde angeschlossen, wonach die Überlassung des Theatergebäudes an die Minderheit verweigert werden könne aus dem Grunde, weil die analogen Ansprüche der polnischen Minderheit in Deutsch-Oberschlesien nicht oder nicht in genügender Weise von den deutschen Behörden gewährt worden seien. Eine solche Auffassung ist rechtlich nicht haltbar. Der deutschen Minderheit in Polnisch-Oberschlesien und der polnischen Minderheit in Deutsch-Oberschlesien stehen auf Grund der Genfer Konvention selbständige Rechte zu, über welche im Streitfalle der Präsident der Gemischten Kommission und in letzter Instanz der Völkerbundsrat zu entscheiden haben. Es geht nicht an, daß in dem einen Teil des Abstimmungsgebietes ein Anspruch der Minderheit zurückgewiesen wird, weil angeblich oder in Wirklichkeit

giej części obszaru plebiscytowego nie bywają uznawane. Tego rodzaju warunki lub represalia na niekorzyść mniejszości nie dadzą się pogodzić z Konwencją Genewską, ponieważ mniejszości nie można w żadnym razie czynić odpowiedzialnymi za postępowanie władz państwa ościennego. Natomiast każdy z obu Kontrahentów ma w myśl art. 72 Konwencji Genewskiej prawo wytoczyć w interesie mniejszości drugiego Państwa umownego przed Stałym Trybunałem Międzynarodowym w Hadze kwestie prawne dotyczące ochrony mniejszości.

4. Lecz poza względami prawnymi także poważne powody słuszności i pacyfikacji przemawiają za tym, aby kulturalnym dążnościom mniejszości nie czynić przeszkód, lecz aby je wspierać wielkodusznie i pozwalać mniejszości w liberalny sposób na korzystanie z teatru miejskiego. Właśnie pielęgnowanie sztuki powinno być skutecznym środkiem do złagodzenia i wyrównania przeciwieństw, jakie istnieją w innych dziedzinach. Przez to, że Niemieckiej Gminie Teatralnej odebrano pomieszczenia teatralne, stosunki pomiędzy mniejszością a większością popsuły się znacznie. Należy się spodziewać, że odtąd cała ta sprawa stać będzie pod znakiem pogodzenia i obopólnej życzliwości i nie da powodu do żadnych dalszych sporów prawnych. W tej myśli Prezydent Komisji Mieszanej pozwala sobie skierować gorący apel do wszystkich zainteresowanych kół.

5. Kwestię prawa mniejszości do urządzania przedstawień teatralnych w pomieszczeniach prywatnych można tutaj pominąć, ponieważ na zasadzie art. 81 Konwencji Genewskiej prawo to jest oczywiste i zostało wyraźnie uznane oświadczeniem Urzędu Spraw Mniejszości.

Po naradzie w łonie Komisji Mieszanej Prezydent Komisji Mieszanej na mocy powyższych rozważań dochodzi do

poglądu:

1. Przyjmuje się do wiadomości oświadczenie Polskiego Urzędu Spraw Mniejszości, że władze polskie uznają prawo mniejszości do urządzania przedstawień teatralnych.

2. Stwierdza się, że roszczenie Niemieckiej Gminy Teatralnej o stosunkowe odstąpienie budynku teatru miejskiego w Katowicach dla urządzania niemieckich przedstawień teatralnych jest uzasadnione.

die Rechte der Minderheit im anderen Teile des Abstimmungsgebietes nicht anerkannt werden. Solche Bedingungen oder Repressalien zum Schaden der Minderheiten sind mit der Genfer Konvention nicht vereinbar, da diese in keiner Weise für die Haltung der Behörden des Nachbarstaates verantwortlich gemacht werden können. Wohl aber hat jeder der beiden Vertragskontrahenten gemäß Artikel 72 der Genfer Konvention das Recht, im Interesse der Minderheit im andern Vertragsstaate Rechtsfragen betreffend Minderheitenschutz vor den Ständigen Internationalen Gerichtshof im Haag zu bringen.

4. Abgesehen von rechtlichen Erwägungen sprechen gewichtige Gründe der Billigkeit und Befriedung dafür, die kulturellen Bestrebungen der Minderheit nicht zu verhindern, sondern weitherzig zu unterstützen und ihr die Benutzung des städtischen Theaters in liberaler Weise zu gestatten. Gerade die Pflege der Kunst sollte ein wirksames Mittel bilden, um die auf anderen Gebieten bestehenden Gegensätze zu überbrücken und auszugleichen. Dadurch, daß der deutschen Theatergemeinde die Theaterräume entzogen wurden, sind die Beziehungen zwischen der Minderheit und der Mehrheit stark getrübt worden. Es ist zu hoffen, daß von nun an diese ganze Angelegenheit im Zeichen der Versöhnung und des gegenseitigen Wohlwollens stehen und zu keinen weiteren Rechtsstreitigkeiten Anlaß geben wird. In diesem Sinne erlaubt sich der Präsident der Gemischten Kommission, einen warmen Appell an alle beteiligten Kreise zu richten.

5. Die Frage des Rechtes der Minderheit, in privaten Räumen Theateraufführungen zu veranstalten, kann hier unerörtert gelassen werden, da es auf Grund des Art. 81 der Genfer Konvention selbstverständlich ist und durch die Erklärung des Minderheitsamtes ausdrücklich anerkannt wurde.

Nach stattgehabter Beratung im Schoße der Gemischten Kommission gelangt der Präsident der Gemischten Kommission für Oberschlesien, gestützt auf die vorstehenden Erwägungen, zur

Stellungnahme:

1. Es wird von der Erklärung des Polnischen Minderheitsamtes Vormerk genommen, daß die polnischen Behörden das Recht der Minderheit, Theateraufführungen zu veranstalten, anerkennen.

2. Es wird festgestellt, daß der Anspruch der Deutschen Theatergemeinde auf verhältnismäßige Überlassung des städtischen Theatergebäudes in Katowice für die Veranstaltung deutscher Theateraufführungen begründet ist.

3. Władze wzywa się zatem, aby wydały potrzebne zarządzenia, aby budynek teatralny wraz z odstępowanymi dotychczas pomieszczeniami pobocznymi dano bezzwłocznie do dyspozycji Niemieckiej Gminie Teatralnej, mianowicie — stosownie do status quo sezonów gry 1924-25, 1925-26, 1926-27, 1927-28 i 1928-29 — w dwóch dniach powszednich każdego tygodnia i jedną niedzielę każdego miesiąca oraz w pierwsze święto Bożego Narodzenia, niedzielę Wielkanocną i niedzielę Zielonych Świątek, i to na tych samych warunkach, jakie obowiązują dla Towarzystwa Przyjaciół Teatru Polskiego.

88

Pogląd

z dnia 1 marca 1930 w sprawie nr 836 Związku Polaków w Opolu, żalącego się, dotyczącej odstąpienia budynków teatralnych w Bytomiu, Gliwicach, Zabrzu, Raciborzu i Opolu (Górny Śląsk Niemiecki) dla przedstawień teatralnych mniejszości.

I

Dnia 27 listopada 1929 wniósł Związek Polaków w Niemczech t. z. (akt 3) w myśl art. 149 Konwencji Genewskiej zażalenie do Niemieckiego Urzędu Spraw Mniejszości w Opolu. Niemiecki Urząd Spraw Mniejszości przekazał zażalenie to wraz z uwagami w myśl artykułu 152 Konwencji Genewskiej Prezydentowi Komisji Mieszanej dnia 30 grudnia 1929. Następnie odbyła się wymiana pism, przewidziana w regulaminie postępowania. W czasie wymiany pism oraz na rozprawie ustnej z dnia 18 lutego 1930 strony miały sposobność zająć stanowisko do kwestyj faktycznych i prawnych ustnie i pisemnie.

II

Od kilku lat odbywały się w miastach Bytomiu, Gliwicach i Zabrzu występy gościnne Polskiego Teatru Miejskiego w Katowicach, zorganizowane przez Polsko-Katolickie Towarzystwo Szkolne w Bytomiu. Dnia 28 kwietnia 1929 odegrano także w Opolu operę polską. W czasie przedstawienia rzucono bomby cuchnące, a po przedstawieniu doszło do bardzo pożałowania godnych wykroczeń przeciwko widzom teatralnym oraz członkom polskiego zespołu operowego. Zajście to wywołało tego rodzaju wzburzenie umysłów, że należało się obawiać, że w przy-

3. Die Behörden werden daher ersucht, das Nötige zu veranlassen, damit das Theatergebäude mitsamt den bisher gewährten Nebenräumen unverzüglich der Deutschen Theatergemeinde zur Verfügung gestellt werde, und zwar — entsprechend dem Status quo der Spielzeiten 1924-25, 1925-26, 1926-27, 1927-28 und 1928-29 — an je zwei Wochentagen jeder Woche und je einem Sonntag des Monats und am ersten Weihnachtsfeiertag sowie Oster- und Pfingssonntag und zu den nämlichen Bedingungen, wie sie für den Verein polnischer Theaterfreunde gelten.

88

Stellungnahme

vom 1. März 1930 in der Sache Nr. 836 des Związek Polaków in Oppeln, Beschwerdeführer, betreffend Überlassung der Theatergebäude in Beuthen, Gleiwitz, Hindenburg, Ratibor und Oppeln (Deutsch-Oberschlesien) für Theateraufführungen der Minderheit.

I

Am 27. November 1929 erhob der Związek Polaków w Niemczech t. z. (Verband der Polen in Deutschland eingetragener Verein) (act. 3) im Sinne von Art. 149 der Genfer Konvention Beschwerde beim Deutschen Minderheitsamt in Oppeln. Das Deutsche Minderheitsamt überwies diese Beschwerde am 30. Dezember 1929 mit seinen Bemerkungen im Sinne von Art. 152 der Genfer Konvention dem Präsidenten der Gemischten Kommission. Es fand hierauf der in der Verfahrensordnung vorgesehene Schriftenwechsel statt. In dem Schriftenwechsel sowie in den mündlichen Verhandlungen vom 18. Februar 1930 hatten die Parteien Gelegenheit, schriftlich und mündlich zu den Tat- und Rechtsfragen Stellung zu nehmen.

II

Seit mehreren Jahren fanden in den Städten Beuthen, Gleiwitz und Hindenburg Gastspiele des Polnischen Stadttheaters in Katowice statt, welche von dem Polnisch-katholischen Schulverein in Beuthen veranstaltet wurden. Am 28. April 1929 gelangte auch in der Stadt Oppeln eine polnische Oper zur Aufführung. Während der Vorstellung wurden Stinkbomben geworfen und nach Schluß der Aufführung kam es zu sehr bedauerlichen Ausschreitungen gegenüber den Theaterbesuchern und den Mitgliedern des polnischen Opernensembles. Dieser Zwischenfall bewirkte

szłości przedstawienia teatralne mniejszości napotkają na trudności po obu stronach. Celem zapobieżenia temu odbyły się z inicjatywy Prezydenta Komisji Mieszanej w lipcu i wrześniu 1929 pomiędzy członkiem polskim Komisji Mieszanej, p. Ministrem Morawskim, a członkiem niemieckim Komisji Mieszanej, p. van Husenem, rokowania, które miały na celu oprzeć przedstawienia teatralne na obu stronach Górnego Śląska na trwałej podstawie, w szczególności zaś uregulować także ilość przedstawień. Niestety rokowania te rozbiły się w ostatniej chwili, co doprowadziło do tego, że przedstawienia przewidziane na sezon teatralny 1929-30 dotychczas się nie odbyły. Przedstawienie teatralne, przewidziane w Zabrzu na 13 września 1929, musiano odwołać, ponieważ intendent Górnośląskiego Teatru Krajowego uzależnił udzielenie zezwolenia na planowane przedstawienie od zadowalającego uregulowania kwestii teatralnej na Polskim Górnym Śląsku. Także w innych miastach Niemieckiego Górnego Śląska przedstawienia planowane przez mniejszość napotkały na trudności: Gmina miasta Raciborza wyraziła wprawdzie gotowość odstąpienia budynku teatru miejskiego mniejszości na polskie przedstawienia teatralne, żądała jednak za to czynszu w wysokości 1800 mk za wieczór. W Opolu przedstawienia teatralne rozbiły się o to, że władze policyjne zamknęły budynek teatru miejskiego z przyczyn policyjno-ogniowych i policyjnobudowlanych, a mniejszości nie udało się uzyskać innej odpowiedniej sali. Z akt nie wynika, czy starania mniejszości o uzyskanie budynku teatralnego w Bytomiu i Gliwicach były bezskuteczne.

Z uwagi na ten stan rzeczy wniósł żalący się niniejsze zażalenie i przedstawił wniosek, aby te same ubikacje, z których korzysta większość niemiecka dla swych przedstawień teatralnych, odstąpiono także mniejszości polskiej dla polskich przedstawień teatralnych, mianowicie

w Bytomiu dla 3 do 4 przedstawień miesięcznie,
w Gliwicach dla 2 do 3 przedstawień miesięcznie,
w Zabrzu dla 3 do 4 przedstawień miesięcznie,
w Opolu dla jednego i
w Raciborzu również dla jednego przedstawienia miesięcznie.

III

1. Ponieważ w Raciborzu i Gliwicach gmina miejska jest właścicielką, a w Zabrzu dzierżawczynią budynku teatralnego, przeto z art.

eine derartige Erregung der Gemüter, daß zu befürchten war, daß künftig die Theateraufführungen der Minderheit hüben und drüben auf Schwierigkeiten stoßen würden. Um dem zuvorzukommen fanden auf Anregung des Präsidenten der Gemischten Kommission im Juli und September 1929 zwischen dem polnischen Mitglied der Gemischten Kommission, Herrn Minister Morawski, und dem deutschen Mitglied der Gemischten Kommission, Herrn Dr. van Husen, Verhandlungen statt, die zum Zwecke hatten, die Theateraufführungen in den beiden Hälften Oberschlesiens auf feste Grundlagen zu stellen, insbesondere auch hinsichtlich der Zahl der Aufführungen. Leider zerschlugen sich diese Verhandlungen im letzten Moment, und das führte — bedauerlicherweise — dazu, daß in der Spielsaison 1929-30 die vorgesehenen Theatervorstellungen bisher nicht zu Stande kamen. Eine in Hindenburg für den 13. September 1929 vorgesehene Vorstellung mußte abgesagt werden, da der Intendant des Oberschlesischen Landestheaters seine Bewilligung zur geplanten Aufführung von einer befriedigenden Regulierung der Theaterfrage in Polnisch-Oberschlesien abhängig machte. Auch in anderen Städten Deutsch-Oberschlesiens stießen die von der Minderheit geplanten Theateraufführungen auf Schwierigkeiten: Die Stadtgemeinde Ratibor erklärte sich zwar bereit, das städtische Theatergebäude der Minderheit für polnische Theateraufführungen zur Verfügung zu stellen, verlangte dafür aber einen Mietpreis von 1800.— Mark pro Abend. In Oppeln scheiterten die Theateraufführungen daran, daß das städtische Theatergebäude von den Polizeibehörden aus feuerpolizeilichen und baupolizeilichen Gründen geschlossen worden war, und es der Minderheit nicht gelang, einen geeigneten Saal zu beschaffen. Ob von der Minderheit um die Theatergebäude in Beuthen und Gleiwitz erfolglos nachgesucht worden ist, geht aus den Akten nicht hervor.

Angesichts dieser Sachlage erhob der Beschwerdeführer die vorliegende Beschwerde und beantragte, dieselben Räume, welche von der deutschen Mehrheit zu Theateraufführungen benutzt werden, auch der polnischen Minderheit für polnische Theatervorstellungen zu überlassen, und zwar in

Beuthen für 3 bis 4 monatliche Vorstellungen,
in Gleiwitz für 2 bis 3 monatliche Vorstellungen,
in Hindenburg für 3 bis 4 monatliche Vorstellungen,
in Oppeln und Ratibor für je 1 monatliche Vorstellung.

III

1. Da in Ratibor und Gleiwitz die Stadtgemeinden Eigentümer und in Hindenburg Mieterin der Theatergebäude sind, ergibt sich für diese

75 Konwencji Genewskiej wynika dla władz tych obowiązek odstąpienia mniejszości dotycznych ubikacyj w odpowiednim zakresie. Budynek teatralny w Bytomiu jest własnością prywatną (Domu Koncertowego Sp. z o. o.), dzierżawi go jednak Górnośląski Teatr Krajowy, mieszane przedsiębiorstwo gospodarcze, mianowicie spółka z ograniczoną odpowiedzialnością, której głównymi spólnikami są gmina miasta Bytomia i gmina miasta Zabrza. Z tego zaś wynika dla Górnośląskiego Teatru Krajowego obowiązek postarania się o to, aby roszczenia mniejszości były odpowiednio zaspokojone. W słusznej ocenie tego stanowiska prawnego oświadczył Niemiecki Urząd Spraw Mniejszości w imieniu Nadprezydenta Prowincji Górnośląskiej pismem z dnia 15 lutego 1930 (akt 31—32), że budynki teatralne w Raciborzu, Bytomiu, Zabrzu i Gliwicach dane będą mniejszości do dyspozycji dla żądanej ilości przedstawień teatralnych. Na podstawie tych oświadczeń można zażalenie uważać za załatwione, o ile dotyczy ono miast Raciborza, Gliwic, Zabrza i Bytomia.

Co do warunków finansowych odstąpienia budynku teatralnego należy pod tym względem po prostu stosować zasadę równego traktowania. Mniejszości polskiej należy zatem odstąpić budynki teatralne, o ile chodzi o koszty dzierżawy, oświetlenia, ogrzewania, utrzymania i obsługi, na tych samych warunkach, co organizatorom niemieckich przedstawień teatralnych.

Należy ubolewać, że oświadczeń tych nie złożono już wcześniej i nie wprowadzono w czyn. Z faktu, że nie doszło dotychczas do żadnego polskiego przedstawienia teatralnego, a w szczególności z zajścia w Zabrzu, gdzie musiano odwołać przedstawienie mniejszości, przewidziane na 13 IX 1929, należy wnioskować, że władze nie zajmowały się sprawą teatralną, widocznie z tego powodu, że według ich zapatrywania władze polskie nie zaspokoiły jeszcze analogicznych życzeń mniejszości niemieckiej na Górnym Śląsku Polskim. Tego rodzaju zapatrywanie nie da się prawnie utrzymać. Mniejszości polskiej na Górnym Śląsku Niemieckim i mniejszości niemieckiej na Górnym Śląsku Polskim przysługują na podstawie Konwencji Genewskiej samoistne prawa, co do których w przypadku sporu rozstrzygać ma Prezydent Komisji Mieszanej, a w ostatniej instancji Rada Ligi Narodów. Nie uchodzi, ażeby w jednej części obszaru plebiscytowego nie zaspokojono roszczeń mniejszości, ponieważ w drugiej części obszaru plebiscytowego prawa mniejszości rzekomo lub w rzeczywistości nie bywają uznawane. Takie warunki lub represalia na niekorzyść mniejszości nie

Behörden aus Art. 75 der Genfer Konvention die Pflicht, die betreffenden Räume der Minderheit in angemessenem Umfang zu überlassen. Das Theatergebäude in Beuthen steht im Privateigentum (Konzerthaus G. m. b. H.), ist aber vom Oberschlesischen Landestheater gemietet, das eine gemischtwirtschaftliche Unternehmung ist, nämlich eine G. m. b. H., deren Hauptgesellschafter die Stadtgemeinde Beuthen und die Stadtgemeinde Hindenburg sind. Daraus resultiert aber für das Oberschlesische Landestheater die Pflicht, für eine angemessene Befriedigung der Ansprüche der Minderheit einzutreten. In richtiger Würdigung dieser Rechtslage hat daher das Deutsche Minderheitsamt in seinem Schreiben vom 15. Februar 1930 im Namen des Oberpräsidenten der Provinz Oberschlesien erklärt (act. 31—32), daß die Theatergebäude in Ratibor, Beuthen, Hindenburg und Gleiwitz für die von der Minderheit gewünschte Zahl von Theateraufführungen zur Verfügung gestellt werden. Auf Grund dieser Erklärungen kann die Beschwerde, soweit sie die Städte Ratibor, Gleiwitz, Hindenburg und Beuthen betrifft, als erledigt angesehen werden.

Was die finanziellen Bedingungen der Überlassung der Theatergebäude anbetrifft, so hat diesbezüglich einfach der Grundsatz gleichmäßiger Behandlung Platz zu greifen. Der polnischen Minderheit sind daher die Theatergebäude, insoweit es sich um Miets-, Beleuchtungs-, Beheizungs-, Instandhaltungs- und Bedienungskosten handelt, zu denselben Bedingungen zur Verfügung zu stellen, wie den Veranstaltern der deutschen Theateraufführungen.

Es ist bedauerlich, daß diese Erklärungen nicht schon früher erfolgt und in die Tat umgesetzt worden sind. Aus der Tatsache, daß es bisher zu keinen polnischen Theateraufführungen kam und insbesondere aus dem Vorfall in Hindenburg, wo die für den 13. IX. 1929 vorgesehene Vorstellung der Minderheit abgesagt werden mußte, ist zu schließen, daß die Behörden die Angelegenheit der Theaterfrage sich selbst überlassen haben, offenbar aus dem Grunde, weil die analogen Ansprüche der deutschen Minderheit in Polnisch-Oberschlesien nach ihrer Auffassung noch nicht von den polnischen Behörden erfüllt waren. Eine solche Auffassung ist rechtlich nicht haltbar. Der polnischen Minderheit in Deutsch-Oberschlesien und der deutschen Minderheit in Polnisch-Oberschlesien stehen auf Grund der Genfer Konvention selbständige Rechte zu, über welche im Streitfalle der Präsident der Gemischten Kommission und in letzter Instanz der Völkerbundsrat zu entscheiden haben. Es geht nicht an, daß in dem einen Teil des Abstimmungsgebietes ein Anspruch der Minderheit unerfüllt gelassen wird, weil angeblich oder in Wirklichkeit die Rechte der Minderheit im anderen Teile des Abstimmungsgebietes nicht anerkannt werden. Solche

dadzą się pogodzić z Konwencją Genewską, ponieważ w żaden sposób nie można mniejszości czynić odpowiedzialnymi za postępowanie władz państwa ościennego. Natomiast w myśl art. 72 Konwencji Genewskiej przysługuje każdemu z obu Kontrahentów prawo wytoczenia w interesie mniejszości drugiego Państwa umownego przed forum Stałego Międzynarodowego Trybunału w Hadze kwestyj prawnych, dotyczących ochrony mniejszości.

2. Praktycznie nierozstrzygnięta pozostaje zatem chwilowo tylko kwestia polskich przedstawień teatralnych w Opolu. Opole posiada wprawdzie miejski budynek teatralny i właściwe władze oświadczyły też, że jest on do dyspozycji mniejszości dla żądanej ilości przedstawień; chwilowo jednak przedstawienia nie mogą się tam odbywać, ponieważ władza policyjna zamknęła budynek teatralny z powodów policyjno-ogniowych i policyjno-budowlanych (brak kurtyny żelaznej i wyjścia z teatru są niewystarczające). Innej sali, będącej własnością publiczną i nadającej się na przedstawienia teatralne, w Opolu nie ma. W myśl wywodów żalącego się jedynym pomieszczeniem, wchodzącym w rachubę dla przedstawień teatralnych, jest sala w hotelu Forma, w której Opolskie Towarzystwo Teatralne urządza obecnie przedstawienia niemieckie. Jakkolwiek sala ta jest jeszcze wolna na szereg wieczorów, dzierżawca hotelu, obawiając się bojkotu i nieprzyjemności, nie mógł się zdecydować na wydzierżawienie jej mniejszości polskiej. Ponieważ budynek ten jest własnością prywatną (własnością niejakiego p. Mösera z Berlina), salę można uzyskać tylko na drodze ugodowej, gdyż obowiązujące prawodawstwo nie daje możności, aby obecnego dzierżawcę zmusić do odstąpienia jej mniejszości polskiej. Starania władz, aby skłonić posiadacza hotelu Forma do odnajęcia sali, nie dały niestety rezultatu. Wobec tej sytuacji prawnej naruszenie Konwencji Genewskiej nie wchodzi w rachubę, ponieważ nie można czynić władz odpowiedzialnymi za stan rzeczy, na który nie mogą wpłynąć środkami, jakie im daje ustawa.

Prezydent Komisji Mieszanej nie chciałby natomiast omieszkać wskazać w kilku słowach na moralną stronę zagadnienia. Chociaż liczba ludności polskiej w Opolu samym jest bardzo nieznaczna, to umożliwienie przedstawień teatralnych jest przecież nakazem słuszności, jeżeli się zważy, że okoliczny powiat wiejski zamieszkuje liczna ludność polska. Dobrowolne zaspokojenie tego rodzaju wymogu kultural-

Bedingungen oder Repressalien zum Schaden der Minderheiten sind mit der Genfer Konvention nicht vereinbar, da diese in keiner Weise für die Haltung der Behörden des Nachbarsstaates verantwortlich gemacht werden können. Wohl aber hat jeder der beiden Vertragskontrahenten gemäß Art. 72 der Genfer Konvention das Recht, im Interesse der Minderheit im andern Vertragsstaate Rechtsfragen betr. Minderheitenschutz vor den Ständigen Internationalen Gerichtshof im Haag zu bringen.

2. Praktisch ungelöst bleibt somit einsweilen nur die Frage der polnischen Theateraufführungen in Oppeln. Oppeln besitzt zwar ein städtisches Theatergebäude und die zuständigen Behörden haben auch erklärt, daß es der Minderheit für die von ihr gewünschte Zahl von Aufführungen zur Verfügung steht; Theateraufführungen in demselben scheiden aber momentan aus, da es von der Polizeibehörde aus feuerpolizeilichen und baupolizeilichen Gründen (es fehlt ein eiserner Vorhang und die Ausgänge des Theaters sind unzureichend) geschlossen worden ist. Ein anderer im öffentlichen Eigentum stehender Saal, der für Theateraufführungen geeignet wäre, ist in Oppeln nicht vorhanden. Laut den Ausführungen des Beschwerdeführers ist der einzige für Theateraufführungen in Betracht fallende Raum ein Saal im Hotel Form, in welchem derzeit von der Theatergemeinschaft Oppeln deutsche Theateraufführungen veranstaltet werden. Obwohl der Saal noch an einer Reihe von Abenden unbesetzt ist, hat der Hotelpächter aus Furcht vor Boykott und Unannehmlichkeiten sich nicht entschließen können, ihn der polnischen Minderheit zu vermieten. Da das Gebäude Privateigentum ist (Eigentum eines gewissen Herrn Möser in Berlin), kann eine Überlassung des Saales nur auf gütlichem Wege erreicht werden, da die bestehende Gesetzgebung keine Handhabe bietet, den derzeitigen Pächter des Saales zur Überlassung des Saales an die polnische Minderheit zu zwingen. Bemühungen, die die Behörden unternommen haben, um den Inhaber des Form'schen Saales zur Vermietung zu bewegen, waren leider erfolglos. Angesichts dieser Rechtslage kommt eine Verletzung der Genfer Konvention nicht in Frage, da die Behörden nicht für einen Zustand verantwortlich gemacht werden können, den sie mit den Mitteln, die ihnen das Gesetz gibt, nicht beeinflussen können.

Dagegen möchte der Präsident der Gemischten Kommission nicht unterlassen, mit einigen Worten auf die moralische Seite der Frage hinzuweisen. Wenn auch die Zahl der polnischen Bevölkerung in der Stadt Oppeln selbst eine sehr geringe ist, so stellt sich die Ermöglichung von Theateraufführungen mit Rücksicht auf die zahlreiche polnische Bevölkerung im umliegenden Landkreis als ein Gebot der Billigkeit dar. Die

nego wywarłoby na pewno jak najlepszy wpływ na cały obszar Górnego Śląska. Zajścia z dnia 28 kwietnia 1929, które odbiły się szerokim echem, są wielką krzywdą wobec mniejszości i wobec aktorów polskich, krzywdą, którą władze niemieckie i społeczeństwo niemieckie potępiły jak najostrzej. Właśnie dlatego należałoby jak najżywiej powitać fakt, gdyby przy pomocy właściwyoh władz niemieckich wystarano się dla mniejszości polskiej o odpowiedni prywatny lokal dla jej przedstawień teatralnych na tak długo, jak długo teatr miejski nie nadaje się do użytku. Miasto Opole oddałoby bezcenną usługę sprawie pojednania i pacyfikacji, gdyby tu zajęło wielkoduszne i przychylne stanowisko, które zarówno na społeczeństwie górnośląskim jak i na opinii międzynarodowej wywarłoby jak najsilniejsze wrażenie.

W myśl powyższych wywodów Prezydent Komisji Mieszanej pozwala sobie skierować gorący apel do wszystkich interesowanych kół.

3. Żalący się wspomniał na marginesie swych wniosków, że ma prawo do urządzania przedstawień teatralnych nie tylko w pięciu wymienionych miastach, lecz także i w innych miejscowościach. Prawo mniejszości do urządzania przedstawień teatralnych w dowolnej miejscowości wynika jasno z art. 81 Konwencji Genewskiej, który gwarantuje mniejszościom prawo do zakładania instytucyj kulturalnych, do kierowania nimi i nadzorowania ich. Ponieważ prawo to nie było nigdy przez właściwe władze kwestionowane, lecz przeciwnie zostało kilkakrotnie wyraźnie uznane, jest rzeczą zbyteczną bliżej je uzasadnić.

IV

Po naradzie w łonie Komisji Mieszanej Prezydent Komisji Mieszanej na podstawie powyższych rozważań dochodzi do

poglądu:

1. Przyjmuje się do wiadomości, że według oświadczenia Nadprezydenta z dnia 15 lutego 1930 budynki teatralne w Bytomiu, Zabrzu, Gliwicach, Raciborzu, a z dniem przeprowadzenia remontu także budynek teatralny w Opolu będą do dyspozycji mniejszości dla polskich przedstawień teatralnych, mianowicie:

w Bytomiu dla 3—4 przedstawień miesięcznie,
w Gliwicach dla 2—3 przedstawień miesięcznie,

freiwillige Befriedigung eines solchen kulturellen Postulates würde sicherlich die besten Wirkungen für das ganze Gebiet Oberschlesiens haben. Die weithin bekannt gewordenen Vorfälle vom 28. April 1929 bedeuten ein großes Unrecht gegenüber der Minderheit und gegenüber den polnischen Künstlern, welches von den deutschen Behörden und von der deutschen Öffentlichkeit in der schärfsten Weise verurteilt worden ist. Gerade deshalb wäre es außerordentlich zu begrüßen, wenn durch Hilfe der zuständigen deutschen Behörden der polnischen Minderheit für ihre Theateraufführungen, so lange das städtische Theater nicht gebrauchsfähig ist, ein geeignetes privates Lokal verschafft würde. Die Stadt Oppeln würde durch eine weitherzige und entgegenkommende Haltung in dieser Angelegenheit der Sache der Versöhnung und Befriedung einen unschätzbaren Dienst erweisen und vor der Öffentlichkeit Oberschlesiens und vor der internationalen Öffentlichkeit in eindrucksvoller Weise Stellung nehmen.

Im Sinne dieser Ausführungen erlaubt sich der Präsident der Gemischten Kommission an alle beteiligten Kreise einen warmen Appell zu richten.

3. Der Beschwerdeführer hat in margine zu seinen Anträgen seinen Anspruch erwähnt, auch in anderen Ortschaften als den genannten 5 Städten Theatervorstellungen zu geben. Das Recht der Minderheit, in jeder beliebigen Ortschaft Theatervorstellungen zu veranstalten, ergibt sich klar aus Art. 81 der Genfer Konvention, der den Minderheiten das Recht gewährleistet, kulturelle Einrichtungen zu errichten, zu leiten und zu beaufsichtigen. Da dieses Recht von den zuständigen Behörden nie bestritten, vielmehr wiederholt ausdrücklich anerkannt wurde, ist es überflüssig, das Recht der Minderheit näher zu begründen.

IV

Nach stattgehabter Beratung im Schoße der Gemischten Kommission, gelangt der Präsident der Gemischten Kommission für Oberschlesien, gestützt auf die vorstehenden Erwägungen, zur

Stellungnahme:

1. Es wird davon Vormerk genommen, daß laut der Erklärung des Oberpräsidenten vom 15. Februar 1930 die Theatergebäude in Beuthen, Hindenburg, Gleiwitz, Ratibor und, vom Tage seiner Instandsetzung an, auch dasjenige von Oppeln der Minderheit für polnische Theateraufführungen zur Verfügung gestellt werden, und zwar

in Beuthen für 3—4 monatliche Vorstellungen,
in Gleiwitz für 2—3 monatliche Vorstellungen,

w Zabrzu dla 3—4 przedstawień miesięcznie,
w Opolu dla jednego i
w Raciborzu również dla jednego przedstawienia miesięcznie.

2. Co się tyczy warunków finansowych, to pomieszczenia teatralne winny być odstąpione mniejszości na tych samych warunkach finansowych, jakie obowiązują dla niemieckich przedstawień teatralnych.

3. Co się tyczy kwestii wystarania się o prywatne pomieszczenia teatralne w Opolu na czas, w którym miejski budynek teatralny nie nadaje się do użytku, Prezydent Komisji Mieszanej nie jest właściwy zająć się tą częścią zażalenia.

89

Pogląd

z dnia 24 marca 1930 w sprawie nr 731 Karola Włodascha, Świętochłowice (Górny Śląsk Polski), żalącego się, zastąpionego przez Niemiecki Związek Ludowy na Śląsk Polski (t. z.), w Katowicach, ul. Młyńska 23, dotyczącej naruszenia art. 136 Konwencji Genewskiej przez Powiatowy Urząd Szkolny w Świętochłowicach.

I

Imieniem i z pełnomocnictwa inspektora hutniczego Karola Włodascha ze Świętochłowic, ul. Bytomska 6, wniósł Niemiecki Związek Ludowy dnia 16 sierpnia 1929 (akt 4) w myśl art. 149 i n. Konwencji Genewskiej do Polskiego Urzędu Spraw Mniejszości w Katowicach zażalenie z powodu naruszenia Konwencji Genewskiej przez Powiatowy Urząd Szkolny Świętochłowice I. Dnia 23 X 1929 (akt 2) Urząd Spraw Mniejszości przekazał to zażalenie Prezydentowi Komisji Mieszanej. Po wymianie pism odbyła się dnia 17 lutego 1930 rozprawa ustna, na której obie strony miały sposobność przedstawić dalsze wywody faktyczne i prawne.

II

Przewodniczący Komisji Szkolnej szkoły mniejszościowej w Świętochłowicach, Karol Włodasch, skierował dnia 14 kwietnia 1929 imieniem niemieckich członków Komisji Szkolnej do Powiatowego Urzędu Szkolnego Świętochłowice I prośbę zredagowaną w języku niemieckim. Prośba ta brzmiała:

„W tutejszej polskiej szkole ludowej dzieci otrzymują śniadanie z mlekiem. W szkole mniejszościowej śniadań tych zupełnie nie ma.

in Hindenburg für 3—4 monatliche Vorstellungen,
in Oppeln und Ratibor für je 1 monatliche Vorstellung.

2. Was die finanziellen Bedingungen anbetrifft, so sind die Theaterräume der Minderheit zu den gleichen finanziellen Bedingungen zu überlassen, die für die deutschen Theateraufführungen gelten.

3. Was die Frage der Bereitstellung privater Theaterräumlichkeiten in Oppeln anbetrifft für die Zeit, während welcher das städtische Theatergebäude nicht gebrauchsfähig ist, so ist der Präsident der Gemischten Kommission nicht zuständig, auf diesen Teil der Beschwerde einzutreten.

89

Stellungnahme

vom 24. März 1930 in der Sache Nr. 731 des Karl Wlodasch, Świętochłowice (Polnisch-Oberschlesien), Beschwerdeführer, vertreten durch den Deutschen Volksbund für Polnisch-Schlesien (t. z.) in Katowice, ul. Młyńska 23, betreffend Verletzung des Art. 136 der Genfer Konvention durch das Kreisschulamt Świętochłowice.

I

Am 16. August 1929 (act. 4) erhob der Deutsche Volksbund im Sinne des Art. 149 ff. der Genfer Konvention namens und in Vollmacht des Hütteninspektors Karl Wlodasch aus Świętochłowice, ul. Bytomska 6, beim Polnischen Minderheitsamt in Katowice Beschwerde wegen Verletzung der Genfer Konvention durch das Kreisschulamt Świętochłowice I. Das Minderheitsamt überwies die Beschwerde am 23. X. 1929 (act. 2) an den Präsidenten der Gemischten Kommission. Nach abgeschlossenem Schriftenwechsel fand die mündliche Verhandlung am 17. Februar 1930 statt, bei welcher beiden Parteien Gelegenheit geboten war, weitere Ausführungen in tatsächlicher und rechtlicher Beziehung zu machen.

II

Der Vorsitzende der Schulkommission an der Minderheitsschule in Świętochłowice, Karl Wlodasch, hat am 14. April 1929 namens der deutschen Mitglieder der Schulkommission an das Kreisschulamt Świętochłowice I. eine in deutscher Sprache verfaßte Eingabe folgenden Wortlauts gerichtet:

»An der hiesigen polnischen Volksschule erhalten die Kinder ein Milchfrühstück. An der Minderheitsschule fehlt diese Einrichtung völlig.

Powołując się na okólnik Pana Wojewody Śląskiego z dnia 8 IX 1928 nr 99, prosimy o możliwie najszybsze wprowadzenie takich śniadań w szkole mniejszościowej i o uwzględnienie dzieci tej szkoły w ten sam sposób co dzieci szkoły większościowej.

Za niemieckich członków Komisji Szkolnej:
podp. K. Wlodasch, inspektor hutniczy."

Za pośrednictwem kierownika szkoły mniejszościowej odesłał inspektor Powiatowego Urzędu Szkolnego, J. Szafran, powyższe pismo dnia 18 kwietnia 1929 żałącemu się niezałatwione z powrotem i zarządził:

„Odręcznie za zwrotem

Kierownictwu szkoły VI

w Świętochłowicach,

celem zawiadomienia przewodniczącego Komisji Szkolnej, że językiem urzędowym Komisji jest język polski."

(akt 5).

Z powodu takiego postępowania Powiatowego Urzędu Szkolnego wniósł Karol Wlodasch zażalenie, w którym przedstawił wniosek o pouczenie inspektora szkolnego, że jego zarządzenie jest sprzeczne z Konwencją Genewską.

Urząd Spraw Mniejszości zajął w pismach do Prezydenta Komisji Mieszanej z dnia 23 października i 12 grudnia 1929 oraz w swych wywodach ustnych stanowisko, że Powiatowy Urząd Szkolny Świętochłowice I nie naruszył Konwencji Genewskiej. Urząd ten uważał bowiem pismo przewodniczącego Komisji Szkolnej, Karola Wlodascha, za pismo urzędowe w sprawie, która dotyczyła urzędowej działalności tejże Komisji, i oddalił je w myśl postanowień ustawy śląskiej z dnia 16 I 1923 o języku urzędowym na obszarze Województwa Śląskiego (Dz. U. Śl. nr 5 z 1923 r.), ponieważ nie było zredagowane w języku polskim. Komisje Szkolne są instytucjami publiczno-prawnymi, które podlegają Wojewodzie; winny one zatem we wszystkich sprawach związanych z ich urzędową działalnością posługiwać się w podaniach do władz i urzędów wyłącznie językiem polskim.

Żałący się przede wszystkim podkreśla, że w podaniu z dnia 14 kwietnia 1929 nie chodziło o wniosek Komisji Szkolnej, lecz jedynie o wniosek niemieckich członków tej Komisji.

Poza tym żałący się zaprzecza temu, że jest obowiązkiem Komisji Szkolnej korespondować z władzami w języku polskim. Komisje

Unter Bezugnahme auf das Rundschreiben Nr. 99 des Herrn Schlesischen Wojewoden vom 8. IX. 1928 bitten wir die Milchspeisung in der Minderheitsschule baldigst einführen zu wollen und die Kinder dieser Schule in gleicher Weise zu berücksichtigen wie die Kinder der Mehrheitsschule.

Für die deutschen Mitglieder der Schulkommission:
gez. K. Wlodasch, Hütteninspektor.«

Dieses Schreiben hat der Inspektor des Kreisschulamtes, J. Szafran, am 18. April 1929 durch den Leiter der Minderheitsschule dem Beschwerdeführer unerledigt mit folgender Verfügung zurückgewiesen:

»Urschriftlich gegen Rückgabe
der Leitung der Schule VI
in Swiętochłowice,
übersandt, zwecks Benachrichtigung des Vorsitzenden der Schulkommission, daß die Amtssprache der Kommission die polnische Sprache ist.«
(act. 5).

Wegen dieses Vorgehens des Kreisschulamtes reichte Karl Wlodasch seine Beschwerde ein mit dem Antrag, der Schulinspektor sei in dem Sinne zu belehren, daß seine Verfügung mit der Genfer Konvention im Widerspruch stehe.

Das Minderheitsamt hat in seinen Eingaben an den Präsidenten der Gemischten Kommission vom 23. Oktober und 12. Dezember 1929 sowie in seinen mündlichen Ausführungen den Standpunkt vertreten, eine Verletzung der Genfer Konvention durch das Kreisschulamt Swiętochłowice I. habe nicht stattgefunden. Das Kreisschulamt habe das deutsch verfaßte Schreiben des Vorsitzenden der Schulkommission, Karl Wlodasch, als amtliches Schriftstück in einer, die amtliche Tätigkeit dieser Kommission berührenden Angelegenheit aufgefaßt und im Sinne der Bestimmungen des schlesischen Gesetzes vom 16. I. 1923 über die Amtssprache auf dem Gebiete der Schlesischen Wojewodschaft (Dz. U. Śl. Nr. 5 ex 1923) zurückgewiesen, da es nicht in polnischer Sprache verfaßt war. Die Schulkommissionen seien öffentlich-rechtliche Einrichtungen, die dem Wojewoden unterstehen und verpflichtet, in allen Angelegenheiten, die im Zusammenhang mit ihrer Amtstätigkeit stehen, sich in ihren Eingaben an die Behörden und Ämter ausschließlich der polnischen Sprache zu bedienen.

Der Beschwerdeführer hebt in erster Linie hervor, daß die Eingabe vom 14. April 1929 nicht ein Antrag der Schulkommission, sondern lediglich der deutschen Mitglieder dieser Kommission war.

Sodann bestreitet der Beschwerdeführer, daß die Schulkommission verpflichtet sei, mit den Behörden in polnischer Sprache zu korrespondieren.

Szkolne pozostają w najściślejszym związku ze szkołą mniejszościową. Podobnie jak w całym ruchu szkolnym winien być stosowany język mniejszościowy, tak samo język ten winien być siłą rzeczy językiem Komisji Szkolnej (akt 10).

Na rozprawie ustnej uzupełnił żałący się swój wniosek w tym kierunku, aby stwierdzono, że ustawa z dnia 16 I 1923 w sprawie języka urzędowego nie ma zastosowania do Komisji Szkolnej.

III

1. Prezydent Komisji Mieszanej winien jedynie zbadać, czy zażalenie w myśl Konwencji Genewskiej jest uzasadnione. Nie ma on się zajmować kwestią stosowania i interpretacji ustawy śląskiej Województwa z dnia 16 stycznia 1923, której postanowienia, o ile by były niezgodne z Konwencją Genewską, musiałyby ustąpić wobec tej międzynarodowej umowy na drugi plan.

W myśl art. 136 Konwencji Genewskiej mogą osoby mniejszościowe wnosić wszelkiego rodzaju podania do władz cywilnych w języku niemieckim. Władza może na nie odpowiedzieć w języku polskim lub niemieckim. Jeżeli odpowiada w języku urzędowym, winna dołączyć tłumaczenie niemieckie, jeżeli wnioskodawca tego zażąda. Ponieważ pismo z dnia 14 kwietnia 1929 nie jest podpisane imieniem całej Komisji Szkolnej, przeto można je w dobrej wierze uważać zarówno za list prywatny jak i urzędowy. Jeżeli się je uważa za pismo prywatne, to inspektor szkolny Szafran w myśl art. 136 Konwencji Genewskiej nie był uprawniony oddalić je z tego powodu. Lecz nawet gdyby się pismo z dnia 14 kwietnia 1929 chciało uważać za pismo urzędowe, musiałoby się dojść do tego samego wniosku, bo wobec zapatrywania Urzędu Spraw Mniejszości, że jako język urzędowy Komisji Szkolnej dopuszczalny jest jedynie język polski, rozważyć należy co następuje:

Wypływa z natury szkoły mniejszościowej, że używanie języka mniejszościowego nie może być ograniczone do nauki samej, lecz że język ten należy również uwzględnić w stosunkach szkolnych oraz w stosunkach osób mniejszościowych do władz szkolnych. Jest na przykład niezaprzeczone, że świadectwa szkolne, obwieszczenia urzędowe na tablicach gminnych lub w gazecie urzędowej oraz rozkłady godzin w klasach szkolnych winny być redagowane w języku mniejszości. Poza tym uznawało się zawsze, że język mniejszościowy jest dopuszczalny zarówno we wnioskach o utworzenie szkół nowych jak i w zgłosze-

Die Schulkommissionen stehen im engsten Zusammenhang mit der Minderheitsschule. Wie im ganzen Betrieb die Minderheitssprache anzuwenden sei, müsse in zwangsläufiger Folge auch die Sprache der Schulkommission die Minderheitssprache sein (act. 10).

In der mündlichen Verhandlung ergänzte der Beschwerdeführer seinen Antrag dahin, es sei festzustellen, daß das Gesetz vom 16. I. 1923 über die Amtssprache auf die Schulkommission nicht anwendbar sei.

III

1. Der Präsident der Gemischten Kommission hat lediglich zu prüfen, ob die Beschwerde gemäß der Genfer Konvention begründet ist. Er hat sich mit der Anwendung und Interpretation des schlesischen Gesetzes der Wojewodschaft vom 16. Januar 1923 nicht zu befassen, dessen Bestimmungen, soweit sie im Widerspruch zu der Genfer Konvention stehen würden, gegenüber diesem internationalen Vertrag zurücktreten müßten.

Gemäß Art. 136 der Genfer Konvention sind die Angehörigen der Minderheit berechtigt, in Bezug auf irgend eine Angelegenheit Gesuche in deutscher Sprache an die Zivilbehörden zu richten. Die Antwort der Behörde kann in polnischer oder deutscher Sprache erfolgen. Wenn die Antwort in der amtlichen Sprache erfolgt, ist eine deutsche Übersetzung beizufügen, falls dies vom Gesuchsteller verlangt wird. Da das Schreiben vom 14. April 1929 nicht im Namen der gesamten Schulkommission gezeichnet ist, kann man es in guten Treuen sowohl als persönlichen wie als amtlichen Brief auffassen. Betrachtet man es als ein persönliches Schreiben, so war der Schulinspektor Szafran gemäß Art. 136 der Genfer Konvention nicht berechtigt, es deshalb zurückzuweisen. Aber auch wenn man das Schreiben vom 14. April 1929 als eine amtliche Eingabe auffaßt, gelangt man zu demselben Schluß, denn gegenüber der Auffassung des Minderheitsamtes, daß als Amtssprache der Schulkommission einzig die polnische Sprache zulässig sei, ist folgendes in Erwägung zu ziehen:

Es folgt aus der Natur der Minderheitsschule, daß der Gebrauch der Minderheitssprache nicht auf den Unterricht beschränkt sein kann, sondern, daß die Minderheitssprache auch in den Beziehungen der Schule und der Minderheitsangehörigen zu den Behörden zu berücksichtigen ist. So ist es beispielsweise unbestritten, daß die Schulzeugnisse, die amtlichen Bekanntmachungen an der Gemeindetafel oder im Amtsblatt sowie die in den Schulräumen angeschlagenen Stundenpläne in der Minderheitssprache auszufertigen sind. Ferner ist stets anerkannt worden, daß die Minderheitssprache für die Anträge auf Errichtung neuer Schulen und die Anmeldung

niach dzieci do szkół już istniejących. Także przesłuchy osób uprawnionych do wychowania przez Komisję Wpisową i protokołowanie ich oświadczeń odbywa się na życzenie zawsze w języku mniejszościowym. We wszystkich tych przypadkach uwydatnia się zasadnicze znaczenie języka mniejszościowego dla wszystkich stosunków i interesów szkoły mniejszościowej.

Również te ogólne powody przemawiają za tym, że obok urzędowego języka polskiego jako język urzędowy Komisyj Szkolnych niemieckich szkół mniejszościowych dopuszczalny jest mniejszościowy język niemiecki. Skład i zadanie Komisji Szkolnej szkoły mniejszościowej określają artykuły 111 i 112 Konwencji Genewskiej. Komisja Szkolna jest częścią składową organizacji szkoły mniejszościowej. Winna ona służyć interesom szkoły mniejszościowej i pozostaje w najściślejszym związku z podstawą językową szkoły mniejszościowej. Większość członków Komisji Szkolnej wybierają osoby mniejszościowe. Prawo członków niemieckich Komisji Szkolnej do posługiwania się językiem mniejszości odpowiada zatem celowi i podstawie językowej szkoły mniejszościowej. Prawo to odpowiada jednak także praktycznej potrzebie, gdyż tylko w rzadkich i wyjątkowych przypadkach władają członkowie niemieccy językiem polskim w tym stopniu, aby się przy spełnianiu swych funkcyj urzędowych móc posługiwać tym językiem ustnie i pisemnie. Gdyby się członkom niemieckim Komisji Szkolnej chciało zabronić posługiwania się językiem niemieckim, współpraca ich stałaby się niemożliwa i jasny sens artykułów 111 i 112 Konwencji Genewskiej byłby naruszony. Dopuszczenie języka niemieckiego obok języka polskiego jest zatem koniecznością. Obowiązuje to nie tylko w obradach i uchwałach w łonie Komisji, lecz także w stosunkach z władzami nadzorczymi. Skoro było ustalone, że dożywiano mlekiem tylko uczniów szkoły większościowej, to było na miejscu, że członkowie niemieccy Komisji Szkolnej szkoły mniejszościowej zwrócili się do inspektora szkolnego, aby uzyskać równe traktowanie dzieci szkoły mniejszościowej. Byli zaś do tego uprawnieni z uwagi na art. 75 Konwencji Genewskiej. Oddalenie ich prośby z tego powodu, że była zredagowana po niemiecku, nie da się pogodzić z sensem i duchem Konwencji, a w szczególności z art. 111 i 112 tej umowy.

Czy więc pismo z dnia 14 kwietnia 1929 uważać się będzie za wniosek urzędowy czy za prośbę prywatną, w obu przypadkach postępowanie Powiatowego Urzędu Szkolnego narusza Konwencję Genewską.

der Kinder zu den schon bestehenden Schulen zulässig ist. Auch die Einvernahme der Erziehungsberechtigten vor der Einschreibungskommission und die Protokollierung ihrer Erklärungen erfolgt auf Wunsch stets in der Minderheitssprache. In allen diesen Fällen kommt die grundsätzliche Bedeutung der Minderheitssprache für alle Beziehungen und Interessen der Minderheitsschule zum Ausdruck.

Diese allgemeinen Gründe sprechen auch dafür, daß neben der amtlichen polnischen Sprache die deutsche Minderheitssprache als Amtssprache der Schulkommissionen der deutschen Minderheitsschule zulässig ist. Die Zusammensetzung und die Aufgabe der Schulkommission der Minderheitsschule sind in Art. 111 und 112 der Genfer Konvention umschrieben. Die Schulkommission ist ein Bestandteil der Organisation der Minderheitsschule. Sie hat den Interessen der Minderheitsschule zu dienen und steht in innigstem Zusammenhang mit der sprachlichen Grundlage der Minderheitsschule. Die Mehrheit der Mitglieder der Schulkommission wird von den Minderheitsangehörigen gewählt. Das Recht der deutschen Mitglieder der Schulkommission, sich der Minderheitssprache zu bedienen, entspricht somit dem Zwecke und der sprachlichen Grundlage der Minderheitsschule. Dieses Recht entspricht auch der praktischen Notwendigkeit, da nur in seltenen Ausnahmefällen die deutschen Mitglieder die polnische Sprache in dem Maße beherrschen, daß sie sich dieser Sprache schriftlich und mündlich in der Ausübung ihrer amtlichen Funktionen bedienen könnten. Wollte man den deutschen Mitgliedern der Schulkommission verbieten, sich der deutschen Sprache zu bedienen, so würde ihre Mitarbeit verunmöglicht und der klare Sinn der Art. 111 und 112 der Genfer Konvention verletzt. Die Zulassung der deutschen neben der polnischen Sprache ist somit unerläßlich. Dies gilt nicht nur für die Beratungen und Beschlüsse im Schoße der Kommission, sondern auch im Verkehr mit den Aufsichtsbehörden. Nachdem feststand, daß die Milchspeisung nur den Schülern der polnischen Mehrheitsschule gewährt wurde, war es gegeben, daß die deutschen Mitglieder der Schulkommission der Minderheitsschule sich an den Schulinspektor wandten, um für die Kinder der Minderheitsschule die gleiche Behandlung zu erlangen. Hierzu waren sie im Hinblick auf Art. 75 der Konvention berechtigt. Die Zurückweisung ihres Gesuches, weil es in deutscher Sprache verfaßt war, ist nicht vereinbar mit dem Sinn und Geist der Konvention und speziell mit Art. 111 und Art. 112 dieses Vertrages.

Ob man die Eingabe vom 14. April 1929 als amtlichen Antrag oder als persönliches Gesuch ansieht, in beiden Fällen verstößt das Vorgehen des Kreisschulamtes gegen die Genfer Konvention.

Po naradzie w łonie Komisji Mieszanej Prezydent Komisji Mieszanej na mocy powyższych rozważań dochodzi do

poglądu:

1. Oddalenie podania żalącego się z dnia 14 kwietnia 1929 z powodu zredagowania go w języku niemieckim jest niezgodne z Konwencją Genewską.

2. Właściwą władzę wzywa się, aby Powiatowy Urząd Szkolny Świętochłowice I odpowiednio pouczyła.

90

Pogląd

z dnia 28 czerwca 1930 w sprawie nr 855 Jana Wiesnera, Bytków (Górny Śląsk Polski), żalącego się, zastąpionego przez Niemiecki Związek Ludowy w Katowicach, dotyczącej zwolnienia przez kopalnię „Richter" w Siemianowicach oraz wyborów do Rady Zakładowej tej kopalni.

I

1. Pismem z dnia 8 lipca 1929 (akt 3) wniósł Jan Wiesner w myśl art. 147 Konwencji Genewskiej zażalenie do Rady Ligi Narodów. Uchwałą Rady Ligi Narodów z dnia 15 stycznia 1930 zażalenie to przekazane zostało Urzędowi Spraw Mniejszości w Katowicach celem rozpatrzenia sprawy w drodze postępowania w myśl art. 149 i n. Konwencji Genewskiej.

Dnia 24 lutego 1930 Urząd Spraw Mniejszości przesłał zażalenie wraz z uwagami w myśl art. 152 K. G. Prezydentowi Komisji Mieszanej (akt 1 i 2). Następnie odbyła się wymiana pism, przewidziana w regulaminie postępowania. Na rozprawie ustnej z dnia 4 czerwca 1930, na której żalący się był zastąpiony przez Niemiecki Związek Ludowy, strony miały sposobność przedstawić dalsze wywody pod względem faktycznym i prawnym.

2. Żalący się Jan Wiesner zatrudniony był jako dozorca wentylacyjny na kopalni „Richter", należącej do Zjednoczonych Hut Królewskiej i Laury. We wrześniu 1928 Zarząd kopalń wypowiedział między innymi także żalącemu się stosunek służbowy na 31 grudnia 1928. Przed wypowiedzeniem zwrócił się Zarząd kopalń w myśl § 96 ustawy o radach zakładowych do Rady Urzędniczej, która na posie-

Gestützt auf die vorstehenden Erwägungen gelangt der Präsident der Gemischten Kommission nach stattgehabter Beratung im Schoße der Gemischten Kommission zur

Stellungnahme:

1. Die Zurückweisung der Eingabe des Beschwerdeführers vom 14. April 1929 aus dem Grunde, weil sie in deutscher Sprache abgefaßt war, steht im Widerspruch mit der Genfer Konvention.

2. Die zuständige Behörde wird ersucht, das Kreisschulamt Świętochłowice I. entsprechend zu belehren.

90

Stellungnahme

vom 28. Juni 1930 in der Sache Nr. 855 des Johann Wiesner, Bytków (Polnisch-Oberschlesien), Beschwerdeführer, vertreten durch den Deutschen Volksbund in Katowice, betreffend seine Entlassung durch die Richtergrube in Siemianowice sowie die Wahlen zum Betriebsrat dieser Grube.

I

1. Mit Eingabe vom 8. Juli 1929 (act. 3) erhob Johann Wiesner im Sinne vom Art. 147 der Genfer Konvention Beschwerde beim Völkerbundsrat. Durch Beschluß des Völkerbundsrates vom 15. Januar 1930 wurde diese Beschwerde dem Polnischen Minderheitsamt in Katowice überwiesen zur Behandlung der Angelegenheit im Verfahren nach Art. 149 ff. der Genfer Konvention.

Am 24. Februar 1930 übersandte das Minderheitsamt die Beschwerde mit seinen Bemerkungen im Sinne von Art. 152 der Genfer Konvention (act. 1 u. 2) an den Präsidenten der Gemischten Kommission. Es fand hierauf der in der Verfahrensordnung der Gemischten Kommission vorgesehene Schriftenwechsel statt. In den mündlichen Verhandlungen vom 4. Juni 1930, anläßlich welcher sich der Beschwerdeführer durch den Deutschen Volksbund vertreten ließ, hatten die Parteien Gelegenheit, weitere Ausführungen in tatsächlicher und rechtlicher Beziehung vorzutragen.

2. Der Beschwerdeführer Wiesner war als Wetteraufseher auf der Richtergrube der Vereinigten Königs- und Laurahütte angestellt. Im September 1928 hat die Grubenverwaltung unter anderen auch dem Beschwerdeführer das Dienstverhältnis auf den 31. Dezember 1928 gekündigt. Vorgängig der Kündigung hat sich die Grubenverwaltung gemäß § 96 des Betriebsrätegesetzes an den Angestelltenrat gewandt, der in der

dzeniu z dnia 21 września 1928 wyraziła zgodę na rozwiązanie umowy służbowej. Mimo że Rada Urzędnicza zgodziła się na wypowiedzenie, wniósł żalący się odwołanie do Komisji Pojednawczej i Arbitrażowej, która wyrokiem z dnia 30 listopada 1928 oddaliła sprzeciw Wiesnera jako nieuzasadniony.

Żalący się twierdzi, że wypowiedzenie mu stosunku służbowego pozostaje w związku z wyborami do Rady Zakładowej w latach 1927 i 1928. Stan faktyczny tej sprawy przedstawia się następująco:

W wyborach do Rady Urzędniczej, wyznaczonych na 23—25 lipca 1927, wystawili urzędnicy niemieccy listę kandydatów z Wiesnerem na czele. Zarząd wyborczy uznał tę listę za nieważną. Przeciwko temu wniósł Wiesner dnia 26 lipca 1927 (akt 3 a) zażalenie do Okręgowego Urzędu Górniczego w Katowicach, który decyzją z dnia 10 października 1927 (akt 3 b) uznał zażalenie za uzasadnione i polecił przeprowadzić nowe wybory. Zwrócono też uwagę Zarządu wyborczego, że przy nowych wyborach winien ściśle przestrzegać przepisów prawnych. Kandydaci listy przeciwnej (Centralny Związek Pracowników Umysłowych) skorzystali z przysługującego im prawa i wnieśli pismem z dnia 4 listopada 1927 odwołanie przeciwko decyzji pierwszej instancji. Wyższy Urząd Górniczy jako instancja odwoławcza odrzucił to odwołanie decyzją z dnia 23 czerwca 1928. W ten sposób zażalenie wyborcze Wiesnera zostało ostatecznie załatwione po myśli jego roszczenia.

Z okazji nowych wyborów, rozpisanych na czas pomiędzy 28—30 lipca 1928, została znów wysunięta lista urzędników niemieckich z Wiesnerem jako kandydatem czołowym. Ponieważ, jak żalący się twierdzi, wybory na skutek wielkich nieprawidłowości wypadły na niekorzyść listy mniejszości, wnieśli Maksymilian Ortenburger i towarzysze pismem z dnia 11 sierpnia 1928 sprzeciw do Okręgowego Urzędu Górniczego (akt 3 c). Inspektor Pracy 48 obwodu, na którego w myśl ustawy śląskiej z dnia 16 kwietnia 1928 (Dz. Ust. Śl. nr 11) przeszły kompetencje Urzędu Górniczego w sprawach wyborczych, odrzucił zażalenie wyborcze decyzją z dnia 15 maja 1929. Innymi słowy wybory do Rady Urzędniczej na rok 1928-29, z okazji których nie wybrano żadnego urzędnika z listy mniejszości niemieckiej, zostały uznane za ważne.

Ortenburger i towarzysze zrobili też z powodu rzekomego sfałszowania list wyborczych doniesienie karne do Prokuratury. O wyniku dochodzenia karnego nie otrzymali jednak żadnego zawiadomienia.

Sitzung vom 21. September 1928 die Zustimmung zur Auflösung des Dienstvertrages erteilt hat. Trotz der Genehmigung der Kündigung durch den Angestelltenrat legte der Beschwerdeführer beim Schlichtungsausschuß Berufung ein. Mit Urteil vom 30. November 1928 wies der Schlichtungsausschuß den Einspruch Wiesners als unbegründet zurück.

Der Beschwerdeführer bringt seine Kündigung in Zusammenhang mit den Betriebsratwahlen in den Jahren 1927 u. 1928. Diesbezüglich liegt folgender Tatbestand vor:

Für die auf 23. bis 25. Juli 1927 festgesetzten Wahlen für den Angestelltenrat hatten die deutschen Angestellten eine Kandidatenliste mit Wiesner an der Spitze aufgestellt. Der Wahlvorstand hat die Ungültigkeit dieser Liste ausgesprochen. Wiesner hat sich daher mit Eingabe vom 26. Juli 1927 (act. 3 a) beim Bezirksbergamt Katowice beschwert. Das Bezirksbergamt hat mit Entscheid vom 10. Oktober 1927 (act. 3 b) die Beschwerde geschützt und dem Wahlvorstand aufgegeben, Neuwahlen vorzunehmen. Der Wahlvorstand wurde auch darauf aufmerksam gemacht, daß er sich anläßlich der Neuwahlen strikt an die gesetzlichen Vorschriften zu halten habe. Die Kandidaten der Gegenliste (Zentralverband der geistigen Arbeiter) machten mit Eingabe vom 4. November 1927 von dem ihnen gegen die erstinstanzlich getroffene Entscheidung zustehenden Berufungsrecht Gebrauch. Das Oberbergamt als Berufungsinstanz hat mit Entscheidung vom 23. Juni 1928 die Berufung verworfen. Die Wahlbeschwerde Wiesners wurde somit endgültig im Sinne seines Begehrens erledigt.

Anläßlich der Neuwahlen, die für den 28. bis 30. Juli 1928 ausgeschrieben waren, wurde neuerdings eine Liste deutscher Angestellter mit Wiesner als Spitzenkandidat aufgestellt. Da die Wahlen — nach der Darstellung des Beschwerdeführers infolge schwerer Unregelmäßigkeiten — zu Ungunsten der Liste der Minderheitsangehörigen ausfielen, haben Max Ortenburger und Genossen beim Bezirksbergamt mit Eingabe vom 11. August 1928 Einspruch erhoben (act. 3 c). Diese Wahlbeschwerde wurde vom Arbeitsinspektor des 48. Kreises, auf den infolge des Schlesischen Gesetzes vom 16. April 1928 (Dz. U. Sl. Nr. 11) die Kompetenzen des Bergamtes in Bezug auf Wahlangelegenheiten übergegangen waren, mit Entscheid vom 15. Mai 1929 verworfen, mit anderen Worten, es wurden die Wahlen für den Angestelltenrat für das Jahr 1928-29, in welchen keine Angestellten der Liste der deutschen Minderheit gewählt worden waren, als gültig erklärt.

Ortenburger und Genossen haben auch wegen angeblicher Fälschung von Wählerlisten bei der Staatsanwaltschaft Strafanzeige erstattet. Über das Ergebnis der Strafuntersuchung erhielten sie niemals Bescheid.

W niniejszym zażaleniu Wiesner zajmuje stanowisko, że nie byłoby doszło do rozwiązania stosunku służbowego, gdyby instancje zażaleniowe sprawę rozstrzygnęły na czas, bo w tym przypadku korzystałby jako członek Rady Urzędniczej ze szczególnej ochrony § 96 ustawy o radach zakładowych.

W petitum zażalenia żąda się:

a) stwierdzenia, że instancje zażaleniowe i prokurator naruszyli art. 75 Konwencji Genewskiej,

b) poczynienia kroków, aby Zjednoczone Huty Królewska i Laura przyjęły żalącego się z powrotem do służby albo przyznały mu co najmniej emeryturę.

3. Decyzja Komisji Pojednawczej i Arbitrażowej z dnia 30 listopada 1928 jest natury sędziowskiej. (Zob. pogląd Prezydenta Komisji Mieszanej z dnia 12 listopada 1929 w sprawie zażalenia nr 558 — Niechoj.) Prezydent Komisji Mieszanej nie jest zatem właściwy do zajęcia stanowiska wobec kwestii, czy zwolnienie żalącego się było uzasadnione lub nie. Twierdzenie Wiesnera, że wskutek przewlekłego załatwienia zażaleń wyborczych został pozbawiony specjalnej ochrony § 96 ustawy o radach zakładowych, nie da się utrzymać. Jest niezaprzeczone, że Zarząd kopalń uzyskał na wypowiedzenie stosunku służbowego zgodę Rady Urzędniczej w myśl § 96 ustawy o radach zakładowych, jakkolwiek w — zaczepionym zresztą — wyniku wyborów z lipca 1928 Wiesner nie był członkiem Rady Urzędniczej. Zarząd kopalń liczył się więc z możliwością, że Wiesner w przypadku uwzględnienia będącego jeszcze w toku zażalenia wyborczego z dnia 11 sierpnia 1928 zostanie ewentualnie wybrany do Rady Urzędniczej z mocą wstecz obowiązującą. Jak już wspomniano, instancja zażaleniowa oddaliła zażalenie jako nieuzasadnione, o ile je żalący się w ogóle jeszcze podtrzymali, i zatwierdziła Radę Urzędniczą w takim składzie, w jakim zezwoliła na wypowiedzenie stosunku służbowego Wiesnerowi.

W sprawie twierdzenia Wiesnera, że sposób, w jaki władze górnicze lub Inspektorat Pracy załatwiły zażalenia wyborcze, stanowi nierówne traktowanie w myśl art. 75 Konwencji Genewskiej, należy powiedzieć co następuje:

O ile chodzi o zażalenia wyborcze z roku 1927, które pierwsza i druga instancja rozstrzygnęła na korzyść żalącego się, zbyteczne jest zajmować się tutaj tą sprawą, ponieważ nie pozostaje ona w żadnym związku z wypowiedzeniem stosunku służbowego Wiesnerowi we wrześniu 1928. W rachubę zatem wchodzi jedynie zarzut przewlekłego za-

Wiesner vertritt in vorliegender Beschwerde den Standpunkt, daß es nicht zur Auflösung des Dienstverhältnisses gekommen wäre, wenn die Beschwerdeinstanzen rechtzeitig entschieden hätten, da er in diesem Falle als Mitglied des Angestelltenrates gemäß § 96 des Betriebsrätegesetzes einen besonderen Schutz genossen hätte.

Das Petitum der Beschwerde lautet:

a) zu konstatieren, daß die Beschwerdeinstanzen und der Staatsanwalt Art. 75 der Genfer Konvention verletzt haben,

b) Schritte zu unternehmen, daß der Beschwerdeführer in der Königs- und Laurahütte wieder aufgenommen werde oder daß ihm zum mindestens eine Pension bezahlt würde.

3. Der Spruch des Schlichtungsausschusses vom 30. November 1928 ist richterlicher Natur. (Siehe Stellungnahme des Präsidenten der Gemischten Kommission vom 12. November 1929 in der Beschwerdesache Nr. 558 — Niechoj.) Der Präsident der Gemischten Kommission ist daher nicht kompetent zur Frage Stellung zu nehmen, ob die Entlassung des Beschwerdeführers berechtigt war oder nicht. Die Behauptung Wiesners, daß er infolge Verschleppung der Wahlbeschwerden des besonderen Schutzes des § 96 des Betriebsratgesetzes verlustig gegangen sei, ist nicht stichhaltig. Es ist unbestritten, daß die Grubenverwaltung im Sinne von § 96 des Betriebsrätegesetzes beim Angestelltenrat die Zustimmung zur Kündigung Wiesners eingeholt hat, obschon er nach dem — allerdings angefochtenen — Resultat der im Juli 1928 stattgefundenen Wahlen nicht Mitglied des Angestelltenrates war. Die Bergverwaltung also trug der Möglichkeit Rechnung, daß Wiesner bei Gutheißung der noch schwebenden Wahlbeschwerde vom 11. August 1928 mit rückwirkender Kraft in den Angestelltenrat gewählt werden konnte. Wie bereits erwähnt wurde, hat die Beschwerdeinstanz die Wahlbeschwerde, soweit sie von den Rekurrenten überhaupt aufrecht erhalten wurde, als unbegründet zurückgewiesen und den Angestelltenrat in der Zusammensetzung, in welcher er der Kündigung Wiesners zugestimmt hat, bestätigt.

Zur Behauptung Wiesners, daß die Behandlung der Wahlbeschwerden durch die Bergbehörden, bezw. das Arbeitsinspektorat eine ungleiche Behandlung im Sinne von Art. 75 der Genfer Konvention darstelle, ist folgendes auszuführen:

Was die Wahlbeschwerde bezüglich des Jahres 1927 anbetrifft, welche erst- u. zweitinstanzlich zu Gunsten des Beschwerdeführers entschieden wurde, so erübrigt es sich, hier auf sie einzutreten, da sie zur Kündigung Wiesners im September 1928 in keinerlei Zusammenhang steht. Es kommt somit nur der Vorwurf der Verzögerung in Betracht, den Wiesner in

łatwienia zażalenia Wiesnera w sprawie wyborów do Rady Zakładowej na rok 1928.

Właściwa władza uzasadnia przewlekłe postępowanie w sprawie zażalenia wyborczego z dnia 11 sierpnia 1928 przede wszystkim tym, że, jak już wspomniano, w roku 1928 przeszły kompetencje Urzędu Górniczego na Inspektora Pracy. Według przedstawienia sprawy przez Urząd Spraw Mniejszości Urząd Górniczy, do którego skierowano zażalenie, nie mógł tej sprawy załatwić przed przekazaniem spraw Inspektorowi Pracy choćby z powodu licznych skomplikowanych kwestyj spornych, a poza tym nie mogła nowa instancja zażaleniowa wszcząć bezzwłocznie dochodzeń w sprawie dotycznego zażalenia, bo miała nawał innej pracy.

Ustawa nie przewiduje określonych terminów dla załatwienia zażaleń wyborczych. Czyni to widocznie z tego powodu, że w sprawach wyborczych nie można z uwagi na różnorodność punktów spornych natury faktycznej i prawnej dla wszystkich przypadków z góry ustalić terminu, jaki będzie potrzebny na załatwienie zażaleń. Oczywiście leży w intencji ustawy, aby instancje zażaleniowe powzięły decyzje w czasie możliwie najkrótszym.

Można by przypuścić, że zażalenie wyborcze z dnia 11 sierpnia 1928 można było załatwić wcześniej. Prezydent Komisji Mieszanej mógłby jednak w tej zwłoce dopatrywać się naruszenia art. 75 tylko wtenczas, gdyby sprawa bez żadnego widocznego powodu została tak późno załatwiona, że dozwolony byłby wniosek o samowolnym traktowaniu rekurentów mniejszościowych przez władze. Na podstawie akt takiego wniosku wyprowadzać nie można. Przede wszystkim należy uwzględnić, że kompetencje w toku postępowania przeszły na Inspektorat Pracy, co z natury rzeczy musiało wywołać zwłokę. Poza tym jest rzeczą ustaloną, że instancja zażaleniowa przeprowadziła w tej bądź co bądź niezwykłej sprawie gruntowne, a zatem czasu wymagające dochodzenia.

Żalący się nie mógł też twierdzić, że zażalenia wyborcze, których szybkie załatwienie leżało w interesie osób większościowych, zostały w analogicznych przypadkach załatwione szybciej. A zatem i z tego punktu widzenia nie udowodniono nierównego traktowania.

Ponieważ rzekome naruszenie art. 75 przez Prokuraturę nie pozostaje w żadnym związku ze zwolnieniem żalącego się, Prezydent Komisji Mieszanej nie uważa za potrzebne zająć się tym punktem zażaleniowym.

Bezug auf die Beschwerde betreffend die Betriebsratwahlen für das Jahr 1928 geltend macht.

Die lange Dauer des Verfahrens betreffend die Wahlbeschwerde vom 11. August 1928 begründet die zuständige Behörde vor allem damit, daß im Jahre 1928, wie bereits erwähnt, die Kompetenzen des Bergamtes auf den Arbeitsinspektor übergingen. Einerseits konnte, nach der Darstellung des Minderheitsamtes, das Bergamt, an welches die Beschwerde gerichtet war, diese infolge einer Reihe von komplizierten Streitfragen vor Übertragung der Geschäfte an das Arbeitsinspektorat nicht mehr behandeln, andererseits war die neue Beschwerdeinstanz infolge Arbeitsüberhäufung nicht in der Lage, die Ermittlungen in der in Frage stehenden Beschwerde unverzüglich vorzunehmen.

Das Gesetz sieht für die Erledigung von Wahlbeschwerden keine bestimmten Fristen vor. Dies offenbar darum, weil im Hinblick auf die mannigfaltigen Streitpunkte tatsächlicher und rechtlicher Natur in Wahlangelegenheiten die zur Behandlung von Beschwerden erforderliche Zeit nicht für alle Fälle im vornherein festgesetzt werden kann. Selbstverständlich aber liegt es im Sinne des Gesetzes, daß die Beschwerdeinstanzen ihre Entscheidungen in möglichst kurzer Zeit fällen.

Es darf angenommen werden, daß die Wahlbeschwerde vom 11. August 1928 in kürzerer Zeit hätte erledigt werden können. Der Präsident der Gemischten Kommission könnte aber in der Verzögerung nur dann eine Verletzung des Art. 75 erblicken, wenn die Angelegenheit ohne jeden Grund so offensichtlich verschleppt worden wäre, daß auf eine willkürliche Behandlung der sich zur Minderheit rechnenden Rekurrenten geschlossen werden konnte. Diesen Schluß aber lassen die Akten nicht zu. Vor allem muß der Übergang der Kompetenzen an das Arbeitsinspektorat im Laufe des Verfahrens, der naturgemäß Verzögerungen hervorrief, berücksichtigt werden. Sodann steht fest, daß die Beschwerdeinstanz die nicht einfache Angelegenheit einer gründlichen und damit zeitraubenden Untersuchung unterzogen hat.

Der Beschwerdeführer konnte auch nicht behaupten, daß Wahlbeschwerden, an deren raschen Erledigung Mehrheitsangehörige interessiert sind, in analogen Fällen rascher entschieden wurden. Es ist also auch von diesem Gesichtspunkte aus keine unterschiedliche Behandlung nachgewiesen.

Da die angebliche Verletzung des Art. 75 durch die Staatsanwaltschaft in keinem Zusammenhang zur Entlassung des Beschwerdeführers steht, erachtet es der Präsident der Gemischten Kommission nicht für erforderlich, auf diesen Beschwerdepunkt einzutreten.

II

Po naradzie w łonie Komisji Mieszanej Prezydent Komisji Mieszanej na podstawie powyższych rozważań dochodzi do

poglądu:

Zażalenie oddala się.

91

Pogląd

z dnia 7 lipca 1930 w sprawie nr 791 Albina Schneidra, Katowice (Górny Śląsk Polski), dotyczącej naruszenia art. 75 Konwencji Genewskiej przez inżyniera Lubowickiego.

I

1. Dnia 6 grudnia 1928 (akt 5) wniósł Niemiecki Związek Ludowy imieniem i z pełnomocnictwa Albina Schneidra w myśl art. 149 i n. Konwencji Genewskiej zażalenie do Polskiego Urzędu Spraw Mniejszości w Katowicach. Urząd Spraw Mniejszości przekazał dnia 17 października 1929 (akt 1 i 2) zażalenie wraz z uwagami w myśl art. 152 Konwencji Genewskiej Prezydentowi Komisji Mieszanej. W toku wymiany pism Niemiecki Związek Ludowy złożył zastępstwo żalącego się (akt 17). Żalący się podtrzymał jednakowoż swe zażalenie w całej rozciągłości. Dnia 11 czerwca 1930 odbyły się obrady w łonie Komisji Mieszanej.

2. Żalący się, który był zatrudniony w Spółce Akcyjnej Gieschego w charakterze nadsztygara, został emerytowany dnia 1 lipca 1928.

Będąc jeszcze w służbie, dnia 12 sierpnia 1927, żalący się padł ofiarą nieszczęśliwego wypadku. Także po zwolnieniu ze szpitala Spółki Brackiej żalący się musiał się jeszcze poddawać ambulatoryjnemu leczeniu lekarskiemu, ponieważ wciąż jeszcze odczuwał skutki wypadku.

Dnia 27 stycznia 1928 Schneider miał ponownie recydywę i poprosił z tego powodu o urlop zdrowotny. Dnia 1 lutego 1928 wyraził się inżynier górniczy Lubowicki, referendarz Okręgowego Urzędu Górniczego w Katowicach, z okazji służbowego pobytu na kopalni Kleofas wobec dwóch urzędników tego przedsiębiorstwa: „że Schnei-

II

Nach stattgehabter Beratung im Schoße der Gemischten Kommission gelangt der Präsident der Gemischten Kommission, gestützt auf die vorstehenden Erwägungen, zur

Stellungnahme:

Die Beschwerde wird abgewiesen.

91

Stellungnahme

vom 7. Juli 1930 in der Sache Nr. 791 des Albin Schneider, Katowice (Polnisch-Oberschlesien), betreffend Verletzung des Art. 75 der Genfer Konvention durch den Ingenieur Lubowicki.

I

1. Am 6. Dezember 1928 (act. 5) erhob der Deutsche Volksbund namens und in Vollmacht des Albin Schneider im Sinne von Art. 149 ff. der Genfer Konvention Beschwerde beim Polnischen Minderheitsamt in Katowice. Das Minderheitsamt überwies am 17. Oktober 1929 (act. 1 u. 2) die Beschwerde mit den Bemerkungen im Sinne von Art. 152 der Genfer Konvention an den Präsidenten der Gemischten Kommission. Im Laufe des Schriftenwechsels legte der Deutsche Volksbund die Vertretung des Beschwerdeführers nieder (act. 17). Der Beschwerdeführer hielt indes seine Beschwerde in vollem Umfang aufrecht. Am 11. Juni 1930 fanden die Beratungen im Schoße der Gemischten Kommission statt.

2. Der Beschwerdeführer, der bei der Giesche Spółka Akcyjna als Obersteiger angestellt war, wurde am 1. Juli 1928 pensioniert.

Während seiner Dienstzeit, am 12. August 1927, erlitt der Beschwerdeführer einen schweren Unfall. Auch nach der Entlassung aus dem Knappschaftslazarett blieb er noch in ambulanter ärztlicher Behandlung, da er noch immer unter den Folgen des Unfalls litt.

Am 27. Januar 1928 hatte Schneider neuerdings einen Rückfall, weswegen er um Krankheitsurlaub nachsuchte. Am 1. Februar 1928 bemerkte Bergingenieur Lubowicki, Referendar des Bezirksbergamtes Katowice, anläßlich seiner dienstlichen Anwesenheit auf der Kleofasgrube gegenüber zwei Beamten dieser Unternehmung: »daß der krank-

der, któremu z powodu choroby dano urlop, nie używa urlopu w tym celu, w jakim go otrzymał, tzn. aby się leczyć w szpitalu, lecz że bierze urlop w szpitalu i uprawia agitację wyborczą w Załężu".

Z powodu przepełnienia szpitala przyjęcie żalącego się po wspomnianej recydywie z dnia 27 stycznia 1928 na stałe nie było możliwe. Leczył się zatem w domu, lecz pozostawał pod opieką lekarską. Schneider zaprzecza stanowczo twierdzeniu inżyniera Lubowickiego, że w czasie omawianego urlopu zdrowotnego uprawiał agitację wyborczą (akt 24).

W zażaleniu (akt 5) wywodzi się:

a) że inżynier Lubowicki przekroczył ramy swych uprawnień przez to, że kontrolował postępowanie żalącego się także poza jego działalnością górniczą i wysuwał nawet niesłuszne twierdzenia,

b) że żalący się, należąc do mniejszości niemieckiej, ma prawo do uprawiania działalności na rzecz niemieckiej listy wyborczej. Jest powszechnie znane, że osoby należące do większości uprawiały również agitację wyborczą.

Wnosi się o pociągnięcie do odpowiedzialności inżyniera górniczego Lubowickiego z powodu naruszenia art. 75 Konwencji Genewskiej.

3. Inżynier Lubowicki miał jako organ policji górniczej (§ 196 i n. powszechnej ustawy górniczej z dnia 24 czerwca 1865) dnia 1 lutego 1928 m. in. zlecenie zbadania bezpieczeństwa ruchu na kopalni Kleofas. W rozmowie pomiędzy inżynierem Lubowickim z jednej strony a pp. Wendtem i Tomaszewskim jako zastępcami kopalni z drugiej strony poruszono także kwestię urlopów personelu nadzorczego i zastępców tegoż personelu. Ponieważ Wendt i Tomaszewski wskazali na brak osób o pełnych kwalifikacjach do pełnienia służby zastępczej, inżynier Lubowicki oświadczył, że wśród tych warunków należy udzielać urlopów personelowi nadzorczemu tylko w bezwzględnie koniecznych przypadkach. W tym związku użył Lubowicki słów, które tworzą podstawę zażalenia. Zajmował on stanowisko, że udzielenia urlopu Schneidrowi, któremu choroba nie przeszkadzała w uprawianiu agitacji wyborczej, nie należy uważać za konieczne.

Należy przychylić się do stanowiska Lubowickiego, że pracownik, który otrzymał urlop zdrowotny, winien korzystać z tego urlopu tylko celem odzyskania zdrowia. Trudy i wysiłki związane z agitacją wyborczą nie mogą w żadnym razie wpłynąć na szybkie wyzdrowienie.

keitshalber beurlaubte Schneider den Urlaub nicht für denjenigen Zweck benutze, für welchen er ihn erhalten habe, d. i. um sich im Krankenhause zu kurieren, sondern daß er sich vom Lazarett beurlauben lasse und in Załęże Wahlagitation betreibe«.

Wegen Überfüllung des Lazarettes war nach dem erwähnten Rückfall vom 27. Januar 1928 die ständige Aufnahme des Beschwerdeführers in diese Anstalt nicht möglich. Er pflegte sich daher zu Hause, blieb aber in ärztlicher Behandlung. Schneider weist die Behauptung von Ing. Lubowicki entschieden zurück, daß er während des in Frage stehenden Krankheitsurlaubes Wahlpropaganda getrieben habe (act. 24).

Die Beschwerde (act. 5) macht geltend:

a) Daß Ing. Lubowicki über seine Befugnisse hinausgegangen sei, indem er das Verhalten des Beschwerdeführers auch außerhalb seiner bergbaulichen Tätigkeit einer Kontrolle unterzogen und sogar unrichtige Behauptungen aufgestellt habe.

b) Daß der Beschwerdeführer als Angehöriger der deutschen Minderheit das Recht habe, sich zu Gunsten der deutschen Kandidatenliste zu betätigen. Es sei notorisch, daß Angehörige der Mehrheit auch Wahlpropaganda betrieben hätten.

Es wird beantragt, Bergingenieur Lubowicki wegen Verletzung des Art. 75 der Genfer Konvention zur Verantwortung zu ziehen.

3. Ing. Lubowicki hatte als Organ der Bergpolizei (§ 196 ff. des allgem. Berggesetzes vom 24. Juni 1865) am 1. Februar 1928 u. a. den Auftrag, die Betriebssicherheit auf der Kleofasgrube zu prüfen. Bei der diesbezüglichen Unterredung zwischen Ing. Lubowicki einerseits und den Herren Wendt und Tomaszewski als Vertretern der Grube andrerseits kam auch die Beurlaubung des Aufsichtspersonals und die Stellvertretung zur Sprache. Da Wendt und Tomaszewski auf den Mangel an zur Vertretung vollqualifizierten Personen hinwiesen, brachte Ing. Lubowicki zum Ausdruck, daß unter diesen Umständen Aufsichtspersonen Urlaub nur in unbedingt notwendigen Fällen zu gewähren sei. In diesem Zusammenhang fielen die Gegenstand der Beschwerde bildenden Äußerungen Lubowicki's. Er vertrat die Auffassung, daß die Beurlaubung Schneiders, den die Krankheit nicht daran hinderte, Wahlagitation zu betreiben, nicht als dringend notwendig anzusehen sei.

Es muß dem Standpunkt Lubowicki's beigepflichtet werden, daß ein Angestellter, der Krankheitsurlaub genommen hat, diesen Urlaub nur zur Wiederherstellung seiner Gesundheit benutzen darf. Die mit Wahlpropaganda verbundenen Mühen und Anstrengungen können einer raschen Genesung keinesfalls zweckdienlich sein.

Ze słów Lubowickiego nie można zatem wnioskować, że chciał w jakikolwiek sposób ograniczyć żalącego się w wykonywaniu praw obywatelskich. Chodzi raczej o rzeczową krytykę w interesie bezpieczeństwa ruchu, co nie jest wyrazem pogardliwego traktowania żalącego się w myśl art. 75 Konwencji Genewskiej. Tego nie może też zmienić zupełnie wiarogodne oświadczenie żalącego się, że nie uprawiał agitacji wyborczej i że krytyka Lubowickiego opierała się zatem na błędnych przesłankach. Przyjąwszy, że przedstawienie sprawy przez żalącego się jest słuszne, to inżynier Lubowicki padł ofiarą mylnych informacyj. Nie można by mu jednak robić z tego zarzutu nierównego traktowania, zważywszy, że na podstawie przedstawionych mu faktów nie żądał wcale dyscyplinarnego ukarania Schneidra, lecz doniósł o tym jedynie przełożonym Schneidra. Miał zatem tylko na celu, wezwać zarząd górniczy do zbadania faktycznych podstaw swej krytyki, aby potem wyciągnąć samodzielnie wynikające z tejże krytyki konsekwencje.

II

Po naradzie w łonie Komisji Mieszanej Prezydent Komisji Mieszanej na mocy powyższych rozważań dochodzi do

poglądu:

Zażalenie oddala się.

92

Pogląd

z dnia 5 lipca 1930 w sprawie nr 727 Pawła Michalika ze Studzionki (Górny Śląsk Polski), żalącego się, zastąpionego przez Niemiecki Związek Ludowy na Śląsk Polski, t. z., w Katowicach, ulica Młyńska 23, dotyczącej naruszenia art. 75 i 80 Konwencji Genewskiej (przydział ziemi).

I

1. Dnia 26 czerwca 1929 (akt 3) wniósł Niemiecki Związek Ludowy imieniem i z pełnomocnictwa Pawła Michalika w myśl art. 149 i n. Konwencji Genewskiej zażalenie do Polskiego Urzędu Spraw

Aus der Bemerkung Lubowicki's kann daher nicht geschlossen werden, daß er den Beschwerdeführer in der Ausübung seiner bürgerlichen Rechte irgendwie beschränken wollte. Es handelt sich vielmehr um eine sachliche, im Interesse der Betriebssicherheit liegende Kritik, die keinerlei Verächtlichmachung des Beschwerdeführers im Sinne von Art. 75 der Genfer Konvention zum Ausdruck bringt. Daran kann auch die durchaus glaubwürdige Erklärung des Beschwerdeführers, daß er keine Wahlpropaganda getrieben habe und daß somit die Kritik Lubowicki's von falschen tatsächlichen Voraussetzungen ausging, nichts ändern. Ing. Lubowicki war — die Richtigkeit der Darstellung des Beschwerdeführers vorausgesetzt — das Opfer falscher Informationen. Es könnte ihm daraus schon deshalb nicht der Vorwurf der unterschiedlichen Behandlung gemacht werden, weil er auf Grund der ihm mitgeteilten Tatsachen nicht etwa die Maßregelung Schneiders verlangte, sondern den Fall lediglich den Vorgesetzten Schneiders zur Kenntnis brachte. Er bezweckte damit nichts anderes, als die Bergverwaltung einzuladen, die tatsächlichen Grundlagen seiner Kritik nachzuprüfen, um dann selbständig die sich daraus ergebenden Konsequenzen zu ziehen.

II

Nach stattgehabter Beratung im Schoße der Gemischten Kommission gelangt der Präsident der Gemischten Kommission, gestützt auf die vorstehenden Erwägungen, zur

Stellungnahme:

Die Beschwerde wird abgewiesen.

92

Stellungnahme

vom 5. Juli 1930 in der Sache Nr. 727 des Paul Michalik aus Studzionka (Polnisch-Oberschlesien), Beschwerdeführer, vertreten durch den Deutschen Volksbund für Polnisch-Schlesien (t. z.) in Katowice, ul. Młyńska 23, betreffend Verletzung des Art. 75 u. 80 der Genfer Konvention (Bodenzuteilung).

I

1. Am 26. Juni 1929 (act. 3) erhob der Deutsche Volksbund namens und in Vollmacht des Paul Michalik im Sinne von Art. 149 ff. der Genfer Konvention Beschwerde beim Polnischen Minderheitsamt in Kato-

Mniejszości w Katowicach. Urząd Spraw Mniejszości przekazał to zażalenie Prezydentowi Komisji Mieszanej dnia 16 października 1929 (akt 2), zaś dnia 23 października 1929 (akt 5) wniósł dodatkowo uwagi w myśl art. 152 Konwencji Genewskiej. Następnie odbyła się wymiana pism, przewidziana w regulaminie postępowania Komisji Mieszanej. Dnia 25 kwietnia i 14 maja 1930 sekretarz Komisji Mieszanej przesłuchał kilku świadków. Na rozprawie ustnej z dnia 5 czerwca 1930 strony miały sposobność zająć stanowisko do wyniku postępowania dowodowego i przedstawić dalsze wywody faktyczne i prawne.

2. Zażalenie dotyczy akcji osadniczej, którą w myśl obowiązującej na polskiej części obszaru plebiscytowego ustawy osadniczej Rzeszy z dnia 11 sierpnia 1919 przeprowadzono w gminie Studzionce w roku 1928.

Żalący się, który z zawodu jest rolnikiem, posiada dwa hektary własnej roli. Do roku 1928, tzn. do akcji parcelacyjnej, dzierżawił oprócz tego od księcia pszczyńskiego dalszych 11 mórg. Książę pszczyński rozwiązał jednak umowę dzierżawną, ponieważ sprzedał rolę na cele akcji parcelacyjnej.

W roku 1928 żalący się zgłosił w przepisanym terminie i u właściwego urzędu wniosek o przydzielenie mu jednego hektaru ziemi osadniczej. Wniosku tego nie uwzględniono. Na ponowny wniosek, zgłoszony w Urzędzie Ziemskim w Katowicach, żalący się nie otrzymał do dziś dnia odpowiedzi.

W nieuwzględnieniu powyższego wniosku petent dopatruje się nierównego traktowania twierdząc, że powodem odmówienia wnioskowi jest jego przynależność do mniejszości niemieckiej. Petent wnosi, aby z powodu naruszenia art. 75, 80 Konwencji Genewskiej opracowano nowy plan parcelacyjny i poczyniono kroki celem przydzielenia mu ziemi.

3. Właściwa władza wywodzi, że zarzut naruszenia art. 75 Konwencji Genewskiej jest nieuzasadniony. Obecny kierownik Urzędu Ziemskiego w Mikołowie, a więc władzy, która w Studzionce miała przeprowadzić akcję parcelacyjną, został w tej sprawie słuchany jako świadek. Należy nadmienić, że świadek ten, komisarz Łopuszański, mógł zeznawać tylko na podstawie będących do jego dyspozycji akt, ponieważ w roku 1928 jeszcze nie piastował tego stanowiska. Ówczesnego zaś kierownika Urzędu Ziemskiego w Mikołowie przeniesiono w międzyczasie na wschodnie kresy Polski.

Łopuszański zeznał m. in.:

wice. Das Minderheitsamt überwies am 16. Oktober 1929 (act. 2) die Beschwerde an den Präsidenten der Gemischten Kommission. Am 23. Oktober 1929 (act. 5) ließ es die Bemerkungen im Sinne des Art. 152 der Genfer Konvention folgen. Es fand hierauf der in der Verfahrensordnung der Gemischten Kommission vorgesehene Schriftenwechsel statt. Am 25. April u. 14. Mai 1930 wurden durch den Sekretär der Gemischten Kommission mehrere Zeugen einvernommen. In der mündlichen Verhandlung vom 5. Juni 1930 hatten die Parteien Gelegenheit, zum Beweisergebnis Stellung zu nehmen und weitere Ausführungen in tatsächlicher und rechtlicher Beziehung vorzutragen.

2. Die Beschwerde betrifft die im Jahre 1928 in der Gemeinde Studzionka durchgeführte Siedlungsaktion im Sinne des im polnischen Teil des Abstimmungsgebietes geltenden Reichssiedlungsgesetzes vom 11. August 1919.

Der Beschwerdeführer, von Beruf Landwirt, ist Eigentümer von 2 Hektaren Feld. Bis zum Jahre 1928, d. h. bis zum Parzellierungsverfahren, hatte er außerdem noch 11 Morgen Acker vom Fürsten von Pleß gepachtet. Dieser löste das Pachtverhältnis, da er den Acker zu den Zwecken der Siedlungsaktion verkaufte.

Der Beschwerdeführer hat im Jahre 1928 innert nützlicher Frist bei der zuständigen Stelle den Antrag auf Zuweisung von einem Hektar Siedlungsland gestellt. Dem Begehren wurde nicht Folge gegeben. Auf ein neuerliches, beim Urząd Ziemski in Katowice eingereichtes Gesuch erhielt er bis heute keine Antwort.

Der Beschwerdeführer erblickt in seiner Nichtberücksichtigung bei der Landzuteilung einen Akt ungleicher Behandlung und er führt sie auf seine Zugehörigkeit zur deutschen Minderheit zurück. Er beantragt, wegen Verletzung der Art. 75, 80 der Genfer Konvention einen neuen Verteilungsplan aufzustellen und Maßnahmen zu treffen, daß ihm Land zugewiesen werde.

3. Die zuständige Behörde hält den Vorwurf der Verletzung des Art. 75 der Genfer Konvention für unbegründet. Der derzeitige Leiter des Urząd Ziemski Mikołów, der Behörde, welcher die Durchführung des Parzellierungsverfahrens in Studzionka oblag, wurde in der Angelegenheit als Zeuge vorgeladen. Es ist vorauszuschicken, daß dieser Zeuge, Kommissar Łopuszański, seine Aussage nur auf Grund der ihm zur Verfügung stehenden Akten machen konnte, da er im Jahre 1928 diesen Posten noch nicht bekleidete. Der damalige Leiter des Landamtes Mikołów soll inzwischen nach den Ostprovinzen Polens versetzt worden sein.

Łopuszański deponierte u. a.:

„Pierwotnie została żałącemu się przyznana działka parcelacyjna nr 33, później przyznanie to cofnięto, z jakiego powodu to się stało, z akt nie wynika. Mogę to sobie wytłumaczyć tylko w ten sposób: Zapas ziemi przeznaczonej na parcelację wynosił 200 hektarów, 24 ary, zgłoszono zaś zapotrzebowanie na 296 hektarów. Życzeń reflektantów nie można było zatem w całości uwzględnić. Przy przydziale ziemi osadniczej winien się komisarz ziemski kierować względami gospodarczymi i socjalnymi. Względy gospodarcze wymagają utworzenia gospodarstw samowystarczalnych o wielkości 7 do 10 hektarów, natomiast względy socjalne wymagają, aby przy przydziale ziemi uwzględniono również robotników. Jeśli więc komisarz ziemski nie przyznał Pawłowi Michalikowi ziemi parcelacyjnej, to kierował się widocznie owym względem gospodarczym, zważywszy, że Michalik miał własnej ziemi dwa hektary i zgłosił tylko minimalne zapotrzebowanie jednego hektaru. Poza tym miał Michalik już dorosłe zarobkujące dzieci. W końcu nadmieniam, że analogicznych zażaleń wpłynęło kilkanaście. W liście zgłoszeń pod rubryką „Michalik Paweł" znajduje się następująca notatka komisarza ziemskiego: „Gospodarz dobry, pole nie styka się z terenem parcelacyjnym, działka 33".

Na udowodnienie nierównego traktowania w myśl art. 75 Konwencji Genewskiej żałący się wywodził m. in., że naczelnik gminy Niezgoda wyraził się w polsko-katolickiej szkole w Studzionce, gdzie odbyło się zgromadzenie ubiegających się o ziemię — było to w roku 1928 po wyborach do sejmu i senatu — że ci, którzy głosowali na listę 18 (lista nr 18 była listą mniejszości niemieckiej), nie otrzymają ani łąki ani ziemi osadniczej. Twierdzenie to jest udowodnione zgodnymi zeznaniami trzech świadków (akt 64—69).

Poza tym żałący się uzasadnia nierówne traktowanie twierdzeniem, że inne osoby, które nie dopełniały warunków ustawowych co do przydziału ziemi, ziemię osadniczą otrzymały (zobacz bliższe wywody sub 4).

4. § 1 ustawy osadniczej Rzeszy przewiduje: tworzenie nowych gospodarstw włościańskich i powiększenie istniejących drobnorolnych gospodarstw najwyżej do wielkości gospodarstw samowystarczalnych (gospodarstw chłopskich).

»Ursprünglich wurde dem Beschwerdeführer die Parzelle Nr. 33 zuerkannt, später wurde diese Zuteilung zurückgezogen, aus den Akten geht jedoch nicht hervor, aus welchem Grunde. Ich kann dies auf folgende Weise erklären: Der für die Parzellierung bestimmte Bodenvorrat betrug 200 Hektar, 24 Aar, während der Bedarf gemäß den Anmeldungslisten 296 Hektar betrug. Die Wünsche der Reflektanten konnten somit nicht vollständig berücksichtigt werden. Bei der Zuteilung von Siedlungsboden muß sich der Landkommissar von wirtschaftlichen und sozialen Erwägungen leiten lassen. Die wirtschaftlichen Erwägungen erfordern die Gründung von Selbstversorgungs-Wirtschaften in der Größe von 7 bis 10 Hektar. Die sozialen Erwägungen erfordern hingegen, daß bei der Bodenzuteilung auch Arbeiter berücksichtigt werden. Wenn somit der Landkommissar Paul Michalik keinen Parzellierungsacker zuerkannt hat, so hat er sich offenbar durch jene wirtschaftliche Erwägung leiten lassen mit Rücksicht darauf, daß Michalik 2 Hektar eigenen Boden hatte und nur einen minimalen Bedarf von einem Hektar angemeldet hat. Außerdem hatte Michalik schon erwachsene und erwerbende Kinder. Schließlich erwähne ich, daß einige zehn analoge Beschwerden eingegangen sind. In der Anmeldungsliste befindet sich unter der Rubrik »Michalik Paul« folgende Notiz des Landkommissars: »Guter Landwirt, das Feld stößt nicht an das Parzellierungsterrain, Parzelle 33«.«

Zur Belegung der unterschiedlichen Behandlung im Sinne von Art. 75 der Genfer Konvention machte der Beschwerdeführer u. a. geltend, daß Gemeindevorsteher Niezgoda im Jahre 1928, nach den Sejm- u. Senatswahlen anläßlich einer Versammlung der Bodenreflektanten in der polnisch-katholischen Schule in Studzionka gesagt habe, daß diejenigen, welche für die Liste 18 (die Liste 18 war die Liste der deutschen Minderheit) gestimmt haben, weder Wiese noch Siedlungsacker erhalten werden. Diese Behauptung ist durch die übereinstimmenden Aussagen von 3 Zeugen (act. 64—69) bewiesen.

Der Beschwerdeführer begründet die unterschiedliche Behandlung auch mit der Behauptung, daß andere Personen, bei denen nach dem Siedlungsgesetz die Voraussetzungen für Landzuteilung nicht gegeben waren, Siedlungsacker erhalten haben (Siehe nähere Ausführungen sub 4).

4. Das Reichssiedlungsgesetz sieht in § 1 vor: Neuansiedlungen und die Hebung bereits bestehender landwirtschaftlicher Kleinbetriebe höchstens auf die Größe einer selbständigen Ackernahrung (Anliegersiedlungen).

Ustawa jest ustawą rolną i służy zasadniczo dostarczaniu ziemi jako warsztatu pracy rolnikom.

Nie ma wątpliwości, że dopełnione są warunki, aby żalącemu się w postępowaniu osadniczym dla gospodarstw chłopskich przydzielić ziemię. Posiada on gospodarstwo małorolne, którego znamionami są: własna rola, własny dom mieszkalny oraz własne zabudowania gospodarcze i inwentarz. Okoliczności, że żalący się domagał się tylko tyle roli, ile odpowiadało jego najkonieczniejszej potrzebie — jest on widocznie zdania, że ziemia ta przy racjonalnej i intensywnej gospodarce wystarczy na utrzymanie jego i rodziny — nie należało interpretować na jego niekorzyść. Co do wielkości przydziału ziemi ustawa słowem „najwyżej" określa gospodarstwo samowystarczalne jako granicę maksymalną. Ustawa nie powiada jednak, że gospodarstwa małorolne winny być stale powiększane do wielkości gospodarstw samowystarczalnych. Argumentacja władzy, że skromne wymaganie żalącego się uzasadniało odrzucenie jego roszczenia o przydział ziemi, jest tym mniej zrozumiała, że kierownik Urzędu Ziemskiego wskazywał na ograniczony obszar ziemi będącej do dyspozycji na cele osadnicze. W takich przypadkach przydział ziemi winien nastąpić w granicach ścieśnionych i zaspokoić należałoby przynajmniej najpilniejsze potrzeby. Jeżeli żalący się żądał tylko tyle ziemi, ile koniecznie potrzebował dla swego gospodarstwa chłopskiego, to był to ważny powód do uznania a nie do odrzucenia jego roszczenia.

Właściwa władza uzasadnia nieuwzględnienie żalącego się przy przydziale ziemi m. in. także tym, że ma już dorosłe i zarobkujące dzieci. Na to należy odpowiedzieć, że jego 25-letni nieżonaty syn i jego 23-letnia niezamężna córka wychowali się w rolnictwie i są wyłącznie zatrudnieni w gospodarstwie. Ponieważ nie mogą wykonywać innego zawodu, żalący się wysługuje się nimi w gospodarstwie i musi ich utrzymywać. Poza tym ma na utrzymaniu córkę zmarłego brata żony, 8-letnią Martę Waleczkównę.

Z drugiej strony władza uwzględniła takie roszczenia niektórych ubiegających się o ziemię, które w myśl ustawy nie były uzasadnione względnie były daleko mniej uzasadnione aniżeli prośba żalącego się. Z okazji postępowania dowodowego w sprawie zażalenia nr 728 Adama Kusa stwierdzono m. in., że Pawłowi Skaźnikowi w Stu-

Das Gesetz ist ein Agrargesetz und dient grundsätzlich der Beschaffung von Land als Betriebsstätte für den Beruf als Landmann.

Die Voraussetzungen, um dem Beschwerdeführer im Anliegersiedlungsverfahren Land zuteilen zu können, sind zweifelsohne gegeben. Er ist Besitzer eines landwirtschaftlichen Kleinbetriebes, dessen Begriffsmerkmale sind: eigener Grundbesitz, Eigentum an einem Wohnhaus, an landwirtschaftlichen Wirtschaftsgebäuden und Inventar. Der Umstand, daß der Beschwerdeführer nur den für seine dringendsten Bedürfnisse erforderlichen Acker verlangt hat, — er ist offenbar der Ansicht, daß bei rationeller und intensiver Bewirtschaftung das Land genügt, um sich und seine Familie durchzubringen, — durfte nicht zu seinem Nachteil ausgelegt werden. Bezüglich des Umfanges der Landzuteilung bezeichnet das Gesetz durch das Wort »höchstens« die selbständige Ackernahrung als die Höchstgrenze. Indes ist nicht gesagt, daß kleine Betriebe stets auf die Größe einer selbständigen Ackernahrung vergrößert werden müssen. Die Argumentation der Behörde, daß der bescheidene Landanspruch des Beschwerdeführres die Abweisung des Anspruches gerechtfertigt habe, ist umsoweniger verständlich, als der Leiter des Urząd Ziemski auf die Knappheit des zu Siedlungszwecken zur Verfügung stehenden Landes hingewiesen hat. In solchen Fällen muß sich die Landzuteilung in beschränkten Grenzen halten, und es sind wenigstens die dringendsten Bedürfnisse zu befriedigen. Wenn der Beschwerdeführer nur denjenigen Boden verlangte, dessen er für seine Bauerwirtschaft dringend bedurfte, so war das ein wichtiger Grund für und kein Grund gegen die Anerkennung seines Anspruchs.

Die zuständige Behörde begründet die Nichtberücksichtigung des Beschwerdeführers bei der Landzuteilung u. a. auch damit, daß er schon erwachsene und erwerbende Kinder habe. Darauf ist zu erwidern, daß sein 25-jähriger, lediger Sohn und seine 23-jährige unverheiratete Tochter in der Landwirtschaft aufgewachsen und ausschließlich in der Landwirtschaft tätig sind. Da sie einem anderen Berufe nicht nachgehen können, werden sie vom Beschwerdeführer zur Bewirtschaftung des Ackers herangezogen und müssen von ihm mit unterhalten werden. Außerdem hat der Beschwerdeführer die Tochter eines verstorbenen Bruders seiner Frau, die 8-jährige Marta Waleczek zu sich genommen, für deren Unterhalt er aufzukommen hat.

Auf der anderen Seite hat die Behörde Ansprüche gewisser Landbewerber, die nach Gesetz nicht oder jedenfalls weit weniger begründet waren, als das Gesuch des Beschwerdeführers, berücksichtigt. Anläßlich der Beweisaufnahme in der Beschwerdesache Nr. 728 des Adam Kus wurde u. a. festgestellt, daß dem Paul Skaźnik in Studzionka auf seinen Antrag

dzionce przydzielono na jego wniosek 5 morgów ziemi, aczkolwiek z zawodu jest cieślą i nie posiada ani własnej roli ani własnego domu ani też własnych zabudowań gospodarczych (akt 49 i 50). W analogicznych warunkach 3 morgi roli otrzymał Jan Gawliczek, który z zawodu jest stolarzem (akt 51 i 52).

Przez uwzględnienie tego rodzaju reflektantów przekroczono bez wątpienia zakres stosowania ustawy osadniczej. W praktyce zdarza się wprawdzie, że ze względów socjalnych uwzględnia się także roszczenia tego rodzaju „nieuprawnionych". Jest to oczywiście tylko wówczas dopuszczalne, jeżeli warunki na to pozwalają, tzn. jeżeli po zaspokojeniu wszystkich według ustawy osadniczej uprawnionych reflektantów zapas ziemi osadniczej pozostaje jeszcze do dyspozycji (zobacz Krause, pruskie ustawy osadnicze wraz z przepisami wykonawczymi, str. 1 i n., str. 244 i n., str. 268; następnie Ponfick Wenzel, ustawa osadnicza Rzeszy, str. 126 i n.).

Nieuwzględnienie Pawła Michalika przy akcji parcelacyjnej jest tak jasnym naruszeniem obowiązujących krajowych przepisów ustawowych, że już na podstawie powyższych faktów należy wnioskować o nierównym traktowaniu zaliczającego się do mniejszości żalącego się. Wniosek ten potwierdza powiedzenie naczelnika gminy na publicznym, celem omówienia akcji osadniczej zwołanym zebraniu, mianowicie, że ci, którzy głosowali na listę nr 18, nie otrzymają ani łąki ani roli osadniczej. Wprawdzie naczelnikowi gminy nie przysługują właściwe atrybucje w sprawie podziału ziemi, kompetentną władzą jest tu raczej Urząd Ziemski. Lecz, jak wynika z akt oraz z natury warunków miejscowych, przywołuje się naczelnika gminy w akcji parcelacyjnej do współpracy. W niniejszym przypadku kierownik Urzędu Ziemskiego nie mieszkał na miejscu akcji osadniczej, w każdym zaś razie nie znał tak dobrze stosunków miejscowych i osobistych reflektantów jak naczelnik gminy Studzionki, który przy przeprowadzeniu akcji osadniczej był czynnikiem informacyjnym i doradczym kierownika Urzędu Ziemskiego. Że naczelnik gminy Niezgoda pośrednio współpracował także przy niniejszej akcji osadniczej, wynika m. in. z tego, że przewodniczył publicznemu zebraniu reflektantów. Z okazji tego zebrania wypowiedział on, jak poświadczają różni świadkowie, słowa, z których należy wnosić, że przypisywał sobie potrzebny wpływ, aby wykluczyć niektóre osoby mniejszościowe z przyznania im ziemi.

hin 5 Morgen Acker zugeteilt wurden, obschon er von Beruf Zimmermann ist und weder eigenen Boden noch eigenes Haus noch eigene Wirtschaftsgebäude besitzt (act. 49 u. 50). Unter analogen Verhältnissen erhielt Johann Gawliczek, der von Beruf Tischler ist, 3 Morgen Acker (act. 51 a und 52).

Durch die Berücksichtigung solcher Landbewerber wurde das Anwendungsgebiet des Siedlungsgesetzes zweifellos überschritten. Es kommt allerdings in der Praxis vor, daß aus sozialen Erwägungen auch Landansprüchen solcher »Nichtberechtigter« Folge gegeben wird. Dies ist aber selbstverständlich nur zulässig, wenn die Verhältnisse es gestatten, d. h. wenn nach Befriedigung aller nach dem Siedlungsgesetz Anspruchsberechtigten noch Siedlungsland zur Verfügung steht (siehe Krause, die preußischen Siedlungsgesetze nebst Ausführungsvorschriften Seite 1 ff., Seite 244 ff., Seite 268; ferner Ponsick Wenzel, Reichssiedlungsgesetz, Seite 126 ff.).

Die Nichtberücksichtigung des Paul Michalik bei der Parzellierungsaktion stellt eine so klare Verletzung der geltenden nationalen gesetzlichen Bestimmungen dar, daß schon auf Grund obiger Tatsachen auf eine unterschiedliche Behandlung des sich zur Minderheit bekennenden Beschwerdeführers geschlossen werden muß. Diese Folgerung wird bekräftigt durch die Äußerung des Gemeindevorstehers in öffentlicher, zur Besprechung der Siedlungsaktion anberaumter Versammlung, daß diejenigen, die für die Liste 18 gestimmt haben, weder Wiese noch Siedlungsacker erhalten werden. Allerdings stehen dem Gemeindevorsteher keine eigentlichen Kompetenzen bezüglich Landverteilung zu, vielmehr ist die zuständige Behörde der Urząd Ziemski. Wie aber aus den Akten hervorgeht und wie dies in der Natur der Verhältnisse liegt, wird der Gemeindevorsteher zur Mitarbeit beim Siedlungsverfahren herangezogen. Der Leiter des Urząd Ziemski war in concreto nicht am Orte der Siedlung wohnhaft und kannte jedenfallls die persönlichen und örtlichen Verhältnisse, die bei der Landzuteilung in Betracht kommen, nicht so gut wie der Gemeindevorsteher von Studzionka. Dieser bildete die gegebene Auskunfts- u. Beratungsstelle des Leiters des Urząd Ziemski bei der Durchführung seiner Siedlungsaufgabe. Daß Gemeindevorsteher Niezgoda auch bei der vorliegenden Siedlungsaktion indirekt mitgewirkt hat, geht u. a. auch daraus hervor, daß er eine öffentliche Versammlung der Landbewerber geleitet hat. Anläßlich dieser Versammlung hat er, wie verschiedene Zeugen beweisen, Äußerungen getan, aus denen zu schließen ist, daß er sich den nötigen Einfluß beimaß, um den Ausschluß gewisser Minderheitsangehöriger vom Landerwerb zu bewirken.

Narzuca się przeświadczenie, że Michalika skreślono dodatkowo z listy ubiegających się o ziemię jedynie na skutek interwencji naczelnika gminy i to z powodu przynależności Michalika do mniejszości niemieckiej. Tylko w ten sposób można sobie wytłumaczyć fakt, że, jak z akt Urzędu Ziemskiego wynika, już po przydzieleniu Michalikowi parceli zarządzenie to cofnięto, jakkolwiek były dopełnione wszystkie warunki ustawowe dla uwzględnienia jego roszczenia i jakkolwiek w liście ubiegających się o ziemię figurował szczególnie jako „dobry gospodarz".

II

Po naradzie w łonie Komisji Mieszanej Prezydent Komisji Mieszanej dla Górnego Śląska na mocy powyższych rozważań dochodzi do

poglądu:

Nieuwzględnienie żalącego się z okazji akcji parcelacyjnej w Studzionce jest naruszeniem artykułów 75 i 80 Konwencji Genewskiej. Właściwą władzę wzywa się, aby wydała stosowne zarządzenia celem dopomożenia żalącemu się do jego prawa.

93

Pogląd

z dnia 16 lipca 1930 w sprawie nr 702 Pawła Besucha z Czernicy, pow. rybnicki (Górny Śląsk Polski), żalącego się, zastąpionego przez Niemiecki Związek Ludowy w Katowicach, dotyczącej zwolnienia z urzędu badacza mięsa i wydania dokumentów dotyczących zwolnienia.

I

1. Dnia 10 sierpnia 1929 (akt 3) wniósł Niemiecki Związek Ludowy imieniem i z pełnomocnictwa Pawła Besucha w myśl art. 149 i n. Konwencji Genewskiej zażalenie do Polskiego Urzędu Spraw Mniejszości w Katowicach. Urząd Spraw Mniejszości przekazał to zażalenie dnia 4 października 1929 (akt 1 i 2) wraz z uwagami w myśl art. 152 Konwencji Genewskiej Prezydentowi Komisji Mieszanej. Po przeprowadzeniu wymiany pism odbyły się dnia 11 czerwca 1930 obrady w łonie Komisji Mieszanej.

Die Überzeugung drängt sich auf, daß der Landbewerber Michalik auf die Intervention des Gemeindevorstehers hin wegen seiner Zugehörigkeit zur deutschen Minderheit von der Liste der Bodenreflektanten nachträglich gestrichen wurde. Nur so ist es erklärlich, daß, nachdem dem Beschwerdeführer gemäß den Akten des Urząd Ziemski eine bestimmte Parzelle bereits zugeteilt war, diese Verfügung wieder rückgängig gemacht wurde, trotzdem sämtliche gesetzliche Voraussetzungen für die Gewährung seines Anspruches erfüllt waren und trotzdem er in der Bodenreflektantenliste als »guter Landwirt« besonders vorgemerkt war.

II

Nach stattgehabter Beratung im Schoße der Gemischten Kommission gelangt der Präsident der Gemischten Kommission für Oberschlesien, gestützt auf die vorstehenden Erwägungen, zur

Stellungnahme:

Die Nichtberücksichtigung des Beschwerdeführers anläßlich der Parzellierungsaktion in Studzionka verstößt gegen Art. 75 und Art. 80 der Genfer Konvention. Die zuständige Behörde wird ersucht, die geeigneten Maßnahmen zu treffen, um dem Beschwerdeführer zu seinem Rechte zu verhelfen.

93

Stellungnahme

vom 16. Juli 1930 in der Sache Nr. 702 des Paul Besuch aus Czernice, Kreis Rybnik (Polnisch-Oberschlesien), Beschwerdeführer, vertreten durch den Deutschen Volksbund in Katowice, betreffend Entlassung vom Amte eines Fleischbeschauers und Herausgabe von Urkunden betreffend die Entlassung.

I

1. Am 10. August 1929 (act. 3) erhob der Deutsche Volksbund namens und in Vollmacht des Paul Besuch im Sinne von Art. 149 ff. der Genfer Konvention Beschwerde beim Polnischen Minderheitsamt in Katowice. Das Minderheitsamt überwies am 4. Oktober 1929 (act. 1 und 2) die Beschwerde mit seinen Bemerkungen im Sinne von Art. 152 der Genfer Konvention an den Präsidenten der Gemischten Kommission. Nach durchgeführtem Schriftenwechsel fanden am 11. Juni 1930 die Beratungen im Schoße der Gemischten Kommission statt.

2. Żalący się złożył w roku 1896 egzamin na badacza mięsa. W roku 1898 został mianowany badaczem mięsa. Egzaminom dodatkowym poddał się z pomyślnym wynikiem. W styczniu 1929 zwolniło go Starostwo w Rybniku z urzędu, nie podając powodów zwolnienia. W niniejszym postępowaniu Urząd Spraw Mniejszości jako powód zwolnienia podaje, że żalący się na skutek podeszłego wieku nie mógł już należycie spełniać swych trudnych obowiązków zawodowych. Zwolnienie nastąpiło zgodnie z postanowieniami § 5 ustawy o badaniu mięsa z dnia 3 lipca 1900 oraz § 3 przepisów wykonawczych.

Żalący się twierdzi, że urząd badacza mięsa odebrano mu jedynie z tego powodu, że należy do mniejszości niemieckiej. Na dowód tego twierdzenia wniósł o przedłożenie akt Starostwa w Rybniku, dotyczących jego zwolnienia z urzędu (akt 20). Na orzeczenie Prezydenta Komisji Mieszanej z dnia 29 stycznia 1930 (akt 22), którym właściwą władzę wezwano, aby w ciągu dni 14 wydała wspomniane akta, odpowiedział Urząd Spraw Mniejszości dnia 31 marca 1930 (akt 28), że Wojewoda odmówił żądaniu Prezydenta Komisji Mieszanej, uzasadniając to tym, że dotyczne akta mają wyłącznie wewnętrznourzędowy charakter i nie zawierają żadnych rzeczowych informacyj oprócz tych, które już Prezydentowi Komisji Mieszanej zakomunikowano. Zresztą w niniejszym przypadku Wojewoda powołuje się na ustawą zagwarantowaną swobodną ocenę władz administracyjnych, co w analogicznych sprawach uznał w swych decyzjach także Górnośląski Trybunał Rozjemczy.

3. Zgodnie z orzecznictwem Górnośląskiego Trybunału Rozjemczego należy wychodzić z założenia, że właściwa władza może w kwestii zwolnienia badacza mięsa postępować według swobodnego uznania. To swobodne uznanie, które opiera się na prawie krajowym, jest jednak ograniczone międzypaństwowymi przepisami słuszności i sprawiedliwości, które ustanowiono w Konwencji Genewskiej dla ochrony mniejszości. Artykuł 77 Konwencji Genewskiej brzmi:

„Tous les ressortissants seront traités sur un pied d'égalité en ce qui concerne l'admission aux emplois publics, fonctions et honneurs, y compris les grades de l'armée, ainsi qu'aux établissements publics, et en ce qui concerne l'octroi de diplômes, distinctions, etc."

2. Der Beschwerdeführer hat im Jahre 1896 die Prüfung für Fleischbeschauer mit Erfolg abgelegt. Im Jahre 1898 wurde er als Fleischbeschauer bestellt. Den Nachprüfungen hat er sich mit Erfolg unterzogen. Im Januar 1929 hat die Starostei Rybnik den Beschwerdeführer dieses Amtes enthoben, und zwar ohne Angabe der Gründe. Im gegenwärtigen Verfahren macht das Minderheitsamt als Entlassungsgrund geltend, daß der Beschwerdeführer wegen seines vorgerückten Alters den schweren Pflichten eines Fleischbeschauers nicht mehr gehörig nachkommen konnte. Die Entlassung sei erfolgt im Einklang mit den Bestimmungen des § 5 des Gesetzes betr. Fleischbeschau vom 3. Juli 1900 sowie des § 3 der Ausführungsvorschriften.

Der Beschwerdeführer behauptet, daß der Widerruf der Bestellung als Fleischbeschauer lediglich wegen seiner Zugehörigkeit zur deutschen Minderheit erfolgt sei. Zum Beweise dieser Behauptung beantragte er die Vorlage der auf die Amtsenthebung bezüglichen Akten der Starostei in Rybnik (act. 20). Auf die Verfügung des Präsidenten der Gemischten Kommission vom 29. Januar 1930 (act. 22), durch welche die zuständige Behörde innert 14 Tagen um Edition der genannten Akten ersucht wurde, antwortete das Minderheitsamt am 31. März 1930 (act. 28), daß der Wojewode dem Ersuchen des Präsidenten der Gemischten Kommission nicht stattgegeben habe, mit der Begründung, daß diese Akten einen ausschließlich innenamtlichen Charakter hätten und keine sachlichen Informationen außer denjenigen enthalten würden, die bereits dem Präsidenten der Gemischten Kommission mitgeteilt worden seien. Im übrigen berufe sich der Wojewode im vorliegenden Fall auf das durch das Gesetz gewährleistete freie Ermessen der Verwaltungsbehörden, was auch in analogen Angelegenheiten in den Entscheidungen des Schiedsgerichtes für Oberschlesien anerkannt worden sei.

3. In Übereinstimmung mit der Rechtssprechung des Schiedsgerichts für Oberschlesien ist davon auszugehen, daß die zuständige Behörde berechtigt ist, in Bezug auf die Entlassung eines Fleischbeschauers nach freiem Ermessen vorzugehen. Dieses freie Ermessen, das sich auf das nationale Recht gründet, ist aber eingeschränkt durch die zwischenstaatlichen Vorschriften der Billigkeit und der Gerechtigkeit, welche zum Schutze der Minderheiten in der Genfer Konvention aufgestellt sind. Art. 77 der Genfer Konvention lautet:

„Tous les ressortissants seront traités sur un pied d'égalité en ce qui concerne l'admission aux emplois publics, fonctions et honneurs, y compris les grades de l'armée, ainsi qu'aux établissements publics, et en ce qui concerne l'octroi de diplômes, distinctions, etc."

Z tego wynika, że żadnego obywatela polskiego w Państwie Polskim nie wolno wykluczać z jakiegoś urzędu z tego powodu, że zalicza się do mniejszości niemieckiej. Gdyby władze we wszystkich przypadkach, w których w myśl prawa krajowego mogą postępować według swobodnego uznania, miały prawo wykluczać osoby mniejszościowe z urzędów publicznych z tego powodu, że te osoby należą do mniejszości, to art. 77 nie miałby zupełnie sensu, ponieważ nominacja na jakiś urząd lub nadanie jakiegoś publicznego stanowiska jak i zwolnienie z jakiegoś urzędu zawsze bywają uskuteczniane, o ile wchodzi w rachubę ustawodawstwo krajowe, według swobodnego uznania. Żalący się może zatem w swej właściwości jako członek mniejszości powołać się na art. 75 i 77 Konwencji Genewskiej i Prezydent Komisji Mieszanej jest właściwy do rozpatrzenia niniejszego zażalenia. Takie też jest zasadnicze stanowisko Urzędu Spraw Mniejszości, który w rzeczy samej nie kwestionuje stosowania Konwencji i właściwości Prezydenta Komisji Mieszanej, powołując się raczej na to, że w niniejszym przypadku artykuły 75 i 77 Konwencji Genewskiej nie zostały naruszone, ponieważ przynależność żalącego się do mniejszości absolutnie nie była brana w rachubę (akt 2).

4. Kwestia, czy artykuł 77 jest naruszony, będzie w poszczególnym przypadku prawie zawsze kwestią dowodową, ponieważ właściwe władze rzadko kiedy uznają za słuszne twierdzenie żalącego się, że wykluczono go z jakiegoś urzędu lub stanowiska publicznego z powodu przynależności do mniejszości. Prezydent Komisji Mieszanej może w myśl art. 153 Konwencji Genewskiej zebrać wszelkie informacje, jakie według stanu sprawy uważa za użyteczne i właściwe, i przeprowadzić wszystkie dowody, jakie uważa za potrzebne (zob. także art. 42 regulaminu postępowania Komisji Mieszanej). Odnosi się to oczywiście także do dowodu z dokumentów. Temu zapatrywaniu odpowiada stała dotychczasowa praktyka Prezydenta Komisji Mieszanej.

Przychylając się do wniosku żalącego się, Prezydent Komisji Mieszanej zażądał w niniejszym przypadku wydania akt dotyczących zwolnienia, ponieważ nie ma powodu, aby wnioskowi temu odmówić. Dotyczne dokumenty są raczej łatwo zrozumiałym i naturalnym środkiem dowodowym dla wyjaśnienia kwestii faktycznej.

Jeżeli się właściwa władza wzbrania wydać żądane akta, to sprzeciwia się to nie tylko cytowanym postanowieniom formalnym i dotychczasowej praktyce, lecz także sensowi i duchowi Konwencji

Daraus geht hervor, daß kein polnischer Staatsangehöriger im Polnischen Staate aus dem Grunde von einem Amte ausgeschlossen werden darf, weil er der deutschen Minderheit angehört. Wenn die Behörden in allen Fällen, in denen sie gemäß nationalem Rechte nach freiem Ermessen vorgehen können, berechtigt wären, die Angehörigen der Minderheit von öffentlichen Ämtern auszuschließen, weil sie zur Minderheit gehören, so hätte auch Art. 77 gar keinen Sinn, denn die Ernennung zu einem Amte oder die Bestellung zu einer öffentlichen Anstellung und ebenso die Entlassung erfolgen sozusagen immer, soweit die nationale Gesetzgebung in Frage kommt, nach freiem Ermessen. Der Beschwerdeführer ist also in seiner Eigenschaft als Minderheitsangehöriger berechtigt, sich auf Art. 75 und 77 der Genfer Konvention zu berufen und der Präsident der Gemischten Kommission ist kompetent, auf diese Beschwerde einzutreten. Das ist denn auch der grundsätzliche Standpunkt des Minderheitsamtes, welches die Anwendung der Konvention und die Kompetenz des Präsidenten der Gemischten Kommission an sich nicht bestreitet, sondern vielmehr geltend macht, daß im vorliegenden Falle Art. 75 und 77 der Genfer Konvention nicht verletzt seien, weil die Zugehörigkeit des Beschwerdeführers zur Minderheit nicht im geringsten in Betracht gezogen worden sei (act. 2).

4. Die Frage, ob Art. 77 verletzt sei, wird im einzelnen Falle fast immer eine Beweisfrage sein, da die zuständigen Behörden selten die Behauptung des Beschwerdeführers, daß er wegen seiner Zugehörigkeit zur Minderheit von einem Amte oder einer öffentlichen Anstellung ausgeschlossen worden sei, als richtig anerkennen. Der Präsident der Gemischten Kommission kann sich gemäß Art. 153 der Genfer Konvention alle Informationen verschaffen, die ihm nach Lage des Falles nützlich und dienlich erscheinen, und alle Beweise erheben, die er als erforderlich erachtet. (Siehe auch Art. 42 der Verfahrensordnung der Gemischten Kommission). Dies gilt natürlich auch für den Urkundenbeweis. Dieser Auffassung entspricht die ständige bisherige Praxis des Präsidenten der Gemischten Kommission.

In concreto hat der Präsident der Gemischten Kommission gemäß dem Antrag des Beschwerdeführers die Edition der die Entlassung betreffenden Akten verlangt, weil kein Grund vorliegt, diesem Antrage nicht zu entsprechen. Vielmehr erscheinen die fraglichen Urkunden als das naheliegendste und natürlichste Beweismittel, um sich über die Tatfrage Aufschluß zu verschaffen.

Die Weigerung der zuständigen Behörde, die verlangten Akten herauszugeben, widerspricht nicht nur den zitierten formalen Bestimmungen und der bisherigen Praxis, sondern überhaupt dem Sinn und Geist

Genewskiej w ogóle, bo w ten sposób w licznych przypadkach uniemożliwiłoby się Prezydentowi Komisji Mieszanej spełnienie jego zadania, tj. stwierdzenie, czy zachodzi naruszenie jakiegoś prawa mniejszościowego.

Na uzasadnienie swego zapatrywania właściwa władza wysuwa argument, że akta starosty mają czysto wewnętrzno-urzędowy charakter i że zatem nic nie obchodzą ani żalącego się ani jego zażalenia. Uzasadnienie to nie jest słuszne już z tego powodu, że dane akta dotyczą zwolnionego urzędnika, czynności urzędowej starosty wobec żalącego się, z powodu której wysunięto właśnie twierdzenie naruszenia Konwencji. Gdyby stanowisko właściwej władzy było słuszne, mogłaby ona w sprawie każdego zażalenia mniejszościowego, skierowanego w myśl art. 149 przeciwko czynnościom urzędników i władz, odmówić wydania dokumentów, mogących służyć do wyjaśnienia sprawy.

W podobnym poprzednim przypadku, w sprawie zażalenia nr 299 dotyczącego nierównego traktowania lekarza dra Skupina, zajęła właściwa władza polska, powołując się na § 96 procedury karnej, stanowisko, że nie potrzebuje wydawać Prezydentowi Komisji Mieszanej dokumentów wówczas, gdyby to było połączone ze szkodą Państwa. Przypadek ten załatwiono ugodowo, tak że wspomnianego zarzutu proceduralnego nie rozstrzygnięto. Ówczesne stanowisko Województwa odpowiadałoby dotycznym postanowieniom obowiązujących na obszarze plebiscytowym procedur cywilnej i karnej. (Zob. procedura cywilna §§ 432, 422 i n., 376, procedura karna § 96.) Należałoby przy tym zbadać, czy owe postanowienia mogą mieć zastosowanie do postępowania dowodowego przed Komisją Mieszaną. Lecz kwestii tej nie potrzeba tu rozpatrywać, ponieważ w niniejszym przypadku nie ma ona praktycznego znaczenia. Nie potrzeba wywodów na to, że wydanie akt starosty w sprawie złożenia z urzędu badacza mięsa Besucha nie może szkodzić dobru Państwa.

5. Dalsze rozpatrywanie zażalenia może nastąpić dopiero po załatwieniu tej kwestii wpadkowej.

Po naradzie w łonie Komisji Mieszanej Prezydent Komisji Mieszanej na mocy powyższych rozważań dochodzi do

poglądu:

der Genfer Konvention, da dadurch dem Präsidenten der Gemischten Kommission die Erfüllung seiner Aufgabe, d. h. die Feststellung, ob die Verletzung eines Minderheitsrechts vorliegt, in vielen Fällen verunmöglicht würde.

Die zuständige Behörde macht zur Begründung ihrer Auffassung geltend, daß die Akten des Starosten rein innenamtlichen Charakter haben, also den Beschwerdeführer und seine Beschwerde gar nichts angehen. Diese Begründung ist schon deshalb nicht zutreffend, weil die fraglichen Akten Bezug haben auf den entlassenen Beamten, auf die Amtshandlung, welche der Starost gegenüber dem Beschwerdeführer vorgenommen hat und wegen welcher Verletzung der Genfer Konvention behauptet wird. Wäre der Standpunkt der zuständigen Behörde richtig, so könnte sie gegenüber jeder Minderheitsbeschwerde im Sinne des Art. 149, welche gegen Handlungen von Beamten und Behörden gerichtet ist, die Herausgabe der Urkunden, welche darüber Aufschluß zu geben geeignet sind, verweigern.

In einem früheren ähnlichen Falle, in der Beschwerdesache Nr. 299 betreffend unterschiedliche Behandlung des Arztes Dr. Skupin, hatte die zuständige polnische Behörde sich, durch Berufung auf § 96 der Strafprozeßordnung, auf den Standpunkt gestellt, daß sie die Vorlegung der Urkunden dem Präsidenten der Gemischten Kommission dann verweigern könne, wenn dies dem Wohle des Staates Nachteil bereite. Jener Fall wurde gütlich erledigt, so daß die erwähnte prozessuale Einrede nicht zur Entscheidung kam. Der damalige Standpunkt der Wojewodschaft würde den bezüglichen Bestimmungen der im Abstimmungsgebiete geltenden Zivil- und Strafprozeßordnungen entsprechen. (Siehe Z. P. O. §§ 432, 422 ff., 376. St. P. O. § 96.) Dabei wäre zu prüfen, ob jene Bestimmungen auf das Beweisverfahren vor der Gemischten Kommission anwendbar sind. Aber es ist nicht nötig, auf diese Frage hier einzutreten, da sie im vorliegenden Fall keine praktische Bedeutung hat. Es ist ohne weiteres klar, daß die Herausgabe der Akten des Starosten über die Absetzung des Fleischbeschauers Besuch dem Wohle des Staates keinen Nachteil bereiten kann.

5. Die weitere Behandlung der Beschwerde kann erst nach Erledigung dieser Zwischenfrage stattfinden.

Nach stattgehabter Beratung im Schoße der Gemischten Kommission gelangt der Präsident der Gemischten Kommission, gestützt auf die vorstehenden Erwägungen, zur

Stellungnahme:

Właściwa władza winna przedłożyć Prezydentowi Komisji Mieszanej akta Starostwa w Rybniku, które dotyczą cofnięcia nominacji żalącego się na badacza mięsa.

94

Pogląd

z dnia 17 lipca 1930 w sprawie nr 825 wdowy Marty Słodczykowej w Zabrzu (Górny Śląsk Niemiecki), żalącej się, zastąpionej przez Związek Polaków w Niemczech, t. z., w Opolu, dotyczącej postępowania lekarza dra Janusa w Zabrzu.

I

1. Dnia 25 listopada 1929 (akt 2) wniósł Związek Polaków imieniem i z pełnomocnictwa (akt 47) wdowy Marty Słodczykowej z powodu postępowania lekarza dra Janusa w Zabrzu w myśl art. 149 i n. Konwencji Genewskiej zażalenie do Niemieckiego Urzędu Spraw Mniejszości w Opolu. Urząd Spraw Mniejszości przekazał dnia 21 grudnia 1929 (akt 1) zażalenie wraz z uwagami w myśl art. 152 Konwencji Genewskiej Prezydentowi Komisji Mieszanej. Na rozprawie ustnej z dnia 13 czerwca 1930 strony miały sposobność przedstawić dalsze wywody faktyczne i prawne.

2. Celem zbadania lekarskiego i uzyskania świadectwa lekarskiego dla syna Reinholda Słodczyka, ur. dnia 6 września 1914, udała się żaląca się z tym synem do lekarza Kasy Chorych dra Janusa w Zabrzu. Należy nadmienić, że żaląca się nie jest członkinią Miejscowej Kasy Chorych w Zabrzu. Na zapytanie dra Janusa, na co jej potrzeba świadectwa, żaląca się odparła, że syn jej może być przyjęty do seminarium nauczycielskiego na Górnym Śląskim Polskim. Na to lekarz oświadczył: „To Pani go chce tam posłać, to Pani też jest Polką? Tego nie mogę zrobić, to mi jest niesympatyczne, niech Pani idzie do innego lekarza." Żaląca się musiała opuścić z synem gabinet lekarski nie załatwiwszy sprawy.

Żaląca się zajmuje stanowisko, że uwagi lekarza stanowią pogardliwe traktowanie i że badania lekarskiego odmówiono jedynie z powodu jej przynależności do mniejszości polskiej; postępowanie dra Janusa jest nierównym traktowaniem w myśl art. 75 Konwencji Genewskiej.

Die zuständige Behörde ist verpflichtet, die Akten der Starostei Rybnik betreffend Widerruf der Bestellung des Beschwerdeführers als Fleischbeschauer dem Präsidenten der Gemischten Kommission vorzulegen.

94

Stellungnahme

vom 17. Juli 1930 in der Sache Nr. 825 der Witwe Martha Słodczyk, Hindenburg (Deutsch-Oberschlesien), Beschwerdeführerin, vertreten durch den Związek Polaków w Niemczech, T. z., in Oppeln, betreffend Verhalten des Arztes Dr. Janus in Hindenburg.

I

1. Am 25. November 1929 (act. 2) erhob der Związek Polaków namens und in Vollmacht (act. 47) der Witwe Martha Słodczyk über das Verhalten des Arztes Dr. Janus in Hindenburg im Sinne von Art. 149 ff. der Genfer Konvention Beschwerde beim deutschen Minderheitsamt in Oppeln. Das Minderheitsamt überwies am 21. Dezember 1929 (act. 1) die Beschwerde mit seinen Bemerkungen im Sinne von Art. 152 der Genfer Konvention an den Präsidenten der Gemischten Kommission. In den mündlichen Verhandlungen vom 13. Juni 1930 hatten die Parteien Gelegenheit, weitere Ausführungen in tatsächlicher und rechtlicher Beziehung vorzutragen.

2. Zwecks ärztlicher Untersuchung und Erlangung eines ärztlichen Attestes für ihren Sohn Reinhold Słodczyk, geboren am 6. September 1914, begab sich die Beschwerdeführerin mit diesem zum Krankenkassenarzt Dr. Janus in Hindenburg. Zu bemerken ist, daß die Beschwerdeführerin nicht Mitglied der Ortskrankenkasse Hindenburg ist. Auf die Frage des Dr. Janus, wozu das Attest benötigt werde, antwortete die Beschwerdeführerin, daß ihr Sohn Gelegenheit habe, ein Lehrerseminar in Polnisch-Oberschlesien zu besuchen. Der Arzt erklärte: »Da wollen Sie ihn dorthin schicken, da sind Sie auch eine Polin? Das kann ich nicht machen, das ist mir unsympathisch, gehen Sie doch zu einem anderen Arzt.« Die Beschwerdeführerin mußte hierauf mit ihrem Sohne unverrichteter Dinge fortgehen.

Die Beschwerdeführerin vertritt den Standpunkt, daß in den Bemerkungen des Arztes eine Verächtlichmachung liege und daß die ärztliche Untersuchung nur wegen ihrer Zugehörigkeit zur polnischen Minderheit verweigert worden sei; das Verhalten des Dr. Janus bedeute eine unterschiedliche Behandlung im Sinne des Art. 75 der Genfer Konvention.

Właściwa władza uważa zażalenie za nieuzasadnione, ponieważ dr Janus nie działał w charakterze urzędnika.

3. Artykuł 75 Konwencji Genewskiej przepisuje, że władze i urzędnicy nie powinni traktować osób należących do mniejszości nierówno, lecz w ten sam sposób, jak innych obywateli.

a) Wykonywanie zawodu lekarskiego jest, z zastrzeżeniem lekarskiego świadectwa kwalifikacyjnego, wolnym zawodem (§ 1, § 29 ustawy przemysłowej). W myśl § 144 ust. 2 ustawy przemysłowej lekarz nie jest zobowiązany do udzielania pomocy lekarskiej. Tylko w dwóch przypadkach lekarz zobowiązany jest ogólnie, tzn. wobec każdego, do udzielania pomocy zawodowej: jeżeli władza policyjna wezwie go do udzielenia pomocy lekarskiej i jeżeli zachodzi nagła potrzeba. (Pismo Izby Lekarskiej w Wrocławiu z dnia 1 sierpnia 1919, akt 2.) Warunki te tutaj nie zachodzą. Z tego wynika, że naruszenie artykułu 75 Konwencji Genewskiej przez dra Janusa w jego właściwości jako wolno praktykującego lekarza nie może wchodzić w rachubę.

b) Z uwagi na to, że dr Janus jest lekarzem Miejscowej Kasy Chorych w Zabrzu, nasuwa się pytanie, czy i w jakim stopniu podlega on jako organ lub mandatariusz tejże instytucji Konwencji Genewskiej.

Stanowisko prawne kas chorych wyjaśnia ordynacja ubezpieczeniowa Rzeszy w związku ze statutem kas chorych. Paragraf 3 ordynacji ubezpieczeniowej Rzeszy postanawia, że dla ubezpieczenia na wypadek choroby kasy chorych są przedsiębiorcami (Träger) ubezpieczenia Rzeszy. Kasy podlegają nadzorowi władz (§ 377). Nie ulega wątpliwości, że kasy chorych — a w niniejszym przypadku Kasa Chorych miasta Zabrza — są instytucjami publiczno-prawnymi, „établissements publics" w myśl art. 77 Konwencji Genewskiej.

Lekarze zakontraktowani dla kas chorych umową pisemną (§ 368 ordynacji ubezpieczeniowej Rzeszy) są organami établissements publics i mają publiczno-prawny obowiązek postępować w myśl natury prawnej kas chorych jako instytucyj publiczno-prawnych przy udzielaniu pomocy lekarskiej także wobec członków kasy zaliczających się do mniejszości według zasad obiektywnego i równego traktowania. Zapatrywanie to zgodne jest z artykułem 77 Konwencji Genewskiej. W myśl tego postanowienia osoby należące do mniejszości należy dopuścić do urzędów établissements publics, tym bardziej zatem do korzystania z tych instytucyj. (Zob. pogląd Prezydenta Komisji Mie-

Die zuständige Behörde hält die Beschwerde für unbegründet, weil Dr. Janus nicht als Beamter gehandelt habe.

3. Artikel 75 der Genfer Konvention schreibt vor, daß die Behörden und Beamten die Angehörigen der Minderheit nicht unterschiedlich, sondern in gleicher Weise wie die anderen Staatsangehörigen behandeln sollen.

a) Die Ausübung der Heilkunde ist, vorbehaltlich des Befähigungsnachweises als Arzt, ein freier Beruf (§ 1, § 29 der Gewerbeordnung). Der Arzt ist nach § 144, Abs. 2 der Gewerbeordnung zur ärztlichen Hilfeleistung nicht verpflichtet. Nur in zwei Fällen ist der Arzt allgemein, d. h. gegenüber jedermann, zur beruflichen Hilfe verpflichtet: wenn die Polizeibehörde zur ärztlichen Behandlung auffordert und wenn ein Notfall vorliegt (Schreiben der Ärztekammer Breslau vom 1. August 1929 act. 2). Diese Voraussetzungen treffen hier nicht zu. Daraus ergibt sich, daß eine Verletzung des Artikels 75 der Genfer Konvention durch Dr. Janus in seiner Eigenschaft als frei praktizierender Arzt nicht in Frage kommen kann.

b) Da Dr. Janus Arzt der Ortskrankenkasse Hindenburg ist, stellt sich die Frage, ob und inwieweit er als Organ oder Beauftragter dieser Institution der Genfer Konvention untersteht.

Über die Rechtsstellung der Krankenkasse gibt die Reichsversicherungsordnung im Zusammenhang mit der Satzung der Krankenkasse Aufschluß. Paragraph 3 der Reichsversicherungsordnung bestimmt, daß für die Krankenversicherung die Krankenkassen die Träger der Reichsversicherung sind. Die Kassen unterstehen behördlicher Aufsicht (§ 377). Es unterliegt keinem Zweifel, daß die Krankenkassen — und in concreto die Krankenkasse Hindenburg — öffentlich-rechtliche Institutionen, »établissements publics« im Sinne des § 77 der Genfer Konvention darstellen.

Die für die Krankenkassen durch schriftlichen Vertrag verpflichteten Ärzte (§ 368 Reichsversicherungsordnung) sind Organe der établissements publics und es obliegt ihnen die öffentlich-rechtliche Pflicht, entsprechend der Rechtsnatur der Krankenkassen als öffentlich-rechtlicher Institutionen bei der ärztlichen Hilfeleistung auch gegenüber den zur Minderheit gehörenden Kassenmitgliedern nach den Grundsätzen der unparteiischen und gleichen Behandlung zu verfahren. Diese Auffassung steht mit Art. 77 der Genfer Konvention im Einklang. Gemäß dieser Bestimmung sollen die Angehörigen der Minderheit zu den Ämtern der établissements publics zugelassen werden, umsomehr auch zur Benutzung dieser Einrichtungen (Siehe

szanej z dnia 1 czerwca 1928 w sprawie zażalenia nr 195 dotyczącego pogardliwego traktowania mniejszości.)

W niniejszym przypadku nie zwrócono się jednak do dra Janusa o pomoc lekarską w jego właściwości jako lekarza kasy chorych, ponieważ wystawienie żądanego świadectwa lekarskiego nie należy do obowiązków lekarza kasy chorych i ponieważ oprócz tego żaląca się, jak już wspomniano, nie jest członkinią Miejscowej Kasy Chorych w Zabrzu. Czy pomimo to można przeciwko drowi Janusowi wdrożyć postępowanie z powodu naruszenia Konwencji Genewskiej?

Na pytanie to należy odpowiedzieć przecząco. Wprawdzie według praktyki Prezydenta Komisji Mieszanej urzędnik może naruszyć niektóre postanowienia Konwencji Genewskiej także wówczas, gdy działa poza swymi funkcjami urzędowymi (pogląd z dnia 5 października 1927 w sprawie agitacji przeciwko szkole mniejszościowej w Godowie; pogląd z dnia 1 czerwca 1928 w sprawie pogardliwego traktowania mniejszości). Stanowisko to odpowiada wyraźnemu postanowieniu § 2 ustawy o uchybieniach służbowych urzędników niesądowych. W myśl tego postanowienia można urzędnika pociągnąć do odpowiedzialności także za postępowanie poza służbą. Zasady tej nie można jednak rozszerzyć także na osoby, które, jak lekarze kas chorych, nie są urzędnikami w myśl ustawy urzędniczej, lecz oddają tylko na podstawie szczególnego stosunku umownego instytucjom publiczno-prawnym pewne usługi zawodowe. O ile jakiś lekarz kasy chorych czynny jest poza swymi obowiązkami, które nań ciążą jako na organie instytucji prywatno-prawnej (kasy chorych), działa on jako osoba prywatna i zachowuje zupełną niezależność wobec Państwa.

Z tych powodów należy zażalenie, które wniesiono przeciwko drowi Janusowi z powodu naruszenia artykułu 75 Konwencji Genewskiej, oddalić. Prezydent Komisji Mieszanej uważa jednak za swój obowiązek wskazać na to, jak dalece osoby należące do mniejszości muszą czuć się dotknięte w swych uprawnionych uczuciach, gdy lekarz, do którego się udają, nie przyjmuje ich z powodu ich narodowości lub w ogóle nie traktuje z tą samą życzliwością, jak osoby należące do większości. W interesie pojednania i pacyfikacji jest bardzo pożądane, aby wszystkie kierownicze sfery ludności Górnego Śląska, w szczególności zaś lekarze, którzy spełniają tak szczytne ogólnoludzkie zadanie, postępowali także wobec osób należących do mniejszości w sposób prawdziwie humanitarny i życzliwy.

Stellungnahme des Präsidenten der Gemischten Kommission vom 1. Juni 1928 in der Beschwerdesache Nr. 195 betreffend Verächtlichmachung der Minderheit).

Im vorliegenden Falle wurde indes Dr. Janus nicht in seiner Eigenschaft als Kassenarzt um ärztliche Hilfe angegangen, da die Ausstellung des verlangten ärztlichen Attestes nicht zu den Obliegenheiten eines Kassenarztes gehört und da zudem die Beschwerdeführerin, wie bereits erwähnt, nicht Mitglied der Ortskrankenkasse Hindenburg ist. Kann gegen Dr. Janus trotzdem wegen Verletzung der Genfer Konvention eingeschritten werden?

Diese Frage muß verneint werden. Zwar kann nach der Praxis des Präsidenten der Gemischten Kommission ein Beamter gewisse Bestimmungen der Genfer Konvention auch dann verletzen, wenn er außerhalb seiner amtlichen Funktionen handelt (Stellungnahme vom 5. Oktober 1927 betreffend Agitation gegen die Minderheitsschule in Godów; Stellungnahme vom 1. Juni 1928 betr. Verächtlichmachung der Minderheit). Dieser Standpunkt entspricht der ausdrücklichen Bestimmung des § 2 des Gesetzes betr. die Dienstvergehen der nicht richterlichen Beamten, wonach ein Beamter auch für sein Verhalten außer dem Amte zur Verantwortung gezogen werden kann. Es ist aber nicht angängig, diesen Grundsatz auf Personen auszudehnen, die, wie die Kassenärzte, nicht Beamte im Sinne des Beamtengesetzes sind, sondern nur auf Grund eines besonderen Vertragsverhältnisses öffentlich-rechtlichen Institutionen gewisse berufliche Dienste leisten. Soweit ein Kassenarzt außerhalb seiner Obliegenheiten als Organ der öffentlich-rechtlichen Institution (Krankenkasse) tätig ist, handelt er als Privatperson und bewahrt seine völlige Unabhängigkeit gegenüber dem Staate.

Aus diesen Gründen muß die Beschwerde gegen Dr. Janus wegen Verletzung des Art. 75 der Genfer Konvention abgewiesen werden. Der Präsident der Gemischten Kommission sieht sich jedoch veranlaßt, darauf hinzuweisen, wie sehr die Angehörigen der Minderheiten sich in ihren berechtigten Empfindungen verletzt fühlen müssen, wenn der von ihnen in Anspruch genommene Arzt sie wegen ihres Volkstums zurückweist oder sie überhaupt nicht mit dem gleichen Wohlwollen wie Mehrheitsangehörige behandelt. Im Interesse der Versöhnung und Befriedung ist sehr zu wünschen, daß alle führenden Kreise der Bevölkerung Oberschlesiens, insbesondere aber die Ärzte, die eine so edle allgemein menschliche Aufgabe erfüllen, auch gegenüber den Angehörigen der Minderheiten eine wahrhaft humane und wohlwollende Gesinnung betätigen mögen.

Po naradzie w łonie Komisji Mieszanej Prezydent Komisji Mieszanej na mocy powyższych rozważań dochodzi do

poglądu:

Zażalenie oddala się.

95

Pogląd

z dnia 1 sierpnia 1930 w sprawie nr 821 Marty Bergerowej w Urbanowicach (Górny Śląsk Polski), żalącej się, zastąpionej przez Niemiecki Związek Ludowy w Katowicach, dotyczącej nieprzyjęcia Anny Bergerówny do szkoły mniejszościowej.

I

1. Imieniem Marty Bergerowej wniósł Niemiecki Związek Ludowy dnia 5 października 1929 (akt 3) w myśl art. 149 i n. Konwencji Genewskiej zażalenie do Polskiego Urzędu Spraw Mniejszości w Katowicach. Powodem zażalenia jest nieprzyjęcie dziecka Anny Bergerówny do szkoły mniejszościowej. Urząd Spraw Mniejszości przekazał to zażalenie Prezydentowi Komisji Mieszanej dnia 12 grudnia 1929 (akt 1 i 2), po czym dnia 20 lutego 1930 (akt 10 i 11) przesłał dodatkowo uwagi w myśl art. 152 Konwencji Genewskiej. Następnie odbyła się wymiana pism, przewidziana w regulaminie postępowania Komisji Mieszanej. Na rozprawie ustnej z dnia 11 lipca 1930 Prezydent Komisji Mieszanej przesłuchał najpierw żalącą się, po czym strony miały sposobność przedstawić dalsze wywody faktyczne i prawne.

Celem polubownego załatwienia sprawy przedstawił Prezydent Komisji Mieszanej Polskiemu Urzędowi Spraw Mniejszości w Katowicach dnia 16 lipca 1930 następującą propozycję ugody (akt 53—54):

„Dziecko Annę Bergerównę należy z dniem 1 września 1930 dopuścić do prywatnej szkoły mniejszościowej w Hołdunowie.

Za takim rozwiązaniem sprawy obok rozważań prawnych przemawiają przede wszystkim względy słuszności:

a) Według wiarogodnego zeznania, złożonego przez żalącą się przed Prezydentem Komisji Mieszanej dnia 11 lipca 1930, należy przypuścić, że oświadczenie „język polski", zawarte w protokole wpi-

Nach stattgehabter Beratung im Schoße der Gemischten Kommission, gestützt auf die vorstehenden Erwägungen, gelangt der Präsident der Gemischten Kommission zur

Stellungnahme:

Die Beschwerde wird abgewiesen.

95

Stellungnahme

vom 1. August 1930 in der Sache Nr. 821 der Martha Berger, Urbanowice (Polnisch-Oberschlesien), Beschwerdeführerin, vertreten durch den Deutschen Volksbund in Katowice, betreffend Nichtaufnahme der Anna Berger in die Minderheitsschule.

I

1. Am 5. Oktober 1929 (act. 3) erhob der Deutsche Volksbund namens der Martha Berger im Sinne von Art. 149 ff. der Genfer Konvention Beschwerde beim Polnischen Minderheitsamt in Katowice wegen Nichtaufnahme des Kindes Anna Berger in die Minderheitsschule. Das Minderheitsamt überwies die Beschwerde am 12. Dezember 1929 (act. 1 u. 2) an den Präsidenten der Gemischten Kommission. Am 20. Februar 1930 (act. 10 u. 11) ließ es die Bemerkungen im Sinne von Art. 152 der Genfer Konvention folgen. Es fand hierauf der in der Verfahrensordnung der Gemischten Kommission vorgesehene Schriftenwechsel statt. In den mündlichen Verhandlungen vom 11. Juli 1930 wurde die Beschwerdeführerin durch den Präsidenten der Gemischten Kommission einvernommen; sodann hatten die Parteien Gelegenheit, weitere Ausführungen in tatsächlicher und rechtlicher Beziehung vorzutragen.

Im Interesse einer gütlichen Erledigung der Angelegenheit hat der Präsident der Gemischten Kommission am 16. Juli 1930 dem Polnischen Minderheitsamt in Katowice folgenden Vorschlag unterbreitet (act. 53—54):

»Es sei das Kind Anna Berger mit dem 1. September 1930 zum Besuch der privaten Minderheitsschule Hołdunów zuzulassen.

Es sprechen für diese Lösung neben rechtlichen Erwägungen vor allem Gründe der Billigkeit:

a) Nach der glaubwürdigen Aussage der Beschwerdeführerin vom 11. Juli 1930 vor dem Präsidenten der Gemischten Kommission ist anzunehmen, daß die im Einschreibungsprotokoll vom 22. Mai 1929 enthaltene

sowym z dnia 22 maja 1929, nie odpowiadało woli żalącej się, lecz że wynikło z jej nieporadnego i niejasnego wysłowienia się.

b) Żaląca się, wezwana do zeznania prawdy, złożyła przed Prezydentem Komisji Mieszanej dnia 11 lipca 1930 oświadczenie, że językiem jej dziecka jest język niemiecki i że żąda przyjęcia tego dziecka do prywatnej szkoły mniejszościowej w Hołdunowie.

c) Według podania żalącej się wniosła ona na rok szkolny 1930-31 ponowną prośbę do właściwej władzy, aby dziecko jej zwolniono z obowiązku uczęszczania do szkoły publicznej i dopuszczono do prywatnej szkoły mniejszościowej w Hołdunowie."

Pismem z dnia 24 lipca 1930 Urząd Spraw Mniejszości doniósł, że właściwa władza nie przyjęła propozycji polubownego załatwienia sprawy, ponieważ za jedyne obiektywne stwierdzenie stanu rzeczy może uznać tylko protokół z dnia 22 maja 1929.

2. Z okazji wpisów szkolnych na rok szkolny 1929-30 żaląca się zgłosiła swe dziecko Annę do szkoły mniejszościowej w Hołdunowie. (Zob. protokół wpisu z dnia 22 maja 1929, akt 49.) Władza uznała to zgłoszenie za nieważne, ponieważ jako język dziecka podany był w protokole język polski. Sprostowania żalącej się, oświadczonego do protokołu przed Komisją Wpisową jeszcze w czasie wpisów dnia 27 maja 1929, tej treści, że językiem dziecka jest język polski i niemiecki, właściwa władza nie uwzględniła.

Z okazji przesłuchania przez Prezydenta Komisji Mieszanej żaląca się zeznała, że jako język dziecka podała przed Komisją Wpisową dnia 22 maja 1929 nie język polski, lecz język niemiecki i polski, przy czym wskazała szczególnie na to, że dziecko mówi więcej po niemiecku niż po polsku. Gdy się później dowiedziała, że władza nie uwzględnia zgłoszeń, w których podano, że dziecko mówi obydwoma językami, udała się dnia 27 maja 1929 do Komisji Wpisowej i zażądała, aby oświadczenie jej sprostowano w tym kierunku, że językiem dziecka jest język niemiecki.

3. Żaląca się zrobiła z okazji przesłuchania jej przez Prezydenta Komisji Mieszanej wrażenie, że zasługuje na pełną wiarę. Na podstawie jej zeznań nabrał Prezydent Komisji Mieszanej przekonania, że oświadczenie co do języka dziecka, zawarte w protokole z dnia 22 maja 1929, nie odpowiadało woli żalącej się, lecz polegało na nie-

Erklärung »polnische Sprache« nicht dem Willen der Beschwerdeführerin entsprach, sondern auf ihre unbeholfene und mißverständliche Ausdrucksweise zurückzuführen ist.

b) Die Beschwerdeführerin hat am 11. Juli 1930 vor dem Präsidenten der Gemischten Kommission, zur Wahrheit ermahnt, die Erklärung abgegeben, daß die Sprache des Kindes die deutsche sei und daß sie die Aufnahme des Kindes in die private Minderheitsschule Hołdunów verlange.

c) Die Beschwerdeführerin hat ihrer Angabe zufolge neuerdings für das Schuljahr 1930-31 bei der zuständigen Behörde ein Gesuch um Befreiung vom Besuch der öffentlichen Schule zwecks Zulassung zur privaten Minderheitsschule Hołdunów gestellt.«

Mit Schreiben vom 24. Juli 1930 teilte das Minderheitsamt mit, daß die zuständige Behörde den Vorschlag zur gütlichen Erledigung abgelehnt habe, da sie als einzige objektive Feststellung des Sachverhalts das Protokoll vom 22. Mai 1929 erachten könne.

2. Die Beschwerdeführerin hat anläßlich der Schuleinschreibungen für das Schuljahr 1929-30 ihr Kind Anna für die Minderheitsschule Hołdunów angemeldet. (Siehe Einschreibungsprotokoll vom 22. Mai 1929, act. 49.) Die Behörde hat die Anmeldung für ungültig erklärt, weil im Protokoll als Sprache des Kindes die polnische Sprache angegeben war. Eine noch während der Einschreibungsfrist am 27. Mai 1929 vor der Einschreibungskommission zu Protokoll gegebene Berichtigung der Beschwerdeführerin, dahinlautend, daß die Sprache des Kindes die polnische und die deutsche ist, wurde von der zuständigen Behörde nicht berücksichtigt.

Die Beschwerdeführerin hat anläßlich der Einvernahme durch den Präsidenten der Gemischten Kommission deponiert, daß sie am 22. Mai 1929 vor der Einschreibungskommission als Sprache des Kindes nicht polnisch, sondern deutsch und polnisch angegeben habe, unter besonderem Hinweis darauf, daß ihr Kind mehr deutsch als polnisch spreche. Sie habe in der Folge in Erfahrung gebracht, daß die Behörde Anmeldungen, in welchen Doppelsprachigkeit des Kindes angegeben sei, nicht berücksichtige und habe daher am 27. Mai 1929 vor der Einschreibungskommission eine Berichtigung dahin verlangt, daß die Sprache des Kindes die deutsche sei.

3. Die Beschwerdeführerin machte anläßlich ihrer Einvernahme durch den Präsidenten der Gemischten Kommission den Eindruck voller Glaubwürdigkeit. Gestützt auf ihre Aussagen gelangt der Präsident der Gemischten Kommission zur Überzeugung, daß die im Protokoll vom 22. Mai 1929 enthaltene Spracherklärung nicht dem Willen der Beschwerdeführerin

porozumieniu. Nieporozumienie to oraz fakt, że podpisała zaczepiony protokół, tłumaczy żaląca się tym, że nie rozumie wszystkich słów polskich i że nie umie po polsku czytać, wobec czego nie mogła się o treści protokołu upewnić. To oświadczenie żalącej się zasługuje tym bardziej na wiarę, że podczas wpisów szkolnych na rok 1929-30 zaszły liczne inne przypadki, że wskutek nieporozumień mylnie zaprotokołowano oświadczenia — i że Prezydent Komisji Mieszanej zdołał w drodze przesłuchania danych uprawnionych do wychowania stwierdzić, że wielka ilość tych nieporozumień została wywołana niedostateczną znajomością polskiego języka literackiego. Co prawda zarówno w niniejszym przypadku jak i we wszystkich innych mogli uprawnieni do wychowania żądać, aby im pytania stawiano w języku niemieckim i aby w tym języku spisano z nimi protokół. Lecz, jak stwierdzono, przeważna część uprawnionych do wychowania nie wiedziała, że ma takie prawo, wobec czego nie mogła z niego skorzystać.

Należy wskazać na to, że w przyszłości uniknie się tego rodzaju nieporozumień wypływających z niedostatecznej znajomości języka, ponieważ z inicjatywy Prezydenta Komisji Mieszanej właściwa władza wydała instrukcje, w myśl których uprawnionych do wychowania należy przed przesłuchaniem wyraźnie zapytać, czy żądają protokołowania w języku polskim lub niemieckim.

Żaląca się była zatem przekonana, że z okazji wpisów szkolnych z dnia 22 maja 1929 podała jako język dziecka języki polski i niemiecki. Można by zarzucić, że w takim razie ponowne stawienie się petentki przed Komisją Wpisową nie było uzasadnione, ponieważ w myśl rozstrzygnięcia haskiego dzieci dwujęzyczne winny być dopuszczone do szkoły mniejszościowej. Na to należy odpowiedzieć, że właściwa władza zaczepiła kilkakrotnie niesłusznie zgłoszenia, w których jako język dziecka podano języki niemiecki i polski. Można zatem zrozumieć, że żaląca się, gdy jej zwrócono uwagę na tego rodzaju precedensy, udała się dnia 27 maja 1929 ponownie do Komisji Wpisowej i zażądała, aby protokół sprostowano w tym kierunku, że językiem dziecka jest język niemiecki.

Że przy tym ponownym protokołowaniu znów zaszły nieporozumienia, jest tym bardziej zrozumiałe, że protokołowanie to opierało się na mylnym protokołowaniu z dnia 22 maja 1929.

entsprach, sondern auf Mißverständnissen beruht. Daß diese Mißverständnisse Platz griffen und daß die Beschwerdeführerin ihre Unterschrift unter das angefochtene Protokoll setzte, führt sie darauf zurück, daß sie nicht alle polnischen Ausdrücke verstehe, nicht polnisch lesen könne und sich daher über den Inhalt des Protokolls nicht vergewissern konnte. Diese Erklärung verdient umsomehr Glauben, als auch in anderen zahlreichen Fällen bei den Einschreibungen für das Schuljahr 1929-30 Erklärungen protokolliert wurden, die auf Mißverständnissen beruhten, und weil durch die vom Präsidenten der Gemischten Kommission angeordnete Einvernahme der betreffenden Erziehungsberechtigten festgestellt wurde, daß eine große Zahl jener Mißverständnisse aus der mangelhaften Kenntnis der polnischen Schriftsprache entstanden ist. Wohl hätten im vorliegenden Falle wie in allen anderen Fällen die Erziehungsberechtigten das Recht gehabt, die mündliche Befragung und die Abfassung des Protokolls in deutscher Sprache zu verlangen. Festgestelltermaßen aber waren die meisten Erziehungsberechtigten über das ihnen zustehende Recht nicht orientiert und konnten daher von ihm keinen Gebrauch machen.

Es sei darauf hingewiesen, daß in Zukunft derartige, auf mangelhaften Sprachkenntnissen beruhende Mißverständnisse vermieden werden, weil auf die Anregung des Präsidenten der Gemischten Kommission hin die zuständige Behörde Instruktionen dahin erteilt hat, daß die Erziehungsberechtigten vorgängig der Einvernahme ausdrücklich gefragt werden müssen, ob sie polnische oder deutsche Protokollierung verlangen.

Die Beschwerdeführerin war also in gutem Glauben, anläßlich der Einschreibung vom 22. Mai 1929 entsprechend ihrer Überzeugung als Sprache des Kindes polnisch und deutsch angegeben zu haben. Es kann eingewendet werden, daß in diesem Falle ein nochmaliges Erscheinen der Beschwerdeführerin vor der Einschreibungskommission nicht begründet war, indem im Sinne der Haager Entscheidung doppelsprachige Kinder zur Minderheitsschule zugelassen werden müssen. Darauf ist zu entgegnen, daß die zuständige Behörde wiederholt zu Unrecht Anmeldungen beanstandet hat, in denen als Sprache deutsch und polnisch angegeben war. Es ist daher verständlich, daß die Beschwerdeführerin, aufmerksam gemacht auf solche Präzedenzfälle, sich am 27. Mai 1929 nochmals zur Einschreibungskommission begab und im Protokoll eine Berichtigung dahin verlangte, daß die Sprache des Kindes die deutsche sei.

Daß bei dieser neuen Protokollierung neuerdings Mißverständnisse vorkamen, ist umso eher verständlich, als sie sich auf der irrtümlichen Protokollierung vom 22. Mai 1929 aufbaute.

Wreszcie należy uwzględnić, że żaląca się, wezwana do zeznania prawdy, oświadczyła przed Prezydentem Komisji Mieszanej ponownie do protokołu, że językiem jej dziecka jest język niemiecki i że żąda, aby dziecko to przyjęto do szkoły mniejszościowej. Można jeszcze nadmienić, że żaląca się włada poprawnie językiem niemieckim.

Obok rozważań natury prawnej Prezydent Komisji Mieszanej uważa niniejsze zażalenie za uzasadnione przede wszystkim ze stanowiska słuszności.

Po naradzie w łonie Komisji Mieszanej Prezydent Komisji Mieszanej na mocy powyższych rozważań dochodzi do

poglądu:

Właściwą władzę wzywa się, aby Annę Bergerównę z dniem 1 września 1930 dopuściła do prywatnej szkoły mniejszościowej w Hołdunowie.

96

Pogląd

z dnia 26 maja 1931 w sprawie nr 941 Brunona Lipki z Raciborza (Górny Śląsk Niemiecki), żalącego się, dotyczącej Głównego Urzędu Zaopatrzenia w Wrocławiu.

I

1. Dnia 14 września 1930 (akt 2) wniósł Brunon Lipka z Raciborza w myśl art. 149 Konwencji Genewskiej zażalenie do Niemieckiego Urzędu Spraw Mniejszości w Opolu. Dnia 30 października 1930 Urząd Spraw Mniejszości przekazał to zażalenie wraz z uwagami w myśl art. 152 Konwencji Genewskiej Prezydentowi Komisji Mieszanej (akt 1). Następnie odbyła się wymiana pism, przewidziana w regulaminie postępowania Komisji Mieszanej. Na rozprawie ustnej z dnia 25 kwietnia 1931 kierownik Urzędu Spraw Mniejszości i żalący się mieli sposobność przedstawić dalsze wywody faktyczne i prawne.

2. Jako były członek armii niemieckiej żalący się dochodzi pretensji z tytułu szwanku, jakiego doznał na zdrowiu w czasie pełnienia służby. (Zobacz ustawę Rzeszy o zaopatrzeniu (Reichsversorgungsgesetz) z dnia 22 grudnia 1927). Po wojnie przyznano Lipce 20% rentę

Es ist schließlich zu berücksichtigen, daß die Beschwerdeführerin vor dem Präsidenten der Gemischten Kommission, zur Wahrheit ermahnt, neuerdings zu Protokoll erklärt hat, daß die Sprache des Kindes die deutsche sei und daß sie die Aufnahme ihres Kindes in die Minderheitsschule verlange. Es mag noch erwähnt werden, daß sie die deutsche Sprache vollkommen beherrscht.

Neben den Erwägungen rechtlicher Natur hält der Präsident der Gemischten Kommission die Beschwerde vor allem aus dem Gesichtspunkte der Billigkeit für begründet.

Nach stattgehabter Beratung im Schoße der Gemischten Kommission gelangt der Präsident der Gemischten Kommission, gestützt auf die vorstehenden Erwägungen, zur

Stellungnahme:

Die zuständige Behörde wird ersucht, das Kind Anna Berger mit dem 1. September 1930 zum Besuch der privaten Minderheitsschule Hołdunów zuzulassen.

96

Stellungnahme

vom 26. Mai 1931 in der Sache Nr. 941 des Bruno Lipka, Ratibor (Deutsch-Oberschlesien), Beschwerdeführer, betreffend Hauptversorgungsamt in Breslau.

I

1. Am 14. September 1930 (act. 2) erhob Bruno Lipka aus Ratibor im Sinne von Art. 149 der Genfer Konvention Beschwerde beim Deutschen Minderheitsamt in Oppeln. Das Minderheitsamt überwies die Beschwerde am 30. Oktober 1930 mit seinen Bemerkungen im Sinne von Art. 152 der Genfer Konvention an den Präsidenten der Gemischten Kommission (act. 1). Es fand hierauf der in der Verfahrensordnung der Gemischten Kommission vorgesehene Schriftenwechsel statt. In den mündlichen Verhandlungen vom 25. April 1931 hatten der Leiter des Minderheitsamtes und der Beschwerdeführer Gelegenheit, weitere Ausführungen in tatsächlicher und rechtlicher Beziehung vorzutragen.

2. Als früherer Angehöriger der deutschen Wehrmacht macht der Beschwerdeführer Ansprüche wegen der gesundheitlichen Folgen einer Dienstbeschädigung geltend. (Siehe Reichsversorgungsgesetz vom 22. Dezember 1927.) Nach dem Kriege wurde Lipka wegen rechtsseitigen

z powodu zajęcia prawego szczytu płuc i chronicznego kataru żołądka. W miejsce renty otrzymał żalący się w roku 1923 odprawę w myśl § 104 ustawy Rzeszy o zaopatrzeniu (R. V. G.). Podaniem z dnia 9 marca 1925 przedstawił on wniosek o ponowne przyznanie mu renty, uzasadniając to pogorszeniem się stanu zdrowia. Dnia 27 maja 1925 prośba ta została oddalona. Natomiast zawiadomieniem z dnia 14 marca 1927 Główny Urząd Zaopatrzenia w Wrocławiu przyznał mu na podstawie ponownego wniosku 30% rentę z dniem 1 maja. Dalszych roszczeń Lipki nie uwzględniono, ponieważ według opinii lekarzy Urzędu Zaopatrzenia większej części jego cierpień nie należało przypisywać służbie wojskowej. Apelacja Lipki do Sądu Zaopatrzeniowego w Opolu została oddalona wyrokiem z dnia 28 lutego 1928. Rekurs przeciwko temu wyrokowi odrzucił Sąd Zaopatrzeniowy Rzeszy decyzją z dnia 17 maja 1929. W następstwie tego Główny Urząd Zaopatrzenia zbadał jeszcze raz, czy wywody Lipki w postępowaniu apelacyjnym i rekursowym pozwalają na to, aby co do jego uznanych cierpień powziąć korzystniejszą decyzję (podwyższenie renty). Na podstawie ponownej opinii lekarzy fachowych Główny Urząd Zaopatrzenia doszedł jednak do wniosku, że zmniejszenie zdolności zarobkowej z powodu uszkodzenia zdrowia w czasie pełnienia służby oceniono życzliwie, ustalając je na 30%.

Nieuwzględnienie wniosków o przyznanie wyższej niż 30% renty żalący się przypisuje swej przynależności do mniejszości, i zażala się wobec tego na Główny Urząd Zaopatrzenia w Wrocławiu, Sąd Zaopatrzeniowy w Opolu i Sąd Zaopatrzeniowy Rzeszy, zarzucając im nierówne traktowanie. Jak wynika z podania żalącego się z dnia 11 października 1930 (akt 4), czyni on przedmiotem zażalenia także fakt, że w roku 1923 Główny Urząd Zaopatrzenia w Wrocławiu odmówił mu kuracji w uzdrowisku.

3. W sprawie roszczeń żalącego się o rentę zapadły decyzje władz sądowych. W myśl art. 149 Konwencji Genewskiej Prezydent Komisji Mieszanej nie jest zatem właściwy do rozpatrzenia kwestii, czy w częściowym nieuwzględnieniu wniosków o rentę dopatrywać się należy naruszenia artykułu 75 Konwencji Genewskiej. Również stan akt, o ile istnieją zarządzenia i decyzje władzy administracyjnej, jak ponowne rozpatrzenie kwestii przez Główny Urząd Zaopatrzenia w Wrocławiu po ukończeniu postępowania sądowego, nie daje najmniejszej podstawy do przypuszczenia, że zachodzi nierówne traktowanie Lipki z powodu jego przynależności do mniejszości.

Lungenspitzenkatarrhs und wegen chronischen Magenkatarrhs eine Rente von 20% bewilligt. Im Jahre 1923 schied er mit Abfindung gemäß § 104 R. V. G. aus der Versorgung aus. Mit Eingabe vom 9. März 1925 beantragte der Beschwerdeführer Rentenwiedergewährung wegen Verschlimmerung seiner Leiden. Am 27. Mai 1925 wurde dieses Ersuchen abgelehnt. Dagegen hat das Hauptversorgungsamt Breslau auf Grund eines neuerlichen Rentenantrages dem Beschwerdeführer mit Bescheid vom 14. März 1927 ab 1. Mai eine Rente von 30% bewilligt. Die weitergehenden Begehren Lipkas wurden nicht berücksichtigt, da nach Urteil der von der Versorgungsbehörde herangezogenen Ärzte die Mehrzahl der geltend gemachten Leiden nicht auf den Militärdienst zurückzuführen war. Die von Lipka beim Versorgungsgericht Oppeln eingelegte Berufung wurde mit Urteil vom 28. Februar 1928 verworfen. Den Rekurs gegen dieses Urteil hat das Reichsversorgungsgericht in seiner Entscheidung vom 17. Mai 1929 zurückgewiesen. Das Hauptversorgungsamt hat in der Folge nochmals geprüft, ob die im Berufungs- und Rekursverfahren gemachten Ausführungen Lipka's gestatten, hinsichtlich des anerkannten Leidens eine günstigere Entscheidung (Rentenerhöhung) zu treffen. Auf Grund einer nochmaligen fachärztlichen Begutachtung kam indes das Hauptversorgungsamt zum Schluß, daß die Minderung der Erwerbsfähigkeit infolge Dienstbeschädigung mit 30% wohlwollend bewertet ist.

Der Beschwerdeführer führt die Nichtberücksichtigung der 30% übersteigenden Rentenanträge auf seine Zugehörigkeit zur Minderheit zurück und beschwert sich daher über das Hauptversorgungsamt Breslau, das Versorgungsgericht Oppeln und das Reichsversorgungsgericht wegen unterschiedlicher Behandlung. Wie aus der Eingabe des Beschwerdeführers vom 11. Oktober 1930 (act. 4) hervorgeht, macht er auch die Tatsache, daß ihm im Jahre 1923 durch das Hauptversorgungsamt Breslau eine Badekur verweigert wurde, zum Gegenstand der Beschwerde.

3. Bezüglich der vom Beschwerdeführer geltend gemachten Rentenforderungen liegen Entscheidungen richterlicher Behörden vor. Der Präsident der Gemischten Kommission ist daher nach Art. 149 der Genfer Konvention zur Prüfung der Frage, ob in der teilweisen Nichtberücksichtigung der Rentenanträge eine Verletzung des Art. 75 der Genfer Konvention liegt, nicht zuständig. Aber auch soweit Maßnahmen und Entscheidungen der Verwaltungsbehörde, wie die nochmalige Überprüfung der Angelegenheit durch das Hauptversorgungsamt Breslau nach Abschluß des richterlichen Verfahrens, vorliegen, bietet die Aktenlage nicht die geringsten Anhaltspunkte dafür, daß Lipka als Minderheitsangehöriger unterschiedlich behandelt wurde.

Co się tyczy odmówienia Lipce kuracji w uzdrowisku w roku 1923 przez Główny Urząd Zaopatrzenia w Wrocławiu, Prezydent Komisji Mieszanej musi z ogólnych proceduralno-prawnych zasad odmówić rozpatrzenia sprawy, którą dopiero po upływie siedmiu lat zrobiono przedmiotem zażalenia.

II

Po naradzie w łonie Komisji Mieszanej Prezydent Komisji Mieszanej na mocy powyższych rozważań dochodzi do

poglądu:

Zażalenie oddala się.

97

Pogląd

z dnia 30 maja 1931 w sprawie nr 940 Brunona Lipki z Raciborza (Górny Śląsk Niemiecki), żalącego się, dotyczącej Dyrekcji Kolei Rzeszy w Opolu.

I

1. Dnia 5 października 1930 (akt 2) wniósł Brunon Lipka w myśl art. 149 Konwencji Genewskiej zażalenie do Niemieckiego Urzędu Spraw Mniejszości w Opolu. Dnia 15 listopada 1930 Urząd Spraw Mniejszości przekazał to zażalenie wraz z uwagami w myśl art. 152 Konwencji Genewskiej Prezydentowi Komisji Mieszanej (akt 1). Następnie odbyła się wymiana pism, przewidziana w regulaminie postępowania Komisji Mieszanej. Na rozprawie ustnej z dnia 25 kwietnia 1931 kierownik Urzędu Spraw Mniejszości i żalący się mieli sposobność przedstawić dalsze wywody pod względem faktycznym i prawnym.

2. W poprzednim zażaleniu Lipki przeciwko Dyrekcji Kolei Rzeszy (zażalenie nr 151 dot. zwolnienia z niemieckiej służby kolejowej) strony zawarły dnia 20 maja 1927 ugodę (akt 24), którą uregulowano wysokość emerytury Lipki. Na podstawie tej ugody Lipka wycofał ówczesne zażalenie.

Was die Verweigerung der Badekur im Jahre 1923 durch das Hauptversorgungsamt Breslau anbetrifft, so muß der Präsident der Gemischten Kommission aus allgemein prozeß-rechtlichen Grundsätzen ablehnen, auf eine Angelegenheit einzutreten, die erst nach sieben Jahren zum Gegenstand einer Beschwerde gemacht wurde.

II

Nach stattgehabter Beratung im Schoße der Gemischten Kommission gelangt der Präsident der Gemischten Kommission, gestützt auf die vorstehenden Erwägungen, zur

Stellungnahme:

Die Beschwerde wird abgewiesen.

97

Stellungnahme

vom 30. Mai 1931 in der Sache Nr. 940 des Bruno Lipka aus Ratibor (Deutsch-Oberschlesien), Beschwerdeführer, betreffend Reichsbahndirektion in Oppeln.

I

1. Am 5. Oktober 1930 (act. 2) erhob Bruno Lipka im Sinne von Artikel 149 der Genfer Konvention Beschwerde beim Deutschen Minderheitsamt in Oppeln. Das Minderheitsamt überwies die Beschwerde am 15. November 1930 mit seinen Bemerkungen im Sinne von Artikel 152 der Genfer Konvention an den Präsidenten der Gemischten Kommission (act. 1). Es fand hierauf der in der Verfahrensordnung der Gemischten Kommission vorgesehene Schriftenwechsel statt. In den mündlichen Verhandlungen vom 25. April 1931 hatten der Leiter des Minderheitsamtes und der Beschwerdeführer Gelegenheit, weitere Ausführungen in tatsächlicher und rechtlicher Beziehung vorzutragen.

2. In einer früheren Beschwerde Lipka's gegen die Reichsbahndirektion (Beschwerdesache Nr. 151 betr. Entlassung aus dem deutschen Eisenbahndienst) haben die Parteien am 20. Mai 1927 einen Vergleich (act. 24) abgeschlossen, durch welchen die an Lipka zu zahlenden Pensionsbeihilfen geregelt wurden. Auf Grund dieses Vergleiches hat Lipka die damalige Beschwerde zurückgezogen.

W niniejszym zażaleniu Lipka zażala się na obliczenie zaliczalnych lat służby, żąda przeniesienia go w stan urzędników wyczekujących (Wartebeamtenstand) i przyjęcia z powrotem do Kasy Pensyjnej oddziału A.

Poza tym zażalenie kieruje się przeciwko Sądowi Okręgowemu w Opolu, ponieważ oddalił prośbę żalącego się o przyznanie mu prawa ubogich według § 114 i n. kodeksu postępowania cywilnego.

3. W myśl art. 149 Konwencji Genewskiej Prezydent Komisji Mieszanej nie jest właściwy do rozpatrywania ostatniego punktu zażalenia, ponieważ w tej sprawie zapadły decyzje władz sądowych.

O ile chodzi o pozostałe roszczenia zażalenia, należy stwierdzić, że podstawą ich są spory, które zostały załatwione wspomnianą ugodą z dnia 20 maja 1927, zawartą przed Komisją Mieszaną w toku poprzedniego postępowania zażaleniowego. Prezydent Komisji Mieszanej nie jest właściwy do rozpatrywania kwestyj spornych, dotyczących wykonania tej ugody. Zresztą brak wszelkiego dowodu na to, że zaszło nierówne traktowanie w myśl art. 75 Konwencji Genewskiej.

II

Po naradzie w łonie Komisji Mieszanej Prezydent Komisji Mieszanej na mocy powyższych rozważań dochodzi do

poglądu:

Zażalenie oddala się.

9S

Pogląd

z dnia 30 maja 1931 w sprawie nr 877 Jana Mokrosa, Kochanowice (Górny Śląsk Polski), żalącego się, dotyczącej zwolnienia ze stanowiska badacza mięsa.

I

1. Żalący się Mokros wniósł swego czasu skargę do Trybunału Rozjemczego w Bytomiu o odszkodowanie z powodu zwolnienia go ze stanowiska badacza mięsa. Trybunał Rozjemczy oddalił skargę wyrokiem z dnia 12 października 1929 (akt 5). Przeciwko temu wyrokowi wniósł Mokros dnia 3 grudnia 1929 odwołanie do Rady Ligi Narodów

In der vorliegenden Beschwerde beschwert sich Lipka über die Berechnung des Besoldungsdienstalters, verlangt Einsetzung in den Wartebeamtenstand und Wiederauflebung der Pensionskasse Abt. A.

Im ferneren richtet sich die Beschwerde gegen das Landgericht Oppeln, weil es die Gesuche des Beschwerdeführers um Bewilligung des Armenrechts nach § 114 ff. der Z. P. O. zurückgewiesen hat.

3. Zur Behandlung des letztern Beschwerdepunktes ist der Präsident der Gemischten Kommission nach Art. 149 der Genfer Konvention nicht zuständig, da Entscheidungen richterlicher Behörden vorliegen.

Was die übrigen Beschwerdebegehren anbetrifft, so ist festzustellen, daß ihr Kontroversen zu Grunde liegen, die durch den obenerwähnten, im Laufe des früheren Beschwerdeverfahrens vor der Gemischten Kommission abgeschlossenen Vergleich vom 20. Mai 1927 geregelt wurden. Der Präsident der Gemischten Kommission ist nicht kompetent, auf Streitfragen betreffend Ausführung dieses Vertrages einzutreten. Übrigens fehlt jeder Nachweis unterschiedlicher Behandlung im Sinne des Art. 75 der Genfer Konvention.

II

Nach stattgehabter Beratung im Schoße der Gemischten Kommission gelangt der Präsident der Gemischten Kommission, gestützt auf die vorstehenden Erwägungen, zur

Stellungnahme:

Die Beschwerde wird abgewiesen.

98

Stellungnahme

vom 30. Mai 1931 in der Sache Nr. 877 des Johann Mokros, Kochanowice (Polnisch-Oberschlesien), Beschwerdeführer, betreffend Entlassung vom Posten eines Fleischbeschauers.

I

1. Der Beschwerdeführer Mokros hat seinerzeit eine Klage auf Schadenersatz beim Schiedsgericht in Beuthen wegen Enthebung von seinem Posten als Fleischbeschauer eingereicht. Das Schiedsgericht hat mit Urteil vom 12. Oktober 1929 die Klage abgewiesen (act. 5). Gegen dieses Urteil hat Mokros am 3. Dezember 1929 Berufung beim Völker-

(akt 4). Sekretariat Rady Ligi Narodów przesłał podanie Mokrosa w myśl umowy paryskiej z dnia 6 kwietnia 1929 Polskiemu Urzędowi Spraw Mniejszości w Katowicach celem załatwienia go w drodze postępowania w myśl artykułu 149 i n. Konwencji Genewskiej, o ile wchodzi w rachubę naruszenie praw mniejszości. Dnia 2 lipca 1930 Urząd Spraw Mniejszości przekazał to zażalenie wraz z uwagami w myśl art. 152 Konwencji Genewskiej Prezydentowi Komisji Mieszanej (akt 1 i 2). Po wymianie pism, przewidzianej w regulaminie postępowania Komisji Mieszanej, odbyły się dnia 24 kwietnia 1931 obrady w łonie Komisji Mieszanej.

2. Mokros piastował przez 39 lat stanowisko badacza mięsa na okręg Kochanowice. Dnia 1 kwietnia 1927 Starostwo w Lublińcu zwolniło go z tego urzędu. W zwolnieniu tym Mokros dopatruje się naruszenia artykułu 75 Konwencji Genewskiej, ponieważ jego zdaniem Starostwo powzięło powyższą decyzję tylko z powodu jego przynależności do mniejszości. Właściwa władza zaprzecza stanowczo temu twierdzeniu i oświadcza, że zwolnienie nastąpiło ze względów rzeczowych. Mokros liczył 72 lata, gdy został zwolniony. Podeszły jego wiek nie dawał gwarancji, że pozostając nadal na swym stanowisku będzie mógł należycie spełniać trudne funkcje badacza mięsa, które m. in. wymagają prawie stałego posługiwania się mikroskopem.

Twierdzenie co do nierównego traktowania Mokros opiera m. in. na następujących faktach: Gdy oddawał pieczęć Okręgowego Urzędu badania mięsa na Policji w Lublińcu, naczelnik Urzędu Okręgowego Maniak powiedział wyraźnie, że on, Mokros, zwolniony został tylko z powodu swych przekonań niemieckich. Również kierownik Urzędu Stanu Cywilnego Jerominek, zapytany przez niego o powody zwolnienia, odparł: „Jest Pan patriotą niemieckim, musi się Pan udać do Niemców".

W końcu Mokros przytacza, że jego następca w urzędzie badacza mięsa, Pietrzyk, jest w tym samym wieku co on.

3. Należy wychodzić z założenia, że właściwa władza ma prawo, jeżeli idzie o zwolnienie badacza mięsa, postępować według swobodnego uznania. To swobodne uznanie, które opiera się na prawie krajowym, jest jednak ograniczone międzypaństwowymi przepisami słuszności i sprawiedliwości, ustanowionymi w Konwencji Genewskiej dla ochrony mniejszości. Jak stwierdzono w analogicznym zażaleniu (pogląd Prezydenta Komisji Mieszanej z dnia 16 lipca 1930 w sprawie

bundsrat eingelegt (act. 4). Das Völkerbundssekretariat hat im Sinne des Pariser Abkommens vom 6. April 1929 die Eingabe des Mokros an das Polnische Minderheitsamt in Katowice zur Erledigung im Verfahren gemäß Art. 149 ff. der Genfer Konvention übersandt, soweit die Verletzung von Minderheitsrechten in Frage steht. Das Minderheitsamt überwies die Beschwerde am 2. Juli 1930 mit seinen Bemerkungen im Sinne von Art. 152 der Genfer Konvention an den Präsidenten der Gemischten Kommission (act. 1 und 2). Nach Durchführung des in der Verfahrensordnung der Gemischten Kommission vorgesehenen Schriftenwechsels fanden am 24. April 1931 die Beratungen im Schoße der Gemischten Kommission statt.

2. Mokros hat im Bezirk Kochanowice während 39 Jahren den Posten eines Fleischbeschauers versehen. Am 1. April 1927 wurde er durch die Starostei Lubliniec seiner Stellung enthoben. Er erblickt in der Entlassung eine Verletzung des Art. 75 der Genfer Konvention, da seiner Ansicht nach der Entscheid der Starostei nur auf seine Zugehörigkeit zur Minderheit zurückzuführen ist. Diese Behauptung stellt die zuständige Behörde entschieden in Abrede und erklärt, daß die Entlassung nur aus sachlichen Gründen erfolgt sei. Mokros sei im Zeitpunkt der Entlassung 72 Jahre alt gewesen. Sein vorgerücktes Alter hätte keine Garantie geboten, daß er bei weiterem Verbleiben im Amte die schwierigen Funktionen des Fleischbeschauers, die u. a. den fast ständigen Gebrauch des Mikroskops erfordern, gehörig ausüben könnte.

Mokros stützt die Behauptung der unterschiedlichen Behandlung u. a. auf folgende Tatsachen: Bei der Abgabe des Stempels des Fleischbeschaubezirks auf der Polizei Lubliniec habe der Amtsvorsteher Maniak ausdrücklich gesagt, daß er, Mokros, nur wegen seiner deutschen Gesinnung entlassen worden sei. Ebenso habe ihm gegenüber der Leiter des Standesamtes Jerominek, als er ihn nach den Gründen der Amtsenthebung fragte, geäußert: »Sie sind ein deutscher Patriot, Sie müssen zu den Deutschen gehen«.

Schließlich führt Mokros ins Feld, daß sein Nachfolger im Fleischbeschaueramt, Pietrzyk, im selben Alter sei wie er.

3. Es ist davon auszugehen, daß die zuständige Behörde berechtigt ist, in Bezug auf die Entlassung eines Fleischbeschauers nach freiem Ermessen vorzugehen. Dieses freie Ermessen, das sich auf das nationale Recht gründet, ist aber eingeschränkt durch die zwischenstaatlichen Vorschriften der Billigkeit und der Gerechtigkeit, welche zum Schutze der Minderheiten in der Genfer Konvention aufgestellt sind. Wie in einer analogen Beschwerde (Stellungnahme des Präsidenten der Gemischten

zażalenia nr 702 dot. zwolnienia Pawła Besucha ze stanowiska badacza mięsa), zwolniony ze stanowiska badacza mięsa ma zasadniczo prawo powołania się na art. 75 i 77 Konwencji Genewskiej i Prezydent Komisji Mieszanej jest właściwy do rozpatrywania takiego zażalenia.

4. Na podstawie przeprowadzonego postępowania dowodowego nie można uważać za udowodnione, że naczelnik Urzędu Okręgowego wyraził się w ten sposób, jak to twierdził żalący się. Maniak, przesłuchany jako świadek, nie przypomina sobie, ażeby powiedział był Mokrosowi, że zwolniony został ze stanowiska badacza mięsa ze względów politycznych (akt 47 i 48).

Co do wyrażenia się urzędnika Jerominka, wyjaśnienie tej kwestii jest już dzisiaj niemożliwe, ponieważ Jerominek zmarł.

Poza tym twierdzenie żalącego się, że jego następca Pietrzyk jest w równie podeszłym wieku jak on, okazało się mylne, albowiem Pietrzyk jest od niego prawie o 11 lat młodszy.

Dowodu nierównego traktowania należącego do mniejszości żalącego się zatem nie przeprowadzono. Należy raczej przypuścić, że o zwolnieniu żalącego się ze stanowiska badacza mięsa zadecydował jego podeszły wiek.

Po naradzie w łonie Komisji Mieszanej Prezydent Komisji Mieszanej na mocy powyższych rozważań dochodzi do

poglądu:

Zażalenie oddala się.

99

Pogląd

z dnia 30 maja 1931 w sprawie nr 961 Ottona Mischa z Siemianowic (Górny Śląsk Polski), żalącego się, dotyczącej zwolnienia ze stanowiska badacza mięsa.

I

1. Dnia 18 września 1930 (akt 3 i 4) wniósł Otton Misch z Siemianowic w myśl art. 149 Konwencji Genewskiej zażalenie do Polskiego

Kommission vom 16. Juli 1930 in der Beschwerdesache Nr. 702 betreffend Entlassung des Paul Besuch vom Amte eines Fleischbeschauers) festgestellt wurde, ist ein aus dem Amte entlassener Fleischbeschauer grundsätzlich berechtigt, sich auf Art. 75 und 77 der Genfer Konvention zu berufen, und der Präsident der Gemischten Kommission ist kompetent, auf eine solche Beschwerde einzutreten.

4. Nach dem Beweisverfahren kann nicht als bewiesen angesehen werden, daß sich Amtsvorsteher Maniak in der vom Beschwerdeführer behaupteten Art und Weise geäußert hat. Maniak, als Zeuge befragt, erinnert sich nicht, zu Mokros gesagt zu haben, daß er vom Amte des Fleischbeschauers aus politischen Gründen entlassen worden sei (act. 47 und 48).

Soweit die Äußerung des Beamten Jerominek in Frage steht, ist eine Abklärung des Falles heute nicht mehr möglich, da Jerominek gestorben ist.

Sodann hat sich die Behauptung des Beschwerdeführers, daß sein Nachfolger Pietrzyk ebenso vorgerückten Alters sei wie er, als irrtümlich erwiesen, da Pietrzyk fast 11 Jahre jünger ist.

Der Beweis der unterschiedlichen Behandlung des zur Minderheit gehörenden Beschwerdeführers ist somit nicht erbracht, vielmehr ist anzunehmen, daß das hohe Alter des Beschwerdeführers für seine Entlassung als Fleischbeschauer maßgebend war.

Nach stattgehabter Beratung im Schoße der Gemischten Kommission gelangt der Präsident der Gemischten Kommission, gestützt auf die vorstehenden Erwägungen, zur

Stellungnahme:

Die Beschwerde wird abgewiesen.

99

Stellungnahme

vom 30. Mai 1931 in der Sache Nr. 961 des Otto Misch aus Siemianowice (Polnisch-Oberschlesien), Beschwerdeführer, betreffend Entlassung vom Posten eines Fleischbeschauers.

I

1. Am 18. September 1930 (act. 3 und 4) erhob Otto Misch aus Siemianowice im Sinne von Art. 149 der Genfer Konvention Beschwer-

Urzędu Spraw Mniejszości w Katowicach. Urząd Spraw Mniejszości przekazał to zażalenie dnia 11 lutego 1931 (akt 1, 2) wraz z uwagami w myśl art. 152 Konwencji Genewskiej Prezydentowi Komisji Mieszanej. Po przeprowadzeniu wymiany pism, przewidzianej w regulaminie postępowania Komisji Mieszanej, odbyły się dnia 24 kwietnia 1931 obrady w łonie Komisji Mieszanej.

2. Od dnia 1 marca 1917 żalący się Otton Misch piastował w okręgu Siemianowice urząd badacza mięsa. Dnia 4 czerwca 1929 Wydział Powiatowy w Katowicach zwolnił go z tego urzędu. W zwolnieniu tym petent dopatruje się naruszenia art. 75 Konwencji Genewskiej, ponieważ jego zdaniem rozstrzygnięcie Wydziału Powiatowego spowodowane było jego przynależnością do mniejszości. Jako poszlakę przytacza, że zwolniono go także z posady nauczyciela zawodowego szkoły dokształcającej w Siemianowicach. Właściwa władza zaprzecza stanowczo nierównemu traktowaniu Ottona Mischa jako należącego do mniejszości; zwolnienie nastąpiło zgodnie z obowiązującymi przepisami. Na okręg Siemianowice, jako miejscowości liczącej przeszło 10.000 mieszkańców, mianowano weterynarza w myśl art. 8 rozporządzenia Prezydenta Rzplitej z dnia 22 marca 1928 i § 4 rozporządzenia Ministra Rolnictwa z dnia 31 grudnia 1928 r.

3. Należy wychodzić z założenia, że właściwa władza ma prawo postępować w sprawie zwolnienia badacza mięsa według swobodnego uznania. To swobodne uznanie opierające się na prawie krajowym jest jednak ograniczone międzypaństwowymi przepisami słuszności i sprawiedliwości, ustanowionymi w Konwencji Genewskiej dla ochrony mniejszości. Jak stwierdzono w analogicznym zażaleniu (pogląd Prezydenta Komisji Mieszanej z dnia 16 lipca 1930 w sprawie nr 702, dotyczącej zwolnienia Pawła Besucha ze stanowiska badacza mięsa), zwolniony z urzędu badacz mięsa ma zasadniczo prawo powołania się na art. 75 i 77 Konwencji Genewskiej i Prezydent Komisji Mieszanej jest właściwy rozpatrywać tego rodzaju zażalenie.

4. Fakt, że Mischa zwolniono także z posady nauczyciela zawodowego szkoły dokształcającej — zwolnienie to nie jest przedmiotem niniejszego zażalenia i jego powody nie są znane — jako taki nie uprawnia do przypuszczenia, że przy zwolnieniu z urzędu badacza mięsa przynależność żalącego się do mniejszości odgrywała rolę. Innych

de beim Polnischen Minderheitsamt in Katowice. Das Minderheitsamt überwies die Beschwerde am 11. Februar 1931 (act. 1, 2) mit seinen Bemerkungen im Sinne von Art. 152 der Genfer Konvention an den Präsidenten der Gemischten Kommission. Nach Durchführung des in der Verfahrensordnung der Gemischten Kommission vorgesehenen Schriftenwechsels fanden am 24. April 1931 die Beratungen im Schoße der Gemischten Kommission statt.

2. Vom 1. März 1917 an war der Beschwerdeführer Otto Misch im Bezirk Siemianowice als Fleischbeschauer tätig. Am 4. Juni 1929 wurde er durch den Kreisausschuß in Katowice seines Amtes enthoben. Er erblickt in der Entlassung eine Verletzung des Art. 75 der Genfer Konvention, da seiner Ansicht nach der Entscheid des Kreisausschusses auf seine Zugehörigkeit zur Minderheit zurückzuführen ist. Als Indizium hierfür gibt er an, daß er auch als Fachlehrer der Fortbildungsschule Siemianowice entlassen worden sei. Die zuständige Behörde stellt eine unterschiedliche Behandlung des Otto Misch als Minderheitsangehörigen entschieden in Abrede; die Entlassung sei in Übereinstimmung mit den geltenden Vorschriften erfolgt. Es sei für den Bezirk Siemianowice als einer Ortschaft mit über 10.000 Einwohnern ein Tierarzt gemäß Art. 8 der Verordnung des Staatspräsidenten vom 22. März 1928 und § 4 der Verordnung des Ackerbauministers vom 31. Dezember 1928 ernannt worden.

3. Es ist davon auszugehen, daß die zuständige Behörde berechtigt ist, in Bezug auf die Entlassung eines Fleischbeschauers nach freiem Ermessen vorzugehen. Dieses freie Ermessen, das sich auf das nationale Recht gründet, ist aber eingeschränkt durch die zwischenstaatlichen Vorschriften der Billigkeit und der Gerechtigkeit, welche zum Schutze der Minderheiten in der Genfer Konvention aufgestellt sind. Wie in einer analogen Beschwerde (Stellungnahme des Präsidenten der Gemischten Kommission vom 16. Juli 1930 in der Beschwerdesache Nr. 702 betr. Entlassung des Paul Besuch vom Amte eines Fleischbeschauers) festgestellt wurde, ist ein aus dem Amte entlassener Fleischbeschauer grundsätzlich berechtigt, sich auf Art. 75 u. 77 der Genfer Konvention zu berufen, und der Präsident der Gemischten Kommission ist kompetent, auf eine solche Beschwerde einzutreten.

4. Die Tatsache, daß Misch auch als Fachlehrer der Fortbildungsschule entlassen wurde, — diese Entlassung bildet nicht Gegenstand der Beschwerde und ihre Gründe sind nicht bekannt — berechtigt nicht ohne weiteres die Annahme, daß bei der Enthebung vom Posten als Fleischbeschauer die Minderheitszugehörigkeit des Beschwerdeführers eine Rolle

poszlak naruszenia art. 75 Konwencji Genewskiej nie ma. Okoliczność, że w zastosowaniu postanowień ustawowych żalącego się zastąpiono weterynarzem, przemawia raczej za twierdzeniem właściwej władzy, że zwalniając żalącego się kierowała się motywami rzeczowymi. Stwierdzenia tego nie zbija także fakt, że weterynarz mianowany badaczem mięsa w Siemianowicach już nie pełni dzisiaj swych funkcyj. Widocznie chodzi o stan przejściowy, ponieważ rozporządzenie Prezydenta Rzeczypospolitej z dnia 22 marca 1928 w związku z rozporządzeniem Ministra Rolnictwa z dnia 31 grudnia 1928 nakłada na władze obowiązek powierzenia w miejscowościach liczących przeszło 10.000 mieszkańców — Siemianowice liczą przeszło 10.000 mieszkańców — badanie mięsa weterynarzowi.

II

Po naradzie w łonie Komisji Mieszanej Prezydent Komisji Mieszanej na mocy powyższych rozważań dochodzi do

poglądu:

Zażalenie oddala się.

100

Pogląd

z dnia 22 lipca 1931 w sprawie nr 860 Jana Kotzurka, Zabrze (Górny Śląsk Niemiecki), żalącego się, dotyczącej naruszenia art. 75 Konwencji Genewskiej przez radcę górniczego Kieszka, kierownika Okręgowego Urzędu Górniczego w Królewskiej Hucie (Górny Śląsk Polski).

I

Dnia 24 lutego 1930 wniósł sztygar Jan Kotzurek w myśl art. 149 Konwencji Genewskiej zażalenie do Polskiego Urzędu Spraw Mniejszości w Katowicach. Dnia 10 kwietnia 1930 Urząd Spraw Mniejszości przekazał to zażalenie wraz z uwagami w myśl art. 152 Konwencji Genewskiej Prezydentowi Komisji Mieszanej. Przeprowadzono wymianę pism, przewidzianą w regulaminie postępowania, a na rozprawie ustnej z dnia 17 czerwca 1931 dano stronom sposobność do przedstawienia kwestyj faktycznych i prawnych.

gespielt hat. Andere Indizien einer Verletzung des Art. 75 der Genfer Konvention liegen nicht vor. Vielmehr bestätigt der Umstand, daß in Anwendung gesetzlicher Bestimmungen der Beschwerdeführer durch einen Tierarzt ersetzt wurde, die Behauptungen der zuständigen Behörde, wonach sie sich bei der Entlassung des Beschwerdeführers von sachlichen Motiven leiten ließ. Diese Feststellung wird auch nicht erschüttert durch die Tatsache, daß heute der in Siemianowice als Fleischbeschauer bestellte Tierarzt nicht mehr seines Amtes waltet. Offenbar handelt es sich um einen vorübergehenden Zustand, da ja die Verordnung des Staatspräsidenten vom 22. März 1928 im Zusammenhang mit der Verordnung des Ackerbauministers vom 31. Dezember 1928 den Behörden zur Pflicht macht, in Orten mit über 10.000 Einwohnern — Siemianowice zählt über 10.000 Einwohner — Tierärzte mit der Fleischbeschau zu betrauen.

II

Nach stattgehabter Beratung im Schoße der Gemischten Kommission gelangt der Präsident der Gemischten Kommission, gestützt auf die vorstehenden Erwägungen, zur

Stellungnahme:

Die Beschwerde wird abgewiesen.

100

Stellungnahme

vom 22. Juli 1931 in der Sache Nr. 860 des Johann Kotzurek, Hindenburg (Deutsch-Oberschlesien), Beschwerdeführer, betreffend Verletzung des Artikels 75 der Genfer Konvention durch Bergrat Kieszek, Leiter des Bergrevieramtes in Królewska-Huta (Polnisch-Oberschlesien).

I

Am 24. Februar 1930 erhob der Abteilungssteiger Johann Kotzurek im Sinne des Art. 149 der Genfer Konvention Beschwerde beim Polnischen Minderheitsamt in Katowice. Das Minderheitsamt überwies diese Beschwerde zusammen mit seinen Bemerkungen im Sinne des Art. 152 der Genfer Konvention am 10. April 1930 dem Präsidenten der Gemischten Kommission. Der in der Verfahrensordnung vorgesehene Schriftenwechsel wurde durchgeführt und in den mündlichen Verhandlungen vom 17. Juni 1931 wurde den Parteien Gelegenheit gegeben, die

II

Zażalenie kieruje się przeciwko naczelnikowi Okręgowego Urzędu Górniczego w Królewskiej Hucie, radcy górniczemu Kieszkowi. Radca górniczy Kieszek przeprowadzał w roku 1928-29 przeciwko żalącemu się śledztwo z powodu rzekomego przekroczenia przepisów górniczo-policyjnych. Postępowanie to zakończyło się na tym, że Okręgowy Urząd Górniczy w Królewskiej Hucie udzielił żalącemu się dnia 19 maja 1929 surowego upomnienia; równocześnie doniesiono żalącemu się, że w razie ponownego przekroczenia przepisów górniczo-policyjnych odbierze mu się kwalifikację (akt 4). Przeciwko temu rozstrzygnięciu wniósł żalący się dnia 3 czerwca 1929 rekurs. Okręgowy Urząd Górniczy przekazał ten rekurs dnia 22 marca 1930 Wyższemu Urzędowi Górniczemu. Tymczasem pracodawca wypowiedział żalącemu się stosunek służbowy, ponieważ radca górniczy Kieszek doniósł dnia 30 lipca 1929 Zarządowi kopalni, na której Kotzurek był zatrudniony, że aż do przedłożenia świadectwa lekarza-psychiatry, że Kotzurek jest zdrów na umyśle, zabrania mu się wykonywania funkcyj służbowych na kopalni. Kotzurek stracił pracę (akt 1 i 2).

W powyższych zarządzeniach Kotzurek dopatruje się nierównego traktowania w myśl art. 75 Konwencji Genewskiej. W związku z tym przytacza, że radca górniczy Kieszek robił mu z okazji zjazdu do kopalni w dniu 18 I 1929 wymówki, że rodzina jego mieszka w Niemczech i że nie posyła dzieci do szkoły polskiej. Wobec odmownego stanowiska żalącego się Kieszek miał się wyrazić: „Rozważę sobie, czy nie odbiorę Panu kwalifikacji" (akt 3).

Postępowanie przed Prezydentem Komisji Mieszanej było już w toku, gdy Wyższy Urząd Górniczy rozstrzygnął dnia 4 czerwca 1930 rekurs Kotzurka w tym sensie, że upomnienie udzielone żalącemu się zostało uchylone, natomiast pozostawiono w mocy zagrożenie odebrania kwalifikacji, ponieważ zagrożenie to „nie jest niczym innym, jak przestrogą, udzieloną rekurentowi na podstawie indywidualnego zapatrywania Okręgowego Urzędu Górniczego, a nie zarządzeniem i dlatego nie może być drogą środka prawnego zniesione" (akt 16—17).

Rechts- und Tatfragen mündlich vor der Gemischten Kommission zu erörtern.

II

Die Beschwerde richtet sich gegen den Leiter des Bergrevieramtes in Królewska-Huta, Bergrat Kieszek. Dieser hatte im Jahre 1928-29 eine Untersuchung gegen den Beschwerdeführer zu führen wegen angeblicher Übertretung der Bergpolizeiordnung. Dieses Verfahren endete damit, daß das Bergrevieramt in Królewska-Huta am 19. Mai 1929 dem Beschwerdeführer einen scharfen Verweis erteilte; gleichzeitig wurde ihm eröffnet, daß im Falle einer nochmaligen Übertretung der Bergpolizeivorschriften ihm die Qualifikation entzogen würde (act. 4). Gegen diese Entscheidung erhob der Beschwerdeführer am 3. Juni 1929 Rekurs. Dieser wurde am 22. März 1930 vom Bergrevieramt an das Oberbergamt weitergeleitet. Inzwischen ist aber dem Beschwerdeführer von seinem Arbeitgeber der Dienst gekündigt worden, da Bergrat Kieszek am 30. Juli 1929 der Grubenverwaltung, bei welcher Kotzurek beschäftigt war, mitteilte, daß dem Kotzurek bis zum Vorlegen eines irrenärztlichen Zeugnisses, daß er geistig normal sei, die Ausübung seiner dienstlichen Funktionen in der Grube untersagt sei. Kotzurek wurde arbeitslos (act. 1 und 2).

Der Beschwerdeführer erblickt in diesen Maßnahmen eine unterschiedliche Behandlung im Sinne von Art. 75 der Genfer Konvention. Der Beschwerdeführer führt in diesem Zusammenhang an, daß Bergrat Kieszek ihn anläßlich einer Befahrung der Grube am 18 I 1929 zur Rede gestellt hätte, weil er seine Familie in Deutschland wohnen lasse und seine Kinder nicht in die polnische Schule schicke. Angesichts der ablehnenden Haltung des Beschwerdeführers hätte Kieszek die Worte gebraucht: »Ich werde mir überlegen, ob ich Ihnen nicht die Qualifikation entziehen werde« (act. 3).

Das Verfahren vor dem Präsidenten der Gemischten Kommission war schon im Gange, als der Rekurs des Kotzurek am 4. Juni 1930 vom Oberbergamt in Katowice entschieden wurde: der dem Beschwerdeführer erteilte Verweis wurde aufgehoben, die Androhung des Qualifikationsentzuges dagegen bestehen gelassen, da diese »nichts anderes als eine Warnung sei, die dem Rekurrenten auf Grund einer individuellen Ansicht des Bezirksbergamtes erteilt wurde und keine Anordnung; sie kann daher nicht im Wege eines Rechtsmittels aufgehoben werden« (act. 16—17).

III

Urząd Spraw Mniejszości wywodzi, że Kotzurek nie może odwołać się do Prezydenta Komisji Mieszanej, ponieważ nie jest obywatelem polskim.

Kotzurek był pierwotnie obywatelem polskim i mieszkał na Górnym Śląsku Polskim. Następnie przeniósł swe miejsce zamieszkania na Górny Śląsk Niemiecki i dnia 26 kwietnia 1930, tzn. 16 dni po przekazaniu zażalenia Prezydentowi Komisji Mieszanej, nabył obywatelstwo niemieckie (akt 36). Z dniem tym żalący się przestał zatem być w stosunku do Polski członkiem mniejszości.

Kotzurek przytacza, że mimo tej okoliczności zażalenie może być rozpatrywane, ponieważ w chwili wniesienia go do Urzędu Spraw Mniejszości (24 lutego 1930) i także w dniu przekazania go Prezydentowi Komisji Mieszanej (10 kwietnia 1930) był w stosunku do Polski członkiem mniejszości. Według stałej praktyki Prezydenta Komisji Mieszanej nie jest to wystarczające: przynależność do mniejszości jest nie tylko warunkiem wytoczenia zażalenia w myśl art. 149 Konwencji Genewskiej, lecz także warunkiem przeprowadzenia postępowania zażaleniowego. Z utratą przynależności do mniejszości żalący się utracił prawo zażalenia się przed forum Prezydenta Komisji Mieszanej z powodu naruszenia praw mniejszościowych, zagwarantowanych w części III Konwencji Genewskiej. (Zob. pogląd z dnia 17 II 1925 w sprawie nr 99 Karola Michalika w Wielkich Hajdukach i z dnia 31 I 1930 w sprawie nr 393 Niemieckiego Związku Ludowego w Katowicach, dotyczącej zwolnienia sztygara Adolfa Klimy.) Szczególne powody, które by usprawiedliwiały odstąpienie od dotychczasowej praktyki, w niniejszym przypadku nie zachodzą. Nie można zatem przystąpić do rozpatrywania kwestyj materialnych, wysuniętych w niniejszym zażaleniu.

Po naradzie w łonie Komisji Mieszanej Prezydent Komisji Mieszanej na mocy powyższych rozważań dochodzi do

poglądu:

Zażalenie oddala się bez rozpatrzenia.

III

Das Minderheitsamt macht geltend, der Beschwerdeführer könne sich nicht an den Präsidenten der Gemischten Kommission wenden, da er nicht polnischer Staatsangehöriger sei.

Der Beschwerdeführer war ursprünglich polnischer Staatsangehöriger und in Polnisch-Oberschlesien wohnhaft. In der Folge verlegte er seinen Wohnsitz nach Deutsch-Oberschlesien und am 26. April 1930, d. h. 16 Tage nach Überweisung der Beschwerde an den Präsidenten der Gemischten Kommission erwarb er die deutsche Staatsangehörigkeit (act. 36). Der Beschwerdeführer hat somit mit diesem Tage aufgehört, im Verhältnis zu Polen Minderheitsangehöriger zu sein.

Der Beschwerdeführer macht geltend, daß trotz dieses Umstandes auf die Beschwerde eingetreten werden könne, da er im Moment der Einreichung der Beschwerde beim Minderheitsamt (24. Februar 1930) und auch am Tage ihrer Weiterleitung an den Präsidenten der Gemischten Kommission (10. April 1930) Minderheitsangehöriger im Verhältnis zu Polen gewesen sei. Nach der konstanten Praxis des Präsidenten der Gemischten Kommission ist dies nicht ausreichend: die Zugehörigkeit zur Minderheit ist nicht nur Voraussetzung für die Anhängigmachung einer Beschwerde im Sinne des Art. 149 der Genfer Konvention, sondern auch für die Durchführung des Verfahrens. Mit dem Verlust der Minderheitsangehörigkeit hat der Beschwerdeführer das Recht verloren, sich vor dem Forum des Präsidenten der Gemischten Kommission wegen Verletzung der im Teil III der Genfer Konvention garantierten Minderheitsrechte zu beschweren. (Siehe Stellungnahme vom 17. II. 1925 in der Beschwerdesache Nr. 99 des Karl Michalik in Wielkie Hajduki, und vom 31. I. 1930 in der Beschwerdesache Nr. 393 des Deutschen Volksbundes in Katowice betr. Entlassung des Steigers Adolf Klima.) Besondere Gründe, die ein Abweichen von der bisher befolgten Praxis rechtfertigen würden, liegen im vorliegenden Falle nicht vor. Auf die in der Beschwerde aufgeworfenen materiellen Fragen kann daher nicht eingetreten werden.

Nach stattgehabter Beratung im Schoße der Gemischten Kommission gelangt der Präsident der Gemischten Kommission, gestützt auf die vorstehenden Erwägungen, zur

Stellungnahme:

Die Beschwerde wird ohne Prüfung der Sache abgewiesen.

101

Pogląd

z dnia 9 czerwca 1932 w sprawie nr 472 dyrektora Ernesta Pietscha, żalącego się, zastąpionego przez Niemiecki Związek Ludowy w Katowicach, dotyczącej zwolnienia żalącego się ze służby w Zjednoczonych Hutach Królewskiej i Laurze (Górny Śląsk Polski).

I

1. Dnia 27 czerwca 1927 (akt 2) wniósł Niemiecki Związek Ludowy imieniem naddyrektora górniczego Ernesta Pietscha w myśl art. 149 i n. Konwencji Genewskiej zażalenie do Polskiego Urzędu Spraw Mniejszości w Katowicach. Urząd Spraw Mniejszości przekazał zażalenie Prezydentowi Komisji Mieszanej dnia 3 grudnia 1927 (akt 1), a dnia 3 lutego 1928 (akt 4—5) przesłał uwagi w myśl art. 152 Konwencji Genewskiej. Na odpowiedź żalącego się z dnia 15 czerwca 1928 replikował Urząd Spraw Mniejszości dnia 1 lipca 1929 (akt 44—45). W międzyczasie, mianowicie dnia 28 marca 1929, wniósł Pietsch na podstawie art. 147 Konwencji Genewskiej zażalenie do Rady Ligi Narodów, której Rząd Polski zakomunikował swe stanowisko w expose z dnia 26 sierpnia 1929 (akt 51). W myśl uchwały z dnia 25 września 1929 Rada Ligi Narodów nie przystąpiła do rozpatrywania zażalenia wniesionego na zasadzie art. 147 Konwencji Genewskiej, lecz przekazała je do załatwienia Prezydentowi Komisji Mieszanej, załączając dotyczne akta.

Wymiana pism toczyła się dalej i na kilku posiedzeniach przesłuchano różnych świadków. Na rozprawach ustnych strony miały sposobność zająć stanowisko do wyniku postępowania dowodowego i przedstawić dalsze wywody faktyczne i prawne.

2. Żalący się był od około 20 lat zatrudniony w Zjednoczonych Hutach Królewskiej i Laurze Sp. Akc. i był członkiem Zarządu tego przedsiębiorstwa. Dnia 19 października 1926 uchwaliła Rada Nadzorcza jednomyślnie rozwiązać stosunek służbowy z dyrektorem Pietschem. Dnia 30 czerwca 1927 musiał Pietsch opuścić swe stanowisko. W petitum zażalenia żąda się stwierdzenia, że wpływ, jaki wojewoda dr Grażyński i inżynier Rudowski (naczelnik Wydziału Handlu i Przemysłu Województwa) wywarli na Radę Nadzorczą i Za-

101

Stellungnahme

vom 9. Juni 1932 in der Sache Nr. 472 des Direktors Ernst Pietsch, Beschwerdeführer, vertreten durch den Deutschen Volksbund in Katowice, betreffend seine Entlassung aus dem Dienste der Vereinigten Königs- und Laurahütte (Polnisch-Oberschlesien).

I

1. Am 27. Juni 1927 (act. 2) erhob der Deutsche Volksbund namens des Oberbergdirektors Ernst Pietsch, im Sinne von Art. 149 ff. der Genfer Konvention Beschwerde beim Polnischen Minderheitsamt in Katowice. Das Minderheitsamt überwies die Beschwerde am 3. Dezember 1927 (act. 1) an den Präsidenten der Gemischten Kommission. Am 3. Februar 1928 (act. 4—5) ließ es die Bemerkungen im Sinne von Art. 152 des Genfer Abkommens folgen. Auf die Antwort des Beschwerdeführers vom 15. Juni 1928 replizierte das Minderheitsamt am 1. Juli 1929 (act. 44—45). Inzwischen, d. h. am 28. März 1929, hatte Pietsch seine Beschwerde auf Grund des Art. 147 der Genfer Konvention an den Völkerbundsrat gerichtet und die Polnische Regierung hatte dem Völkerbundsrat ihren Standpunkt in einem Exposé, datiert 26. August 1929 (act. 51), zur Kenntnis gebracht. Der Völkerbundsrat trat, laut Beschluß vom 25. September 1929, auf die Beschwerde gemäß Art. 147 der Genfer Konvention nicht ein und überwies die Angelegenheit unter Beifügung des Aktenmaterials an den Präsidenten der Gemischten Kommission zur Erledigung.

Der Schriftenwechsel nahm seinen Fortgang, und in mehreren Sitzungen wurden verschiedene Zeugen einvernommen. In den mündlichen Verhandlungen hatten die Parteien Gelegenheit, zum Beweisergebnis Stellung zu nehmen und weitere Ausführungen in tatsächlicher und rechtlicher Beziehung vorzutragen.

2. Der Beschwerdeführer stand seit etwa 20 Jahren im Dienste der Vereinigten Königs- und Laurahütte A. G. und gehörte dem Vorstande als Mitglied an. Am 19. Oktober 1926 beschloß der Aufsichtsrat einstimmig, das Dienstverhältnis mit Direktor Pietsch zu lösen. Am 30. Juni 1927 mußte er aus seiner Stellung ausscheiden. Das Petitum der Beschwerde geht dahin, festzustellen, daß die Einwirkung des Wojewoden Dr. Grażyński und des Ing. Rudowski (Vorsteher der Abteilung für Handel und Industrie der Wojewodschaft) auf den Aufsichtsrat und den

rząd Hut Królewskiej i Laury celem zwolnienia dyrektora Pietscha, stanowi naruszenie art. 75 Konwencji Genewskiej.

3. Z góry należy stwierdzić, że umowa służbowa pomiędzy żalącym się a Zjednoczonymi Hutami Królewską i Laurą i wszelkie wynikające stąd spory podlegają prawu prywatnemu i orzecznictwu właściwych sądów. Prezydent Komisji Mieszanej nie byłby zatem w myśl art. 149 Konwencji Genewskiej właściwy zbadać, czy przez zwolnienie Pietscha umowa służbowa została naruszona lub nie. Zresztą obecnie między pracodawcą a pracobiorcą ani w tym punkcie ani pod innym względem nie zachodzi żaden spór prawny. Tytułem odszkodowania za zwolnienie Huta Królewska i Laura przyznała Pietschowi na podstawie polubownej ugody emeryturę i znaczną odprawę; na skutek tego żalący się złożył wobec pracodawczyni dnia 8 lipca 1927 pisemne oświadczenie, że zrzeka się wszystkich praw, jakie mu przysługują na podstawie umowy służbowej z dnia 4 i 13 stycznia 1926 (akt 52, 54).

Zażalenie kieruje się też zatem wyłącznie przeciwko wkroczeniu wspomnianej władzy administracyjnej, ponieważ żalący się podnosi w nim zarzut, że władza ta przez swą interwencję naruszyła Konwencję Genewską.

4. Na podstawie akt jest ustalone i nie zostało zaprzeczone, że Wojewoda i inżynier Rudowski żądali w drodze kilkakrotnych interwencyj u członków Zarządu i Rady Nadzorczej Hut Królewskiej i Laury zwolnienia żalącego się, wywierając w tym sensie nacisk. Zobacz zeznanie świadka Wolnego (akt 183—184):

„...p. Wojewoda wyznaczył nam krótki termin (do zwolnienia Pietscha) i zagroził, że w razie niedotrzymania go odebrane nam zostaną wszystkie zamówienia państwowe".

Zeznanie świadka Kiedronia (akt 77—78):

„...Ponieważ Rząd jest jednym z największych odbiorców naszego towarzystwa, musiało naszemu towarzystwu zależeć na dobrych stosunkach z Rządem... Można się tu było obawiać przy wrogim nastawieniu opinii publicznej do naszego towarzystwa, że np. władze podatkowe nie zastosują najkorzystniejszej interpretacji ustawy podatkowej, co mogłoby doprowadzić do długich i ciężkich sporów z władzami podatkowymi."

Vorstand der Königs- und Laurahütte behufs Herbeiführung der Entlassung des Direktors Pietsch eine Verletzung des Art. 75 der Genfer Konvention darstelle.

3. Es ist von vornherein festzustellen, daß der Dienstvertrag zwischen dem Beschwerdeführer und der Vereinigten Königs- und Laurahütte und die daraus sich ergebenden allfälligen Streitigkeiten dem Privatrecht und der Rechtsprechung der zuständigen Gerichte unterstehen. Der Präsident der Gemischten Kommission wäre also gemäß Art. 149 der Genfer Konvention nicht zuständig, zu prüfen, ob der Dienstvertrag durch die Entlassung Pietsch's verletzt wurde oder nicht. Übrigens besteht heute weder in diesem Punkte noch in anderer Hinsicht irgend eine Rechtsstreitigkeit zwischen dem Arbeitgeber und dem Arbeitnehmer. Als Entschädigung für die Entlassung Pietsch's hat ihm die Königs- und Laurahütte, auf Grund einer gütlichen Abmachung, eine Pension und eine bedeutende Abfindungssumme gewährt; der Beschwerdeführer gab hierauf am 8. Juli 1927 der Arbeitgeberin die schriftliche Erklärung ab, daß er auf alle ihm aus dem Dienstvertrag vom 4. und 13. Januar 1926 zustehenden Rechte verzichte (act. 52, 54).

Die Beschwerde ist denn auch ausschließlich gegen das Eingreifen der erwähnten administrativen Behörde gerichtet, indem der Beschwerdeführer geltend macht, daß diese Behörde durch ihre Intervention die Genfer Konvention verletzt habe.

4. Es steht aktenmäßig fest und wurde nicht bestritten, daß der Wojewode und Ing. Rudowski durch wiederholte Interventionen bei Mitgliedern des Vorstandes und Aufsichtsrates der Königs- und Laurahütte die Entlassung des Beschwerdeführers verlangt und in diesem Sinne einen Druck ausgeübt haben. Siehe Zeugenaussage Wolny (act. 183—184):

»...der Herr Wojewode hat uns eine kurze Frist (für die Entlassung Pietsch's) eingeräumt und für den Fall der Nichteinhaltung den Entzug aller Staatsaufträge angedroht«.

Zeugenaussage Kiedroń (act. 77—78):

»...da die Regierung einer der Hauptabnehmer unserer Gesellschaft ist, mußte unserer Gesellschaft an guten Beziehungen zur Regierung gelegen sein... Bei einer feindlichen Einstellung der öffentlichen Meinung zu unserer Gesellschaft konnte man befürchten, daß z. B. die Steuerbehörden nicht die günstigste Interpretation des Steuergesetzes anwenden werden, was zu langwierigen und schweren Streitigkeiten mit den Steuerbehörden hätte führen können.«

Zobacz następnie korespondencję pomiędzy członkami Zarządu i Rady Nadzorczej, m. in. telegram członka Rady Nadzorczej Weinmanna, de dato 13 października 1926 (akt 38 a):

„Uwzględnijcie w Warszawie, że urzędowi lokalni przedstawiciele władzy żądali półoficjalnie jak najszybszego usunięcia".

Pismo Weinmanna do Pietscha, de dato 22 listopada 1926 (akt 38 b):

„Myli się Pan, sądząc, że nie mam powodu ulec naciskowi władzy; groźniej, niż Wojewoda rozmawiał ze mną i z Potockim, nie mógł tego uczynić..."

5. O ile chodzi o uzasadnienie postępowania właściwej władzy, należy wskazać przede wszystkim na pismo Urzędu Spraw Mniejszości do Prezydenta Komisji Mieszanej z dnia 1 lipca 1929 (akt 44—45); w piśmie tym wywodzi się m. in.:

„Ministerstwo Spraw Wewnętrznych po przeprowadzeniu szczegółowych badań doszło do przekonania, że zwolnienie Ernesta Pietscha ze stanowiska naczelnego dyrektora Górnośląskich Zjednoczonych Hut Królewskiej i Laury przez Radę Nadzorczą tegoż towarzystwa nastąpiło, jak to podaje prezes Zarządu w piśmie z dnia 28 grudnia 1927 r. Nr 3594/K, na skutek nienadawania się p. Pietscha do zajmowania powyższego kierowniczego stanowiska.

Petent żali się, że zwolnienie to nastąpiło na skutek interwencji Wojewody Śląskiego oraz p. inż. Rudowskiego.

Nie wchodząc w to, czy zwolnienie nastąpiło faktycznie jedynie na skutek interwencji Wojewody Śląskiego względnie p. inż. Rudowskiego, Ministerstwo Spraw Wewnętrznych stwierdza, że zwrócenie uwagi Radzie Nadzorczej ze strony Wojewody Śląskiego na niedomagania istniejące w towarzystwie należało do obowiązków ciążących na Wojewodzie.

Wojewoda stwierdził bowiem, że Ernest Pietsch przez uprawianie niewłaściwej personalnej polityki jak i przede wszystkim przez nieumiejętne obchodzenie się z ludźmi, doprowadził do takiego wrzenia wewnątrz wspomnianego zakładu, że groziło nawet porzuceniem pracy przez wszystkich robotników; było zatem obowiązkiem Wojewody Śląskiego, zwrócić uwagę Radzie Nadzorczej wspomnianego towarzystwa na niedomagania wynikłe jedynie na skutek działalności Pietscha. W każdym razie, jak stwierdziło drobiazgowe badanie Ministerstwa Spraw Wewnętrznych, powyższe zwrócenie

Siehe sodann die Korrespondenz zwischen Mitgliedern des Vorstandes und Aufsichtsrates, u. a.: Telegramm vom Aufsichtsratsmitglied Weinmann, datiert 13. Oktober 1926 (act. 38 a):

»Berücksichtiget in Warschau, daß die amtlichen lokalen Machthaber offiziös schnellste Amovierung forderten«.

Schreiben von Weinmann an Pietsch, datiert 22. November 1926 (act. 38 b):

»Sie sind im Irrtum, wenn Sie glauben, ich habe keine Veranlassung dem behördlichen Druck nachzugeben; drohender als der Wojewode mit mir und Potocki gesprochen hat, konnte er dies nicht tun...«

5. Was die Begründung des Vorgehens der zuständigen Behörde anbetrifft, so ist in erster Linie hinzuweisen auf die Eingabe des Minderheitsamtes vom 1. Juli 1929 (act. 44—45) an den Präsidenten der Gemischten Kommission; darin wird u. a. ausgeführt:

»Das Ministerium des Innern ist nach Durchführung eingehender Ermittlungen zu der Überzeugung gelangt, daß die Entlassung des Ernst Pietsch vom Posten des Generaldirektors der Oberschlesischen Vereinigten Königs- und Laurahütte durch den Aufsichtsrat der erwähnten Gesellschaft aus dem Grunde erfolgt ist, weil, wie dies der Präsident des Vorstandes im Schreiben vom 28. Dezember 1927 Nr. 3594 K. angibt, Herr Pietsch sich zur Bekleidung des obenerwähnten leitenden Postens nicht geeignet hat.

Der Petent beschwert sich darüber, daß die Entlassung auf Grund der Intervention des Schlesischen Wojewoden sowie des Herrn Ingenieur Rudowski erfolgt ist.

Ohne darauf einzugehen, ob die Entlassung tatsächlich einzig und allein auf Grund der Intervention des Schlesischen Wojewoden bezw. des Herrn Ingenieur Rudowski erfolgt ist, stellt das Ministerium des Innern fest, daß es zu den auf dem Wojewoden lastenden Pflichten gehört, den Aufsichtsrat auf die in der Gesellschaft herrschenden Mängel aufmerksam zu machen.

Der Wojewode hat nämlich festgestellt, daß Ernst Pietsch durch Betreibung einer ungeeigneten Personalpolitik sowie vor Allem durch einen ungeschickten Umgang mit den Leuten es zu einer solchen Gärung in der erwähnten Anstalt hat kommen lassen, daß sogar die Gefahr bestand, daß alle Arbeiter die Arbeit niederlegen; es war somit Pflicht des Schlesischen Wojewoden, den Aufsichtsrat der erwähnten Gesellschaft auf die Mängel aufmerksam zu machen, die einzig und allein infolge der Tätigkeit des Pietsch entstanden sind. Jedenfalls hat der Schlesische Wojewode — wie die peinlich genaue Untersuchung des Ministeriums

uwagi Radzie Nadzorczej ze strony Wojewody Śląskiego nastąpiło jedynie ze względu na konieczność zachowania spokoju i porządku na terenie Województwa Śląskiego, a nie, jak twierdzi petent, ze względu na niemieckie pochodzenie Ernesta Pietscha."

Następnie Rząd Polski w swym exposé do Rady Ligi Narodów z dnia 26 sierpnia 1929 (akt 51) oświadczył:

„L'activité de M. Pietsch, en tant que Directeur en chef des mines de la Société par actions „Górnośląskie Zjednoczone Huty Królewska i Laura" faisait depuis longtemps l'objet de nombreuses plaintes et réclamations de la part des ouvriers et fonctionnaires qui lui étaient subordonnés, ainsi que de la part de la mairie de la commune Siemianowice, habitée en grande partie par des employés de la Société. Les ouvriers et fonctionnaires renvoyés se plaignirent à maintes reprises des procédés de M. Pietsch non seulement à la Direction Centrale de l'entreprise, mais aussi à la l'Office Supérieur des Mines à Katowice et au Commissaire de Démobilisation. M. Pietsch, par sa méthode arbitraire de recrutement et de traitement de personnel a démontré qu'il n'est pas qualifié d'occuper le poste qui lui était confié. D'autre part il a créé une telle effervescence parmi les ouvriers des mines appartenant à la Société, qu'à un moment une grève semblait imminente. Le voivode, informé de cet état de choses, entre autres par des délégations des ouvriers des mines administrées par M. Pietsch, jugea opportun d'intervenir officieusement auprès de la Direction de la Société, afin d'attirer son attention sur les graves inconvénients, résultant de l'activité de M. Pietsch. Il ressort clairement de l'enquête minutieuse du Ministère de l'intérieur, que cette intervention officieuse était faite uniquement dans l'intérêt du maintien de l'ordre, de la sécurité publique et de la paix sociale. Contrairement aux allégations du pétitionnaire, elle n'avait nullement lieu en raison de l'origine allemande de M. Pietsch. Dans ces conditions, il est évident que cette intervention ne constitue aucun excès du pouvoir et les autorités compétentes estiment qu'il n'y a pas lieu pour elles d'intervenir dans cette affaire."

Wreszcie przytacza się także memoriał generalnego dyrektora Kiedronia jako prezesa Zarządu Zjednoczonych Hut Królewskiej i Laury (akt 5—6), który Urząd Spraw Mniejszości wniósł do akt dnia 3 lutego 1928 i na który powoływał się w piśmie z dnia 1 lipca 1929:

des Innern festgestellt hat — den Aufsichtsrat auf die obenerwähnten Mißstände nur aus dem Grunde aufmerksam gemacht, damit die Ruhe und Ordnung auf dem Gebiete der Schlesischen Wojewodschaft aufrechterhalten werde, und nicht, wie der Petent behauptet, mit Rücksicht auf die deutsche Abstammung des Ernst Pietsch...«

Sodann hat sich die Polnische Regierung in ihrem Exposé an den Völkerbundsrat vom 26. August 1929 (act. 51) wie folgt geäußert:

„L'activité de M. Pietsch, en tant que Directeur en chef des mines de la Société par actions „Górnośląskie Zjednoczone Huty Królewska i Laura" faisait depuis longtemps l'objet de nombreuses plaintes et réclamations de la part des ouvriers et fonctionnaires qui lui étaient subordonnés, ainsi que de la part de la mairie de la commune Siemianowice, habitée en grande partie par des employés de la Société. Les ouvriers et fonctionnaires renvoyés se plaignirent à maintes reprises des procédés de M. Pietsch non seulement à la Direction Centrale de l'entreprise, mais aussi à la l'Office Supérieur des Mines à Katowice et au Commissaire de Démobilisation. M. Pietsch, par sa méthode arbitraire de recrutement et de traitement de personnel a démontré qu'il n'est pas qualifié d'occuper le poste qui lui était confié. D'autre part il a créé une telle effervescence parmi les ouvriers des mines appartenant à la Société, qu'à un moment une grève semblait imminente. Le voivode, informé de cet état de choses, entre autres par des délégations des ouvriers des mines administrées par M. Pietsch, jugea opportun d'intervenir officieusement auprès de la Direction de la Société, afin d'attirer son attention sur les graves inconvénients, résultant de l'activité de M. Pietsch. Il ressort clairement de l'enquête minutieuse du Ministère de l'intérieur, que cette intervention officieuse était faite uniquement dans l'intérêt du maintien de l'ordre, de la sécurité publique et de la paix sociale. Contrairement aux allégations du pétitionnaire, elle n'avait nullement lieu en raison de l'origine allemande de M. Pietsch. Dans ces conditions, il est évident que cette intervention ne constitue aucun excès du pouvoir et les autorités compétentes estiment qu'il n'y a pas lieu pour elles d'intervenir dans cette affaire."

Schließlich sei auch das Memorandum des Generaldirektors Kiedroń als Präsidenten des Vorstandes der Vereinigten Königs- und Laurahütte (act. 5—6) wiedergegeben, welches das Minderheitsamt am 3. Februar 1928 zu den Akten gegeben hat und worauf es sich in seiner Eingabe vom 1. Juli 1929 berief:

„Ze strony części obywatelstwa gminy Siemianowice tudzież Zarządu Gminy oraz ze strony urzędników i robotników, zatrudnionych na kopalniach Zjednoczonych Hut Królewskiej i Laury, podnoszone były stale zarzuty przeciwko ówczesnemu naczelnemu dyrektorowi kopalń, p. Pietschowi — jakoby stronniczego i nieprzychylnego postępowania w stosunku do polskich urzędników i robotników, mu podległych. Zarzucano stale p. Pietschowi, że przy wszelkich redukcjach zwalnia przede wszystkim robotników narodowości polskiej, podczas gdy przy ewentualnych nowych przyjęciach uwzględnia się w pierwszej linii Niemców. Zredukowani urzędnicy odnosili się nie tylko do Centralnego Zarządu Zjednoczonych Hut Królewskiej i Laury, lecz również do Urzędu Górniczego i do Komisarza Demobilizacyjnego z zażaleniami, które z biegiem czasu przybrały rozmiary absolutnie niedopuszczalne i mogące wpłynąć niekorzystnie na stosunek Towarzystwa do Urzędu Gminnego wzgl. innych władz autonomicznych czy państwowych, które stale nalegały na równomierne traktowanie pracowników jednej i drugiej narodowości; m. in. zarzucano p. Pietschowi, iż chce redukcjami objąć także członka Rady Zakładowej i radnego gminnego, robotnika Jendrusia, li tylko z porachunków osobistych, że podwładni mu urzędnicy nie przyjmują przydzielonych na podstawie obowiązujących ustaw przez Urząd Pośrednictwa Pracy robotników, lecz że wbrew poprzednim oświadczeniom twierdzą, że nikogo do pracy przyjmować się nie będzie, o ile przydzielonymi robotnikami byli w większej części Polacy itd. itd.

Zarząd Centralny niejednokrotnie zwracał p. Pietschowi uwagę, iż tego rodzaju stan rzeczy jest niedopuszczalny i że p. Pietsch musi usiłować usunąć nawet pozory niesprawiedliwego traktowania urzędników i robotników, jakiejkolwiek narodowości, mu podległych.

Kiedy skargi nie tylko nie ustawały, lecz przybierały charakter coraz bardziej zaogniony, nie pozostało Zarządowi Centralnemu nic innego, jak przedłożenie tego stanu rzeczy Radzie Nadzorczej Towarzystwa do zasadniczego rozstrzygnięcia. Rada Nadzorcza — w interesie dobra Towarzystwa — uznała za właściwe zlikwidowanie stosunku służbowego z p. Pietschem, nie chcąc dopuścić do możliwości konfliktu z robotnikami względnie strajku, na który się zanosiło, a to w okresie najlepszej koniunktury, wywołanej strajkiem angielskim. Ze względu na długoletnią działalność p. Pietscha w Towarzystwie Rada Nadzorcza przyznała p. Pietschowi emeryturę ze środ-

»Seitens eines Teils der Bürgerschaft der Gemeinde Siemianowice sowie seitens der Gemeindeverwaltung und seitens der auf den Gruben der Vereinigten Königs- und Laurahütte beschäftigten Beamten und Arbeiter wurden dauernd gegen den damaligen Generaldirektor der Gruben, Herrn Pietsch, Vorwürfe erhoben wegen angeblich parteiischen und unfreundlichen Verhaltens zu den ihm unterstellten polnischen Beamten und Arbeitern. Herrn Pietsch wurde dauernd vorgeworfen, daß er bei jeglichen Reduktionen vor allen Dingen Arbeiter polnischer Nationalität entläßt, während bei eventl. Neuaufnahmen in erster Linie Deutsche berücksichtigt werden. Die abgebauten Beamten wandten sich nicht nur an die Zentralverwaltung der Vereinigten Königs- und Laurahütte, sondern auch an das Bergamt und an den Demobilmachungskommissar mit Beschwerden, die im Laufe der Zeit einen geradezu unzulässigen Umfang annahmen und die einen ungünstigen Einfluß ausüben konnten auf das Verhältnis der Gesellschaft zum Gemeindeamt bezw. anderen autonomen oder staatlichen Behörden, die ständig eine gleichmäßige Behandlung der Angestellten sowohl der einen als auch der anderen Nationalität verlangten; u. a. wurde Herrn Pietsch der Vorwurf gemacht, daß er auch das Mitglied des Betriebs- und des Gemeinderats, den Arbeiter Jendrus, reduzieren will, und zwar nur aus persönlichen Gründen, daß die ihm unterstellten Beamten die auf Grund der geltenden Gesetze durch das Arbeitsvermittlungsamt zugewiesenen Arbeiter nicht annahmen, sondern, daß sie, entgegen den vorhergehenden Erklärungen behaupten, daß niemand zur Arbeit angenommen wird, wenn die zugewiesenen Arbeiter in der Mehrzahl Polen sein sollten, u. s. w., u. s. w.

Die Zentralverwaltung hat Herrn Pietsch wiederholt darauf aufmerksam gemacht, daß ein derartiger Zustand unzulässig ist, und daß Herr Pietsch sich bemühen muß, selbst den Anschein, daß er die ihm unterstellten Beamten und Arbeiter, gleichgültig welcher Nationalität, ungerecht behandelt, zu beseitigen.

Als die Beschwerden nicht aufhören wollten, sondern im Gegenteil einen immer schärferen Charakter annahmen, blieb der Zentralverwaltung nichts anderes übrig, als diesen Sachverhalt dem Aufsichtsrat der Gesellschaft zur grundsätzlichen Entscheidung vorzulegen. Der Aufsichtsrat hat es im Interesse der Gesellschaft für richtig befunden, das Dienstverhältnis mit Herrn Pietsch zu lösen, da er die Möglichkeit eines Konflikts mit den Arbeitern bezw. eines Streiks, der auszubrechen drohte, nicht zulassen wollte, insbesondere in der Zeit der allerbesten Konjunktur, die durch den englischen Streik entstanden war. Mit Rücksicht auf die langjährige Tätigkeit des Herrn Pietsch bei der Gesellschaft hat

ków Towarzystwa oraz oprócz tego jednorazowe poważne odszkodowanie w gotówce."

Dyrektor Pietsch zaprzeczył, że wniesione przeciwko niemu zażalenia są uzasadnione i wskazał na to, że na swe usprawiedliwienie wystosował dnia 29 września 1926 do Województwa obszerny memoriał z materiałami dowodowymi (akt 50), na który nie udzielono odpowiedzi.

O wdrożeniu jakiegokolwiek śledztwa karnego przeciwko Pietschowi z powodu jakiegoś czynu zbrodniczego przeciwko Państwu lub porządkowi publicznemu nie było nigdy mowy.

6. Dla osądzenia kwestii, czy interwencja władz celem zwolnienia Pietscha jest naruszeniem Konwencji Genewskiej, wchodzą w rachubę następujące postanowienia tej umowy państwowej:

Art. 67 al. 1: „Tous les ressortissants polonais seront égaux devant la loi et jouiront des mêmes droits civils et politiques sans distinction de race, de langage ou de religion."

Art. 67 al. 2: „La différence de religion, de croyance ou de confession ne devra nuire à aucun ressortissant polonais en ce qui concerne la jouissance des droits civils et politiques, notamment pour l'admission aux emplois publics, fonctions et honneurs ou l'exercice des différentes professions et industries."

Art. 75 al. 1: „Tous les ressortissants allemands dans la partie allemande du territoire plébiscité d'une part, et tous les ressortissants polonais dans la partie polonaise d'autre part, seront égaux devant la loi et jouiront des mêmes droits civils et politiques, sans distinction de race, de langage ou de religion."

Art. 75 al. 3: „Les ressortissants appartenant à des minorités jouiront, de la part des autorités et des fonctionnaires, du même traitement et des mêmes garanties en fait que les autres ressortissants."

Art. 80: „Les ressortissants appartenant à des minorités seront traités sur le même pied que les autres ressortissants en ce qui concerne l'exercice des professions agricoles, commerciales ou industrielles, ou de toute autre profession. Ils ne seront soumis qu'aux dispositions en vigueur appliquées aux autres ressortissants."

Powyższe postanowienia gwarantują osobom należącym do mniejszości równe traktowanie, nasamprzód w odniesieniu do „droits civils". Z artykułu 67, al. 2, wyliczającego przykładowo „droits ci-

ihm der Aufsichtsrat eine Pension aus dem Fonde der Gesellschaft sowie außerdem eine einmalige, beträchtliche Abfindung in bar zugesprochen.«

Direktor Pietsch hat die Begründenheit der gegen ihn erhobenen Beschwerden bestritten und darauf hingewiesen, daß er zu seiner Rechtfertigung am 29. September 1926 eine ausführliche Denkschrift mit Belegen (act. 50) an die Wojewodschaft gerichtet habe, welche unbeantwortet blieb.

Von einer Strafuntersuchung gegen Pietsch wegen irgend einer verbrecherischen Handlung wider den Staat oder die öffentliche Ordnung ist nie die Rede gewesen.

6. Für die Beurteilung der Frage, ob die auf die Entlassung Pietsch's gerichtete behördliche Intervention eine Verletzung der Genfer Konvention darstellt, kommen folgende Bestimmungen dieses Staatsvertrags in Betracht:

Art. 67 al. 1: „Tous les ressortissants polonais seront égaux devant la loi et jouiront des mêmes droits civils et politiques sans distinction de race, de langage ou de religion."

Art. 67 al. 2: „La différence de religion, de croyance ou de confession ne devra nuire à aucun ressortissant polonais en ce qui concerne la jouissance des droits civils et politiques, notamment pour l'admission aux emplois publics, fonctions et honneurs ou l'exercice des différentes professions et industries."

Art. 75 al. 1: „Tous les ressortissants allemands dans la partie allemande du territoire plébiscité d'une part, et tous les ressortissants polonais dans la partie polonaise d'autre part, seront égaux devant la loi et jouiront des mêmes droits civils et politiques, sans distinction de race, de langage ou de religion."

Art. 75 al. 3: „Les ressortissants appartenant à des minorités jouiront, de la part des autorités et des fonctionnaires, du même traitement et des mêmes garanties en fait que les autres ressortissants."

Art. 80: „Les ressortissants appartenant à des minorités seront traités sur le même pied que les autres ressortissants en ce qui concerne l'exercice des professions agricoles, commerciales ou industrielles, ou de toute autre profession. Ils ne seront soumis qu'aux dispositions en vigueur appliquées aux autres ressortissants."

Diese Bestimmungen gewährleisten den Minderheitsangehörigen gleiche Behandlung, zunächst inbezug auf die »droits civils«. Aus Artikel 67, al. 2, welcher eine beispielsweise Aufzählung der »droits civils«

vils", wynika, że rozumieć należy przez to w szczególności wykonywanie rozmaitych procederów i zawodów. Okoliczność, że w art. 67 al. 2 nie wspomniano o mniejszości językowej, jest w niniejszym przypadku bez znaczenia, ponieważ postanowienia tytułu I są powtórzone i częściowo rozszerzone w tytule II. To samo zachodzi także co do postanowienia art. 67, al. 2. Wyżej przytoczony art. 80 gwarantuje równe traktowanie wzgl. swobodne wykonywanie zawodów wszystkim mniejszościom, a zatem także mniejszości językowej.

Gwarancja równych praw w odniesieniu do wykonywania jakiegoś zawodu lub procederu znaczy, że każdy obywatel ma równe prawo wykonywać w granicach ustawodawstwa swój zawód, zarabiać na życie swoją pracą i zawierać umowy służbowe z jakimkolwiek pracodawcą z całą swobodą, o ile ustawa swobody tej wyraźnie nie ogranicza. Jakakolwiek interwencja publicznych władz administracyjnych, mająca na celu zapobiec prywatnemu zatrudnieniu osoby należącej do mniejszości, utrudnić to zatrudnienie lub spowodować zwolnienie danej osoby, nie da się z prawem tym pogodzić. Zgodny z tym jest art. 80 ostatnie zdanie: „Ils ne seront soumis qu'aux dispositions en vigueur appliquées aux autres ressortissants". Postanowienia ustawowe, ograniczające zasadę wolnego wykonywania zawodów, są wyjątkami, które dotyczą kilku nielicznych rodzajów zawodów, jak np.: lekarzy, aptekarzy, adwokatów. Także co do górnictwa istnieją tego rodzaju wyjątki. (Zob. par. 73, 74, 75, 76 powszechnej ustawy górniczej.) Według tych postanowień władzom przysługuje prawo interwencji tylko o tyle, o ile chodzi o techniczne uzdolnienie osób nadzorczych lub o przestrzeganie przepisów górniczo-policyjnych. Z tego wynika jasno, że uchybienia, jakie zarzuca się żalącemu się, nie podpadają pod ustawę górniczą. Władza nie oparła też swej interwencji na przytoczonych postanowieniach ustawowych dotyczących górnictwa, nie powołuje się ona w ogóle na żadne postanowienie ustawowe, w myśl którego byłaby właściwa żądać zwolnienia żalącego się.

Dla braku jakiegokolwiek dotycznego przepisu ustawowego władza z uwagi na art. 75 i 80 Konwencji nie była uprawniona żądać w drodze nakazu lub zarządzenia od Administracji Zjednoczonych Hut Królewskiej i Laury, aby zwolniła dyrektora Pietscha. Właściwa władza wywodzi jednak m. in., że wkroczyła ona tylko w drodze półoficjalnej dla zachowania spokoju i porządku publicznego — zob. exposé do Rady Ligi Narodów (akt 51). Zażalenie rozpatrzyć należy zatem także z tego punktu widzenia.

gibt, geht hervor, daß darunter insbesondere die Ausübung der verschiedenen Gewerbe und Berufe zu verstehen ist. Daß in Art. 67, al. 2 die sprachliche Minderheit nicht erwähnt ist, spielt in casu keine Rolle; denn die Bestimmungen des Titels I werden in Titel II wiederholt und teilweise erweitert. Dies ist auch der Fall hinsichtlich der Bestimmung des Art. 67, al. 2. Der obenangeführte Art. 80 gewährt die Garantie der gleichen Behandlung bezw. freien Berufsausübung allen Minderheiten, also auch der sprachlichen Minderheit.

Die Gewährleistung gleicher Rechte in Bezug auf die Ausübung eines Berufes und Gewerbes bedeutet, daß jeder Bürger das gleiche Recht hat, innert der Grenzen der Gesetzgebung seinen Beruf auszuüben, durch seine Arbeit seinen Lebensunterhalt zu verdienen und Dienstverträge mit irgendeinem Arbeitgeber in voller Freiheit abzuschließen, soweit das Gesetz diese Freiheit nicht ausdrücklich einschränkt. Mit diesem Recht ist irgend eine Intervention administrativer, öffentlicher Behörden zum Zweck, die private Anstellung eines Minderheitsangehörigen zu verhindern oder zu erschweren oder seine Entlassung herbeizuführen, unvereinbar. Damit in Übereinstimmung steht Art. 80 letzter Satz: »Ils ne seront soumis qu'aux dispositions en vigueur appliquées aux autres ressortissants«. Gesetzliche Bestimmungen, die den Grundsatz der freien Berufsbetätigung einschränken, sind Ausnahmen, welche einige wenige Berufsarten betreffen, wie z. B.: Ärzte, Apotheker, Advokaten. Auch hinsichtlich des Bergbaues bestehen solche Ausnahmen. (Siehe §§ 73, 74, 75, 76 Allgem. Berggesetz.) Nach diesen Bestimmungen steht den Behörden ein Recht zur Intervention nur insofern zu, als die technische Befähigung von Aufsichtspersonen oder die Beobachtung bergpolizeilicher Vorschriften in Frage stehen. Hieraus ergibt sich ohne weiteres, daß die dem Beschwerdeführer zur Last gelegten Verfehlungen nicht unter das Berggesetz fallen. Die Behörde hat ihre Intervention auch nicht auf die zitierten gesetzlichen Bestimmungen betreffend den Bergbau gestützt, sie beruft sich überhaupt auf keine gesetzliche Bestimmung, gemäß welcher sie zuständig gewesen wäre, die Entlassung des Beschwerdeführers zu verlangen.

In Ermangelung jeder bezüglichen gesetzlichen Vorschrift war die Behörde im Hinblick auf Art. 75 und 80 der Konvention nicht befugt, durch einen Befehl oder eine Verfügung von der Verwaltung der Vereinigten Königs- und Laurahütte die Entlassung des Direktors Pietsch zu verlangen. Nun macht aber die zuständige Behörde u. a. geltend (siehe Exposé an den Völkerbundsrat [act. 51]), daß sie nur in offiziöser Weise zur Wahrung der öffentlichen Ruhe und Ordnung eingeschritten sei. Die Beschwerde ist also auch unter diesem Gesichtspunkt zu prüfen.

Przede wszystkim należy zaznaczyć, że półoficjalna forma, w jakiej, jak władza twierdzi, nastąpić miała interwencja, nie może władzy zwolnić z obowiązku przestrzegania przepisów Konwencji Genewskiej.

Jeżeli półoficjalna ingerencja władzy administracyjnej w stosunki prywatno-prawne pomiędzy pracodawcą a pracobiorcą w myśl prawa krajowego jest w ogóle dopuszczalna, winna ona w każdym razie ograniczać się do tych przypadków, gdzie istnieją dostateczne dowody na to, że jakiś urzędnik prywatny narusza swą działalnością ważne interesy publiczne, jak np. bezpieczeństwo Państwa lub spokój i porządek publiczny lub interesom tym zagraża, a pracodawca przeciwko temu dotychczas nie wkroczył. Bo także półoficjalna interwencja administracyjna może mieć donośne następstwa na niekorzyść urzędnika prywatnego i nie wolno jej przedsięwziąć samowolnie, bez dostatecznego powodu rzeczowego. Zresztą władza administracyjna spowoduje zawsze, gdy chodzić będzie o złośliwe narażenie interesów publicznych na niebezpieczeństwo, dochodzenie karne przeciwko urzędnikowi prywatnemu, zamiast zwracać się półoficjalnie do pracodawcy.

Z natury interwencji półoficjalnej wynika następnie, że władza w drodze tej interwencji może tylko zwrócić uwagę na dane stosunki i przypomnieć pracodawcy jego odpowiedzialność, w żadnym zaś razie nie jest ona uprawniona przepisywać lub żądać zwolnienia urzędnika prywatnego. Decyzja co do tego zależy raczej od swobodnej woli pracodawcy, działającego na własną odpowiedzialność. Władza oczywiście nie ma prawa przywłaszczać sobie w drodze tego rodzaju półoficjalnego kroku także w tych przypadkach, gdzie nie istnieją dotyczne przepisy ustawowe, uprawnienia, jakie przysługuje jej tylko co do poszczególnych rodzajów zawodów i jedynie na podstawie wyraźnych, szczególnych postanowień, mianowicie uprawnienia, na mocy którego mogłaby zakazać przyjęcia urzędnika prywatnego lub przepisać jego zwolnienie. W wyższym zaś stopniu półoficjalna interwencja z żądaniem, że urzędnik musi być zwolniony, przedstawia się jako akt samowoli, jeżeli przy tym wywiera się nacisk ze strony władz, w szczególności przez grożenie szkodami natury gospodarczej. Tego rodzaju widocznie samowolne postępowanie władzy administracyjnej przeciwko osobie należącej do mniejszości jest naruszeniem art. 75 Konwencji Genewskiej. (Zob. praktykę Prezydenta Komisji Mieszanej, m. in. pogląd w sprawie nr 169 z dnia 11 października 1926; pogląd w sprawie nr 250 z dnia 5 października

In erster Linie ist zu bemerken, daß die behauptete offiziöse Form der Intervention die Behörde von der Pflicht, die Vorschriften der Genfer Konvention zu beachten, nicht befreien kann.

Ist die offiziöse Ingerenz einer administrativen Behörde in das privatrechtliche Verhältnis zwischen Arbeitgeber und Arbeitnehmer nach nationalem Rechte überhaupt zulässig, so muß sie jedenfalls auf solche Fälle beschränkt werden, wo genügende Beweise dafür vorliegen, daß ein privater Angestellter durch seine Tätigkeit wichtige öffentliche Interessen, wie z. B. die Sicherheit des Staates oder die öffentliche Ruhe und Ordnung verletzt oder gefährdet, ohne daß der Arbeitgeber bisher dagegen eingeschritten wäre. Denn auch eine offiziöse administrative Intervention kann weitgehende Folgen zum Nachteil des Angestellten nach sich ziehen und darf nicht willkürlich, ohne genügenden sachlichen Grund erfolgen. Übrigens wird die Verwaltungsbehörde, so oft es sich um böswillige Gefährdung öffentlicher Interessen handelt, eine Strafuntersuchung gegen den Angestellten veranlassen, statt sich offiziös an den Arbeitgeber zu wenden.

Des Weiteren folgt aus der Natur der offiziösen Intervention, daß die Behörde nur auf die fraglichen Zustände aufmerksam machen und den Arbeitgeber an seine Verantwortlichkeit erinnern kann, keinesweg aber ist sie befugt, die Entlassung des privaten Angestellten vorzuschreiben oder zu fordern. Die Entscheidung hierüber hängt vielmehr vom freien Willen des unter seiner eigenen Verantwortlichkeit handelnden Arbeitgebers ab. Die Behörde ist offenbar nicht berechtigt, auf dem Wege eines solchen offiziösen Vorgehens auch in denjenigen Fällen, für welche keine bezüglichen Gesetzesvorschriften bestehen, eine Befugnis sich anzueignen, die ihr nur hinsichtlich einzelner Berufsarten und nur auf Grund ausdrücklicher, besonderer Bestimmungen zusteht, nämlich die Befugnis, die Anstellung eines privaten Angestellten zu verbieten oder dessen Entlassung vorzuschreiben. In erhöhtem Maße aber erscheint eine offiziöse Intervention mit dem Verlangen, daß der Angestellte entlassen werden müsse, als ein Akt der Willkür, wenn dabei behördlicher Druck, insbesondere durch Androhung von Nachteilen wirtschaftlicher Natur, ausgeübt wird. Ein solches offenbar willkürliches Vorgehen der administrativen Behörde gegen einen Minderheitsangehörigen stellt eine Verletzung des Art. 75 der Genfer Konvention dar. (Siehe Praxis des Präsidenten der Gemischten Kommission, u. a. die Stellungnahme in der Sache Nr. 169 vom 11. Oktober 1926; die Stellungnahme in der Sache Nr. 250 vom 5. Okto-

1927; pogląd w sprawie nr 297 z dnia 2 grudnia 1927; pogląd w sprawie nr 267 z dnia 1 czerwca 1928.) Tego rodzaju postępowanie władzy administracyjnej narusza również art. 80 Konwencji Genewskiej, który gwarantuje swobodne wykonywanie pracy i działalności zawodowej celem opędzania kosztów utrzymania. Wskazać należy przy tym na to, że prawa zawarte w art. 75 i 80 przede wszystkim zagwarantowane zostały wobec władzy administracyjnej.

Przedstawione powyżej zapatrywanie zasadnicze znajduje wyraz także w piśmie Urzędu Spraw Mniejszości z dnia 1 lipca 1929 (akt 44—45) o tyle, że właściwa władza podkreśla tam kilkakrotnie, że było jej prawem i obowiązkiem „zwrócić uwagę" Rady Nadzorczej wspomnianego towarzystwa na dane stosunki.

7. Jeżeli tedy chodzi o to, czy w niniejszym przypadku interwencja władzy na podstawie powyżej przedstawionych zasadniczych punktów widzenia była uzasadniona, to w kwestii tej należy powiedzieć:

W exposé Rządu Polskiego do Rady Ligi Narodów z dnia 26 sierpnia 1929 (akt 51) zarzucano dyrektorowi Pietschowi metodę samowoli przy przyjmowaniu i traktowaniu personelu. W swym memoriale (akt 5—6) dyrektor generalny Kiedroń donosił o zarzutach, jakie w różnych kołach podnoszono przeciwko Pietschowi i przeciwko podlegającym mu pracownikom z powodu rzekomej stronniczości na niekorzyść robotników i pracowników narodowości polskiej, przy czym dyrektor generalny Kiedroń nie wypowiedział się co do tego, czy te oskarżenia były istotnie uzasadnione.

Huta Królewska i Laura Sp. Akc. zatrudniała w owych latach tysiące robotników. Wobec wielkiej ilości kwestyj i dyferencyj, jakie Zarząd Górniczy musiał stale rozstrzygać w odniesieniu do przyjmowania i zwalniania robotników i pracowników oraz w odniesieniu do kontroli pracy, należy przypuścić, i w poszczególnych przypadkach jest to udowodnione, że mianowicie ze strony pracowników podlegających dyrektorowi Pietschowi wydane zostały tu i ówdzie nieodpowiednie zarządzenia. Lecz o ile chodzi o moralne stanowisko dyrektora Pietscha, to przy obiektywnej ocenie całokształtu materiału dowodowego stwierdzić należy, że nie jest uzasadniony zarzut, według którego Pietsch dopuścić się miał metody samowoli i stronniczego ustosunkowania się do robotników i pracowników, zależnie od tego,

der 1927; die Stellungnahme in der Sache Nr. 297 vom 2. Dezember 1927; die Stellungnahme in der Sache Nr. 267 vom 1. Juni 1928.) Ein derartiges Vorgehen der administrativen Behörde verletzt auch den Art. 80 der Genfer Konvention, welcher freie Ausübung der Arbeitskraft und der beruflichen Tätigkeit zur Bestreitung der wirtschaftlichen Existenz garantiert. Dabei ist darauf hinzuweisen, daß die in Art. 75 und 80 enthaltenen Rechte in erster Linie gegenüber der administrativen Gewalt gewährleistet wurden.

Die vorstehend dargelegte grundsätzliche Auffassung kommt auch in der Eingabe des Minderheitsamtes vom 1. Juli 1929 (act. 44—45) insofern zum Ausdruck, als darin die zuständige Behörde wiederholt hervorhebt, daß es ihre Pflicht und ihr Recht gewesen sei, den Aufsichtsrat der erwähnten Gesellschaft auf die fraglichen Verhältnisse »aufmerksam zu machen«.

7. Fragt sich nun, ob im vorliegenden Falle die Intervention der Behörde auf Grund der vorstehend ausgeführten grundsätzlichen Gesichtspunkte gerechtfertig war, so ist darüber folgendes zu sagen:

Im Exposé der Polnischen Regierung an den Völkerbundsrat vom 26. August 1929 (act. 51) wurde dem Direktor Pietsch eine Methode der Willkür bei Rekrutierung und Behandlung des Personals zur Last gelegt. In seinem Memorandum (act. 5—6) berichtete Generaldirektor Kiedroń über die Vorwürfe, die aus verschiedenen Kreisen gegen Pietsch und gegen die ihm untergebenen Angestellten wegen angeblicher Parteilichkeit zum Schaden der dem polnischen Volkstum angehörenden Arbeiter und Angestellten erhoben worden waren, wobei Generaldirektor Kiedroń sich nicht darüber aussprach, ob diese Klagen in Wirklichkeit begründet waren.

Die Königs- und Laurahütte A. G. beschäftigte in jenen Jahren Tausende von Arbeitern. Bei der großen Zahl von Fragen und Differenzen, die von der Bergverwaltung in Bezug auf Anstellung und Entlassung von Arbeitern und Angestellten und in Bezug auf die Kontrollierung der Arbeit fortwährend zu erledigen waren, ist anzunehmen, und in einzelnen Fällen ist das erwiesen, daß namentlich seitens der dem Direktor Pietsch unterstellten Angestellten hie und da ungeeignete Anordnungen getroffen wurden. Was aber die moralische Haltung des Direktors Pietsch betrifft, so muß bei objektiver Würdigung des gesamten vorliegenden Beweismaterials festgestellt werden, daß der Vorwurf nicht begründet erscheint, wonach sich Pietsch einer Methode der Willkür und der parteiischen Einstellung gegenüber den Arbeitern und Ange-

czy byli narodowości polskiej czy niemieckiej. Że Pietsch w złośliwym zamiarze naraził na niebezpieczeństwo spokój socjalny oraz spokój i porządek publiczny, przypuścić można tym trudniej, że władza w tym przypadku byłaby na pewno spowodowała dochodzenie karne. Widocznie także Rada Nadzorcza przedsiębiorstwa była przekonana o tym, że Pietsch nie stał się winnym tego rodzaju nielojalnego postępowania, w przeciwnym bowiem razie nie byłaby go odszkodowała w tak daleko idący sposób, przyznając mu emeryturę i znaczną odprawę za zwolnienie. Zresztą Urząd Spraw Mniejszości na rozprawie ustnej ani nie sformułował zarzutu stronniczości ani też nie starał się go uzasadnić.

Natomiast Urząd Spraw Mniejszości, powołując się na swe uwagi w myśl art. 152 (akt 44—45), podtrzymał także na rozprawie ustnej zarzut, że dyrektor Pietsch przez swą nieodpowiednią politykę personalną i przede wszystkim przez swe niezręczne obchodzenie się z robotnikami i pracownikami oraz z Radą Zakładową wywołał takie wrzenie w Hutach Królewskiej i Laurze, że zachodziło nawet niebezpieczeństwo strajku robotników. Tym okolicznościom także świadkowie Kiedroń (akt 77—78) i Haase (akt 252—253) przypisują trudności i zażalenia, podkreślając, że dyrektor Pietsch — przy całym uznaniu dla jego lojalnego charakteru — zwłaszcza w obcowaniu z władzami gminnymi, pracownikami i robotnikami nie umiał dostosować się do zmienionych stosunków spowodowanych przejściem suwerenności państwowej i liczyć się z nimi. Z drugiej strony trzeba przyjąć, że na stosunki Pietscha do gminy oraz do robotników i urzędników wpływała ujemnie namiętna agitacja, którą zaczęto uprawiać przeciwko niemu w Siemianowicach i której przodował naczelnik gminy Popek. Dokładne wyjaśnienie wszystkich dyrektorowi Pietschowi czynionych zarzutów oraz przedstawionych przezeń kontrargumentów i dowodna odpowiedź na pytanie, czy spokój i porządek publiczny były naprawdę zagrożone, nie są możliwe na podstawie zebranego materiału dowodowego. Wielka trudność, aby stwierdzić dodatkowo dokładny stan faktyczny we wszystkich punktach, wypływa stąd, że ani ze strony Rady Nadzorczej Zjednoczonych Hut Królewskiej i Laury ani z innej strony nie przeprowadzono natychmiast po wpłynięciu zażaleń obszernego kontradyktoryjnego dochodzenia, przesłuchując zarówno Piescha jak i żalących się.

Lecz bez względu na to, jakie znaczenie przypisze się krytykowanym przez władze stosunkom w Zarządzie Górniczym Hut

stellten, je nachdem diese zum polnischen oder zum deutschen Volkstum gehörten, schuldig gemacht hätte. Daß Pietsch in böswilliger Absicht den sozialen Frieden und die öffentliche Ruhe und Ordnung gefährdet habe, kann um so weniger angenommen werden, als die Behörde in diesem Falle sicherlich eine strafrechtliche Untersuchung veranlaßt haben würde. Offenbar war auch der Aufsichtsrat der Unternehmung davon überzeugt, daß Pietsch sich eine solche illoyale Handlungsweise nicht zu Schulden kommen ließ, sonst hätte er ihn nicht in so weitgehender Weise, durch Gewährung einer Pension und einer beträchtlichen Abfindungssumme, für seine Entlassung entschädigt. Übrigens hat das Minderheitsamt in der mündlichen Verhandlung den Vorwurf der Parteilichkeit weder formuliert noch zu begründen versucht.

Dagegen hielt das Minderheitsamt auch in der mündlichen Verhandlung, unter Berufung auf seine Bemerkungen im Sinne von Art. 152 (act. 44—45), den Vorwurf aufrecht, daß Direktor Pietsch durch seine ungeeignete Personalpolitik und vor allem durch seinen ungeschickten Umgang mit Arbeitern und Angestellten sowie mit dem Betriebsrat, eine solche Gärung in der Königs- und Laurahütte hervorgerufen habe, daß sogar die Gefahr eines Arbeiterstreiks bestand. Auf derartige Ursachen führen auch die Zeugen Kiedroń (act. 77—78) und Haase (act. 252—253) die Schwierigkeiten und Beschwerden zurück, indem sie, bei aller Anerkennung des loyalen Charakters des Direktors Pietsch, hervorheben, daß ihm, namentlich im Verkehr mit den Gemeindebehörden, Angestellten und Arbeitern, die Fähigkeit abging, sich den veränderten Verhältnissen, wie sie durch den Übergang der Staatshoheit bedingt waren, anzupassen und ihnen Rechnung zu tragen. Andererseits muß angenommen werden, daß Pietsch's Beziehungen zur Gemeinde sowie zur Arbeiterschaft und Beamtenschaft auch durch die gegen ihn in Siemianowice entstandene leidenschaftliche Agitation, an deren Spitze der Gemeindevorsteher Popek stand, nachteilig beeinflußt wurden. Eine genaue Abklärung aller gegen Direktor Pietsch erhobenen Vorwürfe und der von ihm vorgebrachten Gegenargumente, sowie die schlüssige Beantwortung der Frage, ob die öffentliche Ruhe und Ordnung wirklich gefährdet war, sind auf Grund des vorliegenden Beweismaterials nicht möglich. Die große Schwierigkeit, nachträglich den genauen Sachverhalt in allen Punkten festzustellen, rührt davon her, daß weder vom Aufsichtsrat der Vereinigten Königs- und Laurahütte noch von anderer Seite sofort nach Eingang der Beschwerden eine umfassende kontradiktorische Untersuchung unter Anhörung sowohl Pietsch's als der Beschwerdeführer durchgeführt wurde.

Welche Bedeutung man aber auch den von der Behörde gerügten Zuständen in der Bergverwaltung der Königs- und Laurahütte und

Królewskiej i Laury i jak dalece uzna się zarzuty czynione przez władze dyrektorowi Pietschowi za uzasadnione, w każdym razie jest ustalone, że sposób, w jaki nastąpiła interwencja władz, narusza art. 75 i 80 Konwencji Genewskiej, ponieważ władza nie ograniczyła się do zwrócenia uwagi przedsiębiorstwa na dotyczne stosunki, celem przypomnienia mu jego własnej odpowiedzialności i aby przedsiębiorstwo spowodować, by sprawę zbadało samo, lecz wywierała jak najsilniejszy nacisk, w szczególności przez grożenie szkodami gospodarczymi, aby wymusić zwolnienie dyrektora Pietscha. Że Zarząd i Rada Nadzorcza działały istotnie pod wpływem tego nacisku i że na wypadek niezwolnienia dyrektora Pietscha obawiały się bardzo znacznych szkód ze strony właściwej władzy, wynika dostatecznie z zeznań członków Zarządu Kiedronia i Haasego, członka Rady Nadzorczej Wolnego i z dokumentów załączonych do akt (akt 38 a, 38 b, 38 c, 38 d, 38 e, 38 f, 38 g). (Zob. wyciągi ze wspomnianych zeznań świadków i dotycznych dokumentów w części 4.)

Po naradzie w łonie Komisji Mieszanej Prezydent Komisji Mieszanej dochodzi do

poglądu:

W myśl powyższych rozważań zażalenie jest uzasadnione, o ile chodzi o sposób, w jaki nastąpiła interwencja ze strony władz.

102

Pogląd

z dnia 20 lipca 1932 w sprawie nr 1022 Gwidona Bienka, nadleśniczego, Breslau-Goldschmieden, Bergiusstraße 40, dawniej w Kośmidrach (Górny Śląsk Polski), dotyczącej odszkodowania za wydalenie z granic Państwa Polskiego.

I

Nadleśniczy Gwidon Bienek, zamieszkały poprzednio w Kośmidrach na Górnym Śląsku Polskim, obecnie zaś w Breslau-Goldschmieden, wniósł dnia 15 marca 1931 w myśl art. 147 Konwencji Genewskiej do Rady Ligi Narodów podanie (akt 3, 4, 5, 6), w którym przedstawił wniosek o zwrócenie się do Państwa Polskiego, aby mu wypłaciło odszkodowanie za zarządzone przez władze polskie niesłu-

welche Berechtigung man auch ihren gegen Direktor Pietsch erhobenen Vorwürfen beimessen möge, jedenfalls steht fest, daß die Art und Weise der erfolgten behördlichen Intervention die Art. 75 und 80 der Genfer Konvention verletzt, da sich die Behörde nicht darauf beschränkte, die Unternehmung auf die fraglichen Verhältnisse aufmerksam zu machen, um sie an ihre eigene Verantwortung zu mahnen und um sie zu veranlassen, selbst die Angelegenheit zu untersuchen, sondern zur Erzwingung der Entlassung des Direktors Pietsch stärksten Druck, insbesondere durch Androhung wirtschaftlicher Nachteile, ausgeübt hat. Daß der Vorstand und der Aufsichtsrat tatsächlich unter diesem Drucke handelten und für den Fall der Nichtentlassung des Direktors Pietsch sehr große Nachteile seitens der zuständigen Behörde befürchteten, geht aus den Aussagen der Vorstandsmitglieder Kiedroń und Haase, des Aufsichtsratsmitgliedes Wolny und aus dem Urkundenmaterial (act. 38 a, 38 b, 38 c, 38 d, 38 e, 38 f, 38 g) zur Genüge hervor. (Siehe Auszüge dieser Zeugenaussagen und der betreffenden Urkunden in Abschnitt 4.)

Nach stattgehabter Beratung im Schoße der Gemischten Kommission gelangt der Präsident der Gemischten Kommission zur

Stellungnahme:

Die Beschwerde ist im Sinne der vorstehenden Erwägungen inbezug auf die Art und Weise der erfolgten behördlichen Intervention begründet.

102

Stellungnahme

vom 20. Juli 1932 in der Sache Nr. 1022 des Guido Bienek, Oberförster, Breslau-Goldschmieden, Bergiusstraße 40, früher in Kośmidry (Polnisch-Oberschlesien), betreffend Entschädigung wegen Ausweisung aus Polen.

I

Am 15. März 1931 reichte der Oberförster Guido Bienek, seinerzeit wohnhaft in Kośmidry, Polnisch-Oberschlesien, derzeit in Breslau-Goldschmieden, eine Eingabe gemäß Art. 147 der Genfer Konvention beim Völkerbundsrat (act. 3, 4, 5, 6) ein mit dem Antrag, der Polnische Staat sei einzuladen, ihn wegen der durch die polnischen Behörden verfügten Ausweisung aus Polen zu entschädigen. Der Völkerbundsrat wies

szne wydalenie go z granic Państwa Polskiego. Rada Ligi Narodów skierowała powyższe podanie na podstawie lit. B liczb. 2 umowy paryskiej z dnia 6 kwietnia 1929 na drogę postępowania przed Prezydentem Komisji Mieszanej. Polski Urząd Spraw Mniejszości przekazał na tej podstawie podanie dnia 26 listopada 1931 Prezydentowi Komisji Mieszanej. W toku wymiany pism żalący się nie wystąpił z żadnym nowym wnioskiem. Urząd Spraw Mniejszości zajął stanowisko, że zażalenia nie należy rozpatrywać, ponieważ w danej sprawie zapadły wyroki sądów zwyczajnych. Obrady Komisji Mieszanej odbyły się dnia 12 lipca 1932.

II

1. Przed wniesieniem podania do Rady Ligi Narodów petent zwracał się ze swą sprawą do różnych władz, jak właściwego starosty w Lublińcu, Komisji Polubownej dla Spraw Obywatelstwa w Bytomiu (art. 55 i n. Konwencji Genewskiej) i do Sądu Okręgowego w Katowicach. Z dotycznych wyroków Sądu Okręgowego w Katowicach i instancji odwoławczej Sądu Apelacyjnego w Katowicach wynika następujący stan faktyczny:

Dnia 17 stycznia 1928 otrzymał nadleśniczy Gwidon Bienek, zamieszkały wówczas w Kośmidrach (Górny Śląsk Polski), od Starostwa w Lublińcu (Górny Śląsk Polski) doniesienie tej treści, że dochodzenia urzędowe wykazały jego obywatelstwo niemieckie, wobec czego winien przedstawić wniosek o pozwolenie na pobyt, w przeciwnym razie grozi mu kara grzywny do 3000 złotych lub więzienia do 6 tygodni. Ponieważ Bienek był zdania, że jest obywatelem polskim, przeto zwrócił się dnia 23 I 1928 na podstawie art. 55 Konwencji Genewskiej do Komisji Polubownej dla Spraw Obywatelstwa przy Trybunale Rozjemczym w Bytomiu z wnioskiem o ustalenie jego obywatelstwa. Wezwaniu Starostwa w Lublińcu uczynił zadość przez to, że dnia 24 I 1928 poprosił o udzielenie pozwolenia na pobyt na przeciąg 6 miesięcy, aż do ostatecznego wyjaśnienia sprawy. Dnia 26 I 1928 właściwa władza (Starostwo) udzieliła mu pozwolenia na pobyt do dnia 1 III 1928, nadmieniła jednak, że pozwolenie to nie będzie przedłużone. Żalący się pertraktował później kilkakrotnie z władzami, przy czym na dowód swego obywatelstwa polskiego powoływał się na poświadczenie Starostwa w Lublińcu z dnia 15 października 1924, którym Bienkowi poświadczono jego obywatelstwo polskie. Po początkowej odmowie starosta Wyglenda przedłużył Bienkowi pozwolenie na pobyt do dnia 1 kwietnia 1928, oświadczył

diese Eingabe auf Grund von Lit. B, Ziffer 2 des Pariser Abkommens vom 6. April 1929 auf das Verfahren vor dem Präsidenten der Gemischten Kommission. Gestützt darauf wurde die Eingabe am 26. November 1931 vom Polnischen Minderheitsamt an den Präsidenten der Gemischten Kommission weitergeleitet. In dem Schriftenwechsel stellte der Beschwerdeführer keine neuen Anträge. Das Minderheitsamt nahm den Standpunkt ein, daß auf die Beschwerde nicht einzutreten sei, da die ordentlichen Gerichte in dieser Sache entschieden haben. Die Beratungen der Gemischten Kommission fandem am 12. Juli 1932 statt.

II

1. Der Beschwerdeführer hatte, bevor er sich an den Völkerbundsrat wandte, verschiedene Behörden mit seiner Angelegenheit befaßt: den zuständigen Starosten in Lubliniec, die Schlichtungsstelle für Staatsangehörigkeitsfragen beim Schiedsgericht in Beuthen (Art. 55 ff. Genfer Konvention), sowie das Bezirksgericht in Katowice. Den vom Bezirksgericht in Katowice und von der Berufungsinstanz (Appellationsgericht in Katowice) gefällten Urteilen ist folgender Tatbestand zu entnehmen:

Am 17. Januar 1928 erhielt der Oberförster Guido Bienek, damals wohnhaft in Kośmidry (Polnisch-Oberschlesien) von der Starostei Lubliniec (Polnisch-Oberschlesien) eine Aufforderung des Inhalts, daß die amtlichen Ermittlungen seine deutsche Staatsangehörigkeit ergeben hätten und daß er infolgedessen einen Antrag auf Aufenthaltsgenehmigung stellen müsse, widrigenfalls er eine Geldstrafe bis zu 3000 Złoty oder eine Gefängnisstrafe bis zu 6 Wochen zu gewärtigen habe. Da Bienek der Ansicht war, polnischer Staatsbürger zu sein, wandte er sich zwecks Feststellung seiner Staatsangehörigkeit am 23. I. 1928 auf Grund von Art. 55 Genfer Konvention an die Schlichtungsstelle für Staatsangehörigkeitsfragen beim Schiedsgericht in Beuthen. Der Aufforderung der Starostei in Lubliniec kam der Beschwerdeführer am 24. I. 28 dadurch nach, daß er um Erteilung der Aufenthaltsgenehmigung für 6 Monate, bis zur endgültigen Aufklärung der Angelegenheit bat. Am 26. I. 1928 erteilte die zuständige Behörde (Starostei) die Aufenthaltsbewilligung bis 1. III. 28, fügte aber bei, daß diese Aufenthaltsbewilligung nicht verlängert werden würde. In der Folge verhandelte der Beschwerdeführer wiederholt mündlich mit den Behörden, wobei er sich zum Beweis seiner polnischen Staatsangehörigkeit auf ein Attest der Starostei Lubliniec vom 15. Oktober 1924 berief, in welchem Bienek bescheinigt würde, daß er polnischer Staatsangehöriger sei. Nach anfänglicher Weigerung verlängerte der

jednak, że starania o dalsze przedłużenie tego pozwolenia będą bezskuteczne. Według przedstawienia sprawy przez Bienka zjawiła się u niego dnia 1 IV 1928 policja, która mu zagroziła zarządzeniami przymusowymi, gdyby nie opuścił granic Państwa Polskiego. Dnia 4 kwietnia 1928 doręczono mu mandat karny na 30 złotych grzywny lub 6 dni aresztu za nielegalny pobyt w kraju. Dnia 24 maja 1928 wyprowadził się do Niemiec. Sprzeciw, wniesiony przeciwko mandatowi karnemu z dnia 4 kwietnia 1928, rozpatrywano dnia 29 maja 1928 i zapadł wyrok uniewinniający. Dnia 3 lipca 1928 ustaliła Komisja Polubowna dla Spraw Obywatelstwa, że Bienek jest obywatelem polskim. Mniej więcej po upływie dwóch lat (20 VI 1930) wniósł Bienek przeciwko Państwu Polskiemu powództwo cywilne do Sądu Okręgowego w Katowicach. W powództwie tym żąda odszkodowania za nieuzasadnione wydalenie. Dnia 17 XII 1930 zapadł wyrok Sądu Okręgowego w Katowicach, którym roszczenie Bienka zostało zasadniczo uznane za uzasadnione. Przeciwko temu wyrokowi wniósł Skarb Państwa odwołanie. W tym stadium procesu zwrócił się Bienek do Rady Ligi Narodów (15 III 1931 r.).

2. Powyższym podaniem z dnia 15 III 1931 (akt 3, 4, 5, 6) żąda Bienek odszkodowania od Skarbu Państwa Polskiego i uzasadnia swe roszczenie tym, że wskutek wydalenia z Polski stracił posadę i doznał znacznej szkody. Gdy Urząd Spraw Mniejszości przekazał powyższe podanie dnia 26 listopada 1931 Prezydentowi Komisji Mieszanej (akt 1—2), o roszczeniu o odszkodowanie zapadł już był wyrok Sądu Okręgowego w Katowicach (17 XII 1930, akt 5) i sprawa zawisła w instancji odwoławczej. Ponieważ Prezydent sprawy przekazywane mu w myśl umowy paryskiej z dnia 6 kwietnia 1929 winien rozpatrywać w postępowaniu w myśl art. 149 i n. Konwencji Genewskiej — lit. B, liczba 2 wyraźnie to przypisuje — przeto nie wchodziło w rachubę ani rozpatrywanie roszczenia o odszkodowanie, ani wydanego co do niego wyroku, ponieważ przedmiotem tego postępowania mogą być tylko zarządzenia władz administracyjnych. Ponadto żałący się nie życzył sobie wcale zmiany ferowanego wyroku, który wypadł był na jego korzyść. Natomiast w podaniu do Rady Ligi Narodów żałący się powołał się na okoliczność, że sprawa co do odszkodowania zbytnio się przewleka. Prezydent musiał zatem przypuścić, że powyższą sprawę przekazano mu jedynie z tego powodu, aby postępowanie odwoławcze zostało możliwie szybko zakończone. Wobec tego wezwał Urząd Spraw Mniejszości, aby poczynił kroki celem pospiesznego załatwienia postępowania odwoławczego. Urząd Spraw Mniejszości

Starost Wyglenda die Aufenthaltsgenehmigung bis 1. April 1928, erklärte aber, daß weitere Bemühungen um Verlängerung der Aufenthaltsbewilligung vergeblich seien. Laut Beschwerdeführer erschien am 1. IV. 1928 die Polizei bei ihm und drohte ihm mit Zwangsmaßnahmen, falls er Polen nicht verlasse. Am 4. April 1928 erhielt Bienek einen Strafbefehl wegen ungesetzlichen Aufenthalts, lautend auf 30 Zloty Geldstrafe bezw. 6 Tage Haft. Am 24. Mai 1928 zog der Beschwerdeführer nach Deutschland. Der gegen das Strafmandat vom 4. April 1928 erhobene Einspruch wurde am 29. Mai 1928 behandelt und der Beschwerdeführer freigesprochen. Am 3. Juli 1928 stellte die Schlichtungsstelle für Staatsangehörigkeitsfragen fest, daß Bienek polnischer Staatsbürger sei. Ungefähr 2 Jahre später (20. VI. 1930) reichte der Beschwerdeführer beim Bezirksgericht in Katowice eine Klage gegen den polnischen Fiskus ein, in welcher er Schadenersatz wegen ungerechtfertigter Ausweisung verlangte. Am 17. XII. 1930 fällte das Bezirksgericht in Katowice sein Urteil und hieß das Begehren des Bienek grundsätzlich gut. Gegen dieses Urteil wurde von Seiten des Fiskus Berufung eingelegt. In diesem Stadium des Prozesses wandte sich Bienek an den Völkerbundsrat (15. III. 1931).

2. In dieser Eingabe vom 15. III. 1931 (act. 3, 4, 5, 6) fordert der Beschwerdeführer Schadenersatz von Polen und begründet dies damit, daß er durch seine Ausweisung aus Polen seine Stelle verloren und bedeutenden Schaden erlitten habe. Als das Minderheitsamt am 26. November 1931 diese Eingabe dem Präsidenten der Gemischten Kommission überwies (act. 1—2), hatte das Bezirksgericht in Katowice über das Schadenersatzbegehren des Beschwerdeführers bereits geurteilt (17. XII. 1930 act. 5), und die Sache war bei der Berufungsinstanz hängig. Da der Präsident die ihm gemäß Pariser Abkommen vom 6. April 1929 überwiesenen Angelegenheiten im Verfahren gemäß Art. 149 ff. der Genfer Konvention zu behandeln hat — Lit. B, Ziffer 2 schreibt dies ausdrücklich vor, — kam weder eine Prüfung des Schadenersatzbegehrens noch des darüber ergangenen Urteils in Frage, denn Gegenstand dieses Verfahrens können nur Verfügungen von Administrativbehörden sein. Überdies wünschte der Beschwerdeführer gar nicht die Abänderung des ergangenen Urteils, da es zu seinen Gunsten lautete. Dagegen machte der Beschwerdeführer in seiner Eingabe an den Völkerbundsrat geltend, daß die Frage seiner Entschädigungen sich in die Länge ziehe. Der Präsident mußte daher annehmen, daß die Angelegenheit ihm lediglich überwiesen wurde, damit das Berufungsverfahren so bald als möglich zum Abschluß gelange. Der Präsident der Gemischten Kommission ersuchte das Minderheitsamt, auf eine Beschleunigung des Berufungsverfahrens hinzuwirken. Das

to przyrzekł (akt 7, 8, 40—41) i doniósł dnia 24 V 1932 (akt 50—51), że Sąd Apelacyjny w Katowicach wydał wyrok dnia 26 kwietnia 1932. Przeciwko temu wyrokowi (akt 52—53) żałący się założył rewizję do Sądu Najwyższego w Warszawie, ponieważ Sąd Apelacyjny oddalił jego powództwo z uzasadnieniem, że nie było formalnego wydalenia żałącego się z granic Państwa Polskiego. Z uwagi na to, że zapadł wyrok Sądu Apelacyjnego, Prezydent uważa swe zadanie, aby możliwie przyspieszyć postępowanie odwoławcze, za ukończone. Poza tym także w obecnym stadium sprawy nie jest Prezydent właściwy do rozpatrywania w postępowaniu w myśl art. 149 i n. Konwencji Genewskiej roszczenia żałącego się o odszkodowanie oraz zapadłych co do tego roszczenia decyzyj sądowych.

Po naradzie w łonie Komisji Mieszanej Prezydent Komisji Mieszanej na mocy powyższych rozważań dochodzi do

poglądu:

W myśl powyższych rozważań zażalenia Gwidona Bienka dla braku właściwości nie rozpatruje się.

103

Pogląd

z dnia 16 czerwca 1933 w sprawie nr 1081 Jana Rychla, Olesno (Górny Śląsk Niemiecki), żałącego się, dotyczącej odebrania prawa nauczania.

I

Dnia 21 sierpnia 1932 dyrektor banku i nauczyciel szkoły mniejszościowej Jan Rychel z Olesna wniósł w myśl art. 149 Konwencji Genewskiej zażalenie do Niemieckiego Urzędu Spraw Mniejszości w Opolu (akt 3—10). Dnia 11 października 1932 Niemiecki Urząd Spraw Mniejszości przekazał powyższe zażalenie w myśl art. 152 Konwencji Genewskiej Prezydentowi Komisji Mieszanej (akt 1—2). W toku późniejszej wymiany pism oraz na rozprawie ustnej z dnia 24 listopada 1932 stronom dano sposobność do przedstawienia wywodów pisemnie i ustnie (akt 86—87). Celem wyjaśnienia stanu faktycznego przesłuchano żałącego się oraz pięciu świadków (akt 33—42, 53—54, 76—85).

Minderheitsamt sagte eine beschleunigte Durchführung des Verfahrens zu (act. 7—8, 40—41) und teilte am 24. V. 1932 (act. 50—51) mit, daß der Appellationshof in Katowice am 26. April 1932 sein Urteil gefällt habe. Gegen dieses Urteil (act. 52—53) hat der Beschwerdeführer Revision beim höchsten Gericht in Warszawa eingelegt, da seine Klage mit der Begründung abgewiesen wurde, daß eine formelle Ausweisung des Beschwerdeführers aus dem polnischen Staate nicht stattgefunden hätte. Da der Appellationshof sein Urteil gesprochen hat, betrachtet der Präsident seine Aufgabe zur möglichsten Beförderung des Berufungsverfahren als erledigt. Anderseits ist der Präsident auch im jetzigen Stadium der Angelegenheit nicht zuständig, sich im Verfahren von Art. 149 ff. der Genfer Konvention mit dem Schadenersatzbegehren des Beschwerdeführers und den darüber ergangenen gerichtlichen Entscheidungen zu befassen.

Nach stattgehabter Beratung im Schoße der Gemischten Kommission gelangt der Präsident der Gemischten Kommission für Oberschlesien zur

Stellungnahme:

Im Sinne vorstehender Erwägungen wird auf die Beschwerde des Guido Bienek wegen Unzuständigkeit nicht eingetreten.

103

Stellungnahme

vom 16. Juni 1933 in der Sache Nr. 1081 des Jan Rychel, Rosenberg (Deutsch-Oberschlesien), Beschwerdeführer, betreffend Entzug der Lehrbefugnis.

I

Am 21. August 1932 reichte der Bankleiter und Minderheitsschullehrer Jan Rychel aus Rosenberg beim Deutschen Minderheitsamt in Oppeln eine Eingabe im Sinne von Art. 149 der Genfer Konvention ein (act. 3—10). Diese Beschwerde wurde am 11. Oktober 1932 vom Deutschen Minderheitsamt im Sinne von Art. 152 der Genfer Konvention dem Präsidenten der Gemischten Kommission überwiesen (act. 1—2). In dem anschließenden Schriftenwechsel sowie in den mündlichen Verhandlungen vom 24. November 1932 wurde den Parteien Gelegenheit gegeben, ihre Anbringen schriftlich und mündlich vorzutragen (act. 86—87). Zur Abklärung des Tatbestandes wurden der Beschwerdeführer sowie 5 Zeugen einvernommen (act. 33—42, 53—54, 76—85).

II

Dnia 8 sierpnia 1931 udzielił Wydział Szkolny w Opolu załączemu się zezwolenia na nauczanie; zezwolenie to zostało już jednak dnia 18 lutego 1932 cofnięte, ponieważ załący się wyrazić się miał w gospodzie Kolodzieja w Kutzoben, że Kutzoben już niedługo będzie należało do Niemiec.

Bliższe okoliczności, wśród których padły te słowa, były następujące: Z końcem listopada 1931 kierownik polskiej szkoły prywatnej w Kutzoben, Tobolewski, zamówił w gospodzie Kolodzieja salę na uroczystość gwiazdkową szkoły polskiej, która miała się odbyć dnia 20 grudnia 1931. Gdy się Tobolewski dowiedział, że Kolodziej wbrew pierwotnie danemu przyrzeczeniu chciał salę na ten sam dzień wynająć szkole niemieckiej, udał się dnia 8 grudnia w towarzystwie załączego się Rychla do Kolodzieja. Kolodziej oświadczył istotnie, że salę dał do dyspozycji na wieczór rodzicielski szkoły niemieckiej, na co Rychel uczynił mu zarzut, ażeby się dobrze zastanowił nad tym, co czyni, gdyż „przecież tak i tak nie pozostanie tak, jak jest, nastąpią wkrótce różne zmiany, a co potem będziecie robić wzgl. jak długo pozostaniecie jeszcze Niemcami". Załący się zaprzecza, że wyraził się w ten lub podobny sposób. Z drugiej strony nie twierdzi, że odebranie mu prawa nauczania należałoby także wtedy uważać za naruszenie Konwencji Genewskiej, gdyby zarzucone mu słowa faktycznie wypowiedział. Ponieważ także Prezydent Komisji Mieszanej jest zdania, że w tym przypadku zarządzenie władz nie naruszałoby Konwencji Genewskiej, chodzi więc jedynie o wyświetlenie stanu faktycznego. Prezydent Komisji Mieszanej przesłuchał w tym celu powołanych przez załączego się świadków: Tobolewskiego, Placzka i Kolodzieja oraz dwóch dalszych świadków, Bursiana i Leschika (akt 76—85). Przesłuchy wykazały, że Placzek i Tobolewski nie słyszeli inkryminowanych słów. Świadkowie ci nie byli jednak obecni podczas całej rozmowy Rychla z Kolodziejem: Tobolewski wyszedł na chwilę z pokoju, aby dać zlecenie, by zawołano świadka Placzka, a świadek Placzek obecny był w ogóle tylko w końcu rozmowy. Natomiast powołany przez załączego się świadek, restaurator Kolodziej, potwierdził, że Rychel wyraził się, iż Kutzoben prawdopodobnie należeć będzie do Polski. Tę samą aluzję do zmiany granic na niekorzyść Niemiec słyszał także dalszy świadek, Bursian, który przybył o rzeczonej godzinie do gospody i przypadkowo stał się świadkiem wymiany zdań pomiędzy Rychlem, Tobolewskim i Kolodziejem. Ce-

II

Am 8. August 1931 erhielt der Beschwerdeführer von der Schulabteilung Oppeln die Genehmigung zur Unterrichtserteilung, diese wurde ihm jedoch am 18. Februar 1932 bereits entzogen, weil er in der Gastwirtschaft Kolodziej in Kutzoben geäußert haben sollte, Kutzoben werde nicht mehr lange bei Deutschland bleiben.

Die näheren Umstände, unter denen diese Äußerung fiel, waren folgende: Ende November 1931 bestellte der Leiter der polnischen Privatschule in Kutzoben, Tobolewski, den Saal der Gastwirtschaft Kolodziej für eine am 20. Dezember 1931 stattfindende Weihnachtsfeier der polnischen Schule. Als er erfuhr, daß Kolodziej entgegen seiner ursprünglich gegebenen Zusage den Saal am gleichen Tag der deutschen Schule vermieten wollte, begab er sich am 8. Dezember in Begleitung des Beschwerdeführers Rychel zu Kolodziej. Dieser erklärte nun in der Tat, daß er seinen Saal für einen Elternabend der deutschen Schule zur Verfügung gestellt hätte, worauf ihm Rychel vorwarf, er möchte wohl überlegen, was er mache, denn »es wird doch sowieso nicht so bleiben, wie es ist, es wird sich bald Verschiedenes ändern, und was werdet Ihr dann machen bezw. wie lange bleibt Ihr noch deutsch«. Der Beschwerdeführer bestreitet, sich so oder ähnlich geäußert zu haben. Andererseits behauptet er nicht, daß der Entzug der Lehrgenehmigung auch dann als Verletzung der Genfer Konvention anzusehen wäre, wenn er die ihm vorgeworfene Äußerung wirklich gemacht hätte. Da auch der Präsident der Gemischten Kommission der Auffassung ist, daß in diesem Fall die Maßnahme der Behörden nicht gegen die Genfer Konvention verstößt, handelt es sich lediglich um die Abklärung der Tatfrage. Der Präsident der Gemischten Kommission hat zu diesem Zweck die vom Beschwerdeführer angerufenen Zeugen Tobolewski, Placzek und Kolodziej sowie weitere 2 Zeugen, Bursian und Leschik, einvernommen (act. 76—85). Die Einvernahme hat ergeben, daß Placzek und Tobolewski die inkriminierte Äußerung nicht gehört haben. Diese Zeugen haben jedoch nicht dem ganzen Gespräch zwischen Rychel und Kolodziej beigewohnt: Tobolewski hatte sich für einen Augenblick aus dem Zimmer entfernt, um den Zeugen Placzek holen zu lassen und der Zeuge Placzek hat überhaupt nur dem Schluß des Gespräches beigewohnt. Demgegenüber hat der vom Beschwerdeführer angerufene Zeuge, Gastwirt Kolodziej, bestätigt, daß Rychel die Äußerung gemacht habe, Kutzoben werde voraussichtlich zu Polen kommen. Die gleiche Anspielung auf eine Grenzveränderung zu Ungunsten Deutschlands hat auch ein weiterer Zeuge, Bursian, gehört, welcher zur fraglichen

lem całkowitego wyjaśnienia sprawy odebrano od świadka tego przysięgę. Na podstawie tych pod przysięgą złożonych zeznań Prezydent Komisji Mieszanej dochodzi do przekonania, że Rychel użył istotnie inkryminowanych słów. Na mocy powyższego należy zażalenie, które Rychel wniósł przeciwko odebraniu mu prawa nauczania, oddalić jako nieuzasadnione.

Po naradzie w łonie Komisji Mieszanej Prezydent Komisji Mieszanej dla Górnego Śląska dochodzi do

poglądu:

Zażalenie niniejsze oddala się jako nieuzasadnione.

104

Pogląd

z dnia 1 sierpnia 1933 w sprawie nr 1112 Ignacego Smolarczyka, Katowice (Górny Śląsk Polski), żalącego się, dotyczącej naruszenia Konwencji Genewskiej przez władze szkolne.

I

Dnia 6 listopada 1932 (akt 5, 6, 7, 8, 9, 10) wniósł żalący się w myśl art. 149 Konwencji Genewskiej zażalenie do Polskiego Urzędu Spraw Mniejszości w Katowicach. Urząd Spraw Mniejszości przekazał zażalenie dnia 22 grudnia 1932 wraz z uwagami w myśl art. 152 Konwencji Genewskiej Prezydentowi Komisji Mieszanej (akt 1, 2, 3, 4). Następnie odbyła się przewidziana w regulaminie postępowania Komisji Mieszanej wymiana pism. Dnia 11 lipca 1933 odbyły się obrady w łonie Komisji Mieszanej.

Zażalenie opiera się na następujących sześciu stanach faktycznych (określenie A, B, C, D, E, F):

A. dot. przesłuchania żalącego się na okoliczność jego przynależności do Niemieckiego Związku Ludowego.

Dnia 15 grudnia 1931 żalący się został przesłuchany przez referendarza Lena na okoliczność, czy należy do Niemieckiego Związku Ludowego. Żalący się odmówił odpowiedzi na to pytanie i zwrócił rzekomo wspomnianemu urzędnikowi uwagę na jego niedopuszczal-

Stunde ins Gasthaus kam und zufällig Zeuge der Auseinandersetzung zwischen Rychel, Tobolewski und Kolodziej wurde. Zwecks gänzlicher Klarstellung wurde dieser Zeuge zum Eide angehalten. Auf Grund seiner beeideten Aussage gelangt der Präsident der Gemischten Kommission zur Überzeugung, daß die dem Rychel vorgeworfene Äußerung tatsächlich gefallen ist. Gestützt darauf ist die von Rychel gegen den Entzug der Unterrichtsgenehmigung eingereichte Beschwerde als unbegründet abzuweisen.

Nach stattgehabter Beratung im Schoße der Gemischten Kommission gelangt der Präsident der Gemischten Kommission für Oberschlesien zur

Stellungnahme:

Die vorstehende Beschwerde wird als unbegründet abgewiesen.

104

Stellungnahme

vom 1. August 1933 in der Sache Nr. 1112 des Ignatz Smolarczyk, Katowice (Polnisch-Oberschlesien), Beschwerdeführer, betreffend Verletzung der Genfer Konvention durch die Schulbehörden.

I

Am 6. November 1932 (act. 5, 6, 7, 8, 9, 10) erhob der Beschwerdeführer im Sinne von Art. 149 der Genfer Konvention Beschwerde beim Polnischen Minderheitsamt in Katowice. Das Minderheitsamt überwies die Beschwerde am 22. Dezember 1932 mit seinen Bemerkungen im Sinne von Art. 152 der Genfer Konvention an den Präsidenten der Gemischten Kommission (act. 1, 2, 3, 4). Es fand hierauf der in der Verfahrensordnung der Gemischten Kommission vorgesehene Schriftenwechsel statt. Am 11. Juli 1933 fanden die Beratungen im Schoße der Gemischten Kommission statt.

Der Beschwerde liegen folgende sechs Tatbestände (Bezeichnung A, B, C, D, E, F) zugrunde:

A) betr. Vernehmung des Beschwerdeführers über die Zugehörigkeit zum Deutschen Volksbund.

Am 15. Dezember 1931 wurde der Beschwerdeführer durch Referendar Len vernommen, ob er dem Deutschen Volksbund angehöre. Er hat die Beantwortung der Frage abgelehnt und den Beamten angeblich auf das Unzulässige dieser Frage hingewiesen. Der Beschwerdeführer will

ność. Z pytania tego żalący się wnioskował, że władza uważa jego przynależność do Związku Ludowego za naruszenie obowiązków służbowych (akt 5, 41).

Urząd Spraw Mniejszości zaprzecza, że Konwencja Genewska została naruszona; referendarz Len był jako komisarz śledczy zobowiązany zebrać wszelkie potrzebne informacje o żalącym się, którego podejrzewano o naruszenie obowiązków służbowych (przyjęcie zasiłków pieniężnych zza granicy). Powyższe pytanie stało w ścisłym związku z dochodzeniami i było logiczne, ponieważ kilku członków Niemieckiego Związku Ludowego miało pośredniczyć przy przekazywaniu zasiłków pieniężnych (akt 35, 36, 46, 47).

B. dot. przyjęcia dzieci Krausego do żeńskiej szkoły średniej przez żalącego się.

Z początkiem roku szkolnego 1928-29 żalący się przyjął uczennice Urszulę i Leonię Krausówne do mniejszościowej szkoły średniej. Dzieci zgłoszono u niego ustnie. Reskryptem z dnia 3 lipca 1929 Województwo uznało przyjęcie wymienionych dzieci za bezprawne i zagroziło żalącemu się, że w razie powtórzenia się takiego przypadku zostanie pociągnięty do surowej odpowiedzialności osobistej.

Żalący się uważał sprawę tę początkowo za załatwioną. Ponieważ jednak Województwo w czerwcu 1932 z okazji wdrożonego przeciwko niemu postępowania dyscyplinarnego powróciło do tej sprawy, wyłania się konieczność ustalenia podstawy prawnej przyjęcia dzieci Krausego (akt 6, 41).

Właściwa władza stwierdza, że żalący się z pominięciem wszelkich przepisów w swej właściwości jako kierownik szkoły mniejszościowej przyjął wspomniane dzieci po upływie terminu wpisowego, jakkolwiek nie były one w ogóle zgłaszane przed Komisją Wpisową dla mniejszościowych szkół średnich. Z powodu tego nadużycia Wojewoda Śląski wdrożył dnia 9 października 1931 przeciwko żalącemu się postępowanie dyscyplinarne. Zarówno Wydział Oświecenia Publicznego jak i Komisja Dyscyplinarna stwierdziły po przeprowadzonej rozprawie, że przyjęcie dzieci Krausego było bezprawne. Przepisy dot. postępowania wpisowego i terminów wpisów lub przeniesień na rok szkolny 1928-29 były powszechnie znane (akt 27, 28, 46, 47).

C. dot. uwagi w wykazie kwalifikacyjnym żalącego się.

aus der Frage geschlossen haben, daß die Behörde die Zugehörigkeit zum Volksbund als Verstoß gegen die Amtspflichten betrachte (act. 5, 41).

Das Minderheitsamt stellt eine Verletzung der Genfer Konvention in Abrede; Referendar Ley sei als Untersuchungskommissar verpflichtet gewesen, alle erforderlichen Informationen über den Beschwerdeführer zu sammeln, der im Verdacht stand, seine Dienstpflichten verletzt zu haben (Annahme von Geldunterstützungen aus dem Auslande). Die obige Frage habe im engen Zusammenhang mit den Ermittlungen gestanden und sei logisch gewesen, da einige Mitglieder des Deutschen Volksbundes den Bezug von Geldunterstützungen vermittelt hätten (act. 35, 36, 46, 47).

B) betr. die Aufnahme der Kinder Krause in die Mädchenmittelschule durch den Beschwerdeführer.

Mit Beginn des Schuljahres 1928-29 hat der Beschwerdeführer die Schülerinnen Ursula und Leonie Krause in die Minderheitsmittelschule aufgenommen. Die Kinder wurden bei ihm mündlich angemeldet. Die Wojewodschaft hat durch Reskript vom 3. Juli 1929 die Aufnahme dieser Kinder für unrechtmäßig erklärt und dem Beschwerdeführer angedroht, daß er im Wiederholungsfall zur strengen persönlichen Verantwortung gezogen werde.

Der Beschwerdeführer betrachtete den Fall vorerst als erledigt. Da indes die Wojewodschaft im Juni 1932 anläßlich des gegen ihn eingeleiteten Disziplinarverfahrens auf diese Angelegenheit zurückgekommen sei, entstehe die Notwendigkeit, die rechtliche Grundlage der Aufnahme der Kinder Krause festzustellen (act. 6, 41).

Die zuständige Behörde stellt fest, daß der Beschwerdeführer unter Umgehung sämtlicher Vorschriften, in seiner Eigenschaft als Leiter der Minderheitsschule, diese beiden Kinder nach Ablauf der Einschreibungsfrist aufgenommen habe, obgleich sie vor der Einschreibungskommission für die Minderheitsmittelschulen überhaupt nicht angemeldet waren. Der Schlesische Wojewode habe wegen dieses Übergriffs am 9. Oktober 1931 gegen den Beschwerdeführer ein Disziplinarverfahren eingeleitet. Sowohl die Schulabteilung als auch die Disziplinarkommission hätten nach durchgeführter Verhandlung festgestellt, daß die Aufnahme der Kinder Krause widerrechtlich war. Die Vorschriften betr. das Verfahren und die Fristen der Einschreibungen bezw. Überweisungen für das Schuljahr 1928-29 seien allgemein bekannt gewesen (act. 27, 28, 46, 47).

C) betr. Vermerk im Qualifikationsnachweis des Beschwerdeführers.

Na podstawie kilkakrotnych wizytacyj w październiku i listopadzie 1929 wizytator Igielski wpisał do wykazu kwalifikacyjnego m. in. co następuje: „...szkoła prowadzona jest w duchu ściśle niemieckim. Biblioteki polskiej brak zupełnie; grono nauczycielskie nie umie lub nie chce mówić po polsku. Języka polskiego uczy się w sposób skandaliczny" (akt 7).

Żalący się dowiedział się o tej notatce dnia 16 listopada 1931 i wniósł dnia 28 listopada 1931 do Wojewody zażalenie, ponieważ zdanie „szkoła prowadzona jest w duchu ściśle niemieckim", mające charakter zarzutu, narusza Konwencję Genewską. Orzeczeniem z dnia 21 marca 1932 Wojewoda zażalenie to oddalił.

Właściwa władza zajmuje stanowisko, że wpisana przez wizytatora Igielskiego uwaga „szkoła prowadzona jest w duchu ściśle niemieckim" nie odnosiła się do wychowania młodzieży w duchu narodowo-niemieckim i w uwielbieniu kultury niemieckiej, lecz do tego, że żalący się wyeliminował z nauki wszystkie momenty, które by młodzież — zachowując w całej pełni jej narodowe i kulturalne właściwości — uświadamiały o konieczności lojalnego ustosunkowania się do Państwa Polskiego, w którym młodzież ta mieszka, oraz okazywania temu Państwu należnego szacunku (akt 27, 28). Mimo ustawy językowej z dnia 16 stycznia 1923 nikt z grona nauczycielskiego nie władał językiem polskim; przy nauce geografii, historii i przyrody ignorowano wszystko, co się odnosi do przeszłości i współczesności polskiej; używano wydanych w Niemczech, niedozwolonych niemieckich podręczników szkolnych i atlasów niemieckich z prowizorycznymi granicami polskimi. Następnie Urząd Spraw Mniejszości omawia obszernie niedostateczną bibliotekę polską (zob. akt 46, 47).

W odpowiedzi (akt 41, 52) żalący się występuje stanowczo przeciwko wywodom Urzędu Spraw Mniejszości, że miał się dopuścić nielojalnego postępowania. Omawiany wykaz kwalifikacyjny nie zawiera zatem też nawet najmniejszego zarzutu nielojalności. W rzeczywistości szkoła wychowywała powierzoną jej młodzież zarówno podczas nauki jak i poza nią w lojalności i szacunku wobec Państwa. Co do znajomości języka polskiego żalący się stwierdza, że on i dwaj inni nauczyciele władali językiem polskim w słowie i piśmie. Oprócz tego szereg nauczycielek starało się usilnie nauczyć się języka polskiego. Co się tyczy nauki historii i geografii polskiej, nauki tej udzielano według planów zbadanych i zatwierdzonych przez

Auf Grund mehrfacher Visitationen im Oktober und November 1929 hat Visitator Igielski in dem Qualifikationsnachweis u. a. folgendes eingetragen: »...die Schule wird in streng deutschem Geiste geleitet. Eine polnische Bibliothek fehlt vollständig, die Lehrerschaft kann nicht, bezw. will nicht polnisch sprechen. Die polnische Sprache wird in skandalöser Weise gelehrt« (act. 7).

Der Beschwerdeführer hat am 16. November 1931 von der Eintragung Kenntnis erhalten und am 28. November 1931 beim Wojewoden Beschwerde erhoben, da der den Charakter eines Vorwurfes tragende Satz »die Schule wird in streng deutschem Geiste geleitet« gegen die Genfer Konvention verstoße. Mit Verfügung vom 21. März 1932 hat der Wojewode die Beschwerde abgewiesen.

Die zuständige Behörde vertritt den Standpunkt, daß der von Visitator Igielski angebrachte Vermerk: »die Schule wird in streng deutschem Geiste geführt« sich nicht auf die Erziehung der Jugend in nationaldeutschem Geiste und in der Verehrung der deutschen Kultur bezogen habe, sondern darauf, daß der Beschwerdeführer aus dem Unterricht alle Momente ausgeschlossen habe, welche die Jugend unter voller Wahrung ihrer nationalen und kulturellen Eigenheiten über die Notwendigkeit aufklären würden, dem Polnischen Staate, in welchem diese Jugend lebt, Loyalität sowie gebührende Achtung entgegenzubringen (act. 27, 28). Trotz des Sprachengesetzes vom 16. Januar 1923 habe von der Lehrerschaft niemand die polnische Sprache beherrscht, beim Geographie-, Geschichts- und Naturkundeunterricht sei alles ignoriert worden, was sich auf die polnische Vergangenheit und Gegenwart beziehe, es seien in Deutschland herausgegebene, nicht zugelassene deutsche Schulbücher und Atlanten mit provisorischen polnischen Grenzen benutzt worden. Sodann spricht sich das Minderheitsamt ausführlich über die mangelhafte polnische Bibliothek aus (siehe act. 46, 47).

In seiner Antwort (act. 41, 52) nimmt der Beschwerdeführer entschieden Stellung gegen die Ausführungen des Minderheitsamtes, wonach er sich eines illoyalen Verhaltens schuldig gemacht hätte. Der in Frage stehende Qualifikationsnachweis enthalte denn auch nicht den geringsten Vorwurf von Illoyalität. Die Schule habe in Wirklichkeit die ihr anvertraute Jugend während und außerhalb des Unterrichts zur Loyalität und Achtung vor dem Staate erzogen. Bezüglich der polnischen Sprachkenntnisse stellt der Beschwerdeführer fest, daß er und zwei weitere Lehrer das Polnische mündlich und schriftlich beherrschten. Außerdem hätte sich eine Reihe von Lehrerinnen eifrig bemüht, die polnische Sprache zu erlernen. Was den polnischen Geschichts- und Geographieunterricht anbetreffe,

nadzorczą władzę szkolną. Inspektor szkolny Baron stwierdził wyraźnie w protokole rewizyjnym z dnia 22 kwietnia 1929, że grono nauczycielskie uczy historii polskiej obiektywnie i lojalnie. Wizytator Igielski miał tylko w jednej klasie możliwość widzieć atlanty. W tej klasie omawiano Afrykę. Nie jest zatem wykluczone, że nauczycielka, która dopiero od niedawna czynna była w zakładzie, wskutek czego była może niedostatecznie obeznana z wydanymi przez niego zarządzeniami, przeoczyła atlas, w którym granice ziemi wileńskiej były jeszcze oznaczone prowizorycznie. Okoliczność ta traci jednakże o tyle wszelkie znaczenie, że uczennice używały specjalnych map Polski. Zresztą wszystkie w szkole używane książki były zatwierdzone przez władzę. W końcu żałący się uważa także krytykowanie bib!ioteki polskiej za nieuzasadnione.

D. dot. uwagi powiatowego inspektora szkolnego Barona w aktach personalnych żałącego się („według spostrzeżeń inspekcji Smolarczyk jest osobistością ustosunkowaną wrogo do polskości, co udowodnił na posiedzeniu deputacji szkolnej, przemawiając za umieszczeniem szkoły polskiej w najgorszych ubikacjach").

Żałący się wskazuje na to (akt 8), że zapisek w aktach odnosi się do jego dawniejszej działalności jako członka Deputacji Szkolnej. Było jego oczywistym obowiązkiem jako rektora szkoły mniejszościowej starać się o to, aby jego szkoła miała pod każdym względem odpowiednie pomieszczenie. Żałący się dopatruje się w powyższym zapisku naruszenia Konwencji Genewskiej (art. 75).

Właściwa władza stwierdza, że omawiany zapisek z roku 1923 nie dał powodu do wyciągnięcia wobec żałącego się konsekwencyj natury służbowej. Dowodem tego jest już sam fakt, że urzędował on nadal jeszcze około 9 lat jako rektor szkoły średniej. Na podstawie obowiązujących przepisów nie byłoby zresztą w ogóle możliwe, pociągnąć inspektora szkolnego Barona do odpowiedzialności za rzeczony zapisek z roku 1923 (akt 31, 32, 46, 47).

E. dot. wpisów do żeńskiej szkoły średniej w maju 1929 i słów, jakich z okazji tych wpisów użył zastępca powiatowego inspektora szkolnego Prażmowski wobec żałącego się („Wolno Panu czuć się Niemcem, natomiast nie wolno Panu być ordynarniejszym niż mało inteligentny Niemiec").

so sei dieser Unterricht nach den von der Schulaufsichtsbehörde geprüften und genehmigten Lehrplänen erteilt worden. Schulinspektor Baron habe im Revisionsprotokoll vom 22. April 1929 ausdrücklich festgestellt, daß die Lehrerschaft den Unterricht in der polnischen Geschichte objektiv und loyal erteilt. Visitator Igielski habe nur in einer Klasse die Möglichkeit gehabt, Atlanten zu sehen. In dieser Klasse wurde Afrika behandelt. Daher sei es nicht ausgeschlossen, daß die Lehrerin, die erst kurze Zeit an der Anstalt tätig und deshalb mit den von ihm getroffenen Anordnungen vielleicht nicht hinreichend bekannt war, einen Atlas übersehen habe, in dem die Grenzen des Gebietes Wilno noch provisorisch verzeichnet waren. Der Umstand verliere aber insofern jede Bedeutung, als die Schülerinnen Spezialkarten von Polen in Gebrauch hatten. Übrigens seien sämtliche in der Schule verwendeten Bücher von der Behörde genehmigt gewesen. Schließlich hält der Beschwerdeführer auch die Bemängelung der polnischen Bibliothek für unbegründet.

D) betr. Vermerk des Kreisschulinspektors Baron in den Personalakten des Beschwerdeführers (»Smolarczyk ist nach den Beobachtungen der Inspektion eine dem Polentum gegenüber feindlich eingestellte Persönlichkeit, was er in einer Schuldeputationssitzung bewiesen hat, indem er dafür eintrat, daß die polnische Schule in den schlechtesten Räumen untergebracht wird«).

Der Beschwerdeführer weist darauf hin (act. 8), daß sich der Aktenvermerk auf seine frühere Tätigkeit als Mitglied der Schuldeputation beziehe. Als Rektor einer Minderheitsschule habe er die selbstverständliche Pflicht gehabt, für eine einwandfreie Unterbringung seiner Schule einzutreten. Der Beschwerdeführer erblickt im Vermerk eine Verletzung der Genfer Konvention (Art. 75).

Die zuständige Behörde stellt fest, daß der in Frage stehende Vermerk vom Jahre 1923 keine Veranlassung dafür gab, dem Beschwerdeführer gegenüber Konsequenzen dienstlicher Natur zu ziehen. Dies beweise schon die Tatsache, daß er weiterhin noch etwa neun Jahre als Mittelschulrektor geamtet habe. Übrigens wäre es auf Grund der geltenden Vorschriften überhaupt nicht möglich, Schulinspektor Baron wegen des in Rede stehenden Vermerks aus dem Jahre 1923 zur Verantwortung zu ziehen (act. 31, 32, 46, 47).

E) betr. die Einschreibungen zur Mädchenmittelschule im Mai 1929 und die anläßlich dieser Einschreibungen von Kreisschulinspektor-Stellvertreter Prażmowski gegenüber dem Beschwerdeführer gefallene Äußerung (»es steht Ihnen frei, sich als Deutscher zu fühlen, aber es ist Ihnen nicht erlaubt, ordinärer zu sein, als ein wenig intelligenter Deutscher«).

Z okazji wpisów do mniejszościowej szkoły średniej dnia 18 maja 1929 doszło pomiędzy żałącym się a urzędnikiem, wydelegowanym przez Województwo do Komisji Wpisowej, do sporu w sprawie właściwości. Przy tej sposobności padły słowa, będące przedmiotem zażalenia, co inspektor szkolny Prażmowski w skierowanym do Województwa raporcie wyraźnie potwierdza. Śląski Urząd Wojewódzki — tak wywodzi żalący się — nie uwzględnił co prawda zawartego we wspomnianym raporcie żądania, aby wdrożono przeciwko niemu odpowiednie kroki, raport znajduje się jednak w aktach personalnych. Żalący się dopatruje się w omawianych słowach naruszenia art. 75 Konwencji Genewskiej.

Właściwa władza złożyła oświadczenie, że inspektorowi szkolnemu Prażmowskiemu zwrócono uwagę na niewłaściwość użytych przezeń słów (akt 29, 30).

F. dot. nieudzielenia odpowiedzi na zażalenie skierowane dnia 19 lutego 1929 przez Wydział Oświecenia Publicznego do Ministerstwa Wyznań Religijnych i Oświecenia Publicznego w Warszawie w sprawie świadectwa odejścia syna Gerharda oraz stosunków panujących w gimnazjum mniejszościowym.

W powyższej sprawie żalący się wystosował nasamprzód dnia 19 grudnia 1928 zażalenie do Województwa. Województwa reskryptem z dnia 29 stycznia 1929 zażalenie to oddaliło (akt 53, 54). Przeciwko temu rozstrzygnięciu żalący się wniósł odwołanie. Dnia 19 lutego 1929 przesłał zażalenie do Województwa celem skierowania go do Ministerstwa Wyznań Religijnych i Oświecenia Publicznego jako instancji odwoławczej. Na podanie żalący się nie otrzymał żadnej odpowiedzi. W nieudzieleniu odpowiedzi żalący się dopatruje się naruszenia art. 75 Konwencji Genewskiej.

Właściwa władza wywodzi, że nieprzekazanie odwołania Ministerstwu w terminie przewidzianym w art. 89 rozporządzenia Prezydenta Rzeczypospolitej o postępowaniu administracyjnym spowodowane zostało tym, że Województwo było zdania, że sprawa ta załatwiona została ostatecznie rozstrzygnięciem Województwa; załatwiający tę sprawę urzędnik zawinił jednak o tyle, że odłożył zażalenie ad acta, nie udzieliwszy żalącemu się powyższych wyjaśnień. Województwo wdrożyło dochodzenie służbowe przeciwko danemu urzędnikowi, który w sprawie tej niedość skrupulatnie postąpił. Urząd Spraw Mniejszości nadmienia następnie, że wskutek wniesionego w myśl art. 149 zażalenia Województwo przekazało odwołanie dnia 30 stycz-

Anläßlich der Einschreibungen für die Minderheitsmittelschule am 18. Mai 1929 kam es zu Kompetenzstreitigkeiten zwischen dem Beschwerdeführer und dem von der Wojewodschaft zur Einschreibungskommission abgeordneten Beamten. Bei dieser Gelegenheit fielen die Gegenstand der Beschwerde bildenden Worte, was Schulinspektor Prażmowski in einem an die Wojewodschaft gerichteten Rapport ausdrücklich bestätigt. Das Schlesische Wojewodschaftsamt habe allerdings — so führt der Beschwerdeführer aus — dem im erwähnten Bericht enthaltenen Ersuchen, gegen ihn entsprechende Schritte zu unternehmen, nicht Folge gegeben, der Rapport befinde sich aber bei den Personalakten. Der Beschwerdeführer erblickt in der fraglichen Äußerung eine Verletzung des Art. 75 der Genfer Konvention.

Die zuständige Behörde gab die Erklärung ab, daß Schulinspektor Prażmowski auf das Unsachliche seiner Äußerung aufmerksam gemacht wurde (act. 29, 30).

F) betr. Nichtbeantwortung der am 19. Februar 1929 bei der Schulabteilung zur Weiterleitung an das Unterrichtsministerium in Warszawa eingereichten Beschwerde wegen des Abgangszeugnisses des Sohnes Gerhard und der am Minderheitsgymnasium herrschenden Zustände.

Der Beschwerdeführer hat in dieser Angelegenheit vorerst am 19. Dezember 1928 eine Beschwerde an die Wojewodschaft gerichtet. Diese hat die Beschwerde mit Reskript vom 29. Januar 1929 abgelehnt (act. 53, 54). Gegen diesen Entscheid legte der Beschwerdeführer Berufung ein. Am 19. Februar 1929 übersandte er die Beschwerde an die Wojewodschaft zur Weiterleitung an das Unterrichtsministerium als Berufungsinstanz. Der Beschwerdeführer erhielt keinerlei Antwort auf seine Eingabe. In der Nichtbeantwortung erblickt er eine Verletzung des Art. 75 der Genfer Konvention.

Die zuständige Behörde führt die Nichtweiterleitung der Berufung an das Ministerium in der in Art. 89 der Verordnung des Staatspräsidenten über das Verwaltungsverfahren vorgesehenen Frist darauf zurück, daß die Wojewodschaft der Ansicht war, daß die Sache durch den Entscheid der Wojewodschaft endgültig erledigt war; es liege aber ein Verschulden des die Angelegenheit behandelnden Beamten darin, daß er die Beschwerde ad acta gelegt habe, ohne dem Beschwerdeführer die obigen Aufklärungen erteilt zu haben. Die Wojewodschaft habe dienstliche Ermittlungen gegen den in dieser Angelegenheit nicht genügend gewissenhaften Beamten eingeleitet. Das Minderheitsamt bemerkt sodann, daß infolge der im Sinne von Art. 149 eingereichten Beschwerde die Wojewodschaft

nia 1933 Ministerstwu, głównie w tym celu, aby stwierdzić ponad wszelką wątpliwość, że decyzja Województwa z dnia 29 stycznia 1929 była w toku instancji ostateczna, od której żalącemu się już nie przysługiwało prawo odwołania. Ministerstwo Wyznań Religijnych i Oświecenia Publicznego przyłączyło się do tego zapatrywania i oddaliło odwołanie reskryptem z dnia 23 lutego 1933 (akt 55, 56).

II

Ad A. W postępowaniu dyscyplinarnym, toczącym się przeciwko żalącemu się z powodu przyjęcia przezeń zasiłków pieniężnych zza granicy, przesłuchujący urzędnik uważał pytanie, czy żalący się jest członkiem Niemieckiego Związku Ludowego, za celowe, ponieważ niektórzy członkowie Związku Ludowego mieli pośredniczyć w pobieraniu zasiłków pieniężnych. Rozumowanie tego urzędnika było zupełnie logiczne i nie można robić mu zarzutu, że zadając to pytanie naruszył jakiekolwiek postanowienie Konwencji Genewskiej.

Ad B. Żalący się zawinił przez to, że dzieci Krausego, które w wyznaczonym przez właściwą władzę terminie nie zostały zgłoszone przed Komisją Wpisową, dopuścił następnie do egzaminu wstępnego bez wszelkich formalności na podstawie ustnego zgłoszenia. W naganie, wyrażonej przez właściwą władzę żalącemu się za jego z obowiązującymi postanowieniami sprzeczne postępowanie, nie można zatem dopatrywać się nierównego traktowania.

Ad C. Chodzi tu o notatkę w wykazie kwalifikacyjnym żalącego się. Ocena ta polega na zdaniu wizytatora Igielskiego, że z punktu widzenia Państwa Polskiego nauka języka polskiego, przyrody, historii i geografii jest niedostateczna. W tym względzie należy wskazać na protokół rewizyjny inspektora szkolnego Barona z dnia 22 kwietnia 1929, według którego grono nauczycielskie udziela nauki historii polskiej w sposób obiektywny i lojalny. Jeżeli we wspomnianych przedmiotach nauka wykazywała braki, to było nasamprzód zadaniem władzy nadzorczej i wizytatora szkolnego udzielić potrzebnych wskazówek i omówić przyszłe zarządzenia z kierownikiem szkoły. W tym stanie rzeczy w omawianej notatce wizytatora Igielskiego należałoby się dopatrywać naruszenia art. 75 Konwencji Genewskiej, jeżeli przez to chciano zarzucić żalącemu się antypolskie lub antypaństwowe przekonanie.

die Berufung am 30. Januar 1933 an das Ministerium überwiesen habe, hauptsächlich zu dem Zwecke, um ganz zweifellos festzustellen, daß die Entscheidung der Wojewodschaft vom 29. Januar 1929 im Instanzenwege endgültig war, gegen die dem Beschwerdeführer die Berufung nicht mehr zustand. Das Kultusministerium habe sich dieser Auffassung angeschlossen und mit Reskript vom 23. Februar 1933 (act. 55, 56) die Berufung verworfen.

II

Ad A) In dem gegen den Beschwerdeführer anhängigen Disziplinarverfahren wegen Annahme von Geldunterstützungen aus dem Ausland hielt der einvernehmende Beamte die Frage, ob der Beschwerdeführer Mitglied des Deutschen Volksbundes sei, für sachdienlich, da angeblich einige Mitglieder des Volksbundes den Bezug der Geldunterstützungen vermittelt hatten. Die Überlegung des Beamten war durchaus logisch und es kann ihm nicht der Vorwurf gemacht werden, daß er mit der Fragestellung irgend eine Bestimmung der Genfer Konvention verletzt hat.

Ad B) Es liegt eine Verfehlung des Beschwerdeführers darin, daß er die Kinder Krause, die in der von der zuständigen Behörde festgesetzten Frist vor der Einschreibungskommission nicht angemeldet wurden, nachher formlos auf Grund einer mündlichen Anmeldung zur Aufnahmeprüfung zugelassen hat. In der Mißbilligung des mit den geltenden Bestimmungen im Widerspruch stehenden Verhaltens des Beschwerdeführers seitens der zuständigen Behörde kann daher keine unterschiedliche Behandlung erblickt werden.

Ad C) Es handelt sich um einen Eintrag in den Qualifikationsnachweis des Beschwerdeführers. Die Zensur beruht auf der Ansicht des Visitators Igielski, daß vom Standpunkt des Polnischen Staates aus betrachtet der polnische Sprachunterricht, der Naturkunde-, Geschichts- und Geographieunterricht ungenügend sei. Demgegenüber ist auf das Revisionsprotokoll des Schulinspektors Baron vom 22. April 1929 zu verweisen, wonach die Lehrerschaft den Unterricht in der polnischen Geschichte objektiv und loyal erteilt. Wenn in den erwähnten Fächern der Unterricht zu wünschen übrig ließ, so war es vorerst Aufgabe der Aufsichtsbehörde und des Schulvisitators, die nötigen Weisungen zu erteilen und die zu ergreifenden Maßnahmen mit dem Schulleiter zu besprechen. Bei dieser Sachlage müßte im fraglichen Vermerk des Visitators Igielski eine Verletzung des Art. 75 G. K. erblickt werden, wenn dadurch dem Beschwerdeführer antipolnische oder staatsfeindliche Gesinnung vorgeworfen werden wollte.

Ad D. Zapisek w aktach jest samowolny (art. 75 K. G.). Fakt, że żalący się domagał się, aby szkole jego przydzielono możliwie dobre ubikacje, nie dopuszcza wniosku, że jest on wrogo nastawiony do polskości. Takie jest zresztą widocznie także zapatrywanie właściwej władzy, która podkreśla, że z powyższej zupełnie subiektywnej oceny powiatowego inspektora szkolnego nie wyciągnęła żadnych konsekwencyj na niekorzyść żalącego się.

Ad E. Dotyczne wyrażenie się jest obrażające i narusza art. 75 Konwencji Genewskiej. Właściwa władza upomniała też winnego urzędnika w tym sensie. Dalej władza uznaje, że doniesienie inspektora Prażmowskiego nie mogło pociągnąć za sobą ujemnych konsekwencyj dla stanowiska żalącego się. Powyższe oświadczenie właściwej władzy należy przyjąć do wiadomości.

Ad F. Przetrzymywanie skierowanego do Ministerstwa Wyznań Religijnych i Oświecenia Publicznego odwołania przez Śląski Urząd Wojewódzki przez całe lata bez zawiadomienia żalącego się narusza art. 75 Konwencji Genewskiej. Należy przyjąć do wiadomości oświadczenie właściwej władzy, że wdrożyła dochodzenie służbowe przeciwko urzędnikowi, który w sprawie tej nie był dość sumienny.

Po naradzie w łonie Komisji Mieszanej Prezydent Komisji Mieszanej na mocy powyższych rozważań dochodzi do

poglądu:

1. W myśl rozważań zażalenie co do punktów C i D jest uzasadnione.

2. Co do punktów E i F oświadczenia właściwej władzy przyjmuje się do wiadomości.

3. Co do punktów A i B zażalenie oddala się.

105

Pogląd

z dnia 8 sierpnia 1934 w sprawie nr 1414 Ludwika Pawelczyka, Gardawice (Górny Śląsk Polski), żalącego się, dotyczącej nierównego traktowania.

I

Dnia 1 marca 1933 żalący się wniósł w myśl art. 147 Konwencji Genewskiej zażalenie do Rady Ligi Narodów. Na podstawie czę-

Ad D) Der Aktenvermerk ist willkürlich. (Art. 75 G. K.) Die Tatsache, daß der Beschwerdeführer dafür eintrat, daß seiner Schule möglichst gute Räume zugewiesen würden, läßt den Schluß nicht zu, daß er gegenüber dem Polentum feindlich eingestellt sei. Das ist übrigens offenbar auch die Auffassung der zuständigen Behörde, welche betont, daß sie aus diesem durchaus subjektiven Urteil des Kreisschulinspektors keinerlei Konsequenzen zu Ungunsten des Beschwerdeführers gezogen habe.

Ad E) Die fragliche Äußerung ist beleidigend und verletzt Artikel 75 der Genfer Konvention. Die zuständige Behörde hat denn auch den fehlbaren Beamten zurechtgewiesen. Ferner anerkennt die Behörde, daß die Anzeige des Schulinspektors Prażmowski keine nachteiligen Konsequenzen für die Stellung des Beschwerdeführers haben durfte. Es ist von diesen Erklärungen der zuständigen Behörde Vormerk zu nehmen.

Ad F) Das jahrelange Zurückhalten der an das Kultusministerium gerichteten Berufung durch das Schlesische Wojewodschaftsamt, ohne Verständigung des Beschwerdeführers, verstößt gegen Art. 75 der Genfer Konvention. Es ist von der Erklärung der zuständigen Behörde Vormerk zu nehmen, daß sie dienstliche Ermittlungen gegen den in dieser Angelegenheit nicht genügend gewissenhaften Beamten eingeleitet hat.

Nach stattgehabter Beratung im Schoße der Gemischten Kommission, gestützt auf die vorstehenden Erwägungen, gelangt der Präsident der Gemischten Kommission zur

Stellungnahme:

1. Die Beschwerde ist im Sinne der Erwägungen in Bezug auf die Punkte C und D begründet.
2. Bezüglich der Punkte E und F wird von den Erklärungen der zuständigen Behörde Vormerk genommen.
3. Bezüglich der Punkte A und B wird die Beschwerde abgewiesen.

105

Stellungnahme

vom 8. August 1934 in der Sache Nr. 1414 des Ludwig Pawelczyk, Gardawice (Polnisch-Oberschlesien), Beschwerdeführer, betreffend unterschiedliche Behandlung.

I

Am 1. März 1933 erhob der Beschwerdeführer im Sinne von Art. 147 der Genfer Konvention Beschwerde beim Völkerbundsrat. Dieser

ści B umowy paryskiej z dnia 6 kwietnia 1929 Rada Ligi Narodów przekazała dnia 22 września 1933 zażalenie do procedury lokalnej, jak przewiduje art. 149 i n. Konwencji Genewskiej.

Dnia 30 stycznia 1934 Urząd Spraw Mniejszości przesłał zażalenie (akt 1, 2) wraz z uwagami w myśl art. 152 Konwencji Genewskiej (akt 3, 4) Prezydentowi Komisji Mieszanej. Następnie odbyła się wymiana pism, przewidziana w regulaminie postępowania Komisji Mieszanej. Dnia 5 lipca 1934 Komisja Mieszana odbyła naocznię, a dnia 27 lipca 1934 odbyły się nad sprawą zażaleniową obrady w łonie Komisji Mieszanej.

II

Budynek restauracyjny żałącego się znajduje się w Gardawicach na szosie głównej Katowice-Cieszyn. Na skutek nasypania i asfaltowania tej drogi publicznej w roku 1931 podniósł się jej poziom w stosunku do dawniejszego o 20 do 30 cm. Żałący się utrzymuje, że podniesienie poziomu drogi naraziło go na znaczne szkody. Dojazd do jego gospody możliwy jest obecnie tylko w drodze okrężnej albo przez około 50 cm głęboki rów, służący do odpływu wód. Poza tym w razie dłuższych deszczów wody spływające z gruntów sąsiednich gromadziłyby się na skutek zmienionych warunków odpływu wody przed jego gospodą. Jak wynika z zażalenia (akt 15), żałący się dopatruje się w podwyższeniu poziomu drogi i w związanym z tym rzekomym szkodzeniu jego interesom nierównego traktowania go jako należącego do mniejszości. Roszczenie prawne idzie w tym kierunku, aby przywrócono pierwotny stan drogi i wynagrodzono żałącemu się powstałą szkodę.

Bez żadnego związku z powyżej przedstawionym stanem faktycznym domaga się żałący się zwrotu lornetki i monet srebrnych, które mu skonfiskowano w roku 1926.

III

Naocznia nie potwierdziła twierdzenia żałącego się, że do jego gospody można się dostać tylko drogą okrężną, ani też twierdzenia, że warunki odpływu wody znacznie się pogorszyły. Natomiast warunki dojazdu do gospody żałącego się zmieniły się wskutek podwyższenia szosy o tyle, że furmanki obecnie już nie mogą wzdłuż całej

überwies gestützt auf Teil B des Pariser Abkommens vom 6. April 1929 am 22. September 1933 die Beschwerde dem lokalen Verfahren, wie es Artikel 149 ff. der Genfer Konvention vorsieht.

Das Minderheitsamt übersandte die Beschwerde am 30. Januar 1934 (act. 1—2) mit seinen Bemerkungen im Sinne von Art. 152 der Genfer Konvention an den Präsidenten der Gemischten Kommission für Oberschlesien (act. 3—4). Es fand hierauf der in der Verfahrensordnung der Gemischten Kommission vorgesehene Schriftenwechsel statt. Am 5. Juli 1934 nahm die Gemischte Kommission einen Augenschein vor und am 27. Juli 1934 gelangte die Beschwerdesache im Schoße der Gemischten Kommission zur Beratung.

II

Das Gasthaus-Grundstück des Beschwerdeführers liegt in Gardawice an der Hauptstraße Katowice-Cieszyn. Durch die im Jahre 1931 erfolgte Neuaufschüttung und Asphaltierung dieser öffentlichen Straße wurde ihr Niveau gegenüber früher um 20—30 cm gehoben. Der Beschwerdeführer macht geltend, daß ihm durch die Höherlegung der Straße großer Schaden entstanden sei. Um Zufahrt zu seiner Gastwirtschaft zu haben, müsse nunmehr ein Umweg gemacht oder eine ungefähr 50 cm tiefe Wasserablaufrinne durchquert werden. Sodann würden bei anhaltendem Regenwetter die Abwässer aus den Nachbargrundstücken infolge der veränderten Wasserablaufverhältnisse sich vor seinem Gasthaus ansammeln. Wie aus der Beschwerdeschrift (act. 15) hervorgeht, erblickt der Beschwerdeführer in der Höherlegung der Straße und der damit verbundenen angeblichen Schädigung seines Gasthausbetriebes eine ungleiche Behandlung seiner Person als Minderheitsangehörigen. Das Rechtsbegehren geht dahin, zu veranlassen, daß der frühere Zustand der Straße wieder hergestellt und dem Beschwerdeführer für den entstandenen Schaden Ersatz geleistet werde.

Ohne jeden Zusammenhang mit dem soeben geschilderten Tatbestand verlangt der Beschwerdeführer sodann die Restituierung eines Feldstechers und von Silbermünzen, die ihm im Jahre 1926 gepfändet wurden.

III

Der Augenschein hat die Behauptung des Beschwerdeführers, daß, um zu seiner Gastwirtschaft zu gelangen, eine Umfahrt gemacht werden müsse, nicht bestätigt, ebenso nicht die Behauptung, daß sich die Wasserablaufverhältnisse wesentlich verschlimmert haben. Dagegen haben sich die Zufahrtverhältnisse zur Gastwirtschaft des Beschwerdeführers durch die

gospody dojechać wprost z ulicy na plac położony przed gospodą, lecz muszą posługiwać się dwoma wjazdami, mianowicie mostkami zbudowanymi nad rowem głębokości ca 40 cm.

Według orzecznictwa Sądu Rzeszy (zobacz Germerhausen „Wegerecht und Wegeverwaltung in Preußen") właściciel budynku przydrożnego ma prawo do tego, aby budynek miał komunikację z drogą. W interesie ruchu nie wolno przeprowadzać takich zmian drogi, wskutek których straciłaby ona dla budynku charakter środka komunikacyjnego. Przepisom tym obecny stan rzeczy czyni zadość, gdyż, jak wyżej przedstawiono, komunikacja gospody z drogą odbywa się przy pomocy dwóch wjazdów. Co prawda jeden z wjazdów jest nieco za wąski, właściwa władza oświadczyła jednak, że wjazd ten zostanie na żądanie żalącego się dostatecznie rozszerzony.

Roszczenie o odszkodowanie przysługuje według orzecznictwa Sądu Rzeszy właścicielowi budynku tylko w tym przypadku, gdy przez podwyższenie lub obniżenie poziomu drogi komunikacja piesza lub kołowa została przerwana lub znacznie utrudniona. Nie uzasadnia natomiast roszczenia o odszkodowanie nieznaczne utrudnienie komunikacji oraz inne niekorzystne, przez budowę drogi spowodowane zmiany, które komunikacji nie dotyczą. Zdaniem Prezydenta Komisji Mieszanej nie chodzi tutaj o poważne utrudnienie komunikacji pomiędzy drogą publiczną a budynkiem żalącego się, tak że odszkodowanie nie wchodzi w rachubę. W każdym razie nie można przy tym stanie rzeczy dopatrywać się aktu samowoli lub nierównego traktowania w myśl art. 75 Konwencji Genewskiej w tym, że właściwa władza polska interpretuje normy prawne, mające w tym przypadku zastosowanie, w ten sposób, że roszczenie o odszkodowanie jest nieuzasadnione.

Co do drugiego punktu zażalenia, tj. konfiskaty monet srebrnych oraz lornetki, nie ma najmniejszej podstawy do przypuszczenia, że zachodzi nierówne traktowanie żalącego się w myśl art. 75 Konwencji Genewskiej.

Po naradzie w łonie Komisji Mieszanej Prezydent Komisji Mieszanej na podstawie powyższych rozważań dochodzi do

poglądu:

Zażalenie oddala się.

Höherlegung der Chaussee insofern verändert, als heute die Fuhrwerke nicht mehr auf der ganzen Länge des Grundstücks von der Straße auf den der Gastwirtschaft vorgelagerten Platz fahren können, sondern an die Benutzung von zwei Zufahrten gebunden sind, die durch Überbrückung der ca. 40 cm tiefen Wasserrinne errichtet wurden.

Nach der Rechtsprechung des Reichsgerichts (siehe Germershausen »Wegerecht und Wegeverwaltung in Preußen«) hat der Straßenanlieger Anspruch auf Verbindung mit der Straße. Es darf im Verkehrsinteresse nicht eine solche Veränderung der Straße erfolgen, daß dadurch ihr Charakter als Kommunikationsmittel für das Hausgrundstück beseitigt wird. Diesen Vorschriften genügt der jetzige Zustand, indem, wie oben dargelegt, die Verbindung der Gastwirtschaft mit der Straße durch zwei Zufahrten bewerkstelligt wird. Allerdings erscheint eine der Zufahrten etwas zu eng, aber die zuständige Behörde hat erklärt, daß diese Zufahrt auf Verlangen des Beschwerdeführers in genügender Weise verbreitert werde.

Ein Entschädigungsanspruch steht dem Hauseigentümer nach der Rechtsprechung des Reichsgerichts nur dann zu, wenn durch Höher- oder Tieferlegung der Straße der Zu- und Abgang zu Fuß oder mit Wagen abgeschnitten oder erheblich erschwert wird. Dagegen begründen geringfügige Erschwernisse der Kommunikation sowie andere nachteilige, durch den Straßenbau bedingte Veränderungen, welche die Kommunikation nicht betreffen, keinen Entschädigungsanspruch. Nach der Ansicht des Präsidenten der Gemischten Kommission handelt es sich hier nicht um eine erhebliche Erschwerung der Verbindung zwischen der öffentlichen Straße und dem Hause des Beschwerdeführers, sodaß eine Entschädigung nicht in Frage kommt. Jedenfalls kann bei dieser Sachlage ein Akt der Willkür oder unterschiedlichen Behandlung im Sinne des Art. 75 der Genfer Konvention nicht darin erblickt werden, daß die zuständige polnische Behörde die anzuwendenden Rechtsnormen dahin auslegt, daß ein Entschädigungsanspruch unbegründet ist.

Was den anderen Beschwerdepunkt — Pfändung der Silbermünzen und des Feldstechers — anbetrifft, so liegt nicht der geringste Anhaltspunkt für eine unterschiedliche Behandlung des Beschwerdeführers im Sinne des Artikels 75 der Genfer Konvention vor.

Nach stattgehabter Beratung im Schoße der Gemischten Kommission, gestützt auf die vorstehenden Erwägungen, gelangt der Präsident der Gemischten Kommission zur

Stellungnahme:

Die Beschwerde wird abgewiesen.

106

Pogląd

z dnia 21 stycznia 1935 w sprawie nr 1292 Filipa Ozimka, Tarnowskie Góry (Górny Śląsk Polski), żalącego się, dotyczącej nierównego traktowania przez Spółkę Bracką.

I

Dnia 27 lipca 1933 (akt 5) wniósł żalący się w myśl art. 149 i n. Konwencji Genewskiej zażalenie do Polskiego Urzędu Spraw Mniejszości w Katowicach. Urząd Spraw Mniejszości przekazał zażalenie dnia 29 września 1933 wraz z uwagami w myśl art. 152 Konwencji Genewskiej Prezydentowi Komisji Mieszanej (akt 1, 2, 3, 4). Następnie odbyła się wymiana pism, przewidziana w regulaminie postępowania Komisji Mieszanej. Na rozprawie ustnej strony miały sposobność przedstawić dalsze wywody pod względem faktycznym i prawnym.

Podstawę zażalenia tworzy następujący stan faktyczny:

Dnia 11 grudnia 1907 wstąpił żalący do służby Spółki Brackiej — „Oberschlesischer Knappschaftsverein". Dnia 1 sierpnia 1921 został mianowany sekretarzem, a dnia 1 maja 1923 nadsekretarzem (umowy służbowe z dnia 3 sierpnia 1918 — akt 25 — i z dnia 31 października 1923 — akt 24, 24 a).

Z końcem marca 1927 Spółka Bracka przedłożyła swym urzędnikom do podpisania nowe umowy służbowe, których podstawę tworzyła taryfa wielkiego przemysłu i pragmatyka służbowa urzędników i pracowników biurowych Spółki Brackiej z dnia 26 marca 1927 (akt 22, 22 a, 23, 23 a). Nastąpiło nowe uregulowanie poborów z mocą obowiązującą wstecz od dnia 1 stycznia 1927.

Podpisując dnia 27 marca 1927 nową umowę służbową, żalący się zgodził się wyraźnie z jej treścią i został w myśl niej zaliczony co do poborów do kategorii D.

W niniejszym postępowaniu żalący się zajmuje stanowisko, że zaliczenie go do kategorii D nie odpowiadało jego stanowisku i wykonywanym przezeń czynnościom, że chodzi natomiast o nierówne traktowanie go jako członka mniejszości. Na dowód tego twierdzenia żalący się przytacza, powołując się przy tym na różne pisma Spółki Brackiej z miesięcy kwietnia-maja 1927, że zakład ten odnosił się wrogo do mniejszości niemieckiej. Do przyjęcia powyższej umowy

106

Stellungnahme

vom 21. Januar 1935 in der Sache Nr. 1292 des Philipp Ozimek, Tarnowskie-Góry (Polnisch-Oberschlesien), Beschwerdeführer, betreffend unterschiedliche Behandlung durch die Spółka Bracka.

I

Am 27. Juli 1933 (act. 5) erhob der Beschwerdeführer gemäß Art. 149 ff. der Genfer Konvention Beschwerde beim Polnischen Minderheitsamt in Katowice. Das Minderheitsamt überwies die Beschwerde am 29. September 1933 mit seinen Bemerkungen im Sinne von Art. 152 der Genfer Konvention an den Präsidenten der Gemischten Kommission (act. 1, 2, 3, 4). Es fand hierauf der in der Verfahrensordnung der Gemischten Kommission vorgesehene Schriftenwechsel statt. In den mündlichen Verhandlungen hatten die Parteien Gelegenheit, weitere Ausführungen in tatsächlicher und rechtlicher Beziehung vorzutragen.

Der Beschwerde liegt folgender Tatbestand zu Grunde:

Der Beschwerdeführer ist am 11. Dezember 1907 in den Dienst der Spółka Bracka, des »Oberschlesischen Knappschaftsvereins«, eingetreten. Am 1. August 1921 wurde er zum Sekretär und am 1. Mai 1923 zum Obersekretär ernannt. (Dienstverträge vom 3. August 1918 — act. 25 — und vom 31. Oktober 1923 — act. 24, 24 a).

Ende März 1927 hat die Spółka Bracka den Beamten neue Dienstverträge zur Unterzeichnung vorgelegt, die zur Grundlage den Tarif der Großindustrie und die Dienstpragmatik für die Beamten und Bürogehilfen der Spółka Bracka vom 26. März 1927 nahmen (act. 22, 22 a, 23, 23 a). Die Gehälter wurden rückwirkend auf den 1. Januar 1927 neu geregelt.

Der Beschwerdeführer hat am 27. März 1927 durch seine Unterschrift ausdrücklich sein Einverständnis mit dem Inhalt des neuen Dienstvertrages erklärt, der ihn hinsichtlich Gehaltsregelung in die Kategorie D einteilte.

Im vorliegenden Verfahren vertritt der Beschwerdeführer den Standpunkt, daß die Zuteilung in die Kategorie D nicht seinem Rang und seiner Tätigkeit entsprochen habe, sondern vielmehr eine unterschiedliche Behandlung seiner Person als Minderheitsangehörigen darstelle. Zum Beweise hierfür machte er, unter Berufung auf verschiedene Schreiben der Spółka Bracka aus den Monaten April-Mai 1927 geltend, daß diese Anstalt feindlich gegen die deutsche Minderheit eingestellt gewesen sei. Zur Annah-

zmuszony został uchwałą Zarządu z dnia 26 marca 1927, która m. in. postanawiała: „Urzędnikom, którzy nie przyjmą nowej umowy służbowej do dnia 28 marca 1927, należy wypłacić odszkodowanie za drugie półrocze 1926 tylko w wysokości 15%, dodatek drożyźniany zaś należy im obniżyć z 30% na 10%. Jeśli to możliwe, umowy te należy natychmiast wypowiedzieć."

Dnia 16 kwietnia 1927, tzn. kilka tygodni po podpisaniu nowej umowy służbowej, żałący się skierował następujące pismo (akt 12) do Spółki Brackiej:

„Pobory, które pobierałem w czerwcu 1926, podwyższyły się od 1 lipca 1926 o 14%. Od 1 stycznia 1927 począwszy pobieram jednak znów pobory z czerwca 1926, podwyższone o 3%.

Wskutek tego uregulowania muszę spłacić do końca bieżącego roku 643,69 zł (za wysoka zaliczka, pobrana w drugim półroczu 1926 na poczet podwyżki poborów), czyli 72 zł miesięcznie i to bez jakiejkolwiek winy z mej strony. Poniosłem już szkodę w poborach z okazji mianowania mnie nadsekretarzem w roku 1923, co wynika z wniosku 1 nr 143/46. Wniosku o wypłatę wynagrodzenia za zastępstwo nadsekretarza również nie uwzględniono.

Ośmielam się wobec tego prosić uprzejmie Administrację, by zechciała łaskawie uznać, że uregulowanie mych poborów jest niesprawiedliwe i że wyrządzoną mi szkodę należy wynagrodzić."

Nie otrzymawszy na pismo to odpowiedzi, żałący się zwrócił pismem z dnia 7 kwietnia 1930 (akt 13) ponownie uwagę Spółki Brackiej na wyrządzoną mu krzywdę co do poborów. Pismem z dnia 3 maja 1930 (akt 14—15) Spółka Bracka odrzuciła roszczenia żałącego się jako nieuzasadnione. Dnia 9 maja 1930 (akt 16—17) skierował żałący się dalsze pismo do Spółki Brackiej.

Żałący się zajmuje stanowisko, że umowa służbowa, która doszła do skutku pod bezprawną groźbą i którą go zaliczono do kategorii D, prawnie nie obowiązuje, lecz że mu przysługują pobory kategorii E. Niniejszym zażaleniem domaga się wypłaty różnicy poborów za czas od 1 lipca 1926 do 31 maja 1933, mianowicie sumy 3140,39 zł.

II

Roszczenie prawne żałącego się o wypłatę 3140,39 zł zależy od tego, czy umowa służbowa z dnia 28 marca 1927 jest prawomocna,

me obigen Dienstvertrages sei er durch den Vorstandsbeschluß vom 26. März 1927 gezwungen worden, der u. a. bestimmt habe: »Denjenigen Beamten, welche den neuen Dienstvertrag bis zum 28. März 1927 nicht annehmen, ist die Entschädigung für das zweite Halbjahr 1926 nur in Höhe von 15% zu zahlen, der Teuerungszuschlag ist von 30% auf 10% zu ermäßigen. Wenn möglich, sind diese Verträge sofort zu kündigen.«

Am 16. April 1927, d. i. einige Wochen nach Unterzeichnung des neuen Dienstvertrages richtete der Beschwerdeführer folgendes Schreiben (act. 12) an die Spółka Bracka (act. 12):

»Mein für Juni 1926 bezogenes Gehalt ist vom 1. Juli 1926 ab um 14% erhöht worden. Vom 1. Januar 1927 ab beziehe ich jedoch wiederum das Gehalt aus Juni 1926 mit einer Erhöhung von 3%.

Durch diese Regelung muß ich bis Ende d. Jahres 643,69 Zł. (im zweiten Halbjahr 1926 zuviel gezahlter Vorschuß auf die Gehaltserhöhung) oder monatlich 72 Zł. zurückzahlen, ohne mein Verschulden. Bin schon bei meiner Ernennung zum Obersekretär im Jahre 1923 in meinen Bezügen geschädigt worden, was aus dem Antrage 1 Nr. 143/46 hervorgeht. Meinem Antrage auf Zahlung einer Entschädigung für die Vertretung des Obersekretärs ist ebenfalls nicht stattgegeben worden.

Infolgedessen erlaube ich mir die Verwaltung ganz ergebenst zu bitten, gefl. anerkennen zu wollen, daß meine Gehaltsregelung eine ungerechte ist und der mir zugefügte Schaden wieder gutzumachen ist.«

Nachdem er auf diese Eingabe keine Antwort erhielt, machte er mit Schreiben vom 7. April 1930 (act. 13) die Spółka Bracka neuerdings auf die zugefügte Schädigung hinsichtlich der Gehaltsbezüge aufmerksam. Die Spółka Bracka hat mit Schreiben vom 3. Mai 1930 (act. 14—15) die Forderungen des Beschwerdeführers als unbegründet zurückgewiesen. Am 9. Mai 1930 (act. 16—17) richtete der Beschwerdeführer eine weitere Eingabe an die Spółka Bracka.

Der Beschwerdeführer vertritt den Standpunkt, daß der unter widerrechtlicher Drohung zustandegekommene Dienstvertrag, durch den er in die Kategorie D eingeteilt worden sei, nicht zu Recht bestehe, sondern daß ihm die Gehaltsbezüge nach Kategorie E zuständen. Mit vorliegender Beschwerde verlangt er den Unterschiedsbetrag an Gehalt für die Zeit vom 1. Juli 1926 bis 31. Mai 1933, nämlich 3140,39 Zł.

II

Das Rechtsbegehren des Beschwerdeführers auf Bezahlung von Zł. 3140,39 hängt davon ab, ob der Dienstvertrag vom 28. März 1927

lub czy może być skutecznie zaczepiona z uwagi na bezprawną groźbę, jaką miano stosować przy jej zawieraniu. Ocena tego rodzaju sporów prawnych nie wchodzi w ramy art. 149 Konwencji Genewskiej.

Prezydent Komisji Mieszanej właściwy jest w myśl art. 149 Konwencji Genewskiej do badania kwestii, czy zarządzenie jakiejś władzy administracyjnej, która winna przestrzegać wskazówek przełożonych instancyj, narusza jakieś postanowienie Konwencji Genewskiej. Z zarządzeniami administracyjnymi władz państwowych należy postawić na równi zarządzenia administracyjne organów instytucyj o charakterze publiczno-prawnym, o ile zachodzą znamiona podlegania państwowej władzy zwierzchniej. (Zobacz pogląd nr 82 w sprawie nr 307 z dnia 30 czerwca 1929, dot. naruszenia Konwencji Genewskiej przez Spółkę Bracką.) W niniejszym przypadku nie chodzi jednak o zarządzenie administracyjne Spółki Brackiej w myśl art. 149, lecz o umowę służbową, która doszła do skutku przez obustronną wolę Spółki Brackiej i jej urzędnika Filipa Ozimka. Ta obustronna umowa służbowa reguluje w sposób wiążący roszczenia pracodawcy i pracobiorcy, i spory co do jej ważności i zasięgu należą przed forum właściwego sądu.

Po naradzie w łonie Komisji Mieszanej Prezydent Komisji Mieszanej na podstawie powyższych rozważań dochodzi do

poglądu:

Zażalenie oddala się z powodu niewłaściwości.

107

Pogląd

z dnia 30 stycznia 1935 w sprawie nr 1377 Artura Groegera, Tarnowskie Góry (Górny Śląsk Polski), żalącego się, dotyczącej nierównego traktowania przez Spółkę Bracką.

I

Dnia 18 października 1933 (akt 3) wniósł żalący się w myśl art. 149 i n. Konwencji Genewskiej zażalenie do Polskiego Urzędu Spraw Mniejszości w Katowicach. Urząd Spraw Mniejszości przekazał zażalenie dnia 12 grudnia 1933 wraz z uwagami w myśl art. 152 Kon-

rechtsgültig ist oder ob er mit Erfolg wegen der behaupteten widerrechtlichen Drohung angefochten werden kann. Die Beurteilung solcher Rechtsstreitigkeiten liegt außerhalb des Rahmens des Art. 149 der Genfer Konvention.

Der Präsident der Gemischten Kommission ist gemäß Art. 149 der Genfer Konvention zuständig zur Prüfung der Frage, ob eine Anordnung einer Verwaltungsbehörde, die den Weisungen ihrer vorgesetzten Instanzen zu folgen hat, irgend eine Bestimmung der Genfer Konvention verletze. Den administrativen Anordnungen staatlicher Behörden sind die administrativen Anordnungen der Organe öffentlich-rechtlicher Institutionen, soweit das Merkmal der Unterwerfung unter die staatliche Befehlsgewalt erfüllt ist, gleichzustellen. (Siehe Stellungnahme Nr. 82 in der Beschwerdesache Nr. 307 vom 30. Juni 1929 betr. Verletzung des Genfer Abkommens durch die Spółka Bracka.) Im vorliegenden Fall handelt es sich aber nicht um eine administrative Anordnung der Spółka Bracka im Sinne von Art. 149, sondern um einen Dienstvertrag, der durch den beiderseitigen Willen der Spółka Bracka und ihres Beamten Philipp Dzimek zu Stande gekommen ist. Dieser zweiseitige Dienstvertrag regelt in bindender Weise die Ansprüche des Dienstgebers und des Dienstnehmers, und Streitigkeiten über dessen Gültigkeit und Umfang gehören vor das Forum des zuständigen Gerichtes.

Nach stattgehabter Beratung im Schoße der Gemischten Kommission gelangt der Präsident der Gemischten Kommission, gestützt auf die vorstehenden Erwägungen, zur

Stellungnahme

Die Beschwerde wird wegen Inkompetenz abgewiesen.

107

Stellungnahme

vom 30. Januar 1935 in der Sache Nr. 1377 des Arthur Groeger, Tarnowskie-Góry (Polnisch-Oberschlesien), Beschwerdeführer, betreffend unterschiedliche Behandlung durch die Spółka Bracka.

I

Am 18. Oktober 1933 (act. 3) erhob der Beschwerdeführer gemäß Art. 149 ff. der Genfer Konvention Beschwerde beim Polnischen Minderheitsamt in Katowice. Das Minderheitsamt überwies die Beschwerde am 12. Dezember 1933 mit seinen Bemerkungen im Sinne von Art. 152

wencji Genewskiej Prezydentowi Komisji Mieszanej (akt 1, 2, 5, 6). Następnie odbyła się wymiana pism, przewidziana w regulaminie postępowania Komisji Mieszanej. Dnia 27 lipca 1934 odbyły się obrady w łonie Komisji Mieszanej.

Podstawę zażalenia tworzy następujący stan faktyczny:

Dnia 1 sierpnia 1911 roku wstąpił żalący się do służby Spółki Brackiej, „Oberschlesischer Knappschaftsverein". Dnia 1 stycznia 1923 został mianowany nadsekretarzem (umowa służbowa z dnia 31 października 1923 — akt 4).

Z końcem marca 1927 Spółka Bracka przedłożyła swym urzędnikom do podpisania nowe umowy służbowe, których podstawę tworzyła taryfa wielkiego przemysłu i pragmatyka służbowa urzędników i pracowników biurowych Spółki Brackiej z dnia 26 marca 1927. Nastąpiło nowe uregulowanie poborów z mocą obowiązującą wstecz od dnia 1 stycznia 1927.

Podpisując dnia 28 marca 1927 nową umowę służbową, żalący się zgodził się wyraźnie z jej treścią i został w myśl niej zaliczony co do poborów do kategorii D (akt 4 c).

W niniejszym postępowaniu żalący się zajmuje stanowisko, że zaliczenie go do kategorii D nie odpowiadało jego stanowisku i wykonywanym przezeń czynnościom, że chodzi natomiast o nierówne traktowanie go jako członka mniejszości. Na dowód tego twierdzenia żalący się przytacza, powołując się przy tym na różne pisma Spółki Brackiej z miesięcy kwietnia-maja 1927 roku, że zakład ten odnosił się wrogo do mniejszości niemieckiej. Do przyjęcia przytoczonej umowy zmuszony został uchwałą Zarządu z dnia 26 marca 1927, która m. in. postanawiała: „Urzędnikom, którzy nie przyjmą nowej umowy służbowej do dnia 28 marca 1927, należy wypłacić odszkodowanie za drugie półrocze 1926 tylko w wysokości 15%, dodatek drożyźniany zaś należy im obniżyć z 30% na 10%."

Według wywodów żalącego się złożył on w sprawie umowy służbowej z dnia 28 marca 1927 pisemny protest na ręce Rady Zakładowej. Następnie żalący się wskazuje na to, że kilkakrotnie zwracał uwagę Spółki Brackiej na nielegalność jej postępowania i że pismem z dnia 6 lutego 1930 wręczył jej również wykaz strat, jakie poniósł od dnia 1 lipca 1926. W następstwie tego Spółka Bracka zaszeregowała go do kategorii E z ważnością od 1 stycznia 1931. Odszkodowania za poniesioną stratę jednak nie otrzymał.

der Genfer Konvention an den Präsidenten der Gemischten Kommission (act. 1, 2, 5, 6). Es fand hierauf der in der Verfahrensordnung der Gemischten Kommission vorgesehene Schriftenwechsel statt. Am 27. Juli 1934 fanden im Schoße der Gemischten Kommission die Beratungen statt.

Der Beschwerde liegt folgender Tatbestand zu Grunde:

Der Beschwerdeführer ist am 1. August 1911 in den Dienst der Spółka Bracka, des »Oberschlesischen Knappschaftsvereins«, eingetreten. Am 1. Januar 1923 wurde er zum Obersekretär ernannt (Dienstvertrag vom 31. Oktober 1923 — act. 4).

Ende März 1927 hat die Spółka Bracka den Beamten neue Dienstverträge zur Unterzeichnung vorgelegt, die zur Grundlage den Tarif der Großindustrie und die Dienstpragmatik für die Beamten und Bürogehilfen der Spółka Bracka vom 26. März 1927 nahmen. Die Gehälter wurden rückwirkend auf den 1. Januar 1927 neu geregelt.

Der Beschwerdeführer hat am 28. März 1927 durch seine Unterschrift ausdrücklich sein Einverständnis mit dem Inhalt des neuen Dienstvertrages erklärt, der ihn hinsichtlich Gehaltsregelung in die Kategorie D einteilte (act. 4 c).

Im vorliegenden Verfahren vertritt der Beschwerdeführer den Standpunkt, daß die Zuteilung in die Kategorie D nicht seinem Rang und seiner Tätigkeit entsprochen habe, sondern vielmehr eine unterschiedliche Behandlung seiner Person als Minderheitsangehörigen darstelle. Zum Beweise hierfür machte er, unter Berufung auf verschiedene Schreiben der Spółka Bracka aus den Monaten April-Mai 1927 geltend, daß diese Anstalt feindlich gegen die deutsche Minderheit eingestellt gewesen sei. Zur Annahme obigen Dienstvertrages sei er durch den Vorstandsbeschluß vom 26. März 1927 gezwungen worden, der u. a. bestimmt habe: »Denjenigen Beamten, welche den Vertrag bis zum 28. März 1927 nicht unnehmen, ist die Nachzahlung des II. Halbjahres 1926 nur in Höhe von 15% zu zahlen und der Teuerungszuschlag ist von 30% auf 10% zu ermässigen.«

Nach den Ausführungen des Beschwerdeführers hat er bezüglich des Vertrages vom 28. März 1927 schriftlichen Protest zu Händen des Betriebsrates erhoben. Sodann weist der Beschwerdeführer daraufhin, daß er der Spółka Bracka wiederholt die Ungesetzmäßigkeit ihrer Handlungsweise mitgeteilt und ihr auch mit Schreiben vom 6. Februar 1930 eine Aufstellung der ihm seit dem 1. Juli 1926 erwachsenen Schaden überreicht habe. Die Spółka Bracka habe ihn in der Folge mit Wirkung vom 1. Januar 1931 in die Kategorie E eingruppiert. Der entstandene Schaden sei ihm aber nicht vergütet worden.

Załący się zajmuje stanowisko, że umowa służbowa, która doszła do skutku pod bezprawną groźbą i którą go zaliczono do kategorii D, prawnie nie obowiązuje, lecz że mu przysługują pobory kategorii E. Niniejszym zażaleniem domaga się wypłaty różnicy poborów za czas od 1 lipca 1926 do 31 maja 1933, mianowicie sumy 3791,81 złotych.

II

Roszczenie prawne żałącego się o wypłatę 3791,81 zł zależy od tego, czy umowa służbowa z dnia 28 marca 1927 jest prawomocna, lub czy może być skutecznie zaczepiona z uwagi na bezprawną groźbę, jaką miano stosować przy jej zawieraniu. Ocena tego rodzaju sporów prawnych nie wchodzi w ramy art. 149 Konwencji Genewskiej.

Prezydent Komisji Mieszanej właściwy jest w myśl art. 149 Konwencji Genewskiej do badania kwestii, czy zarządzenie jakiejś władzy administracyjnej, która winna przestrzegać wskazówek przełożonych instancyj, narusza jakieś postanowienie Konwencji Genewskiej. Z zarządzeniami administracyjnymi władz państwowych należy postawić na równi zarządzenia administracyjne organów instytucyj o charakterze publiczno-prawnym, o ile zachodzą znamiona podlegania państwowej władzy zwierzchniej. (Zobacz pogląd nr 82 w sprawie nr 307 z dnia 30 czerwca 1929, dotyczącej naruszenia Konwencji Genewskiej przez Spółkę Bracką.) W niniejszym przypadku nie chodzi jednak o zarządzenie administracyjne Spółki Brackiej w myśl art. 149, lecz o umowę służbową, która doszła do skutku przez obustronną wolę Spółki Brackiej i jej urzędnika Artura Groegera. Ta obustronna umowa służbowa reguluje w sposób wiążący roszczenia pracodawcy i pracobiorcy i spory co do jej ważności i zasięgu należą przed forum właściwego sądu.

Po naradzie w łonie Komisji Mieszanej Prezydent Komisji Mieszanej na podstawie powyższych rozważań dochodzi do

poglądu:

Zażalenie oddala się z powodu niewłaściwości.

Der Beschwerdeführer vertritt den Standpunkt, daß der unter widerrechtlicher Drohung zustandegekommene Dienstvertrag, durch den er in die Kategorie D eingeteilt worden sei, nicht zu Recht bestehe, sondern daß ihm die Gehaltsbezüge nach Kategorie E zuständen. Mit vorliegender Beschwerde verlangt er den Unterschiedsbetrag an Gehalt für die Zeit vom 1. Juli 1926 bis 31. Mai 1933, nämlich 3791,81 Zł.

II

Das Rechtsbegehren des Beschwerdeführers auf Bezahlung von Zł. 3791,81 hängt davon ab, ob der Dienstvertrag vom 28. März 1927 rechtsgültig ist oder ob er mit Erfolg wegen der behaupteten widerrechtlichen Drohung angefochten werden kann. Die Beurteilung solcher Rechtsstreitigkeiten liegt außerhalb des Rahmens des Art. 149 der Genfer Konvention.

Der Präsident der Gemischten Kommission ist gemäß Art. 149 der Genfer Konvention zuständig zur Prüfung der Frage, ob eine Anordnung einer Verwaltungsbehörde, die den Weisungen ihrer vorgesetzten Instanzen zu folgen hat, irgend eine Bestimmung der Genfer Konvention verletze. Den administrativen Anordnungen staatlicher Behörden sind die administrativen Anordnungen der Organe öffentlich-rechtlicher Institutionen, soweit das Merkmal der Unterwerfung unter die staatliche Befehlsgewalt erfüllt ist, gleichzustellen. (Siehe Stellungnahme Nr. 82 in der Beschwerdesache Nr. 307 von 30. Juni 1929 betr. Verletzung des Genfer Abkommens durch die Spółka Bracka.) Im vorliegenden Fall handelt es sich aber nicht um eine administrative Anordnung der Spółka Bracka im Sinne von Art. 149, sondern um einen Dienstvertrag, der durch den beiderseitigen Willen der Spółka Bracka und ihres Beamten Arthur Groeger zu Stande gekommen ist. Dieser zweiseitige Dienstvertrag regelt in bindender Weise die Ansprüche des Dienstgebers und des Dienstnehmers, und Streitigkeiten über dessen Gültigkeit und Umfang gehören vor das Forum des zuständigen Gerichtes.

Nach stattgehabter Beratung im Schoße der Gemischten Kommission gelangt der Präsident der Gemischten Kommission, gestützt auf die vorstehenden Erwägungen, zur

Stellungnahme:

Die Beschwerde wird wegen Inkompetenz abgewiesen.

108

Pogląd

z dnia 6 czerwca 1935 w sprawie nr 1458 asesora sądowego Adolfa Weisslera z Peiskretscham (Górny Śląsk Niemiecki), dotyczącej przeniesienia żalącego się w stan spoczynku.

I

1. Dnia 17 stycznia 1934 wniósł zaliczający się do mniejszości żydowskiej asesor sądowy Adolf Weissler w myśl art. 149 i n. Konwencji Genewskiej zażalenie do Niemieckiego Urzędu Spraw Mniejszości w Opolu. Powołując się na artykuły 65, 67, 68, 73, 75, 77 i 80 Konwencji Genewskiej, żalący się wnosi w tym zażaleniu o uchylenie zarządzonego przez Pruskiego Ministra Sprawiedliwości dnia 18 XI 1933 przeniesienia go w stan spoczynku, o dalsze zatrudnienie go i przyznanie mu odszkodowania za utracony zarobek. Powyższe zażalenie przekazane zostało Prezydentowi Komisji Mieszanej dnia 7 marca 1934 (akt 1 i 2). W toku wymiany pism procesowych oraz na rozprawie ustnej z dnia 15 listopada 1934 strony miały sposobność do przedstawienia argumentów prawnych i faktycznych.

2. Żalący się wywodzi, że przeniesienie go w stan spoczynku nastąpiło wskutek jego przynależności do mniejszości żydowskiej. W odpowiedzi na to Urząd Spraw Mniejszości ogranicza się do wysunięcia zarzutu, że żalący się w chwili przeniesienia go w stan spoczynku nie miał zamieszkania na obszarze plebiscytowym, wobec czego nie jest legitymowany do występowania przed forum Prezydenta Komisji Mieszanej w charakterze żalącego się.

I

1. W myśl Konwencji Genewskiej oraz stałej praktyki właściwość Prezydenta Komisji Mieszanej ogranicza się do spraw obszaru plebiscytowego. Z art. 150 ust. 1 Konwencji Genewskiej wynika, że zażalenia mniejszościowe zasadniczo dopuszczalne są tylko przeciwko władzom administracyjnym obszaru plebiscytowego. W myśl ust. 1 lit. d na równi z władzami administracyjnymi, które mają siedzibę na obszarze plebiscytowym, traktuje się władze administracyjne, które mają siedzibę poza obszarem plebiscytowym, jeżeli i o ile właściwe są dla spraw obszaru plebiscytowego w pierwszej instancji. Lecz i przeciwko tym władzom wnieść można zażalenie tylko wtenczas, jeżeli chodzi o sprawę, która należy do terytorium obszaru plebiscytowego.

108

Stellungnahme

vom 6. Juni 1935 in der Sache Nr. 1458 des Gerichtsassessors Adolf Weißler, Peiskretscham (Deutsch-Oberschlesien), betreffend die Versetzung des Beschwerdeführers in den Ruhestand.

I

1. Am 17. Januar 1934 reichte der jüdische Minderheitsangehörige Gerichtsassessor Adolf Weißler beim deutschen Minderheitsamt in Oppeln eine Beschwerde im Sinne von Art. 149 ff. der Genfer Konvention ein, in welcher er unter Berufung auf die Art. 65, 67, 68, 73, 75, 77 und 80 der Genfer Konvention beantragte, seine am 18. November 1933 durch das Preußische Justizministerium verfügte Versetzung in den Ruhestand rückgängig zu machen, ihn weiter zu beschäftigen und für den entstandenen Verdienstausfall zu entschädigen. Diese Beschwerde wurde am 7. März 1934 dem Präsidenten der Gemischten Kommission überwiesen (act. 1 und 2). In dem anschließenden Schriftenwechsel sowie in den mündlichen Verhandlungen vom 15. November 1934 hatten die Parteien Gelegenheit, ihre rechtlichen und tatsächlichen Argumente vorzutragen.

2. Der Beschwerdeführer macht geltend, er sei wegen seiner Zugehörigkeit zur jüdischen Minderheit in den Ruhestand versetzt worden; das Minderheitsamt beschränkt sich darauf einzuwenden, daß der Beschwerdeführer im Zeitpunkt seiner Versetzung in den Ruhestand keinen Wohnsitz im Abstimmungsgebiet hatte und deshalb nicht legitimiert sei, vor dem Forum des Präsidenten der Gemischten Kommission als Beschwerdeführer aufzutreten.

I

1. Gemäß der Genfer Konvention und gemäß ständiger Praxis ist die Zuständigkeit des Präsidenten der Gemischten Kommission auf Angelegenheiten des Abstimmungsgebietes beschränkt. Aus Art. 150 Absatz 1 der Genfer Konvention ergibt sich, daß Minderheitsbeschwerden grundsätzlich nur gegen Verwaltungsbehörden des Abstimmungsgebietes zulässig sind. Den Verwaltungsbehörden, die den Sitz im Abstimmungsgebiet haben, werden gemäß Abs. 1 Lit. b gleichgestellt Verwaltungsbehörden, die ihren Sitz außerhalb des Abstimmungsgebietes haben, wenn und sofern sie in erster Instanz für Angelegenheiten des Abstimmungsgebietes zuständig sind. Aber auch gegen diese Behörden kann eine Beschwerde nur dann erhoben werden, wenn es sich um eine Angelegenheit handelt die dem Territorium des Abstimmungsgebietes angehört.

2. Przedmiotem niniejszego zażalenia jest zarządzone dnia 18 listopada 1933 przez Pruskiego Ministra Sprawiedliwości w Berlinie przeniesienie w stan spoczynku asesora sądowego Adolfa Weisslera, który przydzielony był do Sądu Grodzkiego w Wrocławiu. Żałący się, który wniósł był podanie o przydzielenie go do jednego z sądów wrocławskich, został stosownie do tego podania przydzielony dnia 9 lipca 1929 do Sądu Grodzkiego w Wrocławiu jako sądu macierzystego. Wskutek mianowania go asesorem Sądu Grodzkiego w Wrocławiu żałący się stał się organem tego sądu. Ponieważ sąd ten jest władzą znajdującą się poza obszarem plebiscytowym, przeto zwolnienie żałącego się z zajmowanego przezeń u tej władzy urzędu nie może być uważane za sprawę obszaru plebiscytowego.

Powyższy stan prawny nie zmienił się przez to, że żałącemu się w czasie trwania jego przydziału do Sądu Grodzkiego w Wrocławiu powierzono w myśl § 4 pruskiej ustawy wykonawczej do ustawy o ustroju sądownictwa z dnia 24 IV 1878 (zb. ustaw 1878, str. 230) kilkakrotnie (16 razy) administrację stanowisk sędziowskich w zamiejscowych Sądach Grodzkich (tzw. zlecenia). Że żałący się należał nadal do Sądu Grodzkiego w Wrocławiu, wynika z § 4 ust. 2 l. c. przytoczonej ustawy, który wyraźnie postanawia, że asesorzy sądowi po ukończeniu tego rodzaju zlecenia wstępują z powrotem do tego sądu lub tej prokuratury, dokąd byli przydzieleni przed otrzymaniem zlecenia.

Ten stosunek pomiędzy żałącym się a Sądem Grodzkim w Wrocławiu nie został też zerwany przez okoliczność, że żałący się w chwili przeniesienia go w stan spoczynku był zurlopowany. Żałący się otrzymał urlop na czas nieograniczony na swą wyraźną prośbę (akt 10). Wskutek tego urlopu stosunek prawny pomiędzy żałącym się a Sądem Grodzkim w Wrocławiu nie został rozwiązany. Ponieważ żałący się należał zatem do władzy znajdującej się poza obszarem plebiscytowym, przeto przeniesienie go w stan spoczynku nie może być uważane za sprawę obszaru plebiscytowego i Prezydent nie może zatem przystąpić do rozpatrywania zażalenia. Wobec takiego stanu prawnego nie potrzeba rozpatrywać innych stanowisk prawnych, wysuniętych w toku postępowania, a w szczególności zbyteczne jest wobec tych okoliczności rozpatrywanie wysuniętej przez Urząd Spraw Mniejszości kwestii zamieszkania żałącego się.

Po naradzie w łonie Komisji Mieszanej Prezydent Komisji Mieszanej na podstawie powyższych rozważań dochodzi do

2. Gegenstand der vorliegenden Beschwerde ist die Versetzung in den Ruhestand des dem Amtsgericht in Breslau zugeteilten Gerichtsassessors Adolf Weißler, die am 18. November 1933 durch das Preußische Justizministerium in Berlin verfügt wurde. Der Beschwerdeführer, welcher das Gesuch gestellt hatte, einem Breslauer Gericht zugeteilt zu werden, wurde entsprechend diesem Ersuchen am 9. Juli 1929 dem Amtsgericht in Breslau als Stammgericht zugeteilt. Durch die Ernennung zum Assessor des Amtsgerichts in Breslau wurde der Beschwerdeführer zu einem Organ dieses Gerichts. Da dieses aber eine Behörde außerhalb des Abstimmungsgebietes ist, kann die Aufhebung des Amtes, das der Beschwerdeführer bei ihr innehatte, nicht als Angelegenheit des Abstimmungsgebietes betrachtet werden.

Diese Rechtslage erfuhr keine Änderung dadurch, daß der Beschwerdeführer während der Dauer seiner Zuteilung zum Amtsgericht Breslau gemäß § 4 des Preußischen Ausführungsgesetzes zum Gerichtsverfassungsgesetz vom 24. IV. 1878 (G. S. 1878 S. 230) wiederholt (16 Mal) mit der Verwaltung von Richterstellen bei auswärtigen Amtsgerichten (sg. Kommissorien) betraut wurde. Daß er nach wie vor dem Amtsgericht Breslau angehörte, geht aus § 4 Absatz 2 l. c hervor, der ausdrücklich bestimmt, daß die Gerichtsassessoren nach Beendigung eines solchen Auftrages bei demjenigen Gerichte oder derjenigen Staatsanwaltschaft, wohin sie vor dem erhaltenen Auftrag überwiesen waren, wieder eintreten.

Auch der Umstand, daß der Beschwerdeführer im Augenblick seiner Versetzung in den Ruhestand beurlaubt war, hob die Verbindung des Beschwerdeführers mit dem Amtsgericht Breslau nicht auf. Die Beurlaubung des Beschwerdeführers erfolgte auf Grund seiner ausdrücklichen Gesuche (act. 10) auf unbeschränkte Zeit. Diese Beurlaubung hat das zwischen dem Beschwerdeführer und dem Amtsgericht Breslau bestehende Rechtsverhältnis nicht aufgehoben. Da der Beschwerdeführer somit einer Behörde außerhalb des Abstimmungsgebietes angehörte, kann seine Versetzung in den Ruhestand nicht als eine Angelegenheit des Abstimmungsgebietes angesehen werden und der Präsident kann daher auf die Beschwerde nicht eintreten. Angesichts dieser Rechtslage brauchen die sonstigen im Laufe des Verfahrens vorgebrachten rechtlichen Gesichtspunkte nicht erörtert werden, insbesondere erübrigt es sich unter diesen Umständen, auf die vom Minderheitsamt aufgeworfene Frage des Wohnsitzes des Beschwerdeführers einzutreten.

Nach stattgehabter Beratung im Schoße der Gemischten Kommission gelangt der Präsident der Gemischten Kommission, gestützt auf die vorstehenden Erwägungen, zur

p o g l ą d u:

Zażalenia Adolfa Weisslera nie rozpatruje się dla braku właściwości.

109

P o g l ą d

z dnia 9 lipca 1935 w sprawie nr 1533 adwokata Gustawa Simona z Wrocławia (Śląsk Niemiecki), zamieszkałego obecnie w Piotrowicach (Górny Śląsk Polski), dotyczącej naruszenia jego stosunków osobistych.

I

Dnia 13 września 1933 wniósł adwokat Gustaw Simon z Wrocławia w myśl art. 147 Konwencji Genewskiej podanie do Rady Ligi Narodów (akt 2). Na posiedzeniu z dnia 15 stycznia 1934 Rada Ligi Narodów przekazała powyższe podanie w myśl al. 4 części B, 2 umowy paryskiej z dnia 6 kwietnia 1929 do procedury lokalnej, przewidzianej w art. 149 Konwencji Genewskiej (Journal Officiel ex 1934 Nr. 2, str. 103 — akt 2 a). Urząd Spraw Mniejszości przesłał to podanie wraz z uwagami dnia 25 kwietnia 1934 Prezydentowi Komisji Mieszanej dla Górnego Śląska (akt 1). W toku wymiany pism procesowych oraz na rozprawie ustnej stronom dano sposobność do przedstawienia wywodów ustnie i pisemnie.

II

1. Żalący się Simon był od roku 1913 adwokatem w Wrocławiu. Na podstawie ustawy z dnia 7 kwietnia 1933 o przywróceniu zawodowego stanu urzędniczego odebrano mu dnia 12 czerwca 1933 uprawnienie do wykonywania w Wrocławiu zawodu adwokackiego z powodu przynależności do partii komunistycznej i działalności komunistycznej. Po zakomunikowaniu Simonowi tego zarządzenia dnia 14 czerwca 1933 odmeldował się on dnia 16 czerwca 1933 w Wrocławiu i udał do Bytomia, gdzie dnia 17 czerwca 1933 zameldował się policyjnie i wynajął pokój umeblowany. Dnia 18 VI 1933 przedstawił z Bytomia wniosek o dopuszczenie go jako adwokata w Raciborzu, po czym powrócił do Wrocławia, gdzie, pominąwszy krótki pobyt w Bytomiu pomiędzy 23 a 26 czerwca 1933, przebywał. Dnia 4 lipca 1933 został Simon w Wrocławiu aresztowany i przetrzymany w aresz-

Stellungnahme:

Auf die Beschwerde des Adolf Weißler wird wegen Unzuständigkeit nicht eingetreten.

109

Stellungnahme

vom 9. Juli 1935 in der Sache Nr. 1533 des Rechtsanwalts Gustav Simon aus Breslau (Deutsch-Schlesien), z. Zt. Piotrowice (Polnisch-Oberschlesien), betreffend Verletzung seiner persönlichen Verhältnisse.

I

Am 13. September 1933 richtete der Rechtsanwalt Gustav Simon aus Breslau eine Eingabe im Sinne von Art. 147 der Genfer Konvention an den Völkerbundsrat (act. 2). In seiner Sitzung vom 15. Januar 1934 überwies der Völkerbundsrat auf Grund von Al. 4 des Teils B, 2 des Pariser Abkommens vom 6. April 1929 diese Eingabe an das im Art. 149 der Genfer Konvention vorgesehene Lokalverfahren (Journal Officiel ex 1934 Nr. 2 p. 103 — act. 2 a). Das Minderheitsamt übersandte diese Eingabe am 25. April 1934 mit seinen Bemerkungen an den Präsidenten der Gemischten Kommission für Oberschlesien (act. 1). In dem Schriftenwechsel und in den mündlichen Verhandlungen wurde den Parteien Gelegenheit gegeben, ihre Anbringen schriftlich und mündlich vorzutragen.

II

1. Der Beschwerdeführer Simon war seit 1913 Rechtsanwalt in Breslau. Am 12. Juni 1933 wurde ihm auf Grund des Gesetzes vom 7. April 1933 betreffend Wiederherstellung des Berufsbeamtentums wegen Zugehörigkeit zur kommunistischen Partei und kommunistischer Betätigung die Befugnis entzogen, in Breslau den Beruf als Rechtsanwalt auszuüben. Nach Eröffnung dieser Maßnahme am 14. Juni 1933 meldete sich Simon am 16. Juni 1933 in Breslau ab und begab sich nach Beuthen, wo er am 17. Juni 1933 sich polizeilich meldete und ein möbliertes Zimmer mietete. Am 18. VI. 1933 stellte er von Beuthen aus den Antrag, ihn als Rechtsanwalt in Ratibor zuzulassen. Darauf kehrte er nach Breslau zurück, wo er sich, von einem kurzen Aufenthalt in Beuthen zwischen dem 23. und 26. Juni 1933 abgesehen, aufhielt. Am 4. Juli 1933 wurde Simon in Breslau verhaftet und bis 2. August 1933 in Schutz-

cie ochronnym do dnia 2 sierpnia 1933. Po wypuszczeniu na wolność udał się do Czechosłowacji, stąd na Polski Górny Śląsk, gdzie dotychczas przebywa. Podczas pobytu w areszcie, tj. dnia 9 lipca 1933 wycofał Simon podanie o dopuszczenie do adwokatury w Raciborzu. Uczynił to, jak podaje, z tego powodu, „aby go zwolniono z aresztu ochronnego oraz pod naciskiem aresztu". Z uwagi na powyższe wycofanie podania nie rozstrzygnięto wcale wniosku o dopuszczenie do adwokatury w Raciborzu.

2. Według wywodów żalącego się przedmiotem zażalenia nie jest ani skreślenie go z listy adwokackiej w Wrocławiu ani kwestia, czy winien być dopuszczony do adwokatury w Raciborzu, lecz fakt aresztowania go w Wrocławiu i przetrzymania w areszcie. Żalący się wnosi, bez bliższego uzasadnienia prawnego i faktycznego,

a) o wypłacenie mu przez Rzeszę Niemiecką i Państwo Pruskie jednorazowego odszkodowania w wysokości 1,000.000 frs. franc. lub rocznej dożywotniej renty w wysokości 100.000 frs. franc., oraz

b) o stwierdzenie, że zachodzi naruszenie polsko-niemieckiej Konwencji w sprawie Górnego Śląska z dnia 15 maja 1922.

Urząd Spraw Mniejszości podnosi zarzut, że aresztowanie żalącego się nie nastąpiło na terytorium plebiscytowym, że nie zostało ono uskutecznione ani przez władze ani przez urzędników z obszaru plebiscytowego oraz, że nie można uważać Simona za mieszkańca obszaru plebiscytowego w myśl Konwencji Genewskiej.

3. Stosowanie Konwencji Genewskiej jest ograniczone do obszaru plebiscytowego. W myśl stałej praktyki Prezydenta Komisji Mieszanej nie jest on właściwy odnośnie działań i zajść, które zaszły poza terenem plebiscytowym. Tymczasem na podstawie akt jest ustalone, że Simona aresztowano i przetrzymano w areszcie poza terenem plebiscytowym. Nakaz aresztowania został wydany i wykonany przez władze znajdujące się poza terenem plebiscytowym. Z tego wynika niewłaściwość Prezydenta Komisji Mieszanej.

Po naradzie w łonie Komisji Mieszanej Prezydent Komisji Mieszanej na podstawie powyższych rozważań dochodzi do

p o g l ą d u:

Powyższego zażalenia w myśl rozważań nie rozpatruje się.

haft gehalten. Nach seiner Freilassung begab sich Simon in die Tschecho-Slovakei und von dort nach Polnisch-Oberschlesien, wo er sich bis heute aufhält. Während seiner Haft, d. h. am 9. Juli 1933 zog Simon sein Gesuch um Zulassung zur Rechtsanwaltschaft in Ratibor zurück, wie er angibt »um aus der Schutzhaft entlassen zu werden und unter dem Drucke der Haft«. Mit Rücksicht auf diesen Rückzug ist über den Antrag auf Zulassung zur Rechtsanwaltschaft in Ratibor nicht entschieden worden.

2. Gemäß den Ausführungen des Beschwerdeführers ist nicht seine Streichung als Anwalt in Breslau noch die Frage, ob er als Rechtsanwalt in Ratibor zuzulassen sei, Gegenstand der Beschwerde, sondern seine in Breslau erfolgte Verhaftung und Gefangenhaltung. Der Beschwerdeführer beantragt, ohne nähere rechtliche und tatsächliche Begründung:

a) Zahlung einer einmaligen Entschädigung von 1,000.000 franz. Franken oder einer jährlichen Rente in Höhe von 100.000 franz. Franken bis zum Lebensende durch das Deutsche Reich und den Freistaat Preußen, sowie

b) Feststellung, daß eine Verletzung des deutsch-polnischen Abkommens betr. Oberschlesien vom 15. Mai 1922 vorliegt.

Das Minderheitsamt wendet ein, daß der Beschwerdeführer nicht im Abstimmungsgebiet und nicht durch Behörden und Beamte aus dem Abstimmungsgebiet verhaftet worden ist sowie, daß er nicht als Einwohner des Abstimmungsgebietes im Sinne der Genfer Konvention angesehen werden kann.

3. Die Anwendung der Genfer Konvention ist auf das Abstimmungsgebiet beschränkt. Gemäß ständiger Praxis des Präsidenten der Gemischten Kommission ist dieser nicht zuständig in Bezug auf Handlungen und Vorfälle, die außerhalb des Abstimmungsgebietes sich zutrugen. Nun steht auf Grund der Akten fest, daß Simon außerhalb des Abstimmungsgebietes verhaftet und gefangen gehalten wurde. Der Haftbefehl wurde von Behörden außerhalb des Abstimmunggebietes erlassen und ausgeführt. Hieraus ergibt sich die Unzuständigkeit des Präsidenten der Gemischten Kommission.

Nach stattgehabter Beratung im Schoße der Gemischten Kommission gelangt der Präsident der Gemischten Kommission, gestützt auf die vorstehenden Erwägungen, zur

Stellungnahme:

Auf die vorliegende Beschwerde wird im Sinne der Erwägungen nicht eingetreten.

110

Pogląd

z dnia 30 lipca 1935 1. w sprawie nr 1455 Henryka Widery i towarzyszy, żalących się, zastąpionych przez Niemiecki Związek Ludowy w Katowicach, i 2. w sprawie nr 1537 Jana Reichego, żalącego się, dotyczących zwolnienia ze służby w Zarządzie Warsztatów Huty Królewskiej (Górny Śląsk Polski).

I

Dnia 27 grudnia 1933 (akt 5) wniósł Niemiecki Związek Ludowy w myśl art. 149 i n. Konwencji Genewskiej imieniem i z pełnomocnictwa:

Henryka Widery,
Hermana Schwedy,
Jana Zielińskiego,
Wilhelma Pietrka,
Rajmunda Boenischa oraz
Ryszarda Krzywona

zażalenie do Polskiego Urzędu Spraw Mniejszości w Katowicach. Urząd Spraw Mniejszości przekazał powyższe zażalenie dnia 24 lutego 1934 (akt 2) wraz z uwagami w myśl art. 152 Konwencji Genewskiej (akt 3 i 4) Prezydentowi Komisji Mieszanej. Następnie odbyła się wymiana pism, przewidziana w regulaminie postępowania Komisji Mieszanej.

Z zażaleniem tym połączono zażalenie Jana Reichego (zażalenie nr 1537), które tenże wniósł w imieniu własnym. Połączenie tych zażaleń nastąpiło z tego powodu, że dotyczą one tego samego stanu faktycznego.

Wszyscy żalący się zaliczają się do mniejszości niemieckiej.

Dnia 12 lipca 1934 odbyła się pierwsza rozprawa ustna, w następstwie której Prezydent Komisji Mieszanej zarządził uzupełnienie akt i przesłuchy świadków. Na wniosek Kierownika Urzędu Spraw Mniejszości z okazji rozprawy ustnej z dnia 17 listopada 1934 postępowanie dowodowe rozszerzono. W dniach 30 listopada, 3 i 4 grudnia 1934, 15 stycznia, 22 lutego i 4 maja 1935 odbyły się dalsze przesłuchy świadków. W związku z rozprawą z dnia 4 maja 1935 strony miały sposobność zająć stanowisko do wyniku postępowania dowodowego.

110

Stellungnahme

vom 30. Juli 1935 1. in der Sache Nr. 1455 des Heinrich Widera und Genossen, Beschwerdeführer, vertreten durch den Deutschen Volksbund in Katowice, und 2. in der Sache Nr. 1537 des Johann Reiche, Beschwerdeführer, betreffend Entlassung aus dem Dienst der Werkstättenverwaltung der Königshütte (Polnisch-Oberschlesien).

I

Am 27. Dezember 1933 (act. 5) erhob der Deutsche Volksbund namens und in Vollmacht

des Heinrich Widera,
" Hermann Schweda,
" Johann Zieliński,
" Wilhelm Pietrek,
" Raimund Boenisch,
" Richard Krzywon

im Sinne von Art. 149 ff. der Genfer Konvention Beschwerde beim Polnischen Minderheitsamt in Katowice. Das Minderheitsamt überwies am 24. Februar 1934 (act. 2) die Beschwerde mit seinen Bemerkungen im Sinne von Art. 152 der Genfer Konvention an den Präsidenten der Gemischten Kommission (act. 3 und 4). Es fand hierauf der in der Verfahrensordnung der Gemischten Kommission vorgesehene Schriftenwechsel statt.

Mit dieser Beschwerde wurde die Beschwerde des Johann Reiche (Beschwerdesache Nr. 1537), die er im eigenen Namen eingereicht hat, vereinigt, da sie denselben Tatbestand betrifft.

Sämtliche Beschwerdeführer gehören der deutschen Minderheit an.

Am 12. Juli 1934 fanden erstmalig mündliche Verhandlungen statt. Der Präsident der Gemischten Kommission ordnete in der Folge Ergänzung der Akten und Zeugeneinvernahmen an. Auf Antrag des Leiters des Minderheitsamtes anläßlich der mündlichen Verhandlungen vom 17. November 1934 wurde das Beweisverfahren erweitert. Am 30. November, 3. und 4. Dezember 1934, 15. Januar, 22. Februar und 4. Mai 1935 fanden weitere Zeugeneinvernahmen statt. Die Parteien hatten im Anschluß an die Verhandlungen vom 4. Mai 1935 Gelegenheit, sich zum Beweisergebnis auszusprechen.

Z powodu choroby jednego z świadków załatwienie niniejszego postępowania zażaleniowego znacznie się opóźniło.

II

Dnia 17 maja 1932 Zarząd Warsztatów Huty Królewskiej przedstawił w myśl § 12 rozporządzenia demobilizacyjnego Komisarzowi Demobilizacyjnemu wniosek o zwolnienie 28 imiennie wyszczególnionych urzędników (akt 158 b — lista zwolnień przedsiębiorstwa). Według tej listy o zwolnienie żałących się nie wniesiono.

Zwolnienia te omawiano na konferencjach z dnia 15 i 16 czerwca 1932, na które Komisarz Demobilizacyjny Seroka zaprosił przedstawicieli przedsiębiorstwa, Rady Urzędniczej i Związków Zawodowych. Przedsiębiorstwo reprezentowali dr Brill i dyrektor Ponndorf. Na pierwszej konferencji Komisarz Demobilizacyjny złożył oświadczenie, że nie przystępuje do rozpatrywania listy 28 zaproponowanych do zwolnienia urzędników, że chce natomiast wziąć za podstawę rokowań ogólny spis 164 urzędników. Na sprzeciw przedstawicieli Rady Urzędniczej i Związków Zawodowych Komisarz Demobilizacyjny odroczył konferencję na dzień następny i polecił przedsiębiorstwu, aby do tego czasu przedłożyło nową listę zwolnień. Przedsiębiorstwo nie mogło jednak następnego dnia przedłożyć nowej listy. Mimo to i mimo ponownych sprzeciwów przedstawicieli Rady Urzędniczej i niemieckich Związków Zawodowych Komisarz Demobilizacyjny przystąpił do rozpatrzenia listy wszystkich 164 urzędników, tzn. postąpił w ten sposób, jak gdyby przedsiębiorstwo poprosiło było o udzielenie zezwolenia na zwolnienie wszystkich 164 urzędników. Decyzję swą przesłał Komisarz Demobilizacyjny przedsiębiorstwu dnia 27 czerwca 1932 (akt 22, 23). Udzielił nią zezwolenia na zwolnienie 32 urzędników, których wybrał z ogólnego spisu. Pomiędzy zwolnionymi znajdowali się także żałący się. Podaniem z dnia 30 czerwca 1932 (akt 148—149) przedsiębiorstwo poprosiło Komisarza Demobilizacyjnego, powołując się na oświadczenie dyrektora Ponndorfa z okazji konferencji z dnia 16 czerwca 1932, aby cofnął żądanie zwolnienia 9 imiennie przytoczonych urzędników — pomiędzy którymi z wyjątkiem Krzywona i Zielińskiego znajdowali się także żałący się — ponieważ są oni niezbędni z uwagi na potrzeby ruchu. Komisarz Demobilizacyjny nie uwzględnił tej prośby. Dopiero w październiku 1932 Komisarz Demobilizacyjny rozważał ponowne zaangażowanie kilku z tych urzędników na warunkach, które przedsiębiorstwo określiło jako nie do przyjęcia.

Durch die Krankheit eines Zeugen wurde die Erledigung dieses Beschwerdeverfahrens wesentlich verzögert.

II

Am 17. Mai 1932 hat die Werkstättenverwaltung der Königshütte beim Demobilmachungskommissar im Sinne des § 12 der Demobilmachungsverordnung die Genehmigung zur Entlassung von 28 namentlich angeführten Angestellten beantragt (act. 158 b Entlassungsliste des Unternehmens). Gemäß dieser Liste war die Entlassung der Beschwerdeführer nicht beantragt.

Die Entlassungen kamen in Konferenzen am 15. und 16. Juni 1932 zur Sprache, zu denen der Demobilmachungskommissar Seroka die Vertreter des Unternehmens, des Angestelltenrates und der Gewerkschaften lud. Das Unternehmen war vertreten durch Dr. Brill und Direktor Ponndorf. In der ersten Konferenz gab der Demobilmachungskommissar die Erklärung ab, daß er auf die Liste der 28 zur Entlassung vorgeschlagenen Angestellten nicht eintrete, daß er vielmehr den Verhandlungen das Gesamtverzeichnis der 164 Angestellten zu Grunde legen wolle. Auf den Einspruch der Vertreter des Angestelltenrates und der Gewerkschaften hin verlegte er die Konferenz auf den folgenden Tag und gab dem Unternehmen auf, bis dahin eine neue Entlassungsliste vorzulegen. Das Unternehmen war aber am folgenden Tag nicht in der Lage, eine neue Entlassungsliste vorzulegen. Trotzdem und trotz neuerlichen Einsprüchen von Vertretern des Angestelltenrates und der deutschen Gewerkschaften trat der Demobilmachungskommissar in die Behandlung des Verzeichnisses aller 164 Angestellten ein, d. h. er ging so vor, als ob das Unternehmen die Genehmigung zur Entlassung sämtlicher 164 Angestellten nachgesucht hätte. Seine Entscheidung übersandte der Demobilmachungskommissar den Unternehmen am 27. Juni 1932 (act. 22, 23). Darin gab er die Zustimmung zur Entlassung von 32 Angestellten, die er aus dem Gesamtverzeichnis der Angestelltenschaft ausgewählt hatte. Unter diesen befanden sich auch die Beschwerdeführer. Mit Eingabe vom 30. Juni 1932 (act. 148, 149) ersuchte das Unternehmen unter Berufung auf die von Direktor Ponndorf anläßlich der Konferenz vom 16. Juni 1932 gemachten Erklärungen den Demobilmachungskommissar, die Forderung der Entlassung von 9 namentlich angeführten Angestellten — unter denen sich mit Ausnahme von Krzywon und Zieliński auch die Beschwerdeführer befanden — zurückzuziehen, da sie mit Rücksicht auf die Betriebsbedürfnisse unentbehrlich seien. Der Demobilmachungskommissar gab diesem Ersuchen keine Folge. Erst im Oktober 1932 zog der Demobilmachungskommissar die Wiedereinstellung einiger dieser Angestellten in

Zastępca żalących się wywodzi, że Komisarz Demobilizacyjny przekroczył swe uprawnienia, zarządzając samowolnie zwolnienie żalących się wbrew woli pracodawcy; poza tym Komisarz Demobilizacyjny nie zastosował w stosunku do żalących się § 13 rozporządzenia demobilizacyjnego.

W petitum zażalenia żalący się wnosi o stwierdzenie, że zarządzone przez Komisarza Demobilizacyjnego zwolnienie żalących się narusza art. 75 i 80 Konwencji Genewskiej. Wnosi się o:

a) pociągnięcie Komisarza Demobilizacyjnego do odpowiedzialności,

b) poczynienie kroków, aby żalących się przyjęto z powrotem do pracy,

c) wypłacenie żalącym się odszkodowania za utracony zarobek.

Urząd Spraw Mniejszości zaprzecza temu, że Komisarz Demobilizacyjny naruszył Konwencję Genewską.

III

Paragraf 12 rozporządzenia Ministra Pracy i Opieki Społecznej z dnia 15 lipca 1924 (cytowany w dalszych wywodach krótko jako § 12) o nadaniu nowego brzmienia rozporządzeniu o przyjmowaniu i wydalaniu robotników i pracowników podczas okresu demobilizacji gospodarczej brzmi w ujęciu rozporządzenia z dnia 30 kwietnia 1926 jak następuje:

„Wydalenia celem zmniejszenia liczby pracowników są dopuszczalne, o ile komisarz demobilizacyjny zawczasu zawiadomiony został na piśmie o tych wydaleniach i w ciągu 10 dni od otrzymania zawiadomienia nie zgłosił sprzeciwu. Wydalenia te przeprowadzone być mogą tylko z zachowaniem przepisów, przewidzianych ustawą o radach zakładowych z dnia 4 lutego 1920 (Dz. U. R. P. str. 147) i to w wypadkach, gdy pracodawca z powodu warunków produkcji nie może zatrudnić dotychczasowej liczby robotników przy jednoczesnym skróceniu ich czasu pracy (rozłożeniu pracy) nie poniżej 24 godzin tygodniowo.

W razie rozłożenia pracy pracodawca jest uprawniony do odpowiedniego zmniejszenia płacy lub poborów pracowników, zatrudnio-

Erwägung unter Bedingungen, die das Unternehmen als unannehmbar bezeichnete.

Der Vertreter der Beschwerdeführer macht geltend, daß der Demobilmachungskommissar seine Befugnisse überschritten habe, indem er eigenmächtig die Entlassung der Beschwerdeführer gegen den Willen des Arbeitgebers angeordnet habe; sodann sei § 13 der Demobilmachungsverordnung vom Demobilmachungskommissar in Bezug auf die Beschwerdeführer nicht angewendet worden.

Das Petitum der Beschwerde geht dahin, festzustellen, daß die durch den Demobilmachungskommissar angeordnete Entlassung der Beschwerdeführer gegen Art. 75 und 80 der Genfer Konvention verstößt. Es wird beantragt:

a) den Demobilmachungskommissar zur Verantwortung zu ziehen,

b) dahin zu wirken, daß die Beschwerdeführer wieder eingestellt werden,

c) den Beschwerdeführern den durch Gehaltsausfall entstandenen Schaden zu ersetzen.

Das Minderheitsamt stellt eine Verletzung des Genfer Abkommens durch den Demobilmachungskommissar in Abrede.

III

§ 12 der Verordnung des Ministers für Arbeit und soziale Fürsorge vom 15. Juli 1924 (in den nachfolgenden Ausführungen einfach mit § 12 zitiert) betr. den neuen Wortlaut der Verordnung über die Annahme und Entlassung von Arbeitern und Angestellten während des Zeitabschnitts der wirtschaftlichen Demobilmachung in der Fassung der Verordnung vom 30. April 1926 lautet:

»Entlassungen zum Zwecke der Verminderung der Anzahl der Angestellten sind zulässig, unter der Voraussetzung, daß der Demobilmachungskommissar von diesen Entlassungen rechtzeitig schriftlich benachrichtigt worden ist und innerhalb von 10 Tagen seit Erhalt dieser Benachrichtigung keinen Einspruch erhoben hat. Diese Entlassungen können nur unter Beobachtung der im Betriebsrätegesetz vom 4. Februar 1920 (R. GBl. S. 147) vorgesehenen Vorschriften, und zwar in den Fällen durchgeführt werden, in welchen der Arbeitgeber infolge der Produktionsbedingungen die bisherige Anzahl der Arbeiter bei gleichzeitiger Kürzung ihrer Arbeitszeit (Arbeitsverteilung) — nicht unter 24 Stunden wöchentlich — nicht beschäftigen kann.

Im Falle der Arbeitsverteilung ist der Arbeitgeber berechtigt, die Löhne bezw. Bezüge der während einer gekürzten Zeit beschäftigten

nych przez czas skrócony. Zmniejszenie to jednak nastąpić może dopiero od chwili, w której, w myśl obowiązujących ogólnych przepisów ustawowych lub umownych, poza przepisami ustępu 1, dopuszczalne byłoby wydalenie danych pracowników.

Przepisy ustępu 1 nie mają zastosowania przy wydalaniu pracowników, przyjętych tylko do chwilowego zastępstwa lub dla jakiegoś celu przejściowego.

Przepisy te nie dotyczą również osób, które mają zapewnioną, wystarczającą na utrzymanie rentę inwalidzką lub stałą zapomogę, rentę zastępującą. Kategorie pracowników, które podlegają temu przepisowi, określi Minister Pracy i Opieki Społecznej lub osoba do tego upoważniona.

Przepisy ustępu 4 nie ograniczają praw inwalidów, zastrzeżonych w obowiązujących w górnośląskiej części Województwa Śląskiego ustawach i przepisach prawnych o zaopatrzeniu i zatrudnieniu inwalidów wojennych."

Paragraf 13 rozporządzenia demobilizacyjnego (cytowany w dalszych wywodach krótko jako § 13) brzmi:

„Jeżeli mają być wydaleni pracownicy celem zmniejszenia ich liczby, to winny być przy wyborze zbadane przede wszystkim warunki pracy, szczególnie zaś możność zastąpienia poszczególnego pracownika w stosunku do potrzeb gospodarczych przedsiębiorstwa. Poza tym winny być uwzględnione wiek i czas pracy oraz stan rodzinny pracownika, aby w miarę możności zostali zatrzymani starsi, dłużej zatrudnieni pracownicy oraz mający na swym utrzymaniu niezdolnych do zarobkowania członków rodziny. To samo dotyczy samodzielnych niegdyś przedsiębiorców i takich pracowników, którzy do 1 sierpnia 1914 albo później pracowali za granicą, jak również uczniów i osób, które przechodzą przepisowe wyszkolenie. Inwalidzi wojenni i rodziny ofiar wojny winni być specjalnie uwzględniani."

Ustawa o radach zakładowych z dnia 4 lutego 1920, której przepisy według § 12 rozporządzenia demobilizacyjnego winny być przestrzegane, postanawia w § 74 co następuje:

„Jeżeli wskutek rozszerzenia, ograniczenia lub unieruchomienia zakładu albo wskutek wprowadzenia nowości technicznych lub nowych metod wytwórczości i pracy okaże się potrzeba przyjęcia lub zwolnienia większej ilości pracobiorców, to pracodawca winien poro-

Angestellten entsprechend herabzusetzen. Diese Herabsetzung der Löhne bezw. Bezüge kann jedoch erst mit dem Augenblick erfolgen, wo im Sinne der geltenden allgemeinen gesetzlichen oder Vertrags-Vorschriften — außer den Vorschriften des Absatzes 1 — die Entlassung der betreffenden Angestellten zulässig wäre.

Die Vorschriften des Absatzes 1 finden keine Anwendung bei der Entlassung von Angestellten, die nur zu einer zeitweisen Vertretung oder für irgend einen vorübergehenden Zweck aufgenommen worden sind.

Diese Vorschriften betreffen auch nicht Personen, die eine für ihren Unterhalt ausreichende Invalidenrente oder eine ständige, eine Rente ersetzende Unterstützung gesichert haben. Die Kategorie derjenigen Angestellten, die dieser Vorschrift unterworfen sind, wird vom Minister für Arbeit und soziale Fürsorge oder von einer durch ihn hierzu ermächtigten Person bezeichnet werden.

Durch die Vorschrift des Absatzes 4 werden die Invalidenrechte, die in den im oberschlesischen Teile der Schlesischen Wojewodschaft geltenden Gesetzen und rechtlichen Vorschriften über die Versorgung und Beschäftigung von Kriegsinvaliden vorbehalten sind, nicht eingeschränkt.«

§ 13 der Demobilmachungsverordnung (in den nachfolgenden Ausführungen einfach mit § 13 zitiert) lautet:

»Wenn Angestellte zwecks Verringerung ihrer Anzahl entlassen werden sollen, müssen bei der Wahl derselben vor allen Dingen die Arbeitsverhältnisse, insbesondere aber die Möglichkeit der Ersetzung des einzelnen Angestellten hinsichtlich der wirtschaftlichen Bedürfnisse des Unternehmens geprüft werden. Außerdem muß das Alter und die Arbeitsdauer sowie der Familienstand des Angestellten berücksichtigt werden, damit nach Möglichkeit die älteren, länger beschäftigten Angestellten, die erwerbsunfähige Familienmitglieder zu unterhalten haben, behalten werden. Dasselbe betrifft früher selbständig gewesene Unternehmer und solche Angestellte, welche bis zum 1. August 1914 oder später im Auslande beschäftigt waren, ebenso Lehrlinge und Personen, die ihre vorgeschriebene Ausbildung genießen. Kriegsinvaliden und deren Hinterbliebenen müssen besonders berücksichtigt werden.«

Das Betriebsrätegesetz vom 4. Februar 1920, dessen Vorschriften gemäß § 12 der Demobilmachungsverordnung beobachtet werden müssen, bestimmt in § 74:

»Wird infolge von Erweiterung, Einschränkung oder Stillegung des Betriebs oder infolge von Einführung neuer Techniken oder neuer Betriebs- oder Arbeitsmethoden die Einstellung oder die Entlassung einer größeren Zahl von Arbeitnehmern erforderlich, so ist der Arbeitgeber ver-

zumieć się przedtem możliwie rychło z radą zakładową, w której miejsce wstępuje, jeżeli zachodzi konieczność udzielenia przy tym poufnych wiadomości, ewentualnie istniejący wydział zakładowy, co do sposobu i rozmiarów potrzebnych przyjęć i zwolnień oraz co do uniknięcia surowości przy zwolnieniach. Rada zakładowa albo wydział zakładowy mogą domagać się odpowiedniego zawiadomienia centralnego biura informacyjnego lub wskazanego przez nie biura pośrednictwa pracy."

(Radę Zakładową zastępuje w praktyce Rada Urzędnicza, jeżeli, jak w niniejszym przypadku, chodzi wyłącznie o zwolnienie urzędników.)

Paragraf 84 ustawy o radach zakładowych brzmi:

„W razie wypowiedzenia pracy przez pracodawcę mogą pracobiorcy w ciągu pięciu dni po wypowiedzeniu wnieść sprzeciw przez odwołanie się do rady robotniczej lub rady urzędniczej:

1. jeżeli zachodzi uzasadnione podejrzenie, że wypowiedzenie nastąpiło wskutek należenia do pewnej płci, z powodu działalności politycznej, wojskowej, wyznaniowej lub w związkach zawodowych albo z powodu należenia lub nienależenia do pewnego związku politycznego, wyznaniowego, zawodowego lub do jakiegoś stowarzyszenia wojskowego;

2. gdy wypowiedzenie nastąpiło bez podania powodów;

3. gdy wypowiedzenie nastąpiło wskutek tego, że pracobiorca wzbraniał się wykonywać stale inną pracę, niż umówioną przy przyjęciu;

4. gdy wypowiedzenie przedstawia się jako niesłuszna surowość, nie uzasadniona postępowaniem pracobiorcy lub warunkami panującymi w zakładzie.

W razie bezterminowego wypowiedzenia pracy z przyczyny, która według ustawy uprawnia do wypowiedzenia stosunku służbowego bez zachowania terminu wypowiedzenia, może sprzeciw być oparty także na twierdzeniu, że przyczyna taka nie zachodzi."

IV

1. W myśl § 74 ustawy o radach zakładowych przedsiębiorstwo winno, zanim zwróci się do Komisarza Demobilizacyjnego z prośbą o zezwolenie na zwolnienie urzędników, porozumieć się co do planowanych zwolnień z Radą Zakładową lub Radą Urzędniczą. Dopiero po tym porozumieniu i na podstawie tegoż może przedsiębiorstwo sporządzić definitywną listę urzędników, którzy mają być zwolnieni,

pflichtet, sich mit dem Betriebsrat, an dessen Stelle, wenn dabei vertrauliche Mitteilungen gemacht werden müssen, der etwa vorhandene Betriebsausschuß tritt, möglichst längere Zeit vorher über Art und Umfang der erforderlichen Einstellungen und Entlassungen und über die Vermeidung von Härten bei Letzteren ins Benehmen zu setzen. Der Betriebsrat oder der Betriebsausschuß kann eine entsprechende Mitteilung an die Zentralauskunftstelle oder einen von dieser bezeichneten Arbeitsnachweis verlangen.«

(Der Betriebsrat ist in der Praxis durch den Angestelltenrat vertreten, wenn, wie im vorliegenden Falle, ausschließlich die Entlassung von Angestellten in Frage steht.)

§ 84 des Betriebsrategesetzes lautet:

»Arbeitnehmer können im Falle der Kündigung seitens des Arbeitgebers binnen fünf Tagen nach der Kündigung Einspruch erheben, indem sie den Arbeiter- oder Angestelltenrat anrufen:

1. wenn der begründete Verdacht vorliegt, daß die Kündigung wegen der Zugehörigkeit zu einem bestimmten Geschlechte, wegen politischer, militarischer, konfessioneller oder gewerkschaftlicher Betätigung oder wegen Zugehörigkeit oder Nichtzugehörigkeit zu einem politischen, konfessionellen oder beruflichen Verein oder einem militarischen Verband erfolgt ist;

2. wenn die Kündigung ohne Angabe von Gründen erfolgt ist;

3. wenn die Kündigung deshalb erfolgt ist, weil der Arbeitnehmer sich weigerte, dauernd andere Arbeit, als die bei der Einstellung vereinbarte, zu verrichten;

4. wenn die Kündigung sich als eine unbillige, nicht durch das Verhalten des Arbeitnehmers oder durch die Verhältnisse des Betriebs bedingte Härte darstellt.

Erfolgt die Kündigung fristlos aus einem Grunde, der nach dem Gesetze zur Kündigung des Dienstverhältnisses ohne Einhaltung einer Kündigungsfrist berechtigt, so kann der Einspruch auch darauf gestützt werden, daß ein solcher Grund nicht vorliegt.«

IV

1. Das Unternehmen muß sich gemäß § 74 des Betriebsrätegesetzes, bevor es beim Demobilmachungskommissar die Genehmigung zur Entlassung von Angestellten nachsucht, mit dem Betriebsrat, bezw. dem Angestelltenrat bezüglich der geplanten Entlassungen ins Benehmen setzen. Erst nach diesen Verhandlungen und auf Grund dieser Verhandlungen kann das Unternehmen die definitive Liste der zu entlassenden Angestell-

i przedstawić tę listę Komisarzowi Demobilizacyjnemu do zatwierdzenia.

Powyższego przepisu ustawy o radach zakładowych przedsiębiorstwo w niniejszym przypadku ściśle przestrzegało (zeznanie ówczesnego przewodniczącego Rady Urzędniczej Koppla — akt 73—74), zanim zwróciło się podaniem z dnia 17 maja 1932 do Komisarza Demobilizacyjnego z prośbą o zezwolenie na zwolnienie 28 urzędników. Mimo to na konferencjach z dnia 15 i 16 czerwca 1932 wzbraniał się Komisarz Demobilizacyjny przystąpić do zbadania listy i wydać decyzję w sprawie zaproponowanych do zwolnienia urzędników. Tym samym przypisał on sobie kompetencje, których w myśl § 12 nie posiada. Wspomniane postanowienie nadaje mu jedynie prawo do udzielenia lub odmówienia — w całości lub częściowo — zezwolenia na zwolnienie wymienionych przez przedsiębiorstwo urzędników.

Jako powód nieuwzględnienia listy 28 urzędników podał Komisarz Demobilizacyjny m. in. okoliczność, że z tych 28 urzędników mógłby zezwolić na zwolnienie najwyżej 5—6 urzędników (akt 138—138 a). Dlaczego przy tym stanie rzeczy Komisarz Demobilizacyjny, rozstrzygając wniosek przedsiębiorstwa, nie udzielił zezwolenia na zwolnienie tych 5—6 urzędników, a co do reszty zezwolenia odmówił, nie jest zrozumiałe. Gdyby ta decyzja przedsiębiorstwa nie zadowoliła, mogłoby ono zgodnie z § 74 ustawy o radach zakładowych przygotować na nowo listę i przedstawić ją potem Komisarzowi Demobilizacyjnemu. Nie jest w żadnym razie zadaniem Komisarza Demobilizacyjnego dążyć do możliwie licznych zwolnień. W wielu innych przypadkach Komisarz Demobilizacyjny zezwolił na zwolnienie tylko niewielkiego odsetka zaproponowanych przez przedsiębiorstwo urzędników. Zobacz sprawę nr 1418 — Theda; sprawę nr 1673 — Gröger; sprawę nr 1699 — Norek.

Przedstawiciele Rady Urzędniczej i Związków Zawodowych zaprotestowali przeciwko nieuwzględnieniu przez Komisarza Demobilizacyjnego listy przedłożonej przez przedsiębiorstwo (zeznania Koppla — akt 73—74, 142 a—143; Ponndorfa — akt 81—82; Drobka — akt 177—178) i podkreślili również, że postępowanie to pozostaje w sprzeczności z postępowaniem, przestrzeganym stale w myśl obowiązujących przepisów prawnych w stosunku do poprzednich zwolnień (zeznania Koppla — akt 73—74).

ten aufstellen und dem Demobilmachungskommissar zur Genehmigung unterbreiten.

Diese Vorschrift des Betriebsrätegesetzes hatte das Unternehmen im vorliegenden Falle genau beobachtet. (Zeugenaussage des damaligen Vorsitzenden des Angestelltenrates Koppel — act. 73, 74), bevor es mit Eingabe vom 17. Mai 1932 beim Demobilmachungskommissar die Genehmigung zur Entlassung von 28 Angestellten nachsuchte. Trotzdem hat der Demobilmachungskommissar sich in den Konferenzen vom 15. und 16. Juni 1932 geweigert, in die Prüfung der Liste einzutreten und bezüglich der zur Entlassung Vorgeschlagenen einen Entscheid zu fällen. Dadurch hat er sich Kompetenzen zugesprochen, die er gemäß § 12 nicht besitzt. Die erwähnte Bestimmung räumt ihm lediglich das Recht ein, die Zustimmung zur Entlassung der vom Unternehmen genannten Angestellten — in vollem Umfange oder zum Teil — zu geben, bezw. zu versagen.

Als Grund dafür, daß er auf die Liste der 28 Angestellten nicht eintrat, bezeichnete der Demobilmachungskommissar u. a. den Umstand, daß er von den 28 Angestellten höchstens 5—6 zur Entlassung freigeben könnte (act. 138, 138 a). Es ist nicht verständlich, warum bei dieser Sachlage der Demobilmachungskommissar den Antrag des Unternehmens nicht dahin entschieden hat, daß er die Genehmigung zur Entlassung der 5—6 Angestellten erteilte, bezüglich der restlichen aber verweigerte. Wenn diese Entscheidung das Unternehmen nicht zufriedengestellt hätte, so hätte es von neuem eine Liste in Übereinstimmung mit § 74 des Betriebsrätegesetzes vorbereiten und hernach dem Demobilmachungskommissar unterbreiten können. Es liegt durchaus nicht in der Aufgabe des Demobilmachungskommissars möglichst viele Entlassungen anzustreben. In vielen anderen Fällen hat der Demobilmachungskommissar nur einen geringen Prozentsatz der von dem Unternehmen vorgeschlagenen Entlassungen genehmigt. Siehe Beschwerdesache Nr. 1418, Theda; Nr. 1673 — Gröger, Nr. 1699 — Norek.

Vertreter des Angestelltenrates und der Gewerkschaften haben gegen das Nichteintreten des Demobilmachungskommissars auf die vom Unternehmen vorgelegte Liste protestiert (Zeugenaussagen Koppel — act. 73—74, 142 a—143; Ponndorf — act. 81—82; Drobek — act. 177—178) und auch darauf hingewiesen, daß dieses Vorgehen im Widerspruch stehe zu dem Verfahren, das in Bezug auf frühere Entlassungen stets im Sinne der geltenden Rechtsvorschriften beobachtet worden war (Zeugenaussage Koppel — act. 73—74).

Odmowa Komisarza Demobilizacyjnego wydania decyzji na podstawie listy, przedłożonej przez przedsiębiorstwo w należytej formie prawnej, nie da się pogodzić ani z ustawą ani z jego własną praktyką.

2. Na konferencji z dnia 15 czerwca Komisarz Demobilizacyjny polecił co prawda przedsiębiorstwu, aby do dnia następnego przygotowało w porozumieniu z Radą Urzędniczą nową listę (zeznania Brilla — akt 134—135). Także i to żądanie jest przekroczeniem kompetencyj Komisarza Demobilizacyjnego (§ 12). Ale w każdym razie przez to, że żądał sporządzenia nowej listy, dał jasno wyraz własnemu zapatrywaniu prawnemu, że wnioski o zwolnienie winny pochodzić nie od niego lecz od przedsiębiorstwa i to w drodze listy, którą należy przedtem przedstawić Radzie Urzędniczej. Komisarz Demobilizacyjny uniemożliwił tę drogę postępowania, żądając aby nowa lista przedłożona została już następnego dnia. Jest rzeczą jasną, że przedsiębiorstwo nie mogło w tym krótkim czasie przygotować nowej listy według postępowania przewidzianego w ustawie o radach zakładowych. Przedstawiciele Rady Urzędniczej i Związków Zawodowych wnieśli też sprzeciw przeciwko temu żądaniu Komisarza Demobilizacyjnego i przedstawili wniosek o udzielenie potrzebnego czasu do przygotowania nowej listy (zeznania Koppla — akt 73—74; Peschkego — akt 77—78; Koruschowitza — akt 79—80; Syrnika — akt 140—141; Kochanka — akt 179—180; Drobka — akt 177—178). Komisarz Demobilizacyjny sprzeciwu nie uwzględnił.

Gdy na konferencji z dnia 16 czerwca 1932 nie przedłożono nowej listy, Komisarz Demobilizacyjny rozpatrywał listę wszystkich 164 urzędników jako wniosek o zwolnienie w myśl § 12.

Przeciwko temu wyjątkowemu postępowaniu przedstawiciele Rady Urzędniczej i niemieckich Związków Zawodowych wnieśli sprzeciw także na konferencji z dnia 16 czerwca 1932 (Zobacz zeznania Drobka — akt 177—178; Górnego — akt 181—182; Koruschowitza — akt 79—80). Postępowanie to było w istocie z wielu względów niedopuszczalne i niezgodne z ustawą.

Paragraf 74 ustawy o radach zakładowych został ominięty. Jak wynika z wyroku Trybunału Rozjemczego z dnia 15 czerwca 1934 w sprawie Ryschki o prawo zachowania zamieszkania, Komisarz Demobilizacyjny uznał sam, że lista zwolnień, którą przedsiębiorstwo przedkłada Komisarzowi Demobilizacyjnemu, tylko wtedy może być przedmiotem jego badania, gdy przed sporządzeniem tej listy cała

Die Weigerung des Demobilmachungskommissars, auf Grund einer in aller Form rechtens unterbreiteten Entlassungsliste des Unternehmens seine Entscheidung zu treffen, ist sowohl mit dem Gesetz als auch mit seiner eigenen Praxis unvereinbar.

2. Der Demobilmachungskommissar hatte in der Konferenz vom 15. Juni dem Unternehmen allerdings aufgegeben, bis zum folgenden Tag eine neue Liste im Einvernehmen mit dem Angestelltenrat aufzustellen (Zeugenaussage Brill — act. 134—135). Auch dieses Verlangen stellt eine Überschreitung der Kompetenzen des Demobilmachungskommissars dar (§ 12). Aber jedenfallls hat er dadurch, daß er die Aufstellung einer neuen Liste verlangte, seine eigene Rechtsauffassung klar zum Ausdruck gebracht, daß die Entlassungsanträge nicht von ihm, sondern vom Unternehmen ausgehen müssen, und zwar mittels einer Liste, die vorerst dem Angestelltenrat unterbreitet werden muß. Der Demobilmachungskommissar hat diesen Verfahrensweg verunmöglicht durch das Verlangen, die neue Liste sei schon am darauffolgenden Tag vorzulegen. Es ist klar, daß es dem Unternehmen nicht möglich war, in dieser kurzen Spanne Zeit eine neue Liste nach dem im Betriebsrätegesetz vorgesehenen Verfahren auszuarbeiten. Vertreter des Angestelltenrates und der Gewerkschaften haben denn auch gegen das Verlangen des Demobilmachungskommissars Einspruch erhoben und die Einräumung der erforderlichen Zeit für die Ausarbeitung einer neuen Liste beantragt (Zeugenaussagen Koppel — act. 73—74; Peschke act. 77—78; Koruschowitz — act. 79—80; Syrnik — act. 140—141; Kochanek — act. 179—180; Drobek — act. 177—178). Der Demobilmachungskommissar gab dem Einspruch keine Folge.

Als in der Konferenz vom 16. Juni 1932 keine neue Liste vorlag, hat der Demobilmachungskommissar das Verzeichnis sämtlicher 164 Angestellten als Entlassungsantrag im Sinne von § 12 behandelt.

Gegen dieses ausnahmsweise Vorgehen haben auch an der Konferenz vom 16. Juni 1932 Vertreter des Angestelltenrates und der deutschen Gewerkschaften Einspruch erhoben. Siehe Zeugenaussagen Drobek act. 177—178; Górny — act. 181—182; Koruschowitz — act. 79—80. In der Tat war dieses Vorgehen aus mehrfachen Gründen unzulässig und mit dem Gesetz nicht vereinbar.

§ 74 des Betriebsrätegesetzes wurde umgangen. Wie aus dem Urteil des Schiedsgerichts vom 15. Juni 1934 in der Wohnrechtssache Ryschka hervorgeht, hat der Demobilmachungskommissar selber anerkannt, daß die Entlassungsliste, welche das Unternehmen dem Demobilmachungskommissar vorlegt, nur dann Gegenstand seiner Überprüfung sein kann, wenn vorgängig der Aufstellung dieser Liste die ganze Angele-

sprawa zwolnień została zbadana i roztrząsana na rozprawach pomiędzy przedstawicielami przedsiębiorstwa i Radą Urzędniczą.

Traktowanie listy wszystkich urzędników jako wniosku przedsiębiorstwa o zwolnienie w myśl § 12 sprzeczne jest samo z sobą. Przedsiębiorstwo nie chciało zwolnić wszystkich 164 urzędników, lecz tylko 28. Rozpatrywanie listy wszystkich urzędników jako wniosku przedsiębiorstwa o zwolnienie w myśl § 12 było prawnie zupełnie wykluczone.

Przez to, że Komisarz Demobilizacyjny sam wybrał z ogólnej listy tych urzędników, którzy mają być zwolnieni, przypisał on sobie funkcję, należącą nie do niego, lecz do przedsiębiorstwa. Naruszył on przez to wyraźnie § 12. Kompetencja Komisarza Demobilizacyjnego polega, jak on sam w licznych innych przypadkach podkreślił, tylko na zbadaniu, czy propozycje zwolnienia ze strony przedsiębiorstwa odpowiadają postanowieniom §§ 12 i 13. Nie zmienia także nic w tych stwierdzeniach mało ważny fakt, że przedsiębiorstwo już z początkiem roku 1932 wypowiedziało ze względów przezorności — na wszelki wypadek — wszystkim urzędnikom na 30 czerwca, aby w przypadku unieruchomienia warsztatu pracy nie mieć żadnych trudności z rozwiązaniem umów służbowych. Jak wykazało postępowanie dowodowe, przedsiębiorstwo już kilkakrotnie z przezorności praktykowało tego rodzaju wypowiedzenia (zobacz zeznania Kochanka — akt 179—180; Drobka — akt 177—178). Faktem jest, że Zarząd Warsztatów utrzymał przedsiębiorstwo w ruchu, że zatem zrezygnował z wypowiedzenia większej liczby urzędników i ograniczył wniosek w myśl § 12 do 28 urzędników.

3. Jak już wyżej wspomniano, postępowanie Komisarza Demobilizacyjnego pozostaje w sprzeczności z jego własną praktyką. W licznych, przed Prezydentem Komisji Mieszanej toczących się zażaleniach (zobacz m. in. sprawę nr 1760 — Michalski; sprawę nr 1631 — Himmel; sprawę nr 1701 — Schega; sprawę nr 1714 — Boczek) Komisarz Demobilizacyjny zajmował stanowisko, że jest tylko właściwy do rozpatrywania przedłożonej mu przez przedsiębiorstwo listy zwolnień i że nie ma prawa zajmować się pracownikami, których przedsiębiorstwo do zwolnienia nie zaproponowało. Stanowisko to jest zupełnie słuszne w tym sensie, że Komisarz Demobilizacyjny nie ma prawa proponować lub nawet wymuszać zwolnienia pracobiorców, o których zwolnienie przedsiębiorstwo nie wnosiło. Komisarz Demobilizacyjny działał więc w niniejszym przy-

genheit der Entlassungen in den Verhandlungen zwischen den Vertretern des Unternehmens und dem Angestelltenrat geprüft und erörtert worden ist.

Die Behandlung des Verzeichnisses aller Angestellten als Entlassungsantrag des Unternehmens im Sinne des § 12 ist ein Widerspruch in sich selbst. Das Unternehmen wollte nicht alle 164 Angestellten entlassen, sondern nur 28. Es war rechtlich durchaus ausgeschlossen, das Verzeichnis aller Angestellten als den Entlassungsantrag des Unternehmens im Sinne des § 12 zu behandeln.

Der Demobilmachungskommissar hat sich dadurch, daß er selbst die zu entlassenden Angestellten aus dem Gesamtverzeichnis auswählte, eine Funktion zugeschrieben, die nicht ihm, sondern nur dem Unternehmen zusteht. Er hat dadurch § 12 offenbar verletzt. Die Kompetenz des Demobilmachungskommissars besteht, wie er das selber in zahlreichen anderen Fällen betont hat, nur darin zu prüfen, ob die Entlassungsvorschläge des Unternehmens den Bestimmungen der §§ 12 und 13 entsprechen. An diesen Feststellungen ändert auch die belanglose Tatsache nichts, daß das Unternehmen vorsorglich — auf alle Eventualitäten hin — schon Anfangs 1932 allen Angestellten für den 30. Juni gekündigt hatte, um im Falle einer Betriebsstillegung keine Schwierigkeiten in Bezug auf die Lösung der Dienstverträge zu haben. Wie das Beweisverfahren ergab, hat das Unternehmen schon wiederholt solche vorsorgliche Kündigungen ausgesprochen (siehe Zeugenaussagen Kochanek — act. 179—180; Drobek — act. 177—178). Tatsache ist, daß die Werkstättenverwaltung den Betrieb aufrechterhielt, daß sie daher die Kündigungen bezüglich der Großzahl der Angestellten fallen ließ und den Antrag im Sinne von § 12 auf 28 Angestellte beschränkte.

3. Wie schon oben erwähnt, steht das Vorgehen des Demobilmachungskommissars im Widerspruch zu seiner eigenen Praxis. In zahlreichen, vor dem Präsidenten der Gemischten Kommission anhängigen Beschwerden (siehe u. a. Beschwerdesache Nr. 1760 — Michalski, Beschwerdesache Nr. 1631 — Himmel, Beschwerdesache Nr. 1701 — Schega, Beschwerdesache Nr. 1714 — Boczek) hat der Demobilmachungskommissar den Standpunkt vertreten, daß er nur zuständig sei, die vom Unternehmen vorgelegte Entlassungsliste einer Überprüfung zu unterziehen und daß er kein Recht habe, sich mit den vom Unternehmen nicht zur Entlassung vorgeschlagenen Arbeitnehmern zu befassen. Dieser Standpunkt ist in dem Sinne durchaus richtig, daß der Demobilmachungskommissar nicht befugt ist, die Entlassung von Arbeitnehmern, deren Entlassung das Unternehmen nicht beantragt hat, vorzuschlagen oder gar zu erzwingen. Der Demo-

padku także wbrew swej własnej praktyce i swemu przekonaniu prawnemu ze szkodą żalących się. Z drugiej strony jednak Komisarz Demobilizacyjny ma oczywiście prawo i obowiązek porównać stosunki osobiste (wiek, lata służby, ciężary rodzinne itd.) urzędników zaproponowanych do zwolnienia przez przedsiębiorstwo ze stosunkami osobistymi pozostałych urzędników, których przedsiębiorstwo nie chce zwolnić, gdyż tylko w ten sposób może zbadać i zadecydować, czy zaproponowane przez przedsiębiorstwo zwolnienia są w myśl § 13 słuszne, czy też są niedopuszczalne. Byłoby np. naruszeniem § 13, gdyby przedsiębiorstwo zaproponowało do zwolnienia starszych ojców rodzin, będących już od dawna w służbie, a dawało nadal pracę i zarobek urzędnikom nieżonatym, którzy dopiero niedawno wstąpili do służby.

4. Nieprawne postępowanie Komisarza Demobilizacyjnego nie da się też wytłumaczyć faktem, że przedstawiciel przedsiębiorstwa, dr Brill, wyraził swą zgodę na to, aby Komisarz Demobilizacyjny uważał ogólną listę 164 urzędników za listę zwolnień w myśl § 12. Komisarz Demobilizacyjny stoi ponad przedsiębiorstwem. Komisarz Demobilizacyjny ma obowiązek czuwania nad właściwą i sumienną wykładnią ustawy.

Rozporządzenie demobilizacyjne i ustawa o radach zakładowych mają na celu chronić pracowników przed niesprawiedliwymi zwolnieniami. Dotyczne przepisy ochronne skierowane są w pierwszym rzędzie do przedsiębiorstwa, a zadaniem Komisarza Demobilizacyjnego jest zapobiec naruszeniu tych przepisów. Jest zatem prawnie niemożliwe, wyłączyć te przepisy ze szkodą pracowników przez porozumienie pomiędzy przedsiębiorstwem a Komisarzem Demobilizacyjnym. W niniejszej sprawie nie doszłoby do nieprawnych zwolnień żalących się, gdyby Komisarz Demobilizacyjny przestrzegał był ustawy i własnej praktyki i zbadał tylko zwolnienia zaproponowane listą przedsiębiorstwa z dnia 17 maja 1932. Zresztą postępowanie dra Brilla było tylko następstwem niedopuszczalnego oświadczenia Komisarza Demobilizacyjnego, że odrzuca listę przedłożoną przez przedsiębiorstwo w myśl § 12.

Z tego samego stanowiska ocenić należy fakt, że Komisarz Demobilizacyjny wypowiedział się na konferencji z dnia 15 czerwca

bilmachungskommissar hat also im vorliegenden Falle zum Schaden der Beschwerdeführer auch gegen seine eigene Praxis und Rechtsüberzeugung gehandelt. Andererseits aber hat der Demobilmachungskommissar selbstverständlich das Recht und die Pflicht, die persönlichen Verhältnisse (Alter, Dienstalter, Familienlasten etc.) der vom Unternehmen zur Entlassung vorgeschlagenen Angestellten zu vergleichen mit den persönlichen Verhältnissen der übrigen Angestellten, welche das Unternehmen nicht entlassen will, denn nur auf diese Weise kann der Demobilmachungskommissar prüfen und entscheiden, ob die vom Unternehmen beantragten Entlassungen im Sinne des § 13 gerecht oder unzulässig sind. Eine Verletzung des § 13 liegt z. B. vor, wenn das Unternehmen ältere Familienväter, die schon lange in seinem Dienst stehen, zur Entlassung vorschlägt und ledigen Angestellten, die erst kürzlich in den Dienst getreten sind, weiterhin Arbeit und Verdienst gewährt.

4. Das gesetzwidrige Vorgehen des Demobilmachungskommissars läßt sich auch nicht rechtfertigen durch die Tatsache, daß ein Vertreter des Unternehmens, Dr. Brill, sich damit einverstanden erklärte, daß der Demobilmachungskommissar die Gesamtliste der 164 Angestellten als Entlassungsliste im Sinne von § 12 betrachtete. Der Demobilmachungskommissar steht über dem Unternehmen. Dem Demobilmachungskommissar obliegt die Pflicht, über die richtige und gewissenhafte Auslegung des Gesetzes zu wachen.

Die Demobilmachungsverordnung und das Betriebsrätegesetz verfolgen den Zweck, Angestellte gegen ungerechte Entlassungen zu schützen. Die diesbezüglichen Schutzvorschriften sind in erster Linie an das Unternehmen gerichtet, und der Demobilmachungskommissar hat die Aufgabe, ihre Verletzung zu verhindern. Es ist daher rechtlich nicht möglich, diese Vorschriften durch eine Vereinbarung zwischen dem Unternehmen und dem Demobilmachungskommissar zum Schaden der Angestellten auszuschalten. In der vorliegenden Angelegenheit wäre es nicht zu der gesetzwidrigen Entlassung der Beschwerdeführer gekommen, wenn der Demobilmachungskommissar sich an das Gesetz und seine eigene Praxis gehalten und nur die durch die Entlassungsliste des Unternehmens vom 17. Mai 1932 vorgeschlagenen Entlassungen geprüft hätte. Übrigens war das Verhalten des Dr. Brill die Folge der unzulässigen Erklärung des Demobilmachungskommissars, daß er die vom Unternehmen gemäß § 12 vorgelegte Liste zurückweise.

Unter demselben Gesichtspunkt ist die Tatsache zu bewerten, daß der Demobilmachungskommissar sich in der Konferenz vom 15. Juni 1932

1932 w tym sensie, że należałoby zwolnić więcej urzędników aniżeli zaproponowało przedsiębiorstwo (zeznania Ponndorfa, Koruschowitza) i że dr Brill — jak łatwo zrozumieć — zgodził się na to (zeznania Komisarza Demobilizacyjnego Seroki, Syrnika). Komisarz Demobilizacyjny przez to, że wyszedł poza żądanie podania wniesionego w myśl § 12 o udzielenie zezwolenia na zwolnienie 28 urzędników i zarządził zwolnienie 32 urzędników, działał ze szkodę pracobiorców wbrew przepisom oraz sensowi i duchowi ustawy o radach zakładowych i rozporządzenia demobilizacyjnego.

5. Przedsiębiorstwo nie chciało zwolnić żalących się, lecz zatrudniać ich nadal, jak wynika z jego listy zwolnień z dnia 17 maja 1932, na której żaden z żalących się nie figuruje. Tylko przez pod wieloma względami niedopuszczalne postępowanie Komisarza Demobilizacyjnego, które sprzeczne jest z jego własną praktyką oraz normami prawnymi, mógł on spowodować, że żalący się stracili pracę i zarobek. Do tego dochodzi jeszcze, jak wynika z dalszych wywodów, że Komisarz Demobilizacyjny nie ograniczył się do udzielenia zezwolenia na zwolnienie wybranych przezeń urzędników, a tym samym i żalących się, lecz że przepisał i wymusił ich zwolnienie w jawnie bezprawny sposób.

V

Pominąwszy przedstawione sub IV bezprawne zarządzenia, Komisarz Demobilizacyjny także w innym kierunku naruszył jawnie ustawę ze szkodą żalących się.

1. W myśl § 13 przy zwolnieniach liczyć się należy w pierwszym rzędzie z potrzebami przedsiębiorstwa. Na konferencji z dnia 16 czerwca 1932 dyrektor Ponndorf za zgodą dra Brilla (zeznania Brilla — akt 75—76, 134—135; Koppla — akt 73—74, 142—143; Koruschowitza — akt 79—80; Ponndorfa — akt 81—82; Kochanka — akt 179—180; Drobka — akt 177—178) określił następujących urzędników wśród żalących się jako niezbędnych dla ruchu przedsiębiorstwa:

Widerę,
Schwedę,
Pietrka,

dahin äußerte, es müßten mehr Angestellte entlassen werden, als wie vom Unternehmen vorgeschlagen (Zeugenaussagen Ponndorf, Koruschowitz) und daß Dr. Brill — begreiflicherweise — damit einverstanden war (Zeugenaussage des Demobilmachungskommissars Seroka, Syrnik). Der Demobilmachungskommissar hat dadurch, daß er über das gemäß § 12 eingereichte schriftliche Gesuch um Genehmigung der Entlassung von 28 Angestellten hinausging und die Entlassung von 32 Angestellten anordnete, den Vorschriften und dem Sinn und Geist des Betriebsrätegesetzes und der Demobilmachungsverordnung zum Schaden der Arbeitnehmer zuwidergehandelt.

5. Das Unternehmen wollte die Beschwerdeführer nicht entlassen, sondern weiter beschäftigen, wie dies sich aus seiner Entlassungsliste vom 17. Mai 1932 ergibt, auf welcher keiner der Beschwerdeführer figuriert. Nur durch das in mehrfacher Hinsicht unzulässige Verfahren des Demobilmachungskommissars, das seiner eigenen Praxis und den gesetzlichen Normen widerspricht, konnte er bewirken, daß die Beschwerdeführer die Arbeit und den Broterwerb verloren. Dazu kommt noch, wie weiter unten auszuführen ist, daß der Demobilmachungskommissar sich nicht darauf beschränkt hat, die Einwilligung zur Entlassung der von ihm selbst ausgewählten Angestellten und somit auch die Genehmigung zur Entlassung der Beschwerdeführer zu erteilen, sondern in offenbar rechtswidriger Weise deren Entlassung vorgeschrieben und erzwungen hat.

V

Abgesehen von den sub IV dargelegten gesetzwidrigen Maßnahmen hat der Demobilmachungskommissar auch in anderer Richtung das Gesetz zum Schaden der Beschwerdeführer offenbar verletzt.

1. Gemäß § 13 muß bei Entlassungen in erster Linie den Bedürfnissen des Unternehmens Rechnung getragen werden. In der Konferenz vom 16. Juni 1932 hat Direktor Ponndorf unter Zustimmung des Dr. Brill (Zeugenaussagen Brill — act. 75—76, 134—135; Koppel — act. 73—74, 142—143; Koruschowitz — act. 79—80; Ponndorf — act. 81—82; Kochanek — act. 179—180; Drobek — act. 177—178) die folgenden Angestellten unter den Beschwerdeführern als für den Betrieb unentbehrlich bezeichnet:

Widera,
Schweda,
Pietrek,

Boenischa,
Reichego.

Pominąwszy innych świadków, świadek dr Brill zeznał co do kompetencyj dyrektora Ponndorfa m. in. co następuje: „W kwestii stosunków osobistych pracowników nie zabierałem nigdy głosu, ponieważ ich nie znałem. Oświadczał się w tych sprawach zawsze dyrektor Ponndorf, który znał dokładnie warunki materialne każdego z pracowników. ...Dyr. Ponndorf był wraz ze mną uprawniony do składania oświadczeń w imieniu Zarządu Warsztatów przed Komisarzem Demobilizacyjnym" (akt 75—76) „...P. Ponndorf mówił na konferencjach po niemiecku, co ja tłumaczyłem na polskie, o ile p. Seroka czego nie rozumiał" (akt 134—135).

Komisarz Demobilizacyjny nie zważał na oświadczenia przedsiębiorstwa i decyzją z dnia 27 czerwca 1932 (akt 22—23) zarządził m. in. zwolnienie wymienionych urzędników.

Urząd Spraw Mniejszości przy różnych okazjach twierdził, że na konferencji z dnia 16 czerwca 1932 Komisarz Demobilizacyjny ustalił ostateczną listę zwolnień za zgodą dra Brilla (akt 46—47; akt 48—49; akt 100—101). Twierdzenia tego Urząd Spraw Mniejszości nie mógł podtrzymać (akt 265—266) z uwagi na zeznanie Komisarza Demobilizacyjnego Seroki. Tenże oświadczył protokolarnie jako świadek (akt 138—138 a), że dr Brill po zakończeniu konferencji z dnia 16 czerwca pozostał jeszcze u niego celem konferowania; przy tej sposobności ustalona została definitywnie pomiędzy nim, Komisarzem Demobilizacyjnym, a drem Brillem lista 32 urzędników, którzy mieli być zwolnieni. Gdyby nawet twierdzenie to było trafne, należałoby podkreślić, że dr Brill nie byłby absolutnie kompetentny, aby zwolnić Komisarza Demobilizacyjnego z jego obowiązku zastosowania w sposób obiektywny i sprawiedliwy przepisów ustawy celem ochrony pracobiorców. Ale to twierdzenie Komisarza Demobilizacyjnego jest widocznie błędne. Pozostaje ono w sprzeczności z jasnymi zeznaniami Brilla. Brill po zapoznaniu go z zeznaniem Komisarza Demobilizacyjnego Seroki zeznał m. in. (akt 263—264): „Nie mogę sobie przypomnieć, czy odbyłem taką szczególną konferencję z Komisarzem Demobilizacyjnym, w każdym razie zaprzeczam, że na tej konferencji porozumiałem się z Komisarzem Demobilizacyjnym, że zwolnienia nastąpią w ten sposób, jak to zakomunikował później Komisarz Demobilizacyjny pismem z dnia 27 czerwca".

Boenisch,

Reiche.

Abgesehen von den anderen Zeugen hat der Zeuge Dr. Brill bezüglich der Kompetenzen des Direktors Ponndorf u. a. ausgesagt: »In der Angelegenheit der persönlichen Verhältnisse der Angestellten habe ich niemals das Wort ergriffen, da ich dieselben nicht kannte. In diesen Sachen hat stets Direktor Ponndorf Erklärungen abgegeben, welcher die materiellen Verhältnisse eines jeden Angestellten genau kannte. ...Direktor Ponndorf war zusammen mit mir berechtigt, Erklärungen im Namen der Werkstättenverwaltung vor dem Demobilmachungskommissar abzugeben« (act. 75—76). »...Herr Ponndorf sprach auf den Konferenzen deutsch, was ich ins polnische übersetzte, sofern Herr Seroka etwas nicht verstand« (act. 134—135).

Der Demobilmachungskommissar setzte sich über die Erklärungen des Unternehmens hinweg und ordnete durch seinen Entscheid vom 27. Juni 1932 (act. 22—23) u. a. die Entlassung der genannten Angestellten an.

Das Minderheitsamt hat verschiedentlich behauptet, daß der Demobilmachungskommissar an der Konferenz vom 16. Juni 1932 die endgültige Entlassungsliste in Übereinstimmung mit Dr. Brill festgesetzt habe (act. 46—47; act. 48—49; act. 100—101). Diese Behauptung konnte das Minderheitsamt nicht aufrecht halten (act. 265—266) im Hinblick auf die Aussage des Demobilmachungskommissars Seroka. Dieser hat als Zeuge zu Protokoll erklärt (act. 138—138 a), daß Dr. Brill nach Beendigung der Konferenz vom 16. Juni noch zu einer Unterredung zurückgeblieben sei; bei dieser Gelegenheit sei die Liste der 32 zu Entlassenden zwischen ihm, dem Demobilmachungskommissar, und Dr. Brill definitiv festgesetzt worden. Selbst wenn diese Behauptung richtig wäre, müßte betont werden, daß es durchaus nicht in der Kompetenz des Dr. Brill gelegen hätte, den Demobilmachungskommissar von seiner Pflicht zu entbinden, die Vorschriften des Gesetzes zum Schutz der Arbeitnehmer in objektiver und gerechter Weise anzuwenden. Aber diese Behauptung des Demobilmachungskommissars ist offenbar irrtümlich. Sie steht im Widerspruch mit der klaren Aussage des Zeugen Brill. Brill deponierte nach Vorhalt der Aussage des Demobilmachungskommissars Seroka u. a. (act. 263—264): »Ich kann mich nicht entsinnen, ob ich eine solche besondere Konferenz mit dem Demobilmachungskommissar abgehalten habe, jedenfalls bestreite ich, daß ich mich auf dieser Konferenz mit dem Demobilmachungskommissar dahin verständigt habe, daß die Entlassungen auf die Weise erfolgen werden, wie dies der Demobilmachungskommissar später mit Schreiben vom 27. Juni mitgeteilt hat.«

To zeznanie świadka Brilla zgadza się zupełnie z jego poprzednimi zeznaniami. Zeznał on m. in.: „...Na posiedzeniu zastrzegł sobie Komisarz Demobilizacyjny wydanie orzeczenia na piśmie. ...Rozstrzygnięcie Komisarza Demobilizacyjnego opierało się, o ile wchodzą w rachubę informacje ze strony Zarządu, jedynie na rozprawach z dnia 15 i 16 czerwca" (akt 75—76). „Nie oświadczyłem Komisarzowi Demobilizacyjnemu na drugiej konferencji, że przyjmuję jego decyzję z góry bez zastrzeżeń i że się w szczególności także zgadzam na zwolnienie tych pracowników, co do których p. Ponndorf oświadczył, że są dla przedsiębiorstwa niezbędni. Takiego oświadczenia wobec Komisarza Demobilizacyjnego złożyć nie mogłem, bo nie było jeszcze jego decyzji" (akt 134—135).

Okoliczność, że dr Brill nie ustalił z Komisarzem Demobilizacyjnym listy urzędników, którzy mieli być zwolnieni, znajduje w aktach całkowite potwierdzenie. W piśmie z dnia 30 czerwca 1932 (akt 148—149) przedsiębiorstwo zwraca Komisarzowi Demobilizacyjnemu wyraźnie uwagę na to, że wbrew wnioskom przedsiębiorstwa złożonym na konferencji z dnia 16 czerwca zarządził zwolnienie danych urzędników. Pismo to wyklucza zupełnie wysunięte porozumienie się co do listy. Komisarz Demobilizacyjny nie protestował wcale przeciwko temu pismu, co byłby bez wątpienia uczynił, gdyby lista ułożona została wspólnie z drem Brillem.

Zresztą dr Brill, jak wynika bezsprzecznie z jego zeznań, nie mógł złożyć żadnych oświadczeń co do zbędności i stosunków rodzinnych urzędników mających być zwolnionymi. Komisarz Demobilizacyjny wiedział o tym z konferencyj. W sprawie niezbędności danych urzędników decydujący był nie osobisty pogląd dra Brilla, lecz zdanie dyrektora Ponndorfa, kierownika Zarządu Warsztatów. Dyrektor Ponndorf bronił swego stanowiska za zgodą dra Brilla na konferencji z dnia 16 czerwca 1932, a przedsiębiorstwo, jak wyżej wspomniano, uważało konsekwentnie stanowisko kierownika Zarządu Warsztatów za swoje własne stanowisko. Zobacz sprawozdanie Ponndorfa do Dyrekcji Generalnej (akt 12); pismo przedsiębiorstwa do Komisarza Demobilizacyjnego z dnia 30 czerwca 1932 (akt 148—149); pismo przedsiębiorstwa do Komisarza Demobilizacyjnego z dnia 14 października 1932 (akt 150—151).

Jest rzeczą oczywistą i leży w naturze rzeczy, że przedsiębiorstwo samo powołane jest do tego, aby wiedzieć i oświadczyć,

Diese Aussage des Zeugen Brill steht durchaus im Einklang mit seinen früheren Aussagen. Er deponierte u. a.: »...In der Sitzung behielt sich der Demobilmachungskommissar eine schriftliche Entscheidung vor. ...Die Entscheidung des Demobilmachungskommissars stützte sich, soweit Informationen seitens der Verwaltung in Frage kommen, lediglich auf die Verhandlungen vom 15. und 16. Juni« (act. 75—76). »Ich habe dem Demobilmachungskommissar auf der 2. Konferenz nicht erklärt, daß ich seine Entscheidung im voraus ohne Vorbehalt annehme und daß ich insbesondere auch mit der Entlassung derjenigen Angestellten einverstanden bin, bezüglich welcher Herr Ponndorf erklärte, daß sie für das Unternehmen unentbehrlich seien. Ich konnte vor dem Demobilmachungskommissar eine solche Erklärung nicht abgeben, weil seine Entscheidung noch nicht vorlag« (act. 134—135).

Daß Dr. Brill die Liste der zu Entlassenden mit dem Demobilmachungskommissar nicht festgesetzt hat, findet in den Akten volle Bestätigung. Im Schreiben vom 30. Juni 1932 (act. 148—149) macht das Unternehmen den Demobilmachungskommissar ausdrücklich darauf aufmerksam, daß er entgegen den Anträgen des Unternehmens anläßlich der Konferenz vom 16. Juni die Entlassung der betreffenden Angestellten angeordnet habe. Dieses Schreiben schließt die behauptete Vereinbarung der Liste völlig aus. Gegen das Schreiben hat der Demobilmachungskommissar nicht etwa protestiert, wie er es zweifellos getan hätte, wenn die Liste mit Dr. Brill vereinbart worden wäre.

Übrigens war Dr. Brill, wie aus seinen Aussagen einwandfrei hervorgeht, nicht im Stande, irgendwelche Erklärungen betr. Entbehrlichkeit und Familienverhältnisse der zu entlassenden Angestellten abzugeben. Dies war dem Demobilmachungskommissar aus den Konferenzen bekannt. Maßgebend in Bezug auf die Unentbehrlichkeit der fraglichen Angestellten war nicht etwa die persönliche Ansicht von Dr. Brill, sondern die Auffassung des Direktors Ponndorf, des Leiters der Werkstättenverwaltung. Dieser hat seinen Standpunkt unter Zustimmung des Dr. Brill an der Konferenz vom 16. Juni 1932 vertreten und das Unternehmen hat, wie oben dargelegt, konsequent den Standpunkt des Leiters der Werkstättenverwaltung zu dem seinigen gemacht. Siehe Bericht Ponndorf's an die Generaldirektion (act. 12); Schreiben des Unternehmens vom 30. Juni 1932 an den Demobilmachungskommissar (act. 148—149); Schreiben des Unternehmens vom 14. Oktober 1932 an den Demobilmachungskommissar (act. 150—151).

Es ist selbstverständlich und liegt in der Natur der Sache, daß das Unternehmen berufen ist, selbst zu wissen und zu erklären, welche Ange-

których urzędników w interesie ruchu przedsiębiorstwa należy w pracy zatrzymać. Z tego powodu wykluczone jest w ogólności sprawdzanie kwestii, czy pracownicy, określeni przez przedsiębiorstwo w myśl § 13 jako niezbędni, rzeczywiście są niezbędni. Tylko w tym przypadku Komisarz Demobilizacyjny może wyjątkowo sprzeciwić się stanowisku przedsiębiorstwa, gdy istnieje dowód na to, że przedsiębiorstwo, aby obejść zasady § 13 dotyczące wieku, lat służby i stosunków rodzinnych, niezgodnie z obiektywną prawdą lub niezgodnie z dotycznymi faktami i okolicznościami oświadcza, że dany urzędnik jest niezbędny, gdy więc dowiedzione jest, że określenie urzędnika jako niezbędnego jest tylko wysuniętym nieprawdziwym powodem, aby wbrew prawu dać pierwszeństwo temuż urzędnikowi ze szkodą innych urzędników. Takiego dowodu nieprawdy i nieszczerości w niniejszym przypadku stanowczo nie ma. Z całokształtu akt wynika raczej, jak już wyżej wywiedziono, że oświadczenie przedsiębiorstwa, według którego wspomniani urzędnicy dla racjonalnego ruchu przedsiębiorstwa byli niezbędni, opiera się na fachowej, obiektywnej ocenie stosunków.

2. Decyzja Komisarza Demobilizacyjnego z dnia 27 czerwca zawiera następujący ustęp: „...Orzeczenie niniejsze stanowi jedną całość. Przeprowadzenie jakichkolwiek zmian bez zgody Komisarza Demobilizacyjnego pociągnie za sobą anulowanie całego orzeczenia." Przedsiębiorstwu było zatem formalnie zakazane zatrzymać w pracy żalących się, których ono według akt nie zaproponowało do zwolnienia. Także wspomnianego podania przedsiębiorstwa z dnia 30 czerwca o złagodzenie decyzji Komisarz Demobilizacyjny nie uwzględnił. Przedsiębiorstwo zmuszone było zwolnić nawet żalących się, których określiło jako niezbędnych.

Komisarz Demobilizacyjny wywodzi dodatkowo, że mimo jasnej i kategorycznej formułki końcowej swej decyzji z dnia 27 czerwca 1932 przedsiębiorstwo mogło było zatrzymać żalących się w pracy. Komisarz Demobilizacyjny przyznaje, że według przepisów rozporządzenia demobilizacyjnego nie miał prawa zarządzić zwolnień. (Zobacz zeznania Seroki — akt 138—138 a: „...Decyzja ta nie jest, jak tu nadmieniam, jakimś zarządzeniem, lecz zezwoleniem, które może, lecz nie musi być wykorzystane. ...Klauzula ta nie zawiera zakazu zatrzymania nadal w pracy pracownika, na którego zwolnienie Komisarz Demobilizacyjny się zgodził.") Wynika z tego, że Komisarz Demobilizacyjny, nie mając do tego prawa, wbrew własnemu

stellten im Interesse des Vertiebes in Arbeit behalten werden müssen. Daher ist eine Überprüfung der Frage, ob ein vom Unternehmen im Sinne des § 13 als unentbehrlich bezeichneter Angestellter auch wirklich unentbehrlich sei, im allgemeinen ausgeschlossen. Nur in dem Falle kann der Demobilmachungskommissar ausnahmsweise gegen den Standpunkt des Unternehmens Stellung nehmen, wenn der Beweis dafür vorliegt, daß das Unternehmen im Widerspruch mit der objektiven Wahrheit, bezw. im Widerspruch mit den bezüglichen Tatsachen und Umständen, einen Angestellten als unentbehrlich erklärt, um die Grundsätze des § 13 betreffend Alter, Dienstalter und Familienverhältnisse zu umgehen, wenn also bewiesen ist, daß die Bezeichnung als unentbehrlicher Angestellter nur ein vorgeschobener unwahrer Grund ist, um diesen Angestellten widerrechtlich zum Schaden von anderen Angestellten zu bevorzugen. Ein solcher Beweis der Unwahrheit und Unaufrichtigkeit liegt hier keineswegs vor. Es ergibt sich vielmehr, wie schon ausgeführt, aus der gesamten Aktenlage, daß die Erklärung des Unternehmens, wonach die erwähnten Angestellten für den rationellen Betrieb unentbehrlich waren, auf einer sachverständigen, objektiven Beurteilung der Verhältnisse beruht.

2. Die Entscheidung des Demobilmachungskommissars vom 27. Juni enthält folgenden Passus: »...die vorliegende Entscheidung bildet ein Ganzes. Die Durchführung irgendwelcher Änderungen ohne Zustimmung des Demobilmachungskommissars zieht die Annullierung der ganzen Entscheidung nach sich.« Es war somit dem Unternehmen formell untersagt, die Beschwerdeführer, die es laut Akten für die Entlassung nicht vorgesehen hatte, in der Arbeit zu behalten. Auch das erwähnte Gesuch des Unternehmens vom 30. Juni um Milderung der Entscheidung ließ der Demobilmachungskommissar unberücksichtigt. Das Unternehmen war gezwungen, sogar die Beschwerdeführer, die es als unentbehrlich bezeichnet hatte, zu entlassen.

Nachträglich macht der Demobilmachungskommissar geltend, daß das Unternehmen trotz der klaren und kategorischen Schlußformel der Entscheidung vom 27. Juni 1932 die Beschwerdeführer in der Arbeit hätte zurückbehalten können. Der Demobilmachungskommissar gibt zu, daß er nach den Bestimmungen der Demobilmachungsverordnung nicht das Recht hatte, die Entlassungen anzuordnen. (Siehe Deposition Seroka — act. 138—138 a: »Diese Entscheidung ist, wie ich hier erwähne, keinerlei Verfügung, sondern eine Genehmigung, die ausgenutzt werden kann, jedoch nicht ausgenutzt werden muß. ...Die Klausel enthält kein Verbot, einen Angestellten, zu dessen Entlassung der Demobilmachungskommissar seine Genehmigung erteilt hat, weiterhin in Arbeit zu behal-

przekonaniu prawnemu, zmusił przedsiębiorstwo do zwolnienia żalących się. Bowiem, że przedsiębiorstwo musiało uważać się i uważało się też za związane wyraźnie sformułowanym zakazem, wynika jasno z pisma jego z dnia 30 czerwca 1932 (akt 148—149) oraz z faktu, że wbrew własnej woli zwolnić musiało nawet tych pracowników, których określiło jako niezbędnych.

3. Decyzja Komisarza Demobilizacyjnego z dnia 27 czerwca 1932 jest także z punktu widzenia „stosunków osobistych" niesprawiedliwa i sprzeczna z prawem. Według § 13 uwzględnić należy wiek i lata pracy oraz stosunki rodzinne urzędników, ażeby w miarę możności zatrzymać w pracy starszych i dłużej zatrudnionych urzędników, którzy utrzymywać muszą niezdolnych do zarobkowania członków rodziny.

Ogólne ustosunkowanie się Komisarza Demobilizacyjnego do § 13 wynika już z tego, że oddalił on listę zwolnień przedsiębiorstwa z dnia 17 maja 1932 m. in. z tym uzasadnieniem, że figuruje w niej za dużo młodych urzędników. (Zeznania Seroki — akt 138—138 a.) Stanowisko to nie da się bynajmniej pogodzić z jasnym brzmieniem i treścią § 13. Komisarz Demobilizacyjny, wydając decyzję, postąpił też istotnie w myśl owego sprzecznego z prawem uzasadnienia, co wynika np. z następujących zestawień:

Przedsiębiorstwo prosiło m. in. we wniosku do Komisarza Demobilizacyjnego z dnia 17 maja 1932 o zezwolenie na zwolnienie następujących urzędników:

N. Bujotzka, ur. 1909, kawalera, zatrudn. od r. 1924,
St. Wrobla, ur. 1907, kawalera, zatrudn. od r. 1927,
I. Wantuły, ur. 1904, kawalera, zatrudn. od r. 1927,
F. Gansińca, ur. 1909, kawalera, zatrudn. od r. 1924.

Komisarz Demobilizacyjny nie udzielił zezwolenia na zwolnienie tych urzędników, natomiast zarządził, jakkolwiek takiego wniosku ze strony przedsiębiorstwa nie było, zwolnienie żalących się:

R. Krzywona, ur. 1906, kawalera, zatrudn. od r. 1920,
W. Pietrka, ur. 1884, kawalera, zatrudn. od r. 1900,
H. Schwedy, ur. 1896, kawalera, zatrudn. od r. 1910,
I. Zielińskiego, ur. 1889, kawalera, zatrudn. od r. 1905,
R. Boenischa, ur. 1877, żonatego, 1 dziecko, zatrudn. od r. 1923,
J. Reichego, ur. 1880, żonatego, zatrudn. od r. 1905,
H. Widery, ur. 1881, żonatego, 2 dzieci, zatrudn. od r. 1898.

ten.«) Daraus folgt, daß der Demobilmachungskommissar, ohne hierzu berechtigt zu sein, entgegen seiner eigenen Rechtsüberzeugung, das Unternehmen gezwungen hat, die Beschwerdeführer zu entlassen. Denn daß sich das Unternehmen durch das klar formulierte Verbot gebunden fühlen mußte und auch gebunden gefühlt hat, geht klar hervor aus seinem Brief vom 30. Juni 1932 (act. 148—149) und aus der Tatsache, daß es gegen seinen Willen sogar die als unentbehrlich bezeichneten Angestellten entlassen mußte.

3. Die Entscheidung des Demobilmachungskommissars vom 27. Juni 1932 ist auch unter dem Gesichtspunkt »persönliche Verhältnisse« ungerecht und gesetzwidrig. Nach § 13 muß das Alter und die Arbeitsdauer sowie der Familienstand der Angestellten berücksichtigt werden, damit nach Möglichkeit die älteren, länger beschäftigten Angestellten, die erwerbsunfähige Familienmitglieder zu unterhalten haben, behalten werden.

Die allgemeine Einstellung des Demobilmachungskommissars zum § 13 geht schon daraus hervor, daß er die Entlassungsliste des Unternehmens vom 17. Mai 1932 u. a. mit der Begründung zurückwies, es seien darin zu viele junge Angestellte enthalten. (Zeugenaussagen Seroka — act. 138—138 a). Dieser Standpunkt ist mit dem klaren Wortlaut und Inhalt des § 13 schlechterdings nicht vereinbar. Im Sinne jener gesetzwidrigen Entscheidung ist der Demobilmachungskommissar denn auch bei seiner Entscheidung tatsächlich vorgegangen, was sich z. B. aus folgender Gegenüberstellung ergibt.

Das Unternehmen beantragte u. a. in seinem Antrag an den Demobilmachungskommissar vom 17. Mai 1932 die Genehmigung zur Entlassung folgender Angestellten:

Bujotzek N., geb. 1909, ledig, seit 1924 beschäftigt,
Wrobel St., geb. 1907, ledig, seit 1927 beschäftigt,
Wantuła J., geb. 1904, ledig, seit 1927 beschäftigt,
Gansiniec F., geb. 1908, ledig, seit 1924 beschäftigt.

Der Demobilmachungskommissar erteilte die Genehmigung zur Entlassung dieser Angestellten nicht, dagegen verfügte er, ohne daß ein Antrag des Unternehmens vorlag, die Entlassung der Beschwerdeführer:

Krzywon R., geb. 1906, ledig, seit 1920 beschäftigt,
Pietrek W., geb. 1884, ledig, seit 1900 beschäftigt,
Schweda H., geb. 1896, ledig, seit 1910 beschäftigt,
Zieliński J., geb. 1889, ledig, seit 1905 beschäftigt,
Boenisch R., geb. 1877, verh., 1 Kind, seit 1923 beschäftigt,
Reiche J., geb. 1880, verh., seit 1905 beschäftigt,
Widera H., geb. 1881, verh., 2 Kinder, seit 1898 beschäftigt.

Z powyższego zestawienia wynika, że Komisarz Demobilizacyjny, stosując samowolnie ustawę, dał młodszym wiekiem i latami służby urzędnikom pierwszeństwo przed żalącymi się, mimo że żalący się z uwagi na wiek, lata służby, a niektórzy z nich także ze względu na warunki rodzinne, mieli lepsze prawo do pracy i zarobku. Należy przy tym podkreślić, że trzech z chronionych przez Komisarza Demobilizacyjnego urzędników, a mianowicie Wrobla, Wantułę i Gansińca, przedsiębiorstwo kilkakrotnie, a także w piśmie z dnia 30 czerwca 1932 określiło jako zbędnych i nie nadających się do racjonalnego zatrudnienia.

Jest niezaprzeczone, że większość żalących się — częściowo w podeszłym wieku i z wieloma latami służby — zwolnionych zostało z pracy bez dostatecznego zabezpieczenia ich emeryturą lub wsparciem. Wprawdzie Urząd Spraw Mniejszości wywodził, że dla żalących się Reichego i Widery zwolnienie nie przedstawia niesłusznej surowości, ponieważ pobierają emeryturę w wysokości 230 wzgl. 244 zł miesięcznie. Należy jednak stwierdzić, że ci dwaj urzędnicy nie mieli w tym czasie, gdy zostali zwolnieni, prawa do emerytury, i że dopiero później na skutek ich podania udzielono im zapomóg, które w stosunku do poborów, jakie otrzymywali (około 800—900 zł miesięcznie), są bardzo niskie. Właśnie to jest szczególną surowością, że Komisarz Demobilizacyjny zarządził zwolnienie Widery i Reichego krótko przed ich zemerytowaniem i to wbrew woli i ze szkodą przedsiębiorstwa.

W związku z tymi wywodami nadmienić należy, że właściwa władza (oświadczenie Urzędu Spraw Mniejszości z dnia 17 listopada 1934 — akt 98—99), aby usprawiedliwić zarządzone przez Komisarza Demobilizacyjnego zwolnienie Reichego i Widery, niesłusznie powołuje się na § 12 ust. 4. Przepis ten brzmi:

„Przepisy te (mianowicie, że dla zwolnień uzyskać należy zgodę Komisarza Demobilizacyjnego) nie dotyczą również osób, które mają zapewnioną, wystarczającą na utrzymanie rentę inwalidzką lub stałą zapomogę, rentę zastępującą."

Także na podstawie tego przepisu nie można usprawiedliwić zarządzonego przez Komisarza Demobilizacyjnego zwolnienia Widery i Reichego ze względu na ich zapomogi. Przepis ten postanawia jedynie, że przedsiębiorstwo może zwolnić urzędnika bez zezwolenia Komisarza Demobilizacyjnego, jeżeli pobiera on wystarczającą rentę. Fakt, że Komisarz Demobilizacyjny uważał się za właściwego do

Aus obigem Vergleich geht hervor, daß der Demobilmachungskommissar in willkürlicher Anwendung des Gesetzes jüngere und dienstjüngere Angestellte gegenüber den Beschwerdeführern bevorzugt hat, obwohl die Beschwerdeführer in Bezug auf Alter, Dienstalter und einige von ihnen auch mit Rücksicht auf die Familienverhältnisse ein besseres Recht auf Arbeit und Verdienst hatten. Dabei ist hervorzuheben, daß drei der vom Demobilmachungskommissar geschützten Angestellten, nämlich Wrobel, Wantuła und Gansiniec, vom Unternehmen wiederholt, so auch in seinem Schreiben vom 30. Juni 1932 als überflüssig und zu einer rationellen Beschäftigung nicht verwendbar bezeichnet wurden.

Es ist unbestritten, daß die meisten Beschwerdeführer — zum Teil in vorgerücktem Alter mit zahlreichen Dienstjahren — aus der Arbeit entlassen wurden, ohne daß für sie mittels Pension oder Unterstützung ausreichend gesorgt war. Zwar machte das Minderheitsamt geltend, daß für die Beschwerdeführer Reiche und Widera die Entlassung keine unbillige Härte bedeute, da sie Pensionen von 230 bezw. 244 Zł. monatlich bezögen. Es ist aber festzustellen, daß diese zwei Angestellten zur Zeit der Entlassung keinen Anspruch auf Pensionen hatten und daß ihnen erst später auf ihre Gesuche hin Unterstützungen gewährt wurden, die im Verhältnis zum bezogenen Gehalt (ca. 800—900 Zł. monatlich) sehr gering sind. Gerade darin liegt eine besondere Härte, daß der Demobilmachungskommissar die Entlassung von Widera und Reiche kurze Zeit vor der Pensionierung angeordnet hat, und dies gegen den Willen und zum Nachteil des Unternehmens.

Im Zusammenhang mit diesen Ausführungen ist zu erwähnen, daß die zuständige Behörde (Erklärung des Minderheitsamtes vom 17. November 1934 — act. 98—99) sich zur Rechtfertigung der vom Demobilmachungskommissar angeordneten Entlassung des Reiche und Widera zu Unrecht auf § 12 Abs. 4 beruft. Diese Vorschrift lautet:

»Diese Vorschriften (nämlich daß für Entlassungen die Genehmigung des Demobilmachungskommissars eingeholt werden muß) finden auch keine Anwendung auf Personen, die eine für ihren Unterhalt ausreichende Invalidenrente oder eine ständige, die Rente ersetzende Unterstützung gesichert haben.«

Auch auf Grund dieser Vorschrift kann die vom Demobilmachungskommissar angeordnete Entlassung der Beschwerdeführer Widera und Reiche mit Rücksicht auf ihre Unterstützungen nicht gerechtfertigt werden. Diese Bestimmung besagt lediglich, daß das Unternehmen einen Angestellten, ohne beim Demobilmachungskommissar die Genehmigung einzuholen, entlassen kann, wenn er eine ausreichende Rente bezieht. Die Tat-

zwolnienia Reichego i Widery, dowodzi, że nie mieli oni jeszcze tytułu prawnego do emerytury, wzgl. że Komisarz Demobilizacyjny przysługujących im ewentl. później zapomóg nie uważał za dostateczne.

VI

Jakkolwiek zażalenie niniejsze ocenić należy w pierwszym rzędzie ze stanowiska, czy dopuszczono się aktów samowoli, tzn. naruszeń równości wobec ustawy w sensie art. 75 ust. 1, badać będzie się tutaj także kwestię, czy członków mniejszości potraktowano w stosunku do członków większości w sposób dyskryminacyjny w myśl art. 75 ustęp 3.

1. Dyskryminacja wynika najpierw z omówionego pod V/3 przeciwstawienia, gdyż podani jako przykład uprzywilejowani, wiekiem i latami służby młodzi urzędnicy (Bujotzek, Wrobel, Wantuła i Gansiniec) są członkami większości polskiej, natomiast żalący się zaliczają się do mniejszości niemieckiej.

2. Dalszym dowodem dyskryminacyjnego postępowania jest traktowanie sprawy Mendego w porównaniu z traktowaniem żalących się Reichego i Widery. Komisarz Demobilizacyjny odmówił zezwolenia na zwolnienie zaliczającego się do większości polskiej Augusta Mendego, co do którego przedsiębiorstwo oświadczyło (akt 12, akt 213—214), że jest absolutnie zużyty, i który z uwagi na podeszły wiek (urodzony 1874) w związku ze zniszczonym stanem zdrowia uzyskałby niewątpliwie natychmiast po zwolnieniu emeryturę państwową i rentę z huty. Jeżeli Komisarz Demobilizacyjny uważał, że musi chronić urzędnika Mendego, to tym bardziej nie powinien był zarządzić wbrew interesom przedsiębiorstwa zwolnienia Reichego i Widery, którzy bezsprzecznie w zupełności byli zdolni do pracy. Że zdolność Mendego do pracy w istocie bardzo była zmniejszona, dowodzi fakt, że w krótki czas potem sam nie uważał się więcej za zdolnego do spełnienia poruczonych mu funkcyj i zrezygnował ze stanowiska kierownika oddziału budowy wagonów (akt 213—214).

3. Decyzja Komisarza Demobilizacyjnego z dnia 27 czerwca 1932 nakazywała zwolnienie 32 urzędników. Według danych Niemieckiego Związku Ludowego, które tenże przytoczył co do każdego z tych urzędników, z owych 32 urzędników było 23 członkami mniejszości niemieckiej, 4 członkami większości polskiej i 2 obywatelami

sache, daß sich der Demobilmachungskommissar für die Entlassung des Reiche und Widera zuständig erklärt hat, beweist, daß sie noch keinen Rechtsanspruch auf Pensionen hatten, bezw. daß der Demobilmachungskommissar die ihnen evtl. später zustehenden Unterstützungen nicht für ausreichend hielt.

VI

Obwohl diese Beschwerde in erster Linie nach dem Gesichtspunkte zu beurteilen ist, ob Akte der Willkür, d. h. Verletzungen der Gleichheit vor dem Gesetze im Sinne des Art. 75 Absatz I begangen wurden, soll hier auch die Frage geprüft werden, ob die Minderheitsangehörigen im Vergleiche zu den Mehrheitsangehörigen im Sinne des Art. 75 Abs. 3 diskriminatorisch behandelt wurden.

1. Die Diskriminierung ergibt sich zunächst aus der sub V/3 besprochenen Gegenüberstellung, denn die als Beispiel erwähnten bevorzugten jungen und dienstjungen Angestellten (Bujotzek, Wrobel, Wantuła und Gansiniec) sind Angehörige der polnischen Mehrheit, während die Beschwerdeführer sich zur deutschen Minderheit bekennen.

2. Ein weiterer Beweis des diskriminatorischen Vorgehens liegt in der Behandlung des Falles Mende verglichen mit der Behandlung der Beschwerdeführer Reiche und Widera. Der Demobilmachungskommissar hat die Genehmigung zur Entlassung des zur polnischen Mehrheit gehörigen Angestellten August Mende verweigert, der vom Unternehmen (act. 12, act. 213—214) als absolut verbraucht bezeichnet wurde und der infolge des hohen Alters (geboren 1874) im Zusammenhang mit seinem zerrütteten Gesundheitszustand zweifellos sogleich nach der Entlassung in den Genuß der staatlichen und Hüttenpension gekommen wäre. Wenn der Demobilmachungskommissar den Angestellten Mende vor der Entlassung schützen zu müssen glaubte, so hätte er umso weniger die Entlassung der Beschwerdeführer Reiche und Widera, die unbestrittenermaßen voll arbeitsfähig waren, den Interessen des Unternehmens zuwider, verfügen dürfen. Daß die Arbeitsfähigkeit des Mende in der Tat stark vermindert war, beweist, daß er sich kurze Zeit darauf selber nicht mehr für die Ausübung der ihm übertragenen Funktionen befähigt hielt und als Leiter des Waggonbaus zurücktrat (act. 213—214).

3. Der Entscheid des Demobilmachungskommissars vom 27. Juni 1932 schrieb die Entlassung von 32 Angestellten vor. Gemäß den Angaben des Volksbundes, die er in Bezug auf jeden dieser Angestellten gemacht hat, waren von diesen 32 Angestellten: 23 Angehörige der deutschen Minderheit, 4 Angehörige der polnischen Mehrheit und 2 Reichsdeutsche.

niemieckimi. Co do trzech urzędników przynależności narodowej nie podano (akt 158—158 a — pismo Niemieckiego Związku Ludowego z dnia 3 stycznia 1935).

Wprawdzie w rzeczy samej nie chodzi o to, czy zwalnia się więcej osób należących do większości czy też osób należących do mniejszości, decydującym jest raczej to, czy §§ 12 i 13 oraz §§ 74 i 84 ustawy o radach zakładowych zastosowano w sposób obiektywny. Przy zbadaniu tej kwestii fakty i okoliczności, które dotyczą całego postępowania Komisarza Demobil., ocenić należy w związku, w jakim one do siebie pozostają. Należy w szczególności rozważyć, że do decyzji z dnia 27 czerwca 1932 doszło tylko przez wielokrotne naruszenie tych postanowień ustawowych i że Komisarz Demobilizacyjny zarządził zwolnienie 18 urzędników należących do mniejszości, jakkolwiek nie zostali oni przez przedsiębiorstwo wnioskiem z dnia 17 maja 1932 zaproponowani do zwolnienia i jakkolwiek — co się tyczy kryteriów wieku, lat służby i stosunków rodzinnych — mieli po większej części lepsze prawo do pozostania w pracy, aniżeli niektórzy członkowie większości, których Komisarz Demobilizacyjny wbrew woli przedsiębiorstwa chronił przed zwolnieniem. Wobec takiego stanu rzeczy nasuwa się przekonanie, że decyzja Komisarza Demobilizacyjnego zasadza się na tendencji dyskryminacyjnej.

VII

Reasumując, należy na podstawie rozważań sub IV i V stwierdzić, że stosowanie wspomnianych postanowień ustawowych, które pod wieloma względami odbiega tak daleko od wyraźnego ich brzmienia i od własnej praktyki Komisarza Demobilizacyjnego, przedstawia się jako samowolne. Art. 75 ustęp 1 gwarantuje członkom mniejszości równość wobec prawa. Aktów samowoli nie można pogodzić z nakazem sprawiedliwości, na którym zasadza się przepis równości wobec prawa. Według stałej praktyki Prezydenta Komisji Mieszanej (zob. m. in. poglądy z dnia 11 października 1926 w sprawie nr 169; z dnia 10 lutego 1927 w sprawie nr 191; z dnia 2 grudnia 1927 w sprawie nr 296; z dnia 1 czerwca 1928 w sprawie nr 267) należy wobec tego uznać, że art. 75 ustęp 1 Konwencji Genewskiej naruszony został ze szkodą żalących się. Zawarty w art. 75 ust. 1 zakaz samowoli uważać należy za zakaz absolutny, a zarzut, że podobnego samowolnego traktowania doznają także członkowie większości, pod względem prawnym nie mógłby być wzięty pod uwagę. Tego rodza-

In Bezug auf 3 Angestellte wurde das Volkstum nicht angegeben (act. 158—158 a — Schreiben des Volksbundes vom 3. Januar 1935).

Es kommt zwar an sich nicht darauf an, ob mehr Mehrheitsangehörige oder mehr Minderheitsangehörige zur Entlassung gebracht werden, entscheidend ist vielmehr, ob die §§ 12 und 13 sowie die §§ 74 und 84 des Betriebsrätegesetzes in objektiver Weise angewendet worden sind. Bei der Prüfung dieser Frage sind die Tatsachen und Umstände, welche das ganze Vorgehen des Demobilmachungskommissars betreffen, im Zusammenhang zu würdigen. Es ist insbesondere zu erwägen, daß der Entscheid vom 27. Juni 1932 nur durch wiederholte Verletzung dieser gesetzlichen Bestimmungen zustande kam und daß der Demobilmachungskommissar die Entlassung von 18 minderheitsangehörigen Angestellten verfügte, obschon sie vom Unternehmen im Antrag vom 17. Mai 1932 nicht zur Entlassung vorgeschlagen waren und obschon sie zum größten Teil, was die Kriterien des Alters, Dienstalters und der Familienverhältnisse anbetrifft, mehr Anspruch auf Belassung in der Arbeit hatten, als manche Mehrheitsangehörige, die der Demobilmachungskommissar gegen den Willen des Unternehmens vor Entlassung geschützt hat. Bei dieser Sachlage drängt sich die Überzeugung auf, daß der Entscheidung des Demobilmachungskommissars eine diskriminatorische Tendenz zu Grunde liegt.

VII

Zusammenfassend muß auf Grund der Ausführungen sub IV. und V. festgestellt werden, daß eine Anwendung der erwähnten gesetzlichen Bestimmungen, die in mehrfacher Hinsicht so weit von ihrem klaren Wortlaut und von der eigenen Praxis des Demobilmachungskommissars abweicht, sich als willkürlich darstellt. Art. 75 Abs. 1 gewährleistet den Minderheitsangehörigen die Gleichheit vor dem Gesetz. Akte der Willkür sind mit dem Gerechtigkeitsgebot, das der Vorschrift: Gleichheit vor dem Gesetz zu Grunde liegt, nicht vereinbar. Nach konstanter Praxis des Präsidenten der Gemischten Kommission (siehe u. a. die Stellungnahmen: vom 11. Oktober 1926 in der Beschwerdesache Nr. 169; vom 10. Februar 1927 in der Beschwerdesache Nr. 191; vom 2. Dezember 1927 in der Beschwerdesache Nr. 296; vom 1. Juni 1928 in der Beschwerdesache Nr. 267) muß somit anerkannt werden, daß Art. 75 Abs. 1 der Genfer Konvention zum Schaden der Beschwerdeführer verletzt worden ist. Das in Art. 75 Absatz 1 enthaltene Verbot der Willkür ist als ein absolutes zu betrachten und der Einwand, daß eine ähnliche will-

ju zarzut pozbawiony byłby też faktycznej podstawy, jak to wynika z następującego ustępu.

Obok gwarantowanej w art. 75 ust. 1 ochrony przeciwko samowoli mają członkowie mniejszości również prawo do równego traktowania z członkami większości. Także to postanowienie art. 75 ust. 3 zostało naruszone, jak przedstawiono sub VI. Komisarz Demobilizacyjny uprzywilejował członków większości wobec członków mniejszości.

VIII

Roszczeń żalących się o odszkodowanie nie należy rozpatrywać. Według stałej praktyki Prezydent Komisji Mieszanej nie jest do tego właściwy. W przypadkach, gdzie polubowne porozumienie się stron w sprawie roszczeń o odszkodowanie nie dojdzie do skutku, decyzję zastrzec należy właściwemu sądowi.

Po naradzie w łonie Komisji Mieszanej Prezydent Komisji Mieszanej na podstawie powyższych rozważań dochodzi do

poglądu:

1. Decyzja Komisarza Demobilizacyjnego z dnia 27 czerwca 1932 narusza art. 75 Konwencji Genewskiej ze szkodą żalących się.

2. Właściwą władzę wzywa się do poczynienia kroków, aby żalących się przyjęto z powrotem na dawne posady lub na posady odpowiadające ich dotychczasowej działalności zawodowej, o ile w poszczególnym przypadku nie wchodzi w rachubę innego rodzaju naprawienie krzywdy.

111

Pogląd

z dnia 25 października 1935 w sprawie nr 1760 Pawła Michalskiego, Niedobczyce (Górny Śląsk Polski), żalącego się, zastąpionego przez Niemiecki Związek Ludowy w Katowicach, dotyczącej zwolnienia z pracy na kopalni Roemer (Rybnickie Gwarectwo Węglowe).

kürliche Behandlung auch den Mehrheitsangehörigen zu Teil würde, könnte rechtlich nicht in Betracht gezogen werden. Eine solche Einrede würde auch der tatsächlichen Grundlage entbehren, wie aus nachfolgendem Absatz hervorgeht.

Neben dem in Art. 75 Absatz 1 gewährleisteten Schutz gegen Willkür haben die Minderheitsangehörigen auch Anspruch auf gleiche Behandlung im Vergleich zu den Mehrheitsangehörigen. Auch diese Bestimmung des Art. 75 Absatz 3 wurde verletzt, wie sub VI. dargelegt wurde. Der Demobilmachungskommissar hat die Mehrheitsangehörigen gegenüber den Minderheitsangehörigen bevorzugt.

VIII

Auf die Schadenersatzforderungen der Beschwerdeführer ist nicht einzutreten. Gemäß ständiger Praxis ist der Präsident der Gemischten Kommission dafür nicht zuständig. In denjenigen Fällen, wo eine gütliche Verständigung zwischen den Parteien in Bezug auf Schadenersatzforderungen nicht zu Stande kommt, muß die Entscheidung dem zuständigen Gericht vorbehalten bleiben.

Nach stattgehabter Beratung im Schoße der Gemischten Kommission gelangt der Präsident der Gemischten Kommission, gestützt auf die vorstehenden Erwägungen, zur

Stellungnahme:

1. Die Entscheidung des Demobilmachungskommissars vom 27. Juni 1932 verletzt Art. 75 der Genfer Konvention zum Schaden der Beschwerdeführer.

2. Die zuständige Behörde wird ersucht zu veranlassen, daß die Beschwerdeführer wieder in ihre frühere Stelle oder in eine andere ihrer bisherigen beruflichen Tätigkeit entsprechende Stelle aufgenommen werden, soweit nicht im einzelnen Falle eine andere Wiedergutmachung in Frage kommt.

111

Stellungnahme

vom 25. Oktober 1935 in der Sache Nr. 1760 des Paul Michalski, Niedobczyce (Polnisch-Oberschlesien), Beschwerdeführer, vertreten durch den Deutschen Volksbund in Katowice, betreffend Entlassung aus der Arbeit der Kopalnia Roemer (Rybniker Steinkohlengewerkschaft).

I

Dnia 20 sierpnia 1934 (akt 7) wniósł Niemiecki Związek Ludowy w myśl art. 149 i n. Konwencji Genewskiej imieniem i z pełnomocnictwa Pawła Michalskiego zażalenie do polskiego Urzędu Spraw Mniejszości w Katowicach. Urząd Spraw Mniejszości przekazał dnia 7 lutego 1935 (akt 1—2) powyższe zażalenie wraz z uwagami w myśl art. 152 Konwencji Genewskiej Prezydentowi Komisji Mieszanej. Po wymianie pism odbyły się dnia 11 marca 1935 przesłuchy świadków, a dnia 24 czerwca 1935 rozprawa ustna.

II

Żalący się zatrudniony był na kopalni Roemer (Rybnickie Gwarectwo Węglowe) jako zastępca sztygara w oddziale sztygara Malka. Z początkiem roku 1934 przedsiębiorstwo przedstawiło z powodu ograniczenia ruchu w myśl § 12 rozporządzenia demobilizacyjnego Komisarzowi Demobilizacyjnemu wniosek o zezwolenie na zwolnienie żalącego się i sztygara Malka z dniem 30 czerwca 1934. Komisarz Demobilizacyjny zezwolenia tego udzielił.

Zastępca żalącego się zarzuca, że decyzja Komisarza Demobilizacyjnego narusza § 13 rozporządzenia demobilizacyjnego.

W petitum zażalenia wnosi się o stwierdzenie, że zezwolenie na zwolnienie żalącego się narusza art. 75 i 80 Konwencji Genewskiej. Wnosi się o:

a) poczynienie kroków, aby żalącego się przyjęto z powrotem do pracy,

b) wypłacenie żalącemu się odszkodowania za utracony zarobek.

Urząd Spraw Mniejszości zaprzecza temu, że Komisarz Demobilizacyjny naruszył Konwencję Genewską.

III

Dotyczne źródła prawne (rozporządzenie demobilizacyjne i ustawa o radach zakładowych) zobacz w poglądzie w sprawie zażalenia Widery i towarzyszy — nr 1455 i 1537 — z dnia 30 lipca 1935 sub III.

IV

Z uwagi na unieruchomienie jednego pola kopalnianego na kopalni Roemer Komisarz Demobilizacyjny uznał wniosek o zwolnienie

I

Am 20. August 1934 (act. 7) erhob der Deutsche Volksbund namens und in Vollmacht des Paul Michalski im Sinne von Art. 149 ff. der Genfer Konvention Beschwerde beim Polnischen Minderheitsamt in Katowice. Das Minderheitsamt überwies am 7. Februar 1935 (act. 1—2) die Beschwerde mit seinen Bemerkungen im Sinne von Art. 152 der Genfer Konvention an den Präsidenten der Gemischten Kommission. Nach durchgeführtem Schriftenwechsel fanden am 11. März 1935 Zeugeneinvernahmen und am 24. Juni 1935 die mündlichen Verhandlungen statt.

II

Der Beschwerdeführer war in der Kopalnia Roemer (Rybniker Steinkohlengewerkschaft) als Steiger-Stellvertreter in der Abteilung des Steigers Malek beschäftigt. Anfangs 1934 hat das Unternehmen beim Demobilmachungskommissar wegen Einschränkung des Betriebes im Sinne von § 12 der Demobilmachungsverordnung die Genehmigung zur Entlassung des Beschwerdeführers sowie des Steigers Malek für den 30. Juni 1934 beantragt. Der Demobilmachungskommissar hat die Genehmigung erteilt.

Der Vertreter des Beschwerdeführers macht geltend, daß die Entscheidung des Demobilmachungskommissars gegen § 13 der Demobilmachungsverordnung verstoße.

Das Petitum der Beschwerde geht dahin festzustellen, daß die Genehmigung zur Entlassung des Beschwerdeführers eine Verletzung der Art. 75 und 80 der Genfer Konvention darstelle. Es wird beantragt:

a) dahin zu wirken, daß der Beschwerdeführer wiedereingestellt wird,

b) dem Beschwerdeführer den durch den Gehaltsausfall entstandenen Schaden zu ersetzen.

Das Minderheitsamt stellt eine Verletzung des Genfer Abkommens durch den Demobilmachungskommissar in Abrede.

III

Die einschlägigen Rechtsquellen (Demobilmachungsverordnung und Betriebsrätegesetz) siehe Stellungnahme betr. Beschwerde Widera und Genossen — Nr. 1455 u. 1537 — vom 30. Juli 1935 sub III.

IV

Der Demobilmachungskommissar hat im Hinblick auf die Stillegung eines Grubenfeldes auf der Kopalnia Roemer den Antrag auf

jednego sztygara i jednego zastępcy sztygara w myśl § 12 za uzasadniony. Po potwierdzeniu tej kwestii zasadniczej obowiązkiem Komisarza Demobilizacyjnego było zbadać, czy zwolnienie zaproponowanych pracowników, sztygara Malka i żalącego się, z uwagi na ich stosunki osobiste było w myśl § 13 dopuszczalne.

1. W zażaleniu wywodzi się m. in., że przedsiębiorstwo zatrudniało nadal zastępców sztygarów, których w myśl § 13 z uwagi na wiek, lata służby i obowiązki rodzinne należało zwolnić przed żalącym się. Właściwa władza (akt 5—6) określiła ten argument jako nieistotny, ponieważ Komisarz Demobilizacyjny nie jest właściwy do badania wewnętrznych spraw przedsiębiorstwa lub wymieniania albo zaproponowania do zwolnienia pracowników, którzy nie figurują na liście przedsiębiorstwa. Stanowisko to słuszne jest tylko o tyle, że Komisarz Demobilizacyjny nie jest uprawniony do zaproponowania, a tym mniej do wymuszania zwolnień pracowników, o których zwolnienie przedsiębiorstwo nie wnosiło. Zadanie jego polega jedynie na tym, aby zapobiec zwolnieniom sprzecznym z § 13, a jeżeli odmawia zezwolenia na zaproponowane zwolnienia, musi pozostawić przedsiębiorstwu wniesienie o inne zwolnienia, odpowiadające § 13. Komisarz Demobilizacyjny ma oczywiście prawo i obowiązek porównać stosunki osobiste (wiek, lata służby, obowiązki rodzinne itd.) zaproponowanych przez przedsiębiorstwo do zwolnienia pracowników ze stosunkami osobistymi pracowników, których przedsiębiorstwo nie chce zwolnić, gdyż tylko w ten sposób może on zbadać i zadecydować, czy zaproponowane przez przedsiębiorstwo zwolnienia są słuszne lub niedopuszczalne w myśl § 13 (zobacz pogląd dot. zażalenia Widery i towarzyszy — nr 1455 i 1537 — z dnia 30 lipca 1935 sub IV/3). Istotnie, gdyby Komisarz Demobilizacyjny zwolniony był z obowiązku porównania zaproponowanych przez przedsiębiorstwo do zwolnienia pracowników co do ich stosunków osobistych z pracownikami, których przedsiębiorstwo do zwolnienia nie zaproponowało, przedsiębiorstwo mogłoby sprzecznie z § 13 zwolnić np. tylko starych pracowników, którzy są już dawno w służbie i mają na utrzymaniu liczną rodzinę, a zatrzymać w pracy młodych, nieżonatych pracowników, którzy niedawno wstąpili do służby i nie mają żadnych obowiązków rodzinnych. Przedsiębiorstwa mogłyby w ogóle w myśl tej interpretacji naruszać dowoli § 13, a stróż ustawy, Komisarz Demobilizacyjny, nie miałby przeciwko temu nic do powiedzenia. Że tego rodzaju zastosowanie § 13 jest oczywiście samowolne,

Entlassung eines Steigers und Steiger-Stellvertreters als im Sinne von § 12 berechtigt anerkannt. Nach Bejahung dieser prinzipiellen Frage oblag dem Demobilmachungskommissar die Pflicht zu prüfen, ob die Entlassung in Bezug auf die persönlichen Verhältnisse der hierzu vorgeschlagenen Angestellten, des Steigers Malek und des Beschwerdeführers, nach § 13 zulässig war.

1. Die Beschwerde macht u. a. geltend, daß das Unternehmen Steigerstellvertreter weiterbeschäftigte, die gemäß § 13 hinsichtlich Alter, Dienstalter und Familienlasten vor dem Beschwerdeführer hätten entlassen werden müssen. Die zuständige Behörde (act. 5—6) bezeichnete diesen Einwand als unwesentlich, da der Demobilmachungskommissar keine gesetzlichen Kompetenzen besitze, die internen Angelegenheiten des Unternehmens zu prüfen bezw. Angestellte aufzuzählen oder zur Entlassung vorzuschlagen, die in der Vorschlagsliste des Unternehmens nicht figurieren. Dieser Standpunkt ist nur insofern richtig, als der Demobilmachungskommissar nicht befugt ist, die Entlassung von Arbeitnehmern, deren Entlassung das Unternehmen nicht beantragt hat, vorzuschlagen oder gar zu erzwingen. Seine Aufgabe besteht lediglich darin, Entlassungen zu verhindern, welche dem § 13 widersprechen, und falls er vorgeschlagene Entlassungen ablehnt, muß er dem Unternehmen überlassen, andere Entlassungen zu beantragen, die dem § 13 entsprechen. Der Demobilmachungskommissar hat selbstverständlich das Recht und die Pflicht, die persönlichen Verhältnisse (Alter, Dienstalter, Familienlasten etc.) der vom Unternehmen zur Entlassung vorgeschlagenen Angestellten zu vergleichen mit den persönlichen Verhältnissen der übrigen Angestellten, welche das Unternehmen nicht entlassen will, denn nur auf diese Weise kann der Demobilmachungskommissar prüfen und entscheiden, ob die vom Unternehmen beantragten Entlassungen im Sinne des § 13 gerecht oder unzulässig sind. (Siehe Stellungnahme betr. Beschwerde Widera und Genossen — Nr. 1455 u. 1537 — vom 30. Juli 1935 sub IV/3.) In der Tat, wenn der Demobilmachungskommissar der Pflicht enthoben wäre, die vom Unternehmen zur Entlassung vorgeschlagenen Angestellten in Bezug auf die persönlichen Verhältnisse mit den Angestellten, welche zur Entlassung nicht vorgeschlagen werden, zu vergleichen, so könnte das Unternehmen im Widerspruch zu § 13 z. B. nur alte Angestellte, die schon lange im Dienste stehen und die eine zahlreiche Familie zu ernähren haben, entlassen, um junge, ledige Angestellte, die kürzlich in den Dienst getreten sind und keine Familienlasten haben, in Arbeit zu behalten. Überhaupt könnten die Unternehmen gemäß dieser Auffassung nach Belieben den § 13 verletzen und der Wächter des Gesetzes, der Demobilmachungs-

ponieważ nie da się pogodzić ani z duchem ani z celem tego przepisu, nie wymaga dalszych wywodów. Takie zastosowanie ustawy jest naruszeniem ustępu 1 art. 75 Konwencji Genewskiej. Stanowisko Komisarza Demobilizacyjnego, w myśl którego wzbrania się on porównać stosunki osobiste pracowników, zaproponowanych przez przedsiębiorstwo do zwolnienia, ze stosunkami osobistymi pracowników, których przedsiębiorstwo chce nadal zatrudniać, jest tym mniej zrozumiałe, że porównanie takie jest zadaniem bardzo łatwym i prostym. Według jasnego sensu § 13 przedsiębiorstwo w pierwszym rzędzie jest zobowiązane do uwzględnienia stosunków osobistych. W tym celu każde przedsiębiorstwo winno prowadzić listę wszystkich pracowników z dokładnymi danymi co do wieku, lat służby i stosunków rodzinnych. Bez takiej listy dokładne przestrzeganie § 13 przez przedsiębiorstwo byłoby nie do pomyślenia. Komisarz Demobilizacyjny ma w każdym razie prawo żądać od każdego przedsiębiorstwa takiej dokładnej listy lub dokładnych danych co do stosunków osobistych. Na podstawie tej listy łatwo stwierdzić, czy urzędnicy, których przedsiębiorstwo proponuje do zwolnienia, mają w myśl § 13 pod względem wieku, lat służby i obowiązków rodzinnych słuszniejsze prawo do pracy i zarobku aniżeli inni pracownicy, których przedsiębiorstwo chce nadal zatrudniać i niesłusznie uprzywilejować.

W niniejszym przypadku z porównania wynika, że decyzja Komisarza Demobilizacyjnego z punktu widzenia stosunków osobistych narusza w sposób widoczny § 13. Żalący się ma lat 44, jest żonaty i ma 3 dzieci. Od roku 1914 pracował na kopalni Roemer. Komisarz Demobilizacyjny udzielił zezwolenia na jego zwolnienie, jakkolwiek przedsiębiorstwo zatrudniało nadal zastępców sztygarów, którzy pod względem wieku, lat służby i stosunków rodzinnych mniejsze mieli prawo do pracy i zarobku aniżeli żalący się, a mianowicie:

Renioka, 28—30 lat, żonatego, 2 dzieci, zatrudnionego na kopalni Roemer od około 1927 r.,

Uherka, 28—30 lat, żonatego, 1 dziecko, zatrudnionego w przedsiębiorstwie od około 1930 r.

To dowolne zastosowanie § 13 jest naruszeniem ustępu pierwszego art. 75 Konwencji. Decyzja Komisarza Demobilizacyjnego ma także charakter dyskryminacyjny i narusza szczególnie ustęp 3 art. 75, ponieważ uprzywilejowani niesłusznie zastępcy sztygarów Foniok

kommissar, hätte dazu nichts zu sagen. Daß eine solche Anwendung des § 13 offenbar willkürlich ist, weil unvereinbar mit dem Sinn und Zweck dieser Vorschrift, liegt auf der Hand. Eine derartige Gesetzesanwendung stellt eine Verletzung des Absatzes 1 des Art. 75 der Genfer Konvention dar. Der Standpunkt des Demobilmachungskommissars, wonach er sich weigert, die persönlichen Verhältnisse der Angestellten, die das Unternehmen zur Entlassung vorschlägt, mit den persönlichen Verhältnissen der Angestellten, die das Unternehmen weiter beschäftigen will, zu vergleichen, ist um so weniger zu verstehen, als dieser Vergleich eine sehr leichte und einfache Aufgabe ist. Gemäß dem klaren Sinn des § 13 ist in erster Linie das Unternehmen verpflichtet, die persönlichen Verhältnisse zu berücksichtigen. Zu diesem Zwecke muß jedes Unternehmen ein Verzeichnis aller Angestellten führen mit genauen Angaben des Alters, Dienstalters und der Familienverhältnisse. Ohne ein solches Verzeichnis wäre die genaue Beobachtung des § 13 durch das Unternehmen nicht denkbar. Jedenfalls ist der Demobilmachungskommissar berechtigt, von jedem Unternehmen ein solches genaues Verzeichnis bezw. genaue Angaben über die persönlichen Verhältnisse zu verlangen. Auf Grund eines solchen Verzeichnisses ist es leicht festzustellen, ob Angestellte, die das Unternehmen zur Entlassung vorschlägt, im Sinne des § 13 hinsichtlich Alter, Dienstalter und Familienlasten ein besseres Recht haben, Arbeit und Verdienst zu bewahren, als andere Angestellte, die das Unternehmen weiter beschäftigen und zu Unrecht bevorzugen will.

Im vorliegenden Fall ergibt der Vergleich, daß der Entscheid des Demobilmachungskommissars vom Gesichtspunkt der persönlichen Verhältnisse offenbar § 13 verletzt. Der Beschwerdeführer ist 44 Jahre alt, verheiratet und hat 3 Kinder. Seit 1914 arbeitete er auf der Kopalnia Roemer. Der Demobilmachungskommissar erteilte die Genehmigung zu seiner Entlassung, obschon das Unternehmen u. a. folgende Steiger-Stellvertreter weiterbeschäftigte, die in Bezug auf Alter, Dienstalter und Familienverhältnisse weniger Anspruch auf Arbeit und Verdienst hatten, als der Beschwerdeführer:

Foniok, 28—30 Jahre alt, verheiratet, 2 Kinder, seit etwa 1927 in der Kop. Roemer beschäftigt,

Uherek, 28—30 Jahre alt, verheiratet, 1 Kind, seit etwa 1930 im Unternehmen tätig.

In dieser willkürlichen Anwendung des § 13 liegt eine Verletzung des ersten Absatzes des Artikels 75 der Konvention. Die Entscheidung des Demobilmachungskommissars hat auch einen diskriminatorischen Charakter und verletzt speziell den Absatz 3 des Art. 75, da die zu Unrecht

i Uherek należą do większości polskiej, natomiast żalący się zalicza się do mniejszości niemieckiej. (Zobacz wywody dot. art. 75 ustęp 1 i 3 w poglądzie co do zażalenia Widery i tow. z dnia 30 lipca 1935 sub VII.)

2. Ani Komisarz Demobilizacyjny ani Urząd Spraw Mniejszości, przekazując zażalenie Prezydentowi Komisji Mieszanej, nie twierdzili, że zwolnienie żalącego się nastąpiło z powodu niedostatecznych kwalifikacyj albo też dla potrzeb lub w interesie przedsiębiorstwa, wobec czego ten powód zwolnienia zastrzeżony w § 13 nie wchodzi w rachubę.

Pewne zarzuty co do kwalifikacji żalącego się podniósł Urząd Spraw Mniejszości (akt 28—29) dopiero dodatkowo, odpowiadając na pismo żalącego się (akt 12), w którym ten ostatni podkreślił niesprawiedliwość swego zwolnienia, polegającą na tym, że zastępcę sztygara Ochoińskiego zatrzymano nadal w pracy, jakkolwiek jego pole kopalniane zostało unieruchomione, podczas gdy pole kopalniane żalącego się było nadal eksploatowane i jakkolwiek Ochoińskiego z uwagi na stosunki osobiste w myśl § 13 należało zwolnić przed żalącym się. Tylko w związku z tym Urząd Spraw Mniejszości twierdził, że Ochoiński posiada wyższy stopień kwalifikacyjny aniżeli żalący się. Ten dodatkowy zarzut co do kwalifikacyj żalącego się ma zatem tylko znaczenie relatywne i nie został wysunięty w stosunku do zastępców sztygarów Fonioka i Uherka, przytoczonych powyżej dla celów porównawczych. Urząd Spraw Mniejszości nie mógł jednak też dostarczyć konkretnych danych ani dowodów na to, że zastępca sztygara Ochoiński posiada lepsze kwalifikacje od żalącego się, jakkolwiek został o to proszony orzeczeniem Prezydenta Komisji Mieszanej (akt 30—31). Natomiast żalący się przedstawił dowody na swe kwalifikacje. Z przedstawienia sprawy przez Niemiecki Związek Ludowy (pismo Niemieckiego Związku Ludowego z dnia 18 kwietnia 1934 — akt 34; orzeczenie Prezydenta Komisji Mieszanej z dnia 23 kwietnia 1935 — akt 35—36), któremu nie zaprzeczono, wynika co następuje: Żalący się posiada gruntowne wykształcenie górnicze z ukończoną szkołą górniczą przygotowawczą i szkołą górniczą. Poza tym prowadził on czasowo samodzielnie w zastępstwie chorych lub urlopowanych sztygarów ich oddziały. Ochoiński wybił się ze stanu robotniczego i w przeciwieństwie do żalącego się nie posiada żadnego przygotowania naukowego. Ochoiński także nigdy w zastępstwie sztygarów nie prowadził samodzielnie ich oddziałów. Zresztą

bevorzugten Steigerstellvertreter Foniok und Uherek zur polnischen Mehrheit gehören, während der Beschwerdeführer sich zur deutschen Minderheit bekennt. (Siehe Ausführungen betr. Art. 75 Abs. 1 u. 3 in Stellungnahme betr. Beschwerde Widera u. Gen. vom 30. Juli 1935 sub VII.)

2. Daß der Beschwerdeführer wegen mangelnder Qualifikation, bezw. wegen der Bedürfnisse oder im Interesse des Unternehmens entlassen worden wäre, hat weder der Demobilmachungskommissar noch das Minderheitsamt bei Überweisung der Beschwerde an den Präsidenten der Gemischten Kommission behauptet. Dieser in § 13 vorbehaltene Entlassungsgrund kommt daher nicht in Frage.

Gewisse Einwendungen bezüglich die Befähigung des Beschwerdeführers erhob das Minderheitsamt (act. 28—29) erst nachträglich als Antwort auf einen Schriftsatz des Beschwerdeführers (act. 12), in dem letzterer die Ungerechtigkeit hervorhob, die darin bestehe, daß Steigerstellvertreter Ochoiński in Arbeit behalten wurde, obschon sein Grubenfeld stillgelegt worden sei, während das Grubenfeld des Beschwerdeführers weiter betrieben wurde und obschon Ochoiński vom Gesichtspunkt der persönlichen Verhältnisse gemäß § 13 vor dem Beschwerdeführer hätte entlassen werden müssen. Nur in diesem Zusammenhang hat das Minderheitsamt behauptet, daß Ochoiński einen höheren Qualifikationsgrad besitze als der Beschwerdeführer. Diese nachträgliche Bemängelung der Qualifikation des Beschwerdeführers ist somit nur eine relative und wurde nicht im Verhältnis zu den oben zum Vergleich herbeigezogenen Steigerstellvertretern Foniok und Uherek geltend gemacht. Das Minderheitsamt war aber auch nicht in der Lage konkrete Angaben und Beweismittel bezüglich die bessere Eignung des Steigerstellvertreters Ochoiński beizubringen, obschon das Minderheitsamt hierzu durch Verfügung des Präsidenten der Gemischten Kommission (act. 30—31) ersucht wurde. Dagegen hat der Beschwerdeführer seine Eignung unter Beweis gestellt. Aus der nichtwidersprochenen Darstellung des Volksbundes (Eingabe des Volksbundes vom 18. April 1934 — act. 34; Verfügung des Präsidenten der Gemischten Kommission vom 23. April 1935 — act. 35—36) ergibt sich Folgendes: Der Beschwerdeführer besitzt eine gediegene bergmännische Ausbildung mit Bergvorschule und Bergschule. Er hat überdies zeitweise in Vertretung von erkrankten oder beurlaubten Abteilungssteigern selbständig deren Abteilungen geführt. Ochoiński ist aus dem Arbeiterstand hervorgegangen und hat im Gegensatz zum Beschwerdeführer keine wissenschaftliche Vorbildung. Auch hat Ochoiński nie an Stelle von Abteilungssteigern selbständig deren Abteilungen geführt. Übrigens wird die Befähigung des

kwalifikacje żalącego się potwierdził też świadek Chroszcz (akt 24—25). Oświadczył on w charakterze członka rady zakładowej przed Komisją Pojednawczą, że przyjęto nowe siły, które nie są tak zdolne jak żalący się.

Z całokształtu sprawy wynika, że zarzuty co do kwalifikacyj żalącego się zostały tylko dodatkowo wysunięte w tym celu, aby usprawiedliwić zwolnienie żalącego się.

V

Urząd Spraw Mniejszości zajmował w pismach procesowych i na rozprawie ustnej stanowisko, że Komisarz Demobilizacyjny nie wiedział o przynależności żalącego się do mniejszości niemieckiej, a to tym mniej, że żalący się należał do Polskiego Związku Zawodowego. Na to odpowiedzieć należy, że do naruszenia art. 75 nie jest konieczna zła wola Komisarza Demobilizacyjnego. Istota stanu faktycznego art. 75 Konwencji Genewskiej jest wyczerpana, gdy obiektywnie jest ustalone, że członka mniejszości traktowano nierówno lub samowolnie, tak że zamiar naruszenia prawa, gdziekolwiekby wynikał z faktów lub okoliczności, jest tylko momentem obciążającym. Samowola i nierówne traktowanie polegać mogą nie tylko na zamiarze, lecz także na błędzie lub wadliwym zbadaniu sprawy.

Zdarza się tu i ówdzie, że członkowie mniejszości powierzają zastępstwo swych zawodowych interesów związkom polskim, wierząc, że w ten sposób będą lepiej chronieni przed niesprawiedliwymi zwolnieniami. Przynależność do takiego związku, który służy wyłącznie interesom zawodowym, nie oznacza przynależności narodowej. Że żalący się, który od roku 1924 jest członkiem Niemieckiego Związku Ludowego i posyłał swe dzieci do szkoły niemieckiej, należy do mniejszości niemieckiej, nie ulega żadnej wątpliwości i także Urząd Spraw Mniejszości tego nie kwestionował.

Według powyższych wywodów nie jest decydującym, czy Komisarz Demobilizacyjny wiedział czy też nie wiedział o przynależności żalącego się do mniejszości niemieckiej. Badając wniosek o zwolnienie, musiał on w każdym razie być świadom tego, że niektóre przedsiębiorstwa, jak wynika z licznych zażaleń, ignorując postanowienia ustawy o radach zakładowych i rozporządzenia demobilizacyjnego, kierują się przy wypowiedzeniach często względami narodowymi i starają się przy tym mianowicie o zwolnienie tych pracowników, których dzieci uczęszczają do szkoły niemieckiej. Z uwagi na

Beschwerdeführers auch bestätigt durch die Aussage des Zeugen Chroszcz (act. 24—25). In seiner Eigenschaft als Betriebsratmitglied erklärte er vor dem Schlichtungsausschuß, daß neue Kräfte eingestellt wurden, die nicht so tüchtig seien wie der Beschwerdeführer.

Es geht aus dem ganzen Sachverhalt hervor, daß die Bemängelung der Qualifikation des Beschwerdeführers nur ein nachträglich vorgeschützter Grund ist, um die Entlassung des Beschwerdeführers zu rechtfertigen.

V

Das Minderheitsamt hat in Schriftsätzen und auch in den mündlichen Verhandlungen den Standpunkt vertreten, daß dem Demobilmachungskommissar die Zugehörigkeit des Beschwerdeführers zur deutschen Minderheit nicht bekannt war, umsoweniger, als der Beschwerdeführer der polnischen Berufsvereinigung P. Z. P. angehörte. Hierauf ist zu erwidern, daß eine böswillige Absicht des Demobilmachungskommissars für die Verletzung des Art. 75 nicht erforderlich ist. Der Tatbestand des Art. 75 der Genfer Konvention ist erfüllt, wenn objektiv feststeht, daß ein Minderheitsangehöriger willkürlich oder unterschiedlich behandelt wurde, so daß die Absicht der Rechtsverletzung, wo sie sich aus den Tatsachen und Umständen ergibt, nur ein gravierendes Moment bildet. Willkür und ungleiche Behandlung können nicht nur auf Absicht, sondern auch auf Irrtum oder mangelhafter Prüfung beruhen.

Es kommt hie und da vor, daß Minderheitsangehörige ihre beruflichen Interessen durch polnische Gewerkschaften vertreten lassen, im Glauben, dadurch vor ungerechten Entlassungen besser geschützt zu werden. Die Zugehörigkeit zu einem solchen Verband, da er ausschließlich beruflichen Interessen dient, bedeutet kein Volkstumsbekenntnis. Daß der Beschwerdeführer, der seit 1924 Mitglied des Volksbundes ist und seine Kinder in die deutsche Schule schickte, deutscher Minderheitsangehöriger ist, steht außer Zweifel und wurde auch vom Minderheitsamt nicht in Zweifel gezogen.

Es ist nach dem Gesagten nicht entscheidend, ob dem Demobilmachungskommissar die Zugehörigkeit des Beschwerdeführers zur deutschen Minderheit bekannt oder nicht bekannt war. Immerhin mußte er bei der Prüfung des Entlassungsantrages sich dessen bewußt sein, daß manche Unternehmen, wie aus zahlreichen Beschwerden hervorgeht, in Mißachtung der Bestimmungen des Betriebsrätegesetzes und der Demobilmachungsverordnung sich bei Kündigungen oft von nationalen Gesichtspunkten leiten lassen und dabei namentlich diejenigen Angestellten zu entlassen bestrebt sind, deren Kinder die deutsche Schule besuchen. Mit Rück-

te Komisarzowi Demobilizacyjnemu znane stosunki tym bardziej jest jego obowiązkiem badać starannie wnioski przedsiębiorstw o zwolnienie, aby w ten sposób zapobiec niesprawiedliwym zwolnieniom i naruszeniu Konwencji Genewskiej. Przy obowiązkowym badaniu i obiektywnym zastosowaniu § 13 musiałby Komisarz Demobilizacyjny — bez względu na to, czy wiedział lub nie wiedział o przynależności żalącego się do mniejszości — dojść do wniosku, że zwolnienie było niedopuszczalne. Przy obiektywnym badaniu i sprawiedliwym zastosowaniu § 13 kwestia, czy pracownik należy do mniejszości lub większości, w ogóle nie będzie aktualna.

Że przedsiębiorstwo sprzecznie z przepisami ustawowymi chciało zwolnić żalącego się z tego powodu, że zalicza się do mniejszości, potwierdziła rozprawa przed Komisją Pojednawczą w sprawie zwolnienia żalącego się (zeznania Chroszcza — akt 24—25).

Na tej rozprawie zastępca Związku Zawodowego Polskiego, którego Michalski był członkiem, uzasadnił sprzeciw przeciwko zwolnieniu żalącego się. Wywodził on, że Michalski pracuje na kopalni Roemer już 20 lat i że ma on jeszcze dzieci, które chodzą do szkoły lub kształcą się zawodowo. Na to przewodniczący Komisji Pojednawczej zauważył, że muszą istnieć ukryte powody, które doprowadziły do zwolnienia, ponieważ to nie są powody, aby go zwolnić. Na to członek rady zakładowej Chroszcz prosił o głos i oświadczył, że zaangażowano nowe siły (jak wynika z jego dalszych zeznań, miał on na myśli m. in. także zastępców sztygarów Fonioka i Uherka), które miały mniej lat służby i nie były tak zdolne jak Michalski i Malek. Członek rady zakładowej Chroszcz dodał, że owych ukrytych powodów należy szukać w okoliczności, że Malek i Michalski zaliczają się do mniejszości niemieckiej. Na tym rozprawę przerwano. Potem przewodniczący ogłosił decyzję Komisji Pojednawczej, w myśl której Komisja ta uznała się za niewłaściwą, ponieważ Komisarz Demobilizacyjny udzielił już zezwolenia na zwolnienie (zobacz zeznanie Chroszcza — akt 24—25).

VI

Po naradzie w łonie Komisji Mieszanej Prezydent Komisji Mieszanej na podstawie powyższych rozważań dochodzi do

poglądu:

sicht auf diese dem Demobilmachungskommissar bekannten Verhältnisse ist es um so mehr seine Pflicht, die Entlassungsvorschläge der Unternehmen sorgfältig zu prüfen, um dadurch ungerechte Entlassungen und Verletzungen der Genfer Konvention zu verhindern. Bei pflichtgemäßer Prüfung und bei objektiver Anwendung des § 13 hätte der Demobilmachungskommissar im vorliegenden Fall — ganz gleich ob er die Zugehörigkeit des Beschwerdeführers zur Minderheit kannte oder nicht — zum Schluß kommen müssen, daß die Entlassung unzulässig war. Wo eine objektive Prüfung und gerechte Anwendung des § 13 vorliegt, wird die Frage, ob der Angestellte zur Minderheit oder zur Mehrheit gehört, überhaupt nicht aktuell.

Daß das Unternehmen den Beschwerdeführer im Widerspruch zu den gesetzlichen Bestimmungen wegen dem Bekenntnis zur deutschen Minderheit entlassen wollte, findet die Bestätigung durch die Verhandlungen vor dem Schlichtungsausschuß in der Entlassungsangelegenheit des Beschwerdeführers. (Aussage Chroszcz — act. 24—25.)

Bei diesen Verhandlungen hat der Vertreter der polnischen Gewerkschaft, deren Mitglied Michalski war, den Einspruch gegen seine Entlassung begründet. Er führte aus, daß Michalski schon 20 Jahre auf der Roemergrube arbeite und daß er noch Kinder habe, die in die Schule gingen, bezw. in der Berufsausbildung standen. Hierauf bemerkte der Vorsitzende des Schlichtungsausschusses, es müßten doch versteckte Gründe da sein, die zur Entlassung geführt hätten, denn das wären keine Gründe um ihn zu entlassen. Hierauf bat Betriebsratmitglied Chroszcz um das Wort und erklärte, daß neue Kräfte (wie aus seinen weiteren Aussagen hervorgeht, meinte er damit u. a. die Steigerstellvertreter Foniok und Uherek) eingestellt wurden, die dienstjünger und nicht so tüchtig seien wie Michalski und Malek. Betriebsratmitglied Chroszcz fügte hinzu, daß »die versteckten Gründe« im Bekenntnis des Malek und Michalski zur deutschen Minderheit liegen. Die Verhandlung wurde hierauf abgebrochen. Nachher eröffnete der Vorsitzende den Entscheid des Schlichtungsausschusses, der dahin ging, daß sich der Schlichtungsausschuß für unzuständig erklärte, weil der Demobilmachungskommissar bereits die Zustimmung zur Entlassung erteilt hatte. (Siehe Zeugenaussage Chroszcz — act. 24—25).

VI

Nach stattgehabter Beratung im Schoße der Gemischten Kommission gelangt der Präsident der Gemischten Kommission, gestützt auf die vorstehenden Erwägungen, zur

Stellungnahme:

1. Zezwolenie Komisarza Demobilizacyjnego na zwolnienie żalącego się narusza art. 75 Konwencji Genewskiej.

2. Właściwą władzę wzywa się do poczynienia kroków, aby żalącego się przyjęto z powrotem na jego dawną posadę lub na inną, która by odpowiadała jego dotychczasowej działalności zawodowej.

3. Roszczenia o odszkodowanie w myśl stałej praktyki dla braku właściwości nie rozpatruje się.

112

Pogląd

z dnia 21 grudnia 1935 w sprawie nr 1627 Jana Gronera, Siemianowice (Górny Śląsk Polski), żalącego się, zastąpionego przez Niemiecki Związek Ludowy w Katowicach, dotyczącej zwolnienia z pracy na kopalni Maks (Hohenlohe Spółka Akcyjna).

I

Dnia 22 czerwca 1934 (akt 5) wniósł Niemiecki Związek Ludowy w myśl art. 149 i n. Konwencji Genewskiej imieniem i z pełnomocnictwa Jana Gronera zażalenie do Polskiego Urzędu Spraw Mniejszości w Katowicach. Urząd Spraw Mniejszości przekazał dnia 20 września 1934 (akt 1—2) powyższe zażalenie wraz z uwagami w myśl art. 152 Konwencji Genewskiej Prezydentowi Komisji Mieszanej. Następnie odbyła się wymiana pism, przewidziana w regulaminie postępowania Komisji Mieszanej. Rozprawa ustna odbyła się dnia 17 lipca 1935. Dnia 6, 9 i 16 grudnia 1935 przesłuchano jeszcze różnych świadków.

II

Żalący się zatrudniony był w oddziale rachunkowym kopalni Maks (Hohenlohe Spółka Akcyjna) jako asystent biurowy. Dnia 30 września 1933 został zwolniony za zezwoleniem Komisarza Demobilizacyjnego.

Zastępca żalącego się zarzuca, że decyzja Komisarza Demobilizacyjnego narusza rozporządzenie demobilizacyjne.

W petitum zażalenia prosi się o stwierdzenie, że zezwolenie na zwolnienie żalącego się narusza art. 75 i 80 Konwencji Genewskiej. Wnosi się o:

1. Die Genehmigung des Demobilmachungskommissars zur Entlassung des Beschwerdeführers verletzt Art. 75 der Genfer Konvention.

2. Die zuständige Behörde wird ersucht, zu veranlassen, daß der Beschwerdeführer wieder in die frühere Stelle oder in eine andere seiner bisherigen beruflichen Tätigkeit entsprechende Stelle aufgenommen wird.

3. Auf die Schadenersatzforderung wird gemäß ständiger Praxis wegen Unzuständigkeit nicht eingetreten.

112

Stellungnahme

vom 21. Dezember 1935 in der Sache Nr. 1627 des Johann Groner, Siemianowice (Polnisch-Oberschlesien), Beschwerdeführer, vertreten durch den Deutschen Volksbund in Katowice, betreffend Entlassung aus der Arbeit der Maxgrube (Hohenlohe Spółka Akcyjna).

I

Am 22. Juni 1934 (act. 5) erhob der Deutsche Volksbund namens und in Vollmacht des Johann Groner im Sinne von Art. 149 ff. der Genfer Konvention Beschwerde beim Polnischen Minderheitsamt in Katowice. Das Minderheitsamt überwies am 20. September 1934 (act. 1, 2) die Beschwerde mit seinen Bemerkungen im Sinne von Art. 152 der Genfer Konvention an den Präsidenten der Gemischten Kommission. Es fand hierauf der in der Verfahrensordnung der Gemischten Kommission vorgesehene Schriftenwechsel statt. Die mündlichen Verhandlungen fanden am 17. Juli 1935 statt. Am 6., 9. und 16. Dezember 1935 wurden noch verschiedene Zeugen einvernommen.

II

Der Beschwerdeführer war in der Schichtmeisterei der Maxgrube (Hohenlohe Spółka Akcyjna) als Bureauassistent beschäftigt. Am 30. September 1933 wurde der Beschwerdeführer mit Genehmigung des Demobilmachungskommissars entlassen.

Der Vertreter des Beschwerdeführers macht geltend, daß die Entscheidung des Demobilmachungskommissars gegen die Demobilmachungsverordnung verstoße.

Das Petitum der Beschwerde geht dahin festzustellen, daß die Genehmigung zur Entlassung des Beschwerdeführers eine Verletzung der Art. 75 und 80 des Genfer Abkommens darstelle. Es wird beantragt:

a) poczynienie kroków, aby żalącego się przyjęto z powrotem do pracy,

b) wypłacenie żalącemu się odszkodowania za utracony zarobek.

Urząd Spraw Mniejszości zaprzecza temu, że Komisarz Demobilizacyjny naruszył Konwencję Genewską.

III

Co do dotycznych przepisów ustawowych (rozporządzenie demobilizacyjne i ustawa o radach zakładowych) wskazuje się na pogląd w sprawie Widery i towarzyszy — nr 1455 i 1537 — z dnia 30 lipca 1935, sub III, gdzie przepisy te przytoczone są w całości. Poza tym odsyła się w ogólności, a w szczególności w sprawie wykładni § 12 i § 13 do rozważań prawnych w poglądzie w sprawie Widery i towarzyszy i w poglądzie w sprawie Michalskiego — nr 1760 — z dnia 25 października 1935.

IV

Dnia 28 grudnia 1932 przedsiębiorstwo przedstawiło Komisarzowi Demobilizacyjnemu prośbę o udzielenie zezwolenia na zwolnienie 46 pracowników kopalni Maks z dniem 31 marca 1933; prośbę tę przedsiębiorstwo umotywowało kryzysem gospodarczym (akt 37). Decyzją z dnia 31 marca 1933 (akt 37 a) Komisarz Demobilizacyjny udzielił zezwolenia na zwolnienie 34 pracowników, między innymi żalącego się (częściowo na 31 marca 1933, częściowo zaś na datę późniejszą); co do dwóch pracowników Komisarz Demobilizacyjny odmówił zezwolenia na zwolnienie, zaś co do 10 innych pracowników zarządził, aby zatrudniano ich nadal w stosunku robotniczym, tzn. za płacą szychtową.

Aby osądzić trafnie postępowanie Komisarza Demobilizacyjnego, należy przede wszystkim wziąć pod uwagę, że przepisy §§ 12 i 13, jak zresztą także przepisy ustawy o radach zakładowych, skierowane są w pierwszym rzędzie do przedsiębiorstw i winny być przez nie przestrzegane. Przedsiębiorstwom nie wolno oczywiście postępować samowolnie, lecz winny przedłożyć Komisarzowi Demobilizacyjnemu wnioski co do liczby pracowników, którzy mają być zwolnieni na skutek zredukowanej pracy, w myśl § 12, zaś wnioski dotyczące osób, które mają być zwolnione, w myśl § 13. Komisarz Demobilizacyjny jest urzędnikiem nadzorczym i kontrolnym i jako taki ma za

a) dahin zu wirken, daß der Beschwerdeführer wieder eingestellt wird,

b) dem Beschwerdeführer den durch den Gehaltsausfall entstandenen Schaden zu ersetzen.

Das Minderheitsamt stellt eine Verletzung des Genfer Abkommens durch den Demobilmachungskommissar in Abrede.

III

Was die einschlägigen gesetzlichen Vorschriften anbelangt (Demobilmachungsverordnung und Betriebsrätegesetz), wird auf die Stellungnahme betr. Beschwerde Widera und Genossen — Nr. 1455 und 1537 — vom 30. Juli 1935, sub III, verwiesen, wo diese Bestimmungen vollständig aufgeführt sind. Ferner wird im allgemeinen und insbesondere betreffs der Auslegung des § 12 und des § 13 auf die Rechtserörterungen der Stellungnahme Widera und Genossen und der Stellungnahme betr. Beschwerde Michalski — Nr. 1760 — vom 25. Oktober 1935 Bezug genommen.

IV

Das Unternehmen hat am 28. Dezember 1932 beim Demobilmachungskommissar unter Berufung auf die gegenwärtige Wirtschaftskrisis die Genehmigung zur Entlassung von 46 Angestellten der Maxgrube für den 31. März 1933 nachgesucht (act. 37). Durch seinen Entscheid vom 31. März 1933 (act. 37 a) gab der Demobilmachungskommissar 34 Angestellte, unter anderen den Beschwerdeführer, zur Entlassung frei (teils für den 31. März 1933, teils für ein späteres Datum); bezüglich 2 Angestellter verweigerte er die Genehmigung zur Entlassung und bezüglich 10 weiterer Angestellten ordnete er die Weiterbeschäftigung im Arbeiterverhältnis, d. h. gegen Schichtlohn an.

Um das Vorgehen des Demobilmachungskommissars richtig zu beurteilen, ist vor allem in Betracht zu ziehen, daß die Vorschriften des § 12 und des § 13, sowie übrigens auch die Vorschriften des Betriebsrätegesetzes, in erster Linie an die Unternehmen gerichtet und von diesen zu befolgen sind. Die Unternehmen dürfen selbstverständlich nicht willkürlich vorgehen, sondern sie sind verpflichtet, ihre Anträge betreffend die Zahl der wegen reduzierter Arbeit abzubauenden Angestellten gemäß den Bestimmungen des § 12 und ihre Anträge betreffend die zu entlassenden Personen gemäß den Bestimmungen des § 13 dem Demobilmachungskommissar zu unterbreiten. Dieser ist Aufsichts- u. Kontrollbeamter und hat

zadanie i obowiązek odrzucić takie wnioski przedsiębiorstw, które sprzeczne są z §§ 12 lub 13.

Komisarz Demobilizacyjny udzielił w dalekiej mierze zezwolenia na redukcję personelu w myśl § 12 (do tego punktu zajmie się jeszcze stanowisko sub V). Jeżeli zgodnie z Komisarzem Demobilizacyjnym przypuścimy, że redukcja personelu, na którą on wyraził zgodę, w myśl § 12 była uzasadniona, wtenczas miał on obowiązek zbadać, czy zwolnienie zaproponowanych pracowników dopuszczalne było w myśl § 13.

W zażaleniu zarzuca się między innymi (akt 5), że zatrudniano nadal asystentów biurowych, którzy w myśl § 13 mniejsze mieli prawo na pozostawienie ich w pracy aniżeli żalący się. Z akt wynika w tej mierze co następuje (zobacz uwagę):

Żalący się ma lat 36, jest żonaty i ma dwoje dzieci, które uczęszczają do szkoły mniejszościowej. Pracował on od 18 lat jako asystent biurowy na kopalni Maks, a mianowicie w oddziale rachunkowym. Komisarz Demobilizacyjny udzielił decyzją z dnia 31 marca 1933 (akt 37 a) zezwolenia na jego zwolnienie, jakkolwiek przedsiębiorstwo m. in. zatrudniało nadal następujących asystentów biurowych, którzy co do wieku, lat służby i stosunków rodzinnych mniejsze mieli prawo do pracy i zarobku aniżeli żalący się (akt 46, 48; oświadczenia protokolarne — akt 148, 149; 150—151; 154—155; 156—157; 162—163), a mianowicie:

Pilotha, żonatego, 1 dziecko, lat 33, 19 lat służby,
Kuchtę, żonatego, 1 dziecko, lat 33, 10 lat służby,
Sklorza, kawalera, lat 33, 11 lat służby,
Lisonia, kawalera, lat 26, 12 lat służby,
Pietrzybę, żonatego, 1 dziecko, lat 29, 7 lat służby,
Jantę, kawalera, lat 28, 6 lat służby.

Pierwsi czterej urzędnicy zatrudnieni byli w oddziale rachunkowym kopalni Maks. Obydwaj ostatni pracowali wtedy w innych biurach kopalni Maks i po zwolnieniu żalącego się przydzieleni zostali do oddziału rachunkowego. Decydujące jest porównanie żalącego się z wszystkimi pracownikami jego stopnia całej kopalni Maks, ponieważ kopalnia ta stanowi jedną całość i ma prawo przenoszenia pracowników z jednego oddziału do drugiego.

Uwaga: Stwierdzenia dotyczące wieku, lat służby i stosunków rodzinnych asystentów biurowych odpowiadają stanowi z marca 1933 (czas udzielenia przez Komisarza Demobilizacyjnego zezwolenia na zwolnienie).

als solcher die Aufgabe und Pflicht, solche Anträge der Unternehmen, die dem § 12 bezw. dem § 13 widersprechen, zurückzuweisen.

Der Demobilmachungskommissar hat einen Personalabbau gemäß § 12 in weitgehendem Maße gewährt (zu diesem Punkt wird noch sub V Stellung genommen). Nimmt man mit dem Demobilmachungskommissar an, daß der von ihm bewilligte Personalabbau im Sinne des § 12 gerechtfertigt war, so hatte der Demobilmachungskommissar die Pflicht zu prüfen, ob die Entlassung der vorgeschlagenen Angestellten nach § 13 zulässig war.

Die Beschwerde macht u. a. geltend (act. 5), daß Bureauassistenten weiterbeschäftigt wurden, die gemäß § 13 weniger Anrecht auf Belassung in der Arbeit hatten als der Beschwerdeführer. Die Akten ergeben diesbezüglich folgendes (siehe Anmerkung):

Der Beschwerdeführer ist 36 Jahre alt, verheiratet und hat 2 Kinder, welche die Minderheitsschule besuchen. Er arbeitete seit 18 Jahren als Bureauassistent in der Maxgrube, und zwar in der Schichtmeisterei. Der Demobilmachungskommissar erteilte mit Entscheid vom 31. März 1933 (act. 37 a) die Genehmigung zu seiner Entlassung, obschon das Unternehmen in der Maxgrube unter anderen folgende Bureauassistenten weiterbeschäftigte, die in Bezug auf Alter, Dienstalter und Familienverhältnisse weniger Anspruch auf Arbeit und Verdienst hatten, als der Beschwerdeführer (act. 46, act. 48; Protok. Erklärungen — act. 148, 149; 150, 151; 154, 155; 156, 157; 162, 163):

Piloth, verheiratet, 1 Kind, 33 Jahre alt, 19 Dienstjahre,
Kuchta, verheiratet, 1 Kind, 33 Jahre alt, 10 Dienstjahre,
Sklorz, ledig, 33 Jahre alt, 11 Dienstjahre,
Lisoń, ledig, 26 Jahre alt, 12 Dienstjahre,
Pietrzyba, verheiratet, 1 Kind, 29 Jahre alt, 7 Dienstjahre,
Janta, ledig, 28 Jahre alt, 6 Dienstjahre.

Die ersteren 4 Angestellten waren in der Schichtmeisterei der Maxgrube beschäftigt, die letzteren beiden arbeiteten damals in anderen Bureaus der Maxgrube und wurden nach der Entlassung des Beschwerdeführers der Schichtmeisterei zugewiesen. Maßgebend ist der Vergleich des Beschwerdeführers mit sämtlichen Angestellten seines Ranges in der ganzen Maxgrube, da diese eine Einheit bildet und das Recht hat, die Angestellten von einer Abteilung in eine andere zu versetzen.

Anmerkung: Die folgenden Feststellungen betr. Alter, Dienstalter und Familienstand von Bureauassistenten entsprechen dem Stande März 1933 (Zeitpunkt der Entlassungsgenehmigung des Demobilmachungskommissars).

Z powyższego porównania wynika, że w stosunku do żalącego się § 13 został w sposób oczywisty decyzją Komisarza Demobilizacyjnego samowolnie zastosowany. Porównanie to wykazuje, że art. 75 Konwencji Genewskiej jest naruszony i to całkiem niezależnie od okoliczności, że uprzywilejowani niesłusznie urzędnicy należą do większości polskiej.

Komisarz Demobilizacyjny także w tym przypadku zajął stanowisko (akt 56—57) i kierował się nim, że nie jest uprawniony ani zobowiązany do poczynienia porównań z pracownikami, którzy we wniosku przedsiębiorstwa o zwolnienie nie figurują, gdy wydaje decyzję w kwestii, czy w myśl § 13 udzielić należy zezwolenia na zwolnienie pracowników zaproponowanych przez przedsiębiorstwo lub nie. Ta interpretacja jest bez wątpienia bezzasadna i samowolna, gdyż nie da się pogodzić z jasnym sensem i celem § 13 i ustawy o radach zakładowych i uczyniłaby te przepisy ochronne iluzorycznymi. (Zobacz także wywody w tej sprawie w poglądzie dot. zażalenia Widery i towarzyszy sub IV/3 i wywody w poglądzie dot. zażalenia Michalskiego z dnia 25 października 1935 sub IV/1). Tego rodzaju zastosowanie ustawy narusza ustęp 1 art. 75 Konwencji Genewskiej.

Zezwolenie Komisarza Demobilizacyjnego na zwolnienie żalącego się przedstawia nie tylko akt samowoli, lecz także dyskryminacyjne traktowanie w myśl art. 75 ustęp 3, gdyż wspomniani asystenci biurowi, których niesłusznie uprzywilejowano, są członkami większości polskiej, podczas gdy żalący się zalicza się do mniejszości niemieckiej. (Zobacz wywody dot. art. 75 ustęp 1 i 3 w poglądzie dotyczącym Widery i towarzyszy z dnia 30 lipca 1935 sub VII, oraz oświadczenia protokolarne — akt 148—149, 150—151, 154—155, 156—157, 162—163.)

Można jeszcze wskazać na to, że musianoby i wtedy przyjąć, że w niniejszym przypadku zachodzi samowolne i nierówne traktowanie, gdyby dla porównania uwzględniono tylko listę zwolnień przedłożoną Komisarzowi Demobilizacyjnemu przez przedsiębiorstwo; Komisarz Demobilizacyjny chronił zaliczającego się do większości polskiej asystenta Biedronkę (zobacz oświadczenia protokolarne — akt 158—159), zarządzając, by zatrudniano go nadal za zapłatą szychtową, jakkolwiek Biedronka (37 lat, żonaty, 1 dziecko, 12 lat służby) miał w myśl § 13 mniejsze prawo do ochrony aniżeli żalący się, na którego zwolnienie wyrażono zgodę.

Wobec twierdzenia Komisarza Demobilizacyjnego, że nie jest mu znana przynależność urzędników do mniejszości i że go ta spra-

Die obige Gegenüberstellung beweist, daß § 13 in Bezug auf den Beschwerdeführer in evidenter Weise durch den Entscheid des Demobilmachungskommissars willkürlich angewendet wurde. Dieser Vergleich beweist, daß Art. 75 der Genfer Konvention verletzt ist und zwar ganz unabhängig vom Umstande, daß die zu Unrecht bevorzugten Angestellten der polnischen Mehrheit angehören.

Der Demobilmachungskommissar hat auch in diesem Fall (act. 56—57) den Standpunkt vertreten und ihm nachgelebt, daß er nicht berechtigt und verpflichtet sei, Vergleiche mit den nicht im Entlassungsantrag des Unternehmens figurierenden Angestellten anzustellen beim Entscheid über die Frage, ob die Genehmigung zur Entlassung der vom Unternehmen vorgeschlagenen Angestellten nach § 13 zu erteilen sei oder nicht. Diese Interpretation ist ohne jeden Zweifel unhaltbar und willkürlich, da sie mit dem klaren Sinn und Zweck des § 13 und des Betriebsrätegesetzes unvereinbar ist und diese Schutzbestimmungen illusorisch machen würde. (Siehe auch die Ausführungen zu dieser Frage in der Stellungnahme betr. Beschwerde Widera und Genossen sub IV, 3 und die Ausführungen in der Stellungnahme betr. Beschwerde Michalski vom 25. Oktober 1935 sub IV, 1). Eine solche Gesetzesanwendung verletzt Abs. 1 des Artikels 75 der Genfer Konvention.

Die Genehmigung des Demobilmachungskommissars zur Entlassung des Beschwerdeführers stellt nicht nur einen Akt der Willkür, sondern auch eine diskriminatorische Behandlung im Sinne von Art. 75 Abs. 3 dar, denn die erwähnten zu Unrecht bevorzugten Bureauassistenten sind Angehörige der polnischen Mehrheit, während der Beschwerdeführer sich zur deutschen Minderheit bekennt. (Siehe Ausführungen betr. Art. 75 Abs. 1 u. 3 in der Stellungnahme betr. Beschwerde Widera und Genossen vom 30. Juli 1935 sub VII, sowie die protokoll. Erklärungen — act. 148—149, 150—151, 154—155, 156—157, 162—163).

Es mag noch darauf hingewiesen werden, daß eine willkürliche und unterschiedliche Behandlung im vorliegenden Falle auch dann angenommen werden müßte, wenn man zum Vergleich nur die vom Unternehmen dem Demobilmachungskommissar unterbreitete Entlassungsliste heranziehen wollte; der Demobilmachungskommissar hat den sich zur polnischen Mehrheit bekennenden Assistenten Biedronka (siehe protokollarische Erklärung — act. 158—159) durch Anordnung der Weiterbeschäftigung im Schichtlohn geschützt, obschon Biedronka (37 Jahre alt, verheiratet, 1 Kind, 12 Dienstjahre) im Sinne von § 13 weniger Anspruch auf Schutz hatte, als der zur Entlassung freigegebene Beschwerdeführer.

Gegenüber der Behauptung des Demobilmachungskommissars, daß er die Zugehörigkeit der Angestellten zur Minderheit nicht kenne

wa nic nie obchodzi, należy wskazać nasamprzód na to, że dane koła, a mianowicie przedsiębiorstwa wiedzą, którzy urzędnicy należą do większości, a którzy do mniejszości. Na podstawie tych wiadomości i kontroli nad tym, czy urzędnicy należą do większości polskiej lub do mniejszości niemieckiej, uprawiają niektóre przedsiębiorstwa antymniejszościową politykę zwolnień. Tendencja niektórych przedsiębiorstw do zastąpienia urzędników z powodu ich przynależności do mniejszości, a mianowicie dlatego, że posyłają dzieci do szkoły niemieckiej, urzędnikami należącymi do większości, wynika z licznych postępowań zażaleniowych. Te ogólne stosunki znane są dobrze także i Komisarzowi Demobilizacyjnemu. Jest zatem tym bardziej jego obowiązkiem jako stróża ustawy, aby, spełniając swe decydujące i brzemienne w skutki funkcje, badał wszystkie podania o zwolnienie w myśl §§ 12 i 13 rozporządzenia demobilizacyjnego oraz w myśl ustawy o radach zakładowych dokładnie i obiektywnie, celem zapobieżenia zwolnieniom, o które wnoszą przedsiębiorstwa niezgodnie z tymi przepisami ustawowymi i niezgodnie z art. 75 Konwencji Genewskiej. Przy obiektywnym badaniu i obiektywnej decyzji Komisarza Demobilizacyjnego bez trudności uniknąć można szkodliwego dla urzędników mniejszościowych naruszenia ustaw i Konwencji.

Należy zresztą i tutaj podkreślić, że ani dla istoty naruszenia ust. 1 art. 75 (samowola), ani dla istoty naruszenia ust. 3 art. 75 (nierówne traktowanie) nie jest konieczne udowodnienie złego zamiaru. Gdzie zamiar nieprzyjazny dla mniejszości wynika z faktów i okoliczności, jest on jedynie obciążającym momentem naruszenia prawa. To naruszenie prawa polegać może jednak także na wadliwym badaniu lub błędzie. Wystarczy zatem dowód, że zachodzi obiektywnie akt samowoli lub nierównego traktowania. Że zaś w niniejszym przypadku samowolę i dyskryminację przypisać należy nieprzyjaznemu ustosunkowaniu się przedsiębiorstwa i Komisarza Demobilizacyjnego do mniejszości niemieckiej, wynika mianowicie z następujących wywodów.

V

Niedopuszczalne zwolnienie żalącego się ocenić należy także w związku z ogólnym postępowaniem przedsiębiorstwa i Komisarza Demobilizacyjnego w odniesieniu do zwolnienia dotychczasowych i przyjęcia nowych pracowników kopalni Maks. Poniższe dotyczne porównania i zestawienia opierają się na zapodaniach żalącego się,

und sich darum nicht kümmere, ist vorerst darauf hinzuweisen, daß in den betreffenden Kreisen und namentlich in den Unternehmen bekannt ist, welche Angestellten zur Mehrheit und welche zur Minderheit gehören. Auf Grund ihrer Kenntnisse und Kontrolle darüber, ob die Angestellten zur polnischen Mehrheit oder zur deutschen Minderheit gehören, betreiben manche Unternehmen eine minderheitsfeindliche Entlassungspolitik. Die Tendenz mancher Unternehmen, Angestellte wegen ihrer Angehörigkeit zur Minderheit und namentlich deshalb, weil sie ihre Kinder in die Minderheitsschule schicken, durch Mehrheitsangehörige zu ersetzen, ergibt sich aus zahlreichen Beschwerdeverfahren. Diese allgemeinen Verhältnisse sind auch dem Demobilmachungskommissar durchaus bekannt. Umso mehr ist es seine Pflicht, als Wächter des Gesetzes, bei der Ausübung seiner einschneidenden und folgenschweren Funktionen alle Entlassungsgesuche gemäß § 12 und 13 der Demobilmachungsverordnung und gemäß dem Betriebsrätegesetz genau und objektiv zu prüfen, um Entlassungen zu verhindern, die von den Unternehmen im Widerspruch zu diesen gesetzlichen Bestimmungen und im Widerspruch zu Art. 75 der Genfer Konvention beantragt werden. Wo objektive Prüfung und Entscheidung des Demobilmachungskommissars Platz greift, wird ohne weiteres eine Verletzung der Gesetze und der Konvention zum Schaden der Angestellten, die zur Minderheit gehören, verhindert.

Es ist übrigens auch hier zu betonen, daß der Nachweis einer böswilligen Absicht weder für den Tatbestand der Verletzung des Abs. 1 des Art. 75 (Willkür) noch für den Tatbestand der Verletzung des Abs. 3 des Art. 75 (unterschiedliche Behandlung) erforderlich ist. Wo die minderheitsfeindliche Absicht sich aus den Tatsachen und Umständen ergibt, bildet sie lediglich ein gravierendes Moment der Rechtsverletzung. Diese kann aber auch auf mangelhafter Prüfung oder Irrtum beruhen. Es genügt somit der Nachweis, daß objektiv ein Akt der Willkür oder der ungleichen Behandlung vorliegt. Daß aber in dem vorliegenden Falle die Willkür und die Diskriminierung auf eine gegen die deutsche Minderheit gerichtete Einstellung des Unternehmens und des Demobilmachungskommissars zurückzuführen ist, ergibt sich namentlich aus den nachfolgenden Ausführungen.

Die unzulässige Entlassung des Beschwerdeführers ist auch im Zusammenhang mit dem allgemeinen Vorgehen des Unternehmens und des Demobilmachungskommissars in Bezug auf Entlassung bisheriger und Anstellung neuer Angestellten der Maxgrube zu würdigen. Die nachfolgenden diesbezüglichen Vergleiche und Zusammenstellungen stützen sich

które przytoczył on w sprawie każdego wymienionego imiennie urzędnika (akt 46, 47, 48, 49). Urząd Spraw Mniejszości (akt 56—57; akt 72—73) nie zaprzeczył prawdziwości tych danych. Oświadczył jedynie, że nie może zająć stanowiska do danych dotyczących przynależności narodowej. Co się tyczy specjalnie tego ostatniego punktu, podkreślono już na innym miejscu, że zainteresowanym kołom, a mianowicie przedsiębiorstwom wiadomym jest, którzy urzędnicy należą do mniejszości, a którzy do większości. Prezydent Komisji Mieszanej sprawdził zapodania żalącego się co do narodowości i stosunków osobistych, przesłuchując urzędników oddziału rachunkowego (akt 130 do aktu 173). Przeprowadzenie dowodu potwierdziło doświadczenia i stwierdzenia poczynione w innych sprawach zażaleniowych (zobacz np. przesłuchy świadków w sprawie zażalenia nr 1590 dot. zwolnienia Bernarda Skowronka), że dotyczne zapodania Niemieckiego Związku Ludowego lub żalącego się, pominąwszy pojedyncze wyjątki, odpowiadają rzeczywistości.

Stan urzędników w czasie od 1 stycznia 1933 do 31 grudnia 1934 przedstawia się następująco:

A. Kopalnia Maks łącznie z oddziałem rachunkowym zatrudniała dnia 1 stycznia 1933 155 urzędników, z których 71 zaliczało się do mniejszości niemieckiej, 84 zaś do większości polskiej.

W czasie od 1 stycznia 1933 do 31 grudnia 1934 zwolniono 71 urzędników za zezwoleniem Komisarza Demobilizacyjnego.

Wśród tych urzędników 66 zaliczało się do mniejszości, 5 — do większości.

W tym samym czasie zaangażowano 39 członków większości i poruczono czynności urzędnicze 14 robotnikom zaliczającym się do większości.

Dnia 31 grudnia 1934 zatrudnionych było zatem 137 urzędników, z których 5 zalicza się do mniejszości niemieckiej, 132 — do większości polskiej.

B. Oddział rachunkowy kopalni Maks, gdzie zatrudniony był żalący się, przedstawia następujący obraz (oświadczenia protokolarne — akt 130 do aktu 173; akt 46):

auf Angaben des Beschwerdeführers, die er bezüglich eines jeden namentlich angeführten Angestellten gemacht hat (act. 46, 47, 48, 49). Das Minderheitsamt (act. 56—57, act. 72—73) hat die Richtigkeit der Angaben des Beschwerdeführers nicht bestritten. Es erklärte lediglich, daß es außerstande sei, zu den Angaben betreffend Volkstumszugehörigkeit Stellung zu nehmen. Was speziell diesen letzten Punkt anbelangt, ist schon an anderer Stelle betont worden, daß den beteiligten Kreisen und namentlich den Unternehmen bekannt ist, welche Angestellten zur Minderheit und welche zur Mehrheit gehören. Der Präsident der Gemischten Kommission hat durch Einvernahme der Angestellten der Schichtmeisterei (act. 130 bis act. 173) die Angaben des Beschwerdeführers betr. Volkstumszugehörigkeit und persönliche Verhältnisse einer Überprüfung unterzogen. Die Beweiserhebungen haben die in anderen Beschwerdesachen (siehe zum Beispiel die Zeugeneinvernahmen in der Beschwerdesache Nr. 1590 betr. Entlassung des Bernhard Skowronek) gemachten Erfahrungen und Feststellungen, daß die fraglichen Angaben des Volksbundes bezw. des Beschwerdeführers von einzelnen Ausnahmen abgesehen den Tatsachen entsprechen, bestätigt.

Die Angestelltenbewegungen ergeben für die Zeit vom 1. Januar 1933 bis 31. Dezember 1934 folgendes Bild:

A. Die Maxgrube mit Einschluß der Schichtmeisterei beschäftigte am 1. Januar 1933 155 Angestellte,

hiervon bekannten sich 71 zur deutschen Minderheit, 84 zur polnischen Mehrheit.

In der Zeit vom 1. Januar 1933 bis 31. Dezember 1934 wurden 71 Angestellte mit Genehmigung des Demobilmachungskommissars entlassen.

Es waren dies:

66 deutsche Minderheitsangehörige,

5 polnische Mehrheitsangehörige.

Im selben Zeitraum wurden:

39 polnische Mehrheitsangehörige neu angenommen,

14 polnische mehrheitsangehörige Arbeiter mit Angestelltendiensten beschäftigt.

Am 31. Dezember 1934 waren daher beschäftigt 137 Angestellte, von denen sich 5 zur deutschen Minderheit, 132 zur polnischen Mehrheit bekennen.

B. In der Schichtmeisterei der Maxgrube, wo der Beschwerdeführer angestellt war, zeigt sich folgendes Bild (Protokoll. Erklärungen act. 130 bis act. 173; act. 46): Am 1. Januar 1933 waren beschäftigt 16 Ange-

Dnia 1 stycznia 1933 zatrudnionych było 16 urzędników, z których 10 zaliczało się do mniejszości niemieckiej, 6 — do większości polskiej.

W czasie od marca 1933 do grudnia 1934 zwolniono za zezwoleniem Komisarza Demobilizacyjnego 8 członków mniejszości, żadnego członka większości.

W tym samym czasie przyjęto do tego oddziału: 8 członków większości polskiej. Tym samym z końcem 1934 roku zatrudnionych było 16 urzędników, z których 2 zalicza się do mniejszości niemieckiej, 14 — do większości polskiej.

Z powyższych zestawień dotyczących kopalni Maks jako całości wynika, że wprawdzie kryzys gospodarczy spowodował konieczność pewnego ograniczenia aparatu urzędniczego, z drugiej strony wynika z nich jednak także, że Komisarz Demobilizacyjny udzielił zezwolenia na o wiele większą ilość zwolnień, niż wymagała tego sytuacja gospodarcza i dopuszczalne to było w myśl § 12 (zobacz uwagę). Naruszając § 12 Komisarz Demobilizacyjny zezwolił na liczne nieuzasadnione zwolnienia. Dowodem tego jest niezaprzeczony fakt, że dużą część zwolnionych z kopalni Maks zastępowano nowymi urzędnikami. Należy w szczególności stwierdzić, że nowe przyjęcia na kopalni Maks nastąpiły bezpośrednio po decyzji Komisarza Demobilizacyjnego z dnia 31 marca 1933 i praktykowane były nadal (akt 49). Jakkolwiek Komisarz Demobilizacyjny musiał z tego wywnioskować, że przedsiębiorstwo już na dzień 31 marca 1933 zaproponowało i uzyskało częściowo nieuzasadnione zwolnienia, udzielił on dnia 27 września 1933, jak wynika z zażalenia nr 1431 dot. zwolnienia Czioka, akt 35—36, 44 a, dalszego zezwolenia na zwolnienie 17 przeważnie długoletnich i zaliczających się do mniejszości urzędników. Prócz naruszenia § 12 zachodzi także naruszenie § 13, gdyż wielu dotkniętych zwolnieniem urzędników miało z punktu widzenia stosunków osobistych większe prawo do pozostania w pracy aniżeli nowo zaangażowani i inni w przedsiębiorstwie zatrudnieni urzędnicy.

Co do oddziału rachunkowego jako pododdziału kopalni Maks należy specjalnie podkreślić, że wszystkie posady, które wskutek

---

Uwaga: § 12 postanawia m. in.: „...Wydalenia te przeprowadzone być mogą tylko w wypadkach, gdy pracodawca z powodu warunków produkcji nie może zatrudnić dotychczasowej liczby robotników przy jednoczesnym skróceniu ich czasu pracy (rozłożeniu pracy) nie poniżej 24 godzin tygodniowo."

stellte, hiervon bekannten sich 10 zur deutschen Minderheit, 6 zur polnischen Mehrheit.

In der Zeit vom März 1933 bis Dezember 1934 wurden mit Genehmigung des Demobilmachungskommissars entlassen: 8 Minderheitsangehörige, kein Mehrheitsangehöriger.

In derselben Zeit wurden in der Schichtmeisterei angestellt 8 polnische Mehrheitsangehörige.

Somit waren Ende 1934 beschäftigt 16 Angestellte, von denen sich 2 zur deutschen Minderheit, und 14 zur polnischen Mehrheit bekennen.

Aus obigen Zusammenstellungen bezüglich der Maxgrube als Ganzes geht hervor, daß die Wirtschaftskrisis wohl eine gewisse Einschränkung des Angestelltenapparates notwendig machte, sie ergeben aber andererseits, daß der Demobilmachungskommissar die Zustimmung zu weit mehr Entlassungen gegeben hat, als dies die Wirtschaftslage erforderte und als nach § 12 (siehe Anmerkung) zulässig war. In Verletzung des § 12 hat der Demobilmachungskommissar zahlreiche unbegründete Entlassungen genehmigt. Beweis hierfür ist die nichtbestrittene Tatsache, daß ein großer Teil der Entlassenen der Maxgrube durch neue Angestellte ersetzt wurde. Es ist insbesondere festzustellen, daß die Neueinstellungen in der Maxgrube unmittelbar nach der Entscheidung des Demobilmachungskommissars vom 31. März 1933 einsetzten und in der Folge andauerten (act. 49). Obschon der Demobilmachungskommissar daraus schließen mußte, daß das Unternehmen schon für den 31. März 1933 zum Teil unbegründete Entlassungen beantragt und erlangt hatte, erteilte er am 27. September 1933, wie aus der Beschwerdesache Nr. 1431 betreffend Entlassung Cziok, act. 35—36, 44 a, hervorgeht, weiterhin die Genehmigung zur Entlassung von 17, größtenteils langjährigen minderheitsangehörigen Angestellten. Neben der Verletzung des § 12 liegt auch eine Verletzung des § 13 vor, denn viele von der Entlassung Betroffene hatten vom Standpunkt der persönlichen Verhältnisse mehr Anspruch auf Belassung in der Arbeit, als die Neueingestellten und als andere im Betriebe beschäftigte Angestellte.

Speziell in Bezug auf die Schichtmeisterei als Unterabteilung der Maxgrube ist hervorzuheben, daß sämtliche durch den vom Demobilma-

---

Anmerkung: § 12 bestimmt u. a.: »...Entlassungen können nur in den Fällen durchgeführt werden, in welchen der Arbeitgeber infolge der Produktionsbedingungen die bisherige Anzahl der Arbeiter bei gleichzeitiger Kürzung ihrer Arbeitszeit (Arbeitsverteilung) — nicht unter 24 Stunden wöchentlich — nicht beschäftigen kann.«

zezwolonej przez Komisarza Demobilizacyjnego redukcji zostały opróżnione, musiały być na nowo obsadzone. I tak np. przeniesiono do tego oddziału w październiku 1933, po zwolnieniu żalącego się dnia 30 września 1933, z innych biur kopalni Maks wspomnianych już pod IV urzędników Pietrzybę i Jantę, których, gdyby redukcja rzeczywiście była konieczna, należało w myśl § 13 zwolnić przed żalącym się. Należy także wskazać na to, że wszystkich dnia 1 stycznia 1933 w oddziale rachunkowym zatrudnionych 6 urzędników większościowych ma jeszcze dzisiaj posady, chociaż 4 z tych urzędników (zobacz wywody sub IV) przy zgodnym z prawem zastosowaniu § 13 winno było stracić pracę przed żalącym się. Także zwolnienie należących do mniejszości urzędników Sczypy (żonaty, 36 lat, 21 lat służby) i Czioka (żonaty, 1 dziecko, 35 lat, 10 lat służby) (akt 37, 46, 48, 132—133) przedstawia z uwagi na stosunki osobiste pozostałych w służbie urzędników, jak Sklorza, Lisonia, Janty i Pietrzyby, naruszenie § 13. Zobacz sub IV dane co do stosunków osobistych tych czterech urzędników, którzy należą do większości polskiej.

Od roku 1933 zostali prawie wszyscy należący do mniejszości urzędnicy kopalni Maks (66 z 71) wyłączeni i zastąpieni członkami większości. Co się tyczy w szczególności oddziału rachunkowego, to z 10 należących do mniejszości urzędników zatrudnionych tam 1 stycznia 1933 dziś jeszcze tylko dwóch ma posady. Jeżeli od tych dwóch odjąć jednego (akt 130—131), któremu wypowiedziano stosunek służbowy na dzień 31 marca 1936, pozostaje tylko jeszcze jeden członek mniejszości (akt 138—139). (Tego ostatniego podał żalący się w swym zestawieniu jako członka większości, widocznie dlatego, że jest członkiem Polskiego Związku Harcerskiego.) Systematyczne dążenie przedsiębiorstwa, aby — w przeciwieństwie do §§ 13 i 12 — zastąpić tych urzędników, którzy przyznają się jawnie do mniejszości, członkami większości, jest oczywiste. Ale także Komisarz Demobilizacyjny nie przeciwdziałał tej tendencji. Wobec wspomnianych faktów i okoliczności narzuca się raczej przekonanie, że Komisarz Demobilizacyjny przyłączył się do tej tendencji przedsiębiorstwa, gdy dopuścił lub zezwolił na sprzeczne z ustawą zwolnienie członków mniejszości, a wśród nich i żalącego się.

Oczywiście że zarówno członkowie mniejszości jak i członkowie większości ponosić muszą ofiary i następstwa obecnego kryzysu pracy, następstwa, które wynikają ze sprawiedliwego i obiektywnego zastosowania obowiązujących przepisów ustawowych. Tak np. § 13

chungskommissar bewilligten Abbau frei gewordenen Stellen wieder besetzt werden mußten. Aus anderen Bureaus der Maxgrube wurden beispielsweise nach der am 30. September 1933 erfolgten Entlassung des Beschwerdeführers im Oktober 1933 die bereits sub IV erwähnten Angestellten Pietrzyba und Janta herbeigezogen, die, wenn wirklich ein Abbau nötig gewesen wäre, gemäß § 13 vor dem Beschwerdeführer hätten entlassen werden müssen. Es ist auch darauf hinzuweisen, daß alle 6 am 1. Januar 1933 in der Schichtmeisterei beschäftigten Mehrheitsangehörigen heute noch in Stellung sind, obschon 4 dieser Angestellten (siehe Ausführungen sub IV) bei pflichtgemäßer Anwendung des § 13 die Arbeit vor dem Beschwerdeführer hätten verlieren müssen. Auch die Entlassung der minderheitsangehörigen Angestellten Sczypa (verheiratet, 36 Jahre alt, 21 Dienstjahre) und Cziok (verheiratet, 1 Kind, 35 Jahre, 10 Dienstjahre) (act. 37, 46, 48, 132, 133) stellt im Hinblick auf die persönlichen Verhältnisse der im Dienst gebliebenen Angestellten, wie Sklorz, Lisoń, Janta und Pietrzyba eine Verletzung des § 13 dar. Siehe sub IV die Angaben über die persönlichen Verhältnisse dieser vier Angestellten, welche zur polnischen Mehrheit gehören.

Seit 1933 wurden fast alle minderheitsangehörigen Angestellten der Maxgrube (66 von 71) ausgeschaltet und durch Mehrheitsangehörige ersetzt. Was im besonderen die Schichtmeisterei anbetrifft, so bekleiden von den am 1. Januar 1933 beschäftigten 10 minderheitsangehörigen Angestellten heute noch 2 ihre Stellung; wenn man den einen dieser Angestellten (act. 130—131), dem das Dienstverhältnis auf den 31. März 1936 gekündigt ist, in Abzug bringt, so verbleibt noch ein Minderheitsangehöriger (act. 138—139). (Letzterer wurde vom Beschwerdeführer in seiner Aufstellung als Mehrheitsangehöriger bezeichnet, offenbar deshalb, weil er Mitglied des polnischen Pfadfinderverbandes ist.) Das systematische Bestreben des Unternehmens, die Angestellten, die sich offen zur Minderheit bekennen, durch Mehrheitsangehörige zu ersetzen, und zwar im Widerspruch zu § 12 und 13, liegt auf der Hand. Aber auch der Demobilmachungskommissar ist dieser Tendenz nicht entgegengetreten, vielmehr drängt sich angesichts aller erwähnten Tatsachen und Umstände die Überzeugung auf, daß der Demobilmachungskommissar sich dieser Tendenz des Unternehmens anschloß, als er die gesetzwidrigen Entlassungen von Minderheitsangehörigen, darunter die Entlassung des Beschwerdeführers, zuließ bezw. genehmigte.

Selbstverständlich haben die Angehörigen der Minderheit wie die Angehörigen der Mehrheit die Folgen und Opfer der gegenwärtigen Arbeitskrise zu tragen, welche sich aus einer gerechten objektiven Anwendung der bestehenden gesetzlichen Vorschriften ergeben. So ist zum Beispiel

rozporządzenia demobilizacyjnego zastosować należy bez kwestii zarówno do członków mniejszości jak i do członków większości: Młodszych lub nieżonatych urzędników z mniejszą ilością lat służby należy zwalniać przed starszymi urzędnikami lub ojcami rodzin z większą ilością lat służby. Dotychczasowych urzędników nie należy zastępować nowymi urzędnikami itp. Dążenia jednak zmierzające do tego, aby pozbawiać urzędników pracy i zarobku z powodu ich przynależności do mniejszości, nie dadzą się pogodzić z myślą przewodnią Konwencji Genewskiej, tj. z zasadami sprawiedliwości, pojednania i pokoju. Komisarz Demobilizacyjny winien tym ostrzej przeciwstawić się przy wykonywaniu swych funkcyj tego rodzaju tendencjom, że doprowadzają one w konsekwencji do zniszczenia dotychczasowych środków bytu dotkniętych nimi urzędników i ich rodzin.

VI

Po naradzie w łonie Komisji Mieszanej Prezydent Komisji Mieszanej na podstawie powyższych rozważań dochodzi do

poglądu:

1. Decyzja Komisarza Demobilizacyjnego z dnia 31 marca 1933 narusza art. 75 Konwencji Genewskiej ze szkodą żalącego się.

2. Właściwą władzę wzywa się do poczynienia kroków, aby żalącego się przyjęto z powrotem na jego dawną posadę lub na inną, która by odpowiadała jego dotychczasowej działalności zawodowej.

3. Roszczenia o odszkodowanie w myśl stałej praktyki dla braku właściwości nie rozpatruje się.

113

Pogląd

z dnia 15 maja 1936 w sprawie nr 1776 Leona Płonki, Baumgarten (Górny Śląsk Niemiecki), żalącego się, zastąpionego przez adwokata Władysława Jamioła w Katowicach, dotyczącej odebrania paszportu.

I

1. Dnia 8 stycznia 1935 zaliczający się do mniejszości polskiej Leon Płonka z Baumgarten, Górny Śląsk Niemiecki, wniósł do Nie-

§ 13 der Demobilmachungsverordnung ohne weiteres auf Minderheits- und Mehrheitsangehörige anzuwenden: Junge bezw. ledige Angestellte mit wenigen Dienstjahren sind vor den älteren Angestellten bezw. Familienvätern mit mehr Dienstjahren zu entlassen. Bisherige Angestellte dürfen nicht durch neue Angestellte verdrängt werden, u. s. w. Bestrebungen jedoch, welche dahin zielen, Angestellte wegen ihrer Zugehörigkeit zur Minderheit aus Arbeit und Verdienst zu entfernen, sind mit den Ideen der Gerechtigkeit, Versöhnung und Befriedung, welche der Genfer Konvention zu Grunde liegen, nicht vereinbar. Es ist um so mehr Pflicht des Demobilmachungskommissars bei der Ausübung seiner Funktionen solchen Tendenzen entgegenzutreten, als diese die Vernichtung der bisherigen Existenzmittel der davon betroffenen Angestellten und ihrer Familien herbeiführen.

VI

Nach stattgehabter Beratung im Schoße der Gemischten Kommission gelangt der Präsident der Gemischten Kommission, gestützt auf die vorstehenden Erwägungen, zur

Stellungnahme:

1. Die Entscheidung des Demobilmachungskommissars vom 31. März 1933 verletzt Art. 75 der Genfer Konvention zum Schaden des Beschwerdeführers.

2. Die zuständige Behörde wird ersucht zu veranlassen, daß der Beschwerdeführer wieder in seine frühere Stellung oder in eine andere seiner bisherigen beruflichen Tätigkeit entsprechende Stelle aufgenommen wird.

3. Auf die Schadenersatzforderung wird gemäß ständiger Praxis wegen Unzuständigkeit nicht eingetreten.

113

Stellungnahme

vom 15. Mai 1936 in der Sache Nr. 1776 des Leon Płonka, Baumgarten (Deutsch-Oberschlesien), Beschwerdeführer, vertreten durch Rechtsanwalt Władysław Jamioł in Katowice, betreffend Entziehung des Reisepasses.

I

1. Am 8. Januar 1935 reichte der sich zur polnischen Minderheit zählende Leon Płonka aus Baumgarten, Deutsch-Oberschlesien, beim

mieckiego Urzędu Spraw Mniejszości w Opolu w myśl art. 149 i n. Konwencji Genewskiej zażalenie, w którym, powołując się na artykuły 67, 72, 75 i 80 Konwencji Genewskiej, zażalał się z powodu odebrania mu przez władze niemieckie niemieckiego paszportu i wniósł o stwierdzenie, że zarządzenie to stanowi naruszenie Konwencji Genewskiej (akt 2). W myśl art. 152 Konwencji Genewskiej zażalenie to przekazane zostało dnia 12 lutego 1935 Prezydentowi Komisji Mieszanej (akt 1). W trakcie późniejszej wymiany pism procesowych oraz na rozprawie ustnej z dnia 28 III 1936 strony miały sposobność przedstawić wszystkie argumenty prawne i faktyczne.

2. Urząd Spraw Mniejszości wysunął zarzut, że Płonka nie jest uprawniony do wniesienia zażalenia, ponieważ jest cudzoziemcem i nie jest mieszkańcem obszaru plebiscytowego.

II

1. Kwestia sporna, która jest podstawą niniejszego zażalenia, była już przedmiotem petycji w myśl art. 147 Konwencji Genewskiej, którą Leon Płonka wniósł 4 kwietnia 1931 do Rady Ligi Narodów. Także w tej petycji Płonka zażalał się na to, że dnia 24 XI 1927 władze niemieckie odebrały mu paszport niemiecki (akt 91). Rada Ligi Narodów zajmowała się tą sprawą na posiedzeniu z dnia 28 stycznia 1932 i przyjęła następujące sprawozdanie (akt 92):

„Il ressort de la documentation soumise au Conseil que le Gouvernement allemand et le Gouvernement polonais sont d'accord pour considérer M. Plonka comme ressortissant polonais. Dans ces conditions, il est évident que son cas ne relève pas de la protection des minorités en Haute-Silésie allemande, et je me permettrai, en conséquence, de proposer au Conseil de se borner à prendre acte de ce fait et de clore l'examen de l'affaire."

Przedmiot tej petycji do Rady Ligi Narodów i przedmiot niniejszego zażalenia są więc identyczne, a to zarówno co do podstawy zażalenia jak i co do osoby żałącego się. W myśl art. 153 al. 2 i art. 158 Konwencji Genewskiej Prezydent Komisji Mieszanej winien, wydając pogląd, uwzględnić uchwały Rady Ligi Narodów, dotyczące analogicznych przypadków górnośląskich. Ponieważ w niniejszym przypadku zachodzi nie tylko analogia, lecz identyczność, sprawa jest dla Prezydenta rzeczą osądzoną — res judicata. W zażaleniu niniejszym nie wysunięto też żadnych nowych istotnych faktów, których by

Deutschen Minderheitsamt in Oppeln eine Beschwerde im Sinne von Art. 149 ff. der Genfer Konvention ein, in welcher er sich unter Berufung auf die Artikel 67, 72, 75 und 80 der Genfer Konvention darüber beschwerte, daß ihm sein deutscher Reisepaß durch deutsche Behörden weggenommen worden sei und beantragte festzustellen, daß diese Maßnahme eine Verletzung der Genfer Konvention darstelle (act. 2). Diese Beschwerde wurde am 12. Februar 1935 auf Grund von Art. 152 der Genfer Konvention dem Präsidenten der Gemischten Kommission überwiesen (act. 1). In dem anschließenden Schriftenwechsel sowie in den mündlichen Verhandlungen vom 28. III. 1936 hatten die Parteien Gelegenheit, alle ihre rechtlichen und tatsächlichen Argumente vorzutragen.

2. Das Minderheitsamt wendete ein, daß Płonka zur Beschwerde nicht berechtigt sei, weil er Ausländer und nicht Bewohner des Abstimmungsgebietes ist.

II

1. Die Streitfrage, welche der vorliegenden Beschwerde zu Grunde liegt, bildete bereits den Gegenstand der Eingabe im Sinne von Art. 147 Genfer Konvention, die Leon Płonka am 4. April 1931 an den Völkerbundsrat gerichtet hatte: Auch in dieser Eingabe beschwerte sich Płonka darüber, daß ihm am 24. XI. 1927 sein deutscher Reisepaß durch deutsche Behörden abgenommen wurde (act. 91). Der Völkerbundsrat befaßte sich mit dieser Angelegenheit in seiner Sitzung vom 28. Januar 1932 und nahm folgenden Bericht an (act. 92):

„Il ressort de la documentation soumise au Conseil que le Gouvernement allemand et le Gouvernement polonais sont d'accord pour considérer M. Plonka comme ressortissant polonais. Dans ces conditions, il est évident que son cas ne relève pas de la protection des minorités en Haute-Silésie allemande, et je me permettrai, en conséquence, de proposer au Conseil de se borner à prendre acte de ce fait et de clore l'examen de l'affaire."

Der Gegenstand dieser Petition an den Völkerbundsrat und der Gegenstand der vorliegenden Beschwerde sind somit identisch, und zwar sowohl hinsichtlich des Beschwerdegrundes wie auch hinsichtlich der Person des Beschwerdeführers. Gemäß Art. 153 Al. 2 und Art. 158 der Genfer Konvention hat der Präsident der Gemischten Kommission beim Erlaß einer Stellungnahme die Beschlüsse des Völkerbundsrates betr. analoge oberschlesische Fälle zu berücksichtigen. Da im vorliegenden Falle nicht nur Analogie sondern Identität vorliegt, ist die Sache für den Präsidenten eine res judicata. Auch sind in der vorliegenden Beschwerde keine

już Rada Ligi Narodów nie była oceniła. Już z tego powodu zażalenie należy oddalić.

2. Lecz pominąwszy także powyższe, Prezydent Komisji Mieszanej nie mógłby rozpatrywać niniejszego zażalenia, ponieważ według jego przekonania — jak to zresztą stwierdziła już Rada Ligi Narodów — żalący się jest obywatelem polskim a nie niemieckim. Ze stwierdzeniem tym odpada jeden z istotnych warunków prawa zażaleniowego w myśl art. 149 Konwencji Genewskiej. Art. 149 przepisuje wyraźnie, że żalący się winien wnieść zażalenie do Urzędu Spraw Mniejszości swego państwa. Warunkiem prawa zażaleniowego w niniejszym przypadku jest więc obywatelstwo niemieckie żalącego się, ponieważ chodzi o Urząd Spraw Mniejszości na Górnym Śląsku Niemieckim. Lecz żalący się nie jest obywatelem Rzeszy Niemieckiej. Według stałej praktyki Prezydenta Komisji Mieszanej żalącego się nie można uważać za członka mniejszości w myśl art. 149 Konwencji Genewskiej i jego petycję należy zatem oddalić jako niedopuszczalną.

Można jeszcze nadmienić, że przedmiotem zażalenia mogłaby tylko być kwestia, czy zostały naruszone art. 67 lub 75 Konwencji Genewskiej. Prawa określone w art. 67 i 75 zagwarantowane są jednak wyłącznie obywatelom danego Państwa — w niniejszym przypadku obywatelom Państwa Niemieckiego. Także z tego powodu zażalenie niniejsze jest niedopuszczalne.

Co do incydentalnej sprawy przynależności państwowej, to prócz stwierdzenia Rady Ligi Narodów należy w sprawie tej zauważyć jeszcze co następuje:

Leon Płonka urodził się w roku 1878 jako obywatel niemiecki w Bolesławicach w Rosji. Na skutek tego, że na podstawie postanowień wersalskiego traktatu pokojowego Bolesławice przypadły Polsce, nabył Płonka 10 stycznia 1920 obywatelstwo polskie, zatrzymując co prawda tymczasowo obywatelstwo niemieckie, ponieważ jego miejsce zamieszkania znajdowało się podówczas jeszcze na terenie niemieckim, mianowicie w Kreuzburg na Górnym Śląsku Niemieckim (art. 7 polsko-niemieckiej umowy z dnia 30 sierpnia 1924 zawartej celem wykładni traktatu mniejszościowego — tzw. „umowa wiedeńska", Journal officiel, 1925, str. 895). Dnia 14 listopada 1921 Płonka przeprowadził się do Tarnowskich Gór, gdzie mieszkał do 3 sierpnia 1926. Miejscowość ta, leżąca na dawniejszym górnośląskim obszarze plebiscytowym, przyszła 15 czerwca 1922 pod zwierzchnictwo pol-

neuen wesentlichen Tatsachen vorgebracht worden, die nicht schon vom Völkerbundsrat gewürdigt worden wären. Schon aus diesen Gründen ist die Beschwerde von der Hand zu weisen.

2. Aber auch abgesehen davon könnte der Präsident auf die gegenwärtige Beschwerde nicht eintreten, da nach seiner Überzeugung — wie dies übrigens der Völkerbundsrat bereits festgestellt hat — der Beschwerdeführer polnischer und nicht deutscher Staatsangehöriger ist. Mit dieser Feststellung fällt eine wesentliche Voraussetzung des Petitionsrechts im Sinne des Art. 149 Genfer Konvention dahin. Artikel 149 schreibt ausdrücklich vor, daß der Beschwerdeführer seine Beschwerde beim Minderheitsamt seines Staates einzureichen hat. Voraussetzung für das Beschwerderecht ist somit in diesem Falle, daß der Beschwerdeführer Angehöriger des deutschen Staates ist, da es sich um das Minderheitsamt in Deutsch-Oberschlesien handelt. Nun ist der Beschwerdeführer eben nicht Angehöriger des Deutschen Reiches. Gemäß ständiger Praxis des Präsidenten ist der Beschwerdeführer nicht als Minderheitsangehöriger im Sinne von Art. 149 Genfer Konvention zu betrachten und seine Petition muß daher als unzulässig abgewiesen werden.

Es mag noch bemerkt werden, daß Gegenstand der Beschwerde nur die Frage sein könnte, ob Art. 67 bezw. 75 der Genfer Konvention verletzt worden seien. Nun sind aber die in Art. 67 und 75 umschriebenen Rechte ausschließlich den Angehörigen des betreffenden Staates — in diesem Falle den Angehörigen des deutschen Staates — gewährleistet. Auch aus diesem Grunde ist die vorliegende Beschwerde unzulässig.

Was die incidente Frage der Staatsangehörigkeit anbelangt, so ist darüber, neben der Feststellung des Völkerbundsrates noch folgendes zu bemerken:

Leon Płonka ist im Jahre 1878 als deutscher Staatsangehöriger in Bolesławice in Rußland geboren. Dadurch, daß Bolesławice auf Grund der Bestimmungen des Versailler Friedensvertrages polnisch wurde, erwarb Płonka am 10. Januar 1920 die polnische Staatsangehörigkeit, allerdings unter vorläufiger Beibehaltung seiner deutschen Staatsangehörigkeit, da er damals noch auf deutschem Gebiet — Kreuzburg, Deutsch-Oberschlesien, — seinen Wohnsitz hatte (Art. 7 des zur Auslegung des Minderheitenvertrages geschlossenen deutsch-polnischen Abkommens vom 30. August 1924 — sogenanntes »Wiener Abkommen«, Journal Officiel, 1925, S. 895). Am 14. November 1921 zog Płonka nach Tarnowskie Góry, wo er bis 3. August 1926 wohnte. Diese Ortschaft, die im ehemaligen oberschlesischen Abstimmungsgebiet gelegen ist, kam am 15. Juni 1922 unter polnische Souveränität. Infolge dieses Domizils in Polen behielt Płonka

skie. Z powodu tego miejsca zamieszkania w Polsce Płonka zatrzymał swe obywatelstwo polskie i utracił w myśl § 4 art. 7 umowy wiedeńskiej obywatelstwo niemieckie. Zobacz także decyzję polsko-niemieckiego Trybunału Rozjemczego w Bytomiu z dnia 13 grudnia 1930 w sprawie Leona Płonki (akt 82).

IV

Po naradzie w łonie Komisji Mieszanej Prezydent Komisji Mieszanej na podstawie powyższych rozważań dochodzi do

poglądu:

W myśl powyższych rozważań zażalenie oddala się.

114

Pogląd

z dnia 15 czerwca 1936 w sprawie nr 1695 dra Maksa Picka, Bytom (Górny Śląsk Niemiecki), żalącego się, zastąpionego przez adwokata dra Weißmanna w Bytomiu, dotyczącej zwolnienia ze stanowiska lekarza Urzędu Opieki Społecznej w Bytomiu.

I

Dnia 4 października 1934 członek mniejszości żydowskiej dr Maks Pick z Bytomia wniósł w myśl art. 149 i n. Konwencji Genewskiej do Niemieckiego Urzędu Spraw Mniejszości w Opolu zażalenie, w którym, powołując się na art. 66 i n., 75, 77 i 80 Konwencji Genewskiej, zażalał się z powodu zwolnienia go ze stanowiska lekarza komunalnego miasta Bytomia. Wniósł on o stwierdzenie, że powyższe artykuły Konwencji Genewskiej zostały naruszone, o przywrócenie mu stanowiska lekarza komunalnego i o zwrot poniesionej szkody (akt 2). Dnia 4 XII 1934 zażalenie to przekazano na podstawie art. 152 K. G. Prezydentowi Komisji Mieszanej (akt 1). W trakcie późniejszej wymiany pism procesowych i na rozprawie ustnej z dnia 25 lutego 1936 strony miały sposobność do przedstawienia wszystkich argumentów prawnych i faktycznych.

II

1. W roku 1931 miasto Bytom zorganizowało dla swych potrzebujących wsparcia mieszkańców opiekę lekarską, powierzając wyko-

seine polnische Staatsangehörigkeit bei und verlor gemäß § 4 Art. 7 Wiener Abkommen die deutsche Staatsangehörigkeit. Siehe auch die Entscheidung des deutsch-polnischen Schiedsgerichts in Beuthen vom 13. Dezember 1930 in Sachen Leon Płonka (act. 82).

IV

Nach stattgehabter Beratung im Schoße der Gemischten Kommission gelangt der Präsident der Gemischten Kommission, gestützt auf die vorstehenden Erwägungen, zur

Stellungnahme:

Die Beschwerde wird im Sinne der obigen Erwägungen abgewiesen.

114

Stellungnahme

vom 15. Juni 1936 in der Sache Nr. 1695 des Dr. Max Pick, Beuthen (Deutsch-Oberschlesien), Beschwerdeführer, vertreten durch Rechtsanwalt Dr. Weißmann in Beuthen, betreffend Entlassung als Arzt des Wohlfahrtsamtes in Beuthen.

I

Am 4. Oktober 1934 reichte der jüdische Minderheitsangehörige Dr. Max Pick aus Beuthen beim Deutschen Minderheitsamt in Oppeln eine Beschwerde im Sinne von Art. 149 ff. der Genfer Konvention ein, in welcher er sich unter Berufung auf die Art. 66 ff., 75, 77 und 80 der Genfer Konvention wegen seiner Entlassung als Kommunalarzt der Stadt Beuthen beschwerte. Er beantragte: festzustellen, daß die obgenannten Artikel der Genfer Konvention verletzt wurden, ihn als Kommunalarzt wieder einzusetzen und den ihm erwachsenen Schaden zu ersetzen (act. 2). Diese Beschwerde wurde am 4. Dezember 1934 auf Grund von Art. 152 der Genfer Konvention dem Präsidenten der Gemischten Kommission überwiesen (act. 1). In dem anschließenden Schriftenwechsel sowie in den mündlichen Verhandlungen vom 25. Februar 1936 hatten die Parteien Gelegenheit, alle ihre rechtlichen und tatsächlichen Argumente vorzutragen.

II

1. Im Jahre 1931 organisierte die Stadt Beuthen für die unterstützungsbedürftigen Einwohner eine ärztliche Fürsorge und betraute mit

nywanie jej sześciu lekarzom bytomskim, a mianowicie pp. drowi Weirauchowi, drowi Spillowi, drowi Freuthalowi, drowi Brehmerowi, drowi Harbolli i drowi Maksowi Pickowi jun. W tym charakterze lekarzy tych nazwano lekarzami komunalnymi. Z wyjątkiem żalącego się czynni byli ci lekarze komunalni także jako lekarze szkolni. Angażowanie tych lekarzy szkolnych i komunalnych uregulowano umową z dnia 30 kwietnia 1931 pomiędzy miastem Bytomiem a Powiatowym Związkiem Lekarzy w Bytomiu, tamtejszym związkiem zawodowym lekarskim (akt 16). W umowie tej ułożono się, że angażowanie lekarzy szkolnych i komunalnych odbywa się w ten sposób, że zawiera się z nimi prywatny stosunek służbowy i to w porozumieniu z Powiatowym Związkiem Lekarzy, przy czym „w miarę możności uwzględniać się powinno przede wszystkim lekarzy młodych, niedopuszczonych jeszcze do praktyki kasowej" (§ 1 l. c.). Zob. poniższą uwagę. W ustępie 3 § 1 przytoczono nazwiska powyższych sześciu lekarzy, którzy wchodzić mieli w rachubę jako lekarze komunalni wzgl.

Uwaga.

§ 1 umowy miasta Bytomia z Powiatowym Związkiem Lekarzy:

„Angażowanie lekarzy w charakterze lekarzy szkolnych i komunalnych w prywatnym stosunku służbowym następuje w porozumieniu z oddziałem gospodarczym bytomskiego Związku Powiatowego. Przy angażowaniu uwzględniani być mają w miarę możności przede wszystkim lekarze młodzi, którzy nie są jeszcze dopuszczeni do praktyki kasowej. Każdy lekarz zaangażowany w prywatnym stosunku służbowym winien podpisać następujące zobowiązanie:

»Umowę zawartą pomiędzy Magistratem miasta Bytomia a Powiatowym Związkiem Lekarzy w Bytomiu wraz z instrukcją służbową i załącznikami oraz wszelkie przez obydwie strony celem przeprowadzenia tej umowy zawarte i inne zawrzeć się mające układy uznaję jako zawarte przeze mnie we własnej osobie i zobowiązuję się, umowy oraz układów przestrzegać sumiennie. Uznaję także decyzje i uchwały powzięte w § 10 umowy jako prawnie mnie obowiązujące i podporządkowuję im się, wykluczając drogę prawną.«".

Jako lekarze szkolni wchodzą obecnie w rachubę:
dr Weirauch — Bytom,
dr Spill — Bytom,
dr Freuthal — Bytom,
dr Brehmer — Bytom,
dr Harbolla — Bytom
jako lekarze komunalni wymienieni wyżej panowie i ponadto
dr Pick jun. — Bytom."

der Ausführung dieser Fürsorge 6 Beuthener Ärzte, und zwar die Herren: Dr. Weirauch, Dr. Spill, Dr. Freuthal, Dr. Brehmer, Dr. Harbolla, Dr. Max Pick jun. In dieser Eigenschaft wurden sie Kommunalärzte genannt. Mit Ausnahme des Beschwerdeführers waren diese Kommunalärzte gleichzeitig auch als Schulärzte tätig. Die Anstellung dieser Schul- und Kommunalärzte wurde geordnet durch einen Vertrag vom 30. April 1931 zwischen der Stadt Beuthen und dem Ärztlichen Kreisverein Beuthen, der dortigen Berufsvereinigung der Ärzte (act. 16). In diesem Vertrag wurde vereinbart, daß die Anstellung der Schul- und Kommunalärzte im Privatdienstverhältnis und im Einvernehmen mit dem Ärztlichen Kreisverein erfolge und daß dabei »nach Möglichkeit an erster Stelle junge Ärzte, die noch nicht zur Kassenpraxis zugelassen sind, berücksichtigt werden sollten« (§ 1 l. c.). Siehe Fußnote. In Al. 3 des § 1 wurden die Namen der 6 obigen Ärzte angeführt, die als Kommunal- bezw. Schulärzte in Betracht fallen sollten (§ 1 Al. 3 l. c.). Die Stadt zahlte für die gesamte Tätigkeit der Kommunalärzte eine jährliche Pauschalvergü-

---

Fußnote.

§ 1 des Vertrages der Stadt Beuthen mit dem Ärztlichen Kreisverein:

»Die Anstellung von Ärzten für die Tätigkeit der Schulärzte und der Kommunalärzte im Privatdienstverhältnis erfolgt im Einvernehmen mit der wirtschaftlichen Abteilung des Beuthener Kreisvereins. Bei der Anstellung sollen nach Möglichkeit an erster Stelle junge Ärzte, die noch nicht zur Kassenpraxis zugelassen sind, berücksichtigt werden. Jeder im Privatdienstverhältnis angestellte Arzt hat nachfolgenden Verpflichtungsschein zu unterschreiben:

»Ich erkenne den zwischen dem Magistrat Beuthen und dem Ärztlichen Kreisverein Beuthen O/S. abgeschlossenen Vertrag nebst Dienstanweisung und Anlagen, sowie alle von den beiden Parteien gemeinsam zu seiner Durchführung getroffenen und zu treffenden sonstigen Vereinbarungen als von mir in eigener Person geschlossen an und verpflichte mich, den Vertrag und die Vereinbarungen gewissenhaft zu befolgen. Ich erkenne auch die durch den § 10 des Vertrages getroffenen Entscheidungen und Beschlüsse unter Ausschluß des Rechtsweges als für mich rechtsverbindlich an und unterwerfe mich ihnen.«

Zur Zeit kommen als Schulärzte in Betracht:

Dr. Weirauch — Beuthen O/S.
Dr. Spill — dto
Dr. Freuthal — dto
Dr. Brehmer — dto
Dr. Harbolla — dto

als Kommunalärzte dieselben vorgenannten Herren und außerdem

Dr. Pick jun. — Beuthen O/S.«

szkolni (§ 1 al. 3 l. c.). Za łączną działalność lekarzy komunalnych miasto płaciło ryczałtową sumę w wysokości 12.000 mk rocznie (od 1 IV 1932: 18.000 mk). Podział tej sumy poruczono Powiatowemu Związkowi Lekarzy (§ 9 l. c.).

2. Żałący się, który od 1 maja 1931 czynny był jako bytomski lekarz komunalny, otrzymał 10 kwietnia 1933 pismo Magistratu miasta Bytomia, którym z powołaniem się na zarządzenie Komisarza Rządowego z dnia 8 kwietnia 1933 zabroniono mu wykonywania czynności lekarza komunalnego. Dane pisma brzmią (akt 65 i 3):

(akt 65)

Komisarz Rządowy Bytom, dnia 8 kwietnia 1933.

w. z.

„Proszę niniejszym o wyłączenie z natychmiastową ważnością lekarzy pp. dra Freuthala, dra Picka (lekarzy komunalnych), dra Schmeya (lekarza przytułku), dra Friedmanna (lekarza miejskiej ochronki dla dzieci) oraz lekarzy dentystów dra Josefa, Guttmanna, dra Kamma, panią dr Jakoby-Ring z wszelkiej dalszej działalności na rzecz Magistratu miasta Bytomia i o wstrzymanie im wypłaty poborów za czas od 1 bm.

Celem zapewnienia ogólnej opieki lekarskiej potrzebującym pomocy proszę o zaproponowanie mi w miejsce ustępujących lekarzy dra Freuthala i dra Picka innych dwóch lekarzy na lekarzy komunalnych.

Opiekę lekarską nad miejską ochronką dla dzieci powierzyć należy natychmiast p. drowi Reimoldowi, lekarzowi chorób dziecięcych.

Nowo powołani panowie lekarze wstępują w stosunek umowny lekarzy wyłączonych nasamprzód honorowo i bez zobowiązania dla miasta.

Szczególna opieka lekarska nad przytułkiem tymczasowym i dla bezdomnych odpada.

Proszę poza tym o spowodowanie, aby potrzebujący pomocy kierowani byli odtąd w razie potrzeby tylko do chrześcijańskich niemieckich lekarzy fachowych.

O wykonaniu niniejszego proszę złożyć mi sprawozdanie w ciągu 3 dni.

Do Radcy Zdrowia Pana Dra Saalmanna, Bytom.

podpis."

Radca zdrowia dr Saalmann wystosował wobec tego z polecenia miasta Bytomia następujące pismo do żałącego się:

tung von 12.000 Mk. (ab 1. IV. 32: 18.000 Mk.). Die Verteilung dieser Summe wurde dem Kreisverein überlassen (§ 9 l. c.).

2. Der Beschwerdeführer, der seit 1. Mai 1931 als Beuthener Kommunalarzt tätig war, erhielt am 10. April 1933 ein Schreiben des Magistrates Beuthen, in welchem ihm unter Berufung auf eine Verfügung des Staatskommissars vom 8. April 1933 die Tätigkeit als Kommunalarzt untersagt wurde. Die betreffenden Schreiben lauten (act. 65 und 3):

(act. 65)

Der Staatskommissar. Beuthen O/S., den 8. April 1933.

J. V.

»Ich ersuche hiermit, die Ärzte Herrn Dr. Freuthal, Dr. Pick (Kommunalärzte), Dr. Schmey (Asylarzt), Dr. Friedmann (Arzt des städt. Kinderheims), sowie die Zahnärzte Herrn Dr. Josef, Guttmann, Dr. Kamm, Frl. Dr. Jakoby-Ring mit sofortiger Wirkung von jeder weiteren Tätigkeit für den Magistrat Beuthen O/S. auszuschalten und die Anweisung der Bezüge für die Zeit seit dem 1. d. Mts. zu sperren.

Zur Sicherstellung der allgemeinen Ärzteversorgung der Hilfsbedürftigen ersuche ich, für die ausgeschiedenen Ärzte Herrn Dr. Freuthal und Dr. Pick mir zwei andere Ärzte zur Berufung als Kommunalärzte vorzuschlagen.

Die ärztliche Betreuung des städtischen Kinderheims ist sofort dem Kinderspezialarzt Herrn Dr. Reimold zu übertragen.

Die neuberufenen Herren Ärzte treten in das Vertragsverhältnis der ausgeschiedenen Ärzte zunächst ehrenamtlich und ohne Verpflichtungen für die Stadt ein.

Eine ärztliche Sonderbetreuung für das Übergangsheim und das Obdachlosenasyl kommt in Fortfall.

Ich ersuche ferner zu veranlassen, daß die Hilfsbedürftigen von nun an im Bedürfnisfalle nur an christlich deutsche Fachärzte zur Behandlung überwiesen werden.

Von dem hiernach Veranlaßten ersuche ich, mir binnen 3 Tagen zu berichten.

An Herrn Medizinalrat Dr. Saalmann, Beuthen.

gez. Unterschrift.«

Medizinalrat Dr. Saalmann richtete darauf im Auftrage der Stadt Beuthen folgendes Schreiben an den Beschwerdeführer:

(akt 3)
Magistrat miasta Bytomia 10 kwietnia 1933.
Urząd Zdrowia.
„Do Pana Dra Picka jun.
lekarza praktycznego
w Bytomiu.

W myśl zarządzenia p. Komisarza Rządowego w. z. z dnia 8 bm. wyłączamy Pana z ważnością natychmiastową z wszelkiej dalszej działalności lekarskiej dla Magistratu miasta Bytomia.

Wypłatę poborów za czas od 1 bm. wstrzymuje się.

Za usługi oddane miastu wyrażamy Panu nasze najlepsze podziękowania.

Z polecenia
podp. Dr Saalmann."

Z pisma Komisarza Rządowego i Magistratu jako też z towarzyszących okoliczności wynika, że wyłączenie dra Picka przypisać należało bezpośredniej interwencji urzędowej i że nastąpiło ono z powodu jego przynależności do mniejszości żydowskiej. Tego rodzaju zarządzenie władz na niekorzyść członka mniejszości jest jawnym naruszeniem art. 75 i 80 Konwencji Genewskiej.

3. Wyłączenie żalącego się trwało kilka miesięcy. Z końcem października 1933 (akt 5 i 6) w związku z oświadczeniami, złożonymi przez Rząd Niemiecki w Radzie Ligi Narodów z okazji petycji Bernheima, żalącego się dopuszczono znów do wykonywania czynności lekarza komunalnego. W kilka miesięcy później skończyła się znowu działalność żalącego się jako lekarza komunalnego. Dnia 29 marca 1934 doniesiono wszystkim lekarzom komunalnym, że działalność ich kończy się z dniem 31 marca 1934 (akt 7), ponieważ z powodu wypowiedzenia umowy przez Powiatowy Związek Lekarzy umowa ta z miastem Bytomiem w sprawie angażowania lekarzy komunalnych upływa z dniem 31 marca 1934. Gdy jednak Magistrat spośród 8 dotychczasowych lekarzy komunalnych zaangażował 6 lekarzy ponownie, zwolnił on żalącego się i dra Graua (akt 41 i 42).

Urząd Spraw Mniejszości wywodzi, że Magistrat nie miał obowiązku zawrzeć z dotychczasowymi lekarzami komunalnymi nowych umów służbowych, ponieważ lekarze ci nie byli w służbie miasta Bytomia, lecz tylko Powiatowego Związku Lekarzy. Odnosi się to w szczególności także do żalącego się. Prezydent nie może podzielać tego zapatrywania. Powiatowy Związek Lekarzy nie działał na

(act. 3)
Magistrat Beuthen O/S. 10. April 1933.
Gesundheitsamt.
»An den Herrn Dr. Pick jun. prakt. Arzt

Beuthen.

Zufolge Verfügung des Herrn Staatskommissars i. V. vom 8. d. Mts. schalten wir Sie mit sofortiger Wirkung von jeder weiteren ärztlichen Tätigkeit für den Magistrat Beuthen O/S. aus.

Die Anweisung der Bezüge für die Zeit seit dem 1. d. Mts. ist gesperrt.

Für die der Stadt geleisteten Dienste sagen wir Ihnen unseren besten Dank.

I. A.
gez. Dr. Saalmann.«

Aus dem Schreiben des Staatskommissars und des Magistrats sowie den Begleitumständen geht hervor, daß die Ausschaltung des Dr. Pick auf direkte behördliche Intervention zurückzuführen war und wegen seiner Zugehörigkeit zur jüdischen Minderheit erfolgte. Ein solche Maßnahme von Behörden zum Nachteil eines Minderheitsangehörigen ist eine offenbare Verletzung der Art. 75 und 80 der Genfer Konvention.

3. Die Ausschaltung des Beschwerdeführers dauerte mehrere Monate. Ende Oktober 1933 (act. 5 und 6) wurde der Beschwerdeführer im Zusammenhang mit den von der deutschen Regierung im Völkerbundsrat anläßlich der Petition Bernheim abgegebenen Erklärungen wieder als Kommunalarzt zugelassen. Einige Monate später nahm die Tätigkeit des Beschwerdeführers als Kommunalarzt neuerdings ein Ende. Am 29. März 1934 wurde allen Kommunalärzten mitgeteilt, daß ihre Tätigkeit am 31. März 1934 beendet sei (act. 7), da zufolge Kündigung durch den Ärztlichen Kreisverein der Vertrag mit der Stadt Beuthen betreffend die Anstellung der Kommunalärzte am 31. März 1934 ablaufe. Während aber der Magistrat von den 8 bisherigen Kommunalärzten 6 wieder anstellte, entließ er den Beschwerdeführer sowie Dr. Grau (act. 41 und 42).

Das Minderheitsamt macht geltend, daß für den Magistrat keine Verpflichtung bestand, mit den bisherigen Kommunalärzten neue Anstellungsverträge einzugehen, da diese nicht im Dienste der Stadt Beuthen sondern bloß des Ärztlichen Kreisvereins gestanden hätten. Das treffe insbesondere auch für den Beschwerdeführer zu. Der Präsident kann dieser Auffassung nicht beipflichten. Der Ärztliche Kreisverein handelte

własny rachunek. Rola jego była w istocie rzeczy rolą pośrednika pomiędzy miastem a lekarzami. Według § 1 umowy lekarze komunalni złożyć musieli pisemne oświadczenie, że uznają warunki powyższej umowy za zawarte przez nich samych. Znaczy to, że lekarze komunalni przystąpili do umowy Powiatowego Związku Lekarzy z miastem. Nie zawierano też oddzielnej umowy pomiędzy Powiatowym Związkiem a lekarzami komunalnymi. Kompetencje Powiatowego Związku wobec lekarzy komunalnych ograniczały się do prawa współdecydowania Związku Powiatowego przy przyjmowaniu lekarzy komunalnych i do podziału honorariów. Natomiast wyższy nadzór nad lekarzami komunalnymi przysługiwał miastu. Decydujące znaczenie ma okoliczność, że żalący się wykonywał swą działalność jako lekarz komunalny w interesie, na koszt i pod nadzorem miasta Bytomia. W korespondencji Magistratu tam, gdzie mowa o działalności żalącego się, określa się ją też jako „działalność na rzecz Magistratu miasta Bytomia" (akt 3 i 65).

Że lekarze komunalni byli w służbie miasta oraz jego urzędnikami lub mandatariuszami, wynika jasno także z tego, że radca zdrowia dr Saalmann w imieniu Magistratu miasta Bytomia rościł sobie prawo do rozwiązania stosunku służbowego (akt 3).

4. Należy wobec tego wyjść z założenia, że dnia 1 kwietnia 1934 żalący się był już od 3 lat w służbie miasta Bytomia. W sprawie lekarzy w służbie instytucyj publicznych (lekarzy Kasy Chorych, Spółki Brackiej, Urzędów Opieki Społecznej itd.) Prezydent miał sposobność stwierdzić w licznych przedłożonych mu zażaleniach praktykę stosowaną ogólnie na terenie plebiscytowym, według której lekarzy tych zwalnia się lub nie przyjmuje z powrotem do służby tylko w razie zaistnienia poważnych powodów, jak np. uchybienia obowiązkom. Ogólna ta praktyka polega na rozważaniu, że wielu lekarzy zawodowo i gospodarczo skazanych jest na działalność w służbie publicznych instytucyj zdrowotnych i że nie powinno się ich pozbawiać tej podstawy ich działalności zawodowej i egzystencji gospodarczej, jeżeli nie wymagają ich zwolnienia poważne powody, mianowicie powody pochodzące z ich własnej winy. Ponieważ w przypadku żalącego się nie twierdzono nawet, że osobie żalącego się przypisać należy poważne powody nieprzyjęcia go, zwolnienie go sprzeczne jest z praktyką stosowaną na obszarze plebiscytowym wobec lekarzy instytucyj publicznych.

nicht für eigene Rechnung. Seine Rolle war im wesentlichen diejenige eines Vermittlers zwischen der Stadt und den Ärzten. Laut § 1 des Vertrages mußten die Kommunalärzte die schriftliche Erklärung abgeben, daß sie die Vereinbarungen des obigen Vertrages als von ihnen selbst geschlossen anerkennen. Das bedeutet, daß die Kommunalärzte dem Vertrag des Kreisvereins mit der Stadt beitraten. Ein besonderer Vertrag zwischen Kreisverein und Kommunalärzten ist denn auch nicht geschlossen worden. Die Kompetenzen des Kreisvereins gegenüber den Kommunalärzten beschränkten sich auf ein Mitspracherecht des Kreisvereins bei der Anstellung der Kommunalärzte und auf die Verteilung des Honorars. Dagegen verblieb die Oberaufsicht über die Kommunalärzte bei der Stadt. Ausschlaggebend fällt in Betracht, daß der Beschwerdeführer im Interesse, auf Kosten und unter Oberaufsicht der Stadt Beuthen seine Tätigkeit als Kommunalarzt ausübte. In der Korrespondenz des Magistrats wird denn auch, wo von der Tätigkeit des Beschwerdeführers die Rede ist, diese als »Tätigkeit für den Magistrat Beuthen« (act. 3 und 65) bezeichnet.

Daß die Kommunalärzte im Dienste der Stadt standen und deren Angestellte oder Beauftragte waren, ergibt sich zur Evidenz auch daraus, daß Medizinalrat Dr. Saalmann Namens des Magistrats Beuthen für sich das Recht in Anspruch nahm, das Dienstverhältnis aufzuheben (act. 3).

4. Es ist somit davon auszugehen, daß der Beschwerdeführer am 1. April 1934 bereits 3 Jahre im Dienste der Stadt Beuthen stand. Inbezug auf die im Dienst öffentlicher Institutionen tätigen Ärzte (Kassen-, Knappschafts-, Wohlfahrtsärzte u. s. w.) hat der Präsident Gelegenheit gehabt, in zahlreichen ihm unterbreiteten Beschwerden die im Abstimmungsgebiet allgemein befolgte Praxis festzustellen, wonach diese Ärzte nur bei Vorliegen schwerwiegender Gründe, wie z. B. Pflichtverletzung, entlassen bezw. nicht wieder angestellt werden. Diese allgemeine Praxis beruht auf der Erwägung, daß viele Ärzte beruflich und wirtschaftlich auf die Tätigkeit im Dienste öffentlicher Krankenpflege-Institutionen angewiesen sind und daß diese Grundlage ihrer beruflichen Tätigkeit und ihrer wirtschaftlichen Existenz ihnen nicht entzogen werden soll, wenn nicht schwerwiegende Gründe, namentlich solche eigenen Verschuldens, ihre Entlassung fordern. Da im Falle des Beschwerdeführers nicht einmal behauptet wurde, daß in der Person des Beschwerdeführers triftige Gründe für seine Nichtanstellung vorgelegen hätten, widerspricht seine Entlassung der im Abstimmungsgebiet gegenüber Ärzten der öffentlichen Hand gehandhabten Anstellungspraxis.

5. Z drugiej strony zachodziły szczególne powody, które zobowiązywały Magistrat do dalszego zatrudnienia żalącego się. Jak wynika z § 1 umowy miasta Bytomia z Powiatowym Związkiem Lekarzy z dnia 30 kwietnia 1931 (akt 16), Magistrat był zdania, że na lekarzy komunalnych przyjąć należy „w miarę możności przede wszystkim lekarzy młodych, którzy dotychczas nie mieli jeszcze praktyki kasowej". Podłożem tej praktyki jest myśl, aby, o ile to jest możliwe, angażowanie lekarzy do instytucyj i zakładów publicznych uskuteczniano z słusznym uwzględnieniem ich warunków zatrudnienia i stosunków dochodowych. Co do wieku 8 lekarzy komunalnych, którzy zatrudnieni byli do dnia 1 kwietnia 1934, Prezydent stwierdził (akt 64), że podówczas dr Harbolla miał lat 69, dr Grau lat 63, dr Weirauch lat 62, dr Freuthal lat 61, dr Wiesner lat 59, dr Spill lat 57, dr Mletzko lat 42, a żalący się lat 34. Ponieważ spośród ówczesnych lekarzy szkolnych i komunalnych żalący się był zatem najmłodszy, przysługiwało mu przy angażowaniu pierwszeństwo, a jeżeli ze względów oszczędnościowych konieczna była redukcja lekarzy, to żalącego się mogła ona dotknąć dopiero w ostatniej linii. Poza tym żalący się zasługiwał jako lekarz komunalny na pierwszeństwo przed wszystkimi tymi lekarzami, którzy prócz funkcyj lekarzy Miejscowej Kasy Chorych pełnili jeszcze funkcje lekarzy innych kas, w szczególności zaś Spółki Brackiej. Zachodziło to, jak wynika z pisma Urzędu Spraw Mniejszości (akt 64), u kilku zaangażowanych ponownie lekarzy. Żalącemu przysługiwałoby wreszcie pierwszeństwo z tego powodu, że kilku z zaangażowanych ponownie lekarzy później niż on rozpoczęło służbę w charakterze lekarzy komunalnych. Według ogólnej praktyki nie zwalnia się dotychczasowego lekarza publicznej instytucji szpitalnej z tego powodu, aby zrobić miejsce dla nowego lekarza.

Urząd Spraw Mniejszości wywodził, że wszelkie podejrzenie nierównego traktowania odpada z tego powodu, że redukcja dotknęła nie tylko żalącego się, lecz także chrześcijańskiego lekarz dra Graua. Argument ten z następujących powodów nie wytrzymuje krytyki: Dr Grau jest starszy od żalącego się (63 lat), pełnił funkcje lekarza Miejscowej Kasy Chorych, lekarza Spółki Brackiej i wstąpił do służby miejskiej jako lekarz komunalny po żalącym się (1 IV 1933). Jego zwolnienie pozostaje więc w zupełności w zgodzie z zasadami miasta przy angażowaniu, podczas gdy przez zwolnienie żalącego się zasady te w sposób oczywisty zostały naruszone.

Wypływa więc z tego wniosek, że Magistrat, nie zatrudniając żalącego się nadal jako lekarza komunalnego, działał wbrew ustalo-

5. Andrerseits lagen besondere Gründe vor, die den Magistrat verpflichteten, den Beschwerdeführer weiterzubeschäftigen. Wie aus § 1 des Vertrages der Stadt Beuthen mit dem Ärztlichen Kreisverein vom 30. April 1931 (act. 16) hervorgeht, vertrat der Magistrat die Auffassung, daß als Kommunalärzte »nach Möglichkeit an erster Stelle junge bis dahin noch nicht in der Kassenpraxis beschäftigte Ärzte« anzustellen seien. Dieser Praxis liegt der Gedanke zu Grunde, wonach soweit möglich die ärztlichen Anstellungen bei öffentlichen Anstalten und Einrichtungen unter billiger Berücksichtigung der Beschäftigungs- und Einkommensverhältnisse der Ärzte verteilt werden sollen. Der Präsident hat bezüglich des Alters der 8 bis 1. April 1934 tätig gewesenen Kommunalärzte festgestellt (act. 64), daß damals Dr. Harbolla 69 Jahre, Dr. Grau 63, Dr. Weirauch 62, Dr. Freuthal 61, Dr. Wiesner 59, Dr. Spill 57, Dr. Mletzko 42 und der Beschwerdeführer 34 Jahre zählten. Da somit der Beschwerdeführer von den damaligen Schul- und Kommunalärzten der jüngste war, gebührte ihm bei der Anstellung der Vorzug, und falls aus Ersparnisgründen eine Reduktion der Ärzte nötig war, hätte der Beschwerdeführer in letzter Linie von dem Abbau betroffen werden sollen. Sodann verdiente der Beschwerdeführer als Kommunalarzt den Vorzug vor allen denjenigen Ärzten, die außer der Ortskrankenkasse noch im Dienste anderer Kassen, insbesondere der Knappschaft standen. Dies war, wie aus den Angaben des Minderheitsamtes hervorgeht (act. 64), bei mehreren der wiederangestellten Ärzte der Fall. Schließlich hätte dem Beschwerdeführer der Vorzug gebührt, weil einige der wiederangestellten Ärzte später als er den Dienst als Kommunalärzte begannen. Gemäß der allgemeinen Praxis wird ein bisheriger Arzt einer öffentlichen Krankenpflegeeinrichtung nicht deshalb entlassen, um einem neuen Arzt Platz zu machen.

Das Minderheitsamt hat geltend gemacht, daß jeglicher Verdacht unterschiedlicher Behandlung deshalb dahinfalle, weil von dem Abbau nicht nur der Beschwerdeführer, sondern auch der christliche Arzt Dr. Grau betroffen wurde. Dieses Argument ist aus folgenden Gründen nicht schlüssig: Dr. Grau ist älter als der Beschwerdeführer (63 Jahre), er stand im Dienste der Ortskrankenkasse, er stand im Dienste der Knappschaft, er war nach dem Beschwerdeführer in den Dienst der Stadt als Kommunalarzt eingetreten (1. IV. 1933). Seine Entlassung steht somit durchaus im Einklang mit den Anstellungsgrundsätzen der Stadt, während diese durch die Entlassung des Beschwerdeführers offenbar verletzt wurden.

Es ergibt sich somit der Schluß, daß der Magistrat, als er den Beschwerdeführer nicht als Kommunalarzt weiterbeschäftigte, einer fest-

nej praktyce i uznawanym przezeń zasadom. Jest to akt samowoli lub nierównego traktowania w myśl art. 75 ustęp 1 i 2 i art. 77 Konwencji Genewskiej. W niniejszym przypadku dochodzi jeszcze to, że Magistrat miasta Bytomia, jak to zostało dowiedzione, wyłączył już rok wcześniej żałącego się jako lekarza komunalnego z powodu jego przynależności do mniejszości żydowskiej. W świetle tego zajścia i w związku z całym stanem rzeczy narzuca się przekonanie, że także zwolnienie, które nastąpiło dnia 1 kwietnia 1934, przypisać należy przynależności żałącego się do mniejszości żydowskiej.

Roszczenia o odszkodowanie w myśl stałej praktyki Prezydenta nie rozpatruje się.

Po naradzie w łonie Komisji Mieszanej Prezydent Komisji Mieszanej na podstawie powyższych rozważań dochodzi do

poglądu:

Żałącego się należy z powrotem zatrudnić jako lekarza komunalnego miasta Bytomia.

115

Pogląd

z dnia 23 lipca 1936 w sprawie nr 1937 Stefana Krafczyka, Bytom (Górny Śląsk Niemiecki), żałącego się, zastąpionego przez Związek Polaków w Opolu, dotyczącej sterylizacji.

I

1. Dnia 14 lipca 1933 Rząd Rzeszy Niemieckiej wydał ustawę o zapobieganiu przyrostowi potomstwa dziedzicznie obciążonych (Dz. U. Rz. 1933, str. 529), nazwaną w dalszych wywodach krótko ustawą sterylizacyjną. Na mocy tej ustawy mogą Sądy Zdrowia Dziedzicznego uchwalać sterylizację „dziedzicznie obciążonych", tj. osób, które cierpią na wymienione w § 1 l. c. choroby i co do których według doświadczenia wiedzy lekarskiej należy oczekiwać, że ich potomstwo będzie obciążone ciężkimi niedomaganiami umysłowymi lub cielesnymi. Na mocy tej ustawy uchwalił Sąd Zdrowia Dziedzicznego w Bytomiu dnia 11 kwietnia 1935 sterylizację członka mniejszości polskiej

stehenden Praxis und den von ihm anerkannten Grundsätzen zuwiderhandelte. Darin liegt ein Akt der Willkür oder der unterschiedlichen Behandlung im Sinne des Art. 75 Abs. 1 und 2 und des Art. 77 der Genfer Konvention. Im vorliegenden Falle kommt noch hinzu, daß der Beschwerdeführer ein Jahr vorher nachgewiesenermaßen wegen seiner Zugehörigkeit zur jüdischen Minderheit durch den Magistrat Beuthen als Kommunalarzt ausgeschaltet worden war. Im Lichte dieses Vorganges und im Zusammenhang mit dem ganzen Sachverhalt drängt sich die Überzeugung auf, daß auch die am 1. April 1934 erfolgte Entlassung auf die Zugehörigkeit des Beschwerdeführers zur jüdischen Minderheit zurückzuführen ist.

Auf das Schadenersatzbegehren ist gemäß konstanter Praxis des Präsidenten nicht einzutreten.

Nach stattgehabter Beratung im Schoße der Gemischten Kommission gelangt der Präsident der Gemischten Kommission, gestützt auf die vorstehenden Erwägungen, zur

Stellungnahme:

Der Beschwerdeführer sei in seine Tätigkeit als Kommunalarzt der Stadt Beuthen wieder einzusetzen.

115

Stellungnahme

vom 23. Juli 1936 in der Sache Nr. 1937 des Stefan Krafczyk, Beuthen O/S. (Deutsch-Oberschlesien), Beschwerdeführer. vertreten durch den Związek Polaków in Oppeln, betreffend Sterilisation.

I

1. Am 14. Juli 1933 erließ die Reichsregierung das Gesetz zur Verhütung erbkranken Nachwuchses (R. G. Bl. 1933 S. 529) in der Folge abgekürzt Sterilisationsgesetz genannt. Auf Grund dieses Gesetzes kann von den Erbgesundheitsgerichten die Unfruchtbarmachung von »Erbkranken« beschlossen werden, d. h. von Personen, die an den in § 1 l. c. aufgezählten Krankheiten leiden und bei welchen nach den Erfahrungen der ärztlichen Wissenschaft zu erwarten ist, daß ihre Nachkommen an schweren geistigen oder körperlichen Schäden leiden werden. Auf Grund dieses Gesetzes beschloß am 11. April 1935 das Erbgesundheitsgericht in Beuthen, den polnischen Minderheitsangehörigen Stefan

Stefana Krafczyka z Bytomia z powodu jego dziedzicznego niedorozwoju umysłowego. Przeciwko tej uchwale wniósł Związek Polaków dnia 29 lipca 1935 (akt 7—8) w myśl art. 149 i n. Konwencji Genewskiej zażalenie do Niemieckiego Urzędu Spraw Mniejszości w Opolu, w którym, powołując się na art. 66, 73, 83 i 134 Konwencji Genewskiej, przedstawił następujące wnioski:

„1. o stwierdzenie, że przytoczone postanowienia Konwencji Genewskiej zostały naruszone,

2. o unieważnienie orzeczenia nakazującego sterylizację Stefana Krafczyka,

3. o wydanie ogólnych zarządzeń, aby ustawa z dnia 14 VII 1933 o zapobieganiu przyrostowi potomstwa dziedzicznie obciążonych jako sprzeczna z Konwencją Genewską nie była stosowana wobec członków mniejszości polskiej,

4. o umorzenie wszystkich wniesionych dotąd i nierozstrzygniętych lub niewykonanych jeszcze wniosków o sterylizację członków mniejszości polskiej,

5. o pociągnięcie dra Foxa z Bytomia oraz kolegium orzekającego do odpowiedzialności za naruszenie Konwencji Genewskiej."

Dnia 24 października 1935 przesłał Niemiecki Urząd Spraw Mniejszości powyższe zażalenie Związku Polaków na podstawie art. 152 Konwencji Genewskiej Prezydentowi Komisji Mieszanej (akt 5, 6). Tymczasem Wyższy Sąd Zdrowia Dziedzicznego w Wrocławiu potwierdził jako instancja odwoławcza decyzją z dnia 31 lipca 1935 uchwałę pierwszej instancji, tj. Sądu Zdrowia Dziedzicznego w Bytomiu. Po przekazaniu zażalenia Prezydentowi Komisji Mieszanej odbyła się przewidziana regulaminem postępowania Komisji Mieszanej wymiana pism. Na prośbę Prezydenta właściwe władze niemieckie zarządziły wstrzymanie sterylizacji żalącego się aż do załatwienia zażalenia mniejszościowego. Z uwagi na osobisty charakter petycji Prezydent Komisji Mieszanej zarządził przedłożenie pełnomocnictwa Stefana Krafczyka. Dnia 12 grudnia 1935 przesłuchano jako świadka lekarza urzędowego dra Foxa, który wniósł był o sterylizację żalącego się (akt 30, 31). Na rozprawie ustnej z dnia 16 czerwca 1936 dano stronom sposobność do wywodów ustnych.

2. Wywody stron w toku postępowania można zreasumować jak następuje:

Krafczyk aus Beuthen wegen erblichen Schwachsinns unfruchtbar zu machen. Gegen diesen Beschluß reichte der Związek Polaków am 29. Juli 1935 (act. 7/8) Beschwerde beim Deutschen Minderheitsamt in Oppeln im Sinne von Art. 149 ff. der Genfer Konvention ein, in welcher er unter Berufung auf die Art. 66, 73, 83 und 134 der Genfer Konvention folgende Anträge stellte:

»1. festzustellen, daß die zitierten Bestimmungen des Genfer Abkommens verletzt worden sind,

2. die die Unfruchtbarmachung Stefan Krafczyks verfügende Entscheidung zu annullieren,

3. allgemeine Maßnahmen zu treffen, daß das Gesetz vom 14. VII. 1933 zur Verhütung erbkranken Nachwuchses als im Widerspruch zum Genfer Abkommen stehend, gegenüber polnischen Minderheitsangehörigen nicht angewandt wird,

4. sämtliche bisher eingereichten und noch nicht entschiedenen bezw. noch nicht ausgeführten Anträge auf Unfruchtbarmachung polnischer Minderheitsangehörigen niederzuschlagen,

5. Dr. Fox aus Beuthen sowie das Spruchkollegium wegen Verletzung des Genfer Abkommens zur Verantwortung zu ziehen.«

Die Beschwerde des Związek Polaków wurde am 24. Oktober 1935 durch das Deutsche Minderheitsamt auf Grund von Art. 152 der Genfer Konvention an den Präsidenten der Gemischten Kommission weitergeleitet (act. 5—6). Inzwischen hatte das Erbgesundheitsobergericht in Breslau als Berufungsinstanz den Beschluß der ersten Instanz, des Erbgesundheitsgerichts Beuthen, mit Entscheid vom 31. Juli 1935 bestätigt. Anschließend an die Überweisung der Beschwerde fand der in der Verfahrensordnung der Gemischten Kommission vorgesehene Schriftenwechsel statt. Auf Ersuchen des Präsidenten verfügten die zuständigen deutschen Behörden die Aussetzung der Unfruchtbarmachung des Beschwerdeführers bis zur Erledigung der Minderheitsbeschwerde. Mit Rücksicht auf den persönlichen Charakter der Eingabe ordnete der Präsident der Gemischten Kommission die Vorlage einer Vollmacht des Stefan Krafczyk an. Am 12. Dezember 1935 wurde der Amtsarzt Dr. Fox, welcher die Unfruchtbarmachung des Beschwerdeführers beantragt hatte, als Zeuge einvernommen (act. 30—31). In den mündlichen Verhandlungen, welche am 16. Juni 1936 stattfanden, wurde den Parteien Gelegenheit geboten zu mündlichen Ausführungen.

2. Die Ausführungen, die die Parteien im Laufe des Verfahrens machten, lassen sich folgendermaßen zusammenfassen:

Żałący się podnosi zarzut, że zastosowanie ustawy sterylizacyjnej do członków mniejszości narusza art. 66 al. 1, 83 i 73 Konwencji Genewskiej, ponieważ sterylizacja przewidziana w ustawie sterylizacyjnej jest ciężkim urazem cielesnym, czego nie można pogodzić z przytoczonymi artykułami 66 i 83, które członkom mniejszości gwarantują całkowitą ochronę życia i wolności. Żałący się oświadczył wyraźnie, że nie wysuwa zarzutu naruszenia art. 75 Konwencji Genewskiej. Zostały natomiast jego zdaniem naruszone przepisy językowe zawarte w art. 67 al. 4 i 134 Konwencji Genewskiej, ponieważ lekarz urzędowy dr Fox, badając Krafczyka na jego zdolności umysłowe, nie egzaminował go po polsku, lecz po niemiecku.

Urząd Spraw Mniejszości wystąpił z zarzutem niewłaściwości Prezydenta Komisji Mieszanej wywodząc, że postępowanie sterylizacyjne jest postępowaniem sądowym, przeciwko któremu zażalenie w myśl art. 149 Konwencji Genewskiej nie jest dopuszczalne. Poza tym Urząd Spraw Mniejszości zaprzecza, że ustawa sterylizacyjna narusza postanowienia ochrony mniejszości zawarte w Konwencji Genewskiej.

II

1. Kwestię właściwości Prezydenta Komisji Mieszanej należy zbadać ex officio. W myśl art. 149 Konwencji Genewskiej może Prezydent Komisji Mieszanej poddać rozpatrzeniu tylko akty władz administracyjnych, które otrzymują instrukcje od przełożonych władz. Postanowienie to usuwa spod badania Prezydenta decyzje i zarządzenia władz sądowych. Należy zatem wyjaśnić, czy uchwała sterylizacyjna, przeciwko której kieruje się zażalenie, jest aktem sądowym czy zwykłym zarządzeniem administracyjnym w myśl art. 149 Konwencji Genewskiej. W sprawie tej należy stwierdzić co następuje:

W niniejszym przypadku wniosek o sterylizację przedstawił lekarz urzędowy, o którym jest mowa w § 3 ustawy sterylizacyjnej. O wniosku zaś zadecydował dnia 11 kwietnia 1935 w myśl § 5 l. c. Sąd Zdrowia Dziedzicznego w Bytomiu, a dnia 31 lipca 1935 Wyższy Sąd Zdrowia Dziedzicznego w Wrocławiu. O naturze prawnej tych instancyj można z postanowień ustawy sterylizacyjnej wnioskować co następuje: Sąd Zdrowia Dziedzicznego jest przydzielony do Sądu

Der Beschwerdeführer macht geltend, daß die Anwendung des Sterilisationsgesetzes auf Minderheitsangehörige die Art. 66 Al. 1, 83 und 73 der Genfer Konvention verletze, da die in dem Sterilisationsgesetz vorgesehene Unfruchtbarmachung eine schwere körperliche Verletzung darstelle, welche unvereinbar ist mit den citierten Art. 66 u. 83, die den Minderheitsangehörigen den vollständigen Schutz des Lebens und der Freiheit gewährleisten. Der Beschwerdeführer hat ausdrücklich erklärt, daß er eine Verletzung von Art. 75 der Genfer Konvention nicht geltend mache. Dagegen wurde nach seiner Auffassung die Sprachenvorschrift der Art. 67 Al. 4 und 134 der Genfer Konvention verletzt, weil Krafczyk, als er vom Amtsarzt Dr. Fox auf seine geistigen Fähigkeiten untersucht wurde, nicht in polnischer sondern in deutscher Sprache geprüft wurde.

Das Minderheitsamt erhob die Einrede der Unzuständigkeit des Präsidenten der Gemischten Kommission, indem es geltend machte, das Sterilisationsverfahren sei ein Gerichtsverfahren, gegen das eine Beschwerde gemäß Art. 149 der Genfer Konvention nicht zugelassen werden könne. Im übrigen bestreitet das Minderheitsamt, daß das Sterilisationsgesetz Minderheitsschutzbestimmungen der Genfer Konvention verletze.

II

1. Die Frage der Kompetenz des Präsidenten der Gemischten Kommission ist ex officio zu prüfen. Gemäß Art. 149 der Genfer Konvention können Gegenstand der Prüfung durch den Präsidenten der Gemischten Kommission nur Akte von Administrativbehörden sein, die von vorgesetzten Behörden Weisungen empfangen. Durch diese Bestimmung sind Entscheidungen und Verfügungen von Gerichtsbehörden von der Nachprüfung durch den Präsidenten ausgeschlossen. Es muß somit untersucht werden, ob der Beschluß der Unfruchtbarmachung, gegen welchen die Beschwerde gerichtet ist, ein richterlicher Akt oder eine bloße administrative Maßnahme im Sinne des Art. 149 der Genfer Konvention ist. Diesbezüglich ist folgendes festzustellen:

Der Antrag auf Unfruchtbarmachung ist im vorliegenden Falle durch den in § 3 des Sterilisationsgesetzes genannten beamteten Arzt gestellt worden. Über diesen Antrag entschied gemäß § 5 l. c. am 11. April 1935 das Erbgesundheitsgericht Beuthen und am 31. Juli 1935 das Erbgesundheitsobergericht Breslau. Über die rechtliche Natur dieser Instanzen ist den Bestimmungen des Sterilisationsgesetzes folgendes zu entnehmen: Das Erbgesundheitsgericht ist einem Amtsgericht angeglie-

Grodzkiego i składa się z jednego sędziego grodzkiego jako przewodniczącego i dwóch sędziów niezawodowych, mianowicie jednego lekarza urzędowego i jednego lekarza nieurzędowego (§ 6 l. c.). Zupełnie analogicznie do pierwszej instancji, tj. Sądu Zdrowia Dziedzicznego, zorganizowana jest druga instancja, tj. Wyższy Sąd Zdrowia Dziedzicznego, który jest przydzielony do Sądu Apelacyjnego. Wyższy Sąd Zdrowia Dziedzicznego składa się z jednego członka Sądu Apelacyjnego jako przewodniczącego, jednego lekarza urzędowego i jednego lekarza nieurzędowego. W obu instancjach należy od obydwóch sędziów niezawodowych — podobnie jak od sędziów ławniczych w procesach cywilnych — odebrać przysięgę sędziowską w myśl § 51 ustawy o ustroju sądownictwa (drugie rozporządzenie wykonawcze z dnia 29 V 1934 art. 2). Pod względem administracji i nadzoru służbowego uważa się Sądy Zdrowia Dziedzicznego za człony Sądu Grodzkiego, a Wyższe Sądy Zdrowia Dziedzicznego za człony Sądu Apelacyjnego (trzecie rozporządzenie wykonawcze z dnia 25 II 1935 art. 12). Już z określenia władzy jako sądu oraz z faktu przydzielenia jej do istniejących sądów zwyczajnych i obsadzenia jej sędziami zawodowymi i zaprzysiężonymi sędziami niezawodowymi należy wnioskować, że chodzi tu nie o władzę administracyjną, lecz o władzę sądową.

Do tego samego dojdzie się wniosku, gdy się rozważy postępowanie, którego winny przestrzegać Sądy Zdrowia Dziedzicznego. Przepisy o postępowaniu są częściowo zawarte w ustawie sterylizacyjnej, częściowo zaś odsyła się do kodeksu postępowania cywilnego. Pomocniczo obowiązują przepisy ustawy Rzeszy o sądownictwie niespornym z dnia 17 V 1898 (pierwsze rozporządzenie wykonawcze z dnia 5 grudnia 1933, art. 4).

W myśl § 8 ustawy sterylizacyjnej zarówno Sąd Zdrowia Dziedzicznego jak i Wyższy Sąd Zdrowia Dziedzicznego winny wydawać swe decyzje według swobodnego przekonania, uwzględniając przy tym ogólny wynik postępowania dowodowego. Wynika z tego, że nie ma tu miejsca na wskazówki przełożonych władz administracyjnych. Jeżeli Sąd Zdrowia Dziedzicznego wydał rozstrzygnięcie, to rozstrzygnięcie to może być zaczepione przez wnioskodawcę, lekarza urzędowego i osobę, która ma być sterylizowana, w 14-dniowym okresie koniecznym w drodze wniesienia środka prawnego, nazwanego w ustawie zażaleniem (§ 9 l. c.). O zażaleniu tym, które ma skutek dewolucyjny i suspensywny, rozstrzyga wyższa instancja, tj. Wyższy

dert und besteht aus einem Amtsrichter als Vorsitzenden und 2 Laienrichtern, und zwar einem beamteten Arzt und einem nicht beamteten Arzt (§ 6 l. c.). Ganz analog wie die erste Instanz, das Erbgesundheitsgericht, ist die zweite Instanz, das Erbgesundheitsobergericht, organisiert und dem Oberlandesgericht angegliedert. Das Erbgesundheitsobergericht besteht aus einem Mitglied des Oberlandesgerichts als Vorsitzenden und einem Amtsarzt und einem nicht beamteten Arzt. In beiden Instanzen sind die zwei Laienrichter wie die Schöffenrichter des Zivilprozesses gemäß § 51 Ger. Verf. Ges. auf ihre Richterpflichten in Eid zu nehmen (Zweite Ausführungsverordnung vom 29. V. 1934 Art. 2). Hinsichtlich der Verwaltung und Dienstaufsicht gelten die Erbgesundheitsgerichte als Teile des Amtsgerichts, die Erbgesundheitsobergerichte als Teile des Oberlandesgerichts (Dritte Ausführungsverordnung vom 25. II. 1935 Art. 12). Schon aus der Bezeichnung der Behörde als Gericht sowie aus ihrer Angliederung an bestehende ordentliche Gerichte und ihrer Besetzung mit Berufsrichtern und vereidigten Laienrichtern ist zu schließen, daß es sich nicht um eine Verwaltungsbehörde sondern eine Gerichtsbehörde handelt.

Derselbe Schluß ergibt sich aus einer Betrachtung des Verfahrens, das die Erbgesundheitsgerichte zu befolgen haben. Die Verfahrensvorschriften sind zum Teil im Sterilisationsgesetz niedergelegt, zum Teil wird auf die Zivilprozeßordnung verwiesen. Subsidiär gelten die Vorschriften des Reichsgesetzes über die Angelegenheiten der freiwilligen Gerichtsbarkeit vom 17. V. 1898 (Erste Ausführungsverordnung vom 5. Dezember 1933, Art. 4).

Gemäß § 8 des Sterilisationsgesetzes haben das Erbgesundheitsgericht und das Erbgesundheitsobergericht unter Berücksichtigung des gesamten Ergebnisses der Beweisaufnahme nach freier Überzeugung zu entscheiden. Daraus ergibt sich, daß kein Raum für Weisungen vorgesetzter administrativer Behörden vorhanden ist. Hat das Erbgesundheitsgericht entschieden, so kann dessen Entscheidung nur innert einer Notfrist von 14 Tagen im Wege der Einreichung eines Rechtsmittels — im Gesetz Beschwerde genannt — vom Antragsteller, vom Amtsarzt und vom Unfruchtbarzumachenden angefochten werden (§ 9 l. c.). Über die Beschwerde, welche Devolutiv- und Suspensivwirkung hat, entscheidet die obere Instanz, das Erbgesundheitsobergericht. Gemäß ausdrücklicher Vor-

Sąd Zdrowia Dziedzicznego. W myśl wyraźnego przepisu § 10 l. c. rozstrzygnięcia Wyższego Sądu Zdrowia Dziedzicznego są ostateczne. Rozstrzygnięcia Sądów Zdrowia Dziedzicznego i Wyższych Sądów Zdrowia Dziedzicznego stają się zatem prawomocne niezależnie od wszelkiego wpływu administracji i instancje te są związane swymi własnymi rozstrzygnięciami. W szczególności nie mogą one zmieniać wydanych rozstrzygnięć na zlecenie władz administracyjnych. Ponowne rozpatrzenie sprawy, jeżeli tego wymagają szczególne okoliczności, możliwe jest tylko w drodze uchwały samego Sądu Zdrowia Dziedzicznego przez wznowienie postępowania. Ale i ten nadzwyczajny środek prawny jest ograniczony: Jeżeli sąd oddalił wniosek o sterylizację, to ten środek prawny może mieć zastosowanie tylko w przypadku zaistnienia nowych faktów (§ 12 l. c.); jeżeli żadne nowe fakty nie zaistniały, obowiązuje zasada „ne bis in idem" i ponowne rozpatrzenie kwestii sterylizacji jest wykluczone. Reasumując, wynika z tych przepisów, że Sądów Zdrowia Dziedzicznego, które mają rozstrzygać o sterylizacji, nie można uważać za władze administracyjne ani też uchwał ich za zarządzenia administracyjne w myśl art. 149 Konwencji Genewskiej. Prezydent Komisji Mieszanej nie jest zatem właściwy do rozpatrzenia ich działalności. Dotycznych wniosków żalącego się nie należy zatem uwzględnić.

2. Do rozpatrzenia przez Prezydenta Komisji Mieszanej pozostaje zatem tylko ta część niniejszego zażalenia, w której Krafczyk zażala się na lekarza urzędowego dra Foxa.

Lekarz urzędowy, jak przyznaje Urząd Spraw Mniejszości, jest władzą administracyjną w myśl art. 149 Konwencji Genewskiej. Prezydent Komisji Mieszanej zasadniczo więc jest właściwy. Właściwość jego nie obejmuje jednak tych czynności lekarza urzędowego, które podlegają ocenie Sądu Zdrowia Dziedzicznego. Wniosek sterylizacyjny, przedstawiony sądowi przez lekarza urzędowego, należy uważać za część składową postępowania sądowego. Wniosek jest objęty postępowaniem sądowym i przezeń absorbowany, tak, że obok oceny sądowej nie ma miejsca na oddzielne rozpatrywanie go (zob. uwagę). Wobec tego wniosek lekarza urzędowego usuwa się spod właściwości Prezydenta Komisji Mieszanej. Prezydentowi nie może

---

Uwaga: Zob. analogiczną kwestię prawną w sprawie wniosku prokuratora po przekazaniu tegoż wniosku sądowi w poglądzie z dnia 27 listopada 1924 dot. Jadwigi Skladny.

schrift des § 10 l. c. sind die Entscheidungen des Erbgesundheitsobergerichts endgültig. Die Entscheidungen der Erbgesundheitsgerichte und Erbgesundheitsobergerichte erwachsen somit unabhängig von jeder Einwirkung der Verwaltung in Rechtskraft und diese Instanzen sind an ihre eigenen Entscheidungen gebunden. Insbesondere können sie die von ihnen getroffenen Entscheidungen nicht auf Weisung von Verwaltungsbehörden abändern. Eine nochmalige Prüfung der Sache kann, wenn besondere Umstände es erfordern, nur durch Beschluß des Erbgesundheitsgerichts selbst im Wege eines Wiederaufnahmeverfahrens erfolgen. Aber auch dieser außerordentliche Rechtsbehelf ist beschränkt: Wurde der Antrag auf Sterilisation vom Gericht abgelehnt, so kann dieser Rechtsbehelf nur Platz greifen, falls neue Tatsachen eingetreten sind (§ 12 l. c.); liegen keine neuen Tatsachen vor, so gilt der Grundsatz »ne bis in idem« und eine erneute Behandlung der Frage der Unfruchtbarmachung ist ausgeschlossen. Zusammenfassend ergibt sich aus diesen Bestimmungen, daß die Erbgesundheitsgerichte, welche über die Unfruchtbarmachung zu entscheiden haben, nicht als Verwaltungsbehörden und ihre Beschlüsse nicht als administrative Maßnahmen im Sinne von Art. 149 der Genfer Konvention angesehen werden können. Der Präsident der Gemischten Kommission ist somit nicht zuständig, ihre Tätigkeit zu überprüfen. Auf die diesbezüglichen Anträge des Beschwerdeführers ist nicht einzutreten.

2. Es bleibt somit für die Cognition des Präsidenten der Gemischten Kommission nur derjenige Teil der vorliegenden Beschwerde übrig, in welchem sich Krasczyk über den Amtsarzt Dr. Fox beschwert.

Der Amtsarzt ist, wie vom Minderheitsamt zugegeben wird, eine Administrativbehörde im Sinne von Art. 149 der Genfer Konvention. Der Präsident der Gemischten Kommission ist somit grundsätzlich zuständig. Seine Zuständigkeit erstreckt sich aber nicht auf solche Handlungen des Amtsarztes, die der Beurteilung durch das Erbgesundheitsgericht unterliegen. Der dem Gericht unterbreitete Antrag des Amtsarztes auf Unfruchtbarmachung ist als ein Bestandteil des gerichtlichen Verfahrens zu betrachten. Der Antrag wird durch das gerichtliche Verfahren erfaßt und absorbiert, sodaß für eine getrennte Überprüfung desselben neben der gerichtlichen Beurteilung kein Raum bleibt (s. Fußnote). Demnach ist der Antrag des Amtsarztes der Zuständigkeit des Präsidenten entzogen. Es

---

Fußnote: Siehe analoge Rechtsfrage in Bezug auf den Antrag des Staatsanwalts nach dessen Überweisung an das Gericht in der Stellungnahme vom 27. November 1924 in Sachen Hedwig Skladny.

przysługiwać prawo badania ze swej strony wniosku, który ma być rozpatrzony przez sąd i wkroczenia w ten sposób w prawa sędziowskie.

Z drugiej strony należy te czynności lekarza urzędowego, których sąd nie rozpatruje, uważać za zarządzenie administracyjne w myśl art. 149 Konwencji Genewskiej.

Taką kwestią jest np. zarzut wysunięty przez żalącego się, że lekarz urzędowy, badając zdolności umysłowe Krafczyka, posługiwał się wbrew przepisowi art. 134 Konwencji Genewskiej językiem niemieckim zamiast językiem polskim. Lekarza urzędowego obowiązują przepisy językowe Konwencji Genewskiej zawarte w art. 134, 135 i n. Powołany przez żalącego się art. 134 należałoby uważać za naruszony wtenczas, gdyby dr Fox żalącemu się czynił był przeszkody w posługiwaniu się w swych stosunkach prywatnych językiem polskim. W niniejszym przypadku nie chodzi jednak o stosunki prywatne, lecz o stosunek członków mniejszości do władz. Przypadek ten reguluje art. 135 Konwencji Genewskiej. Według postanowień tego artykułu mają członkowie mniejszości prawo posługiwać się w stosunkach z władzami obszaru plebiscytowego językiem mniejszościowym. Jak wynika z akt, Krafczyk ani nie posługiwał się przy badaniu go przez lekarza urzędowego językiem mniejszościowym ani też nie wyraził życzenia, aby lekarz urzędowy, badając go, posługiwał się językiem polskim. Krafczyk z okazji badania go nie dał w ogóle do poznania, że jest członkiem mniejszości. W tych okolicznościach nie wchodzi także w rachubę naruszenie art. 135 Konwencji Genewskiej.

Po obradach w łonie Komisji Mieszanej Prezydent Komisji Mieszanej na podstawie powyższych rozważań dochodzi do

poglądu:

1. Zażalenia, dotyczącego uchwalonej przez właściwe sądy sterylizacji, nie rozpatruje się z powodu braku właściwości.

2. Zażalenie, dotyczące naruszenia prawa posługiwania się językiem mniejszościowym, oddala się jako nieuzasadnione.

kann diesem nicht zustehen, den vom Gericht zu prüfenden Antrag seinerseits zu prüfen und damit in die richterliche Gewalt einzugreifen.

Andrerseits sind solche Handlungen des Amtsarztes, mit welchen sich das Gericht nicht zu befassen hat, als administrative Maßnahmen im Sinne des Art. 149 der Genfer Konvention zu betrachten.

Eine solche Frage ist z. B. der vom Beschwerdeführer erhobene Vorwurf, daß der Amtsarzt entgegen der Vorschrift des Art. 134 der Genfer Konvention bei der Überprüfung der geistigen Fähigkeiten des Krafczyk sich anstatt der polnischen der deutschen Sprache bedient hatte. Der Amtsarzt ist an die Sprachvorschriften der Genfer Konvention in den Art. 134, 135 ff. gebunden. Der vom Beschwerdeführer angerufene Art. 134 wäre als verletzt anzusehen, wenn Dr. Fox den Beschwerdeführer gehindert hätte, sich in seinen privaten Beziehungen der polnischen Sprache zu bedienen. Im vorliegenden Falle handelt es sich aber nicht um die privaten Beziehungen, sondern um den Verkehr der Minderheitsangehörigen mit Behörden. Diesen Fall regelt Art. 135 der Genfer Konvention. Nach dieser Bestimmung haben die Minderheitsangehörigen das Recht, sich im Verkehr mit den Zivilbehörden des Abstimmungsgebiets der Minderheitssprache zu bedienen. Wie aus den Akten hervorgeht, hat sich Krafczyk bei der Untersuchung durch den Amtsarzt weder der Minderheitssprache bedient, noch den Wunsch zum Ausdruck gebracht, daß der Amtsarzt sich bei der Untersuchung der polnischen Sprache bedienen soll. Krafczyk hat sich anläßlich der Untersuchung überhaupt nicht als Minderheitsangehöriger zu erkennen gegeben. Unter diesen Umständen kommt auch eine Verletzung des Art. 135 der Genfer Konvention nicht in Frage.

Nach stattgehabter Beratung im Schoße der Gemischten Kommission gelangt der Präsident der Gemischten Kommission, gestützt auf die vorstehenden Erwägungen, zur

Stellungnahme:

1. Auf die Beschwerde betreffend die durch die zuständigen Gerichte beschlossene Unfruchtbarmachung wird wegen Inkompetenz nicht eingetreten.

2. Die Beschwerde betreffend Verletzung des Rechts auf den Gebrauch der Minderheitssprache wird als unbegründet abgewiesen.

116

Pogląd

z dnia 1 grudnia 1936 w sprawie nr 1875 dra Bacha, Tarnowskie Góry, żalącego się, zastąpionego przez adwokatów dra Fränkla i Markowitza w Bytomiu, dotyczącej niedopuszczenia do adwokatury przy Sądzie Grodzkim i Okręgowym w Gliwicach (Górny Śląsk Niemiecki).

I

Żalący się adwokat dr praw Alfred Bach jest obywatelem niemieckim i zalicza się do mniejszości żydowskiej. Urodził się on i wychował w Tarnowskich Górach (Górny Śląsk Polski). W roku 1930 osiadł jako adwokat w Wrocławiu, musiał jednak z wiosną 1933 roku zaniechać swej praktyki, ponieważ na podstawie § 1 ust. 1 (niearyjskie pochodzenie) i § 3 (działalność komunistyczna) ustawy o dopuszczeniu do adwokatury z dnia 7 IV 1933 (Dz. U. Rzeszy I, str. 188) cofnięto mu prawo wykonywania zawodu adwokackiego. Żalący się przeprowadził się potem do swego rodzinnego miasta Tarnowskich Gór, gdzie ojciec jego prowadzi interes. Dnia 18 grudnia 1934 wystosował do Prezesa Sądu Apelacyjnego w Wrocławiu podanie o dopuszczenie go do adwokatury przy Sądzie Grodzkim i Okręgowym w Gliwicach (akt 4). Wniosek ten dnia 25 czerwca 1935 odrzucono. Jeszcze przed wydaniem tego orzeczenia żalący się wniósł dnia 8 kwietnia 1935 do Niemieckiego Urzędu Spraw Mniejszości w Opolu zażalenie w myśl art. 149 Konwencji Genewskiej (akt 2—3). Żalący się wnosi o stwierdzenie, że odrzucenie jego podania, w którym żądał, aby go dopuszczono do wykonywania zawodu adwokackiego w Gliwicach, narusza przepisy o ochronie mniejszości, zawarte w Konwencji Genewskiej, poza tym wnosi o wynagrodzenie poniesionej szkody (akt 9).

Dnia 1 czerwca 1935 Urząd Spraw Mniejszości przekazał powyższe zażalenie na podstawie art. 152 Konwencji Genewskiej Prezydentowi Komisji Mieszanej (akt 1). Następnie odbyła się wymiana pism procesowych, przewidziana regulaminem postępowania Komisji Mieszanej, a na rozprawie z dnia 10 lipca 1936 żalącemu się dano sposobność do ustnego przedstawienia swego stanowiska.

II

1. Nasamprzód należy odpowiedzieć na wysuniętą przez Urząd Spraw Mniejszości kwestię właściwości. Urząd Spraw Mniejszości

116

Stellungnahme

vom 1. Dezember 1936 in der Sache Nr. 1875 des Dr. Bach, Tarnowskie-Góry, Beschwerdeführer, vertreten durch die Rechtsanwälte Dr. Fränkel und Markowitz in Beuthen O/S., betreffend Nichtzulassung zur Rechtsanwaltschaft bei dem Amts- und Landgericht in Gleiwitz (Deutsch-Oberschlesien).

I

Der Beschwerdeführer Rechtsanwalt Dr. jur. Alfred Bach ist deutscher Statsangehöriger und bekennt sich zur jüdischen Minderheit. Er ist in Tarnowskie-Góry (Polnisch-Oberschlesien) geboren und aufgewachsen. Im Jahre 1930 ließ er sich in Breslau als Rechtsanwalt nieder, mußte aber im Frühjahr 1933 seine Praxis aufgeben, da ihm auf Grund vom § 1 Abs. 1 (nichtarische Abstammung) und § 3 (kommunistische Betätigung) des Gesetzes über die Zulassung zur Rechtsanwaltschaft vom 7. IV. 1933 (R. G. Bl. I/S. 188) das Recht der Ausübung der Rechtsanwaltschaft entzogen wurde. Der Beschwerdeführer zog darauf in seine Geburtsstadt Tarnowskie-Góry, wo sein Vater ein Geschäft betreibt. Am 18. Dezember 1934 richtete er ein Gesuch an den Oberlandesgerichtspräsidenten in Breslau um Zulassung zur Rechtsanwaltschaft beim Amts- und Landgericht in Gleiwitz (act. 4). Dieser Antrag wurde am 25. Juni 1935 abgelehnt. Schon vor Erlaß dieser Verfügung hatte der Beschwerdeführer am 8. April 1935 eine Beschwerde gemäß Art. 149 der Genfer Konvention beim Deutschen Minderheitsamt in Oppeln eingereicht (act. 2—3). Der Beschwerdeführer beantragt, festzustellen, daß die Abweisung seines Gesuches, mit welchem er seine Zulassung zur Ausübung der Rechtsanwaltschaft in Gleiwitz verlangte, die Minderheitenschutzbestimmungen der Genfer Konvention verletze, ferner beantragt er die Wiedergutmachung des entstandenen Schadens (act. 9).

Das Minderheitsamt überwies diese Beschwerde am 1. Juni 1935 auf Grund von Art. 152 der Genfer Konvention an den Präsidenten der Gemischten Kommission (act. 1). Anschließend fand der in der Verfahrensordnung der Gemischten Kommission vorgesehene Schriftenwechsel statt und in den mündlichen Verhandlungen vom 10. Juli 1936 wurde dem Beschwerdeführer Gelegenheit geboten, seinen Standpunkt mündlich zu vertreten.

II

1. Zunächst ist die vom Minderheitsamt aufgeworfene Zuständigkeitsfrage zu beantworten. Das Minderheitsamt macht geltend, daß die

podnosi zarzut niedopuszczalności zażalenia, ponieważ żalący się nie mieszka w części niemieckiej obszaru plebiscytowego. Żalący się odpowiada na to, że 27 stycznia 1935 zameldował się na policji w Gliwicach i wynajął pokój umeblowany. Faktycznie jednak żalący się wraz z swoją rodziną mieszkał nadal u swego ojca w Tarnowskich Górach. Meldując się policyjnie dnia 27 stycznia 1935, żalący się podał sam w rubryce „cel i przewidziany czas trwania pobytu": „Odwiedziny, czas trwania nieokreślony" (akt 21), a w pismach swych wywodzi, że nie można od niego wymagać, aby natychmiast zamieszkał w Gliwicach (pismo z dnia 9 IX 1935 — akt 9) i że „po skreśleniu go w liście adwokatów w Wrocławiu i z powodu odrzucenia wniosku o dopuszczenie go do adwokatury w Gliwicach nie miał innego wyjścia, jak powrócić tymczasowo do Tarnowskich Gór, swego miejsca urodzenia i siedziby jego rodziców. Gdyby zaszła potrzeba, żalący się mógłby każdego czasu przenieść swą faktyczną siedzibę do Gliwic" (pismo z dnia 16 XII 1935 — akt 30). Z wywodów tych wynika, że ośrodkiem warunków życiowych żalącego się w myśl pojęcia „zamieszkania" w czasie oddalenia jego wniosku o dopuszczenie do adwokatury w Gliwicach (25 VI 1935) nie były ani Gliwice ani żadna inna miejscowość w części niemieckiej obszaru plebiscytowego. Według praktyki Prezydenta Komisji Mieszanej petent, który chce zażalać się w myśl art. 149 Konwencji Genewskiej, musiał zamieszkiwać w czasie, gdy wydane zostało zaczepione przezeń zarządzenie władz, w tej części obszaru plebiscytowego, przeciwko władzom której zażalenie jest skierowane. Prezydent Komisji Mieszanej nie może przychylić się do zapatrywania żalącego się, że zamieszkanie na Górnym Śląsku Polskim wystarcza do wniesienia zażalenia w myśl art. 149 przeciwko władzom niemieckim. Ponieważ w niniejszym przypadku żalący się w krytycznym czasie nie zamieszkiwał na Górnym Śląsku Niemieckim, nie ma prawa do wytoczenia postępowania zażaleniowego przeciwko władzom Górnego Śląska Niemieckiego przed forum Prezydenta.

2. Wobec tego stanu prawnego zbytecznym jest rozpatrywać wywody co do rzekomej działalności komunistycznej żalącego się.

Po naradzie w łonie Komisji Mieszanej Prezydent Komisji Mieszanej na podstawie powyższych rozważań dochodzi do

poglądu:

Zażalenia nie rozpatruje się.

Beschwerde unzulässig sei, da der Beschwerdeführer nicht im deutschen Teil des Abstimmungsgebietes wohne. Der Beschwerdeführer erwidert darauf, daß er am 27. Januar 1935 in Gleiwitz sich polizeilich gemeldet und ein möbliertes Zimmer gemietet habe. De facto wohnte aber der Beschwerdeführer sowie seine Familie nach wie vor bei seinem Vater in Tarnowskie-Góry. Er selbst gab anläßlich seiner polizeilichen Anmeldung vom 27. Januar 1935 unter der Rubrik »Zweck und voraussichtliche Dauer des Aufenthalts« an: »Besuch, Dauer unbestimmt« (act. 21) und in seinen Schriftsätzen führt er aus, daß ihm die sofortige Wohnsitzbegründung in Gleiwitz nicht zumutbar sei (Schriftsatz vom 9. IX. 1935 — act. 9) und daß ihm »nach seiner Löschung als Anwalt in Breslau und infolge Ablehnung seines Zulassungsantrages für Gleiwitz kein anderer Ausweg blieb, als vorläufig nach Tarnowitz, seinem Geburtsort und dem Wohnsitz seiner Eltern, zurückzukehren. Notfalls würde der Beschwerdeführer jederzeit in der Lage sein, auch seinen tatsächlichen Wohnsitz nach Gleiwitz zu verlegen« (Schriftsatz vom 16. XII. 1935 — act. 30). Aus diesen Ausführungen ergibt sich, daß Mittelpunkt der Lebensbeziehungen des Beschwerdeführers im Sinne des Wohnsitzbegriffes zur Zeit der Ablehnung seines Gesuches um Zulassung zur Rechtsanwaltschaft in Gleiwitz (25. VI. 1935) weder in Gleiwitz noch anderswo im deutschen Teile des Abstimmungsgebietes war. Nach der Praxis des Präsidenten der Gemischten Kommission muß der Petent, der sich im Verfahren gemäß Art. 149 der Genfer Konvention beschweren will, in dem Zeitpunkt, da die von ihm angefochtene behördliche Maßnahme getroffen wurde, Wohnsitz in demjenigen Teil des Abstimmungsgebietes gehabt haben, gegen dessen Behörden die Beschwerde sich richtet. Der Auffassung des Beschwerdeführers, daß Wohnsitz in Polnisch-Oberschlesien genüge, um die Beschwerde des Art. 149 gegen deutsche Behörden zu erheben, kann der Präsident nicht beipflichten. Da im vorliegenden Fall der Beschwerdeführer im kritischen Zeitpunkt nicht in Deutsch-Oberschlesien Wohnsitz hatte, ist er zur Beschwerdeführung über Behörden Deutsch-Oberschlesiens vor dem Forum des Präsidenten nicht berechtigt.

2. Angesichts dieser Rechtslage erübrigt es sich, auf die Ausführungen betreffend die angebliche kommunistische Tätigkeit des Beschwerdeführers einzugehen.

Nach stattgehabter Beratung im Schoße der Gemischten Kommission gelangt der Präsident der Gemischten Kommission, gestützt auf die vorstehenden Erwägungen, zur

Stellungnahme:

Auf die Beschwerde wird nicht eingetreten.

117

Pogląd

z dnia 19 grudnia 1936 w sprawie nr 1880 Józefa Makulika, Oderwalde (Górny Śląsk Niemiecki), żalącego sie, zastąpionego przez Związek Polaków w Opolu, dotyczącej naruszenia Konwencji Genewskiej przez postępowanie nauczyciela Altanera w Rudzie (Górny Śląsk Niemiecki).

Po zakończeniu wymiany pismo procesowych i rozprawie ustnej oraz po obradach w łonie Komisji Mieszanej Prezydent Komisji Mieszanej stwierdza na podstawie wyników postępowania dowodowego, że naruszenie Konwencji Genewskiej nie zostało dowiedzione. Brak zatem przesłanek prawnych do przedstawienia Rządowi Niemieckiemu w myśl art. 153 Konwencji Genewskiej wniosku o wydanie zarządzenia lub o sposobie załatwienia sprawy.

Pogląd:

W myśl powyższych rozważań zażalenie oddala się.

118

Pogląd

z dnia 19 grudnia 1936 w sprawie nr 2120 Pawła Holetzka, Katowice II, ul. Krakowska 51/5, dotyczącej nierównego traktowania przez władze niemieckie (Górny Śląsk Niemiecki).

Żalący się, który zrezygnował z zamieszkania na Górnym Śląsku Niemieckim i przeprowadził się do Katowic, zażala się w drodze postępowania w myśl art. 149 Konwencji Genewskiej na to, że władze niemieckie nie przesłały mu żądanych przez niego dokumentów i że Niemiecki Konsulat Generalny w Katowicach odmówił mu wsparcia pieniężnego.

W myśl stałej praktyki zażalenie to jest niedopuszczalne, ponieważ dotyczy ono zarządzenia lub zaniechania władz z czasu, gdy żalący się nie zamieszkiwał więcej na Górnym Śląsku Niemieckim.

Pomijając to, że żalący się nie jest uprawniony do wniesienia zażalenia w myśl art. 149 Konwencji Genewskiej, w fakcie nieprzesłania żądanych dokumentów i odmówienia wsparcia nie można by

117

Stellungnahme

vom 19. Dezember 1936 in der Sache Nr. 1880 des Josef Makulik, Oderwalde (Deutsch-Oberschlesien), Beschwerdeführer, vertreten durch den Związek Polaków in Oppeln, betreffend Verletzung der Genfer Konvention durch das Verhalten des Lehrers Altaner in Ruda (Deutsch-Oberschlesien).

Nach Abschluß des Schriftenwechsels und der mündlichen Verhandlungen und nach stattgehabter Beratung im Schoße der Gemischten Kommission stellt der Präsident auf Grund der Ergebnisse des Beweisverfahrens fest, daß eine Verletzung der Genfer Konvention nicht erwiesen ist. Es fehlt somit die rechtliche Voraussetzung, der Deutschen Regierung eine Maßnahme oder Lösung im Sinne des Art. 153 des Genfer Abkommens zu beantragen.

Stellungnahme:

Die Beschwerde wird im Sinne der obigen Erwägungen abgewiesen.

118

Stellungnahme

vom 19. Dezember 1936 in der Sache Nr. 2120 des Paul Holetzek, Katowice II, ul. Krakowska 51/5, betreffend unterschiedliche Behandlung durch deutsche Behörden (Deutsch-Oberschlesien).

Der Beschwerdeführer, der sein Domizil in Deutsch-Oberschlesien aufgegeben hat und nach Katowice gezogen ist, beschwert sich im Verfahren des Art. 149 des Genfer Abkommens darüber, daß ihm die deutschen Behörden die von ihm verlangten Dokumente nicht zugesandt haben und daß das Deutsche Generalkonsulat in Katowice ihm eine finanzielle Unterstützung verweigert hat.

Gemäß ständiger Praxis ist diese Beschwerde nicht zulässig, weil sie behördliche Maßnahmen oder Unterlassungen betrifft, welche zu einem Zeitpunkt stattfanden, da der Beschwerdeführer nicht mehr Wohnsitz in Deutsch-Oberschlesien hatte.

Abgesehen davon, daß der Beschwerdeführer zur Erhebung der Beschwerde im Sinne des Art. 149 des Genfer Abkommens nicht berechtigt ist, könnte in der Nichtübersendung der verlangten Dokumente und in

dopatrywać się samowolnego postępowania właściwych władz w myśl art. 75 Konwencji Genewskiej z uwagi na to, że żalący się wyłamał się ucieczką z zawieszonego nad nim dozoru policyjnego i nielegalnie przekroczył granicę.

Brak zatem przesłanki prawnej do przedstawienia Rządowi Niemieckiemu w myśl art. 153 Konwencji Genewskiej wniosku o wydanie zarządzenia lub o sposobie załatwienia sprawy.

Na podstawie powyższych rozważań i po naradzie w łonie Komisji Mieszanej Prezydent Komisji Mieszanej dochodzi do

poglądu:

Zażalenie oddala się.

119

Pogląd

z dnia 1 czerwca 1937 w sprawie nr 1967 Jerzego Prokopa, Bytom (Górny Śląsk Niemiecki), żalącego się, dotyczącej cofnięcia obywatelstwa.

1. Członek mniejszości polskiej Jerzy Prokop, który w roku 1928 uzyskał obywatelstwo niemieckie, został rozporządzeniem Prezydenta Rejencji w Opolu z dnia 25 czerwca 1935 tego obywatelstwa pozbawiony. Przeciwko temu zarządzeniu wniósł Prokop, powołując się na art. 75, 80 i 149 Konwencji Genewskiej, niniejsze zażalenie mniejszościowe.

2. Ponieważ Konwencja Genewska nie zawiera żadnych przepisów w sprawie pozbawienia obywatelstwa, należy jedynie zbadać, czy przy zastosowaniu ustawy o cofnięciu obywatelstwa z dnia 14 lipca 1933 (Dziennik Ustaw Rzeszy I, str. 480) potraktowano żalącego się w sposób samowolny lub nierówny w sensie art. 75 Konwencji Genewskiej. Zastosowany w niniejszym przypadku § 1 l. c. brzmi:

„Obywatelstwo, nadane w czasie od 9 listopada 1918 do 30 stycznia 1933, może być cofnięte, jeżeli nadanie obywatelstwa nie uważa się za pożądane."

W kwestii, jakie fakty można uważać za wystarczające, aby nadanie obywatelstwa uznać za niepożądane, ustawa pozostawia uznaniu władz bardzo wielką swobodę. Że właściwe władze dopuściły się

der Verweigerung der Unterstützung kein willkürliches Vorgehen der zuständigen Behörden im Sinne des Art. 75 des Genfer Abkommens erblickt werden, nachdem sich der Beschwerdeführer der über ihn verhängten Polizeiaufsicht durch Flucht entzogen und die Grenze widerrechtlich überschritten hat.

Es fehlt somit die rechtliche Voraussetzung, um der Deutschen Regierung eine Maßnahme oder Lösung im Sinne des Art. 153 des Genfer Abkommens zu beantragen.

Gestützt auf vorstehende Erwägungen und nach stattgehabter Beratung im Schoße der Gemischten Kommission gelangt der Präsident der Gemischten Kommission zur

Stellungnahme:

Die Beschwerde wird abgewiesen.

119

Stellungnahme

vom 1. Juni 1937 in der Sache Nr. 1967 des Georg Prokop, Beuthen (Deutsch-Oberschlesien), Beschwerdeführer, betreffend Ausbürgerung.

1. Der polnische Minderheitsangehörige Georg Prokop, welcher sich im Jahre 1928 in Deutschland hatte naturalisieren lassen, wurde durch Verfügung des Regierungspräsidenten von Oppeln vom 25. Juni 1935 wieder ausgebürgert. Gegen diese Maßnahme reichte er unter Berufung auf Art. 75, 80 und 149 Genfer Konvention die vorliegende Minderheitsbeschwerde ein.

2. Da die Genfer Konvention über die Ausbürgerung keinerlei Bestimmungen enthält, ist lediglich zu prüfen, ob der Beschwerdeführer bei der Anwendung des Ausbürgerungsgesetzes vom 14. Juli 1933 (Reichsgesetzblatt I S. 480) willkürlich bezw. unterschiedlich im Sinne von Art. 75 der Genfer Konvention behandelt wurde. Der im vorliegenden Fall angewandte § 1 l. c. lautet:

»Einbürgerungen, die in der Zeit zwischen dem 9. November 1918 u. dem 30. Januar 1933 vorgenommen worden sind, können widerrufen werden, falls die Einbürgerung nicht als erwünscht anzusehen ist.«

In der Frage, welche Tatsachen als hinreichend zu betrachten sind, eine Einbürgerung als unerwünscht anzusehen, läßt das Gesetz dem Ermessen der Behörden einen sehr weiten Spielraum. Willkür im Sinne von

aktu samowoli w sensie art. 75 Konwencji Genewskiej, można by przypuścić tylko wtedy, gdyby w ogóle nie mogły podać powodów odebrania obywatelstwa lub gdyby podane przez nie powody pozostawały w oczywistej sprzeczności z sensem i celem ustawowego przepisu. W niniejszym przypadku to jednak nie zachodzi, przeciwnie motywy odebrania obywatelstwa przytoczone przez władzę mieszczą się w ramach ustawy. Żalącego się, który był kilkakrotnie karany i uprawiał działalność komunistyczną, skazał Sąd Rzeszy w Lipsku dnia 30 IX 1932 na 9 miesięcy więzienia za przestępstwo z §§ 4 nr 1 i 11 ustawy o ochronie republiki z dnia 25 III 1930 w zbiegu jednoczynowym ze zmuszaniem urzędnika (akt 53). W tych okolicznościach nie można uważać, żeby pozbawienie żalącego się obywatelstwa było aktem samowoli w sensie art. 75 Konwencji Genewskiej.

Na podstawie powyższych rozważań oraz po wymianie pism, przesłuchach świadków, rozprawie ustnej i obradach w łonie Komisji Mieszanej Prezydent Komisji Mieszanej dochodzi do

poglądu:

Zażalenie oddala się.

120

Pogląd

z dnia 26 czerwca 1937 w sprawie nr 2202 Związku Polaków w Opolu, żalącego się, dotyczącej nieudzielenia zezwolenia na wykonanie jednego numeru programu wieczoru teatralnego w Opolu (Górny Śląsk Niemiecki).

I

Dnia 9 lutego 1936 odbyć się miało w Opolu zorganizowane przez mniejszość polską przedstawienie amatorskie, obejmujące różne produkcje muzykalne i literackie. Nadburmistrz miasta Opola, któremu według obowiązujących przepisów przedstawiono program przedstawienia, udzielił nań zezwolenia z wyjątkiem poematu poetki polskiej Marii Konopnickiej pt. „Na Piastowym Śląsku". Deklamacji tego utworu zabroniono z powodu jego antypaństwowej treści i ponieważ w szczególności ostatnie jego zwrotki mogą ubliżyć interesom niemieckim i podać je w pogardę. Celem ochrony interesów mniejszości polskiej Związek Polaków wniósł przeciwko temu zarządzeniu

Art. 75 G. K. könnte nur angenommen werden, wenn die zuständigen Behörden überhaupt nicht in der Lage wären, Gründe für die Ausbürgerung anzugeben, oder wenn die angeführten Gründe offenbar im Widerspruch mit dem Sinn und Zweck der gesetzlichen Vorschrift ständen. Dies ist hier nicht der Fall, vielmehr befindet sich die von der Behörde vorgebrachte Begründung der Ausbürgerung innert dem Rahmen des Gesetzes. Der Beschwerdeführer, der mehrfach vorbestraft war und sich kommunistisch betätigt hat, wurde am 30. IX. 1932 vom Reichsgericht in Leipzig zu 9 Monaten Gefängnis verurteilt wegen Vergehens gegen die §§ 4 Nr. 1 und 11 des Gesetzes zum Schutze der Republik vom 25. III. 1930 in Tateinheit mit Beamtennötigung (act. 53). Unter diesen Umständen kann die Ausbürgerung des Beschwerdeführers nicht als willkürlich im Sinne von Art. 75 der Genfer Konvention angesehen werden.

Gestützt auf vorstehende Erwägungen und nach stattgehabtem Schriftenwechsel, Zeugeneinvernahmen, mündlichen Verhandlungen sowie Beratung im Schoße der Gemischten Kommission, gelangt der Präsident der Gemischten Kommission zur

Stellungnahme:

Die Beschwerde wird abgewiesen.

120

Stellungnahme

vom 26. Juni 1937 in der Sache Nr. 2202 des Związek Polaków in Oppeln, Beschwerdeführer, betreffend Nichtgenehmigung einer Programmnummer einer polnischen Vorstellung in Oppeln (Deutsch-Oberschlesien).

I

Am 9. Februar 1936 sollte in Oppeln eine von der polnischen Minderheit als Laienspiel veranstaltete Vorstellung, welche verschiedene musikalische und literarische Stücke umfaßte, stattfinden. Der Oberbürgermeister von Oppeln, dem das Programm der Vorstellung entsprechend den geltenden Bestimmungen unterbreitet wurde, genehmigte es mit Ausnahme eines Gedichtes der polnischen Dichterin Maria Konopnicka, betitelt »Im Piasten-Schlesien«. Der Vortrag dieses Werkes wurde verboten wegen staatsfeindlichen Inhalts und weil insbesondere dessen letzte Strophen geeignet seien, die deutschen Interessen herabzusetzen und verächtlich zu machen. Der Związek Polaków erhob gegen diese Maßnahme im eigenen Namen

w własnym imieniu zażalenie w myśl art. 149, do czego w myśl stałej praktyki Prezydenta jest legitymowany. Powołując się na art. 75 i 81 Konwencji Genewskiej Związek Polaków wniósł o stwierdzenie naruszenia tych artykułów, ukaranie sprawców tego zakazu i niestosowanie przepisów w sprawie nadzoru teatralnego (akt 3—4) do imprez mniejszości. Dnia 1 października 1936 zażalenie to na podstawie art. 152 Konwencji Genewskiej przekazano Prezydentowi Komisji Mieszanej (akt 1). W toku późniejszej wymiany pism i na rozprawie ustnej z dnia 22 IV 1937 stronom dano sposobność do przedstawienia swych argumentów pisemnie i ustnie.

II

1. W kwestii nadzoru teatralnego żalący się zajmuje stanowisko, że przedstawienia teatralne mniejszości nie powinny doznawać żadnych ograniczeń i że nie powinno się do nich stosować ustawy teatralnej z dnia 15 V 1934 (Dz. Ust. Rzeszy, str. 411) oraz jej przepisów wykonawczych (akt 3—4).

To roszczenie żalącego się nie znajduje oparcia w Konwencji Genewskiej. Powołany przez żalącego się art. 81 brzmi:

Al. 1: „Les ressortissants appartenant à des minorités ont le droit de créer, diriger et administrer à leurs frais des institutions charitables, religieuses, culturelles ou sociales. Sans préjudice du contrôle de l'Etat, les institutions existantes pourront continuer à exercer leur activité sans entraves. Elles conserveront leurs biens et tous leurs droits acquis, conformément aux stipulations de l'article 4."

Wynika z tego, że prawa do zakładania instytucyj kulturalnych, które to prawo obejmuje także organizowanie imprez teatralnych, udzielono mniejszości nie bez ograniczeń, lecz że ograniczono je wyraźnie zastrzeżeniem nadzoru państwowego. Lecz nawet gdyby o zastrzeżeniu nadzoru państwowego wyraźnie nie wspomniano, gwarancja imprez kulturalnych obowiązywałaby oczywiście tylko w ramach porządku publicznego. Jeżeli więc na podstawie dotycznych przepisów ustawodawstwa niemieckiego (§ 4 rozporządzenia ministerialnego z dnia 23 VII 1935 — akt 12) władze zbadały treść programu przedstawienia, to Konwencji Genewskiej przez to nie naruszono. Zapatrywanie wyrażone w zażaleniu, aby zasadniczo niemieckiej ustawy teatralnej i jej przepisów wykonawczych nie stosowano do przedstawień mniejszości polskiej, należy oddalić.

zur Wahrung der Interessen der polnischen Minderheit die Beschwerde gemäß Art. 149, wozu er gemäß ständiger Praxis des Präsidenten legitimiert ist. Der Związek Polaków beantragte unter Berufung auf die Art. 75 und 81 G. K., die Verletzung dieser Artikel festzustellen, die Urheber des Verbots zu bestrafen und die Bestimmungen betreffend die Theateraufsicht auf die Veranstaltungen der Minderheit nicht anzuwenden (act. 3—4). Diese Beschwerde wurde am 1. Oktober 1936 auf Grund von Art. 152 G. K. dem Präsidenten der Gemischten Kommission überwiesen (act. 1). In dem anschließenden Schriftenwechsel sowie in den mündlichen Verhandlungen vom 22. IV. 1937 wurde den Parteien Gelegenheit geboten, ihre Argumente schriftlich wie mündlich vorzutragen.

II

1. Der Beschwerdeführer nimmt in der Frage der Theateraufsicht den Standpunkt ein, daß Theaterveranstaltungen der Minderheit keine Einschränkungen erfahren und das Theatergesetz vom 15. V. 1934 (RGBl. S. 411) sowie dessen Ausführungsbestimmungen auf sie keine Anwendung finden sollen (act. 3—4).

Dieser Anspruch des Beschwerdeführers findet in der Genfer Konvention keine Stütze. Der vom Beschwerdeführer angerufene Art. 81 lautet:

Al. 1: „**Les ressortissants appartenant à des minorités ont le droit de créer, diriger et administrer à leurs frais des institutions charitables, religieuses, culturelles ou sociales. Sans préjudice du contrôle de l'Etat, les institutions existantes pourront continuer à exercer leur activité sans entraves. Elles conserveront leurs biens et tous leurs droits acquis, conformément aux stipulations de l'article 4.**"

Daraus geht hervor, daß das Recht der Minderheit, kulturelle Einrichtungen zu errichten — welches das Recht zur Veranstaltung von Theatervorstellungen mit umfaßt — nicht uneingeschränkt gewährt ist, sondern ausdrücklich begrenzt durch den Vorbehalt der Staatsaufsicht. Aber auch wenn der Vorbehalt der Staatsaufsicht nicht ausdrücklich erwähnt wäre, würde die Garantie der kulturellen Veranstaltungen selbstverständlich nur innerhalb der Schranken der öffentlichen Ordnung gelten. Wenn daher auf Grund der einschlägigen Vorschriften der deutschen Gesetzgebung (§ 4 des Ministerialerlasses vom 23. VII. 1935, act. 12) das Programm der Veranstaltung durch die Behörden auf seinen Inhalt geprüft wurde, so liegt darin keine Verletzung der Genfer Konvention. Die Auffassung der Beschwerde, grundsätzlich das deutsche Theatergesetz und seine Ausführungsbestimmungen auf die Vorstellungen der polnischen Minderheit nicht anzuwenden, ist abzuweisen.

2. Pozostaje do rozpatrzenia, czy sposób, w jaki właściwa władza wykonała prawo nadzorcze, nie przedstawia się jako akt samowoli w myśl art. 75 Konwencji Genewskiej, z czym związane by było równocześnie naruszenie prawa mniejszości polskiej do pielęgnowania swych dóbr kulturalnych.

Zastosowany w niniejszym przypadku przez właściwą władzę § 4 rozporządzenia ministerialnego z dnia 23 VII 1935 brzmi:

„Na organizowanie okolicznościowych przedstawień amatorskich (tj. wszelkich niezawodowych przedstawień teatralnych) należy udzielić zezwolenia, jeżeli treść sztuki lub osoba organizatorów nie nasuwają wątpliwości politycznych."

Należy zatem zbadać, czy rzeczywiście istniały wątpliwości polityczne co do publicznej deklamacji poematu lub czy powody przytoczone na uzasadnienie zakazu pozostają w widocznej sprzeczności z sensem i celem wspomnianego przepisu.

Poemat przedstawiono mniej więcej równocześnie nadburmistrzowi m. Opola i Prezydentowi Rejencji Opolskiej do zbadania. Okoliczność, że Prezydent Rejencji nie wyraził zastrzeżeń w sprawie wygłoszenia poematu, nie ma znaczenia prawnego, ponieważ bezspornie nadburmistrz m. Opola był jedynie właściwą władzą dla cenzury. Poza tym, według przedstawienia sprawy przez żalącego się, Prezydentowi Rejencji przedstawiono poemat w odmiennym ujęciu, opuszczając różne zwrotki, które w sposób najostrzejszy obrażały uczucia narodowe ludności niemieckiej. Przedmiotem niniejszego sporu prawnego jest ten tekst poematu, który organizatorowie przedstawienia przedłożyli do decyzji nadburmistrzowi (akt 5—6). Poemat ten, obejmujący 59 zwrotek, skierowany jest do polskiej ludności Śląska, a tym samym także Niemieckiego Górnego Śląska. Chodzi tu o utwór poetki i patriotki polskiej Marii Konopnickiej, który powstał z początkiem dwudziestego wieku w warunkach terytorialnych i narodowych, które różniły się wielce od sytuacji dzisiejszej. Utwór ten był namiętnym patriotycznym wezwaniem do walki o zachowanie narodowości polskiej i pozostawał w związku z ogólnopolskim ruchem w różnych częściach ówczesnych Niemiec.

Nie chodzi tutaj o ocenę tej głębokiej manifestacji historycznej, lecz jedynie o to, jakie wrażenie poemat ten wywiera obecnie z uwagi na dzisiejsze stosunki na Górnym Śląsku.

2. Es bleibt zu prüfen, ob in der Art und Weise der stattgehabten Ausübung des Aufsichtsrechts durch die zuständige Behörde ein Akt der Willkür im Sinne des Art. 75 G. K. liegt, womit zugleich eine Verletzung des Rechtes der polnischen Minderheit auf die Pflege ihrer Kulturgüter verbunden wäre.

Der von der zuständigen Behörde im vorliegenden Falle angewandte § 4 des Ministerialerlasses vom 23. VII. 1935 lautet:

»Die Veranstaltung gelegentlicher Laienspiele (d. h. aller nicht berufsmäßigen Theaterspiele) ist zu genehmigen, falls nicht im Inhalt der Stücke oder in der Person der Veranstalter politische Bedenken bestehen.«

Es ist somit zu untersuchen, ob politische Bedenken gegen den öffentlichen Vortrag des Gedichtes wirklich bestanden oder ob die für das Verbot angeführten Gründe mit dem Sinn und Zweck der erwähnten Vorschrift offenbar im Widerspruch stehen.

Das Gedicht wurde ungefähr gleichzeitig dem Oberbürgermeister von Oppeln und dem Regierungspräsidenten von Oppeln zur Prüfung unterbreitet. Der Umstand, daß der Regierungspräsident keine Bedenken gegen den Vortrag des Gedichtes geäußert hat, ist ohne rechtliche Bedeutung, da der Oberbürgermeister von Oppeln unstreitig für die Frage der Zensur die allein zuständige Behörde war. Übrigens wurde nach der Darstellung des Beschwerdeführers das Gedicht dem Regierungspräsidenten in abweichender Fassung, unter Weglassung verschiedener Strophen, die die nationalen Empfindungen des deutschen Volkes am schärfsten berührten, unterbreitet. Gegenstand dieses Rechtsstreites bildet der Wortlaut des Gedichtes, wie er von den Veranstaltern der Vorstellung dem Oberbürgermeister zur Entscheidung vorgelegt wurde (act. 5—6). Dieses 59 Strophen umfassende Gedicht ist an die polnische Bevölkerung von Schlesien und mithin auch von Deutsch-Oberschlesien gerichtet. Es ist das Werk der polnischen Dichterin und Patriotin Maria Konopnicka und entstand zu Beginn des zwanzigsten Jahrhunderts unter territorialen und nationalen Verhältnissen, die von der heutigen Lage sehr verschieden waren. Es war ein leidenschaftlicher patriotischer Aufruf zum Kampfe um die Erhaltung des polnischen Volkstums und stand im Zusammenhang mit der allgemeinen polnischen Bewegung in verschiedenen Teilen des damaligen deutschen Reiches.

Hier handelt es sich nicht um eine Beurteilung dieser eindrucksvollen historischen Kundgebung, sondern es fragt sich lediglich, welche Wirkung die Darbietung des Gedichtes mit Rücksicht auf die heutigen Verhältnisse Oberschlesiens ausübt.

Poemat wyraża szlachetne myśli i uczucia na temat miłości mowy ojców, czci dla odziedziczonych dóbr kulturalnych i siły ducha, wypływającej z tych źródeł tradycji. W ramach takich idei i uczuć nie można by oczywiście mieć żadnych zastrzeżeń przeciwko wygłoszeniu tego utworu celem umocnienia kultury polskiej; nie można by mieć nic przeciwko temu także z punktu widzenia propagandy kulturalnej, ponieważ mniejszości do takiej propagandy zasadniczo są uprawnione. Ta swoboda tkwiąca w ochronie mniejszości nie jest jednak bezgraniczna; granicą jej jest bowiem obowiązek mniejszości, aby nie naruszać interesów państwa i nie obrażać uczuć ludności większościowej treścią lub formą swych manifestacyj. Prawom i interesom mniejszości przeciwstawione są prawa i interesy państwa i ludności większościowej. Mniejszości powinny w szczególności unikać takich manifestacyj, które by mogły zakłócić lub wystawić na niebezpieczeństwo zgodne współżycie ludności mniejszościowej z ludnością większościową. Tej zaś powinności mniejszości odpowiada zadanie państwa, aby zapobiegać manifestacjom przeciwko mniejszości, manifestacjom, które w myśl ochrony mniejszości są niedopuszczalne.

Dla osądzenia kwestii, czy będący w mowie poemat został słusznie zabroniony, jego szczegółowa analiza nie jest konieczna. Wystarczy wskazać na kilka miejsc, które w myśl przedstawionych zasadniczych punktów wytycznych mogą naruszyć interesy, obrazić uczucia Państwa Niemieckiego i ludności niemieckiej i popsuć pokojowe stosunki pomiędzy mniejszością polską a ludnością większościową.

Tam, gdzie poemat rozprawia się z wpływem niemieckim i jego oddziaływaniem, czyni to m. in. w następujących zwrotkach:

Zwrotka 16:

„Cudze dymy — wzrok wyżarły,
Cudze prawa — dech zaparły,...
Lud my sąśmy pół-umarły!..."

Zwrotka 35:

„Także was obcy uwiódł szych,
Osłona zdrady, brudu,

Śląskiego córy ludu?..."

Das Gedicht bringt edle Gedanken und Gefühle zum Ausdruck über die Liebe zur angestammten Sprache, die Ehrfurcht vor den ererbten Kulturgütern und die seelische Kraft, die diesen Quellen der Tradition entspringt. Im Rahmen solcher Ideen und Empfindungen wäre gegen die Darbietung dieses Werkes zur Förderung der polnischen Kultur selbstverständlich nichts einzuwenden, auch nicht aus dem Gesichtspunkte der kulturellen Propaganda, da die Minderheiten grundsätzlich zu dieser berechtigt sind. Diese dem Minderheitenschutz immanente Freiheit ist keine schrankenlose, sie findet vielmehr Grenzen in der Pflicht der Minderheiten, die Interessen des Staates und die Gefühle der Mehrheitsbevölkerung nicht durch den Inhalt oder die Form ihrer Kundgebungen zu verletzen. Den Rechten und Interessen der Minderheit stehen die Interessen und Rechte des Staates und der Mehrheitsbevölkerung gegenüber. Die Minderheiten sollen insbesondere solche Kundgebungen unterlassen, die geeignet sind, das friedliche Zusammenleben der Minderheiten mit der Mehrheitsbevölkerung zu stören oder zu gefährden. Das Gegenstück dazu ist die Aufgabe des States, die gegen die Minderheiten gerichteten und im Sinne des Minderheitenschutzes unzulässigen Kundgebungen zu verhindern.

Eine vollständige Analyse des langen Gedichtes ist für die Beurteilung der Frage, ob es mit Recht verboten wurde, nicht nötig. Es genügt auf einige Stellen hinzuweisen, welche gemäß den dargelegten grundsätzlichen Gesichtspunkten geeignet sind, die Interessen und Empfindungen des deutschen Staates und der deutschen Bevölkerung zu verletzen und die friedlichen Beziehungen zwischen der polnischen Minderheit und der Mehrheitsbevölkerung zu beeinträchtigen.

Wo sich das Gedicht mit dem deutschen Einfluß und seinen Wirkungen auseinandersetzt, geschieht dies u. a. in folgenden Wendungen:

Strophe 16:

> Fremder Rauch hat unser Augenlicht vernichtet,
> Fremde Rechte haben uns den Atem genommen,
> Wir sind ein halb totes Volk!...

Strophe 35:

> Hat der fremde Flitter, die Hülle des Verrats, des Schmutzes,
> Euch, Ihr Töchter des schlesischen Volkes soweit betört...

Zwrotka 44:

„Niewiasto śląska! Ciebie Bóg
Postawił na rubieży,
Byś nie puściła przez swój próg
Wroga — na pierś macierzy!..."

Te miejsca poematu może naród niemiecki, a w szczególności niemiecka ludność Górnego Śląska Niemieckiego, zrozumieć jako poniżenie swej wartości narodowej i kulturalnej. Z tego powodu nie nadają się one do publicznego wygłoszenia na języczno mieszanym terenie plebiscytowym.

Dla osądzenia wydanych zarządzeń decydujące są jednak końcowe zwrotki poematu (48 i n.), które przedstawiają proroczą wizję przyszłości. Odmalowane w nich jest, jak lud śląski, który prowadził dotychczas żywot jakby w letargu i grobie, grób swój rozsadza i krwawym wysiłkiem rozrywa ciążące nań kajdany, przyjmując przez to chrzest historyczny w imieniu ojczyzny (przez którą, z całości wnioskując, rozumieć należy Polskę). Decydujące te zwrotki brzmią:

Zwrotka 48:

„Już nadszedł czas! Już stał się cud!
Już godzin słyszę bicia...
Letargu snem schwycony lud,
Przebudził się do życia!"

Zwrotka 49:

„Już nadszedł dzień, już błysnął dziw,
Z dawna przepowiadany,
Z letargu lud się przecknął żyw,
I wstrząsnął grobu ściany!"

Zwrotka 50:

„I duch przejasny woła nań,
Wieczysty duch narodu:
— „Łazarzu wstań! Łazarzu wstań!
Już idą brzaski wschodu!"

Zwrotka 51:

„Przespałeś wiele, wiele dni,
W śmiertelne żgła spowity,
Duch jakiś obcy krakał ci,
Że zgasły Boże świty..."

Strophe 44:

Schlesische Frau! Dich hat Gott an die Grenze gesetzt,
Damit Du über Deine Schwelle den Feind nicht ins Vaterland läßt!

Diese Stellen des Gedichtes sind geeignet, vom deutschen Volke und besonders von der deutschen Bevölkerung Deutsch-Oberschlesiens als Herabsetzung seiner nationalen und kulturellen Werte aufgefaßt zu werden. Aus diesem Grunde eignen sie sich nicht zum öffentlichen Vortrag im gemischtsprachigen Abstimmungsgebiet.

Ausschlaggebend für die Beurteilung der getroffenen Maßnahmen sind aber die Schluß-Strophen (48 ff.), wo das Gedicht eine prophetische Vision der Zukunft gibt. Es wird gezeigt, wie das schlesische Volk, nachdem es ein Dasein wie in Grab und Lethargie geführt hat, sein Grab sprengt und in einer blutigen Anstrengung die lastenden Ketten zerreißt und damit im Namen des Vaterlandes (worunter nach dem Zusammenhang Polen zu verstehen ist) die geschichtliche Taufe empfängt. Die entscheidenden Strophen lauten:

Strophe 48:

Der Tag ist gekommen! Das Wunder ist geschehen!
Ich höre schon den Stundenschlag...
Das vom Schlaf der Lethargie erfaßte Volk
Ist zum Leben erwacht!

Strophe 49:

Der Tag ist gekommen, das Wunder ist geschehen,
Das längst vorausgesagte Wunder,
Aus der Lethargie erwacht ist lebend das Volk
Und hat sein Grab gesprengt!

Strophe 50:

Ein überheller Geist ruft ihm zu,
Der ewige Geist der Nation:
»Lazarus, steh auf! Lazarus, steh auf!
Die Morgenröte naht!

Strophe 51:

Viele, viele Tage hast Du verschlafen
In Todesleinentücher gehüllt,
Ein fremder Geist krächzte über Dir,
Daß die göttliche Morgenröte erloschen ist...«

Zwrotka 54:

„I poczuł Ślązak w żyłach krew,
I poczuł nowe siły,
I zmartwychwstania wznosząc śpiew,
Podźwignął się z mogiły."

Zwrotka 55:

„Śmiertelny znój to! krwawy trud!
Wysiłek niesłychany!
Po wiekach całych śląski lud
Ciążące rwie kajdany!"

Zwrotka 56:

„W ojczyzny imię bierze chrzest,
Potężny chrzest dziejowy,
I wie, że Polska — matką jest,
A on — że ród Piastowy."

Słowa te działają jak proroctwo lub wezwanie do zbrojnego powstania. Niebezpieczeństwo, że publicznemu wygłoszeniu tych zwrotek przypisze się ten właśnie sens, jest tym bardziej zrozumiałe, że na terenie plebiscytowym przyszło w czasie plebiscytu do kilku powstań polskich i do związanych z nimi krwawych walk, tak że od tego czasu, w szczególności u ludności niemieckiej Górnego Śląska Niemieckiego, panuje silnie spotęgowana wrażliwość na manifestacje, które owe zdarzenia przypominają. Do tego dochodzi jeszcze szczególny rezonans, jaki wywołuje poemat przez wezwanie ducha Piastów, dawnej polskiej dynastii królewskiej. Przez to, że słowa poematu włożone są w usta dawnego suwerena, mogą one wywołać wrażenie tendencyj irredentystycznych.

Z powyższych rozważań wynika, że właściwa władza nie postąpiła samowolnie, gdy zabroniła publicznego wygłoszenia tego poematu.

Po naradzie odbytej w łonie Komisji Mieszanej Prezydent Komisji Mieszanej na podstawie powyższych rozważań dochodzi do

poglądu:

Zażalenie oddala się.

Strophe 54:

Und der Schlesier verspürte das Blut in seinen Adern,
Und er verspürte neue Kräfte,
Und das Auferstehungslied anstimmend,
Erhob er sich aus dem Grabe.

Strophe 55:

Eine tödliche Anstrengung, eine blutige Mühsal!
Ein unerhörter Kraftaufwand!
Nach langen Jahrhunderten bricht das schlesische Volk
Seine schweren Fesseln!

Strophe 56:

Im Namen des Vaterlandes empfängt es die Taufe,
Die gewaltige geschichtliche Taufe,
Und weiß, daß Polen seine Mutter
Und es vom Piastenstamme ist.

Diese Worte wirken als Prophezeiung bezw. Aufforderung zu einer bewaffneten Erhebung. Die Gefahr, daß dem öffentlichen Vortrag dieser Strophen ein solcher Sinn beigelegt werde, ist umso naheliegender, als das Abstimmungsgebiet zur Zeit des Plebiszits der Schauplatz wiederholter polnischer Aufstände und damit verbundener blutiger Kämpfe war, sodaß seit jener Zeit namentlich bei der deutschen Bevölkerung von Deutsch-Oberschlesien eine stark gesteigerte Empfindlichkeit herrscht gegenüber Kundgebungen, welche an jene Vorgänge erinnern. Dazu kommt die besondere Resonanz, welche dem Gedichte durch Anrufung des Geistes der Piasten, der ehemaligen polnischen Königsdynastie, verliehen wird. Dadurch, daß die Worte des Gedichtes in den Mund des ehemaligen Souveräns gelegt werden, können sie den Eindruck irredentistischer Tendenzen hervorrufen.

Aus vorstehenden Ausführungen folgt, daß die zuständige Behörde nicht willkürlich gehandelt hat, indem sie den öffentlichen Vortrag dieses Gedichtes verbot.

Nach stattgehabter Beratung im Schoße der Gemischten Kommission gelangt der Präsident der Gemischten Kommission, gestützt auf die vorstehenden Erwägungen, zur

Stellungnahme:

Die vorliegende Beschwerde wird abgewiesen.

121

P o g l ą d

z dnia 1 lipca 1937 w sprawie nr 2183 Związku Polaków w Opolu (Górny Śląsk Niemiecki), żalącego się, dotyczącej zmiany nazw miejscowości na Górnym Śląsku Niemieckim.

I

Przedmiotem niniejszego zażalenia jest przemianowanie wielkiej liczby urzędowych nazw miejscowości na Górnym Śląsku Niemieckim w roku 1936. Chodzi prawie wyłącznie o nazwy miejscowości o brzmieniu polskim, których pisownia i końcówki były jednak przystosowane do języka niemieckiego. Wprowadzone w ich miejsce nowe urzędowe nazwy miejscowości utworzone są w języku niemieckim i nie zdradzają w niczym polskiego brzmienia dotychczasowej nazwy. Częściowo opierają się one wprawdzie na dotychczasowych nazwach, a mianowicie w tych przypadkach, gdzie nazwa coś oznaczała, przetłumaczono ją mniej lub więcej ściśle na język niemiecki, częściowo jednak nowe nazwy stanowią całkowite nowotwory. Żalący się wywodzi, że dotychczasowe nazwy zmieniono tylko dlatego, ponieważ miały brzmienie polskie, i że w systematycznym rugowaniu tych nazw miejscowości dopatrywać się należy pogardliwego traktowania mniejszości polskiej. Powołując się na art. 68 i 75 ust. 3 Konwencji Genewskiej, żalący się wnosi o stwierdzenie naruszenia tych przepisów i o przywrócenie nazw dotychczasowych.

Urząd Spraw Mniejszości zaprzecza, że zmiana nazw miejscowości miała na celu pogardliwe traktowanie mniejszości polskiej.

Dnia 1 września 1936 Urząd Spraw Mniejszości przekazał powyższe zażalenie na podstawie art. 152 Konwencji Genewskiej Prezydentowi Komisji Mieszanej (akt 1). W toku późniejszej wymiany pism i na rozprawie ustnej strony miały sposobność przedstawić wszystkie swe argumenty.

II

Zażalenie wniósł Związek Polaków we własnym imieniu, do czego według stałej praktyki Prezydenta jest legitymowany, ponieważ chodzi bezsprzecznie o kwestię natury ogólnej dotyczącą mniejszości.

121

Stellungnahme

vom 1. Juli 1937 in der Sache Nr. 2183 des Związek Polaków in Oppeln (Deutsch-Oberschlesien), Beschwerdeführer, betreffend Änderung der Ortsnamen in Deutsch-Oberschlesien.

I

Gegenstand der vorliegenden Beschwerde ist die seit 1936 erfolgte Umbenennung einer großen Anzahl der amtlichen Ortsnamen in Deutsch-Oberschlesien. Es handelt sich fast ausnahmslos um polnisch klingende Ortsnamen, die aber in ihrer Schreibweise und in ihren Endungen der deutschen Sprache angepaßt waren. Die an ihrer Stelle eingeführten neuen amtlichen Ortsnamen sind in der deutschen Sprache gebildet und lassen von dem polnischen Klang des bisherigen Namens nichts mehr erkennen. Zum Teil besteht zwar eine Anlehnung an den bisherigen Namen, indem in denjenigen Fällen, wo der Name einen Wortsinn hatte, dieser eine mehr oder weniger freie Übersetzung ins Deutsche erfuhr, zum Teil stellen sich aber die neuen Benennungen als ganz neue Namensschöpfungen dar. Der Beschwerdeführer macht geltend, daß die hergebrachten Namen nur deshalb abgeändert wurden, weil sie einen polnischen Klang hatten, und daß in der systematischen Abschaffung dieser Ortsnamen eine Verächtlichmachung der polnischen Bevölkerung zu erblicken sei. Unter Berufung auf die Art. 68 und 75 Abs. 3 der Genfer Konvention beantragt der Beschwerdeführer, die Verletzung dieser Bestimmungen festzustellen und die bisherigen Namen wiederherzustellen.

Das Minderheitsamt bestreitet, daß mit der Änderung der Ortsnamen eine Verächtlichmachung der polnischen Minderheit beabsichtigt war.

Das Minderheitsamt überwies diese Beschwerde am 1. September 1936 auf Grund von Art. 152 der Genfer Konvention an den Präsidenten der Gemischten Kommission (act. 1). In dem anschließenden Schriftenwechsel sowie in den mündlichen Verhandlungen hatten die Parteien Gelegenheit, alle ihre Argumente vorzutragen.

II

Die Beschwerde ist vom Związek Polaków im eigenen Namen erhoben, wozu er nach der ständigen Praxis des Präsidenten als legitimiert anzusehen ist, da es sich fraglos um eine allgemeine die Minderheit berührende Frage handelt.

III

1. Wydana 30 stycznia 1935 niemiecka ordynacja gminna z dnia 30 I 1935 (Dziennik Ustaw Rzeszy 1935 część I, str. 49) przewiduje, że namiestnik Rzeszy (Reichsstatthalter) może zmienić nazwy gmin po wysłuchaniu opinii gminy. Przytoczona ustawa nie zawiera wytycznych lub przepisów ochronnych w sensie utrzymania dotychczasowych nazw. Przepisowi uprzedniego wysłuchania opinii gminy stało się zadość: Według doniesienia Urzędu Spraw Mniejszości we wszystkich 458 przypadkach zmiany nazw miejscowości wysłuchano uprzednio właściwe rady gminne. Samowolne zastosowanie tego przepisu ustawowego w sensie art. 75 al. 1 Konwencji Genewskiej zatem nie zachodzi i żalący się twierdzenia takiego też nie wysuwa. Zauważa on jedynie, że mniejszość polska nie mogła wyrazić swej woli w sprawie zmiany nazw, ponieważ w radach gminnych nie była reprezentowana. Ponieważ jednak negatywne votum rad gminnych nie może zapobiec zmianie nazw miejscowości, zbytecznym jest rozpatrywać bliżej ten argument, którego żalący się zresztą ani nie uzasadnił ani też nie sformułował w postaci wniosku.

2. Prawo państwa do rozporządzania nazwami leżących na jego terytorium miast, wsi i miejscowości jest wypływem jego suwerenności. Mniejszość mogłaby więc rościć sobie prawo do utrzymania dotychczasowych nazw miejscowości tylko wtedy, gdyby zasadność tego rodzaju prawa wynikała jasno z Konwencji Genewskiej. Konwencja Genewska nie reguluje w żaden sposób kwestii nazw miejscowości, w szczególności nie zawiera ona żadnego przepisu, z którego by wynikało, że istniejące nazwy miejscowości są nienaruszalne lub że zmiana ich dozwolona jest tylko w pewnych określonych granicach, np. w granicach językowego lub ortograficznego przystosowania ich do języka większości. Gdyby układające się strony chciały były w materii, która co do swej natury w tak czuły sposób dotyka suwerenności państw, nałożyć na siebie w jakimkolwiek kierunku ograniczenia, to nie ma wątpliwości, że byłyby się umówiły co do tego wyraźnym przepisem. Przypuścić to można tym bardziej, że w protokole końcowym XVI ułożono np. szczegółowe przepisy dla ochrony nazwisk członków mniejszości w związku z wpisami urzędów stanu cywilnego. Poza tym w czasie zawierania Konwencji Genewskiej było faktem oczywistym, że liczne państwa europejskie, między nimi także takie, które podpisały umowy w sprawie ochrony mniejszości, przeprowadziły daleko idące zmiany nazw miejscowości, które to nazwy były integralną czę-

III

1. Die am 30. Januar 1935 erlassene Deutsche Gemeindeordnung vom 30. I. 1935 (Reichsgesetzblatt 1935 Teil I S. 49) sieht vor, daß die Gemeindenamen durch den Reichsstatthalter nach Anhörung der Gemeinde geändert werden können. Irgendwelche Richtlinien oder Schutzbestimmungen im Sinne der Erhaltung der bisherigen Namen finden sich in dem Gesetz nicht vor. Der Vorschrift der vorgängigen Anhörung der Gemeinde ist Genüge geleistet worden: Laut Mitteilung des Minderheitsamtes wurden in allen 458 Fällen, in welchen Änderung des Ortsnamens erfolgte, die zuständigen Gemeinderäte vorher gehört. Eine willkürliche Anwendung dieser Gesetzvorschrift im Sinne von Art. 75 Al. 1 der Genfer Konvention liegt somit nicht vor und wird auch vom Beschwerdeführer nicht geltendgemacht. Er bemerkt bloß, daß die polnische Minderheit nicht in der Lage war, in der Frage der Namensänderung ihren Willen zum Ausdruck zu bringen, da sie in den Gemeinderäten nicht vertreten war. Da aber ein negatives Votum der Gemeinderäte die Abänderung eines Ortsnamens nicht zu verhindern vermag, erübrigt es sich, auf dieses Argument näher einzutreten, das im übrigen vom Beschwerdeführer weder substantiiert noch zum Gegenstand eines Antrages gemacht worden ist.

2. Das Recht der Staaten, über die Namen der auf ihrem Gebiet gelegenen Städte, Dörfer und Ortschaften zu verfügen, ist ein Ausfluß ihrer Souveränität. Die Minderheit könnte somit auf die Erhaltung der bisherigen Ortsnamen nur Anspruch erheben, falls die Begründetheit eines solchen Anspruches eindeutig aus der Genfer Konvention sich ergäbe. Die Genfer Konvention regelt in keiner Weise die Frage der Ortsnamen, insbesondere enthält sie keine Bestimmung, aus welcher sich ergeben würde, daß die bestehenden Ortsnamen für unantastbar erklärt oder ihre Änderung nur innert bestimmten Grenzen, z. B. innert den Grenzen sprachlicher oder orthographischer Anpassung an die Mehrheitssprache erlaubt wäre. Hätten die Vertragsparteien den Willen gehabt, in einer Materie, die ihrer Natur nach die Souveränität der Staaten so empfindlich berührt, in irgendeiner Richtung sich Beschränkungen aufzuerlegen, so würden sie dies zweifelsohne durch eine ausdrückliche Vorschrift vereinbart haben. Dies ist umsomehr anzunehmen, als im Schlußprotokoll XVI z. B. zum Schutze der Namen von Minderheitsangehörigen im Zusammenhang mit der Verurkundung durch die Standesämter eingehende Bestimmungen vereinbart wurden. Ferner war es z. Zt. des Abschlusses der Genfer Konvention eine offenkundige Tatsache, daß zahlreiche europäische Staaten, darunter auch solche, die Minderheitsschutzverträge unterzeichnet hatten, eine weitgehende Umbenennung der den Minderheitssprachen

ścią danych języków mniejszościowych. Także z uwagi na te okoliczności fakt, że Konwencja Genewska nie zawiera żadnych przepisów co do niniejszej kwestii, uważany być może za dowód, że układające się państwa nie chciały uznać żadnego ograniczenia swych praw. Istotnie obydwa układające się państwa zmieniły krótko po zawarciu Konwencji Genewskiej nazwy miejscowości i nie podniesiono przeciwko temu sprzeciwu. Pomiędzy innymi na Górnym Śląsku Polskim wprowadzono rozporządzeniem Wojewody Śląskiego z dnia 17 VI 1922 (zobacz Dziennik Urzędowy Województwa Śląskiego nr 10 z dnia 19 VI 1922 poz. 3 i nr 13 z dnia 5 VIII 1922 poz. 43) dla 507 miejscowości polskiej części obszaru plebiscytowego nowe nazwy urzędowe w miejsce urzędowych nazw miejscowości, które obowiązywały w czasie suwerenności niemieckiej. Ponieważ dotychczasowe urzędowe nazwy miejscowości miały przeważnie brzmienie polskie, przy zmianie ich chodziło w przeważnej części tylko o zastąpienie pisowni niemieckiej pisownią polską.

Wobec tej sytuacji prawnej, która nie zna ochrony nazw miejscowości, pod względem prawnym nie jest istotnym, jak wielką liczbę nazw miejscowości zmieniono i w jakim stopniu poszczególne nowe nazwy urzędowe odbiegają od nazw dotychczasowych. W fakcie zatem, że w wielu przypadkach nowe nazwy miejscowości nie mają nic wspólnego z dotychczasowymi i że w innych przypadkach oparcie się na dotychczasowych nazwach ogranicza się do bardzo wolnego przekładu, nie można dopatrywać się naruszenia Konwencji Genewskiej.

3. Również nie zachodzi naruszenie ustępu 3 art. 75 Konwencji Genewskiej. Nietrafne jest powoływanie się żalącego się na ten przepis, który postanawia, że urzędnikom nie wolno pogardliwie traktować członków mniejszości. Przepis ten, który pozostaje w związku z zasadą równości wobec prawa i wobec władz, dotyczy prawa indywidualnego, prawa poszczególnej osoby do tego, aby urzędnicy traktowali ją przyzwoicie. Już z tego powodu przepis ten w niniejszym przypadku nie może mieć zastosowania. Zresztą nie ma żadnego dowodu na to, że istniał zamiar pogardliwego traktowania.

4. Że mniejszości, a w szczególności miejscowe jej odłamy, czują się głęboko dotknięte zmianą dotychczasowych nazw miejscowości, które zakorzenione były w ich języku i których forma na języku tym była oparta, jest rzeczą całkowicie zrozumiałą. Nie jest to jednak kwestią prawną, lecz kwestią czysto polityczną, czy państwa wykonywując swe prawa suwerenne zechcą wzgląd ten wziąć pod uwagę lub nie. W praktyce oddziaływanie tych zarządzeń państwowych w stosunku

angehörenden Ortsnamen vorgenommen hatten. Auch mit Rücksicht auf diese Umstände kann die Tatsache, daß die Konvention keine Bestimmung über die vorwürfige Frage enthält, nur als Beweis dafür angesehen werden, daß die Vertragsstaaten keinerlei Beschränkung ihrer Rechte anerkennen wollten. Tatsächlich haben beide Vertragsstaaten alsbald nach dem Abschluß der Konvention die Namen von Ortschaften geändert, ohne daß hiergegen irgendein Einspruch erhoben wurde. Unter anderem wurden in Polnisch-Oberschlesien durch die Verordnung des Schlesischen Wojewoden vom 17. VI. 1922 (Siehe Schles. Amtsblatt Nr. 10 vom 19. VI. 1922 Pos. 3 und Nr. 13 vom 5. VIII. 1922 Pos. 43) für 507 Ortschaften des polnischen Teiles des Abstimmungsgebietes neue amtliche Ortsnamen eingeführt, an Stelle der unter deutscher Souveränität in Geltung gewesenen amtlichen Ortsbezeichnungen. Da diese bisherigen amtlichen Ortsbezeichnungen meist Namen mit polnischem Klang waren, handelte es sich bei ihrer Umbenennung zum größten Teil nur um eine bloße Ersetzung der deutschen Schreibweise durch die polnische Schreibweise.

Bei dieser Rechtslage, die einen Schutz der Ortsnamen nicht kennt, ist es rechtlich nicht erheblich, in welchem zahlenmäßigen Umfange die Ortsnamen umbenannt wurden und in welchem Grade die einzelnen neuen amtlichen Ortsnamen von den bisherigen abweichen. Infolgedessen kann in der Tatsache, daß in vielen Fällen die neuen Ortsnamen mit den bisherigen nichts gemein haben und daß in anderen Fällen die Anlehnung an den bisherigen Ortsnamen sich auf eine sehr freie Übersetzung beschränkt, eine Verletzung der Genfer Konvention nicht erblickt werden.

3. Auch eine Verletzung des Abs. 3 des Art. 75 der Genfer Konvention liegt nicht vor. Die Berufung des Beschwerdeführers auf diese Bestimmung, welche besagt, daß die Beamten die Minderheitsangehörigen nicht mit Verachtung behandeln dürfen, ist unzutreffend. Diese Vorschrift, die im Zusammenhang mit dem Prinzip der Gleichheit vor dem Gesetz und vor den Behörden steht, betrifft ein individuelles Recht, das Recht der einzelnen Person, von den Beamten in anständiger Weise behandelt zu werden. Schon aus diesem Grunde kann diese Bestimmung auf den vorliegenden Fall keine Anwendung finden. Übrigens liegt keinerlei Beweis für die Absicht einer Verächtlichmachung vor.

4. Daß die Minderheiten und namentlich ihre örtlichen Kreise sich durch die Änderung von bisherigen Ortsnamen, die in ihrer Sprache wurzelten oder deren Form auf ihrer Sprache beruhte, in ihren Empfindungen getroffen fühlen, ist durchaus begreiflich. Aber es ist keine Rechtsfrage sondern eine rein politische Frage, ob die Staaten bei der Ausübung ihrer Hoheitsrechte darauf Rücksicht nehmen wollen oder nicht. In praktischer Hinsicht werden die Auswirkungen dieser staatlichen Maßnahmen

do mniejszości ograniczone jest w sposób korzystny przez to, że na podstawie Konwencji Genewskiej mniejszości mogą nadal w szerokiej mierze stosować nazwy miejscowości używane w ich języku. Według zapatrywania Prezydenta nazwy miejscowości utworzone w językach mniejszości stanowią integralną część tych języków i można je zatem w myśl art. 134 Konwencji Genewskiej stosować w stosunkach osobistych, gospodarczych i społecznych, jak również w prasie, w publikacjach i na zebraniach członków mniejszości.

Po naradzie w łonie Komisji Mieszanej Prezydent Komisji Mieszanej na podstawie powyższych rozważań dochodzi do

poglądu:

Niniejsze zażalenie oddala się.

122

Pogląd

z dnia 1 lipca 1937 w sprawie nr 2030 Karola Schauweckera, żalącego się, zastąpionego przez Niemiecki Związek Ludowy w Katowicach, dotyczącej zwolnienia go jako technika dentystycznego przez Ogólno-Miejscową Kasę Chorych w Świętochłowicach i Przemysłową Kasę Chorych hut Batory i Falwa (Górny Śląsk Polski).

I

Od roku 1920 żalący się dopuszczony był jako technik dentystyczny w Ogólno-Miejscowej Kasie Chorych w Świętochłowicach i w Przemysłowej Kasie Chorych hut Falwa i Batory. Ogólno-Miejscowa Kasa Chorych rozwiązała stosunek umowny z żalącym się dnia 31 października 1934, a Przemysłowa Kasa Chorych dnia 30 września 1935, w obydwu przypadkach bez podania powodów. Żalący się zwolnienie przypisuje przynależności swej do mniejszości niemieckiej. Wnosi on o stwierdzenie naruszenia art. 75 i 80 Konwencji Genewskiej i o poczynienie kroków, aby go z powrotem dopuszczono jako technika dentystycznego do Kas Chorych.

Urząd Spraw Mniejszości zaprzecza, że naruszono Konwencję Genewską.

auf die Minderheiten dadurch in günstiger Weise eingeschränkt, daß es den Minderheiten auf Grund der Genfer Konvention freisteht, die in ihrer Sprache gebräuchlichen Ortsbezeichnungen auch weiterhin in weitem Umfange anzuwenden. Nach Auffassung des Präsidenten bilden die von den Sprachen der Minderheiten geprägten Ortsnamen einen integrierenden Bestandteil dieser Sprachen und können daher gemäß Art. 134 der Genfer Konvention in den persönlichen, wirtschaftlichen und Gemeinschaftsbeziehungen sowie in der Presse, in Veröffentlichungen und in Versammlungen von den Angehörigen der Minderheiten gebraucht werden.

Nach stattgehabter Beratung im Schoße der Gemischten Kommission gelangt der Präsident der Gemischten Kommission, gestützt auf die vorstehenden Erwägungen, zur

Stellungnahme:

Die vorliegende Beschwerde wird abgewiesen.

122

Stellungnahme

vom 1. Juli 1937 in der Sache Nr. 2030 des Karl Schauwecker, Beschwerdeführer, vertreten durch den Deutschen Volksbund in Katowice, betreffend Entlassung als Zahntechniker durch die Allgemeine Ortskrankenkasse Swiętochłowice und die Betriebskrankenkasse der Batory- und Falvahütte (Polnisch-Oberschlesien).

I

Seit dem Jahre 1920 war der Beschwerdeführer bei der Allgemeinen Ortskrankenkasse Swiętochłowice und bei der Betriebskrankenkasse der Falva- und Batoryhütte als Zahntechniker zugelassen. Die Ortskrankenkasse löste das Vertragsverhältnis mit dem Beschwerdeführer am 31. Oktober 1934, die Betriebskrankenkasse am 30. September 1935, in beiden Fällen ohne Angabe von Gründen. Der Beschwerdeführer führt seine Entlassung auf seine Zugehörigkeit zur deutschen Minderheit zurück. Er beantragt die Verletzung der Art. 75 und 80 des Genfer Abkommens festzustellen und dahin zu wirken, daß er wieder als Zahntechniker zu den Krankenkassen zugelassen werde.

Das Minderheitsamt stellt eine Verletzung des Genfer Abkommens in Abrede.

Po przeprowadzeniu postępowania pisemnego i dowodowego odbyła się dnia 14 kwietnia 1937 rozprawa ustna.

II

W sprawie osób czynnych w instytucjach publicznych, którym powierzono leczenie pacjentów (lekarze kasowi, lekarze Spółki Brackiej, lekarze urzędów opieki społecznej, lekarze ubogich itd., względnie lekarze-dentyści i technicy dentystyczni), Prezydent Komisji Mieszanej miał sposobność stwierdzić w licznych przedstawionych mu zażaleniach praktykę stosowaną ogólnie na terenie plebiscytowym, według której tych lekarzy lub lekarzy dentystów i techników dentystycznych zwalnia się tylko z bardzo poważnych powodów, w szczególności zaś z powodu uchybienia obowiązkom służbowym.

Praktyka ta opiera się na rozważeniu, że dla większości lekarzy, lekarzy-dentystów i techników dentystycznych obszaru plebiscytowego działalność ich i zarobkowanie w służbie zakładów publicznych jest niezbędną podstawą ich egzystencji i egzystencji ich rodzin.

Na tej ogólnej praktyce publicznych instytucyj zdrowotnych opiera się także praktyka Prezydenta Komisji Mieszanej, który w poszczególnych przypadkach winien zbadać, czy zwolnienie sprzeczne jest z art. 77 w połączeniu z art. 75 Konwencji Genewskiej. (Zobacz pogląd z dnia 15 czerwca 1936 dot. zwolnienia dra Picka jako lekarza Urzędu Opieki Społecznej w Bytomiu). W myśl tej stałej praktyki Prezydenta liczne przypadki zwolnienia uregulowano w porozumieniu z właściwymi władzami.

Podczas zwyczajnej wymiany pism (uwagi i replika) i w piśmie uzupełniającym (akt 42—43) Urząd Spraw Mniejszości bardzo wyczerpująco przedstawił powody, dla których Miejscowa Kasa Chorych i Przemysłowa Kasa Chorych żalącego się zwolniły.

Co do Miejscowej Kasy Chorych Urząd Spraw Mniejszości stwierdza, że wypowiedzenie umowy pozostaje w związku z wprowadzonym z dniem 5 listopada 1933 w życie rozporządzeniem Prezydenta Rzeczypospolitej Polskiej z dnia 10 czerwca 1927 o wykonywaniu praktyki dentystycznej (obwieszczenie Ministra Opieki Społecznej z dnia 21 grudnia 1933), według którego do wykonywania praktyki dentystycznej dopuszczone są tylko te osoby, które dopełniają warunków ustalonych w art. 15—20 cytowanego rozporządzenia i posiadają dotyczne poświadczenie Ministra Opieki Społecznej. Miejscowa Kasa Chorych przesłała dnia 21 listopada 1933 żalącemu się — podobnie jak innym technikom dentystycznym — okólnik Wyższego

Nach stattgehabtem schriftlichen Verfahren und nach durchgeführten Beweiserhebungen fand die mündliche Hauptverhandlung am 14. April 1937 statt.

II

In Bezug auf die im Dienste öffentlicher Institutionen tätigen, mit der Behandlung von Patienten betrauten Personen (Kassen-, Knappschafts-, Wohlfahrtsärzte, Armenärzte etc., bezw. Zahnärzte und Zahntechniker) hat der Präsident der Gemischten Kommission Gelegenheit gehabt, in zahlreichen ihm unterbreiteten Beschwerden die im Abstimmungsgebiet allgemein befolgte Praxis festzustellen, wonach diese Ärzte, bezw. Zahnärzte und Zahntechniker nur bei Vorliegen schwerwiegender Gründe, insbesondere wegen Pflichtverletzung, entlassen werden. Diese Praxis beruht auf der Erwägung, daß für die meisten Ärzte, Zahnärzte und Zahntechniker des Abstimmungsgebiets ihre Tätigkeit und ihr Erwerb im Dienste der öffentlichen Anstalten die unerläßliche Grundlage ihrer Existenz und der Existenz ihrer Familien bildet.

Auf dieser allgemeinen Praxis der öffentlichen Krankenpflege-Einrichtungen beruht auch die Praxis des Präsidenten der Gemischten Kommission, welcher im einzelnen Fall zu prüfen hat, ob eine Entlassung im Widerspruch steht mit Art. 77 in Verbindung mit Art. 75 der Genfer Konvention. (Siehe Stellungnahme vom 15. Juni 1936 betr. Entlassung des Dr. Pick als Arzt des Wohlfahrtsamtes in Beuthen.) Gemäß dieser ständigen Praxis des Präsidenten sind zahlreiche Fälle von Entlassungen im Einvernehmen mit den zuständigen Behörden geregelt worden.

In dem ordentlichen Schriftenwechsel (Bemerkungen und Replik) und einer ergänzenden Eingabe (act. 42—43) hat das Minderheitsamt sehr ausführlich die Gründe dargelegt, aus welchen die Ortskrankenkasse und die Betriebskrankenkasse den Beschwerdeführer entlassen haben.

In Bezug auf die Ortskrankenkasse bringt das Minderheitsamt die Kündigung des Vertrages in Zusammenhang mit dem am 5. November 1933 erfolgten Inkrafttreten der Verordnung des Polnischen Staatspräsidenten vom 10. Juni 1927 über die Ausübung der Zahnpraxis (Bekanntmachung des Ministers für soziale Fürsorge vom 21. Dezember 1933), wonach zur Ausübung der Zahnpraxis nur Personen zugelassen werden, die den in Art. 15—20 der zitierten Verordnung festgelegten Bedingungen entsprechen und im Besitze einer diesbezüglichen Bescheinigung des Ministers für soziale Fürsorge sind. Die Ortskrankenkasse habe dem Beschwerdeführer — wie auch den anderen Zahntechnikern — am 21. November 1933 ein Rundschreiben des Oberversicherungsamtes vom 18. November

Urzędu Ubezpieczeń z dnia 18 listopada 1933 (akt 44, 45) z wezwaniem do przedłożenia do dnia 30 listopada 1933 oryginałów dokumentów, z których wynika, że są uprawnieni do wykonywania zawodu techników dentystycznych. Żalący się ani nie przesłał Miejscowej Kasie Chorych tych dokumentów ani też nie zawiadomił jej o tym, że dokumenty te przesłał wprost lekarzowi powiatowemu, wzgl. Województwu. O tym, że czynił starania, aby uzyskać od Ministerstwa zezwolenie na wykonywanie czynności technika dentystycznego, żalący się zawiadomił Miejscową Kasę Chorych dopiero pismem z dnia 21 lipca 1934 (akt 9—10). W innym piśmie właściwej władzy (akt 7—8) zaznacza się, że Kasa Chorych dopiero dnia 9 listopada 1934, tj. tego dnia, gdy żalący się przedłożył zezwolenie Ministerstwa, dowiedziała się o tym, że żalący się wniósł swego czasu o to zezwolenie. Z tych względów Miejscowa Kasa Chorych nie miała wcale powodu cofnąć w stosunku do żalącego się wypowiedzenia, które dnia 31 marca 1934 wystosowała do wszystkich techników dentystycznych. To ogólne wypowiedzenie było natury czysto formalnej i nastąpiło w tym celu, aby technikom dentystycznym zwrócić uwagę na skutki, jakie pociągnąć mogą za sobą ich niedostateczne kwalifikacje.

Jako powód zwolnienia przez Przemysłową Kasę Chorych Urząd Spraw Mniejszości podaje w swych uwagach i dalszych pismach, że żalący się mimo dotycznego upomnienia pismem z dnia 21 maja 1935 (akt 28) nie przestrzegał zarządzeń w sprawie oszczędnościowych metod leczenia członków Kasy Chorych.

Co do tych powodów zwolnienia z akt wynika następujący stan rzeczy: Jest udowodnione, że żalący się zawiadomił pisemnie Miejscową Kasę Chorych pismem z dnia 22 listopada 1933 — wezwanie dot. wniesienia dokumentów otrzymał 21 listopada 1933 — że żądane dokumenty przesłał wprost Ministerstwu. Pismo z dnia 22 listopada 1933 Miejscowa Kasa Chorych przesłała dnia 30 listopada 1933 (akt 48—49) Wydziałowi Zdrowia Publicznego Urzędu Wojewódzkiego i znajduje się ono wbrew kilkakrotnemu zaprzeczeniu właściwych władz (akt 27—28, 42—43) w tamtejszych aktach (zeznanie urzędnika wojewódzkiego Morcinka — akt 87—87 a; zeznanie Michalskiej — akt 85—86). Za to, że zezwolenie kwalifikacyjne, o które żalący wniósł z końcem roku 1933, Ministerstwo wystawiło dopiero 4 października 1934 (akt 18) i że miejscowe władze doręczyły je żalącemu się dopiero 7 listopada 1934, nie można oczywiście robić odpowiedzialnym żalącego się. Faktem jest, że w czasie wejścia w życie roz-

1933 (act. 44, 45) übersandt, mit dem Ersuchen, die Originaldokumente, aus denen die Berechtigung zur Ausübung des Zahntechnikerberufes hervorgehe, bis zum 30. November 1933 vorzulegen. Der Beschwerdeführer habe weder der Ortskrankenkasse diese Dokumente vorgelegt, noch sie davon in Kenntnis gesetzt, daß er die Dokumente direkt dem Kreisarzt, bezw. der Wojewodschaft übersandt habe. Daß sich der Beschwerdeführer um eine ministerielle Genehmigung zur Ausübung der Zahntechniker-Tätigkeit bemüht habe, habe er der Ortskrankenkasse erst mit Schreiben vom 21. Juli 1934 (act. 9, 10) zur Kenntnis gebracht. In einem anderen Schriftsatz der zuständigen Behörde (act. 7, 8) wird bemerkt, die Krankenkasse habe sogar erst am 9. November 1934, dem Tage, da der Beschwerdeführer ihr die ministerielle Genehmigung vorlegte, erfahren, daß er sie seinerzeit beantragt hatte. Aus diesen Gründen hätte für die Ortskrankenkasse keine Veranlassung bestanden, die am 31. März 1934 gegenüber allen Zahntechnikern ausgesprochene Kündigung bezüglich des Beschwerdeführers rückgängig zu machen. Diese allgemeine Kündigung war rein formeller Natur und erfolgte zu dem Zwecke, die Zahntechniker auf die Folgen aufmerksam zu machen, welche ihre ungenügenden Qualifikationen nach sich ziehen würden.

Für die Entlassung durch die Betriebskrankenkasse gibt das Minderheitsamt in den Bemerkungen und weiteren Schriftsätzen als Grund an, daß sich der Beschwerdeführer, trotz diesbezüglicher Mahnung durch Schreiben vom 21. Mai 1935 (act. 28), nicht an die Anordnungen betreffend Beachtung von Sparmethoden bei der Behandlung von Krankenkassenmitgliedern gehalten habe.

Die Akten ergeben bezüglich dieser Entlassungsgründe folgendes Bild: Es ist bewiesen, daß der Beschwerdeführer am 22. November 1933 — die Aufforderung betr. Einreichung der Dokumente erhielt er am 21. November 1933 — der Ortskrankenkasse schriftlich mitgeteilt hat, daß er die eingeforderten Belege direkt dem Ministerium übersandte. Das Schreiben vom 22. November 1933 wurde von der Ortskrankenkasse am 30. November 1933 (act. 48, 49) an das Wojewodschaftsamt, Abteilung für öffentliches Gesundheitswesen, geschickt und befindet sich, entgegen der wiederholten Bestreitung durch die zuständigen Behörden (act. 27, 28, 42, 43), in den dortigen Akten (Zeugenaussage des Wojewodschaftsbeamten Morcinek, act. 87—87 a; Zeugenaussage Michalska, act. 85—86). Dafür, daß die Ende 1933 beantragte Bescheinigung betr. Qualifikation vom Ministerium erst am 4. Oktober 1934 ausgestellt (act. 18) und dem Beschwerdeführer von den lokalen Behörden erst am 7. November 1934 ausgehändigt wurde, kann der Beschwerdeführer selbstverständ-

porządzenia z dnia 10 czerwca 1927 (5 listopada 1933) żałący się posiadał pełne kwalifikacje i uznany był na podstawie dokumentów przedłożonych w grudniu 1933 jako „uprawniony technik dentystyczny", w przeciwieństwie do techników dentystycznych Ługiewicza i Wojtaszka, którzy w roku 1934 nie dopełnili jeszcze ustawowych warunków potrzebnych do zarejestrowania ich jako „uprawnionych techników dentystycznych". (Zobacz pismo Urzędu Spraw Mniejszości z dnia 14 listopada 1935 — akt 7—8). Mimo to wypowiedzenie wystosowane w marcu 1934 do Ługiewicza i Wojtaszka cofnięto i zwolnienie nie nastąpiło.

Co się tyczy Przemysłowej Kasy Chorych, stwierdzono, że Zarząd Kasy zwrócił się okólnikiem z dnia 21 maja 1935 do lekarzy dentystów i techników dentystycznych, formułując w nim przepisy w sprawie oszczędnościowego leczenia (akt 35 a). Według przedstawienia sprawy przez Urząd Spraw Mniejszości (akt 43, ad 5) żałącemu się przesłano pod tą samą datą — 21 maja 1935 — jeszcze drugie pismo, którym zwrócono mu uwagę na to, że jego koszty leczenia w stosunku do kosztów leczenia innych techników dentystycznych są nadmiernie wysokie. (Pisma tego do akt nie dołączono.)

Urząd Spraw Mniejszości nie twierdził, żeby przed 21 maja 1935 żałącego się musiano kiedykolwiek upominać, aby przestrzegał przepisów. Jeżeli zatem już 3 czerwca 1935 — nie czekając na rezultat okólnika i upomnienia z dnia 21 maja 1935 — postanowiono rozwiązać z żałącym się stosunek służbowy, rzekome nieprzestrzeganie upomnienia z dnia 21 maja 1935 uważać można tylko za pretekst do wypowiedzenia.

Żałący się twierdzi, że u innych techników dentystycznych koszty leczenia były przeciętnie znacznie wyższe i ofiaruje dowód na to przez przesłuchanie rewizora rachunkowego (akt 154). Według zestawień przedstawionych przez Urząd Spraw Mniejszości twierdzenie to jest nietrafne, koszty leczenia żałącego się przewyższają raczej koszty innych techników dentystycznych (akt 9—10, 28—29). Kwestię tę można pozostawić otwartą, tym bardziej, że Urząd Spraw Mniejszości nie mógł osłabić twierdzenia żałącego się, że koszty jego kalkulowały się poniżej najwyższych stawek ustalonych dla leczenia zębów (akt 55 ad 5; akt 125/III). Niezaprzeczony jest także fakt, że Kasa Chorych rachunki żałącego się stale uznawała i wyrównywała. W końcu wskazać można jeszcze na świadectwo Przemysłowej Kasy Chorych, datowane z dnia 1 marca 1934, w którym jest powiedziane,

lich nicht verantwortlich gemacht werden. Tatsache ist, daß der Beschwerdeführer zur Zeit des Inkrafttretens der Verordnung vom 10. Juni 1927 (5. November 1933) voll qualifiziert war und auf Grund der im Dezember 1933 vorgelegten Dokumente als »berechtigter Zahntechniker« anerkannt wurde, im Gegensatz zu den Zahntechnikern Ługiewicz und Wojtaszek, die im Jahre 1934 noch nicht die gesetzlichen Bedingungen erfüllten, um als »berechtigte Zahntechniker« registriert werden zu können. (Siehe Schriftsatz des Minderheitsamtes vom 14. November 1935, act. 7—8.) Trotzdem wurde die gegen Ługiewicz und Wojtaszek im März 1934 ausgesprochene Kündigung rückgängig gemacht und sie gelangten nicht zur Entlassung.

Was die Betriebskrankenkasse anbetrifft, so steht fest, daß sich die Kassenverwaltung mit Rundschreiben vom 21. Mai 1935 an die Zahnärzte und Zahntechniker gewandt und Vorschriften über die Behandlung zwecks Erzielung von Ersparnissen aufgestellt hat (act. 35 a). Nach der Darstellung des Minderheitsamtes (act. 43, ad 5) wurde dem Beschwerdeführer unter demselben Datum — 21. Mai 1935 — noch ein besonderes Schreiben übersandt, in welchem er darauf aufmerksam gemacht wurde, daß die Behandlungskosten bei ihm im Vergleich mit den Behandlungskosten anderer Zahntechniker übermäßig hoch seien. (Das Schreiben wurde nicht zu den Akten gegeben.)

Es wurde vom Minderheitsamt nicht behauptet, daß der Beschwerdeführer vor dem 21. Mai 1935 jemals zur Beachtung von Vorschriften gemahnt werden mußte. Wenn daher schon am 3. Juni 1935 — ohne die Wirkung des Zirkulars und der Mahnung vom 21. Mai 1935 abzuwarten — die Lösung des Dienstverhältnisses beschlossen wurde, so kann die angebliche Nichtbefolgung der Ermahnung vom 21. Mai 1935 nur als vorgeschobener Entlassungsgrund betrachtet werden.

Der Beschwerdeführer behauptet, daß bei anderen Zahntechnikern die Behandlungskosten im Durchschnitt erheblich höher waren und offeriert den Beweis durch einen Rechnungsrevisor (act. 154). Nach den vom Minderheitsamt vorgelegten Zusammenstellungen trifft diese Behauptung nicht zu, vielmehr hätten die Behandlungskosten des Beschwerdeführers diejenigen anderer Zahntechniker überstiegen (act. 9—10, 28—29). Diese Frage mag offen bleiben umsomehr, als das Minderheitsamt die Behauptung des Beschwerdeführers nicht entkräften konnte, daß er unter der für die Zahnbehandlung festgelegten Höchstgrenze geblieben ist (act. 55 ad 5; act. 125, III). Es ist auch unbestritten, daß die Rechnungen des Beschwerdeführers seitens der Krankenkasse stets anerkannt und beglichen wurden. Schließlich mag noch auf ein Zeugnis der Betriebskrankenkasse, datiert 1. März 1934, verwiesen werden, worin gesagt ist, daß mit den Leistungen

że zarówno ubezpieczeni jak i Zarząd Kasy z działalności Schauweckera byli bardzo zadowoleni (akt 126).

Reasumując należy stwierdzić, że powody wspomniane w niniejszym ustępie, które Urząd Spraw Mniejszości przytoczył na usprawiedliwienie zwolnienia, okazały się bezpodstawne.

III

Dopiero w dwa lata po zwolnieniu żalącego się przez Miejscową Kasę Chorych i dopiero po zakończeniu zwyczajnego postępowania pisemnego Urząd Spraw Mniejszości przytoczył całkiem nowy powód, którym, podtrzymując wspomniane już zarzuty, uzasadniał wykluczenie żalącego się, a mianowicie zupełną nieznajomość języka polskiego (akt 98—99, 100—101).

Ani Miejscowa ani Przemysłowa Kasa Chorych nigdy nie robiły żalącemu się z powodu nieznajomości języka polskiego żadnej uwagi lub zarzutu ani też nie twierdziły, że z powodów językowych nie może spełniać swych obowiązków. Mimo to Prezydent Komisji Mieszanej przystąpił do rozpatrzenia także tego nowego uzasadnienia.

Prezydent dopatruje się w zupełnej nieznajomości języka polskiego ze strony lekarza, lekarza-dentysty lub technika dentystycznego, będących w służbie instytucji publicznej, słusznego powodu zwolnienia. Z drugiej strony nie da się pogodzić z sensem i celem art. 77 Konwencji Genewskiej, aby lekarza, lekarza-dentystę lub technika dentystycznego wykluczyć z publicznej instytucji leczniczej, jeżeli jego znajomości języka polskiego są wprawdzie niedostateczne, lecz mimo to wystarczają, aby móc bez zarzutu wypełnić obowiązki zawodowe. Pod tym kątem widzenia Prezydent Komisji Mieszanej uwzględnił wniosek Urzędu Spraw Mniejszości (akt 98—99) o poddanie żalącego się egzaminowi ze znajomości języka polskiego przez eksperta Komisji Mieszanej. Ekspert stwierdził w swej opinii (akt 143—144), że żalący się rozumie i mówi na tyle po polsku, aby, udzielając pacjentowi mówiącemu po polsku pomocy techniczno-dentystycznej, móc się z nim w dostatecznej mierze porozumieć. Właściwa władza (oświadczenie kierownika Urzędu Spraw Mniejszości z okazji rozprawy ustnej — akt 159—160) mimo wspomnianej opinii uważała zwolnienie żalącego się z powodu jego nieznajomości języka polskiego za uzasadnione, powołując się m. in. na stwierdzenie eksperta, że zasób słów żalącego się ogranicza się ściśle do tych słów,

Schauweckers sowohl die Versicherten als auch der Vorstand der Kasse sehr zufrieden waren (act. 126).

Zusammenfassend ist festzustellen, daß sich die in diesem Abschnitt erwähnten Gründe, welche das Minderheitsamt zur Rechtfertigung der Entlassung anführte, als haltlos herausgestellt haben.

III

Erst 2 Jahre nach der Entlassung des Beschwerdeführers durch die Ortskrankenkasse und erst nach Schluß des ordentlichen schriftlichen Verfahrens erwähnte das Minderheitsamt einen ganz neuen Grund, aus welchem es — neben den schon erwähnten Vorwürfen — die Rechtfertigung für den Ausschluß des Beschwerdeführers ableitete, nämlich die vollständige Unkenntnis der polnischen Sprache (act. 98, 99, 100, 101).

Weder die Ortskrankenkasse noch die Betriebskrankenkasse haben jemals auf irgendwelche Weise dem Beschwerdeführer wegen Unkenntnis der polnischen Sprache eine Bemerkung oder einen Vorwurf gemacht oder behauptet, daß er aus sprachlichen Gründen seine Pflichten nicht erfüllen könne. Trotzdem ist der Präsident der Gemischten Kommission auch auf diese neue Begründung eingetreten.

Der Präsident erblickt in der völligen Unkenntnis der polnischen Sprache eines für eine öffentliche Institution tätigen Arztes bezw. Zahnarztes oder Zahntechnikers einen berechtigten Entlassungsgrund. Anderseits ist es mit dem Sinn und Zweck des Art. 77 der Genfer Konvention nicht vereinbar, einen Arzt, Zahnarzt oder Zahntechniker aus einem öffentlichen Krankenpflegeinstitut auszuschließen, wenn seine Kenntnisse der polnischen Sprache zwar unvollkommen sind, aber trotzdem zur einwandfreien Erfüllung seiner beruflichen Pflichten genügen. Unter diesem Gesichtspunkt hat der Präsident der Gemischten Kommission dem nachträglichen Antrag des Minderheitsamtes (act. 98—99) Folge gegeben, den Beschwerdeführer durch den Experten der Gemischten Kommission auf seine polnischen Sprachkenntnisse hin prüfen zu lassen. Der Sprachexperte stellte in seinem Gutachten (act. 143—144) fest, daß der Beschwerdeführer soweit polnisch versteht und spricht, um sich mit seinen Patienten polnischer Sprache bei Gewährung zahntechnischer Hilfe genügend verständigen zu können. Die zuständige Behörde (Erklärung des Leiters des Minderheitsamtes anläßlich der mündlichen Verhandlungen — act. 159—160) hielt trotz des Gutachtens die Entlassung mangels polnischer Sprachkenntnisse für begründet, indem sie sich u. a. auf die Feststellung des Experten bezog, daß der Wortschatz des Beschwerdeführers sich strikt auf diejenigen Worte

które potrzebne mu są do wykonywania zabiegów techniczno-dentystycznych, że popełnia grube błędy językowe i umie budować tylko krótkie zdania.

Ekspert na pytanie sformułowane orzeczeniem (akt 131—132) odpowiedział pozytywnie, wobec czego Prezydent Komisji Mieszanej nie może wypowiedzenia z powodu nieznajomości języka polskiego uznać za słuszne.

Niewątpliwie żalący się włada językiem polskim bardzo słabo. Należy jednak uwzględnić, że technikowi dentystycznemu do wykonywania ściśle ograniczonych zabiegów i prac dentystycznych wystarczy minimalna znajomość języka, w przeciwieństwie np. do lekarza praktycznego, który musi umieć odpowiedzieć na różne pytania pozostające w związku z całą konstytucją pacjenta. Jest rzeczą zupełnie zrozumiałą, że żalącemu się przy leczeniu licznych członków kasowych należących do większości polskiej wystarczyły jego znajomości języka polskiego i że pacjentów leczył ku ich zupełnemu zadowoleniu. Niezaprzeczone stwierdzenie, że w ciągu całej działalności zawodowej żalącego się nikt nie poniósł żadnej szkody ani nie wyłoniła się żadna trudność pod względem właściwego leczenia techniczno-dentystycznego, potwierdza tylko wniosek opinii eksperta i wyklucza wszelkie wątpliwości.

Tym samym jest dowiedzione, że pacjentom mówiącym po polsku — z pacjentami niemieckojęzycznymi żalący się mówi oczywiście po niemiecku — z powodu niedostatecznego opanowania języka polskiego przez żalącego się nie może się stać żadna krzywda. Zresztą istnieje na to jeszcze dalsza gwarancja w tej postaci, że żalący się zatrudnia asystentkę władającą w słowie i piśmie językiem polskim, którą w razie potrzeby każdego czasu może wezwać do pomocy. Poza tym wskazać należy na to, że w powiecie świętochłowickim i w najbliższym sąsiedztwie ordynacji żalącego się praktykuje kilku dentystów kasowych, tak że przy systemie wolnego wyboru lekarzy (dotyczy to także techników dentystycznych) pacjenci mają zupełną swobodę zwrócić się do tego lekarza lub technika dentystycznego, któremu z językowych lub innych względów dają pierwszeństwo. (Zobacz pogląd z dnia 30 czerwca 1929 dot. naruszenia Konwencji Genewskiej przez Spółkę Bracką.)

Z powyższych wywodów wynika, że stanowisko Urzędu Spraw Mniejszości, który poza wiadomościami koniecznymi do należytego leczenia techniczno-dentystycznego wymaga od żalącego się opano-

beschränke, die er zur Ausführung zahntechnischer Eingriffe benötige, daß er grobe Sprachfehler mache und nur kurze Sätze bilden könne.

Der Experte hat die ihm durch Verfügung (act. 131—132) formulierte Frage positiv beantwortet, der Präsident kann daher die Kündigung wegen Unkenntnis der polnischen Sprache nicht als berechtigt anerkennen.

Zweifellos beherrscht der Beschwerdeführer die polnische Sprache nur mangelhaft. Es ist aber zu berücksichtigen, daß ein Zahntechniker, um seine eng umgrenzten Eingriffe und technischen Arbeiten ausführen zu können, mit einem Minimum von Sprachkenntnissen auskommt, im Gegensatz beispielsweise zu einem praktischen Arzt, der in der Lage sein muß, die verschiedenen mit der ganzen Konstitution des Patienten im Zusammenhang stehenden Fragen beantworten zu können. So ist es durchaus verständlich, daß der Beschwerdeführer bei der Behandlung zahlreicher der polnischen Mehrheit angehörender Kassenmitglieder mit seinen polnischen Sprachkenntnissen auskam und die Patienten zu ihrer vollen Zufriedenheit behandelte. Die unbestrittene Feststellung, daß während der ganzen beruflichen Tätigkeit des Beschwerdeführers nie irgend ein Nachteil oder eine Schwierigkeit in Bezug auf die richtige zahntechnische Behandlung entstand, bestätigt die Schlußfolgerung des Experten-Gutachtens und schließt jeden Zweifel aus.

Damit ist auch bewiesen, daß den polnisch sprechenden Patienten — mit den Patienten deutscher Zunge spricht der Beschwerdeführer selbstverständlich deutsch — aus der unvollkommenen Beherrschung der polnischen Sprache durch den Beschwerdeführer keine Nachteile erwachsen können. Übrigens besteht hierfür noch eine weitere Garantie, indem der Beschwerdeführer eine Assistentin beschäftigt, die der polnischen Sprache in Wort und Schrift mächtig ist und die, wenn nötig, jederzeit zugezogen werden könnte. Sodann ist darauf hinzuweisen, daß im Bezirk Świętochłowice und in unmittelbarer Nähe der Praxis des Beschwerdeführers mehrere Kassendentisten praktizieren, sodaß die Patienten bei dem System der freien Arztwahl (dieses gilt auch für Zahntechniker) vollständig frei sind, sich an denjenigen Arzt bezw. Zahntechniker zu wenden, dem sie aus sprachlichen oder anderen Gründen den Vorzug geben. (Siehe Stellungnahme vom 30. Juni 1929 betr. Verletzung der Genfer Konvention durch die Spółka Bracka.)

Aus vorstehenden Ausführungen ergibt sich, daß der Standpunkt des Minderheitsamtes, welches über die für die richtige zahntechnische Behandlung nötigen Sprachkenntnisse hinaus noch ein weiteres Maß der

wania języka polskiego w wyższym stopniu, nie jest uzasadnione. Poza tym żądanie to sprzeczne jest również z normą sprawiedliwości, tj. normą równości wobec prawa, która w niektórych przypadkach wymaga uwzględnienia szczególnych warunków, jakie zachodzą u członków mniejszości. Dla członków mniejszości niemieckiej, w szczególności gdy wiekiem są już zaawansowani, nauczenie się języka polskiego jest bardzo trudne; dla członków większości polskiej kwestia ta w ogóle nie istnieje. Zawierając Konwencję Genewską musiano się odnośnie art. 77 liczyć z tym, że największa część zatrudnionych w instytucjach publicznych lekarzy, lekarzy-dentystów i techników dentystycznych, którzy należą do mniejszości, niedostatecznie władali językiem polskim. Stan ten częściowo trwa do dziś dnia. Podobnie jak przeważna część jego rówieśników tak samo żalący się nie mógł nigdy uczęszczać do szkoły polskiej ani też nabyć w innej szkole znajomości języka polskiego. Z drugiej strony zaabsorbowany był swym zawodem i zdany na przebywanie w kołach mówiących po niemiecku. Porównywanie znajomości języka polskiego Schauweckera ze znajomościami językowymi jego kolegów należących do większości, których językiem ojczystym jest język polski, jest oczywiście wykluczone. Lecz także wszyscy młodsi członkowie mniejszości niemieckiej, którzy po podziale Górnego Śląska mieli sposobność nabyć w szkołach i wyższych zakładach naukowych w Polsce gruntownej znajomości języka polskiego, są w zupełnie innej, o wiele lepszej sytuacji, niż żalący się i jego rówieśnicy. Byłoby też zatem niedopuszczalne, aby do ludzi w wieku żalącego się przykładano, jeśli chodzi o znajomość języka polskiego, tę samą miarę co do młodszej generacji mniejszości niemieckiej. Uwzględniając także te szczególne warunki, uważać należy znajomość języka polskiego posiadaną przez żalącego się, która wystarczy do należytego wykonywania zawodu, za dostateczną.

Z wywodów powyższych (wywody sub II i III) wynika zatem, że poważny powód do wykluczenia żalącego się nie istnieje. Zwolnienie jest raczej nierównym lub samowolnym zarządzeniem, które narusza art. 77 i 75 Konwencji Genewskiej.

Także niektóre okoliczności towarzyszące zwolnieniu dowodzą dyskryminacyjnego traktowania.

Ze zwolnieniem zaliczającego się do mniejszości żalącego się, który posiada pełne kwalifikacje zawodowe, idzie w parze niezwolnienie członków większości Ługiewicza i Wojtaszka, którzy, jak już

Beherrschung der polnischen Sprache fordert, keine Berechtigung hat. Überdies steht diese Forderung auch mit der Gerechtigkeitsnorm der Gleichheit vor dem Gesetze im Widerspruch, welche in gewissen Fällen die Berücksichtigung besonderer Verhältnisse der Minderheitsangehörigen verlangt. Für die deutschen Minderheitsangehörigen ist die Erlernung der polnischen Sprache, namentlich wenn sie in einem gewissen Alter sind, sehr schwer, bei den Angehörigen der polnischen Mehrheit stellt sich diese Frage überhaupt nicht. Beim Abschluß des Genfer Abkommens mußte man hinsichtlich des Art. 77 damit rechnen, daß die meisten der deutschen Minderheit angehörigen Ärzte, Zahnärzte und Zahntechniker der öffentlichen Anstalten die polnische Sprache mangelhaft beherrschten; dieser Zustand dauert zum Teil noch heute an. Wie die meisten seiner Altersgenossen hat auch der Beschwerdeführer nie eine polnische Schule besuchen oder in einer anderen Schule Kenntnisse der polnischen Sprache erwerben können. Anderseits war er durch seinen Beruf in Anspruch genommen und auf den Verkehr mit deutsch-sprechenden Kreisen angewiesen. Ein Vergleich der polnischen Sprachkenntnisse Schauweckers mit denjenigen seiner Kollegen, die zur polnischen Mehrheit gehören und polnischer Zunge sind, ist selbstverständlich ausgeschlossen. Aber auch alle jüngeren Angehörigen der deutschen Minderheit, welche nach der Teilung Oberschlesiens Gelegenheit hatten, in den Schulen und höheren Bildungsanstalten Polens gediegene Kenntnisse der polnischen Sprache sich zu erwerben, befinden sich in einer völlig anderen, viel günstigeren Lage, als der Beschwerdeführer und seine Altersgenossen. Es wäre daher auch nicht zulässig, an die Altersstufe, welcher der Beschwerdeführer angehört, hinsichtlich der polnischen Sprachkenntnisse den gleichen Maßstab anzulegen wie an die jüngere Generation der deutschen Minderheit. Auch in Berücksichtigung dieser besonderen Verhältnisse sind die polnischen Sprachkenntnisse des Beschwerdeführers, welche zur richtigen Ausübung des Berufes genügen, als hinreichend anzuerkennen.

Es ergibt sich somit der Schluß (Ausführungen sub II und III), daß kein schwerwiegender Grund zum Ausschluß des Beschwerdeführers vorliegt. Vielmehr stellt die Entlassung eine unterschiedliche, bezw. willkürliche Maßnahme dar, welche Art. 77 und 75 des Genfer Abkommens verletzt.

Auch gewisse Begleitumstände beweisen die diskriminatorische Behandlung.

Der Entlassung des minderheitsangehörigen Beschwerdeführers, der die volle berufliche Qualifikation besaß, steht die Nichtentlassung der Mehrheitsangehörigen Lugiewicz und Wojtaszek gegenüber, die, wie

wspomniano sub II, w roku 1934 nie byli „uprawnionymi technikami dentystycznymi" i którzy w dodatku także pod względem wieku i lat służby ustępowali żalącemu się. Poza tym wskazać należy na stwierdzenia poczynione w toku postępowania dowodowego w sprawie postępowania niektórych organów Miejscowej Kasy Chorych. Zeznaniem Michalskiej (akt 85—86) uważać można za udowodnione, że kierownik Kasy Chorych Olszowski wyraził się wobec urzędnika bankowego Śwituły, czyniąc aluzję do jego leczenia się u żalącego się, że Polak nie chodzi do Niemca. Zeznanie to zgodne jest z oświadczeniem żalącego się złożonym w Komisji Mieszanej z okazji przesłuchania stron (akt 96—97). Śwituła sam nie może sobie więcej przypomnieć kwestionowanych słów Olszowskiego, lecz nie może im także zaprzeczyć.

Że pacjentom przy przekazywaniu ich do żalącego się Kasa Chorych robiła trudności, dowodzi prócz zeznań Nosola (akt 92—93) i Michalskiej (akt 85—86) także zeznanie świadka Steina (akt 90—91); gdy na wiosnę 1934 Stein żądał przekazu do żalącego się, urzędnik Kasy Chorych powiedział mu: „Czyż nie ma już innych dentystów, czy nie zechciałby Pan udać się do innego dentysty?" Dopiero gdy świadek obstawał przy swym żądaniu, wystawiono mu przekaz do żalącego się.

IV

Po naradzie w łonie Komisji Mieszanej Prezydent Komisji Mieszanej na podstawie powyższych rozważań dochodzi do

poglądu:

Żalącemu się przywrócić należy stanowisko technika dentystycznego w Miejscowej Kasie Chorych w Świętochłowicach i w Przemysłowej Kasie Chorych hut Falwa i Batory.

123

Pogląd

z dnia 8 lipca 1937 w sprawie nr 2035 Brunona Sczypy, Michałkowice (Górny Śląsk Polski), żalącego się, dotyczącej zwolnienia z pracy na kopalni Maks (Zakłady Hohenlohego Sp. Akc.).

bereits sub II. erwähnt, im Jahre 1934 keine »berechtigten Zahntechniker« waren und die zudem dem Beschwerdeführer auch hinsichtlich Alter und Dienstalter nachstehen. Sodann ist auf die durch das Beweisverfahren gemachten Feststellungen betreffend Verhalten gewisser Organe der Ortskrankenkasse hinzuweisen. Durch die Aussage Michalska (act. 85—86) ist als bewiesen zu betrachten, daß der Geschäftsführer der Krankenkasse Olszowski gegenüber dem Bankangestellten Śwituła, unter Anspielung auf dessen zahntechnische Behandlung durch den Beschwerdeführer, geäußert hat, ein Pole gehe nicht zu einem Deutschen. Mit dieser Deposition stimmt die anläßlich der Parteibefragung in der Gemischten Kommission abgegebene Erklärung des Beschwerdeführers überein (act. 96—97). Śwituła selber will sich nicht mehr an die fragliche Äußerung Olszowski's erinnern, er ist aber auch nicht in der Lage, sie zu bestreiten.

Daß den Patienten bei der Überweisung an den Beschwerdeführer seitens der Krankenkasse Schwierigkeiten gemacht wurden, beweist außer den Depositionen Nossol (act. 92—93) und Michalska (act. 85—86) auch die Aussage des Zeugen Stein (act. 90—91); als Stein im Frühjahr 1934 einen Überweisungszettel an den Beschwerdeführer verlangte, äußerte der Beamte der Krankenkasse zu ihm: »Gibt es denn keine anderen Dentisten, möchten Sie nicht einen anderen Dentisten aufsuchen?« Erst als der Zeuge auf seinem Begehren bestand, wurde ihm der Überweisungszettel an den Beschwerdeführer ausgestellt.

IV

Nach stattgehabter Beratung im Schoße der Gemischten Kommission gelangt der Präsident der Gemischten Kommission, gestützt auf die vorstehenden Erwägungen, zur

Stellungnahme:

Der Beschwerdeführer sei in seine Tätigkeit als Zahntechniker der Ortskrankenkasse Świętochłowice und Betriebskrankenkasse der Batory- und Falvahütte wieder einzusetzen.

123

Stellungnahme

vom 8. Juli 1937 in der Sache Nr. 2035 des Bruno Sczypa, Michałkowice (Polnisch-Oberschlesien), Beschwerdeführer, betreffend Entlassung aus der Arbeit der Maxgrube (Hohenlohe Spółka Akcyjna).

I

Żalący się zatrudniony był w biurze rachunkowym kopalni Maks (Hohenlohe Sp. Akc.) jako asystent biurowy, a ostatnio jako zastępca kierownika biura. Dnia 30 czerwca 1934 został za zezwoleniem Komisarza Demobilizacyjnego zwolniony.

Już w poglądzie w sprawie zażalenia Gronera — nr 1627 — z dnia 21 grudnia 1935 (Groner był także asystentem biurowym na kopalni Maks i został dnia 30 września 1933 zwolniony) stwierdzono sub V wyraźnie, że zwolnienie Sczypy (obecnego żalącego się) z uwagi na osobiste stosunki pozostałych w służbie urzędników, jak Sklorza, Lisona, Janty i Pietrzyby, jest naruszeniem § 13 rozporządzenia demobilizacyjnego. Urzędnicy ci — z wyjątkiem Pietrzyby — byli w owym czasie stanu wolnego i pod względem wieku i lat służby ustępowali wszyscy żalącemu się (lat 37, żonaty, 22 lata służby). Można zatem zarówno co do szczegółów, jak i co do ogólnych wywodów wskazać na cytowany pogląd.

Poza tym przedłożone akta dostarczają w sprawie żalącego się dowodu na to, że zwolnienie go narusza także § 12 rozporządzenia demobilizacyjnego, ponieważ w owym czasie sytuacja gospodarcza przedsiębiorstwa nie wymagała w ogóle ograniczenia personelu biura rachunkowego. Dowodzi tego fakt, że już 1 lipca 1934, a zatem bezpośrednio po zwolnieniu żalącego się, zaangażowano do biura rachunkowego nowego urzędnika Moczarskiego. Moczarski miał wtedy 31 lat i był kawalerem; należy on do większości polskiej (zeznanie świadka Moczarskiego w sprawie zażalenia Gronera — akt 172, 172 a). Że stanowisko żalącego się nie było zbyteczne, potwierdził wyraźnie także ówczesny kierownik biura rachunkowego Schneider (akt 73—74).

Przekazując zażalenie Urząd Spraw Mniejszości uzasadniał zwolnienie żalącego się także jego niedostatecznymi kwalifikacjami (akt 3—4). Sprzeczne to jest z wypowiedzeniem pisemnym, w którym nie ma mowy o niedostatecznych kwalifikacjach (akt 11); Urząd Spraw Mniejszości nie twierdził też, że wniesiono u Komisarza Demobilizacyjnego o zezwolenie na zwolnienie żalącego się z powodu jego niedostatecznych kwalifikacyj. Zupełnie niezależnie od tego dostarczają akta dowodu na to, że żalący się był zdolnym urzędnikiem (świadectwo służbowe, akt 11; zeznanie świadka Schneidra (przełożonego żalącego się) — akt 73—74).

I

Der Beschwerdeführer war in der Schichtmeisterei der Maxgrube (Hohenlohe Spółka Akcyjna) als Bureauassistent, zuletzt als Vertreter des Bureauleiters, beschäftigt. Am 30. Juni 1934 wurde der Beschwerdeführer mit Genehmigung des Demobilmachungskommissars entlassen.

Schon in der Stellungnahme betreffend Beschwerde Groner — Nr. 1627 — vom 21. Dezember 1935 (Groner war auch Bureauassistent der Maxgrube und wurde am 30. September 1933 entlassen) wurde sub V ausdrücklich festgestellt, daß die Entlassung des Sczypa (des heutigen Beschwerdeführers) im Hinblick auf die persönlichen Verhältnisse der im Dienst gebliebenen Angestellten, wie Sklorz, Lison, Janta und Pietrzyba, eine Verletzung des § 13 der Demobilmachungsverordnung darstelle. Diese Angestellten waren — mit Ausnahme des Pietrzyba — zu jener Zeit ledig und standen alle dem Beschwerdeführer (37 Jahre alt, verheiratet, 22 Dienstjahre) hinsichtlich Alter und Dienstalter nach. Es kann daher im einzelnen sowie bezüglich der allgemeinen Ausführungen auf die zitierte Stellungnahme verwiesen werden.

Die vorliegenden Akten erbringen des weiteren bezüglich des Beschwerdeführers den Beweis, daß seine Entlassung auch gegen § 12 der Demobilmachungsverordnung verstößt, indem zu jenem Zeitpunkt die Wirtschaftslage des Unternehmens überhaupt keine Einschränkung des Beamtenpersonals der Schichtmeisterei erforderte. Beweis hierfür ist die Tatsache, daß bereits am 1. Juli 1934, also unmittelbar nach der Entlassung des Beschwerdeführers, der Angestellte Moczarski in der Schichtmeisterei neu angenommen wurde. Moczarski war damals 31 Jahre alt und ledig; er gehört zur polnischen Mehrheit (Zeugenaussage Moczarski in der Beschwerdesache Groner — act. 172, 172 a). Daß die Stelle des Beschwerdeführers nicht überflüssig war, hat auch der damalige Leiter der Schichtmeisterei, Schneider, ausdrücklich bestätigt (act. 73, 74).

Das Minderheitsamt begründete bei Überweisung der Beschwerde die Entlassung des Beschwerdeführers auch mit ungenügender Qualifikation (act. 3—4). Dies steht im Widerspruch zum Kündigungsschreiben, in dem von ungenügender Qualifikation nicht die Rede ist (act. 11); das Minderheitsamt hat auch nicht behauptet, daß wegen mangelnder Befähigung die Genehmigung zur Entlassung beim Demobilmachungskommissar nachgesucht wurde. Ganz abgesehen davon erbringen die Akten den Beweis, daß der Beschwerdeführer ein tüchtiger Angestellter war (Dienstzeugnis, act. 11; Zeugenaussage Schneider [der Vorgesetzte des Beschwerdeführers] act. 73, 74).

Z tych powodów zezwolenie Komisarza Demobilizacyjnego na zwolnienie żalącego się narusza art. 75 Konwencji Genewskiej.

II

Po naradzie w łonie Komisji Mieszanej Prezydent Komisji Mieszanej na podstawie powyższych rozważań dochodzi do

poglądu:

właściwą władzę wzywa się do poczynienia kroków, aby żalącego się przyjęto z powrotem na poprzednie stanowisko lub na stanowisko odpowiadające jego dotychczasowej działalności zawodowej.

124

Pogląd

z dnia 9 lipca 1937 w sprawie nr 2270 Związku Polaków w Opolu, żalącego się, dotyczącej nieudzielenia zezwolenia na budowę polskiego prywatnego gimnazjum żeńskiego w Raciborzu (Górny Śląsk Niemiecki).

I

Ponieważ w roku 1934 musiano zrezygnować z projektów budowlanych dotyczących dwóch parcel, Bank Słowiański w Berlinie przedłożył w kwietniu 1935 z polecenia Związku Polaków Rejencji w Opolu i miejscowej władzy policyjnej w Raciborzu nowy projekt budowlany na polskie gimnazjum żeńskie w Raciborzu do zatwierdzenia. Potem odbyły się u różnych władz różnego rodzaju rokowania, które jednak nie doprowadziły do udzielenia żadnego definitywnego zezwolenia.

Dnia 21 stycznia 1937 Nadprezydent doniósł żalącemu się, „że zezwolenia na budowę — po dopełnieniu wszystkich innych warunków przepisanych celem otrzymania zezwolenia na budowę gmachu tych rozmiarów jak planowane gimnazjum — będzie można udzielić dopiero wtedy, gdy nowy częściowy plan zabudowy miasta będący obecnie w opracowaniu miasta Raciborza, będzie ukończony".

Po wymianie pism odbyła się 12 czerwca 1937 główna rozprawa ustna.

Aus diesen Gründen verletzt die Genehmigung des Demobilmachungskommissars zur Entlassung des Beschwerdeführers Art. 75 Genfer Konvention.

II

Nach stattgehabter Beratung im Schoße der Gemischten Kommission gelangt der Präsident der Gemischten Kommission, gestützt auf die vorstehenden Erwägungen, zur

Stellungnahme:

Die zuständige Behörde wird ersucht zu veranlassen, daß der Beschwerdeführer wieder in die frühere Stelle oder in eine andere seiner bisherigen beruflichen Tätigkeit entsprechende Stelle aufgenommen wird.

124

Stellungnahme

vom 9. Juli 1937 in der Sache Nr. 2270 des Związek Polaków in Oppeln, Beschwerdeführer, betreffend Nichterteilung der Genehmigung für den Bau eines privaten polnischen Mädchengymnasiums in Ratibor (Deutsch-Oberschlesien).

I

Nachdem die Bauprojekte betreffend zwei Parzellen im Jahre 1934 fallen gelassen werden mußten, hat die Bank Słowiański, Berlin, im Auftrage des Związek Polaków im April 1935 der Regierung in Oppeln und der Ortspolizeibehörde Ratibor ein neues Bauprojekt für ein polnisches Mädchengymnasium in Ratibor zur Bestätigung vorgelegt. In der Folge fanden verschiedene Verhandlungen bei verschiedenen Behörden statt, die indes zu keiner definitiven Baugenehmigung führten.

Am 21. Januar 1937 teilte der Oberpräsident dem Beschwerdeführer mit, »daß die Baugenehmigung bei Erfüllung der übrigen für ihren Erhalt vorgeschriebenen Bedingungen für ein Gebäude von solchem Umfang wie das geplante Gymnasium erst erteilt werden kann, wenn der z. Zt. von der Stadt Ratibor in Angriff genommene neue Teilstadtbebauungsplan fertiggestellt ist«.

Nach stattgehabtem Schriftenwechsel fanden am 12. Juni 1937 die mündlichen Hauptverhandlungen statt.

Na rozprawie tej Prezydent Komisji Mieszanej zapytał przedstawiciela władz niemieckich, czy parcelę przeznaczoną przez żalącego się pod budowę gimnazjum władze uznają zasadniczo za nadającą się pod tę budowę.

Pismem z dnia 15 czerwca 1937 (akt 50) Urząd Spraw Mniejszości oświadczył:

„Rząd Niemiecki parcelę przewidzianą dla w mowie będącego gimnazjum żeńskiego w Raciborzu uznaje zasadniczo za nadającą się pod budowę gmachu szkolnego. Zwraca on jednak uwagę na to, że z uwagi na rozporządzenie o uregulowaniu zabudowania z dnia 15 II 1936, Dziennik Ustaw Rzeszy, część I, str. 184, z uwagi na przewidzianą zmianę planu zabudowania tej części miasta i z uwagi na ustawę o ochronie granic Rzeszy z dnia 9 III 1937, Dziennik Ustaw Rzeszy, część I, str. 281, wzięte być muszą pod rozwagę jeszcze pewne względy i postawione pewne warunki."

Że mniejszość polska w myśl art. 98 Konwencji Genewskiej ma prawo do utworzenia i utrzymania prywatnego gimnazjum żeńskiego, nie jest zaprzeczone. Na dotyczną parcelę budowlaną uzyskano zezwolenie właściwej władzy. Chodzi zatem jeszcze tylko o zatwierdzenie planów budowy. Ponieważ funkcje Prezydenta Komisji Mieszanej dobiegają końca, nie może on zająć się ewentualną różnicą zdań, jaka może jeszcze wyłonić się przy realizacji zamierzonej budowy. Wyraża on jednak nadzieję, że kwestie te będzie można wkrótce uregulować ku obopólnemu zadowoleniu. Należy przy tym wychodzić z założenia, że tylko takie przepisy budowlane są dopuszczalne, które nie uniemożliwiają realizacji celu budynku szkolnego lub realizacji tej poważnie nie utrudniają.

II

Po naradzie w łonie Komisji Mieszanej Prezydent Komisji Mieszanej na podstawie powyższych rozważań dochodzi do

poglądu:

1. Przyjmuje się do wiadomości oświadczenie właściwej władzy, że uznaje parcelę przewidzianą pod budowę prywatnego gimnazjum żeńskiego w Raciborzu zasadniczo za nadającą się pod budowę szkoły.

2. Właściwej władzy poleca się, aby przy zatwierdzeniu planu budowy w życzliwy sposób uwzględniła słuszne interesy mniejszości polskiej w utworzeniu prywatnego gimnazjum żeńskiego w Raciborzu.

Bei dieser Verhandlung stellte der Präsident der Gemischten Kommission die Frage, ob die Behörden das vom Beschwerdeführer für den Bau des Gymnasiums bestimmte Grundstück grundsätzlich als geeignet anerkennen.

Mit Eingabe vom 15. Juni 1937 (act. 50) erklärte das Minderheitsamt:

»Die Deutsche Regierung erkennt das für das fragliche Mädchengymnasium in Ratibor in Aussicht genommene Grundstück grundsätzlich als für einen Schulbau geeignet an. Sie macht aber darauf aufmerksam, daß infolge der Verordnung über die Regelung der Bebauung vom 15. II. 1936 RGBL. I. S. 184, der in Aussicht stehenden Änderung des Bebauungsplanes für diesen Stadtteil und des Gesetzes über die Sicherung der Reichsgrenzen vom 9. III. 1937 RGBL. I. S. 281 noch gewisse Erwägungen anzustellen sind und gewisse Bedingungen gestellt werden müssen.«

Daß die polnische Minderheit gemäß Art. 98 der Genfer Konvention das Recht hat, ein privates Mädchengymnasium zu errichten und zu unterhalten, ist nicht bestritten. Der fragliche Bauplatz ist von der zuständigen Behörde genehmigt. Es handelt sich also nur noch um die Genehmigung der Pläne dieses Schulbaues. Da die Funktionen des Präsidenten der Gemischten Kommission zu Ende gehen, kann er sich mit allfälligen Differenzen, die bei der Verwirklichung des Bauvorhabens noch auftauchen sollten, nicht befassen. Er gibt aber der Hoffnung Ausdruck, daß diese Fragen in Bälde zur beiderseitigen Zufriedenheit geregelt werden können. Dabei ist davon auszugehen, daß nur solche Bauvorschriften zulässig erscheinen, die die Verwirklichung des Zweckes des Schulgebäudes nicht verhindern oder wesentlich erschweren.

II

Nach stattgehabter Beratung im Schoße der Gemischten Kommission gelangt der Präsident der Gemischten Kommission, gestützt auf die vorstehenden Erwägungen, zur

Stellungnahme:

1. Es wird von der Erklärung der zuständigen Behörde Vormerk genommen, daß sie das für das private Mädchengymnasium in Ratibor in Aussicht genommene Grundstück grundsätzlich als für einen Schulbau geeignet anerkennt.

2. Der zuständigen Behörde wird empfohlen, bei der Genehmigung der Baupläne dem berechtigten Interesse der polnischen Minderheit an der Errichtung eines privaten Mädchengymnasiums in Ratibor in wohlwollender Weise Rechnung zu tragen.

125

Pogląd

z dnia 9 lipca 1937 w sprawie nr 1818 Spółki Budowlanej „Nostra" w Katowicach, żalącej się, zastąpionej przez Niemiecki Związek Ludowy w Katowicach, dotyczącej nieudzielenia zezwolenia na budowę prywatnej szkoły mniejszościowej w Makoszowach (Górny Śląsk Polski).

I

W marcu 1934 „Nostra" przedstawiła Urzędowi Wojewódzkiemu prośbę o udzielenie zezwolenia na budowę prywatnej szkoły mniejszościowej w Makoszowach. Roszczenie to oddalono z powołaniem się na art. 8 rozporządzenia z dnia 23 grudnia 1927 o granicach państwa i na negatywną odpowiedź Starostwa w Katowicach (akt 9). (Art. 8 postanawia mianowicie, że wystawianie budynków w strefie granicznej — w odległości 2 km od granicy — wymaga specjalnego zezwolenia właściwej władzy powiatowej.) W uwagach (akt 3—4) pozostawiono następnie otwartą kwestię, czy parcela, która położona jest na pokładach węgla, ze względów bezpieczeństwa nadaje się pod budowę.

Po wymianie pism odbyła się dnia 8 czerwca 1937 główna rozprawa ustna.

Na rozprawie tej kierownik Urzędu Spraw Mniejszości złożył oświadczenie, że Śląski Urząd Wojewódzki parcelę proponowaną pod budowę szkoły uznaje obecnie zasadniczo za odpowiednią dla celów szkolnych. Dodał on jednak, że niedomagania tej parceli, zwłaszcza kolizja położenia parceli z przepisami obowiązującymi w strefie granicznej, stanowią nadal realne trudności i pociągną prawdopodobnie poważne koszty, jeżeli się będzie chciało parcelę tę doprowadzić do stanu wymaganego przez względy bezpieczeństwa i pogranicza (akt 61—62).

Że mniejszość niemiecka w myśl art. 98 Konwencji Genewskiej ma prawo do utworzenia i utrzymania szkoły prywatnej w Makoszowach — nie jest zaprzeczone. Dotyczna parcela budowlana została przez właściwą władzę zatwierdzona. Chodzi zatem jeszcze tylko o zatwierdzenie planów budowy tej szkoły. Ponieważ funkcje Prezydenta Komisji Mieszanej dobiegają końca, nie może on zająć się ewentualną różnicą zdań, jaka może jeszcze wyłonić się przy realizacji zamierzonej budowy. Wyraża on jednak nadzieję, że kwestie te będzie można wkrótce uregulować ku obopólnemu zadowoleniu. Na-

125

Stellungnahme

vom 9. Juli 1937 in der Sache Nr. 1818 der Baugenossenschaft »Nostra« in Katowice, Beschwerdeführerin, vertreten durch den Deutschen Volksbund in Katowice, betreffend Nichterteilung der Genehmigung für den Bau einer privaten Minderheitsschule in Makoszowy (Polnisch-Oberschlesien).

I

Die »Nostra« hat im März 1934 beim Wojewodschaftsamt die Genehmigung zur Errichtung einer privaten Minderheitsschule in Makoszowy nachgesucht. Das Begehren wurde abgelehnt unter Berufung auf Art. 8 der Verordnung vom 23. Dezember 1927 über die Staatsgrenzen und unter Hinweis auf den negativen Bescheid der Starostei Katowice (act. 9). (Art. 8 bestimmt nämlich, daß die Errichtung von Bauten in der Grenzzone — bis 2 Km. von der Grenze entfernt — eine besondere Einwilligung der zuständigen Kreisbehörde erfordert.) In den Bemerkungen (act. 3—4) wurde sodann die Frage offengelassen, ob die Parzelle, die auf Kohlenflözen liege, aus Sicherheitsgründen geeignet sei.

Nach stattgehabtem Schriftenwechsel fand am 8. Juni 1937 die mündliche Hauptverhandlung statt.

Bei dieser Verhandlung gab der Leiter des Minderheitsamtes die Erklärung ab, daß das Schlesische Wojewodschaftsamt nunmehr das für den Schulbau in Aussicht genommene Grundstück grundsätzlich als für Schulzwecke geeignet anerkenne. Er fügte indes bei, daß die Mängel dieser Parzelle, insbesondere die Kollision der Lage der Parzelle mit den in der Grenzzone geltenden Vorschriften, weiterhin eine tatsächliche Schwierigkeit bilden und wahrscheinlich bedeutende Kosten verursachen würden, um die Parzelle in einen Zustand zu bringen, der aus Gründen der Sicherheit und der Grenzlage erforderlich sei (act. 61—62).

Daß die deutsche Minderheit gemäß Art. 98 der Genfer Konvention das Recht hat, eine Privatschule in Makoszowy zu errichten und zu unterhalten, ist nicht bestritten. Der fragliche Bauplatz ist von der zuständigen Behörde genehmigt. Es handelt sich also nur noch um die Genehmigung der Pläne dieses Schulbaues. Da die Funktionen des Präsidenten der Gemischten Kommission zu Ende gehen, kann er sich mit allfälligen Differenzen, die bei der Verwirklichung des Bauvorhabens noch auftauchen sollten, nicht befassen. Er gibt aber der Hoffnung Ausdruck, daß diese Fragen in Bälde zur beiderseitigen Zufriedenheit geregelt werden kön-

leży przy tym wychodzić z założenia, że tylko takie przepisy budowlane są dopuszczalne, które nie uniemożliwiają realizacji celu budynku szkolnego lub realizacji tej poważnie nie utrudniają.

II

Po naradzie w łonie Komisji Mieszanej Prezydent Komisji Mieszanej na mocy powyższych rozważań dochodzi do

poglądu:

1. Przyjmuje się do wiadomości oświadczenie właściwej władzy, że uznaje parcelę przewidzianą pod budowę prywatnej szkoły mniejszościowej w Makoszowach zasadniczo za nadającą się pod budowę szkoły.

2 Właściwej władzy poleca się, aby przy zatwierdzeniu planu budowy w życzliwy sposób uwzględniła słuszne interesy mniejszości niemieckiej w utworzeniu prywatnej szkoły w Makoszowach.

126

Pogląd

z dnia 9 lipca 1937 w sprawie nr 1509 Spółki Budowlanej „Nostra" w Katowicach, żalącej się, zastąpionej przez Niemiecki Związek Ludowy w Katowicach, dotyczącej nieudzielenia zezwolenia na budowę prywatnej szkoły mniejszościowej w Chorzowie (Górny Śląsk Polski).

I

Dnia 31 lipca 1933 „Nostra" przedstawiła Województwu wniosek o uznanie bliżej określonej parceli w Chorzowie za nadającą się pod budowę szkoły. Wniosek oddalono z uzasadnieniem, że żądane artykułem 98 Konwencji Genewskiej bezpieczeństwo uczniów z powodu podbudowy terenu nie jest zapewnione.

Po wymianie pism odbyła się dnia 8 czerwca 1937 główna rozprawa ustna.

Na rozprawie tej kierownik Urzędu Spraw Mniejszości złożył oświadczenie, że Śląski Urząd Wojewódzki parcelę proponowaną pod

nen. Dabei ist davon auszugehen, daß nur solche Bauvorschriften zulässig erscheinen, die die Verwirklichung des Zweckes des Schulgebäudes nicht verhindern oder wesentlich erschweren.

II

Nach stattgehabter Beratung im Schoße der Gemischten Kommission gelangt der Präsident der Gemischten Kommission, gestützt auf die vorstehenden Erwägungen, zur

Stellungnahme:

1. Es wird von der Erklärung der zuständigen Behörde Vormerk genommen, daß sie das für die private Minderheitsschule in Makoszowy in Aussicht genommene Grundstück grundsätzlich als für einen Schulbau geeignet anerkennt.

2. Der zuständigen Behörde wird empfohlen, bei der Genehmigung der Baupläne dem berechtigten Interesse der deutschen Minderheit an der Errichtung einer Privatschule in Makoszowy in wohlwollender Weise Rechnung zu tragen.

126

Stellungnahme

vom 9. Juli 1937 in der Sache Nr. 1509 der Baugenossenschaft »Nostra« in Katowice, Beschwerdeführerin, vertreten durch den Deutschen Volksbund in Katowice, betreffend Nichterteilung der Genehmigung für den Bau einer privaten Minderheitsschule in Chorzów (Polnisch-Oberschlesien).

I

Die »Nostra« hat am 31. Juli 1933 beim Wojewodschaftsamt den Antrag gestellt, das näher bezeichnete Grundstück in Chorzów als für einen Schulbau geeignet zu erklären. Der Antrag wurde abgelehnt mit der Begründung, daß die für die Schulkinder in Art. 98 der Genfer Konvention geforderte Sicherheit wegen Unterbauung des Geländes nicht gewährleistet sei.

Nach stattgehabtem Schriftenwechsel fand am 8. Juni 1937 die mündliche Hauptverhandlung statt.

Bei dieser Verhandlung gab der Leiter des Minderheitsamtes die Erklärung ab, daß das Schlesische Wojewodschaftsamt nunmehr das für

budowę szkoły uznaje obecnie zasadniczo za odpowiednią dla celów szkolnych.

Dodał on jednak, że wysunięte niedomagania przewidzianej pod budowę parceli stanowią nadal realne trudności i pociągną prawdopodobnie poważne koszty, jeżeli się będzie chciało parcelę tę doprowadzić do stanu wymaganego przez względy bezpieczeństwa (akt 105—106).

Że mniejszość niemiecka w myśl art. 98 Konwencji Genewskiej ma prawo do utworzenia i utrzymania szkoły prywatnej w Chorzowie — nie jest zaprzeczone. Dotyczna parcela budowlana została przez właściwą władzę zatwierdzona. Chodzi zatem jeszcze tylko o zatwierdzenie planów budowy szkoły. Ponieważ funkcje Prezydenta Komisji Mieszanej dobiegają końca, nie może on zająć się ewentualną różnicą zdań, jaka może jeszcze wyłonić się przy realizacji zamierzonej budowy. Wyraża on jednak nadzieję, że kwestie te będzie można wkrótce uregulować ku obopólnemu zadowoleniu. Należy przy tym wychodzić z założenia, że tylko takie przepisy budowlane są dopuszczalne, które nie uniemożliwiają realizacji celu budynku szkolnego lub realizacji tej poważnie nie utrudniają.

II

Po naradzie w łonie Komisji Mieszanej Prezydent Komisji Mieszanej na mocy powyższych rozważań dochodzi do

poglądu:

1. Przyjmuje się do wiadomości oświadczenie właściwej władzy, że uznaje parcelę przewidzianą pod budowę prywatnej szkoły mniejszościowej w Chorzowie zasadniczo za nadającą się pod budowę szkoły.

2. Właściwej władzy poleca się, aby przy zatwierdzeniu planu budowy w życzliwy sposób uwzględniła słuszne interesy mniejszości niemieckiej w utworzeniu prywatnej szkoły w Chorzowie.

127

Pogląd

z dnia 9 lipca 1937 w sprawie nr 1761 Fryderyka Ernsta, Chorzów I (Górny Śląsk Polski), żalącego się, zastąpionego przez Niemiecki

den Schulbau in Aussicht genommene Grundstück grundsätzlich als für Schulzwecke geeignet anerkenne.

Er fügte indes bei, daß die geltend gemachten Mängel der in Aussicht genommenen Parzelle weiterhin eine tatsächliche Schwierigkeit bilden und wahrscheinlich bedeutende Kosten verursachen würden, um die Parzelle in einen Zustand zu bringen, der aus Gründen der Sicherheit erforderlich sei (act. 105—106).

Daß die deutsche Minderheit gemäß Art. 98 der Genfer Konvention das Recht hat, eine Privatschule in Chorzów zu errichten und zu unterhalten, ist nicht bestritten. Der fragliche Bauplatz ist von der zuständigen Behörde genehmigt. Es handelt sich also nur noch um die Genehmigung der Pläne dieses Schulbaues. Da die Funktionen des Präsidenten der Gemischten Kommission zu Ende gehen, kann er sich mit allfälligen Differenzen, die bei der Verwirklichung des Bauvorhabens noch auftauchen sollten, nicht befassen. Er gibt aber der Hoffnung Ausdruck, daß diese Fragen in Bälde zur beiderseitigen Zufriedenheit geregelt werden können. Dabei ist davon auszugehen, daß nur solche Bauvorschriften zulässig erscheinen, die die Verwirklichung des Zweckes des Schulgebäudes nicht verhindern oder wesentlich erschweren.

II

Nach stattgehabter Beratung im Schoße der Gemischten Kommission gelangt der Präsident der Gemischten Kommission, gestützt auf die vorstehenden Erwägungen, zur

Stellungnahme:

1. Es wird von der Erklärung der zuständigen Behörde Vormerk genommen, daß sie das für die private Minderheitsschule in Chorzów in Aussicht genommene Grundstück grundsätzlich als für einen Schulbau geeignet anerkennt.

2. Der zuständigen Behörde wird empfohlen, bei der Genehmigung der Baupläne dem berechtigten Interesse der deutschen Minderheit an der Errichtung einer Privatschule in Chorzów in wohlwollender Weise Rechnung zu tragen.

127

Stellungnahme

vom 9. Juli 1937 in der Sache Nr. 1761 des Friedrich Ernst, Chorzów I (Polnisch-Oberschlesien), Beschwerdeführer, vertreten durch den Deutschen

Związek Ludowy w Katowicach, dotyczącej zwolnienia przez Zjednoczone Huty Królewską i Laurę.

I

Żalący się zatrudniony był od roku 1905 w Zjednoczonych Hutach Królewskiej i Laurze jako pracownik biurowy, ostatnio w randze nadsekretarza. Dnia 29 września 1933 żalącemu się wypowiedziano stosunek służbowy na 31 marca 1934; 17 października 1933 przedsiębiorstwo, powołując się na ciężką sytuację gospodarczą i na będącą w toku reorganizację, zwróciło się do Komisarza Demobilizacyjnego o zezwolenie na zwolnienie żalącego się i dalszych 17 urzędników Huty Królewskiej (obecnie huty Piłsudskiego) (akt 132—133, 134—135). Decyzją z dnia 28 grudnia 1933 (akt 138—139) Komisarz Demobilizacyjny „zgodnie z wynikiem konferencji z dnia 24 listopada 1933" udzielił zezwolenia na zwolnienie wszystkich 18 urzędników, między nimi żalącego się.

Żalący się przypisuje swe zwolnienie przynależności swej do mniejszości niemieckiej; wnosi on o stwierdzenie naruszenia art. 75 i 80 Konwencji Genewskiej i o poczynienie kroków, aby mu przywrócono poprzednie stanowisko.

Urząd Spraw Mniejszości zaprzecza, że naruszono Konwencję Genewską.

Po przeprowadzeniu postępowania pisemnego oraz przeprowadzeniu dowodów odbyła się dnia 29 kwietnia 1937 główna rozprawa ustna.

II

Urząd Spraw Mniejszości na uzasadnienie zwolnienia żalącego się przytacza (akt 3—4, 82—83), że Naczelną Dyrekcję Hut (generalny dyrektor Bernhardt), której żalący się był sekretarzem, zlikwidowano w ciągu roku 1933. Wskutek tego żalący się stał się zbytecznym. Co prawda miejsce Naczelnej Dyrekcji Hut zajęła Generalna Dyrekcja Hut (generalny dyrektor Przybylski), ta ostatnia miała jednak inny zakres kompetencyj i stanowisko kierownika sekretariatu można było powierzyć tylko inżynierowi. Żalący się, który nie ma żadnego przygotowania technicznego, nie odpowiadał zatem wymogom nowo utworzonego stanowiska.

Urząd Spraw Mniejszości zaprzeczył w swych pismach przedstawieniu sprawy przez żalącego się, według którego był on nie tylko sekretarzem Naczelnej Dyrekcji Hut, lecz także sekretarzem Huty

Volksbund in Katowice, betreffend Entlassung durch die Vereinigte Königs- und Laurahütte.

I

Der Beschwerdeführer war seit 1905 bei der Vereinigten Königs- und Laurahütte als Bureauangestellter, zuletzt im Range eines Obersekretärs, beschäftigt. Am 29. September 1933 wurde dem Beschwerdeführer das Dienstverhältnis auf den 31. März 1934 gekündigt, am 17. Oktober 1933 hat das Unternehmen beim Demobilmachungskommissar unter Berufung auf die schwere Wirtschaftslage und die im Gange befindliche Reorganisation um die Genehmigung zur Entlassung des Beschwerdeführers und weiterer 17 Angestellten der Königshütte (jetzt Pilsudskihütte) nachgesucht (act. 132—133, 134—135). Durch seinen Entscheid vom 28. Dezember 1933 (act. 138—139) gab der Demobilmachungskommissar »in Übereinstimmung mit dem Ergebnis der am 24. November 1933 abgehaltenen Konferenz« sämtliche 18 Angestellte, darunter den Beschwerdeführer, zur Entlassung frei.

Der Beschwerdeführer führt die Entlassung auf seine Zugehörigkeit zur deutschen Minderheit zurück; er beantragt die Verletzung der Art. 75 und 80 der Genfer Konvention festzustellen und dahin zu wirken, daß er seinen früheren Posten zurückerhalte.

Das Minderheitsamt stellt eine Verletzung der Genfer Konvention in Abrede.

Nach stattgehabtem schriftlichen Verfahren und nach durchgeführten Beweiserhebungen fand die mündliche Hauptverhandlung am 29. April 1937 statt.

II

Das Minderheitsamt führt zur Begründung der Entlassung des Beschwerdeführers an (act. 3—4, 82—83), daß die Oberhüttendirektion (Generaldirektor Bernhardt), deren Sekretär der Beschwerdeführer gewesen sei, im Laufe des Jahres 1933 liquidiert wurde. Infolgedessen sei der Beschwerdeführer überflüssig geworden. Zwar sei an Stelle der Oberhüttendirektion die Generaldirektion der Hütten (Generaldirektor Przybylski) getreten, der Kompetenzbereich der letzteren sei aber ein anderer gewesen und die Stellung des Sekretariatsleiters habe nur einem Ingenieur übertragen werden können. Der Beschwerdeführer, der keinerlei technische Vorkenntnisse besitze, habe somit den Anforderungen der neugeschaffenen Stelle nicht entsprochen.

Das Minderheitsamt bestritt in seinen Schriftsätzen die Darstellung des Beschwerdeführers, wonach er nicht nur Sekretär der Oberhüttendirektion, sondern auch — und zwar mit dem Schwergewicht seiner Arbeit

Królewskiej — przy czym praca na tym stanowisku głównie go absorbowała. Wnioskując z wywodów Urzędu Spraw Mniejszości na rozprawie ustnej może być co prawda wątpliwym, czy się powinno obstawać przy tym zaprzeczeniu (akt 120—121).

W każdym razie akta dowodzą, że żalący się od wielu lat, a w szczególności w czasie wypowiedzenia mu, był kierownikiem sekretariatu Huty Królewskiej. Wynika to nie tylko z zeznań świadka Kucharza (akt 73—74), lecz fakt ten potwierdzają także różne dokumenty: W piśmie Generalnej Dyrekcji Hut z dnia 26 września 1933 do Rady Urzędniczej Huty Królewskiej (akt 98), we wniosku z dnia 17 października 1933 Zjednoczonych Hut Królewskiej i Laury do Komisarza Demobilizacyjnego o zwolnienie (akt 132—133), w zestawieniu urzędników przewidzianych do zwolnienia (akt 21—22) i w decyzji Komisarza Demobilizacyjnego z dnia 28 grudnia 1933 (akt 134—135) żalący się figuruje wyraźnie i wyłącznie jako urzędnik Huty Królewskiej. Przy tym stanie akt także zeznanie ówczesnego dyrektora Sanetry (akt 70—71), według którego żalący się zasadniczo był sekretarzem Generalnej Dyrekcji i „zatrudniony był tylko niektórymi pracami w Hucie Królewskiej", określić się musi jako nieodpowiadające rzeczywistości, jakkolwiek Sanetra nie mógł zaprzeczyć, że żalący się faktycznie pracował dla Huty Królewskiej. Zresztą właśnie dyrektor Sanetra był tą osobistością, u której Rada Urzędnicza Huty Królewskiej interweniowała w sprawie zwolnienia żalącego się i tenże dyrektor Sanetra jako dyrektor Huty Królewskiej bronił na konferencji z Komisarzem Demobilizacyjnym z dnia 24 listopada 1933 wniosku o zwolnienie dotyczącego 18 urzędników Huty Królewskiej, pomiędzy nimi żalącego się. Także te fakty dowodzą dostatecznie, że żalący się był urzędnikiem Huty Królewskiej.

Z drugiej strony jest ustalone, że po zwinięciu Naczelnej Dyrekcji Hut w lipcu 1933 żalący się nie został przejęty przez nowoutworzoną Generalną Dyrekcję Hut. W sprawie tej żalący się wywodzi, że wszystkich należących do większości polskiej urzędników dawniejszej Naczelnej Dyrekcji Hut zatrudniono w nowej Dyrekcji Hut, podczas gdy urzędników narodowości niemieckiej zwolniono. Żalący się wyraża także wątpliwości co do tego, czy istniała potrzeba lub konieczność poruczenia stanowiska sekretarza inżynierowi. Zbytecznym jest zajmować stanowisko do tych twierdzeń, gdyż faktycznie i prawnie wypowiedzenie, które było przedmiotem badania Komisarza De-

— Sekretär der Königshütte gewesen sei. Nach den Ausführungen des Minderheitsamtes anläßlich der mündlichen Verhandlungen erscheint es allerdings fraglich, ob die Bestreitung aufrecht erhalten werden sollte (act. 120—121).

Jedenfalls erbringen die Akten den Beweis, daß der Beschwerdeführer seit vielen Jahren und insbesondere zum Zeitpunkt der Kündigung dem Sekretariat der Königshütte vorgestanden hat. Dies geht hervor aus der Zeugenaussage Kucharz (act. 73—74), die Tatsache findet aber auch ihre Bestätigung in verschiedenen Dokumenten: Im Schreiben der Generaldirektion der Hütten vom 26. September 1933 an den Angestelltenrat der Königshütte (act. 98), im Entlassungsantrag der Vereinigten Königs- und Laurahütte vom 17. Oktober 1933 an den Demobilmachungskommissar (act. 132—133), in der Aufstellung der zur Entlassung vorgesehenen Angestellten (act. 21—22) und in der Entscheidung des Demobilmachungskommissars vom 28. Dezember 1933 (act. 134—135) ist der Beschwerdeführer ausdrücklich und ausschließlich als Angestellter der Königshütte angeführt. Bei dieser Aktenlage muß auch die Aussage des damaligen Direktors der Königshütte, Sanetra (act. 70—71), wonach der Beschwerdeführer grundsätzlich Sekretär der Generaldirektion war und »nur mit verschiedenen Arbeiten in der Königshütte beschäftigt war«, als den Tatsachen nicht entsprechend bezeichnet werden, wenn auch Sanetra die faktische Betätigung des Beschwerdeführers für die Königshütte nicht in Abrede stellen konnte. Übrigens war es Direktor Sanetra, bei dem die Vertreter des Angestelltenrates der Königshütte hinsichtlich der Kündigung des Beschwerdeführers vorstellig geworden sind, und der als Direktor der Königshütte den Entlassungsantrag betr. 18 Angestellte der Königshütte, darunter den Beschwerdeführer, in der Konferenz vom 24. November 1933 vor dem Demobilmachungskommissar vertreten hat. Auch diese Tatsachen beweisen zur Evidenz, daß der Beschwerdeführer Angestellter der Königshütte war.

Anderseits steht fest, daß der Beschwerdeführer nach Auflösung der Oberhüttendirektion im Juli 1933 nicht in die neu geschaffene Generaldirektion der Hütten übernommen wurde. Diesbezüglich macht der Beschwerdeführer geltend, daß sämtliche der polnischen Mehrheit angehörenden Angestellten der früheren Oberhüttendirektion in der neuen Hüttendirektion beschäftigt wurden, während die sich zum Deutschtum bekennenden Angestellten entlassen worden seien. Der Beschwerdeführer bezweifelt auch, daß für die Übertragung des Sekretariatspostens an einen Ingenieur ein Bedürfnis oder eine Notwendigkeit bestanden habe. Es erübrigt sich zu diesen Behauptungen Stellung zu nehmen, da tatsächlich

mobilizacyjnego, dotyczyło stanowiska żalącego się jako sekretarza Huty Królewskiej.

III

Po roztrząsaniach sub II nasuwa się pytanie, czy zezwolenie Komisarza Demobilizacyjnego na zwolnienie żalącego się zgodne było z postanowieniami rozporządzenia demobilizacyjnego lub nie.

(Co do dotycznych przepisów (rozporządzenie demobilizacyjne i ustawa o radach zakładowych) odsyła się do poglądu w sprawie zażalenia Widery i towarzyszy — nr 1455 i 1537 — z dnia 30 lipca 1935 sub III, gdzie postanowienia te przytoczone są w całości. Poza tym w ogólności, a w szczególności co do wykładni §§ 12 i 13 odsyła się do roztrząsań prawnych poglądu Widery i towarzyszy, poglądu w sprawie żalącego się Michalskiego — nr 1760 — z dnia 25 października 1935 i poglądu w sprawie zażalenia Gronera — nr 1627 — z dnia 21 grudnia 1935.)

Stanowisko, które żalący się zajmował jako sekretarz Huty Królewskiej, nie zostało zlikwidowane, musiano je więc na wypadek zwolnienia żalącego się na nowo obsadzić. O fakcie tym Komisarz Demobilizacyjny z okazji konferencji z dnia 24 listopada 1933 bezsprzecznie wiedział. (Zobacz zeznania świadka Doppkego — akt 65—66.) W stosunku do żalącego się nie istniała zatem konieczność redukcji i ze stanowiska § 12 wypowiedzenie było nieuzasadnione. Istotnie przedsiębiorstwo już dnia 15 grudnia 1933 zaangażowało inżyniera Cieślewskiego i powierzyło mu zajmowane dotychczas przez żalącego się stanowisko sekretarza Huty Królewskiej (zeznanie świadka Doppkego — akt 65—66; zeznanie świadka Kucharza — akt 73—74; zobacz także pismo Urzędu Spraw Mniejszości — akt 20—21).

Należy teraz zbadać, czy zwolnienie dopuszczalne było w myśl § 13. Powołując się na uwzględniony w tym przepisie interes przedsiębiorstwa, właściwa władza podkreśla, że żalącego się, który posiada tylko wykształcenie biurowe, zastąpiono urzędnikiem o wyższych kwalifikacjach i wykształceniu technicznym (Cieślewski). Cieślewskiego zatrudnia się także jako specjalistę przy odbiorze szyn i jako zastępcę dyrektora technicznego. Poza tym także fakt, że żalący się nie

und rechtlich die Kündigung, die Gegenstand der Überprüfung durch den Demobilmachungskommissar war, die Stelle des Beschwerdeführers als Sekretär der Königshütte betraf.

III

Nach den Erörterungen sub II. stellt sich somit die Frage, ob die Genehmigung des Demobilmachungskommissars zur Entlassung des Beschwerdeführers mit den Bestimmungen der Demobilmachungsverordnung vereinbar war oder nicht.

(Was die einschlägigen gesetzlichen Vorschriften anbelangt (Demobilmachungsverordnung und Betriebsrätegesetz), wird auf die Stellungnahme betr. Beschwerde Widera und Gen. — Nr. 1455 und 1537 — vom 30. Juli 1935, sub III. verwiesen, wo diese Bestimmungen vollständig angeführt sind. Ferner wird im Allgemeinen und insbesondere betr. die Auslegung der §§ 12 und 13 auf die Rechtserörterungen der Stellungnahme Widera und Genossen, der Stellungnahme betr. Beschwerdeführer Michalski — Nr. 1760 — vom 25. Oktober 1935 und der Stellungnahme betr. Beschwerde Groner — Nr. 1627 — vom 21. Dezember 1935 Bezug genommen.)

Die Stelle, die der Beschwerdeführer als Sekretär der Königshütte innehatte, wurde nicht liquidiert, mußte also für den Fall der Entlassung des Beschwerdeführers neu besetzt werden. Dem Demobilmachungskommissar war diese Tatsache anläßlich der Konferenz vom 24. November 1933 unbestrittenermaßen bekannt (Siehe Zeugenaussage Doppke — act. 65—66). Die Notwendigkeit eines Abbaus bezüglich des Beschwerdeführers bestand daher nicht und die Kündigung war daher vom Gesichtspunkt des § 12 unberechtigt. Tatsächlich hat das Unternehmen schon am 15. Dezember 1933 Ingenieur Cieślewski neu eingestellt und mit der bisher vom Beschwerdeführer innegehabten Stellung des Sekretärs der Königshütte betraut (Zeugenaussage Doppke — act. 65—66; Zeugenaussage Kucharz — act. 73—74; siehe auch Schriftsatz des Minderheitsamtes — act. 20—21).

Es ist nunmehr zu prüfen, ob die Entlassung gemäß § 13 zulässig war. Unter Berufung auf das in dieser Bestimmung berücksichtigte Interesse des Unternehmens hebt die zuständige Behörde hervor, daß der Beschwerdeführer, der nur Bureauausbildung besitze, durch einen höher qualifizierten Angestellten mit technischer Bildung (Cieślewski) ersetzt worden sei. Cieślewski finde auch bei der Schienenabnahme als Schienenspezialist und als Stellvertreter des technischen Direktors Verwendung.

włada językiem polskim, ma znaczenie zasadnicze i musi być wzięty pod rozwagę ze stanowiska § 13 (akt 120—121).

Z akt wnioskując, należy stwierdzić, że ani w przedstawionym Komisarzowi Demobilizacyjnemu wniosku o zwolnienie ani też na konferencji z Komisarzem Demobilizacyjnym z dnia 24 listopada 1933 nie wysunięto przeciwko żalącemu się argumentu niedostatecznej znajomości języka polskiego, widocznie dlatego, że żalący się miał pewne znajomości języka polskiego (zeznanie żalącego się Ernsta — akt 75—76) i że z drugiej strony generalny dyrektor Przybylski zarządzeniem z dnia 11 września 1933 dopuszczał na razie język niemiecki, jeżeli urzędnik nie znał języka polskiego. Rzekoma nieznajomość języka polskiego, której nie podniesiono przed Komisarzem Demobilizacyjnym, nie mogła być zatem żadnym z powodów, którymi kierował się Komisarz Demobilizacyjny, udzielając w interesie przedsiębiorstwa zezwolenia na zwolnienie żalącego się. Ten przez Urząd Spraw Mniejszości po raz pierwszy na rozprawie ustnej podniesiony zarzut należy zatem oddalić jako dodatkowy pretekst do usprawiedliwienia zwolnienia żalącego się.

Nie ulega żadnej wątpliwości, że żalący się był uzdolnionym, zaradnym i lojalnym kierownikiem sekretariatu. Dowodzą tego świadectwa z 29 grudnia 1922 (akt 6) i z 31 marca 1933 (akt 7) oraz zeznania dyrektora Sanetry (akt 69—70). Zresztą właściwa władza uznaje wyraźnie (akt 3—4) kwalifikacje żalącego się, twierdzi ona tylko, że w związku z przeprowadzoną reorganizacją nastąpił inny podział pracy i że żalący się, nie posiadając kwalifikacyj technicznych, nie nadawał się na nowe stanowisko. W sprawie tej należy stwierdzić, że inżynier Cieślewski na ogół wykonuje te same czynności administracyjne, które przedtem wykonywał żalący się (zeznanie przewodniczącego Rady Urzędniczej Huty Królewskiej, Doppkego — akt 65—66; zeznanie urzędnika biurowego Kucharza: „...Cieślewski przejął funkcje żalącego się; wszystko pozostało tak, jak za czasów żalącego się" — akt 73—74). Poza tym Cieślewski zastępował dyrektora technicznego, gdy ten był nieobecny, i — według wywodów Urzędu Spraw Mniejszości, czemu jednak żalący się zaprzecza — czynny był także jako specjalista przy odbiorze szyn. Jest możliwym, że żalący się nadawał się mniej do pracy wkraczającej w dziedzinę techniczną, z drugiej strony nie ulega jednak żadnej wątpliwości, że na głównym polu pracy, w zakresie administracji, był ze względu na swe wykształcenie

Sodann sei auch die Tatsache, daß der Beschwerdeführer der polnischen Sprache nicht mächtig sei, von grundsätzlicher Bedeutung und müsse vom Standpunkt des § 13 in Betracht gezogen werden (act. 120—121).

Nach den Akten wurden weder in dem an den Demobilmachungskommissar gerichteten Entlassungsantrag noch in der Konferenz mit dem Demobilmachungskommissar vom 24. November 1933 mangelnde polnische Sprachkenntnisse gegen den Beschwerdeführer ins Feld geführt, offenbar deshalb nicht, weil der Beschwerdeführer gewisse polnische Sprachkenntnisse hatte (Parteiaussage Ernst — act. 75—76) und weil anderseits durch eine Verfügung vom 11. September 1933 Generaldirektor Przybylski vorläufig die deutsche Sprache zuließ, wenn der Angestellte die polnische Sprache nicht beherrschte. Die angebliche Unkenntnis der polnischen Sprache, die dem Demobilmachungskommissar nicht unterbreitet wurde, konnte somit keiner der Gründe sein, die den Demobilmachungskommissar veranlaßten, im Interesse des Unternehmens die Zustimmung zur Entlassung des Beschwerdeführers zu erteilen. Der vom Minderheitsamt erstmals in den mündlichen Verhandlungen erhobene Einwand muß daher als nachträglich vorgeschützter Grund, um die Entlassung des Beschwerdeführers zu rechtfertigen, abgelehnt werden.

Es unterliegt keinem Zweifel, daß der Beschwerdeführer ein befähigter, tüchtiger und loyaler Sekretariatsleiter war. Dies beweisen die Dienstzeugnisse vom 29. Dezember 1922 (act. 6) und vom 31. März 1933 (act. 7) und die Deposition des Direktors Sanetra (act. 69—70). Übrigens anerkennt die zuständige Behörde (act. 3—4) ausdrücklich die Befähigung des Beschwerdeführers, nur behauptet sie, daß im Zusammenhang mit der durchgeführten Reorganisation die Arbeitsteilung eine andere wurde und der Beschwerdeführer ohne technische Vorbildung für den neuen Posten nicht geeignet gewesen sei. Diesbezüglich ist festzustellen, daß Ingenieur Cieslewski im großen und ganzen dieselbe Verwaltungstätigkeit wie vorher der Beschwerdeführer ausübte (Deposition des Vorsitzenden des Angestelltenrates der Königshütte, Doppke — act. 65—66; Deposition des Bureauangestellten Kucharz: »Cieslewski hat die Funktionen des Beschwerdeführers übernommen, es blieb alles so, wie es zur Zeit des Beschwerdeführers war« — act. 73—74). Daneben hat Cieslewski den technischen Direktor in seiner Abwesenheit vertreten und sich — nach Darstellung des Minderheitsamtes, die vom Beschwerdeführer allerdings bestritten ist — auch als Schienenspezialist bei der Schienenabnahme betätigt. Es mag sein, daß der Beschwerdeführer für die ins technische Gebiet gehenden Arbeiten weniger geeignet war, anderseits aber unterliegt es keinem Zweifel, daß er für das hauptsächliche Arbeitsfeld, die

i swą 28-letnią praktykę administracyjną cenniejszą siłą, niż jego następca z wykształceniem technicznym.

Nie można się zatem przychylić do stanowiska właściwej władzy, według którego zwolnienie żalącego się jako sekretarza Huty Królewskiej uzasadnione było w myśl § 13 z uwagi na interes przedsiębiorstwa. Zwolnienia nie można jednak także z tego powodu uzasadnić niedostatecznymi kwalifikacjami żalącego się, że sekretarz związku zawodowego Peschka na konferencji z Komisarzem Demobilizacyjnym z dnia 24 listopada 1933 oświadczył wyraźnie w imieniu żalącego się, że Ernst gotów jest przyjąć każde inne odpowiednie stanowisko, gdyby chciano przychylić się do zdania, że jego dotychczasowe stanowisko winien zajmować inżynier (zeznania Doppkego — akt 65—66). Tę dobrą wolę żalącego się należy szczególnie podkreślić. Odebranie podstawy do egzystencji tak długoletniemu, wiernemu i zasłużonemu urzędnikowi, mimo że gotów był przyjąć ewentualnie każde inne stanowisko w Hucie Królewskiej, było postępowaniem bardzo bezwzględnym i samowolnym. Jest rzeczą jasną, że tak duże przedsiębiorstwo miało i ma łatwo możliwość dać temu doświadczonemu urzędnikowi jakieś odpowiednie zatrudnienie.

§ 13 naruszono w sposób oczywisty także ze stanowiska stosunków osobistych. Żalący się jest żonaty, miał wówczas 45 lat i pracował w Hucie Królewskiej 28 lat. Komisarz Demobilizacyjny udzielił dnia 28 grudnia 1933 zezwolenia na jego zwolnienie, mimo że przedsiębiorstwo zatrudniało m. in. następujących urzędników, którzy mniejsze mieli prawo do pracy i zarobku niż żalący się:

Wspomnianego już inżyniera Cieślewskiego (mniej więcej w tym samym wieku co żalący się, rozwiedziony, żadnych lat służby),

urzędnika sekretariatu Kondziellę (28 lat, o wiele mniej lat służby niż żalący się, kawaler),

urzędnika Pisarczyka, który po zlikwidowaniu oddziału rewizyjnego Naczelnej Dyrekcji Hut był zbytecznym i mimo to został nadal zatrudniony w ekspedycji towarowej Huty Królewskiej (30 lat, mniej lat służby niż żalący się, kawaler).

Przeprowadzono zatem dowód na to, że Komisarz Demobilizacyjny zastosował w stosunku do żalącego się dotyczne przepisy rozporządzenia demobilizacyjnego w sposób samowolny, przez co naruszył art. 75 i 80 Konwencji Genewskiej. Zezwolenie na zwolnienie żalącego się przedstawia też dyskryminacyjne traktowanie w myśl art.

Verwaltungstätigkeit, auf Grund seiner Vorbildung und seiner 28-jährigen Verwaltungspraxis eine wertvollere Arbeitskraft war, als sein Nachfolger mit technischer Ausbildung.

Es kann daher dem Standpunkt der zuständigen Behörde, wonach die Entlassung des Beschwerdeführers als Sekretär der Königshütte gemäß § 13 im Interesse des Unternehmens berechtigt war, nicht beigepflichtet werden. Die Entlassung kann aber auch deshalb nicht mit ungenügender Qualifikation begründet werden, weil Gewerkschaftssekretär Peschka anläßlich der Konferenz mit dem Demobilmachungskommissar vom 24. November 1933 im Namen des Beschwerdeführers ausdrücklich die Erklärung abgab, daß Ernst bereit sei, jede andere passende Stelle zu übernehmen, wenn man der Meinung beipflichten sollte, daß an seine bisherige Stelle ein Ingenieur gehöre (Deposition Doppke — act. 65—66). Dieser gute Wille des Beschwerdeführers ist besonders hervorzuheben. Es war ein sehr rücksichtsloses und willkürliches Vorgehen, einem so langjährigen, treuen und verdienten Angestellten seine Existenzgrundlage zu entziehen, trotzdem er sich anbot, eventuell auch jede andere Stelle in der Königshütte zu übernehmen. Daß es sehr leicht möglich war und ist, in einem so großen Unternehmen diesem erfahrenen Angestellten irgendeine passende Beschäftigung zu geben, liegt auf der Hand.

§ 13 ist auch unter dem Gesichtspunkt persönlicher Verhältnisse in evidenter Weise verletzt. Der Beschwerdeführer ist verheiratet, war damals 45 Jahre alt und arbeitete 28 Jahre in der Königshütte. Der Demobilmachungskommissar erteilte am 28. Dezember 1933 die Genehmigung zu seiner Entlassung, obschon das Unternehmen unter anderen folgende Angestellte in der Königshütte beschäftigte, die weniger Anspruch auf Arbeit und Verdienst hatten, als der Beschwerdeführer:

Den bereits erwähnten Ing. Cieslewski (ungefähr im selben Alter wie der Beschwerdeführer, geschieden, 0 Dienstjahre),

den Sekretariatsangestellten Kondziella (28 Jahre alt, viel weniger Dienstjahre als der Beschwerdeführer, ledig),

den Angestellten Pisarczyk, der nach Auflösung der Revisionsabteilung der Oberhüttendirektion überflüssig war und dennoch im Verladebetrieb der Königshütte weiterbeschäftigt wurde (30 Jahre alt, weniger Dienstjahre als der Beschwerdeführer, ledig).

Der Beweis ist somit erbracht, daß der Demobilmachungskommissar in Bezug auf den Beschwerdeführer die diesbezüglichen Bestimmungen der Demobilmachungsverordnung willkürlich angewendet und daher Art. 75 und 80 der Genfer Konvention verletzt hat. Die Genehmigung zur Entlassung des Beschwerdeführers stellt auch eine diskriminatorische

75 ustęp 3, gdyż wspomniani niesłusznie uprzywilejowani urzędnicy są członkami większości polskiej, podczas gdy żalący się zalicza się do mniejszości niemieckiej.

W związku z tym wskazać także należy na ogólne postępowanie przedsiębiorstwa i Komisarza Demobilizacyjnego w sprawie zwolnienia dotychczasowych i zaangażowania nowych urzędników. Następujące porównania i zestawienia opierają się na zapodaniach żalącego się, które ten podał odnośnie każdego imiennie wyszczególnionego urzędnika (akt 42, 140—141). Urząd Spraw Mniejszości prawdziwości tych zapodań żalącego się nie zaprzeczył.

Fluktuacje urzędników na Hucie Królewskiej w czasie od końca 1933 do 30 września 1935 dają następujący obraz:

Zwolniono 61 członków mniejszości niemieckiej, 1 członka mniejszości ukraińskiej, 15 członków większości polskiej (wśród nich najmniej 11 było w wieku pensyjnym),

zaangażowano na nowo: 0 członków mniejszości niemieckiej, 80 członków większości polskiej.

Z końcem roku 1933 przedsiębiorstwo przechodziło bez wątpienia kryzys gospodarczy, który mógł usprawiedliwić nieznaczne zwolnienia urzędników (zobacz także zeznania świadka Kahnerta — akt 88). Już jednak z początkiem 1934 zaznaczyła się poprawa sytuacji i koniunktury (zobacz akt 42 sub II, w szczególności dotyczne daty statystyczne Niemieckiego Związku Ludowego ze sprawozdania Wspólnoty Interesów za lata 1934 i 1935). Mimo to w ciągu całego roku 1934 i 1935 zwolniono licznych urzędników mniejszościowych z naruszeniem § 12 (zobacz akt 140). Dowodem tego jest niezaprzeczony fakt, że zwolnionych urzędników zastąpiono nowymi urzędnikami i to wyłącznie członkami większości. Prócz naruszeń § 12 zachodzą także naruszenia § 13, gdyż wielu dotkniętych zwolnieniem miało ze stanowiska stosunków osobistych większe prawo do dalszego zatrudnienia ich, niż nowo zaangażowani urzędnicy.

IV

Należy jeszcze poddać ocenie zdarzenia, które pozostają w ścisłym związku z wypowiedzeniem względnie ze zwolnieniem żalącego się. Co do konferencyj odbytych pomiędzy żalącym się, członkami Rady Urzędniczej i dyrektorem Huty Królewskiej wynika z przeprowadzonego postępowania dowodowego następujący obraz:

Behandlung im Sinne von Art. 75, Abs. 3 dar, denn die erwähnten zu Unrecht bevorzugten Angestellten sind Angehörige der polnischen Mehrheit, während der Beschwerdeführer sich zur deutschen Minderheit bekennt.

In diesem Zusammenhang ist auch auf das allgemeine Vorgehen des Unternehmens und des Demobilmachungskommissars in Bezug auf die Entlassung bisheriger und Anstellung neuer Angestellten hinzuweisen. Die nachfolgenden Vergleiche und Zusammenstellungen stützen sich auf Angaben des Beschwerdeführers, die er bezüglich eines jeden namentlich angeführten Angestellten gemacht hat (act. 42, 140—141). Das Minderheitsamt hat die Richtigkeit der Angaben des Beschwerdeführers nicht bestritten.

Die Angestelltenbewegungen ergeben für die Zeit von Ende 1933 bis 30. September 1935 bezüglich der Königshütte folgendes Bild:

Entlassen wurden 61 deutsche Minderheitsangehörige, 1 ukrainischer Minderheitsangehöriger, 15 polnische Mehrheitsangehörige (von diesen befanden sich mindestens 11 im pensionsfähigen Alter),

neu eingestellt wurden 0 deutsche Minderheitsangehörige, 80 polnische Mehrheitsangehörige.

Das Unternehmen befand sich zweifellos Ende 1933 in einer Wirtschaftskrisis, die geringe Beamtenentlassungen rechtfertigen konnte (siehe auch Zeugenaussage Kahnert — act. 88). Schon Anfang 1934 setzte eine aufsteigende Entwicklung und Konjunkturverbesserung ein (siehe act. 42 sub II, insbesondere die diesbezüglichen statistischen Angaben des Volksbundes aus dem Geschäftsbericht der Interessengemeinschaft betr. die Jahre 1934 und 1935). Trotzdem wurden während des ganzen Jahres 1934 und 1935 zahlreiche minderheitsangehörige Angestellte in Verletzung des § 12 entlassen (siehe act. 140). Beweis hierfür ist die nicht bestrittene Tatsache, daß die Entlassenen durch neue Angestellte ersetzt wurden, und zwar ausschließlich durch Mehrheitsangehörige. Neben Verletzungen des § 12 liegen auch Verletzungen des § 13 vor, denn viele von der Entlassung Betroffene hatten vom Standpunkt der persönlichen Verhältnisse mehr Anspruch auf Belassung in der Arbeit, als die Neueingestellten.

IV

Es sind noch Vorgänge zu würdigen, die mit der Kündigung bezw. Entlassung des Beschwerdeführers im engen Zusammenhang stehen. Bezüglich der zwischen dem Beschwerdeführer, Mitgliedern des Angestelltenrates und dem Direktor der Königshütte gepflogenen Unterredungen ergibt sich auf Grund der Beweiserhebungen folgendes Bild:

27 września 1933 żalący się zapytał dyrektora Sanetrę, czy 1 października 1933 oczekiwać należy zwolnień urzędników. Sanetra odpowiedział, że tylko kilku urzędników powyżej 60 lat otrzyma wypowiedzenie stosunku służbowego. W dwa dni później żalącemu się wypowiedziano stosunek służbowy. Gdy ten żądał wyjaśnienia, Sanetra oświadczył, że on go nie zaproponował do zwolnienia, że wypowiedzenie nie jest jeszcze zwolnieniem; on — Sanetra — poinformuje się o stanie rzeczy. (Zeznania świadka Sanetry — akt 70—71; zeznania Doppkego — akt 65—66; zeznania świadka Kahnerta — akt 89; zeznania żalącego się Ernsta — akt 130—131).

Dnia 3 października 1933 żalący się zapytał dyrektora Sanetrę, czy dowiedział się już bliższych szczegółów co do powodów jego zwolnienia. Dyrektor Sanetra odpowiedział na to mniej więcej w ten sposób: „W międzyczasie poinformowałem się. Z Panem nie da się już nic zrobić. Za często gazety o Panu pisały. Na p. dyrektora generalnego Przybylskiego (który wypowiedział żalącemu się) wywiera się z różnych stron nacisk, aby Pana zwolnił. On jako 100-procentowy Polak nie może się oprzeć temu naciskowi. Zaszkodziłoby to jemu samemu, gdyby Panu nie był wypowiedział. Proszę się nie spodziewać, że wypowiedzenie zostanie cofnięte, lecz niech Pan raczej przedstawi p. Przybylskiemu wniosek o odszkodowanie. Im rychlej Pan to zrobi, tym lepiej. P. Przybylski jest na wskroś porządnym człowiekiem i na pewno Panu coś przyzna. Już nawet o tym była mowa." (Zeznania żalącego się Ernsta — akt 130—131; dyrektor Sanetra nie zaprzecza tym zapodaniom, lecz nie przypomina sobie już szczegółów tej rozmowy — akt 70—71.)

Gdy przewodniczący Rady Urzędniczej, Doppke, interweniował u dyrektora Sanetry w sprawie wypowiedzenia Ernstowi, Sanetra powiedział, że to wszystko nic nie pomoże, że Ernsta nie można utrzymać; pewne koła i kierunki żądają jego zwolnienia (zeznania świadka Doppkego — akt 65—66).

Istotnie wywierano na przedsiębiorstwo bardzo silny nacisk, aby żalącego się z powodu jego przynależności do mniejszości niemieckiej zwolniło. Wskazać należy na różne artykuły w prasie polskiej z roku 1932, a w szczególności z roku 1933, w których kategorycznie żądano zwolnienia niemieckich urzędników Huty Królewskiej. W artykułach tych niejednokrotnie wymieniano nazwisko żalącego się i napadano na niego jako na Niemca (akt 142—143). Na owe napaści prasowe powołał się, jak wyżej wspomniano, także dyrektor

Am 27. September 1933 fragte der Beschwerdeführer Direktor Sanetra, ob am 1. Oktober 1933 Beamtenkündigungen zu erwarten seien. Sanetra erwiderte, daß nur einige über 60 Jahre alte Angestellte die Aufkündigung ihrer Dienstverhältnisse erhalten würden. Zwei Tage später wurde dem Beschwerdeführer das Dienstverhältnis gekündigt. Auf seine Vorstellungen hin erklärte ihm Sanetra, daß er ihn für die Kündigung nicht vorgeschlagen habe, eine Kündigung sei jedoch noch keine Entlassung, er werde sich einmal informieren, was da los sei. (Zeugenaussage Sanetra — act. 70—71; Zeugenaussage Doppke — act. 65—66; Zeugenaussage Kahnert — act. 89; Parteiaussage Ernst — act. 130—131).

Am 3. Oktober 1933 fragte der Beschwerdeführer Direktor Sanetra, ob er über die Ursache der Kündigung bereits näheres erfahren habe. Direktor Sanetra erwiderte ungefähr folgendes: »Ich habe mich inzwischen erkundigt. Bei Ihnen wird sich nichts mehr machen lassen. Sie haben zu oft in den Zeitungen gestanden. Herr Generaldirektor Przybylski (dieser hat die Kündigung ausgesprochen) wird von verschiedener Seite gedrückt, Sie zu entlassen. Er als 100-prozentiger Pole kann diesem Druck nicht Widerstand leisten. Es würde ihm selbst schaden, wenn er Ihnen nicht gekündigt hätte. Hoffen Sie nicht auf eine Zurücknahme der Kündigung, sondern beantragen Sie lieber, je eher desto besser, beim Herrn Przybylski eine Entschädigung. Herr Przybylski ist ein äußerst anständiger Mensch, er wird Ihnen sicher etwas bewilligen. Es ist auch schon die Rede davon gewesen.« (Parteiaussage Ernst — act. 130—131; Direktor Sanetra bestreitet die Angaben nicht, er erinnert sich aber nicht mehr an die Einzelheiten dieser Unterredung — act 70—71).

Als der Vorsitzende des Angestelltenrates, Doppke, wegen der Kündigung des Ernst bei Direktor Sanetra intervenierte, äußerte dieser, daß alles nichts nütze, daß Ernst nicht zu halten sei; bestimmte Kreise und Richtungen würden seine Entlassung verlangen (Zeugenaussage Doppke — act. 65—66).

Tatsächlich wurde auf das Unternehmen ein sehr starker Druck ausgeübt, den Beschwerdeführer wegen seiner Minderheitsangehörigkeit zu entlassen. Es ist zu verweisen auf verschiedene Artikel der polnischen Presse aus den Jahren 1932 und insbesondere 1933, in denen kategorisch die Entlassung der deutschen Angestellten der Königshütte verlangt wurde. Verschiedentlich ist in diesen Zeitungsartikeln der Beschwerdeführer mit Namen genannt und als Deutscher angegriffen worden (act. 142—143). Auf diese Presseangriffe hat auch Direktor Sanetra, wie oben ausgeführt

Sanetra. Poza tym stwierdzić należy, że kierownik Wydziału Handlu i Przemysłu Województwa, Rudowski, w latach 1929—1933 kilkakrotnie w formie najbardziej zdecydowanej żądał od generalnego dyrektora Bernhardta zwolnienia żalącego się — w związku z żądaniem, aby przedsiębiorstwo zatrudniało tylko urzędników Polaków. (Zobacz zaprzysiężone zeznanie świadka Bernhardta — akt 90—91.) Ta urzędowa interwencja na szkodę żalącego się, któremu także przyznający się do narodowości polskiej dyrektor wystawił kilkakrotnie świadectwo bezwzględnej lojalności wobec Państwa Polskiego (zeznanie Sanetry, Doppkego, Gomolziga) narusza art. 75 i 80 Konwencji Genewskiej.

Fakty i wywody tego ustępu potwierdzają wnioski sub III, że decyzja Komisarza Demobilizacyjnego w sprawie żalącego się narusza Konwencję Genewską i wykazują w szczególności, że wypowiedzenie nie nastąpiło z powodu niedostatecznych kwalifikacyj żalącego się lub w związku z kryzysem gospodarczym.

W związku z interwencją urzędową i na uzasadnienie tezy, że z uwagi na zmienione warunki polityczne zwolnienie żalącego się przez Zjednoczone Huty Królewską i Laurę było uzasadnione, Urząd Spraw Mniejszości powołał się na rozprawie ustnej na decyzję Trybunału Rozjemczego dla Górnego Śląska z dnia 12 marca 1937 w sprawie żydowskiego kierownika teatru Weißmanna (akt 122—123). „Ufa" wypowiedziała powodowi stosunek służbowy; wypowiedzenie nastąpiło w związku z tym, że przydzielony przez Ministerstwo Propagandy Rzeszy towarzystwu „Ufa" mąż zaufania oświadczył temu towarzystwu w dwóch pismach, że Minister zasadniczo nie życzy sobie, aby „Ufa" zatrudniała współpracowników pochodzenia żydowskiego. Urząd Spraw Mniejszości wskazuje na to, że Trybunał Rozjemczy podzielił stanowisko Przedstawiciela Państwa Niemieckiego, w myśl którego zaliczający się do mniejszości żydowskiej powód nie nadaje się więcej ze względów gospodarczych na kierownika teatru — i że skargę oddalił.

Decyzja Trybunału Rozjemczego dotyczy skargi o odszkodowanie w myśl art. 4 i 5 Konwencji Genewskiej (prawa nabyte). Sąd w myśl art. 4 § 2 l. 3 rozstrzygnąć miał kwestię, czy przez zastosowanie ogólnych ustaw lub rozporządzeń prawa subiektywne zostały uchylone lub uszczuplone. Sąd zaprzeczył, że umową przewidziane wypowiedzenie jest naruszeniem praw subiektywnych w myśl tego postanowienia. Z tego powodu oraz także z uwagi na to, że w nacisku władzy nie można się dopatrywać zarządzenia Państwa w sensie art.

wurde, Bezug genommen. Sodann ist festzustellen, daß der Leiter der Abteilung für Handel und Industrie bei der Wojewodschaft, Rudowski, gegenüber Generaldirektor Bernhardt in den Jahren 1929—1933 wiederholt in bestimmtester Form — im Zusammenhang mit dem Verlangen nach durchgreifender Polonisierung der Angestelltenschaft — die Entlassung des Beschwerdeführers gefordert hat (Siehe eidliche Zeugenaussage Bernhardt — act. 90—91). Diese behördliche Intervention zum Schaden des Beschwerdeführers, dem auch der sich zum polnischen Volkstum bekennende Direktor wiederholt das Zeugnis vollster Loyalität gegenüber dem polnischen Staat ausgestellt hat (Deposition Sanetra, Doppke, Gomolzig), verstößt gegen Art. 75 und 80 der Genfer Konvention.

Die Tatsachen und Ausführungen in diesem Abschnitt bestätigen die Schlußfolgerung sub III, daß der Entscheid des Demobilmachungskommissars betr. den Beschwerdeführer die Genfer Konvention verletzt, sie beweisen insbesondere, daß die Kündigung nicht wegen mangelnder Befähigung des Beschwerdeführers oder im Zusammenhang mit der Wirtschaftskrisis erfolgte.

Im Zusammenhang mit der behördlichen Intervention und zur Begründung der These, daß mit Rücksicht auf die veränderten politischen Verhältnisse die Entlassung des Beschwerdeführers durch die Vereinigte Königs- und Laurahütte berechtigt war, berief sich das Minderheitsamt anläßlich der mündlichen Verhandlungen auf die Entscheidung des Schiedsgerichtes für Oberschlesien vom 12. März 1937 betr. den jüdischen Theaterleiter Weißmann (act. 122—123). Dem Kläger sei von der »Ufa« das Dienstverhältnis gekündigt worden; die Kündigung stehe im Zusammenhang damit, daß der vom Reichspropagandaminister bei der »Ufa« eingesetzte Vertrauensmann dieser gegenüber in zwei Schreiben zum Ausdruck gebracht habe, der Minister wünsche bei der »Ufa« grundsätzlich keine Mitarbeiter jüdischer Abstammung. Das Minderheitsamt weist darauf hin, daß das Schiedsgericht sich dem Standpunkt des deutschen Staatsvertreters anschloß, wonach der der jüdischen Minderheit angehörende Kläger aus geschäftlichen Erwägungen als Theaterleiter nicht mehr tragbar sei, und die Klage abwies.

Die Entscheidung des Schiedsgerichtes betrifft eine Schadenersatzklage gemäß Art. 4 und 5 des Genfer Abkommens (wohlerworbene Rechte). Dem Gericht stellte sich gemäß Art. 4, § 2, Z. 3 die Frage, ob subjektive Rechte durch Anwendung allgemeiner Gesetze oder Anordnungen aufgehoben oder beeinträchtigt wurden. Das Gericht verneinte, daß die vertraglich vorgesehene Kündigung eine Verletzung subjektiver Rechte im Sinne dieser Bestimmung darstelle; aus diesem Grunde und auch aus der Erwägung, daß in einem behördlichen Druck keine staatliche Anord-

4 § 2 l. 3, skargę oddalono. Jest to orzecznictwo Trybunału Rozjemczego w sprawie, która z ochroną mniejszości nie ma nic wspólnego.

Jest zatem zupełnie jasnym, że decyzja Trybunału Rozjemczego nie pozostaje w żadnym związku z orzecznictwem Prezydenta Komisji Mieszanej, które opiera się na zastosowaniu postanowień o ochronie mniejszości, w szczególności zaś art. 75. Prezydent Komisji Mieszanej winien zbadać, czy członek mniejszości został przez władzę lub urzędnika w jakikolwiek sposób i w jakiejkolwiek formie samowolnie lub nierówno traktowany. Czy członek mniejszości przez wyraźne zarządzenie lub przez oficjalny lub półoficjalny nacisk władzy lub urzędnika traci swe stanowisko w przedsiębiorstwie prywatnym, jest małoznacznym dla udzielenia odpowiedzi na zapytanie, czy zachodzi naruszenie art. 75 i 80.

V

Po naradzie w łonie Komisji Mieszanej Prezydent Komisji Mieszanej na mocy powyższych rozważań dochodzi do

poglądu:

Urząd Spraw Mniejszości wzywa się do poczynienia kroków, aby żalącego się przyjęto z powrotem na jego poprzednie stanowisko, lub na inne stanowisko, które by odpowiadało jego dotychczasowej działalności zawodowej.

nung im Sinne des Art. 4, § 2, Z. 3 erblickt werden könne, wurde die Klage abgewiesen. Das ist die Rechtsprechung des Schiedsgerichts in einer Sache, die mit dem Minderheitenschutz nichts zu tun hat.

Es ist somit ohne weiteres klar, daß die Entscheidung des Schiedsgerichts nicht in Zusammenhang gebracht werden kann mit der Rechtsprechung des Präsidenten der Gemischten Kommission, die auf der Anwendung der Minderheitsschutzbestimmungen, insbesondere des Art. 75, beruht. Der Präsident der Gemischten Kommission hat zu prüfen, ob ein Minderheitsangehöriger seitens Behörden und Beamten auf irgend eine Art und in irgendwelcher Form willkürlich und unterschiedlich behandelt wurde. Ob ein Minderheitsangehöriger durch ausdrückliche Anordnung oder durch offiziellen oder offiziösen Druck einer Behörde oder eines Beamten seine Stelle in einer privaten Unternehmung verliert, ist für die Beantwortung der Frage, ob eine Verletzung der Art. 75 und 80 vorliegt, unerheblich.

V

Nach stattgehabter Beratung im Schoße der Gemischten Kommission gelangt der Präsident der Gemischten Kommission, gestützt auf die vorstehenden Erwägungen, zur

Stellungnahme:

Das Minderheitsamt wird ersucht zu veranlassen, daß der Beschwerdeführer wieder in seine frühere Stellung oder in eine andere, seiner bisherigen beruflichen Tätigkeit entsprechende Stelle aufgenommen wird.

Spis rzeczy

Inhaltsverzeichnis

Seite

Kolibri 360 GmbH
Ferdinand-Jühlke-Straße 7
99095 Erfurt, Deutschland
produktsicherheit@kolibri360.de